SERGUEÏ JIRNOV

Avec Jean-Luc Riva

L'ÉCLAIREUR

Récits - Documents aux éditions Nimrod

Unités spéciales (Dom André)
GIGN : confessions d'un ops (Aton, Jean-Luc Riva)
Féral (Aton, Jean-Luc Riva)
Fallouja ! (David Bellavia)
GIGN, le temps d'un secret (Michel Bernard)
La mission, les hommes, et moi (Pete Blaber)
Un prince dans la tourmente (Michel de Bourbon-Parme)
Mémoires de nos pères (James Bradley)
L'honneur et le sang (Pierre Darcourt)
Légionnaires, portraits (Jean-Baptiste Degez, Henri Weill)
Rescue Dawn (Dieter Dengler)
D'une guerre à l'autre, de la Côte d'Ivoire à l'Afghanistan (Yohann Douady)
L'histoire héroïque de la Légion étrangère en Indochine 1883-1955 (Pierre Dufour)
En première ligne (Duncan Falconer)
Autoroute vers l'enfer (John Geddes)
American Sniper (Chris Kyle)
Appui feu en Afghanistan (Paul Grahame, Damien Lewis)
Le Survivant (Marcus Luttrell)
Retour au combat (Marcus Luttrell)
Apache (Ed Macy)
Parcours commando (Marius)
Seven Troop (Andy McNab)
Secours en montagne (Éric Mesnier)
Les chemins de Diên Biên Phu (Franck Mirmont, avec Heinrich Bauer, Jean Carpentier, Jean Guêtre, Pierre Lalanne, Bernard Ledogar et Jean-Louis Rondy)
La guerre d'Indochine vue par la CIA (Franck Mirmont)
L'opérateur (Robert O'Neill)
L'histoire des parachutistes SAS de la France Libre (David Portier)
Celui qui s'est échappé (Chris Ryan)
Opérations spéciales : 20 ans de guerres secrètes (Jean Sassi, avec Jean-Louis Tremblais)
L'âme d'un guerrier (Jean Sassi)
Une vie de légionnaire (Jean-Claude Saulnier, avec Pierre Dufour)
Forces spéciales, notes de production et sources d'inspiration (Jean-Marc Tanguy, Jeff Maunoury)
GIGN : nous étions les premiers (Christian Prouteau, Jean-Luc Riva)
Les enfants de Loyada (Jean-Luc Riva)
La violence de l'action (Clinton Romesha)
La guerre vue du ciel (Marc Scheffler, avec Frédéric Lert)
La naissance d'un pilote (Marc Scheffler)
Harmattan (Jean-Marc Tanguy)
Les scorpions de Spin Boldak (Jean-Marc Tanguy)
Ciels de combat (Benjamin Vinot-Préfontaine, avec Frédéric Lert)
Le maître d'armes (Brandon Webb)
13 heures, les soldats secrets de Benghazi (Mitchell Zuckoff)

pour Papa de Cécile
2022 & JO

SERGUEÏ JIRNOV
Avec Jean-Luc Riva

L'ÉCLAIREUR

NIMROD

Avec Jean-Luc Riva
Nimrod / Movie Planet 2022
ISBN 978-2-37753-019-9

Révision : Véronique Duthille

Avant-propos de Jean-Luc Riva

Il est des visages et des noms que l'on n'oublie pas. Celui de Sergueï Jirnov est de ceux-là. Il est gravé dans ma mémoire depuis 1992.

Cette année-là, je me rends à Paris pour une prise de contact dans la perspective d'un poste d'adjoint au préfet chargé de la délocalisation de l'ENA à Strasbourg. Affecté depuis 1986 à l'École interarmées du renseignement, mais servant sans presque discontinuer dans le renseignement militaire, je suis une sorte d'enfant de la guerre froide. Les nouvelles menaces ne se situant plus à l'Est, mais au Sud, il faut pour tous ceux de ma génération entreprendre une révolution culturelle que je me refuse à opérer. D'où une demande de détachement à l'ENA.

Et c'est là qu'avec fierté le secrétaire général m'annonce que, pour la première fois, l'école compte parmi son cycle long d'élèves étrangers… un Russe ! Voilà à peine un an que l'Union soviétique s'est effondrée que déjà nous ouvrons la porte de nos meilleurs établissements à nos ennemis d'hier. Je m'en étonne.

« Mais non ! Il est parfait ! Il parle un français meilleur que certains », me dit-il en insistant du regard. Il sort des meilleures universités sov… » – il se reprend – « russes. Le programme, il le survole, pour nous c'est une chance unique de placer l'école auprès des nouvelles autorités du pays. En revanche, avec son collègue, on reste sur nos gardes… »

Car ils sont venus à deux ! Et le secrétaire général de m'expliquer que « l'autre, on le surveille. Le dénommé Nekrassov a la gueule d'un type du KGB ! Méfiant, taciturne, regard en coin, on le tient à l'œil… Mais Sergueï, pensez donc, c'est la joie de vivre, ce type ! Tenez, le voilà ! »

Quelques élèves sortent de cours et, avec eux, notre OVNI. Souriant, affable, il plaisante avec ses camarades, qui semblent sous le charme. Parmi eux, Karin Kneissl, une Autrichienne, future diplomate qui deviendra ministre dans son pays en 2017. On le croise, il n'oublie pas de saluer d'un petit signe amical le secrétaire général, qui lui donne du *« tovaritch »* (camarade) en rigolant ! Et, pour clore le débat et mettre un terme à mon étonnement, il ajoute : « Et en plus il bosse ! Ses notes sont très bonnes ! »

C'est vrai, Sergueï Jirnov est un bourreau de travail. « Chaque seconde de ton temps doit être employée à remplir ta mission », lui a-t-on dit à son départ de Yassénévo, le quartier général de l'espionnage extérieur du KGB. Car s'il est là, c'est dans un but bien précis. Il s'agit de rééditer, avant l'effondrement total de ce qu'était l'URSS, le coup de Philby[1], ou plutôt celui d'Arnold Deutsch, son recruteur. Repérer dans sa promotion les élites susceptibles de favoriser et de soutenir dans leurs pays respectifs la politique extérieure que va mettre en œuvre la toute nouvelle Fédération de Russie.

Est-ce le chant du cygne d'un État à l'agonie ou, au contraire, un formidable pari sur l'avenir que tentent les nouveaux maîtres du Kremlin ? Et pourquoi lui ?…

*

Vingt-huit ans plus tard, j'apprends que Sergueï Jirnov travaille régulièrement avec l'équipe de production de l'émission *Affaires sensibles,* de Fabrice Drouelle, sur France Inter. C'est dans l'annuaire des anciens élèves de l'ENA que je retrouve ses coordonnées personnelles. J'ai alors une idée : je lui propose une rencontre à la Maison de Radio France. En fait, son histoire intime avec le KGB a commencé ici en 1980, à l'ancien siège de RFI.

Je profite de la venue à Paris de Sergueï, qui prépare l'émission sur les « Cinq de Cambridge », le jour de mon passage à l'antenne. À ma sortie de la Maison de Radio France, je l'attends à la brasserie « Les Ondes », à l'angle de l'avenue du Président-Kennedy, au point habituel de rendez-vous des journalistes. Je distingue au loin, sur le pont qui relie les XVe et XVIe arrondissements, une silhouette qui s'approche d'un pas régulier. Les images du célèbre film hollywoodien *Le Pont des espions*, racontant la vie de l'illégal du KGB Fisher-Abel, me viennent à l'esprit immédiatement. Je suis déjà plongé dans cet univers historique, mystérieux et étrange. Ainsi, Sergueï est venu à

1. Kim Philby, citoyen britannique, fut recruté par le NKVD, l'ancêtre du KGB. Avec quatre autres étudiants, il formait le groupe des « Cinq de Cambridge », qui tous travaillaient pour le compte de l'Union soviétique. Découvert, il s'expatria en 1963 en URSS alors qu'il allait être arrêté. Il est mort le 11 mai 1988 à Moscou.

pied. Il se sera méfié jusqu'au dernier moment. Un espion reste un espion. Il n'a pas changé, toujours la même silhouette longiligne, celle que j'avais croisée à l'ENA en 1992.

Diplômé de la meilleure université d'Union soviétique, repéré très jeune par le KGB et formé à la rude École de la Forêt, Sergueï Jirnov se destine à être un « illégal ». Dans l'univers des espions, l'illégal, c'est un peu comme le cosmonaute chez les pilotes de chasse : la crème de la crème, celui sur lequel on investit beaucoup pour un rendement à long terme.

Suite à notre rencontre à Radio France, rendez-vous est pris pour écrire le récit de ses aventures. Et c'est ainsi que, le 5 octobre 2020, alors que l'obscurité commence à tomber sur les Alpes et le massif de Belledonne, me voilà à attendre Sergueï sur un parking isolé, battu par les vents. Je distingue une silhouette en contrebas qui monte d'un pas régulier le chemin escarpé menant jusqu'à moi.

Alors, Sergueï, tu me dis tout ? C'est la seule question que je lui pose sur ce parking, sans me douter que cette confession va durer trois semaines. De l'enfance au recrutement, du stage chez les parachutistes à l'entraînement au métier d'espion, de la vie au Kremlin et de ses rencontres avec Poutine, il ne nous cache rien.

Mais Sergueï ne s'est pas contenté de parler du passé. Des spetsnaz à l'usine à trolls de Saint-Pétersbourg, du jeu diplomatique de la Russie à la chasse aux opposants, il nous livre aussi des clés pour décrypter l'espionnage et l'action clandestine d'aujourd'hui.

Bienvenue dans le monde des illégaux !

Jean-Luc Riva

Prologue

29 août 1984. La lettre confidentielle disait de préparer une petite valise et de mettre un costume, gris de préférence. Je décide, par esprit de contradiction, d'en mettre un beige, tant pis pour la couleur préférée des tchékistes ! De doute façon, je sais déjà que je suis un merle blanc dans leurs rangs.

Je descends dans la rue, ma valise à la main, et me dirige vers l'arrêt de bus de la ligne 400, celle qui mène à la première station de métro. Tout en marchant, je repense à la soirée de la veille, ma soirée d'adieu. J'ai menti à tous mes amis en leur disant que je partais faire mon service militaire. Quand j'ai vu leurs yeux s'écarquiller, je les ai rassurés. Bien sûr que non, je ne pars pas comme simple soldat faire mes deux ans dans un régiment ou trois ans dans la marine! À quoi cela m'aurait-il servi de faire cinq ans d'études dans la plus prestigieuse université d'Union soviétique, le MGIMO, pour me retrouver soumis aux brimades, viols et tortures d'une bande de décérébrés que l'Armée Rouge accueille et protège en son sein ? Non, les amis, Sergueï va servir la Rodina, la Mère Patrie, comme officier traducteur. Je ne connais pas encore mon lieu d'affectation mais, dès ma première permission, promis, je vous raconte tout, camarades. Un toast pour Sergueï! Za zdorovié ! Do dna ! Cul sec !, ont-ils crié en levant leurs verres.

J'ai un peu la gueule de bois, ce matin. Ma grand-mère Anna l'a bien vu quand je l'ai serrée dans mes bras. Ma sœur Svetlana fait un petit geste quand je franchis la porte. Elles sourient, je les sens fières de moi. Elles savent.

Le bus 400 est poussif. Comme s'il avait du mal à quitter Zélénograd, la ville fermée. Ceux qui comme nous, la famille Jirnov, vivent là sont des privilégiés du système. Les 220 roubles mensuels de mon père, aujourd'hui ingénieur titulaire à l'Institut électronique de Moscou, ne lui permettront jamais de s'acheter une voiture, mais le fait d'habiter dans un lieu qui se rêve en « Silicon Valley » soviétique, selon le vœu de nos dirigeants, vous donne le sentiment d'appartenir à l'élite du régime. Nous passons le point de contrôle de la sortie de la petite ville pour marquer aussitôt un arrêt. Parmi les passagers qui montent, je reconnais deux membres de mon ancienne université. Eux sont vêtus de gris. On se salue, mais on ne se dit rien. Enfin, si, mais que des banalités. Nous descendons du bus pour prendre la ligne verte du métro, à la station Retchnoy Vokzal, la gare fluviale Nord. Cette ligne nous mène vers le centre de Moscou, le Kremlin et la place Rouge. À l'arrêt de la place Sverdlov on récupère la ligne rouge, la plus belle ligne de métro du monde, pour les Moscovites. Ici, les stations souterraines sont des palais de marbre et de granit enfouis très profondément dans le sol.

Direction Sportivnaïa, notre terminus. Nous voici enfin arrivés à notre point de rendez-vous, le grand parking du stade Loujniki, au sud de Moscou, près de la Moskova, Moskva-reka en russe, le fleuve qui traverse la capitale de l'URSS..

Et là, surprise! Des costumes gris, il en arrive de partout! Du gris clair au gris sombre, plus de cinquante nuances de gris! Seules quelques rares cravates donnent l'impression de vouloir rompre l'uniformité des tenues. Une rouge ici, sûrement pour marquer l'attachement au Parti, et une autre, marron celle-là, qui salue l'automne qui se profile. Elles ne parviennent cependant pas à estomper la masse des sombres rubans verticaux qui ornent nos vêtements. À 9 heures, nous sommes plusieurs centaines de costumes gris porteurs de petites valises à attendre sur cet immense parking.

On se regarde, on se compare, on se jauge. Chacun sait pourquoi il est là, mais aucun n'en parle. J'en vois un qui me dévisage étrangement. Petit, trapu, pas très à l'aise dans son costume coupé dans un mauvais tissu soviétique. Je l'entreprends.

– On se connaît ?

– Je crois que oui ! Tu as eu affaire à moi en août 1980, aux Jeux olympiques.

Tout me revient en une fraction de seconde. C'était il y a quatre ans, après la cérémonie d'ouverture des JO de Moscou, à laquelle j'avais assisté sur les gradins dans ce même stade Loujniki. La fête avait été gâchée par le boycott de pays occidentaux en raison de l'intervention de l'URSS en Afghanistan. J'avais été convoqué par un officier du KGB suite à un entretien téléphonique jugé trop long avec un représentant français du Comité international olympique.

Je n'ai pas le temps de répliquer en lui disant que son interrogatoire, loin de m'impressionner, ne m'avait pas laissé un souvenir mémorable, car il nous faut donner nos noms afin d'embarquer dans les cars. Je l'entends souffler : « Poutine, Vladimir. »

On lui indique le car numéro 2. « Toi, c'est le 8 ! », me dit le dispatcher, qui est aussi en costume gris. Mais le sien est de bonne coupe, son tissu d'une qualité supérieure. Pas un de ceux que l'on vend dans les magasins d'État à la périphérie de Moscou. À coup sûr, celui-là vient de la 200e section du GOUM, là où vont s'approvisionner les pontes du régime, les membres de la haute administration et les dirigeants communistes étrangers.

« On peut y aller ! », lance-t-il au chauffeur. La colonne s'ébranle et j'en profite pour compter les passagers. Quarante ! Il y a huit cars, nous sommes donc 320 costumes gris à partir pour une destination inconnue. Ah, on se sépare. Le 1 et le 2 se dirigent vers l'est, emmenant Poutine. Les 3 et 4 partent en direction de l'ouest. Les quatre restants remontent ensemble vers le nord. Par la fenêtre, j'aperçois la rue Pogodinka, dans le quartier de mon enfance.

Je n'ai pas besoin de fermer les yeux pour revoir l'appartement communautaire où nous vivions à l'époque. Seize mètres carrés pour cinq ! Pour faire face à la crise du logement qui sévissait après la guerre, le régime n'avait rien trouvé de mieux que de fractionner les grands logements. C'est ainsi que mes parents, ma grand-mère paternelle, ma sœur et moi, nous nous étions retrouvés dans une seule pièce, avec pour unique luxe le plaisir de partager une cuisine, une salle de bains et des toilettes avec trois autres couples. Pour pimenter le tout, chaque famille avait sa cuisinière et son frigo ! Vols, disputes, crises de nerfs étaient le lot quotidien de cette vie en communauté non désirée. Communauté, commun, nous, le communisme, on le vivait à la racine du mot. La mutation de mes parents dans la ville nouvelle de Zélénograd avait radicalement changé les choses.

Mais voici que l'on traverse le Koltso, ce grand périphérique de 107 kilomètres de long qui ceinture Moscou et lui sert de frontière administrative. La ville occupe un espace de 2 542 kilomètres carrés, soit vingt-cinq fois plus que Paris ! Traverser la capitale soviétique du sud au nord prend donc du temps, malgré le peu de voitures qui y circulent. Nous voici à l'entrée de Tchélobitiévo. Nouvelle séparation. Les cars 5 et 6 nous quittent et poursuivent leur route, en prenant à gauche.

Nos cars 7 et 8 s'engagent sur l'échangeur, pour continuer tout droit vers l'ouest. Un kilomètre plus loin ils quittent le bitume de la nationale pour s'engager sur une route forestière. Elle rétrécit à mesure que l'on pénètre dans la forêt. D'abord quelques bouleaux, puis de hauts sapins noirs dont les branches effleurent nos vitres. J'aperçois des cueilleurs de champignons puis, planté au bord de la route, un panneau sur lequel est écrit : « Zone sanitaire, défense d'entrer ». Et là, juste après, les premiers grillages – hauts de trois mètres –, derrière lesquels on peut voir quelques gardes armés. Au loin, des bâtiments que l'on distingue à peine.

Ainsi, elle est là.

L'école la plus mystérieuse d'Union soviétique, celle que tous les Russes appellent « l'École de la Forêt ».

Nous roulons encore sur 200 mètres avant que notre périple s'achève. Nous descendons, la valise à la main. Nous hésitons, impressionnés par le silence qui règne. Les quatre-vingts que nous sommes marquent le pas, ne sachant où aller. Notre accompagnateur nous indique une grille qui s'ouvre à notre arrivée.

Nous sommes le mercredi 29 août 1984 et j'entre au KGB !

Chapitre 1

La maternité Grauerman

Vingt-trois ans plus tôt…
17 avril 1961, 3h52, rue Pogodinka, centre de Moscou

Il y a des nuits qui forgent des destins. Le mien se dessine dans celle du dimanche 16 au lundi 17 avril 1961, juste à côté de la rue Pogodinka où habitent mes parents. Je suis encore dans le ventre de ma mère, mais je peux entendre mon père hurler en secouant les grilles fermées de l'Institut médical universitaire N. I. Pirogov. Avoir à 300 mètres de chez soi une maternité prestigieuse, la Snéguireuvka, qui y est rattachée et où ma sœur est née il y a quinze mois, et la trouver close cette fois-ci alors que ma mère s'apprête à me mettre au monde, cela a de quoi vous désespérer du système communiste. Le miracle de la planification a-t-il fait son œuvre en autorisant l'établissement, une fois atteint son quota de nouveau-nés, à tirer le rideau avec le sentiment du devoir accompli ? Sans parler de l'incroyable insouciance de mes jeunes parents. Ils auraient dû s'assurer au préalable que tout irait bien pour l'accouchement à la Snéguireuvka. Mais ce n'est plus ni l'endroit ni le moment de leur faire des reproches. Je suis juste impatient de sortir au grand jour et je le fais savoir à ma mère par des petits coups de pieds dans le ventre. Ce n'est pas encore la catastrophe, mais la situation tend à devenir dramatique et l'affolement commence à gagner mes géniteurs, coincés là au beau milieu de la nuit.

Heureusement, dans ce pays d'athées les dieux sont avec nous ! Dans l'obscurité se profile une minuscule lumière verte, celle d'un taxi en maraude, à la recherche de clients, telle une étoile salvatrice de la providence ! Ça coûte cher, mais on n'a pas le choix. Oleg, mon papa, se précipite sur la route les bras en croix en se jetant presque sous les roues de la belle Volga GAZ-21 beige qui arbore un bandeau en damier sur les portières. C'est certainement avec cette même bravoure suicidaire que mes deux grands-pères, armés de grenades antichars, bondirent sous les chenilles des panzers allemands du feld-maréchal

Guderian près du village de Yelnya, en décembre 1941, pour arrêter le Blitzkrieg nazi et faire échouer le plan *Barbarossa* de la conquête éclair de l'URSS par Hitler. Le bruit strident des freins viole le silence vierge de la nuit moscovite, le véhicule se braque de travers, manquant de peu mon papa. On a frôlé la Bérézina !

– Eh, mon gars, t'es fou ou quoi ? hurle le chauffeur par la portière. Tu ne tiens pas à la vie ? J'ai failli t'écraser, nom de Dieu !

– Chef, ma femme va accoucher, connais-tu une maternité ouverte pas loin ? Celle-ci est fermée !

En une seconde, le conducteur expérimenté comprend la gravité de la situation et les bénéfices qu'il va pouvoir en tirer. Bien sûr qu'il en connaît, des maternités ! Il les connaît toutes, en fait ! Les chauffeurs de taxi n'ignorent rien de cette ville, mieux que les flics. Mais il n'est pas pressé de partager son précieux savoir avec les premiers venus. À cette heure nocturne, les passagers se font rares. Un établissement connu de tout Moscou se trouve à quinze minutes maximum, mais cette course, si elle est payée au prix officiel, ne lui rapportera que quelques kopecks. Même pas un rouble. Une misère. Sauf s'il la rallonge. Tout dépend de la connaissance de Moscou qu'ont les clients. En revanche, l'heureux événement de ma naissance et le désespoir visible de mon paternel lui laissent entrevoir un bon bakchich. Les pères accablés sont une proie facile pour les malins sans vergogne qui font le taxi.

– Vous savez, ce n'est pas vraiment sur ma route et il est temps pour moi de rentrer au dépôt…

Il commence à faire monter les enchères, le goujat futé. Il ment, car il vient de commencer son service, c'est sa première course. Entre nous, il l'aurait faite même au tarif normal, à cette heure où rien ne bouge dans Moscou endormi. Mais il préfère d'abord tenter sa chance avec un coup de bluff.

– Cinq roubles par-dessus le compteur si tu nous y conduis vite !, crie, désespéré, mon futur papa.

La somme n'est pas négligeable, c'est l'équivalent de deux jours de son travail de technicien.

– Montez !, lance le voleur professionnel, habitué à faire son beurre sur les malheurs et les bonheurs des gens.

D'ailleurs, il est si content qu'il baisse sa garde en s'exclamant :

– Je vous emmène chez Grauerman !

Grave erreur de sa part ! Une erreur de débutant : il faut toujours garder le mystère face à un client désemparé.

– Avenue Kalinine ? Comment ai-je pu oublier ça !, s'écrie immédiatement mon père qui, en tant que Moscovite « enraciné », connaît sa ville par cœur, son arrondissement et ceux d'à côté.

– J'ai fait mon service militaire là-bas, place Arbatskaïa, à l'État-major de l'Armée Rouge. En voiture, c'est à dix minutes d'ici en passant par Pirogovka, Sadovoïé koltso, place Smolenskaïa et rue Arbat ! Merci, camarade !

Cet itinéraire deviendra la légende familiale qu'il racontera plusieurs centaines de fois par la suite… Un nuage de surprise et de déception assombrit rapidement le front du chauffeur, qui planifiait déjà mentalement le détour qu'il réserve d'ordinaire aux touristes : stade Loujniki, couvent de Novodievitchi, quais de la Moskova et gare de Kiev. Il n'y a pas de petits profits ! Mais c'est raté, avec un vrai Moscovite qui vient d'indiquer le trajet le plus court ! Il n'aurait pas dû lui annoncer le terminus mais faire semblant de chercher la destination en cours de route. Une leçon à retenir pour la prochaine fois.

Malgré tout, le combinard est heureux de commencer sa journée aussi bien. Avec ces cinq roubles de pourboire, à peu de choses près, il ira s'acheter deux bouteilles de vodka au prix public qu'il revendra dix roubles chacune, la nuit suivante, quand les magasins seront fermés. Les ivrognes retardataires et désespérés sont le fonds de commerce des prédateurs retors. Ce trafic au marché noir, interdit par la loi, lui permet de se faire un deuxième salaire au noir, qui équivaut à celui d'un général du KGB. Mais pour se protéger d'éventuelles contraventions ou poursuites pénales pour délit de « spéculation », il arrose copieusement les flics corrompus. Dans le pays du communisme, il y a toujours deux économies et deux justices parallèles : l'une proclamée et l'autre réelle.

Je ne suis même pas encore né que déjà ma vie se joue sur les contradictions entre la belle image idéologique et la triste réalité de notre système.

Le taxi fonce à 110 kilomètres/heure à travers une ville totalement déserte. À bord flotte une odeur de tabac et de cuir vieilli et le conducteur ravi fredonne *Nuit noire*, une chanson de 1943 qui évoque la guerre, mais le spectacle est ailleurs. Dans les rues vides, tandis que la voiture file en direction du Kremlin, on ne voit que des affiches célébrant l'homme de l'année. Des portraits de Youri Gagarine couvrent les façades des immeubles, les vitrines des magasins, le cosmonaute déjà mondialement connu est partout dans Moscou. Il faut dire qu'il y a de quoi pavoiser : il y a cinq jours seulement, le 12 avril, il a été le premier humain à quitter la Terre pour un vol dans l'espace. Il avait été précédé par plus d'une vingtaine d'animaux – des chiens, des souris, des grenouilles, des mouches, etc. – dont la célèbre chienne de Sibérie

Laïka, que l'on avait propulsée au-delà de la stratosphère, mais qui était morte de chaleur sept heures après le lancement. La mission Vostok, du nom de son vaisseau, est une réussite, et le 14 avril, à son retour de l'orbite terrestre, Gagarine est fêté en héros sur la place Rouge par tous les pontes du régime. Cela rabat le caquet des Américains, qui pensaient avoir une longueur d'avance dans la course à la conquête du cosmos. Cet événement est historique pour toute la planète, pour toute l'humanité. Les Soviétiques en sont conscients et très fiers.

Nous passons devant le gratte-ciel stalinien néoclassique du MID (ministère des Affaires étrangères) et du MVT (ministère du Commerce extérieur). Quelques fenêtres y sont allumées, preuve visible qu'une crise géopolitique lointaine est en cours. Ça chauffe quelque part dans le monde et les diplomates soviétiques travaillent déjà sur la réponse musclée du camp communiste. Cette tour sera mon premier lieu d'affectation après le MGIMO[1] et j'y resterai un an en 1983-1984.

À ce moment précis, pourtant, mon père se fiche de Gagarine et de la géopolitique, il a les yeux rivés sur le compteur et les chiffres qui y défilent trop vite. Au pays de Lénine, le taxi coûte un bras ! Le supplément non officiel promis au conducteur dans un élan de générosité désespéré va faire une brèche dans le budget familial, mais un enfant ne naît pas tous les jours. Enfin, on arrive ! La Volga freine devant les n° 15-17 de l'avenue Kalinine, alors en construction, aujourd'hui Nouvel Arbat, pas très loin du Kremlin. C'est ici, dans la célèbre maternité n° 7 qui porte le nom de Grauerman, un gynécologue russe d'origine allemande de l'époque tsariste, qu'accouchent les épouses de nos dirigeants bien-aimés. Tout le gratin moscovite s'y presse à chaque naissance. Les meilleurs obstétriciens de Moscou exercent à cet endroit. Il est 4h15.

À 9 500 kilomètres de là, au même moment, se produit un incident qui aurait pu finir en tragédie mondiale. La brigade 2506, composée d'exilés cubains soutenus par les impérialistes américains, se prépare à débarquer dans la Bahia de Cochinos, la baie des Cochons, afin de renverser Fidel Castro et son merveilleux régime. Cela va être un échec cuisant pour l'Oncle Sam et la CIA.

Sur le seuil de la maternité, mon papa s'inquiète :

---

1. Московский государственный институт международных отношений (МГИМО) : Institut d'État des relations internationales de Moscou. Cette université spécialisée, placée sous l'autorité du ministère des Affaires étrangères, forme dans ses quatre facultés les diplomates, les hommes d'affaires, les journalistes et les juristes internationaux. Le MGIMO est considéré comme la plus prestigieuse école de l'URSS et de la Russie actuelle.

– Tu crois qu'ils vont nous prendre, chef? demande-t-il au conducteur.

– Bien sûr que oui, sois tranquille, *tovaritch*!

En réalité, il n'en sait rien et il s'en fiche, du moment que la première course de sa journée de travail est une réussite totale pour lui. Il se propose même d'attendre un peu avec nous, au cas où… Ne vous y trompez pas, ce n'est pas un geste de compassion ni de solidarité de sa part. Ce vautour connaît notre système pourri et espère en profiter encore. Avec un peu de chance, nous nous ferons jeter de cet illustre établissement et il aura sa deuxième course dans la foulée.

Et en effet, à la prestigieuse maternité Grauerman, tout commence mal. À l'accueil, la matrone de permanence sort de sa somnolence du mauvais pied. Elle en rajoute en jouant la méchante, ce qui se marie parfaitement avec sa fonction de gardienne du temple de la médecine. Comme celui du conducteur, c'est le même spectacle rodé de l'école théâtrale Stanislavski qu'elle nous interprète. Elle aussi veut son bakchich gagné sur le désespoir des petites gens. Après tout, pourquoi les chauffeurs de taxi pourris et les flics corrompus seraient-ils les seuls prédateurs dans la jungle communiste ? Elle discerne rapidement une faille administrative facile à exploiter, du pain béni.

– Votre *propiska*[1] est valable pour l'arrondissement Léninski de Moscou, dit-elle en scrutant d'un œil torve le passeport interne de ma mère. Ici, nous sommes à Frounzenski. Vous êtes en dehors de votre zone habituelle d'habitation autorisée. Je ne peux pas vous faire admettre chez nous !

Cette phrase sonne comme une condamnation à mort par contumace pour moi, puisque l'on me refuse le droit de naître. La première maternité est fermée et la deuxième ne veut pas de nous ! Serions-nous maudits ?

Pendant ce temps, sur une lointaine île tropicale, les communistes cubains se battent comme des lions sur les plages paradisiaques pour défendre leur jeune république contre les envahisseurs impérialistes de la CIA. *No pasaran !* À Moscou, à deux pas du Kremlin, dans notre prétendu paradis rouge, mon père engage le deuxième round du combat acharné pour ma pauvre vie. Pas de place pour la panique. Alpiniste chevronné, il a connu pire dans la haute montagne du Caucase et du Pamir, impitoyable tueuse d'hommes. La détermination, le sang-froid, l'inventivité, l'adaptation et la ruse sont les mots-clés de la survie chez les montagnards et les varappeurs intrépides.

1 Autorisation d'habiter dans un endroit, délivrée par le ministère de l'Intérieur (MVD).

– Camarade docteur, flatte mon paternel, espérant amadouer la harpie en lui octroyant le titre de médecin qu'elle n'a pas. Notre maternité attitrée à la Pirogovka est malheureusement fermée. Nous y étions il y a un quart d'heure et celle-ci est la plus proche. Demandez au camarade chauffeur, il est témoin, c'est lui qui nous a conduits ici !

C'est un coup de génie ! Au moins, le pourboire exorbitant donné au taxi n'aura pas été dépensé en vain. Le conducteur cupide regrette déjà d'être resté avec nous. Jean de La Fontaine avait raison : l'avarice perd tout en voulant tout gagner. L'affaire risque de mal tourner, ça sent le roussi, et personne ne veut être mêlé aux complications administratives et autres enquêtes policières. Le mot « témoin » dans sa bouche prend une connotation judiciaire et inquiète l'affreuse chipie. Elle sait que son potentiel chantage au bakchich peut l'amener tout droit en prison. Elle semble hésiter. Mon père saisit immédiatement ce fléchissement dans le camp ennemi et s'empresse d'enfoncer le clou :

– Écoutez, je ne vais pas risquer la vie de mon futur enfant et celle de mon épouse en vadrouillant davantage dans Moscou la nuit. Si vous n'êtes pas d'accord pour les admettre chez vous, composez le numéro d'urgence, le « 03 », et appelez-nous une ambulance d'État, ici ! Mais vous leur expliquerez vous-même, en tant que soignant, pourquoi ils devront nous conduire d'une maternité ouverte et fonctionnelle vers une autre, au risque d'arriver trop tard. Devant témoins ! – D'un geste vague, il désigne le chauffeur de taxi et quelques personnes qui patientent dans le hall. – Qu'est-ce que vous faites du serment d'Hippocrate ? Non-assistance à personnes vulnérables, ça peut vous coûter non seulement votre poste ici, mais aussi la liberté !

Sa voix passe au pathos des tragédies grecques, réveillant d'autres gens dans le hall d'attente.

– De toute façon, nous ne bougerons pas d'ici ! Si vous voulez déloger de force mon épouse enceinte sur le point d'accoucher, appelez la milice ! Mais si cela tourne mal, on vous tiendra pour responsable, pénalement si nécessaire. Sans oublier le Parti : ma femme en est membre !

La mégère blêmit. Elle sait qu'elle a tort et qu'elle risque gros. En URSS, les apparences sont trompeuses. Dans ce pays de la dictature du prolétariat, un moujik mal fagoté peut se révéler appartenir au Comité central du PCUS[1] ou être un député du Soviet suprême, le parlement soviétique. Il vaut mieux accepter chez Grauerman quelqu'un qui n'a pas le droit d'y être que refuser par erreur ou mégarde la descendance

1 Parti communiste de l'Union soviétique.

d'un puissant apparatchik revanchard et au bras long.

Une petite foule de curieux qui somnolaient dans le hall en attendant les accouchements commence à affluer vers le bureau d'accueil, ça sent le scandale et les gens adorent ça. Parmi eux il y a peut-être des paparazzi qui guettent les naissances illustres, les secrets et les faits divers qui les accompagnent, et demain tout Moscou va en parler. Le chauffeur de taxi profite de la cohue pour filer à l'anglaise.

Notre cerbère comprend enfin qu'il est temps de battre en retraite et de régler le problème à l'amiable le plus rapidement possible, tant qu'il est encore sous son contrôle. Elle nous présente ses excuses et l'affaire est pliée en notre faveur. Je suis finalement admis dans la meilleure maternité de Moscou, à laquelle nous ne pouvions normalement prétendre. Indéniablement, c'est un signe précurseur du destin. Dès ma naissance j'ai eu droit à un premier coup de pouce de la providence, à mon premier moment de vérité, à mon premier *upgrade* social inattendu ; et il y en aura d'autres, beaucoup d'autres !

Lydia, ma mère, rassurée et confortablement installée dans une chambre individuelle cossue, s'endort, puis donne naissance vers 10h30 à un superbe bébé de 3 kilos et demi.

– C'est un garçon !, annonce l'infirmière à mon père, qui commençait à perdre patience dans la salle d'attente.

Il est tout fier ! Déjà papa d'une petite Svetlana née il y a un peu plus d'un an, il a maintenant un fils, un héritier, un Jirnov ! La question du prénom ne se pose pas : ce sera Sergueï[1], comme mon grand-père paternel, porté disparu en 1941 !

Pour ma naissance, le 17 avril 1961, les planètes se sont alignées. L'année dernière, le 1er mai 1960, nos redoutables missiles abattaient l'avion-espion U2, faisant prisonnier son pilote, Gary Powers. Il y a une semaine, Gagarine symbolisait l'emprise soviétique sur la conquête spatiale. Cette nuit, les Américains prennent une gifle à Cuba.

Je suis bien un enfant de la guerre froide. J'aurai le même âge que le Mur de Berlin, dont la construction sera lancée dans quatre mois.

1 Sergueï Olégovitch Jirnov. Littéralement « Sergueï fils d'Oleg ». Le second prénom, ou patronyme en Russie, est toujours dérivé de celui du père.

Chapitre 2

L'internat de Serpoukhov

Pendant trois ans après ma naissance, je vivrai dans une *kommounalka*, un appartement communautaire stalinien de la rue Pogodinka partagé avec trois autres familles, au milieu des cafards et des punaises. Pour s'évader de cet univers assez hostile, les promenades quotidiennes se font près du stade Loujniki et du couvent de Novodievitchi, où nous nous baladons tous les jours, ma sœur et moi, sous la surveillance de la *babouchka*, la grand-mère. Ou avec nos parents, le dimanche.

Il y a là un étang sur lequel nagent quelques cygnes majestueux, dont un entièrement noir, mon préféré. Je lui jette des morceaux de pain. Bien sûr qu'il aime le pain ! Mais j'ai l'impression qu'il m'aime, moi. Quand le soir tombe, nous prenons à regret le chemin de notre misérable logis. Un dimanche d'hiver 1964, le cygne noir n'est plus là, me causant sur le coup un énorme déchirement. À ce qu'il paraît, une bande d'ivrognes l'a massacré pendant la nuit. Je ne l'apprendrai qu'une vingtaine d'années plus tard. Sur le moment, ma grand-mère m'épargne la douleur de l'insupportable vérité en m'expliquant gentiment les départs vers le sud des oiseaux migrateurs qui quittent les rigueurs hivernales de notre pays pour voler vers des contrées plus clémentes. Son mensonge fonctionne et mon chagrin s'estompe un peu, se transformant en douce mélancolie, comme face à l'absence d'un ami qui est parti, d'un être cher qui nous manque. Mais un malheur n'arrive jamais seul. Le jour même, mon père nous annonce qu'à la rentrée prochaine, nous irons à l'internat.

La vie quotidienne avec deux enfants qui grandissent est devenue trop difficile dans l'unique pièce de 16 mètres carrés où nous vivons avec Anna Pavlovna – babouchka Anya –, notre grand-mère paternelle. En Union soviétique, on n'abandonne pas ses parents, même si le régime, lui, les oublie.

Son mari, Sergueï Ivanovitch, exempté de mobilisation dans l'armée régulière en raison de son âge au début de la Grande Guerre patriotique[1], le 22 juin 1941, était parti à l'automne comme volontaire dans la milice populaire de défense de la ville de Moscou. En décembre, son unité fut anéantie lors des durs combats qui l'opposèrent aux panzers nazis. Un carnage ! Les morts furent ensevelis sous les obus et, comble de malheur, il n'y eut aucun survivant officiel pour certifier des décès. Donc, au lieu d'être déclaré « mort au combat », tout le régiment fut « porté disparu » par les bureaucrates. Suivant une logique implacable, pas de corps, pas de pension pour les veuves et les orphelins. Pire, l'administration stalinienne laissa entendre, jusqu'à preuve formelle du contraire, qu'ils pouvaient être des déserteurs, des prisonniers ou des traîtres passés à l'ennemi, chez les nazis.

À compter de ce jour, ma grand-mère, qui n'avait jamais cru au communisme, cessa de faire semblant et développa une haine féroce contre Staline. À la mort du tyran, le 5 mars 1953, contrairement à d'autres Soviétiques inconsolables qui le pleuraient, elle organisa une fête de famille.

Mes parents veulent à tout prix nous extraire du cloaque invivable de la *kommounalka* stalinienne. Par chance, mon père est dessinateur industriel à l'usine centrale de pneumatiques de Moscou, dont le comité d'entreprise possède un merveilleux internat d'enfants près de Serpoukhov, au sud de Moscou. Ce n'est pas la porte à côté, il n'y a pas loin de 100 kilomètres, mais c'est cent fois mieux que d'entendre les engueulades quotidiennes avec les Ivanov, Tarassenko et Mansourov pour se partager la salle de bains commune ou faire la queue devant les toilettes.

Petits comme nous le sommes, ma sœur et moi ne voyons cependant rien de positif ni de pragmatique dans le fait d'être éloignés de notre famille. Qu'avons-nous fait de mal pour qu'on nous prive du droit de continuer à vivre ensemble ? C'est pour nous un déchirement

1. Nom par lequel les Russes désignent le conflit ayant opposé l'URSS à l'Allemagne nazie. Ce terme fait référence à la Guerre patriotique de 1812 contre les troupes napoléoniennes.

que nos parents ne comprendront jamais. Jamais ils ne mesureront la profondeur de la blessure infligée par cette séparation.

*

L'internat de Serpoukhov est un endroit très pittoresque et bucolique situé au bord de la rivière Oka, un affluent de la Volga.

Trois bâtiments très bien équipés sont réservés à la vie en autarcie totale des enfants pensionnaires, divisés en groupes d'âge : les petits (trois-quatre ans), les moyens (quatre-cinq ans) et les grands (jusqu'à sept ans). Dans chacun d'eux, une soixantaine de gosses, encadrés par trois surveillantes qui vivent sur place. Les agréments y sont nombreux – des aires de jeux à l'extérieur avec les bacs à sable et les vérandas, les bains publics pour se laver à tour de rôle une fois par semaine, un dispensaire avec une dizaine de lits, la cuisine commune, une blanchisserie, une chaufferie, un verger pour produire quelques fruits et un potager pour faire pousser des légumes.

Contrairement à la France, la maternelle en URSS ne fait pas partie de la scolarité. On n'y enseigne aucune matière spécifique, les gamins n'y apprennent ni à lire ni à écrire. C'est juste un jardin d'enfants, une garderie, sans aucun but éducatif formalisé, celui-ci étant réservé à l'école primaire, à partir de sept ans. Dans cette maternelle soviétique de trois à sept ans, on mange, on dort, on joue, on respire l'air, on grandit physiquement. Et, contrairement aux idées reçues, cela se fait d'une manière quasiment apolitique. L'encadrement se contente de mentionner vaguement le système socialiste qui permet aux enfants de profiter de cette belle structure, car il n'y a pas encore de propagande organisée ni d'activités idéologiques.

À Serpoukhov, on cultive l'autonomie. Très vite, il faut être indépendant pour se laver, s'habiller, faire son lit, être à l'heure. La seule chose qu'on y apprend vraiment, c'est la vie en collectivité soviétique, avec la soumission totale à une discipline implacable.

Le cauchemar pour moi, ce sont les repas en communauté. Le personnel n'est pas très nombreux et les préparatifs à la cantine pour près de 200 bambins lui prennent un certain temps. Ce qui veut dire que les plats commencent à refroidir lorsque nous nous mettons à table, tous au même moment. Au petit déjeuner, ce n'est pas très grave pour le thé, qui ne change pas d'aspect quand il est froid. En revanche, c'est catastrophique pour le lait, le café au lait ou le cacao. Il se forme alors à la surface du liquide une épaisse et horrible pellicule qui provoque chez moi une répulsion instantanée. À la maison, ma mère et ma grand-mère parvenaient facilement à éviter cet écueil en touillant en permanence mes boissons chaudes au lait avec une cuillère pendant l'attiédissement. Mais comment voulez-vous que trois braves dames dans notre groupe des « petits » s'occupent d'une soixantaine de gosses et brassent individuellement le gobelet personnel de « Monseigneur Jirnov », juste pour lutter contre une insignifiante peau grasse à la surface du lait ?

– Jirnov, tu ne peux pas être comme tout le monde ?

De cette époque je retiens que l'on m'appelle par mon prénom quand je suis un bon petit garçon et par mon nom de famille lorsque je suis un vilain garnement qui fait quelque chose de mal. Je découvre aussi le pire crime sociétal : ne pas être comme tout le monde. Mon cygne préféré, noir parmi les blancs, sur l'étang du couvent de Novodievitchi, me revient souvent en mémoire. Était-ce un autre signe de destin et de différence qui avait commencé avec ma naissance chez Grauerman ? Le génie de Brassens l'a mis en évidence tellement bien :

Au village sans prétention,
j'ai mauvaise réputation.
Que je me démène ou que je reste coi,
Je passe pour un je-ne-sais-quoi.
Je ne fais pourtant de tort à personne
en suivant mon chemin de petit bonhomme.
Mais les braves gens n'aiment pas que
l'on suive une autre route qu'eux.

Pour m'éviter le pire avec l'abominable peau du lait, j'essaie de ne boire que du thé, ce qui provoque la colère des surveillantes.

– Rien ne doit rester dans les tasses et les assiettes, tout doit être avalé par un bon petit citoyen pour qu'il grandisse bien et vite, c'est un ordre !

En réalité, c'est de la maltraitance déguisée en volonté fictive de bien faire. C'est bien connu, l'enfer est pavé de bonnes intentions. Cette torture m'est d'autant plus insupportable que mon attitude vis-à-vis de cette substance laitière hideuse est interprétée par le personnel comme un « caprice », voire une provocation perverse, une tentative de révolte contre l'ordre établi. Une dissidence précoce dans un pays communiste ! À trois ans et demi, je suis déjà considéré quasiment comme un mutin, un individualiste bourgeois, parce que la peau du lait chaud socialiste à la cantine collective me fait vomir. Pour un peu, on appellerait le KGB !

Pour me « rééduquer », on me force à avaler cette fichue peau indigeste, ce qui se termine irrémédiablement par des vomissements, que l'on m'oblige à nettoyer aussitôt sous le prétexte de m'endurcir et de me punir de ma « mauvaise conduite d'enfant gâté bourgeois trop sensible ». Cette trouvaille pédagogique provoque chez moi encore plus de nausée. Et des pleurs, des sanglots, qu'ils qualifient de larmes de crocodile. Bref, je vis un véritable cauchemar à chaque repas avec les boissons chaudes au lait.

La réaction de mon corps à cette névrose ne se fait pas attendre : je commence à faire pipi au lit. Ce qui aggrave encore ma situation, car mes matrones sont persuadées que je le fais exprès pour les embêter. Elles me punissent encore davantage, provoquant plus de pleurs, la spirale infernale. Dans le paradis soviétique, ma pauvre existence commence à ressembler à celles de David Copperfield ou d'Oliver Twist dans les romans capitalistes de Charles Dickens.

Tout cela aurait pu me mener jusqu'à l'hôpital psychiatrique, une fugue ou un suicide, mais mon ange gardien se réveille lorsque je tombe gravement malade. J'ai 40 °C de fièvre, je délire au lit et suis pratiquement dans le coma. On me met à l'isolement pendant trois semaines au dispensaire où un vieux pédiatre juif, perspicace, parvient à m'extorquer des aveux sur mes malheurs quotidiens dans ce supposé éden infantile communiste. Ce médecin a exercé pendant une trentaine d'années à l'hôpital de la rue Granovsky, et chez Grauerman. Drôle de coïncidence ! Avec un peu de chance, il aurait pu être mon accoucheur aux n° 15-17 de l'avenue Kalinine, comme le monde est petit…

Ce jadis illustre professeur de médecine, miraculé du Goulag et rescapé d'un procès stalinien fabriqué de toutes pièces – le prétendu complot des médecins juifs du Kremlin –, sait d'expérience que dans notre merveilleux pays on a tendance à couper la tête de celui qui sort du lot. Ici, on pratique le nivellement par le bas. Alors, pour me protéger contre ce système impitoyable qui l'a broyé et qui est en train de faire de même avec moi, il agit avec bienveillance en décidant d'aller à l'encontre de l'éthique scientifique soviétique et de tricher en ma faveur.

Il me diagnostique une fausse intolérance au lactose. Il établit pour moi une diète stricte individuelle, ce qui est un sacrilège dans un régime collectiviste! Ceci en interdisant formellement au personnel de me servir toute boisson contenant du lait.

À partir de là, refuser de boire du lait chaud ou ses dérivés, surtout l'abominable peau qui me fait vomir, n'est plus un « caprice individualiste bourgeois », c'est un ordre médical communiste ! Et en URSS, on ne discute pas les ordres! À nouveau je bénéficie d'un statut d'exception, d'un *upgrade* inattendu. Décidément, le favoritisme de chez Grauerman a marqué mon destin.

Hélas, je n'ai pas gardé dans ma mémoire le nom de ce merveilleux

Docteur, avec un « D » majuscule, qui a préservé ma santé physique et mentale. C'est ainsi que je découvre qu'un homme seul ne peut certes pas renverser tout un régime, mais peut parfaitement utiliser ses failles et ses faiblesses pour le contourner ou le détourner. Quel paradoxe symbolique, dans ce pays officiellement fraternel et internationaliste, mais en réalité profondément antisémite, qu'un pauvre juif tourmenté par un régime hypocrite et brutal sauve un enfant appartenant à l'ethnie russe dominante, celle qui persécute la sienne ! Un vrai juste.

*

Notre maminette paternelle vient nous voir assez souvent, bien que le voyage en train soit onéreux et sa retraite bien maigre. Mais à nos yeux, ce n'est pas assez. Les parents, eux, comme notre grand-mère maternelle, passent très rarement, car tous travaillent six jours par semaine. Affectivement, ils accusent le coup, nous leur manquons et c'est réciproque. Ils ne nous écrivent pas puisque nous ne savons pas lire. Parfois, ils nous téléphonent, mais les conversations interurbaines coûtent cher aussi.

Pour beaucoup d'entre nous, les pires journées à Serpoukhov sont les dimanches et les jours fériés, avec les heures réservées aux visites des familles, comme les parloirs en prison. Les petits pensionnaires se divisent alors en deux catégories inégales et opposées, presque des ennemis de classe : ceux, joyeux, qui sortent pour passer quelques heures avec leurs proches et ceux, malheureux, qui restent entre les tristes murs administratifs. Cette discrimination est monstrueuse, parce que l'on nous bassine déjà le cerveau avec des règles égalitaires hypocrites et idéalistes qui volent en éclats dès la première rencontre avec la triste réalité.

Le monde des enfants, même dans un pays communiste édénique, est cruel. Ceux qui reçoivent les visites nombreuses et régulières de leurs parents reviennent rayonnants dans les dortoirs avec cadeaux, bonbons et jouets. Les familles, qui se sentent coupables d'avoir mis leur progéniture dans une sorte d'orphelinat, essaient de se racheter par des largesses exagérées. Leurs gosses en sont momentanément ravis et ne se gênent pas pour montrer aux moins chanceux qu'ils ne sont pas prêts à partager leur futile petit bonheur matériel. Bien au contraire, car certains petits pervers jouissent du malheur de leurs camarades, privés de visites fréquentes et des cadeaux qui les accompagnent. C'est une torture morale insupportable car nous commençons à douter de l'amour de nos proches, nous nous sentons encore plus abandonnés dans ce lieu censé être enchanteur. Du coup, je commence à idéaliser ma *kommounalka* chérie. Même les punaises et les cafards de la rue Pogodinka me manquent. La nostalgie des odeurs domestiques me poursuit jusque dans mes rêves.

Un certain Vania[1] Stoupine est le plus odieux avec moi. Ses parents viennent tous les dimanches, il en est fier. Je suis jaloux. La petite crapule le sent. Il ne lui suffit pas d'être gâté et heureux, il lui faut encore me faire souffrir. Il semble éprouver un plaisir sadique à remuer le couteau dans la plaie.

– Alors, Jirnov, tes parents ne sont toujours pas venus aujourd'hui ? Tu sais, ils ne t'aiment pas. Ils vont te laisser ici tout seul pour toujours !

Cela fait très mal, j'ai toutes les peines du monde à retenir mes poings et mes larmes. Mais ça ne vaut pas le coup de lui casser la figure. Les bagarres sont sévèrement réprimées et je serai puni le premier, et alors je souffrirai encore plus – c'est le but de cette provocation de Stoupine. Je le hais tellement que je ne veux pas lui donner ce plaisir de contempler mes larmes. Sans mot dire, je pars en courant au fond du verger, près de la chaufferie, là où personne ne peut m'entendre, pour donner libre cours à mes sanglots de rage.

Dans cet état d'affliction extrême, je suis surpris là-bas par notre homme à tout faire, un moujik corpulent, grand et barbu, au regard farouche, un ours mal léché, comme un Gérard Depardieu déguisé en Raspoutine. Tous les petits pensionnaires ont une peur blanche de lui, c'est un *méchant sorcier* selon la légende locale, chuchotée dans nos oreilles par nos surveillantes pour nous rendre plus dociles aux rigueurs de la discipline. Dans sa chaufferie, il fait cuire les méchants enfants qui ne respectent pas les règles, et il les mange. Il suffit de le regarder pour le croire.

Quand je le vois, mes larmes s'assèchent d'elles-mêmes. Je suis paralysé par la frayeur, cloué au sol, et je m'attends au pire. Soudain, le colosse barbare me sourit gentiment et essuie mes joues mouillées d'un geste tendre mais avec un mouchoir pas très propre. Il m'emmène dans sa guérite surchauffée et me fait boire du thé avec de la confiture de cassis, ma préférée. On devient copains avec dyadya Micha, qui m'invite à revenir quand je veux. Le soir, dans mon lit, à l'âge de cinq ans et demi, avant de m'endormir je conçois mon premier grand complot machiavélique, ma terrible vengeance, mon grand bluff.

---

1. Diminutif familier, rigoureusement masculin, du prénom Ivan. D'où le titre de la célèbre pièce de Tchekhov *Dyadya Vanya (Oncle Vania)*. Le fait que des produits hygiéniques intimes féminins en France aient pour nom un prénom russe masculin m'a toujours fait rire ! D'ailleurs, Nikita, en Russie, est aussi un prénom réservé aux garçons.

Le lendemain, quand mon nouvel ami passe comme à l'accoutumée avec son grand balai de *sorcier* à côté de notre aire de jeux, j'en profite pour aller lui dire bonjour à la palissade, à la vue de tous et à la stupéfaction générale. En lui racontant des banalités enfantines sur l'endroit où joue notre groupe, que personne n'entend à distance, je fais semblant de lui montrer du doigt ostensiblement mon ennemi juré qui pâlit, ça se voit de loin. De retour vers le groupe, je lance ces mots terribles :

– Stoupine, si tu m'embêtes encore une fois, tu seras le prochain à être grillé et mangé par le sorcier. C'est mon ami, comme vous l'avez tous vu !

Un silence de mort s'ensuit. Ma ruse marche mieux que je ne l'espérais. L'épouvantable nouvelle se répand comme une traînée de poudre d'un groupe à l'autre.

Je ne serai plus jamais embêté par qui que ce soit ! Mieux, je constate que mon premier coup de maître dans la manipulation des gens marche mieux que je ne l'espérais. Les jours suivants, je perçois un changement radical dans mon statut et dans l'attitude des copains. Ceux qui reçoivent les colis ou les cadeaux lors des visites parentales viennent à présent les partager avec moi.

À défaut d'amitié, on cherche visiblement à m'amadouer et à acheter la bienveillance de celui qui est copain avec le *méchant sorcier*. Intuitivement j'entame le contact avec les mécanismes psychologiques qui sont à l'origine du pouvoir des prêtres, chamans et autres druides qui servent d'intermédiaire entre les petites gens et les forces surnaturelles, ésotériques et métaphysiques de l'au-delà.

Je retournerai régulièrement voir en cachette mon nouvel ami, dyadya Micha, dans sa guitoune surchauffée. Ensemble, nous buvons ce thé délicieux, celui avec la confiture de cassis, ou parfois avec du miel. Ce rustre méritait vraiment d'être mieux connu. De toute évidence, il souffrait du délit de sale gueule. Sous sa carapace féroce se cachait un être humain doux et un fin connaisseur du folklore russe et de toute la planète. Il collectionnait les livres de contes de fées populaires russes, ukrainiens et moldaves, ceux de Pouchkine, Krylov et Gogol, mais également des contes plus lointains comme les *Contes de ma mère l'Oye* du Français Charles Perrault, les contes anglais de Canterbury, ceux des frères Grimm, et bien d'autres.

En me les lisant, il m'ouvrit au monde ensorceleur de la sagesse universelle et de la beauté littéraire, bien avant toute propagande marxiste ! Il fut le premier à empêcher mon embrigadement précoce dans les thèses communistes et à entamer mon éducation. Celle-ci ne devait pas être très différente de celle des petits Européens. Et si sorcier il était, c'était plutôt un magicien enchanteur et bienfaisant qui parvint à embellir mon existence, à élargir les horizons de ma culture et à me réconcilier avec cet endroit austère qu'était notre internat.

*

À Serpoukhov, j'ai un autre atout énorme : ma sœur Svetlana, ma *grande* sœur. Contrairement à la majorité des autres pensionnaires, nous formons un binôme affectivement inséparable. Même si quinze mois nous différencient, et même si nous ne sommes pas dans le même bâtiment ni dans le même groupe en permanence, nous sommes deux atomes juxtaposés d'une seule et même molécule. Comme une petite réplique de la cellule familiale. C'est là notre avantage, et cela renforce notre résilience.

Dans cette féroce lutte enfantine pour le bonheur et la chaleur humaine qui nous manquent tant, nous faisons preuve de créativité. Avec Svéta (diminutif de Svetlana), nous finirons par dénicher une faille imparable dans l'encadrement qui veut tout contrôler. Nous inventerons une parade géniale à la fadeur de notre existence dans cette collectivité et à la cruauté de certains de nos copains.

– Sérioja Jirnov ! Ta grande sœur Svetlana t'attend à la salle de jeux, tu as trente minutes !

« Sérioja » est le doux diminutif de mon prénom.

Je me lève et me dirige, fier et heureux, vers la sortie du réfectoire où nous prenons le goûter, sous les regards envieux d'une soixantaine de paires d'yeux. Pédagogiquement et idéologiquement, les surveillantes ne peuvent pas nous interdire les visites fraternelles puisque dans tous les livres *communistes* qu'elles nous lisent, le régime paternaliste ordonne aux plus grands de toujours s'occuper des plus petits. Donc, à la place de nos parents, avec ma sœurette nous nous rendons visite entre nous, sur place, d'un bâtiment à l'autre.

Mieux encore : nous pouvons le faire tous les jours de la semaine et pas seulement les dimanches et jours fériés. Nous en profitons quotidiennement. Nous nous faisons des câlins. Nous échangeons des cadeaux primitifs improvisés, des bonbons ou des biscuits mis de côté lors de nos repas respectifs – c'est l'intention qui compte, et le même bonbon ou biscuit que nous avons l'habitude de manger à la cantine, partagé entre nous, nous semble d'un goût plus suave, délicieux. Nous nous embrassons fraternellement dès que nous le pouvons, en public, entre frère et sœur, narguant ainsi tous ceux qui se sont moqués de nous le dimanche précédent quand nos parents ne sont pas venus nous voir.

*

Le temps passant, je m'accoutume tant bien que mal à la séparation forcée d'avec ma famille. Peut-être est-ce de là que découle chez moi cette faculté à « couper les ponts » qui me sera bien utile lorsque j'intégrerai les illégaux et encore plus quand je quitterai définitivement la Russie pour me réfugier en France. De cette accoutumance à la séparation, le personnel de l'internat, assez dévoué et chaleureux dans l'ensemble, y est pour beaucoup. Le grand air de la campagne, les commodités, la tranquillité et une excellente cuisine également.

Cependant, malgré le confort matériel de Serpoukhov, je vis jusqu'au bout cette coupure du cocon familial comme une grande punition, je me sens orphelin. Je ne comprends toujours pas pourquoi je suis puni et séparé de toute ma famille. Avec ma sœur, nous sommes persuadés que si nous restons très sages et obéissants, nos parents changeront d'avis et nous sortiront enfin de cet « orphelinat ».

Pourtant je n'ai pas gardé non plus le souvenir d'une enfance malheureuse. Il y avait beaucoup de moments magiques : les grandes fêtes, les kermesses, les sorties au cinéma, au cirque ou au théâtre. Et en été les pensionnaires de Serpoukhov pouvaient partir en congés avec leurs parents. C'est ainsi qu'en août 1967, pour la première fois, nous passons en famille un mois entier dans le Caucase et au bord de la mer Noire – une grande découverte qui va me bouleverser et marquer toute ma vie !

*

Pour un citoyen d'Union soviétique, il ne fait aucune doute que le toit de l'Europe se situe dans le Caucase. Précisément au mont Elbrouz, qui, tel un chameau blanc, a deux têtes dont l'une atteint 5 642 mètres. C'est en effet une aberration de la géographie occidentale que de considérer le Caucase comme marquant la séparation entre l'Europe et l'Asie. Même De Gaulle parlait de l'Europe de l'Atlantique à l'Oural ! À nos yeux, la limite géographique européenne sud se trouve à la frontière entre l'URSS et la Turquie[1], mais que ne ferait-on pas pour permettre aux Français de pousser un cocorico avec leur mont

1. Les Russes placent la frontière de l'Europe sur la chaîne montagneuse de l'Oural à l'est et sur le fleuve Araxe et la frontière turque au sud.

Blanc, pourtant plus petit de pratiquement un kilomètre !

La haute montagne, c'est la passion de mon sportif de père. Il pratique l'alpinisme depuis sa jeunesse et le ski l'hiver. À l'armée, il était copiste. Chaque unité avait un scribe qui était chargé de la rédaction des rapports et autres documents. Sa belle écriture – il faisait de la calligraphie à ses heures perdues – l'avait propulsé à cette tâche. Et pas n'importe où ! À l'État-major de la circonscription militaire de la ville de Moscou, place Arbatskaïa, à 300 mètres de Grauerman, mon futur endroit de naissance. Au lieu de rester le soir à la caserne, le plus souvent il rentrait dormir à la maison, rue Pogodinka. Son statut privilégié lui permettait même d'obtenir régulièrement de longues permissions pour aller faire de l'alpinisme militaire dans le Caucase et le Pamir, tous frais payés par l'Armée Rouge.

Son nom commence à être connu dans le milieu et il figure à l'almanach fédéral d'alpinisme à côté des plus grandes célébrités sportives de cette discipline. Nul doute que si le mariage n'y avait mis un frein, car ma mère tremblait de peur pour lui, il aurait accompagné ses amis de jeunesse dans leur conquête de l'Everest.

La passion ne vaut que si elle est partagée ! C'est ainsi qu'après quarante-huit heures en train et bus, toute la famille Jirnov se retrouve un beau matin au pied du célèbre mont à deux têtes dans le Caucase du Nord, à 2 500 kilomètres de Moscou. Et dans cette aventure nous ne sommes pas seuls : mon père a emmené avec nous une douzaine de lycéens de ma future école. Dans la vallée de Baksan, mon papa est apprécié et connaît beaucoup de monde. Il a déjà gravi l'Elbrouz à deux reprises – la première fois comme membre d'un groupe et la deuxième comme chef et guide, à son tour.

J'ai six ans, et pour moi c'est un voyage dans un pays de rêve. Tout y est différent et impressionnant. Les sommets majestueux et les hauts cols dénués de forêts, les lacs et rivières aux eaux limpides et glacées, même en été, dans lesquelles on voit nager des truites, poisson inconnu à Moscou. Les marmottes qui sifflent fort dans les alpages, les ânes et les chevaux, qui sont le moyen de transport favori des bergers. Eux sont habillés différemment et parlent des idiomes incompréhensibles pour nous, les Russes : le kabarde et le balkar.

J'arrive peu à peu à vaincre ma peur du vide et je fais mon premier voyage en télésiège, qui me transporte suspendu dans l'air. J'ai l'impression de voler, d'être un oiseau, un aigle survolant l'abîme. Même adulte, ça vous marque à jamais, une telle haute voltige ! Pensez donc à ce que cela produit dans la tête d'un gosse de six ans !

La haute montagne, c'est une machine à voyager non seulement dans l'espace mais aussi dans le temps. Ma saison préférée, c'est l'hiver, et dans le Caucase il y a de la neige en été ! Sur les hauts glaciers, on peut donc skier en plein mois d'août ! On organise des batailles de boules de neige et on pratique la luge sur les névés. Je suis au septième ciel !

J'apprends aussi que ces endroits paradisiaques peuvent changer de visage en quelques minutes. Un jour, nous sommes surpris par un orage de grêle et la température chute, passant de 25 °C à -2 °C en un quart d'heure. C'est là que nous comprenons enfin pourquoi mon père nous oblige à mettre toujours deux pulls et d'autres vêtements chauds dans nos sacs à dos, même pour de courtes balades par grand beau temps.

À la mi-août, nous sommes sur notre dernier parcours du Tchéguète vers la Svanétie et la mer Noire. La grimpette est difficile, nous sommes chargés. Le soir, nous décidons de nous arrêter pour un bivouac nocturne au col de Dongouz-Oroun, à 2 600 mètres d'altitude. Rien ne laisse présager un danger. Épuisé par une longue journée de marche, l'ensemble du groupe a hâte, après un dîner vite avalé, de se glisser dans les sacs de couchage pour une courte nuit de récupération.

Dans notre sommeil de plomb, nous n'entendons pas la pluie qui commence à tambouriner sur la toile des tentes. Au milieu de la nuit, la nature se déchaîne et une terrible tempête éclate. Des trombes d'eau s'abattent du ciel, des rafales de vent violent risquent de dévaster notre campement. Les éclairs deviennent de plus en plus rapprochés et le tonnerre est assourdissant. Le minuscule ruisseau près duquel nous avions établi notre bivouac se transforme soudain en un redoutable torrent de boue qui charrie des grosses pierres dans un vacarme fracassant. On dirait qu'une colonne de blindés dévale la pente. Il s'en faut de peu qu'il n'emporte l'un de nous et que nos tentes ne soient pulvérisées par les flots déchaînés.

Quand la tempête semble enfin se calmer, nous sommes inondés et, avec ma sœur Svéta, nous finissons la nuit couchés sur nos deux parents, qui baignent dans une mare de dix centimètres de profondeur. Une sensation paradoxale m'envahit. Je suis plus heureux, je me sens plus en sécurité, allongé sur mes parents dans une flaque d'eau au cœur d'une haute montagne devenue soudain hostile voire meurtrière, dans une tempête effroyable qui risque de tout emporter sur son passage, que tout seul dans mon lit douillet, dans le calme absolu du dortoir collectif de l'internat de Serpoukhov !

Au lever du soleil et à la sortie de nos abris, nous découvrons qu'un énorme monolithe de granit de trois ou quatre tonnes s'est immobilisé à 50 centimètres de la première tente. Mais tout est bien qui finit bien. Le matin, il nous suffira d'un peu plus d'une heure pour faire sécher nos affaires mouillées au soleil ardent et radieux qui est revenu plus beau qu'auparavant. Personne n'est mort ni blessé, nos frayeurs ont disparu, le paysage est magnifique et l'aventure nocturne qui risquait de virer à la catastrophe est vite oubliée. Après un petit déjeuner copieux qui a un goût de festin, nous reprenons la route sinueuse comme si de rien n'était.

Ce périple montagnard de rêve se termine au Nouvel Athos, en Abkhazie, sur la côte subtropicale, où je découvre une autre merveille : la mer ! Elle est chaude, salée et pleine de vagues qui vous menacent, vous font tomber et peuvent vous entraîner. Mais elles vous portent et vous bercent aussi. L'air est iodé et les repas caucasiens n'ont rien de commun avec la cuisine russe. Les bazars pittoresques regorgent de fruits et de légumes exotiques. Les plages grouillent de monde. Tous les gens sont joyeux, bronzés, décontractés, contents de passer des vacances de rêve. Nous faisons partie de ces 20 % de Soviétiques privilégiés qui peuvent en profiter. Nous sommes heureux. Pour moi, c'est le début d'une grande passion pour la montagne qui m'accompagnera toute ma vie.

Et pour couronner le tout, nous rentrons de la mer en avion ! Le Tupolev-104 à réaction nous secoue terriblement et je suis malade comme un chien lors de cette initiation atmosphérique. Je me sens presque cosmonaute ! Je rentre à Moscou bouleversé par toutes les émotions que m'a procurées cette odyssée. Tant de découvertes en un mois, c'est beaucoup pour un gamin de six ans qui est resté cloîtré pendant trois ans dans un internat !

*

À la rentrée de septembre 1967, au retour du Caucase, Svetlana a quitté Serpoukhov pour commencer l'école primaire à Zélénograd et les trois derniers mois je suis seul à l'internat. Ç'aurait pu être les pires trois mois de ma petite enfance, mais mon statut s'améliore encore. Je suis maintenant dans le groupe des « grands ».

Et surtout, je rapporte de mon voyage fantasmagorique de l'été une kyrielle de photos, où je suis immortalisé avec mes parents (preuve visuelle qu'ils m'aiment), et des souvenirs du Caucase et de la mer Noire : des cartes postales avec les sommets enneigés et les animaux exotiques, un galet de mer avec une décalcomanie représentant les palmiers du Nouvel Athos et la mer, un bonnet en feutre et un pull de laine traditionnels de Svanétie, et j'en passe. Je suis le seul de l'internat à être allé aussi loin – à plus de 2 500 kilomètres de Moscou –, le seul, à six ans, à avoir pris le train sur une aussi grande distance, et l'unique pensionnaire à avoir une double expérience de la haute montagne et de la mer. De plus, je suis le seul à avoir voyagé en télésiège et en avion !

Mes récits enthousiastes enchantent et fascinent les copains. Je brode autour avec une imagination débordante et très vite, ils se transforment en contes et légendes. Mes histoires m'emportent moi-même et me voici escaladant dans les neiges éternelles les sommets de l'Elbrouz ! La vérité importe peu à mes auditeurs, c'est l'émotion et le rêve qui comptent. Ils me suivent sans problème dans mes délires féeriques.

Car je possède un ultime atout pour légitimer toute invention invraisemblable. J'ai le véritable petit badge « Touriste de l'URSS ». C'est un vrai titre sportif, celui du niveau adulte ! Cet insigne ne peut pas être porté par n'importe qui ! J'en possède également le document, un certificat imprimé en bonne et due forme, avec mon nom inscrit en toutes lettres. Bien sûr, aucun d'entre nous ne sait encore lire, mais le gros tampon violet est là ! Visuel et convaincant même pour les illettrés que nous sommes, ceci afin de rendre caduque toute tentative de remettre en cause son authenticité. Ça en jette ! Beaucoup sont verts de jalousie. Ceux-là donneraient tout pour en posséder un, eux aussi !

Deux comédies extrêmement populaires, *On l'appelait Robert* et *La Prisonnière caucasienne,* ont été tournées au Baksan dans les années 1960. Au cinéma, je reconnais et montre à mes copains les endroits précis où je suis passé. Je deviens la star de Serpoukhov et cette gloire locale rend mon existence plus supportable et même agréable. Tout le monde veut être mon ami, de nombreux pensionnaires veulent partager leurs cadeaux avec moi. Je suis gâté.

Enfin, en novembre, alors qu'il me reste moins d'un an à faire pour terminer mon cycle en maternelle, mon père change d'emploi et perd définitivement le bénéfice de l'internat de Serpoukhov. Pour ma famille, c'est la perte notable d'un privilège matériel. Pour moi, c'est une délivrance de la vie en collectivité et le retour tant attendu à une vie familiale normale !

Chapitre 3

La brioche du Premier ministre

31 décembre 1967, 10h37, Arkhanguelskoïé, banlieue sud-ouest de Moscou

Je patine. J'ai six ans passés de huit mois et je décris des arabesques sous le regard émerveillé de ma babouchka. Rien d'étonnant à cela : en Russie, on vous met sur des patins et des skis de fond dès que vous commencez à marcher. Ce qui est surprenant, c'est l'endroit. J'ai chaussé mes patins à glace, achetés d'occasion, pour glisser sur l'une des plus belles patinoires de l'URSS, celle d'Arkhanguelskoïé, le « village de l'archange saint Michel ». Je suis bien loin des étangs gelés de mon quartier du centre de Moscou. Ici tout est lumières multicolores et musiques diverses. Bon, il est vrai qu'on entend plus souvent les Chœurs de l'Armée Rouge qu'autre chose, mais il y a une ambiance.

Nous sommes à 25 kilomètres au sud-ouest de la capitale, et l'endroit est chargé d'histoire puisque nous sommes à deux pas du palais ayant appartenu à la famille des princes Golitsyne puis à celle des Ioussoupov, parmi les plus illustres et les plus vieilles dynasties aristocratiques de Russie. Le dernier propriétaire, le prince Félix Ioussoupov, l'un des cerveaux de la conjuration ayant mené à l'assassinat de Raspoutine, s'exila en France après la Révolution de 1917. Le domaine fut confisqué par les bolcheviks, qui y installèrent une maison de repos. D'abord réservée, à sa reconstruction en 1930, aux ouvriers méritants, elle fut transformée à la fin de la guerre en établissement de luxe destiné aux dignitaires militaires soviétiques. On y croise des maréchaux, héros de la Grande Guerre patriotique, décorés comme des sapins de Noël, déambulant dans le grand parc en ressassant l'offensive des blindés dans le saillant de Koursk en 1943.

Une petite bourgade, le *gorodok*, a été construite à proximité afin d'y loger le personnel chargé de veiller au bien-être et à la santé des résidents du sanatorium. Ma grand-mère maternelle Anastasia en fait partie depuis 1938. Ma tante Toma (diminutif de Tamara) et mon cousin Vova (Volodia) habitent avec elle. Souvent, le week-end, la famille Jirnov prend la route depuis Zélénograd afin de leur rendre visite. Nous profitons ainsi des avantages locaux de babouchka Nastya, sans vraiment y avoir droit.

Dans sa grande générosité, la direction tolère que les personnels et leurs familles viennent patiner en hiver avec le gratin de l'Armée Rouge. Je glisse donc, en ce jour de décembre, cela fait même un bon moment que j'enchaîne figures et chutes successives, lorsque brusquement je perçois un appel auquel je ne peux pas résister. C'est celui du ventre ! J'ai faim. Pas de souci, j'ai repéré au cours de mes évolutions un petit chalet en bois sur la terrasse duquel, sous une tente, à côté de quelques braseros, on distribue thé et brioches à volonté. En avant ! Je suis à deux enjambées de la corne d'abondance du communisme quand une poigne de fer m'arrête.

– Où vas-tu ? m'interroge ma babouchka sur un ton de commissaire politique.

– Manger une brioche, *boulotchka* ! Il y en a plein sous la tente…

– Sérioja, tu ne peux pas, ce n'est pas pour toi. C'est réservé aux grands chefs qui sont là !

Et elle me désigne l'aréopage chamarré des dignitaires et leurs familles qui s'agitent autour du festin.

J'ai six ans et la subtilité des privilèges accordés à la nomenklatura du pays de Lénine m'échappe encore. N'était-il pas censé les avoir abolis en 1917 ? Je passe à la vitesse supérieure en déclenchant une crise de larmes et en hurlant *brioch' ! brioch' !* Je vois ma grand-mère pâlir et me tirer de toutes ses forces vers l'espace réservé au prolétariat. J'ai beau lui montrer les gamins de la classe dirigeante qui s'empiffrent copieusement, indifférents à mon malheur, rien n'y fait.

– Tu peux patiner tant que tu veux, mais tu ne t'approches pas de cette tente, me dit-elle, croyant conclure.

Erreur, il me reste une arme fatale. J'enclenche la crise de nerfs avec convulsions. En général, cela marche bien dans les cas désespérés, et celui-ci en est un. La honte est en train de submerger la famille Jirnov quand un homme se lève et vient vers moi. À travers mes larmes je distingue qu'il tient une brioche dans la main.

– Tiens, gamin, la voilà, ta brioche !

J'avance vers lui alors que, du coin de l'œil, je vois ma grand-mère se pétrifier. Il se penche vers moi et me demande mon nom.

– Sergueï ! – Je lui donne le prénom officiel, comme un grand. – Et toi, tu t'appelles comment ?

– Alexeï, et j'habite ici.

Il a l'air sympa, Alexeï, d'autant plus que je n'ai pas connu mes deux grands-pères, morts au front pendant la guerre. Voyant qu'il tend la main pour sécher mes larmes, j'approche ma joue. Dans ma tête de gosse, j'ai maintenant un *dédouchka* (grand-père).

– Écoute-moi, Sérioja, ma datcha au portail vert est à côté. Quand tu auras le temps, passe me dire un petit bonjour.

– Oui, je la connais, on passe devant tout le temps. Je le ferai, dédouchka Alocha.

D'une tape sur l'épaule, il me renvoie vers ma famille. Je reviens tout fier avec ma brioche vers ma grand-mère et ma tante, livides.

– Tu sais qui t'a donné le gâteau ? demande ma tante.

– Ben oui, c'est dédouchka Alocha.

– C'est Alexeï Kossyguine, le président du Conseil des ministres, *slych* ! (Tu entends !) Par la vierge de Kazan, tu nous as fait honte !

Du bas de mes six ans je ne comprends pas le charabia qu'elle utilise pour désigner son poste gouvernemental. Je m'en contrefiche. Ce qui compte, c'est la brioche salvatrice et le souvenir de son doux sourire de grand-père attentionné. Autant dire que le soir, l'ambiance est festive dans l'appartement. À n'en pas douter, selon mon père, il y a de la graine de dissident en moi et il est grand temps de commencer mon éducation politique.

– Dès qu'il sera à l'école, hop !, chez les petits octobristes[1] !, suggère le paternel.

Ne comprenant rien au débat, j'échafaude déjà une stratégie pour le week-end prochain afin de retrouver, sans provoquer de scandale, ce bon Alexeï, mon pourvoyeur de brioches.

Le dimanche suivant, je prends les devants et, sous prétexte d'aller jouer dehors avec les copains, je fonce à la datcha du Premier ministre. Faire 600 mètres tout seul dans la neige, pour un gamin de six ans, c'est une expédition ! Je passe devant notre patinoire, celle du *gorodok*, celle des prolétaires. Ici, pas d'illuminations, encore moins de musique ou de brioches. Encore un petit effort. Le voilà enfin, le portail vert. Un garde, épaulettes et revers bleus, est planté de l'autre côté de la grille. Je suis trop petit pour pouvoir atteindre le bouton de la sonnette, alors je frappe.

– Tu t'es perdu, gamin ?

– Non, j'habite pas loin, je veux voir dédouchka Alexeï.

1. Organisation de jeunesse créée en 1925 pour les enfants de sept à neuf ans. Elle était la porte d'entrée pour intégrer les Jeunes Pionniers puis, à partir de quatorze ans, le Komsomol (Jeunesse communiste).

– Qu'est-ce que tu me racontes ?!
– Dimanche dernier, il m'a dit de venir.
– Tu t'appelles comment ?
– Sérioja Jirnov.
– T'as quel âge ?

Je lui montre ma main droite avec les cinq doigts bien écartés et un autre doigt à ma main gauche. La leçon de la grand-mère bien apprise. Je suis fier et grand.

Le garde du KGB est méfiant mais il cède devant mon assurance. Il prend un téléphone et appelle la datcha. La réponse arrive moins de deux minutes plus tard.

– Entre !

Alexeï Kossyguine m'accueille sur le pas de la porte et me fait entrer. Il m'emmène dans une petite salle de cinéma et demande de passer un dessin animé au lieutenant du KGB Zagvozkine, son projectionniste privé (qui, sept ans plus tard, épousera ma tante Toma et deviendra mon oncle Matveï). C'est la fête ! Un maître d'hôtel apporte du thé et des gâteaux et Alexeï prend de mes nouvelles.

Une bonne heure plus tard, le soir tombant et de crainte que je ne me perde, il demande à son chauffeur de me raccompagner. Encore plus content, je m'installe alors sur le siège avant, à côté du chauffeur, dans la grosse limousine noire Tchaïka (la Mouette) qu'ici tout le monde connaît. Mille trois cents mètres séparent la datcha du Premier ministre de la route nationale. Chaque matin, Kossyguine parcourt cette distance à pied, son imposante voiture roulant au pas derrière lui. Il salue chaque personne qu'il rencontre, quelle que soit sa condition, échange volontiers quelques mots et parfois propose à ceux qui en manifestent le désir de venir lui exposer leurs problèmes lors du rendez-vous hebdomadaire que, en tant que député du Soviet suprême, il organise dans l'une des salles de la maison de repos ou de l'école du *gorodok*.

L'étroitesse de la route empêche la Tchaïka d'arriver devant notre immeuble et je franchis les derniers mètres à pied, mais c'est fier comme un garde du Kremlin que j'entre dans l'appartement familial. Mes explications sur l'endroit où j'ai passé l'après-midi ne convaincront personne. Nul ne me croira et mon père, loin de vouloir m'envoyer chez les octobristes, dira à ma mère qu'elle a engendré un mythomane !

En ce jour de décembre 1967, je suis loin de penser que, dans onze ans, la brioche d'Alexeï va changer ma vie.

Chapitre 4

Zélénograd

Depuis 1964, peu après mon départ de Moscou pour l'internat de Serpoukhov, ma famille a emménagé dans la cité nouvelle de Zélénograd, la « ville verte » en russe. C'est un rêve inaccessible pour la majorité des Soviétiques et même pour de nombreux Moscovites. C'est là, au nord-ouest, sur la route de Léningrad, à 41 kilomètres du centre de Moscou, que le Politburo du Parti communiste d'Union soviétique (PCUS) a décidé à la fin des années 1950 de créer sa « Silicon Valley ». Comme le Parti ne fait pas les choses à moitié, il a été décidé que la ville serait classée « secrète » et qu'elle serait close, interdite aux étrangers occidentaux. Des points de contrôle ont été édifiés à chaque entrée de la cité. Seuls les centres de recherche et les entreprises travaillant pour la défense et la conquête spatiale dans les domaines émergents que sont l'électronique, l'informatique et la physique nucléaire peuvent venir s'y installer.

Ma mère, qui occupait un poste de technicienne supérieure dans une usine de radio-mécanique, a intégré comme ingénieure l'Institut de recherche en technologie de pointe dans les circuits intégrés, le NIITT, qui est doté d'une entreprise expérimentale, « Angström ». Celle-ci s'est implantée à Zélénograd l'année précédente. Sa position professionnelle et son appartenance au Parti permettent à ma mère d'y obtenir un logement familial. Mon père, lui, continue de travailler à Moscou dans l'usine de pneumatiques afin de continuer à bénéficier du droit à l'internat de Serpoukhov pour ma sœur et moi. Il rejoindra l'entreprise de notre mère en novembre 1967.

La majorité des constructions dans cette ville nouvelle sont encore des *khrouchtchevka*, des immeubles en préfabriqué, construits à la va-vite sur un programme lancé par Nikita Khrouchtchev dans les années 1950-1960. La durée planifiée de leur vie étant limitée à vingt-cinq ans, les matériaux ne sont pas de qualité. Peu importe ! Comparées aux *kommounalki* staliniennes, c'est le paradis ! Les détracteurs actuels de ce programme immobilier khrouchtchévien de grande envergure ont la mémoire courte et ont très vite oublié le soulagement que ces constructions avaient apporté à des millions de gens.

La famille Jirnov possède enfin un logement individuel de 40 mètres carrés. C'est un trois-pièces avec cuisine, petit balcon, chauffage central. Et, comble du luxe, il y a une salle de bains, des WC séparés, ainsi qu'une ligne téléphonique privée, chose rare à Moscou. Fini, les cafards, les punaises, les voisins imposés, les engueulades et autres scandales quotidiens. Tout y est neuf, propre et écologique avant l'heure. La cuisinière est électrique et l'eau du robinet minérale et limpide, sans chlore, puisqu'elle provient d'un puits artésien profond d'un kilomètre. Il n'y a pas d'ascenseur dans l'immeuble, mais l'ascenseur social fonctionne ! En aménageant ici, nous changeons radicalement de statut et intégrons la nouvelle classe moyenne soviétique. S'il y a un éden communiste, il se trouve à Zélénograd !

C'est ici que l'on a réuni la fine fleur de l'intelligentsia scientifique et technique. Cette banlieue assez éloignée de la capitale en fait administrativement partie. Elle deviendra d'ailleurs son trentième arrondissement en 1969. Et cela change tout !

Pour les idéologues du Parti, nos chercheurs devant se consacrer exclusivement aux intérêts de la deuxième puissance militaire mondiale, il convient de les débarrasser de toutes les contingences matérielles. Ainsi, chaque quartier dispose de ses propres crèches et jardins d'enfants, de ses écoles, d'installations sportives et culturelles, d'un bureau de poste, d'une banque, d'un salon de coiffure et d'un centre commercial toujours très bien approvisionné.

Un grand cinéma Electron et une piscine, plusieurs bibliothèques, polycliniques et hôpitaux, quelques restaurants et magasins spécialisés fournissent leurs services à toute la ville. Non seulement les lignes de bus locales sont régulières et relient les différents secteurs entre eux, mais un car part toutes les dix minutes pour Moscou. La forêt est là, toute proche, qui permet la cueillette des champignons, les pique-niques, les loisirs et les sports dans la nature. En hiver, chaque dimanche, un quart de la population pratique le ski de fond.

Cette ville de 160 000 habitants est devenue la cité idéale de toute l'URSS.

*

À Zélénograd, la « ville secrète », on numérote tout ! J'habite le quartier n° 3, dans l'immeuble n° 18, entre le centre commercial n° 3 et le cinéma Electron. Notre bâtiment n° 318 (désignation officielle obtenue par l'accolement du numéro de quartier et de celui de l'immeuble) est une construction de quatre étages et de 300 mètres de long dotée de huit entrées. Mais les concepteurs de cet ensemble urbanistique ont mis un point d'honneur à ne pas aligner les barres comme dans les autres banlieues moscovites.

Ma rue et la grande place adjacente portent le même nom, celui de « la Jeunesse », et il est vrai que dans cette ville fermée on croise peu de personnes âgées, car l'URSS a perdu 27 millions de citoyens pendant la guerre. Mais depuis les années 1950 elle connaît, elle aussi, son baby-boom.

Il me reste encore quelques mois de maternelle à faire à Zélénograd avant d'entrer à l'école primaire. Malheureusement, la planification de la ville nouvelle connaît aussi ses limites. Au pied de mon immeuble il y a bien un jardin d'enfants (une maternelle), mais hélas, il n'y a plus de place pour moi car personne n'a planifié mon départ précipité de Serpoukhov. On m'inscrit donc dans un autre établissement, dans le quartier voisin, à un kilomètre de chez moi.

Les horaires de mes parents ne leur permettent pas de m'y déposer et il est difficile à ma grand-mère handicapée de descendre et monter les quatre étages à pied plusieurs fois par jour. Qu'à cela ne tienne ! L'internat de Serpoukhov m'a appris l'autonomie et, à l'aube de mes sept ans, pendant plusieurs mois, je ferai cet interminable trajet aller-retour tout seul, comme un grand.

C'est là que je me ferai quelques amis d'enfance, dont Arkacha Koulikov et Olya Gousséva, avec lesquels je vivrai toute ma scolarité. Nous ne nous quitterons que le jour où je rejoindrai la prestigieuse université MGIMO, l'antichambre du KGB.

*

À Zélénograd, je trouve bien sûr le confort moderne que nous n'avions pas rue Pogodinka dans notre ancienne *kommounalka* stalinienne, mais j'y retrouve d'abord et avant tout une chose primordiale qui m'a cruellement manqué pendant trois ans et demi : ma famille. Avec ma sœur, nous avons notre chambre. Mais pendant un an, presque tous les matins, voire parfois au milieu de la nuit, je me glisse dans le lit de mes parents, où je retrouve la chaleur humaine du cocon familial dont j'étais totalement privé à Serpoukhov. Avec le recul, je me rends compte que j'ai certainement perturbé leur vie intime pendant cette période, mais ce n'est pas grave. Je peux enfin avoir les milliers de câlins qui m'ont tant manqué pendant mon séjour à « l'orphelinat ». Je me réhabitue à leurs odeurs, à leur présence permanente. Et une plénitude heureuse me remplit. En même temps, j'ai peur de la perdre du jour au lendemain. Aussi je réitère sans cesse mes petites démarches pour qu'elles redeviennent des habitudes. Une routine dont les enfants qui n'ont jamais quitté leur maison n'apprécient pas vraiment la portée et l'importance.

Je peux boire à nouveau le lait chaud, soigneusement préparé par ma mère ou ma grand-mère. Je retrouve aussi la joie d'aller et venir librement dans une grande ville confortable, sécurisée et bien achalandée. J'aide ma babouchka Anya dans les tâches ménagères ou en faisant les courses, car elle a beaucoup de mal à marcher.

L'hiver 1968 est rude, un courant froid vient de Sibérie et la nuit la température descend jusqu'à -25 °C. Un matin de janvier, j'aperçois une foule de paysans mal habillés qui se presse devant le centre commercial de mon quartier de la cité verte.

– Passeport, *propiska* !, exige le milicien de faction, chapka sur la tête.

Et ce matin-là, le milicien refuse systématiquement l'entrée au magasin à tous ceux qui n'habitent pas la ville. Rien à dire, il est dans son droit ! La planification a prévu un approvisionnement pour une ville de 160 000 personnes, pas question que tous les affamés des alentours viennent se ravitailler chez nous ! C'est le discours que tiennent les autorités de la cité, qui ne veulent pas se mettre à dos la nomenklatura scientifique qui peuple la « Silicon Valley ». Et pour ces malheureux des villages qui bordent Zélénograd, ce qui est frustrant c'est qu'il ne s'agit pas d'un problème d'argent mais bel et bien de magasins vides. D'ailleurs, même pour nous, en dehors des produits de base, les choses sont compliquées. L'achat d'un jean suppose d'avoir des accointances avec les vendeurs, qui nous préviennent quand le pantalon tant désiré est arrivé. Moyennant un bakchich, bien sûr ! Le marché noir qui se développe autour des biens de bonne qualité est la honte de la nation. Le phénomène ne va cesser de s'amplifier au fil des années et il ne sera pas pour rien dans la chute du communisme.

*

– Les enfants, venez vite ! La cérémonie d'ouverture à Grenoble va commencer !

– C'est quoi, Grenoble ?

– C'est une ville en France, au pied des Alpes, de leurs montagnes. C'est comme Naltchik dans notre Caucase à nous !

Mon papa, en expert de la montagne, nous explique que les Alpes, c'est le Caucase européen. Il nous précise que Grenoble, la capitale des Alpes françaises, se trouve dans une cuvette, au pied des quatre massifs du Vercors, de la Matheysine, de Belledonne et de la Chartreuse. Cette ville est presque une sœur jumelle de Zélénograd, avec ses 130 000 habitants, son architecture, son urbanisme moderne d'après-guerre, ses centres universitaires et de recherche et ses industries de pointe. À une exception près, mais une exception de taille : la sœurette alpine est ouverte au monde, elle ! Cela ne va pas sans provoquer un petit pincement au cœur des habitants de la « ville verte » soviétique, qui se sentent plus isolés que d'habitude.

Nous sommes tous impatients devant l'écran minuscule de notre télé en noir et blanc lorsque le générique de l'Eurovision retentit. Du 6 au 18 février 1968, un événement planétaire est accessible aux Soviétiques malgré le « rideau de fer » : les dixièmes Jeux olympiques d'hiver en France. Après Chamonix en 1924, Grenoble est la deuxième ville française à accueillir les JO d'hiver. L'ouverture des Jeux est retransmise pour la première fois en couleur et, surtout, en Mondovision. Nous n'avons pas encore de télé couleur mais cela n'enlève rien au spectacle grandiose qui nous passionne.

L'ensemble des sites de compétition se situe dans le département de l'Isère ; en bas dans la vallée, à Grenoble, pour les épreuves sur glace, et dans les stations de sports d'hiver qui entourent la ville pour le reste de la compétition. Il y a là 1 158 athlètes de 37 pays, ce qui constitue un record à l'époque pour les JO d'hiver. Les sportifs se mesurent dans dix disciplines qui regroupent un total de 35 épreuves officielles.

Pendant deux semaines c'est l'effervescence à la maison, à l'école et en ville. Partout on ne parle que des compétitions de ski, de hockey sur glace, de patinage artistique et d'autres disciplines nordiques et alpines.

La direction du PCUS fait ouvertement de ces batailles sportives une guerre idéologique et la chasse aux médailles devient une affaire d'État entre l'Est et l'Ouest. Pour la première fois, l'Allemagne de l'Est (la RDA) et l'Allemagne de l'Ouest (la RFA) sont présentes séparément. C'est le signe visible des tensions géopolitiques de la guerre froide sur fond d'une vraie guerre au Vietnam qui s'enlise et continue à faire des ravages. Les épreuves de hockey sur glace opposant l'URSS et la Tchécoslovaquie aux États-Unis, au Canada, à la Norvège, la Suède et la Finlande, prennent des allures de confrontation militaire. Tous les Soviétiques suivent les comptes rendus de l'agence TASS comme ils le faisaient avec les dépêches du Sovinformburo pendant la Seconde Guerre mondiale !

La performance exceptionnelle du Français Jean-Claude Killy, qui remporte trois médailles d'or dans les trois disciplines de ski alpin sur les pistes de Chamrousse, est très remarquée. Cet exploit sportif dans des paysages alpestres superbes me marquera à jamais et explique en grande partie mon choix de m'installer, en 2000, dans cette station mythique du massif de Belledonne après mon exil définitif de Russie.

*

L'année en cours est très particulière, ça bouillonne et ça bouge partout dans le monde. Je suis encore trop jeune pour m'intéresser vraiment à la grande politique et comprendre les bouleversements de mai 1968 à Paris. La propagande soviétique s'en donne à cœur joie en montrant la révolte de la jeunesse occidentale contre ses « vieux dirigeants bourgeois » dépassés. Pour elle, les jeunes Français ne sont plus satisfaits du mode de vie « capitaliste ».

À l'été 1968, je termine mon cycle à la maternelle et nous voilà de nouveau tous dans le Caucase. Pour ce deuxième circuit estival, nous sommes beaucoup plus nombreux que l'année précédente, une cinquantaine de personnes, et nous avons opté cette fois pour la vallée du Tchegem. Coupés du monde dans les combes caucasiennes, nous ignorons tout de l'invasion de la Tchécoslovaquie par les chars du Pacte de Varsovie en août 1968 et de l'écrasement idéologique du Printemps de Prague. C'est la fin définitive du « dégel » khrouchtchévien et le début de la stagnation brejnévienne en URSS, qui va durer jusqu'en 1982 avec l'accentuation de la lutte du KGB contre les dissidents internes, sous la direction implacable d'Andropov. Du haut de mes sept ans, je suis loin de saisir l'ampleur du désastre qui s'annonce pour mon pays à long terme.

*

Amoureux de ces périples caucasiens, je suis toujours en adoration devant la haute montagne et la mer Noire, mais j'ai presque envie que les vacances se terminent le plus vite possible car, cette fois, je suis impatient d'aller à l'école.

J'ai déjà mon premier costume gris officiel, fourni gratuitement par l'État. Mais peut-être nous prépare-t-on déjà pour la mode du KGB. Objectivement, cet uniforme scolaire soviétique de l'époque, en laine grise rugueuse, est très moche. Dans six ans, il sera remplacé par un autre modèle, plus moderne, en tissu synthétique bleu marine, plus léger et plus pratique. Mais, aussi méprisable qu'elle soit en 1968, cette tenue formalise mon appartenance à un corps social tellement envié par les petits qu'elle me paraît magnifique.

Le 1er septembre, en URSS, quel que soit le jour de la semaine, c'est la rentrée officielle et inamovible à tous les niveaux de l'enseignement. En 1968, elle tombe un dimanche et c'est l'occasion d'une énorme fête, la « fête des connaissances », comme on l'appelle pompeusement. Et, pour moi, c'est ma première véritable rentrée scolaire, un changement radical de statut, avec le début du vrai cycle d'apprentissage éducatif. De la datcha de ma grand-mère maternelle, babouchka Nastya, nous avons rapporté avec ma sœur deux énormes bouquets de fleurs pour nos maîtresses respectives. La veille au soir, je suis si excité que j'ai bien du mal à m'endormir.

– Svéta, Sérioja ! Debout ! Il est 7 heures !

Je n'ai pas besoin d'être réveillé, je n'ai presque pas dormi, et depuis 6 heures du matin je n'attends que ce signal parental qui m'autorise à sortir du lit. Un copieux petit déjeuner est avalé à la hâte, la toilette est vite faite et je m'empresse d'enfiler une chemise blanche sous mon costume gris bien repassé par ma babouchka Anya. Toute la famille se met sur son trente et un.

À 8 heures tapantes, nous quittons notre appartement pour nous rendre à pied à l'école, dans la rue de la Jeunesse. Il fait très beau et chaud, comme en plein été, même si c'est le premier jour de l'automne[1]. De tous les immeubles avoisinants, des ruisseaux d'écoliers de tous âges, seuls ou escortés, affluent vers l'école n° 609.

*

Dans la cour d'honneur, une foule immense se presse déjà, car ce dimanche, de nombreux parents accompagnent leur progéniture, surtout pour les classes des petits. La fanfare joue des marches

1. En Russie les saisons commencent le 1 er septembre pour l'automne, le 1 er décembre pour l'hiver, le 1 er mars pour le printemps et le 1er juin pour l'été.

entraînantes et patriotiques. Les banderoles et les drapeaux rouges volent au vent comme sur la Place Rouge, au pied du Kremlin, lors des grandes manifestations. Pour peu, on pourrait imaginer un défilé de chars et missiles balistiques devant le mausolée de Lénine ! Ses portraits sont partout, comme ceux des membres du Politburo. La mer de fleurs déposée par tous les participants embaume tellement que cela provoque des malaises dans la foule.

Tous les garçons sont gris dans ces uniformes laids, au point qu'ils donneraient l'illusion d'un troupeau de souris et de rats. Quant aux filles, elles portent, elles aussi, d'horribles robes brunes que leurs tabliers blancs de fête rendent moins détestables. Les pionniers léninistes arborent, eux, des foulards rouges qui se marient à la perfection avec la couleur des drapeaux et banderoles.

À la tribune officielle, la direction de l'école est accompagnée par les responsables idéologiques du Parti et de la Jeunesse communiste. Dans sept ans, à partir de la rentrée de 1975 et pour les trois dernières années de ma scolarité, je serai à côté d'eux, sur cette tribune d'honneur, à saluer, haranguer et diriger la masse impressionnante d'écoliers.

Mais pour l'heure, je ne suis qu'un petit « bizut » de la première classe[1], la personne la plus insignifiante qui soit, perdue dans la foule énorme qui se bouscule devant l'école. Me voici donc à pied d'œuvre avec ma « parallèle » ; c'est ainsi que l'on surnomme chez nous une classe d'âge et, dans mon école, ma parallèle est divisée en sept classes désignées par les premières lettres de l'alphabet cyrillique, de « A » à « Ж » (J). Chacune des classes a un effectif de plus de trente écoliers. Je suis dans la classe Première « E ».

La 609 est un établissement expérimental qui accueille plus de 2 000 élèves alors que dans les autres écoles moscovites la moyenne est de 600. Dans les années qui vont suivre, le baby-boom s'intensifiant, le nombre de classes par parallèle et d'élèves par classe va encore s'accroître. Les dix années de scolarité se passent dans le même bâtiment : de la primaire au baccalauréat, on ne quitte pas la 609 ! Trois ans dans l'école primaire, avec une seule et même enseignante pour toutes les matières, dans un seul et même local réservé à chaque classe. Ensuite, de la quatrième à la huitième classe, cela correspond plus ou moins au collège en France. À la sortie, quatre examens et un premier diplôme d'État qui permet d'entrer dans la vie professionnelle, vers laquelle certains élèves seront orientés soit par choix personnel soit en raison

1. Contrairement au système français, on commence logiquement l'école en URSS dans la première classe à 7-8 ans et on la termine dans la dixième à 17-18 ans.

de résultats insuffisants. Les deux dernières années correspondent au lycée français avec le deuxième diplôme à la clé, celui du baccalauréat, précieux sésame pour l'université.

Mais la scolarité est une chose, l'idéologie en est une autre. Le destin annoncé par mon père après la séquence « brioche » avec dédouchka Alocha Kossyguine se réalise. Dès le premier jour, à la première heure, notre maîtresse entre, accompagnée d'un jeune pionnier en tenue de parade. Elle prend alors la parole.

– Vous voilà devenus de petits octobristes, ce qui veut dire que vous êtes maintenant des enfants de la Révolution d'octobre 1917, et c'est le pionnier Igor qui va vous remettre vos insignes et sera votre guide.

C'est vrai qu'il a de la gueule, ce brave Igor ! Impeccable dans sa chemise blanche avec l'écusson des jeunes pionniers sur la manche, son pantalon gris et son foulard rouge autour du cou, il en jette ! Il nous fait un salut réglementaire, la main droite portée devant le front, avant de passer parmi nous. Il s'arrête près de moi et épingle sur le revers de ma veste une étoile sur laquelle figure une photo de Lénine lorsqu'il était un tout jeune garçon.

– Vladimir Ilitch Oulianov, que l'on appelle Lénine, adorait les enfants, nous dit-il.

En fait d'enfants, il omet de préciser que le père de la Révolution n'en a jamais eu, mais certainement y en avait-il beaucoup dans les familles cosaques qu'il a fait déporter en 1919 parce qu'il les jugeait liées au régime tsariste. Me voir accrocher sur le vêtement l'effigie du concepteur sanguinaire de la « terreur de masse » aurait de quoi me faire frémir, mais du haut de mes sept ans et demi, j'ignore encore tout du lourd passé des figures « historiques » du Parti.

À mes yeux innocents c'est vrai qu'il fait envie, le camarade Igor, avec cette tenue de fête qu'il porte avec élégance. Tous nous rêvons au jour, celui de nos neuf ans, où nous aussi nous aurons le droit d'être de jeunes pionniers. En attendant, il vient régulièrement nous rendre visite pour nous administrer quelques doses d'idéologie communiste appliquée à la jeunesse.

À partir de cet instant, ma vie va être absorbée à la fois par les études, les sports et l'affiliation aux différents mouvements du Parti. Je vais bientôt découvrir que celui-ci est omniprésent dans la société soviétique et que le KGB, la police secrète politique et le bras armé du Parti, n'est jamais très loin lui non plus.

Chapitre 5

Les temps forts de la petite enfance

En février 1969, je contracte une pneumonie et effectue mon premier séjour d'un mois à l'hôpital pour enfants de Zélénograd. Là, je dois garder le lit toute la journée. Et c'est long, très long ! Le temps interminable, qui semble s'être arrêté, est rythmé par trois prises de température suivies d'injections de pénicilline dans les fesses et quatre repas quotidiens. On est dispensé de l'école pendant tout le séjour. Je dors la moitié de la journée et, durant l'autre moitié, je m'ennuie ferme. On a droit à une heure et demie de télé le soir, mais le hall où se trouve l'unique poste de notre étage est si petit qu'il n'y a pas de place pour tout le monde.

Pour combler le vide, je demande à mes parents de m'apporter des livres puisque la bibliothèque de l'établissement est étonnamment médiocre. Voulant me faire plaisir, ils m'apportent deux de mes ouvrages préférés, *Pantagruel* de François Rabelais dans sa version russe et *La Petite Dague d'officier* d'Anatoli Rybakov, qui raconte l'histoire d'un jeune pionnier se découvrant une vocation de détective et faisant une chasse au trésor passionnante sur fond de Révolution de 1917. À mon grand désespoir, je ne reverrai plus jamais ces ouvrages. À ma sortie, les services administratifs de l'hôpital prétexteront une contamination des livres pour les conserver.

J'apprendrai par des patients, hélas trop tard, qu'il s'agit d'une pratique habituelle et qu'il faut éviter d'apporter ses meilleurs livres, la direction se constituant une bibliothèque à bon compte pour l'hôpital. Ceci, c'est l'alibi officiel ! La réalité est plus prosaïque, c'est tout simplement du vol organisé ! Mes deux meilleurs livres ne resteront pas longtemps à l'hôpital et iront très vite enrichir la collection littéraire privée du médecin en chef.

Je comprends alors la pauvreté de cette bibliothèque publique, chose qui m'a étonné au premier abord. Ce n'est pas tant l'appropriation de mes biens privés sous un prétexte fallacieux qui me chagrine que le fait que l'on ne puisse pas s'offrir facilement un bon livre. Ce n'est même pas une question d'argent mais de pénurie organisée.

En URSS, nous sommes dans une économie planifiée et centralisée. On se moque des lois du marché, de l'offre et de la demande. Chez nous, c'est la direction du Parti qui programme les éditions et décide des quotas à imprimer. Avec très peu de considération pour le talent des auteurs et la popularité de leurs œuvres.

Sous prétexte de garantir le plus large accès à la culture, les prix de vente des livres sont fixés par l'État à un niveau artificiellement bas. Ces ouvrages sont glorifiés par les idéalistes ignares qui ne connaissent le sujet que de façon théorique. Bien sûr, tout cela est contre-productif pour tout le monde car, les auteurs et diffuseurs officiels gagnant peu, l'offre est perpétuellement en déficit. En revanche, le pouvoir politique garde le papier en priorité pour imprimer, par millions, des livres de propagande que personne ne lit vraiment et qui finissent au pilon. Ce qui engendre mécaniquement la pénurie de la bonne littérature. Aussi, les gens tiennent à leurs bons ouvrages comme à la prunelle de leurs yeux. Il est vrai que l'Union soviétique a la réputation bien méritée d'un pays où l'on lit beaucoup et où l'on sait apprécier les bonnes œuvres.

Quand je serai à l'étranger, mes interlocuteurs s'étonneront souvent de voir à quel point ma culture générale et ma perception du monde sont proches de celles des Occidentaux. Mais il n'y a rien d'étonnant à cela si l'on rejette l'idée reçue, simpliste et totalement erronée, que les Soviétiques ne lisaient que Marx et Lénine. Les lectures sont des voyages virtuels que l'on peut faire sans sortir de chez soi, même emprisonné derrière un « rideau de fer ». Ainsi, j'ai visité le monde entier dès mon enfance, grâce à la littérature, qui a aboli toutes les frontières.

Au fond, les découvertes littéraires enfantines qui ont façonné mon esprit et ma personnalité diffèrent très peu des lectures des gamins occidentaux de mon âge. Outre les contes et légendes du monde entier dont j'ai été nourri à Serpoukhov par le *méchant sorcier* dyadya

Micha, j'ai pu lire les œuvres des grands noms de la littérature que sont Mark Twain, Alexandre Dumas, Conan Doyle, Jules Verne, Robert Stevenson, Oscar Wilde, Charles Dickens, Rudyard Kipling, Mayne Reid et tant d'autres. Je connaîtrai *Les Trois Mousquetaires* ou *Les Aventures de Tom Sawyer* quasiment par cœur en russe.

Je lis donc énormément et je suis inscrit dans trois bibliothèques différentes. Cette soif de connaissances ne sera pas étrangère à mes futurs succès linguistiques en anglais et en français, qui vont me pousser dans les rangs de l'élite du KGB.

*

Le séjour hospitalier hivernal d'un mois vient mettre une parenthèse régulière dans mon parcours scolaire qui, malgré cela, se déroule sous les meilleurs auspices.

Je compte parmi les *otlitchniki* – les meilleurs élèves dans toutes les matières. Je comprends plus rapidement que les autres, mais cette facilité me rend aussi de mauvais services. Il est impossible d'avancer vite dans une classe d'une quarantaine d'élèves de niveaux différents. Je supporte parfois mal la lenteur de mes camarades les moins doués. Je veux toujours attirer l'attention sur moi tout seul, je deviens impatient, je m'ennuie, et donc je fais le pitre. Ce qui me vaut souvent des réprimandes et des deux de conduite (nous sommes notés sur cinq). D'ordinaire, les bons élèves sont détestés par tous les autres, mais ces punitions et remontrances régulières pour mauvais comportement sauvent ma popularité auprès de mes copains de classe.

*

Six jours par semaine, je me lève à 7h30. Je fais ma toilette la veille au soir, donc je n'ai qu'à faire mon lit le matin.

Je prends mon petit déjeuner à 7h40 en écoutant à la radio *L'Aube des pionniers*, l'émission quotidienne de vingt minutes pour les enfants, très populaire dans tout le pays. Un jour, j'entends parler d'un certain Anatoli Slivko, de Nevinnomyssk. C'est une célébrité nationale qui organise dans la région de Stavropol des camps d'été pour les jeunes dans la montagne. La similitude de son activité extrascolaire, donnée en exemple, avec celle de mon papa me surprend, mais je suis loin d'imaginer que bientôt nos chemins vont se croiser d'une façon aussi extraordinaire que dangereuse…

À 8 heures, j'enfile mon uniforme et me brosse les dents.

À 8h15 au plus tard, je sors de chez moi. J'ai dix minutes pour arriver à l'école, qui commence à 8h30 tous les jours de la semaine, sauf le dimanche. Dans le primaire et en début de secondaire, on a quatre ou cinq leçons de trois quarts d'heure avec dix minutes de pause entre les cours. À midi, on a vingt minutes pour manger à la cantine scolaire. Le déjeuner relève de l'exploit, car la file d'attente est trop longue.

En URSS, l'école n'est pas une garderie d'enfants – contrairement à la France, où l'on emprisonne les élèves toute la journée dans des classes sans qu'ils puissent bouger, uniquement pour permettre aux parents de travailler. Chez nous, il n'y a jamais une foule de parents et grands-parents à la sortie des écoles pour attendre leur progéniture. Sauf le 1er septembre pour la grande fête de la rentrée. À partir de 14h05 au plus tard, l'écolier soviétique est libre de rentrer seul à la maison afin de pratiquer un sport, des activités culturelles, de réviser ou de… glander. Les familles qui n'ont personne au domicile pour surveiller leur enfant dans l'après-midi peuvent bénéficier de la journée scolaire prolongée, qui finit vers 18 heures, contre une participation financière symbolique. Mais peu de foyers en font la demande puisque la majorité des grands-parents retraités vivent sous le même toit que leurs enfants mariés et s'occupent ainsi de leurs petits-enfants.

*

À l'école, j'ai beaucoup de copains et je pratique de nombreuses activités extrascolaires. Je fais partie d'une chorale, car j'ai l'oreille musicale et je chante juste. Parfois, on me demande même de faire le soliste. Le répertoire est vaste, chansons populaires et modernes russes et chants ukrainiens. Ma tante a passé une partie de sa vie au Donbass et nous avons de la famille là-bas. Je ne les ai jamais vus, mais ma babouchka reçoit une carte postale ou une lettre de temps à autre.

Je danse aussi. J'adore le ballet. Je suis très mince et souple et parfois je me prends à rêver d'une carrière de danseur étoile au Bolchoï. Nous allons souvent au théâtre, au cirque et dans les musées de Moscou avec l'école et avec ma famille. Les prix sont très accessibles et il est bien vu par l'intelligentsia de Zélénograd de faire des sorties culturelles.

*

La vie sociale dans le quartier est très animée. Mes amis et moi n'avons pas le temps de nous ennuyer. Au retour à la maison, je fais vite mes devoirs, avale un goûter et passe le reste de l'après-midi dehors quelle que soit la météo, hiver comme été. La saison hivernale est ma préférée. Ski, patins à glace, luge, batailles de boules de neige, construction de châteaux forts et de bonshommes de neige agrémentent nos courtes journées et les débuts de soirée qui arrivent tôt. À Moscou, il fait nuit à partir de 15h30 de fin novembre à mi-février.

Tous les dimanches, quand je suis à Zélénograd, je vais au cinéma avec mes copains assister à la séance pour enfants de 10 heures. D'un point de vue émotionnel et culturel, c'est un cérémonial extraordinaire puisque, pour la somme dérisoire de 10 kopecks (dix centimes de rouble), nous avons droit à un dessin animé puis à un long métrage – conte de fées, comédie, film d'aventures ou de guerre. Mais d'abord, côté plaisirs gastronomiques, je suis crédité secrètement par ma grand-mère et autorisé à m'acheter au buffet du cinéma un éclair au chocolat et un verre de soda sucré, aux fruits rouges, qu'on désigne en URSS par le mot français « cruchon ».

Cerise sur le gâteau, côté cœur, depuis deux mois j'ai une histoire amoureuse avec ma copine de classe Marina Volkova, qui habite l'immeuble voisin. Dans la grande salle du cinéma Electron, nous nous asseyons côte à côte et, pendant le film, elle me laisse lui prendre la main dans le noir pendant toute la séance. C'est ma première conquête sentimentale, à l'instar de Tom Sawyer avec Becky Thatcher dans l'immense œuvre de Mark Twain, l'une de mes préférées. Notre amourette est purement platonique, bien évidemment. Nous ne comprendrions pas ce que signifie le mot « sexe » puisqu'il n'existe pas en URSS, comme l'a si justement proclamé le secrétaire général du PCUS, Léonid Brejnev, en se couvrant de ridicule par la même occasion.

Dans ce cinéma de ma petite enfance, assis à côté de Marina, je suis encore à des années-lumière de la découverte des mystères de mon corps d'adulte et des plaisirs charnels. Avant que la salle ne s'éclaire de nouveau, je prends la précaution de lâcher discrètement la main de ma première dulcinée. Pas question de montrer à mes copains mon intimité avec une fille, sous peine d'être la risée de toute ma classe. À cet âge-là, les garçons détestent ou méprisent encore les filles, et la réciproque est vraie. Ainsi, le dimanche matin, à Zélénograd, c'est pour moi une fête sur tous les fronts !

*

Mais plus souvent encore, le samedi après l'école, la famille Jirnov part pour l'expédition de la fin de semaine. Sauf ma babouchka Anya, qui n'est pas en très bonne santé et préfère rester et surveiller la maison.

C'est à Arkhanguelskoïé, chez ma grand-mère maternelle, que nous passons tout le week-end. Son village se trouve à 25 kilomètres à vol d'oiseau de Zélénograd, c'est-à-dire à une demi-heure en voiture, mais nous n'en avons pas. Les taxis ne voulant pas circuler de banlieue à banlieue, c'est donc en transports en commun que nous effectuons une heure et demie de voyage. Mais cela ne nous chagrine pas. Nous prenons le bus n° 400 pour nous rendre d'abord à l'entrée nord-ouest de Moscou. Puis ce sont trois stations de métro et enfin un dernier bus qui nous amène dans cette banlieue ouest de Moscou.

En arrivant, nous avons droit, avec ma sœur et mon cousin Vova, à la séance de cinéma pour enfants de 17 heures, qui coûte ici deux fois moins cher qu'à Zélénograd : 5 kopecks. Normal, nous ne sommes plus en ville ! La salle est petite et ne possède pas de buffet, il faut ici oublier les sodas et les mignardises. Nous prenons un goûter à la maison avant la séance.

Au retour du cinéma, le dîner nous attend, toujours très bon, ma grand-mère Nastya cuisinant merveilleusement bien. Ensuite, on regarde un film à la télé puis on se couche pêle-mêle sur les matelas par terre dans le petit deux-pièces car il n'y a pas assez de place sur les lits. Mais on se moque bien du confort, car ce qui compte, c'est l'ambiance chaleureuse de notre grande famille réunie.

Le dimanche matin, ce sont à la fois une émission très populaire de rires et de chansons à la radio et une odeur très forte et particulière qui nous réveillent. Chez les Jirnov, on ne boit que du thé, mais à Arkhanguelskoïé, ce sont de grands amateurs de café. Je n'en aime pas le goût mais j'en adore l'arôme. Cette senteur exotique restera toujours liée pour moi aux réveils matinaux chez babouchka Nastya et tyotya (tante) Toma. Pour mon plus grand plaisir, il y a là aussi des animaux, chats et chiens, ce qui n'est pas le cas chez nous à Zélénograd.

*

Après le petit déjeuner, avec mon cousin Vova, nous partons faire les quatre cents coups dans la nature. Lui et tous ses copains sont des petits voyous locaux et je dois m'adapter à leur vie dans la rue en bande organisée, une meute de petits louveteaux malfaisants. Fini, la bonne éducation de l'intelligentsia scientifique et les jeux intellectuels de la Silicon Valley soviétique. Ici, inutile de mettre en avant mes bonnes notes à l'école ou mes nombreuses lectures. Avec eux, on se chamaille, on jure comme des malfrats, on joue les durs, on s'adonne à quelques petits larcins dans les datchas environnantes et les jardins ouvriers en volant des fruits.

Je vis une contradiction difficile. Mon livre préféré, *Les Aventures de Tom Sawyer,* de Mark Twain, met en scène un héros auquel je souhaiterais ressembler ; c'est un cancre et un petit voyou comme mon cousin Volodia. Mais pour être honnête, je ressemble plus au personnage littéraire du cousin de Tom – Sid, le bon élève, bon fils et très fayot. Et cette dichotomie m'est insupportable ! Du coup, à Zélénograd je suis un enfant sage et studieux, et à Arkhanguelskoïé, avec mon cousin et sa bande, un vrai garnement. J'apprends ainsi à être un parfait caméléon en m'adaptant à un environnement à l'opposé du mien, première qualité pour un espion !

Quand, plusieurs décennies plus tard, je regarderai *The Departed,* l'un des chefs-d'œuvre de Martin Scorsese (*Les Infiltrés,* en version française), je verrai William « Billy » Costigan Jr, le personnage que joue Leonardo DiCaprio, se livrer à ce même jeu de caméléon avec son cousin voyou de South Boston. Il deviendra ensuite un opérationnel clandestin de la police d'État du Massachusetts, un NOC[1]. Je comprendrai ce jour-là que mon arrivée chez les illégaux du KGB était préparée et programmée depuis ma plus tendre enfance.

Mais ces transitions hebdomadaires entre le monde du bien et celui du mal sont trop brusques. Et il m'est parfois difficile de raccrocher tout de suite avec les pratiques délinquantes des week-ends quand je retourne à la vie normale « communiste » de Zélénograd. Ainsi, un jour, lorsque je serai invité chez un copain de ma sœur pour son anniversaire, l'influence malsaine de la bande à Vova me jouera un tour terrible.

L'hôte de cette fête est mon homonyme Sérioja Ozérov, qui possède un véritable trésor. Il s'agit d'une réplique grandeur nature d'un mythique Walther P38 de la Wehrmacht, vu par nous tous des milliers de fois dans les films sur la Seconde Guerre mondiale. Une arme si irrésistiblement belle et fascinante que je ne résisterai pas longtemps à la tentation maléfique de la lui subtiliser. Comme nous étions une douzaine d'invités, le maître de maison ne trouvera pas le voleur et il ne pensera jamais à moi, enfant modèle et bon élève, frère cadet de sa copine de classe. Je jouerai avec ce pistolet fabuleux en

1. NOC : *Non Official Cover Operative.* Opérateur illégal ou clandestin sous couverture profonde et non officielle, en version américaine.

cachette pendant deux mois avant d'être démasqué et dénoncé par ma propre grand-mère ! Elle qui était pourtant ma complice pour tant d'autres choses…

Mes parents ne nous punissaient jamais physiquement, ma sœur et moi. De toute mon enfance je n'ai jamais reçu une gifle venant d'un adulte. On nous faisait la morale, ce qui était plus dur. Le pire m'attend plus tard – la punition mise en place pour moi par mon paternel.

Son ton est dramatique :

– Sérioja, dans la vie tout le monde peut commettre des fautes, même très graves. La vie n'est pas un long fleuve tranquille et nous ne sommes pas des super-héros. L'homme idéal, sans défauts, n'existe pas et chacun de nous a ses faiblesses. Ce que tu dois apprendre, c'est, d'abord, à assumer tes fautes et à en tirer les bonnes leçons pour ne pas répéter les mêmes bêtises. Donc, mon garçon, ta sœur va appeler son copain de classe pour le prévenir que tu vas venir lui dire quelque chose d'important. Toi, tu vas y aller tout seul, comme un grand, lui rendre son beau joujou, lui présenter tes excuses et lui demander pardon.

Me voilà descendant les cinq étages de notre escalier, sortant dans la rue et remontant les trois étages de l'entrée voisine. Je n'arrive pas à atteindre la sonnette, je suis trop petit. Je frappe à la porte de Sérioja Ozérov. Mon cœur bat très fort et mes jambes tremblent. C'est la première et la pire honte de ma vie. Lorsqu'il ouvre, je n'arrive pas à prononcer mes mots d'excuse. Mon émotion est si forte que j'éclate en sanglots. Je ne peux plus m'arrêter. Face à ce déluge de larmes chaudes, il ne sait pas trop quoi faire, totalement ahuri de me voir pleurer ainsi comme une Madeleine. Sa mère me fait entrer dans leur appartement, essaie de me calmer et me donne du thé. Quand, enfin, ils apprennent de ma bouche le but de ma visite, ils sont presque soulagés, eux qui imaginaient quelque chose de plus tragique. *Le glaive ne coupe pas la tête du coupable qui se dénonce*, dit un vieux dicton russe. Une fois l'objet du délit restitué et les excuses acceptées, la victime du vol ne m'en a même pas gardé rancune. Nous sommes restés bons copains et nous avons continué à nous fréquenter, comme si de rien n'était.

Mais cette dure leçon de morale est quelque chose qui me marquera à tout jamais. Et je l'aurai toujours à l'esprit lorsque je mènerai les activités secrètes et criminelles de me vie d'espion, bien que celles-ci soient parfaitement autorisées par le Parti communiste dans sa prétendue lutte pour l'instauration sur Terre du plus beau régime politique de tous les temps. Ces mêmes crimes sont, d'ailleurs, permis par tous les pays, y compris démocratiques, en particulier par ceux qui prétendent être des États de droit respectueux des droits de l'homme. Cette hypocrisie universelle de la classe politique mondiale trouve toujours une bonne raison d'autoriser les pires forfaits au nom des grands principes.

Mais refermons cette petite parenthèse philosophique et revenons à nos moutons.

*

Mes pneumonies deviennent saisonnières et, pour les services sanitaires, je suis désormais un « malade respiratoire chronique ». Cela devrait me permettre de faire chaque été une cure d'oxygénation gratuite dans un établissement de l'État spécialisé au bord de la mer Noire – si toutefois il y avait de la place. Mais il n'y en a jamais pour les gens « ordinaires » dans un pays gangrené par la corruption. Heureusement, les camps d'été de mon père dans le Caucase se substituent à la passivité et à la prévarication de l'État. Je comprendrai beaucoup plus tard que nos périples montagnards, subtropicaux et maritimes avaient en fait pour principal but le renforcement de ma santé fragile. L'ingéniosité de mes parents me surprendra toujours !

Suite à notre première expérience extrascolaire réussie en 1967 dans le Caucase, au pied de l'Elbrouz, dans la célèbre vallée de Baksan, et à celle de l'été suivant au Tchegem, mon père va pérenniser le concept en créant en juillet 1969 dans une vallée perdue de la République autonome de Karatchaïévo-Tcherkessie, dans la région de Stavropol, un camp sportif d'été pour les adolescents de son entreprise de Zélénograd. Et sur ce point, je dois reconnaître que c'est encore un coup de génie.

En URSS, si les écoliers ont droit en été à trois mois de vacances, il n'en va pas de même pour les salariés : c'est la roulette russe ! Les usines ne doivent pas s'arrêter, et les congés annuels se prennent forcément par tranches d'un douzième, soit 8,33 % d'employés, quel que soit le mois de l'année. Partir en juin, en juillet ou en août avec ses enfants et son épouse, qui subit la même loi arithmétique dans son établissement, équivaut à gagner au loto ! On subit alors une sorte de calendrier chinois de douze ans pour l'alternance estivale : on part la première fois en janvier, l'année suivante en février et ainsi de suite. En douze ans la boucle est bouclée et on recommence !

Afin d'échapper à cette règle implacable de la rotation estivale des travailleurs, mon malin de père est allé voir son comité d'entreprise et lui a proposé d'emmener les filles et les garçons des personnels à la montagne, chaque mois de juillet et d'août. L'idée est de leur faire découvrir les sommets et les cols enneigés, les glaciers et les lacs du Caucase, au travers de randonnées qui les mèneront jusqu'à la mer Noire. Ses diplômes d'alpiniste de haut niveau et ses compétences reconnues d'accompagnateur de haute montagne rassurent le comité sur le sérieux du projet, qui prend le nom de « club Zaguédan ».

Mon père aurait pu demander au syndicat d'être envoyé en mission et rétribué pour ce difficile travail d'encadrement qui comporte une grande part de responsabilité et une prise de risques, mais la balance va pencher en sa faveur parce qu'il se porte volontaire de façon bénévole et sacrifie ses propres congés annuels. C'est ainsi qu'avec toute ma famille je partirai dorénavant chaque année en camp d'été dans le Caucase. Mieux encore, mes parents se débrouilleront pour ajouter à leurs congés annuels deux semaines de récupération et notre périple caucasien annuel durera quarante-cinq jours chaque été, y compris une semaine au bord de la mer Noire !

Mais ce n'est pas une mince affaire. Il faut avoir un sens aigu de l'organisation et de la logistique. Car là où nous allons, ce n'est plus la misère de l'après-guerre, mais ce n'est pas l'opulence moscovite non plus ! Dans les campagnes alentour il y a plus de fruits et légumes frais qu'à Moscou, certes, mais les habitants de ces villages ne voient de la viande qu'une fois par mois. Heureusement, le syndicat de l'usine privilégiée de Zélénograd pourvoit à tout, matériels, sacs à dos, tentes et nourriture.

Pour cette dernière, mon père a réussi un autre exploit administratif en rattachant notre club amateur à une base d'approvisionnement alimentaire pour enfants. Mieux que la hotte du père Noël ! Nous partons avec saucissons et cochonnailles en abondance, le tout acheté au prix contrôlé par l'État et non pas réel. Comme on manque de tout en URSS, en dehors de Moscou et de quelques villes favorisées, on se fournit au marché noir et là, le coût de l'alimentation explose. Ici, pas question ! Il est impératif que les jeunes du club ne manquent de rien. Nous ferons même des collations au caviar ! Mon père le paie dix roubles la boîte d'un kilo alors qu'elle en vaut cent cinquante sous le manteau ! Nous dégusterons des œufs d'esturgeon en contemplant la mer Noire depuis les sommets, un luxe !

C'est à travers ces camps d'été que mon père me transmet son amour de la montagne. Il faut dire qu'il est extrêmement méticuleux sur la préparation des jeunes qu'il emmène. Chaque semaine de l'année, il organise des cours théoriques sur la faune et la flore, la survie en milieu hostile et les secours de première urgence. Ces derniers cours sont suivis avec intérêt puisque les ours, les loups, les lynx, les bisons et autres vipères abondent dans ces montagnes caucasiennes. Mais il ne s'arrête pas là ! Régulièrement, le dimanche, tout le club part, sac au dos, crapahuter dans les forêts de la région de Moscou. L'hiver, les activités ne cessent pas pour autant, quelle que soit la température, bien au contraire ! C'est la même chose skis de fond aux pieds. Le point d'orgue de cette préparation a lieu en juin, avec une série d'épreuves destinées à contrôler les aptitudes de la centaine de prétendants au départ pour l'aventure montagnarde. Tous sont motivés, car chacun sait que seul un cinquième de la population soviétique voit la mer.

Le trajet se fait dans un train-couchettes en deuxième classe, 2 500 kilomètres en quarante-huit heures. Ce n'est pas l'Orient-Express, mais on y passe du bon temps en contemplant les beaux paysages, jouant aux cartes, chantant, jouant de la guitare et buvant du bon thé dans de grands verres avec les sous-verres pittoresques qui n'existent que dans les chemins de fer. Pour un jeune Moscovite, les régions russes de Stavropol et Krasnodar, ainsi que la République de Géorgie, sont des pays de cocagne. Plus on s'approche de la mer Noire et plus le climat devient méditerranéen. Seule ombre à ce tableau idyllique, le Vodj (guide) Staline était géorgien…

C'est la région des sources thermales, du tourisme balnéaire, des plantations de thé et de la viticulture. Au fil des années nous y construirons un véritable camp de base avec four à pain, terrains de sport et bains publics. Par ce terme générique de « bains publics » typiquement russe on entend un passage au sauna, accompagné d'une vigoureuse flagellation à l'aide de branches de bouleau, le tout entrecoupé de sauts dans un bain froid, dans un trou creusé dans la glace d'un lac gelé ou carrément dans la neige. Cette pratique contrastée nous vient de la nuit des temps et se révèle excellente pour le cœur, la circulation sanguine et la santé en général. Bien sûr, tout doit être minutieusement organisé, car le club Zaguédan est mixte et ses activités sanitaires se font en alternance, ce qui ne manquera pas de poser quelques problèmes avec des jeunes en pleine adolescence.

C'est une excellente école de vie et d'apprentissage pratique de la vie en communauté, de découverte des différences ethniques – notre pays en compte 250 – et culturelles d'un énorme pays de 22,5 millions de kilomètres carrés. Ainsi les jeunes privilégiés de la capitale découvrent les peuplades caucasiennes au mode de vie quasi tribal, aux coutumes et habitudes ancestrales. Ici, les hommes portent des habits traditionnels et des armes qui me font envie. Le danger est partout. Ces montagnes sont encore peuplées de loups et d'ours en liberté. Je suis fasciné par ces bergers toujours armés, rudes et taciturnes qui mènent une existence pastorale ardue et périlleuse dans les alpages avec leurs troupeaux de moutons, de vaches et de chèvres gardés par des chiens impressionnants. Dès l'âge de huit ans, j'apprends à monter à cheval. Je le pousse au galop puis le fais cabrer sur ses deux pattes arrière, au risque de tomber de ma selle.

Dans le petit hameau de Zaguédan, en voie de dépeuplement, il reste une dizaine de baraquements désaffectés, vestiges d'un camp de travail du Goulag stalinien. Ils servaient de dortoirs à d'anciens bûcherons prisonniers. Le peu d'autochtones qui demeurent encore au village préfèrent se taire sur ce passé pas très glorieux de la Mère Patrie.

Il y a là de nombreux stigmates de la dernière guerre. Sur les crêtes et les hauts cols, nous découvrons régulièrement des casques militaires rouillés troués d'impacts de balles et d'éclats d'obus, des munitions et même des armes en état de fonctionnement. Ici, les batailles furent acharnées pour la conquête des hauts sommets du Caucase. Face à face, d'anciens alpinistes soviétiques et allemands, qui se connaissaient depuis les compétitions et expéditions sportives d'avant-guerre, furent obligés de tirer sur leurs amis d'hier.

Dans notre vallée sauvage il n'y a pas de télévision, et en juillet 1969 nous ignorons tout du vol historique américain d'*Apollo 11* et de la conquête de la Lune par l'homme. C'est la grande revanche des États-Unis sur notre *Spoutnik* et Gagarine. On passe des soirées en chantant devant le feu de bois. On entonne les chansons des nouveaux « bardes », les Vyssotski, Vizbor, Galitch, Mityaev, Dolsky et d'autres qui, bien évidemment, sont censurés dans les médias soviétiques officiels.

Mais les vacances s'achèvent et il me faut retourner à l'école. Pourtant je n'en ai pas fini avec les montagnes du Caucase. Je vais bientôt y vivre une dangereuse aventure hors du commun qui se terminera en 1986 à l'École de la Forêt, au KGB.

*

Ma sœur Svéta est aussi à l'école 609, en compagnie d'enfants de hauts responsables de la ville qui ont des exigences particulières. Pour satisfaire la demande de ces parents haut placés, la direction a décidé d'avancer leur apprentissage linguistique. D'ordinaire, celui-ci commence à partir de la cinquième année scolaire, lorsque l'élève a onze-douze ans, mais pour eux, ce sera à partir de la deuxième année du primaire (huit-neuf ans) ! C'est ainsi que le 1er septembre 1969, ma sœur nous annonce fièrement qu'elle vient de commencer l'étude de l'anglais. Elle profite de l'aubaine et se met à baragouiner en anglais à chaque minute de la journée sans vouloir partager avec moi ce privilège. L'affaire ne peut pas en rester là. Je décide donc d'apprendre moi aussi une langue étrangère par mes propres moyens !

Il se trouve que ma mère, bénéficiant d'une faveur du Parti, dont elle est membre, est allée faire un voyage touristique en République démocratique allemande en 1965. Elle s'y est rendue seule, bien entendu. Il est hors de question pour le régime de laisser partir l'ensemble de la famille, même pour un déplacement dans les pays « frères ». De ce séjour enchanteur chez l'ennemi d'hier ma mère a rapporté de très belles assiettes en faïence peinte et un petit dictionnaire russo-germanique qu'elle a soigneusement conservé. Voilà qui fera l'affaire pour me lancer dans l'étude de l'allemand.

J'en apprends pas mal de mots et lorsque je découvre que la librairie voisine vend le journal *Neues Deutschland*, le quotidien officiel de la RDA, je me mets à l'acheter de temps en temps. Il faut dire qu'il coûte beaucoup plus cher que notre *Pravda* locale. Mon « auto-apprentissage » de l'allemand devient si convaincant que bon nombre de copains plus âgés ou venant d'autres écoles qui, eux, l'étudient vraiment croient, en m'entendant parler, que je prends des cours d'allemand dans le cadre scolaire. Je me forge ainsi ma première « légende » d'illégal en trompant mes amis !

Cependant, à l'image de l'intérêt porté en URSS à la langue de l'ancien adversaire, ma pratique clandestine décline. Personne dans mon entourage, ni à l'école, n'attache d'importance à ce révélateur précoce de ma passion pour les langues étrangères. Une passion qui va me mener tout droit dans les bras du KGB.

Pour le moment, dans ma tête d'enfant, seuls les récits de voyages hors de l'Union soviétique que me font mes parents – mon père, lui, est allé en Bulgarie – piquent ma curiosité. Le seul moyen pour moi de découvrir de nouveaux pays, c'est d'en parler la langue. Je ne me fixe pas encore d'objectif, mais je sais qu'en URSS, le commerce extérieur et la diplomatie offrent cette possibilité. Hélas, il y a peu d'élus dans cette filière. Pour le moment, c'est un horizon lointain, mais dont il me faut tracer le chemin dès à présent. Et pour cela, je vais devenir un véritable stakhanoviste des langues étrangères.

Chapitre 6

Chez les pionniers léninistes

– Mon pauvre Sériojenka, tes fesses me font pitié, je ne vois plus un seul endroit où planter l'aiguille de ma seringue !, s'exclame l'infirmière en essuyant discrètement une larme.

Allongé sur le ventre, mes petites fesses à l'air, j'attends ma deuxième piqûre de pénicilline de la journée avec une apathie déconcertante. Depuis fin février 1971, je souffre à nouveau de pneumonie, ce qui me vaut un séjour coutumier d'un mois à l'hôpital pour enfants de Zélénograd. La maladie m'a fait rater l'entrée chez les jeunes pionniers parmi les tout premiers de ma classe, de l'école et de la ville. Que peut-il y avoir de pire pour un gamin soviétique de neuf ou dix ans ?

Pourtant, tout avait si bien commencé en janvier, au retour des vacances du Nouvel An ! J'avais fini les deux premiers quarts de l'année scolaire[1] avec des notes excellentes, *otlitchno* en russe. Je suis donc un *otlitchnik*, le premier de ma classe, et en ce début d'année 1971, et on m'annonce que je suis choisi parmi les cinq meilleurs octobristes pour être promu avant tout le monde chez les pionniers. À moi le foulard rouge !

C'est un immense honneur pour moi mais aussi un grand événement pour l'école et la ville, qui ne lésinent pas sur les moyens.

1. Dans le primaire et le secondaire, l'année scolaire se découpe en quatre quarts, séparés par des vacances d'une semaine fin octobre, début janvier et fin mars, et de trois mois en été, du 1er juin au 31 août.

Une cérémonie exceptionnelle sera organisée le 23 février prochain, jour anniversaire de la création de l'Armée Rouge, et elle aura lieu dans son Musée central, à Moscou ! Les vétérans de la guerre et les vieux membres du Parti vont nous parrainer. Nous serons filmés par la télévision centrale, photographiés pour la *Pionerskaïa Pravda,* qui sera diffusée dans tout le pays !

Plus la date approche, plus je suis impatient, je ne tiens plus en place, je dors mal. J'ai passé la soirée du 19 février à la patinoire, où il fait un froid de canard. Le lendemain, je me réveille avec 39 °C de fièvre et une petite toux sèche. Je crois encore au miracle. Il me reste trois jours pour guérir, c'est juste une grippette ! Je reste à la maison au lieu d'aller à l'école et j'attends patiemment la visite de notre pédiatre attitrée, qui doit passer me voir dans l'après-midi. Quand elle arrive enfin et commence à m'ausculter, j'ai tout de suite un mauvais pressentiment. Elle fronce les sourcils, une ride profonde traverse son front, elle a un doute.

Après un chuchotement qui n'augure rien de bon avec ma grand-mère dans la chambre voisine, elle passe un coup de fil et fait venir une ambulance, qui m'emmène dare-dare à la polyclinique passer une radio de contrôle des poumons. Pas de doute, c'est sérieux ! On me garde en observation. Ma mère me rejoint après le travail afin de signer les papiers et, le soir même, je dors à l'hôpital. Mon désespoir est total : j'ai une pneumonie et c'est fichu pour le 23 février, adieu le foulard rouge et le badge des jeunes pionniers ! Adieu les honneurs et la gloire nationale ! C'est la double peine. Je suis maudit !

Je sors de l'hôpital fin mars, pâle, affaibli et malheureux. Avant les vacances de printemps, notre classe, la Troisième « E », se fait photographier avec la maîtresse pour la fin des trois années du cycle de l'école primaire. À la rentrée prochaine, nous aurons plusieurs enseignants, un pour chaque matière. Parmi les trente-deux élèves qui figurent sur la photo, il y en a déjà cinq qui portent leur foulard rouge de jeune pionnier. Je crève de jalousie devant tant d'injustice. C'est insupportable ! Une semaine de vacances rend cette attente encore plus longue. Je n'en peux plus.

Enfin, pour l'anniversaire de Lénine, le 22 avril, cinq jours après mon propre anniversaire des dix ans, me voici enfin au musée de Kalinine, au pied du Kremlin, dans la rangée des nouvelles recrues en uniforme de parade.

– Soyez prêts à servir la cause de Lénine et de la Révolution d'Octobre !, nous lance une responsable du Parti après notre serment solennel rituel.

– Toujours prêts !, répondons-nous gravement en chœur.

Je ne sais pas encore que les jeunes léninistes, à la création de leur mouvement, avaient copié leurs rituels, slogans, uniformes et pratiques sur les scouts « bourgeois et religieux » qu'ils honnissaient pourtant.

Pour me récompenser, mon père m'emmène un mois plus tard voir une légende vivante au stade Lénine, rebaptisé stade Loujniki à la dislocation de l'URSS, là où dans treize ans je retrouverai Poutine avant d'intégrer l'École de la Forêt du KGB. Ce jeudi 27 mai 1971 a lieu le match d'adieu de « l'Araignée noire », Lev Yachine, le plus grand gardien de but de tous les temps. Devant 100 000 spectateurs, l'équipe d'URSS dont il est le goal affronte une formation composée des meilleurs joueurs de plusieurs nations. Pelé le Brésilien, Beckenbauer l'Allemand, Bobby Charlton l'Anglais sont là pour rendre un hommage historique à notre idole, qui reste à ce jour le seul portier au monde à avoir reçu le Ballon d'or en 1963. Les cent cinquante pénaltys qu'il a arrêtés lui vaudront également d'être décoré de l'ordre de Lénine, la plus haute décoration de l'Union soviétique. Je sors de là les yeux brillants et fier de mon pays.

Une fois par semaine, le détachement de jeunes pionniers de notre classe se réunit après les cours pour écouter pendant une heure les histoires des pionniers héros, récompenser les bons élèves, critiquer les mauvais et décider des actions politiques à mener. Une fois par mois, toute la *droujina* se rassemble dans la grande salle de l'école au son des trompettes et des tambours, puis on défile en marchant au pas. *Droujina*, c'est un vieux mot slave qui désigne entre autres choses une armée, un régiment. Et à l'école 609, la droujina des pionniers, c'est quelque chose !

Elle porte le nom d'Ivan Koudrya, qui était un « éclaireur », un espion illégal du NKVD[1], le prédécesseur du KGB, pendant la guerre. Ainsi l'espionnage petit à petit entre dans ma propre vie. Chacune des quarante classes des parallèles des dix-quinze ans y participe. Notre régiment compte donc 1 400 pionniers, avec à leur tête un chef élu, enfin presque, plutôt nommé, parmi les membres du Komsomol. Car sur le papier, en URSS, on est respectueux de la démocratie. On procède à des élections pour élire chefs et représentants. Toutefois, afin d'éviter que les pionniers, les professeurs et les dirigeants de l'école aient trop à réfléchir, il n'y a qu'une seule liste, dont les noms arrivent tout droit du comité local du Parti.

---

1. La Tchéka est le service de police politique et de renseignement créé en 1917. Elle deviendra successivement GPU (Guépéou) en 1922 puis NKVD en 1934 et, au fil de plusieurs transformations, aboutira au KGB en 1954.

Le directeur de l'école est toujours un membre du PCUS, pensez donc, il n'est pas question de nommer à un poste à responsabilité un dangereux déviationniste ! Mais la carte du Parti, ce sésame qui ouvre les portes des grandes carrières et responsabilités, n'est pas donnée à tous. Les profs sont des intellectuels, ce qui est presque une tare dans ce pays dirigé par la classe ouvrière, seule vertueuse et donc hégémonique selon la théorie marxiste.

Même plus de cinquante ans après la Révolution, le Parti ouvrier unique et dominant tolère toujours mal l'intelligentsia, soupçonnée de sympathies « bourgeoises » et de péchés capitalistes potentiels. Pour ces « mains blanches », il y a le syndicat des enseignants et le comité d'entreprise, chargés de régler les problèmes matériels, les retraites, les logements. Là encore, il n'est question d'adhésion volontaire que sur le papier, car celle-ci est obligatoire. Bref, tout le monde est encadré et pas une oreille ne bouge !

Il n'y a donc pas de trous dans la raquette du dispositif destiné à embrigader la jeunesse dans une idéologie mortifère que je ne perçois pas encore. Tout au long de son parcours scolaire, cette jeunesse est prise en main par le Parti. D'abord octobriste, de sept à dix ans, puis pionnier de dix à quinze, et enfin komsomolets (membre de la Jeunesse communiste) de quatorze à vingt-huit ans, le jeune Soviétique a en permanence le nez dans le guidon du communisme. Impossible pour lui de regarder ailleurs !

Et pour le cas où certains auraient quelques velléités de dissidence, les mouchards du KGB sont là pour veiller au grain. Toute la ville est quadrillée par un réseau d'indicateurs, jusque dans les écoles, dont le rôle est de capter les signaux faibles. Et cela vaut même pour une blague racontée entre amis, comme celle-ci :

Au Goulag :
– Tu es ici pourquoi, toi ?
– Paresse.
– ?
– Oui, on était trois à boire, un soir, et on s'est raconté des histoires drôles politiques. Je suis rentré chez moi, et avant de me coucher je me suis dit qu'il fallait peut-être aller raconter tout ça à qui de droit. Mais j'ai eu la flemme, j'ai reporté au lendemain. Eh ben, les autres, ils y sont allés le soir même !

*

Ce genre de blague peut vous conduire direct au bureau de l'un des cinquante fonctionnaires du détachement territorial du KGB pour la ville de Zélénograd. Car il ne faut pas s'y tromper, sur les 420 000 agents que compte le KGB, 190 000 sont membres du contre-espionnage et de la police politique. Sachant que chaque agent traite une vingtaine d'indicateurs, pour une population de 290 millions de citoyens, le ratio est en gros d'un indic pour soixante-quinze habitants ! Pour le reste des effectifs du KGB, 220 000 sont des gardes-frontières à l'uniforme aux épaulettes vertes, et seuls 10 000 personnels sont dédiés au renseignement extérieur. Ceux-là sont l'élite, ils ne portent jamais la tenue aux revers et aux épaulettes bleues.

La délation, ça se cultive ! On la grave au fer rouge dans l'esprit des jeunes pionniers auxquels on fait étudier la Révolution et la construction du communisme à travers le prisme de la jeunesse. Ce sens du devoir qui doit animer chaque citoyen est renforcé en 1935 par Nikolaï Antipov, alors président de la Commission de contrôle soviétique (KSK) :

« *Tout citoyen d'Union soviétique, s'il voit ou s'il estime quelque chose d'irrégulier, peut écrire à qui il veut, au président du Conseil des commissaires du peuple, ou au Comité central de notre parti, ou au Comité central des syndicats, bref, où il veut.* »

Chacun de nous doit donc connaître la courte vie de l'héroïque pionnier Pavel « Pavlik » Morozov, qui dénonça son père pour avoir dissimulé du grain au collecteur du Parti. Arrêté et déporté, le père fut vengé par les membres de sa famille, qui tuèrent Pavlik, âgé de treize ans. On lui éleva aussitôt une statue à Moscou et un chant exalte son histoire. Alors je chante avec les autres :

Au pied de la montagne, il y a un kolkhoze,
Ici, notre camarade a grandi,
On l'appelait Pavel Morozov,
Notre camarade fut un héros.
Il n'a pas accepté que son père
Vole ce qui appartenait au peuple !
Notre unité est formée d'aigles,
Elle est forte de leur courage,
Morozov est un exemple pour tous les enfants,
Nous sommes une troupe de Héros
Morozov est cher à nos cœurs
Les pionniers ne l'oublieront jamais !

C'est beau comme de l'antique, sauf que Morozov ne fut jamais un des nôtres pour la simple et bonne raison qu'il n'y avait pas de cellule de pionniers dans son village de Sibérie occidentale. Ce n'est pas son père qu'il a dénoncé, mais son grand-père, un détail. Et s'il est vrai qu'une partie de la famille se vengea en le tuant, le régime, en affirmant que Pavlik avait été un jeune pionnier, pouvait transformer le reste des Morozov en une bande de terroristes politiques[1].

Le droit pénal stalinien autorisait jadis l'utilisation de témoignages d'enfants et la dénonciation anonyme. L'ambiance était parfois lourde dans les familles… Les « exagérations » et les « fautes » des temps les plus sombres de la dictature stalinienne furent dénoncées par le Parti dès la fin des années 1950, après la mort du tyran, mais Pavlik Morozov nous est toujours présenté comme un modèle et, comme lui, nous devons consacrer notre vie à l'État et non à nos proches.

*

L'été 1971 est particulier. Mes parents ont changé de lieu de travail et nous n'irons pas dans le Caucase cette année. Mais le camp d'été des jeunes pionniers prend le relais pour les trois mois de vacances d'été. La montagne et la mer me manquent, mais on ne s'ennuie pas à Gaïdarovets, où je suis élu chef du détachement de pionniers.

Un autre changement marque cet été. Depuis le mois de juin, nous habitons le quartier n° 4 de Zélénograd, dans une tour de seize étages, un petit gratte-ciel avec un ascenseur ! C'est un signe de promotion sociale. Mes parents ont réussi à quitter notre logement dans une pitoyable *khrouchtchevka* de quatre étages pour un appartement au dernier étage d'une tour moderne de standing où la qualité est nettement supérieure. Nous avons perdu un mètre carré et le téléphone (le central téléphonique promis pour l'année suivante sera fini avec dix ans de retard), mais nous avons gagné en confort. La cuisine est plus spacieuse, il y a un vaste corridor, presque une pièce supplémentaire, un grand balcon plein ouest, vers l'Occident, avec une vue dominante sur 30 kilomètres ! Nous sommes maintenant situés sur l'avenue principale de Zélénograd, Tsentralnyy Prospekt. À chaque fête, nous contemplons du haut de notre balcon les cortèges qui défilent au pied de notre tour et, pour nous, c'est la classe ! Nous nous sentons un peu comme les dirigeants du pays qui se tiennent au mausolée de Lénine,

1. Youri Droujnikov a écrit une biographie de Pavlik Morozov, *Donostchik, ili Voznesenie Pavlika Morozova* (Londres, 1987). Traduite en anglais sous le titre *Informer 001: The Myth of Pavlik Morozov* (Routledge, 1996).

sur la Place Rouge, lors des grands événements populaires. Toute la famille s'enthousiasme de ce changement de résidence… sauf moi !

Qui dit quartier n° 4 dit école 617 ! On ne discute pas la règle du découpage académique, on l'applique ! Voyant ma détresse à l'idée d'abandonner la 609 où je me sens bien, mes professeurs sollicitent le directeur, qui décide, au regard de mes notes, de me garder dans son école par dérogation. Je suis en effet un élève studieux avec des résultats excellents et il ne veut pas céder un si bon élément à un établissement concurrent.

La rentrée de septembre 1971 marque mon passage dans l'enseignement secondaire. Nous avons dit adieu à notre maîtresse Nadejda Nikolaïevna et à notre salle de classe permanente dans l'aile des petits. Maintenant, nous avons plusieurs professeurs et nous changeons de salle toutes les heures.

*

À l'été 1972, à ma plus grande joie, nous reprenons nos pérégrinations dans les massifs caucasiens avec le club Zaguédan, que mon père a réussi à transférer dans sa nouvelle entreprise en obtenant pour lui les mêmes privilèges que par le passé.

Voici qu'un jour du mois d'août, alors que nous sommes occupés à faire des confitures avec les framboises cueillies le matin, un groupe de jeunes randonneurs passe à proximité de notre camp. Il s'agit du club Tcherguid, ce qui en russe est l'acronyme de « À travers les fleuves, les monts et les vallées ». Ils viennent de Nevinnomyssk, un centre d'industrie chimique de la région de Stavropol, et sont emmenés par un certain Anatoli Slivko. Lui, c'est un personnage !

C'est l'un des hommes les plus capés qui soient en matière d'alpinisme et de tourisme de montagne, ce qui rend mon père admiratif et un peu jaloux. Son activité de guide-accompagnateur d'enfants, Slivko la pratique de manière professionnelle puisque sa passion est devenue son métier. *Happy is the man who can make his living by his hobby*[1], disait George Bernard Shaw par la bouche du professeur Higgins dans *Pygmalion*. Le jeune sportif de Nevinnomyssk a réussi à recruter des centaines, voire des milliers d'adolescents dans son club, et sa notoriété dépasse largement sa région, à tel point qu'il a été déclaré « Enseignant renommé » et décoré par le comité du Parti communiste. La presse fédérale en parle régulièrement, il a eu droit à

1. Heureux l'homme qui peut vivre de son hobby.

un article dans la *Pionerskaïa Pravda* et je me souviens l'avoir entendu à la radio dans *L'Aube des pionniers*.

Bizarrement, je ne me joins pas à l'enthousiasme collectif qui entoure son passage parmi notre petit groupe. Sans que je puisse mettre un mot précis sur ma méfiance, quelque chose me gêne dans le personnage. En revanche, mon père noue une relation professionnelle et amicale avec lui et, lors d'une visite d'Anatoli à Moscou, l'invite même à venir dormir à la maison. Les hôtels dans la capitale étant rares, chers et très difficiles d'accès, la star provinciale accepte volontiers l'invitation. Il est aussi flatté par ce signe de sympathie de la part de mon père moscovite, qui a des connaissances haut placées dans le milieu des sports de montagne. Le soir, autour du samovar, Anatoli nous narre ses aventures alpestres, il se montre amical et chaleureux, si bien que mes préjugés tombent. À tel point que je lui donne du « tonton Tolya » et que je lui claque une bise avant d'aller au lit.

Ma mère, en revanche, n'aime pas du tout ce fringant provincial. Est-elle seulement jalouse parce qu'il lui « vole » l'attention de son mari et la mienne ou ressent-elle, avec son sixième sens féminin, un danger pour moi ? On ne le saura jamais à coup sûr, mais tout sera vu sous une lumière bien différente quatorze ans plus tard, lorsque son surnom apparaîtra au grand jour : le « Tortionnaire renommé »...

Chapitre 7

La langue de Shakespeare

Quand j'arrive à l'école le 1er septembre 1972, un changement radical m'attend. Nous commençons enfin l'apprentissage régulier et officiel des langues étrangères. Fini, pour moi, les leçons artisanales et clandestines d'allemand.

Notre classe de 40 élèves est divisée en deux sous-groupes de 20 personnes. La langue de Shakespeare est réservée aux meilleurs, dont je fais partie, quelle fierté ! Les moins doués sont condamnés à apprendre… le français. Dommage pour la langue de Molière !

Nous resterait-il encore de l'amertume après l'invasion napoléonienne et la Première Guerre patriotique de 1812 ? Ou peut-être du mépris de classe envers une langue couramment parlée jadis à la cour impériale russe et par toute la caste d'aristocrates, raison pour laquelle son emploi sera ensuite combattu par la Révolution communiste de 1917 ? Pourtant, le français, c'est la langue de la Révolution de 1789, dont la nôtre se réclame l'héritière ! Allez comprendre…

Un sort encore moins envié est réservé en Union soviétique à l'allemand. L'idiome de Karl Marx était la langue étrangère la plus parlée en URSS avant 1940 mais elle n'a plus la cote depuis la fin de la Grande Guerre patriotique de 1941-1945, qui a coûté 27 millions de vies à mon pays. Cela se comprend…

Notre jeune professeure d'anglais s'appelle Olga Mikhaïlovna Viltchek. À l'école russe, on abrège tout. Elle devient pour nous « O.M. » ou « Olga » ou encore « l'Anglaise », ce qui n'a rien de péjoratif ni d'irrespectueux. Elle sort de l'université, n'a que vingt-quatre ans et est pleine d'enthousiasme pour changer le style de l'enseignement. Elle adopte des méthodes modernes, loin des cours trop didactiques et ennuyeux pratiqués par les vieux profs dont certains ont connu l'époque stalinienne. O.M. nous fait participer à des jeux de rôles interactifs qui nous incitent à travailler avec bien plus d'efficacité que les dictées ou les récitations à l'ancienne.

Reste un frein de taille pour sa matière. Nous sommes en pleine guerre froide, derrière le Rideau de fer, et nous vivons dans une ville industrielle fermée aux étrangers. Nos parents se demandent logiquement à quoi cela peut servir d'apprendre des langues étrangères si l'on ne peut pas ensuite les pratiquer dans la vie réelle ? Le raisonnement se tient, admettons-le ! En URSS, les langues dites « vivantes » ont quasiment le même statut que le latin, le grec ancien ou l'égyptien antique. Et encore, les momies des pharaons et les statues grecques sont visibles dans les musées moscovites, tandis que nous n'avons aucune chance de croiser des Anglais ou des Américains en chair et en os à Zélénograd !

En classe, mes progrès sont plus spectaculaires que ceux de mes camarades. Je découvre pour la première fois de manière formelle que mon oreille musicale me procure un énorme avantage. Contrairement à de nombreux copains, je n'ai pas d'accent russe en anglais et j'arrive à reproduire les sons britanniques ou américains à la quasi-perfection. J'ai une excellente mémoire et je retiens très vite les mots nouveaux. Rapidement, je dispose d'un vocabulaire suffisamment riche pour soutenir une petite conversation.

La réussite est la meilleure des motivations. Le soir, à la maison, je fais trois fois plus de devoirs qu'il ne le faut. Même si j'ai d'excellents résultats dans toutes les disciplines étudiées, la langue de Shakespeare devient ma matière favorite, au point que je dépasse assez vite ma sœur, qui apprend l'anglais par dérogation depuis trois ans.

À l'école, la cote de notre professeure, la jeune « Anglaise », grimpe et les jalousies vont bon train également… Olga Viltchek habite dans un immeuble voisin et, en ma qualité d'élève préféré, je fais parfois le chemin de retour de l'école avec elle. Rapidement, je suis invité à prendre le thé dans sa famille. Ce sont des juifs venus d'Ouzbékistan, de Tachkent. Son père est un communiste émérite qui a passé plus de cinquante ans au Parti. C'est un miracle qu'il ait pu échapper aux purges staliniennes et aux pogroms antisémites. Le frère de ma prof est l'un des pères fondateurs de la télévision soviétique. C'est aussi un sociologue, qui exerce dans un pays où l'opinion de la population intéresse peu un pouvoir qui fabrique des sondages bidons et où les élections sont truquées.

Je croise dans leur appartement de nombreux adultes, intelligents et cultivés, qui viennent discuter politique, un verre de vodka et une cigarette à la main. Ces conversations « subversives » se passent d'habitude à la cuisine, qui est l'endroit de tous les complots contre le régime. Je suis encore trop petit pour comprendre le sens et la portée de ces brainstormings antisoviétiques organisés par l'intelligentsia scientifique et technique de Zélénograd. J'ignore encore que l'appartement des Viltchek est un haut lieu de la diffusion clandestine de samizdats[1] subversifs et qu'il est placé sous la surveillance du KGB. C'est le statut de bolchevik chevronné du patriarche qui évite la prison et les ennuis à la famille...

Dans mon sous-groupe linguistique, je deviens le meilleur élève et le chouchou de notre « Anglaise ». Je me découvre aussi un talent inattendu de copieur et de faussaire. J'arrive à reproduire à la perfection sa signature. O.M. me laisse alors volontiers m'acquitter à sa place de la corvée des carnets de correspondance. Je les signe par dizaines en écoutant des chansons en anglais sur le tourne-disques de l'école.

De l'autre côté du Rideau de fer, les Beatles sont au sommet de leur gloire mais n'ont pas l'heur de plaire aux autorités soviétiques. Sur le front culturel également, la guerre froide fait des ravages. Je n'ai droit qu'aux chants folkloriques américains (sans idéologie), à la musique country des cow-boys (des travailleurs exploités par de grands propriétaires), au jazz (des Afro-Américains malmenés par les Blancs racistes) ou aux chanteurs engagés contre la guerre au Vietnam comme Pete Seeger ou Bob Marley. Mais je m'en satisfais pleinement !

En faisant le ménage dans sa salle de classe, Olga Viltchek déterre une collection entière de poupées qui traînaient dans une armoire depuis Mathusalem. Un petit dépoussiérage, et nous voilà embarqués dans une nouvelle aventure : le théâtre de marionnettes... en anglais. À onze-douze ans nous avons encore une âme d'enfant, et ce nouveau

---

1. Samizdat – du russe « éditer soi-même » : littérature antisoviétique circulant clandestinement, chassée par le KGB et passible de poursuites pénales en URSS.

jeu nous emballe tous. Nous commençons alors à préparer notre premier spectacle amateur. Notre prof nous associe à l'écriture du scénario, stimulant notre imagination et notre créativité. À la fin des répétitions après les classes, elle a du mal à nous faire rentrer à la maison, il faut presque nous chasser de l'école ! Certains parents commencent à se plaindre de cette « emprise » psychologique et quelques profs chatouilleux de la 609 grincent des dents face à la popularité grandissante de la jeune universitaire « juive ».

Pour le spectacle final dans la grande salle de l'école, tous les élèves de notre parallèle sont venus, même ceux qui ne comprennent rien à l'anglais. Ils observent juste les mouvements des marionnettes et écoutent les chansons enfantines. On n'a d'ailleurs pas besoin de connaître les paroles anglaises pour apprécier *L'Alouette* ou *The Old McDonald* dans sa ferme, avec ses poules et ses cochons aux cris étrangement différents de nos bêtes à nous. Les animaux parleraient-ils également les langues étrangères ? La représentation est un succès ! Nous sommes les vedettes de l'école. Le spectacle est rejoué la semaine suivante et, cette fois-ci, la représentation attire les copains d'autres écoles de la ville, accompagnés de leurs profs. Il n'y a plus aucune place assise dans la grande salle prévue pour 600 personnes. On joue à guichets fermés et c'est un triomphe !

Ma proximité avec Olga Viltchek me fait travailler l'anglais beaucoup plus que ne le prévoit le programme scolaire de l'école. Le week-end, à Arkhanguelskoïé, je joue volontiers les précepteurs pour mon cousin germain Volodia, qui a le même âge que moi mais ne s'en sort pas en anglais – ni dans les autres matières, d'ailleurs ! Pour mes douze ans, « l'Anglaise » m'offre un petit livre de récits en anglais – *Les Contes de ma mère l'Oye (Mother Goose),* que je connais en russe par cœur depuis mon passage par l'internat de Serpoukhov. Cela me fait progresser encore plus vite, puisque je n'ai pas besoin de dictionnaire pour comprendre les mots que je ne connais pas.

Ce travail acharné me permet de gagner mes premières « Olympiades » d'anglais en avril 1973, au lendemain de mon douzième anniversaire. C'est un concours qui réunit les meilleurs éléments et qui a lieu à chaque fin d'année scolaire. Dans ces Olympiades, je me confronte tout d'abord aux enfants de ma parallèle, ceux de ma classe d'âge de la 609, et enfin à l'ensemble des élèves de toute la ville de Zélénograd.

À m'entendre parler l'anglais, les personnes qui ne me connaissent pas ont du mal à croire que je ne suis jamais sorti de l'URSS et que je n'ai pas vécu à l'étranger. Je deviens ainsi une petite célébrité régionale.

Ma jeune prof est remarquée également pour ma réussite, ce qui, hélas, ne lui attire pas que des amitiés. L'antisémitisme est un sport national en Russie et la médiocrité envieuse trouve facilement comme excuse de ses propres échecs le complot mondial juif. Hitler et Staline ont savamment joué là-dessus…

Mes succès dans l'apprentissage de la langue de Shakespeare me vaudront mes premières *gramota*, des lettres de félicitations qui trônent dans ma chambre. J'en ferai toute une collection, grandissante d'année en année… Pour travailler mon anglais je n'ai pas besoin d'être poussé par une ambition dévorante, j'aime cette langue. De plus, cela fait plaisir à mes parents, qui exhibent avec fierté mes trophées à chaque fête familiale. Bien qu'adolescent, je pressens néanmoins que la maîtrise des langues va influencer grandement mon avenir.

J'ignore encore que ma première victoire aux Olympiades d'anglais me vaut surtout une inscription dans une base de données très particulière. En effet, tous les lauréats de ces concours linguistiques organisés sur tout le territoire de l'URSS sont répertoriés comme étant des recrues potentielles pour le KGB. Celui-ci applique un principe simple – *On ne choisit pas la Grande Maison, c'est elle qui vous choisit!* – et de préférence très tôt. Cette maxime ne marche, bien sûr, que pour les *razvedchik*, les « éclaireurs » chargés de la reconnaissance extérieure. En russe, le mot *chpïon* (espion) est réservé pour désigner nos ennemis, ceux que notre service de contre-espionnage pourchasse sur la terre entière ou les traîtres parmi nous qui décident de trahir la Mère Patrie pour le compte des puissances étrangères.

À partir d'avril 1973, le KGB m'a déjà repéré comme un candidat potentiel pour son service de renseignement à l'étranger et nos destins sont liés. Je n'ai pourtant que douze ans…

*

J'ai peut-être eu tort d'affirmer que les langues vivantes n'étaient d'aucune utilité dans notre vie courante et que nous n'avions aucune chance de les pratiquer. Lors d'un week-end où je traîne comme à l'accoutumée avec mon cousin Volodia et sa bande de voyous à Arkhanguelskoïé, nous partons du côté du domaine des princes Ioussoupov. Il y a là un petit Versailles russe transformé en musée. Nous voyons alors arriver trois cars d'Intourist, la compagnie qui organise et gère les voyages des touristes étrangers en URSS. Vova me fait alors comprendre qu'ils vont « se faire les impérialistes ». Je ne vois pas tout de suite de quoi il retourne, mais je suis curieux de le découvrir. Une cinquantaine de personnes, habillées différemment du citoyen soviétique lambda, sortent de chaque bus. Jeans, vestes et chemises criardes, appareils photo et caméras en bandoulière, ceux-là ne ressemblent pas à nos groupes organisés. Ils parlent et rient fort et il se dégage d'eux comme un air de supériorité arrogante.

La bande de mon cousin s'approche alors, et les voilà qui commencent à mendier et à troquer des pin's soviétiques ou des écussons de l'Armée Rouge contre des chewing-gums et autres babioles. Aucun de ces garnements ne parle un mot d'anglais, mais ils se font comprendre par gestes, comme des sourds-muets. Et ça marche! Ils reviennent vers moi les bras pleins de fanfreluches exotiques. Je suis trop timide face à l'inconnu et je n'ose pas profiter des fruits interdits. De plus, ma conscience de jeune pionnier m'interdit de participer à ce genre de trafic. Comment pourrais-je montrer à nos ennemis idéologiques une attirance quelconque vers leurs produits, pourtant si attractifs ? Ce serait m'humilier !

Soudain, j'entends des mots étrangers qui commencent à prendre du sens pour moi. Un couple un peu plus vieux que la moyenne du groupe est visiblement perdu. Les deux personnes âgées, désorientées par les négociations avec les petits trafiquants, n'ont pas vu leurs collègues partir avec le guide et ne savent pas où aller pour les rejoindre.

Là, c'est autre chose! Mon devoir de pionnier soviétique m'envoie à leur secours! Nous devons toujours aider les gens en détresse, qui plus est des visiteurs étrangers égarés. J'accours vers ce couple et leur montre la direction en disant :

– *You must go there !*

Je lis l'étonnement sur leurs visages.

– *You speak English ?*

– *Yes, I do ! A little…*

– *What's your name, my lad ?*

– *My name is Serge !*

– *How old are you ?*

– *I'm twelve. I am a pupil of the fifth form. I am a pioneer.*

En les escortant vers l'entrée du musée, je bavarde avec eux en anglais des petites choses de la vie. Mon sixième sens me dit que je ne dois pas trop m'étendre. De toute façon, je n'ai pas encore suffisamment de vocabulaire pour ça. Par prudence, je ne dis rien sur Zélénograd ni sur mes parents, pourtant, ça, je sais parfaitement bien le raconter en anglais. Le *topic « My town and my family »* est celui qui m'a valu la première place à l'Olympiade de la ville.

Du coin de l'œil, je vois mon cousin et ses potes admiratifs devant mon aisance en anglais. Quel soulagement pour ces deux pauvres Anglais que de retrouver leur groupe devant les caisses du musée ! Leur guide, heureux de récupérer les deux membres « perdus » de son groupe, me scrute cependant bizarrement. J'ai l'impression qu'il essaie de bien retenir mon visage et mon apparence. J'ignore encore que tous les guides d'Intourist sont des indics du KGB et rapportent tout ce qui est suspect à leurs officiers traitants du contre-espionnage.

Pour me récompenser de l'aide apportée, les British m'offrent du chewing-gum et des bonbons. Je ne les ai pas mendiés, je les ai mérités par mon travail à l'école, donc je peux les accepter avec dignité. Ils me félicitent pour mon anglais et m'encouragent à continuer de me perfectionner. Ils me laissent même une carte de visite en m'invitant à venir leur dire bonjour si je passe par Londres. *Bien sûr ! Je n'y manquerai pas, à mon prochain voyage en Angleterre !* Les pauvres, ils ne se rendent pas compte de l'absurdité d'une telle invitation pour un garçon soviétique vivant derrière le Rideau de fer !

Je suis heureux d'avoir pratiqué pour la première fois une langue « morte » dans la vraie vie avec de vrais Anglais. Bien évidemment, je m'empresserai de raconter cet exploit linguistique à ma prof à mon retour à Zélénograd. À mon grand étonnement, au lieu de me féliciter et de m'encourager, O.M. prend un air soucieux. Elle me met en garde et me déconseille fortement de renouveler cette expérience. Le risque est grand, dit-elle, d'être embarqué par le KGB pour un contact « non officialisé » avec des étrangers. Le KGB ? Ce sigle ne me dit pas grand-chose encore, mais il m'impressionne.

Je ne comprends pas cette mise en garde d'Olga Viltchek. Je n'ai rien fait de mal, bien au contraire ! En bon pionnier, j'ai aidé nos invités étrangers en difficulté en montrant le bon exemple de notre système humaniste. Et j'ai mis en pratique sur le terrain ce qu'elle m'a appris en classe. C'est un comble, pour une enseignante de langue étrangère vivante, que de déconseiller sa pratique à son élève ! En URSS, les langues vivantes doivent rester bien mortes, le KGB y veille ! Ce n'est pas la dernière fois que l'on me donnera cette leçon absurde et schizophrénique…

Chapitre 8

Stierlitz et *Dix-sept moments du printemps*

– Sergueï, c'est bientôt l'heure ! s'exclame mon père en me désignant le poste de télévision.

Et chez nous, les Jirnov, comme dans chaque famille soviétique, la vie va s'arrêter ce soir-là. Il est 19h30, ce mardi 18 septembre 1973, et les rues de la capitale se sont vidées. Il ne reste, et encore, que quelques policiers en patrouille dans des villes désertes. À Moscou, pendant une partie de la nuit, la criminalité va chuter car les truands, eux aussi, sont devant leur petit écran. Pour ceux qui n'en ont pas, direction le bistrot du coin et ses relents de vodka.

J'attends avec impatience, comme 290 millions d'habitants, le deuxième épisode de *Dix-sept moments du printemps*. Si le titre peut sembler romantique, il dissimule en fait l'un des chefs-d'œuvre du cinéma soviétique en matière d'espionnage et de complotisme. Mais il est surtout un coup de génie du KGB et de son maître, Youri Andropov.

Et cela fait un moment qu'il le prépare, ce coup-là ! Pour celui qui classe les ennemis de la société soviétique en trois catégories – les fous, qu'il faut interner en asile psychiatrique, les ignorants, qu'il faut éduquer, et les gens de mauvaise foi, qu'il faut éliminer –, il est grand temps d'épurer le passé stalinien. Lorsqu'il arrive en 1967 à la tête du Comité pour la sécurité de l'État, il comprend que les exactions de Staline et de son bras armé, le KGB, ainsi que de tous les organismes qui l'ont précédé, ont laissé une trace quasi indélébile dans l'esprit d'une bonne partie du peuple russe. C'est qu'il n'y est pas allé de main morte, le Vodj !

De sa prise de pouvoir en 1922 à sa mort en 1953, entre les purges, les déportations et les épisodes de famine, le tyran rouge aura tué plus de 20 millions de Soviétiques. Presque autant (plus, selon certains) que toutes les armées d'Hitler pendant la Grande Guerre patriotique. Bien sûr, le vingtième Congrès du Parti, le 14 février 1956, a fait amende honorable et a critiqué Staline en lui reprochant son culte de la personnalité et son goût prononcé pour le Goulag, mais, *« chers camarades, tout cela est maintenant corrigé »,* a déclaré Khrouchtchev à la tribune. Trop tard, le mal était fait. Dans l'esprit de la population, le KGB est l'exécuteur des basses œuvres. C'est précisément cette image que Youri Andropov a décidé de changer radicalement.

Pour cela, il pense à la culture de masse : littérature, théâtre, cinéma, télévision, radio. La Loubianka (siège des services secrets), sur la place éponyme rebaptisée « place Dzerjinski », devient alors le commanditaire privilégié et le producteur des œuvres artistiques qui glorifient le passé et le présent tchékistes. Elle organise des festivals et distribue des prix prestigieux ainsi que des décorations appréciées par les artistes. Mais de tous les arts, c'est le septième qui est le plus populaire et le plus efficace des vecteurs de propagande pour les relations publiques du KGB. Des films vantant l'héroïsme du soldat soviétique, il n'en manque pas, mais ceux qui narrent les aventures des « éclaireurs », ces illégaux infiltrés chez l'ennemi, sont un peu plus rares. On peut citer *L'Exploit d'un éclaireur,* tourné en 1947, *Le Glaive et le bouclier* ou *L'Erreur d'un résident,* réalisés tous deux en 1968, mais le camarade Youri souhaite frapper un grand coup !

On cherche alors parmi les romans policiers si l'un d'entre eux ne pourrait pas être adapté au cinéma. Sous Staline, ce genre littéraire était considéré comme une lecture bourgeoise, mais Youri Andropov, lui, le porte aux nues. Et il existe un livre qui, semble-t-il, pourrait bien faire l'affaire. En 1968, Julian Semenov, de son vrai nom Lyandres, a publié un récit d'espionnage, *Dix-sept moments du printemps*[1].

Il revient de loin, ce Semenov ! Son père, un juif, qui fut un rédacteur du journal *Izvestia,* a bénéficié en 1952 d'un séjour au Goulag pour

1. Paru en France sous le titre *La Taupe rouge,* Éditions du Canoë, 2019.

complot antirévolutionnaire. Torturé, il en est sorti paralysé à vie. Son fils, Julian, doué pour les idiomes étrangers, parvient à intégrer l'Institut des langues orientales, pour s'en faire chasser peu de temps après : *« Mon père étant juif et ayant été jugé puis envoyé au Goulag, je ne pouvais être admis dans une université cotée*[1]. » Il lui faut attendre la mort de Staline, en mars 1953, pour y retourner. Il devient ensuite journaliste et couvre tous les points chauds, Cuba, Chili, le Paraguay et ses nazis, etc. Il est le premier grand reporter d'investigation du pays[2]. Il entame alors une carrière d'auteur de romans policiers. Le succès populaire est au rendez-vous, mais les livres de Semenov sont également appréciés par les dirigeants communistes.

Andropov n'hésite donc pas et prend contact avec Semenov. En 2019, dans une interview au *Journal du dimanche*, sa fille Olga racontera : *« Il a appelé mon père et l'a invité à la Loubianka, le quartier général du KGB, vous imaginez, la Loubianka ! Il a dit à Papa : "J'aime bien ce que vous écrivez" et il lui a donné carte blanche pour écrire d'autres livres dans le monde de l'espionnage »*. Mieux encore, Andropov lui ouvre les archives du KGB et lui propose l'aide des espions historiens.

L'intrigue de son roman *Dix-sept moments du printemps*, qui se situe à la fin de la Seconde Guerre mondiale, est basée sur des faits réels. Les Alliés sont peu à peu en train de changer de position face à Staline. La question pour eux est de savoir qui va dominer l'Europe une fois la paix revenue. Or, sur ce sujet, Staline a une longueur d'avance. Il peut en effet compter sur les partis communistes des territoires occupés par l'Allemagne, comme la France, l'Italie et les pays de l'Est. Afin de contrer cette stratégie, les Alliés s'emploient à conclure au plus vite un armistice séparé avec les nazis. C'est Allen Dulles, un des chefs de l'OSS, futur directeur de la CIA, qui mène en Suisse les négociations secrètes avec, en face de lui, Karl Wolff, le chef d'état-major d'Himmler.

Apprenant cela, les Soviétiques décident de faire capoter les pourparlers en utilisant un illégal qui est dans la place. Il s'appelle Max Otto von Stierlitz, de son vrai nom Issaïev, et il est depuis longtemps

1. Interview au *Los Angeles Times*, 1988.

2. Ainsi, en 1974, il réussit à sortir une interview de gros calibre : celle du criminel nazi, favori d'Hitler, Otto Skorzeny, qui jusque-là refusait tout entretien avec la presse. Dans la même veine, alors qu'il est le correspondant en Allemagne de la *Literatournaïa Gazeta*, il sort deux interviews coup sur coup : celle de l'ancien ministre du Reich Albert Speer et celle du SS Karl Wolff. Extrait de l'article de Karen Lajon paru dans le *Journal du dimanche* du 12 juin 2019, « *La Taupe rouge* du John le Carré soviétique ».

infiltré dans le SD[1], l'appareil de renseignement de la SS. Il en a gravi tous les échelons jusqu'à devenir un colonel chez les SS et le chouchou de Walter Schellenberg, le chef de la division d'espionnage politique du SD. Sa mission est de découvrir qui, parmi les plus hauts dignitaires nazis, est à l'origine de ces tractations et de les faire échouer.

Andropov décide de faire adapter cette œuvre au cinéma ! Il veut littéralement scotcher les Soviétiques à leurs écrans de télé et quoi de mieux qu'une série pour tenir en haleine un peuple de 290 millions d'âmes. Netflix avant l'heure ! Pour la réalisation, c'est open bar ! Pour la mise en scène, on choisit Tatiana Lioznova, une réalisatrice de talent, et, surtout, on charge Julian Semenov de l'écriture du scénario. Bien évidemment, les financements sont à la hauteur de l'ambition du projet : quasi illimités !

Et Youri Andropov réussit son pari. Semenov découpe son œuvre en douze épisodes de soixante-dix minutes et apporte, avec la cinéaste, un soin inouï au détail. C'est ainsi que pour les uniformes des SS, dessinés en 1933 par le couturier Hugo Boss, il demande que les insignes nazis soient stylisés et plus grands que les originaux de façon à frapper les esprits. On fait appel aux acteurs de la RDA pour jouer des Hitler et Göring plus vrais que nature. On trouve une ville est-allemande qui ressemble comme deux gouttes d'eau à la capitale suisse. Et cela fonctionne ! Les Soviétiques voient là le véritable travail d'un illégal, car chaque épisode est entrecoupé de séquences intitulées « Information pour réfléchir ». Des images d'archives retracent le rôle d'Himmler, Göring, Bormann, Goebbels, et le héros, Stierlitz, doit en déduire qui tire les ficelles des négociations secrètes derrière le dos de Staline.

C'est là un point crucial de la série, car il reflète exactement ce que doit être le rôle d'un illégal – ce que les Occidentaux appellent, eux, un « clandestin ». Il est formé à avoir une capacité d'analyse géopolitique et un esprit de décision qui n'ont pas d'équivalent, encore maintenant, dans les services de renseignement occidentaux, à l'exception du MI6 britannique. Il est seul sur le terrain et c'est à lui d'orienter ses recherches et de faire le choix de ses cibles sans aide extérieure. C'est la raison pour laquelle la formation des illégaux en Russie est l'une des plus longues et difficiles qui soient et que leur niveau de recrutement est particulièrement élevé.

En voyant cette série, chaque jeune a alors envie de vivre la vie de Stierlitz, ce héros qui se déplace de Berlin à Berne dans une superbe

---

1. Le SD (Sicherheitsdienst des Reichsführers SS) est le service de la sécurité du Reichsführer-SS chargé du renseignement et du maintien de l'ordre de la SS.

limousine, fréquente des hôtels de luxe en Suisse, boit du cognac tout en sauvant la nation des machinations impérialistes ! Il devient mon modèle et va m'aider à tracer ce fameux chemin qui n'en est encore qu'à ses prémices.

Sur l'initiative du président du KGB, toute l'équipe du film va être décorée d'ordres et de médailles et Andropov lui-même va enfin devenir en 1973 membre titulaire du Politburo du Comité central du Parti et être promu au grade militaire de général d'armée.

Mais il se passe dans tout le pays un tout autre phénomène que le camarade Andropov n'a pas vu venir. Si l'uniforme de la SS est jugé plus seyant que le russe et qu'à peine la série terminée des milliers de garçons se déguisent, dans leurs jeux, en tenue noire et brassard à croix gammée, le peuple, lui, s'aperçoit que le parti nazi, le NSDAP, ressemble à s'y méprendre, dans son organisation, au Parti communiste, et que le KGB n'a rien à envier à la Gestapo ! Plus grave, on assiste un peu partout à la création de groupuscules néo-nazis que l'on n'aurait jamais imaginé voir au pays des bolcheviks, pays qui a perdu 27 millions de vies dans la guerre contre l'Allemagne nazie !

Actuellement en Allemagne, les partis radicaux d'extrême droite et néo-nazis sont plus populaires à l'Est, dans les anciens territoires communistes, qu'à l'Ouest. L'explication de ce phénomène paradoxal vient peut-être de là.

Pour la petite histoire : dès 1973, les guides touristiques de la ville de Berne, en Suisse, ont eu du mal à comprendre pourquoi les rares Russes de passage leurs demandaient de visiter la Blumenstraße, une rue qui n'existe pas dans la capitale de la Confédération helvétique. Ils ouvraient de grands yeux lorsque ces touristes leur parlaient d'un certain professeur Pleischner, l'envoyé secret de Stierlitz, qui s'y serait suicidé…

*

Bien sûr, la série en douze épisodes *Dix-sept moments du printemps* va susciter des vocations, bien plus qu'une autre excellente série d'espionnage en quatre épisodes, elle aussi lancée et soutenue par Andropov en 1968, *Le Glaive et le bouclier*.

Il faut noter que déjà après la diffusion de cette dernière, un lycéen, fasciné par les images d'espions héroïques, est allé frapper à la porte de la représentation régionale du KGB de Léningrad afin d'y proposer ses services. Il s'appelait Vladimir Poutine et il avait seize ans. Il a été aussitôt éconduit, le service détestant les candidatures spontanées.

Ce jeune enthousiaste aurait dû en être banni pour toujours. Mais il a eu de la chance car en 1975, à sa sortie de la faculté de droit de l'université de Léningrad, le KGB local lui a tout de même ouvert ses portes. Il avait alors vingt-trois ans.

*

Je suis moi aussi impressionné par ces séries soviétiques d'espionnage. Mais à l'automne 1973, je n'ai que douze ans et demi et je n'ai pas eu le culot de Poutine adolescent pour aller proposer mes services au KGB comme il l'a fait.

Je décide cependant de m'inscrire en extrascolaire, avec mon copain Andreï Klimov, au radio-club près de la Maison des jeunes pionniers de Zélénograd. On y apprend l'alphabet Morse ou la manière d'envoyer des messages codés en ondes courtes comme au temps de la Seconde Guerre mondiale. C'est une autre espèce de langue étrangère et ça me plaît énormément. Je passe beaucoup de temps à m'entraîner « à blanc » (sans être branché sur le moindre émetteur) à taper à la bonne cadence les points et les tirets avec la clé Morse. Pour faciliter cet entraînement, on chante un court « ti » pour le point et un long « ta » pour un tiret. Par exemple, ti-ti-ti / ta-ta-ta / ti-ti-ti pour le SOS, *Save Our Souls*, le signal Morse universel de détresse. Je rêve d'envoyer des messages secrets dans la clandestinité depuis un pays étranger vers le « Centre » à Moscou. Finalement, je me sensibilise assez tôt à la vie des « illégaux ».

Ce que j'ignore, c'est que cette activité est très surveillée par le KGB, qui redoute des contacts avec l'Occident. Il est vrai que les ondes courtes portent très loin, il nous arrive d'écouter des émetteurs qui se trouvent à l'autre bout du monde ! Pour s'adonner à cette activité il faut donc être habilité par le KGB, ne serait-ce que pour avoir l'autorisation d'écouter. C'est ainsi qu'à douze ans mon nom entre pour la deuxième fois, après mes succès linguistiques, dans une base de données du Comité pour la sécurité de l'État. Décidément, nous étions faits l'un pour l'autre !

Pour émettre en ondes courtes, c'est beaucoup plus compliqué. Il est nécessaire d'être immatriculé sur un registre national et international, avec un nom codé d'appel qui sert de pseudonyme radioamateur. Dans l'un de mes films préférés, tourné en Yougoslavie, un garçon du bloc communiste et un jeune Américain correspondent sur les ondes courtes en toute liberté (une belle propagande mensongère de la dictature du maréchal Tito !). Ils finiront par se rencontrer physiquement à bord de *L'Oiseau bleu*, un fabuleux trois-mâts qui va emmener des ados de tous les pays, venus *défendre la paix dans le monde,* faire une croisière en mer Adriatique. Sur fond de premières amours adolescentes et de clichés sur l'amitié entre les peuples, ils vont déjouer avec beaucoup de courage un dangereux complot de trafiquants de drogue et d'espions occidentaux.

Il me faudrait des appuis au sein de la nomenklatura du Kremlin pour bénéficier de ce genre de croisière !

*

En parlant de hautes sphères et d'appuis... L'hiver, on patine toujours à Arkhanguelskoïé et le chalet à brioches n'a rien perdu de son charme ni de son succès auprès des enfants, du moins de ceux qui peuvent s'en approcher. Alexeï Kossyguine, celui que j'appelais il y a onze ans « dédouchka Alocha », vient encore régulièrement chaque week-end y passer un peu de bon temps. Sûrement pour oublier les difficultés économiques qui commencent à assombrir l'avenir du pays.

Le seul changement notable est intervenu dans ma famille en 1974. Cette année-là, ma tante Tamara, « tyotya Toma » pour les proches, qui est divorcée depuis longtemps, décide de convoler à nouveau et pas avec n'importe qui! L'heureux élu a un poste de choix, pensez donc! Le commandant Matveï Zagvozkine est un officier de la neuvième direction du KGB, celle qui est en charge de la protection rapprochée des membres du Politburo.

Le métier de *bodyguard* mène à tout puisque Zagvozkine est aussi, et depuis des années, le projectionniste particulier de la famille Kossyguine. C'est ce même jeune lieutenant qui m'avait projeté des dessins animés en décembre 1967 à la datcha officielle du chef du gouvernement! Le monde est petit !

Cette proximité de mon nouveau tonton avec les Kossyguine va-t-elle me servir dans le futur? Qui sait...

Chapitre 9

Le komsomolets et le colonel des pionniers

En février 1975, la fièvre s'empare de nous. Je vais bientôt avoir quatorze ans et, pour tous ceux qui sont nés en 1961 comme moi, c'est la dernière année chez les pionniers léninistes. Après quoi, un nouveau passage politique important se profile déjà à l'horizon. Qui va être parmi les premiers activistes à entrer au Komsomol, le principal mouvement de la jeunesse communiste, qui regroupe les jeunes militants de quatorze à vingt-huit ans ? Telle est la grande question qui préoccupe tout le monde. Tous les enfants soviétiques finissent chez les pionniers, c'est une obligation qui ne dit pas son nom. Le Komsomol, c'est différent. On peut ne pas y être admis et nos futures carrières en dépendent. Le mouvement compte pourtant 38 millions de *komsomolets*[1], soit deux fois plus que le PCUS. Il faut absolument en faire partie !

Parmi les candidats, il y a mon nouvel ami Andreï Kobzar, le fils de l'ingénieur en chef d'une grande entreprise de Zélénograd, qui a fêté ses quatorze ans en novembre 1974. C'est un très bon élève et sa candidature est déjà considérée comme acquise. Ensuite, il y a trois filles très sages et studieuses, et moi, bon élève mais parfois chahuteur. Nous commençons à nous préparer car le chemin est semé d'embûches. Il nous faut apprendre les statuts du mouvement du Komsomol pratiquement par cœur, son histoire, les dates clés, les décisions des congrès, les organes dirigeants et les personnalités responsables, la politique intérieure et la situation internationale du pays. Bien évidemment, tout cela vient s'ajouter à nos études normales, qui, en cette septième classe, sont déjà très compliquées.

Lorsque le comité du Komsomol de l'école nous juge prêts, il nous fait passer un examen. Nous voilà tous les cinq convoqués devant le bureau politique pour le grand oral, où l'on nous met la pression

1. Le *komsomolets* (masculin) et la *komsomolka* (féminin) sont les membres du Komsomol, l'Union communiste de la jeunesse en URSS.

maximale en nous bombardant de questions pièges. Une des filles est recalée, et je suis admis avec mes trois autres camarades. L'étape suivante se passe devant le comité de la ville, qui doit entériner ou refuser notre admission. C'est un autre grand oral, beaucoup plus ardu, qui nous attend. Cette fois-ci, ce ne sont plus nos copains de l'école qui nous interrogent, mais des responsables politiques d'importance que nous ne connaissons pas. L'épreuve est impressionnante et l'enjeu est si important que, la veille, je n'arrive pas à trouver le sommeil.

Fin avril 1975, je reçois mon premier document politique sous la forme d'une carte numérotée de membre titulaire du Komsomol, avec ma photo et un grand cachet du comité régional. Chose qui n'existait pas chez les jeunes pionniers et qui est la preuve matérielle de mon passage dans le monde des adultes. Mieux encore, je dois payer une cotisation mensuelle. Elle est symbolique et dérisoire pour les écoliers qui ne perçoivent pas encore de revenu ou de bourse : seulement deux kopecks par mois. Plus tard, elle augmentera en fonction de notre rémunération, selon un barème progressif.

*

À nous quatre, les komsomolets frais émoulus de ma classe, nous formons une cellule de base. On me propose d'être son secrétaire. Mais le comité du Parti de l'école a d'autres visées pour moi et me réserve une surprise.

Quand je suis convoqué d'urgence chez son responsable, je me pose plein de questions. Qu'est-ce que j'ai encore fait ? Il m'annonce une énorme nouvelle : ma candidature a été retenue pour diriger les plus jeunes. Non seulement je suis admis parmi les premiers au Komsomol, mais on me propulse vers un poste très en vue et avec de grandes responsabilités ! Est-ce un hasard, ou aurais-je un ange gardien qui a décidé d'une carrière importante pour moi ?

Quoi qu'il en soit, en mai 1975, me voici colonel de la droujina des jeunes pionniers de l'école 609 ! Bien évidemment, comme les fois précédentes, le protocole formel prévu dans les statuts a été respecté à la lettre. Une assemblée générale avec des élections a été organisée et j'ai été élu en bonne et due forme !

Si mon nom figurait en tête de la liste du Parti, c'est en raison de mes antécédents d'excellent élève et de bon sportif. En février, j'ai fini troisième de la compétition scolaire de ski de fond de ma classe d'âge. Mais j'ai également été choisi grâce à mon ascendant sur mes camarades. Souvent, l'après-midi, je programme des activités extrascolaires qui sont suivies par la quasi-totalité des adolescents de ma classe et cela a fait de moi un candidat tout désigné pour diriger le régiment des pionniers de l'école.

Ma candidature a plu aussi grâce à mes capacités d'adaptation. Dans notre militantisme communiste, il faut faire preuve d'imagination. C'est ainsi que j'accommode d'anciennes chansons folkloriques et de vieux contes traditionnels russes afin d'y intégrer des chants révolutionnaires ou de nouveaux jeux mettant en avant le régime soviétique. Et ça, je sais faire ! Depuis quatre ans, avec ma sœur, je fais partie d'une chorale d'agit-prop avec laquelle nous avons donné de nombreux concerts. On nous a cependant appris qu'il fallait rester vigilant. C'est l'époque de la guerre froide et le mal capitaliste si pernicieux est partout. Il est à notre porte !

En effet, avec sa légendaire bienveillance, le Parti a laissé les directeurs de salles de cinéma, et il y en a 100 000 en URSS, diffuser des films « capitalistes ». Pas n'importe lesquels, ne rêvons pas! Uniquement ceux qui montrent la bêtise et l'incompétence des autorités occidentales. Nous rions à gorge déployée en voyant les films avec Louis de Funès, dont la célèbre série des *Fantômas.* Les salles sont pleines de gosses, on y retourne plusieurs fois, le prix d'entrée aux séances pour enfants est ridiculement bas. À la sortie, on se déguise, on se met des bas en nylon sur la tête et on joue au maléfique mais fascinant maître du monde. Cela donne parfois des idées malsaines, comme ce jour où des jeunes iront voler 3 000 roubles dans un bureau de poste, grimés en Fantômas!

Mais chacun a sa propre lecture de l'image et parfois le Parti, regardant les choses au premier degré, n'est pas suffisamment perspicace pour anticiper les déviations du décryptage. Derrière les bouffonneries de Louis de Funès s'étalent la vie occidentale et toute la splendeur de la société de consommation en pleine croissance des « Trente Glorieuses » années de l'après-guerre. Voitures de rêve, magasins où croule la marchandise, mode chic et moderne, aéroports remplis de passagers partant en voyage pour des destinations du monde entier, la richesse impérialiste est là sous nos yeux! Nous aurait-on menti? Les Pierre Richard, Jean-Paul Belmondo, Lino Ventura sont aussi à l'affiche. Ils jouent les espions, les flics ou les assassins. Cela fait une sacrée différence avec nos films sur les vaillants « éclaireurs », combattants secrets sur un front invisible.

Le sexe est aussi tabou en URSS et le Parti veille à ne pas diffuser d'images trop osées. Nos films sont presque monacaux et dénués de sensualité, au grand dam des ados dont je suis et, bien sûr, des adultes. Aussi, lorsqu'il arrive qu'un film occidental un peu olé-olé soit autorisé à la diffusion, on y met aussitôt des limites d'âge. C'est ainsi que les aventures de la belle et sensuelle Angélique[1] seront distribuées dans toutes les salles obscures d'Union soviétique, frappées d'une interdiction aux moins de seize ans.

Avec le recul, je me rendrai compte que les Soviétiques, malgré le Rideau de fer et l'isolement géographique dû à la guerre froide, ont eu beaucoup plus accès à la culture occidentale qu'on ne l'imagine. Quand, des décennies plus tard, je parlerai avec des Français de mon âge, je verrai à quel point mes lectures, ma connaissance de la musique et du cinéma français contemporain sont proches de la leur. La réciproque n'est pas vraie, à l'exception de quelques rares experts parmi l'intelligentsia occidentale. Très peu connaissent notre culture moderne, en dehors des grands noms de la littérature et de la musique russe du XIXe siècle tels Tolstoï, Pouchkine, Dostoïevski, Tchekhov et autres Tchaïkovski...

*

Mes lourdes responsabilités militantes me font mûrir et quitter l'insouciance de l'enfance. Je commence à me poser des questions sur la sincérité de notre organisation sociétale et de notre idéologie. Je prête alors l'oreille à ce qui se raconte autour de moi. Zélénograd est un paradoxe. Ici, il n'y a que des scientifiques, des chercheurs, des ingénieurs qui travaillent tous sur le futur et la défense. On parle de course aux armements contre les États-Unis et de conquête spatiale. Parmi eux, beaucoup de juifs, principaux détracteurs du régime et du KGB, qui les empêchent de partir en Israël ou en Amérique. Dans la famille juive de ma prof d'anglais, on en parle ouvertement. Elle reçoit beaucoup de « grosses têtes », pour la plupart des intellectuels des instituts de recherche de Zélénograd.

J'ai grandi et ils ne me considèrent plus comme un gosse. Je peux maintenant participer à leurs conversations dans la cuisine autour d'une bouteille de vodka ou de vin sec. Ce vin que les intellectuels apprécient et que le peuple déteste, lui préférant les vins sucrés bon marché à forte teneur en alcool. Je comprends maintenant le sens et la portée clairement antisoviétique de leurs discussions. Après quelques verres, ils se laissent aller à dire : « On est dirigés par des vieillards malades ! Ce régime, c'est du pipeau, il y a de la corruption partout,

1. *Angélique, marquise des Anges,* puis *Angélique et le Roy.*

tout est pourri et il va finir par s'effondrer! » Si moi, adolescent, je les entends, que penser du KGB ! Pourtant, rien ne se passe comme sous Staline et le monstre de la sécurité d'État ne bouge plus, donnant l'impression d'ignorer ces provocations et ces critiques corrosives.

Dans l'approche de la politique, je constate une différence entre les milieux. Chez les Jirnov, autour du bortsch[1] du dimanche, les conversations vont aussi bon train. À notre table, on discute de tout... sauf de politique. Ma mère est membre du Parti et secrétaire de sa cellule, mon père, lui, n'y est pas. Ils *semblent* ou *font semblant* d'être unanimes sur un point : le système communiste est le meilleur du monde ! Difficile de penser autrement quand les médias qui, bien évidemment, sont les relais du pouvoir vous injectent de l'idéologie à longueur de journée.

Il m'arrive cependant de douter de la sincérité de mes parents. Ce ne sont pas des imbéciles et ils ont des yeux pour voir ce qui se passe autour d'eux. Cela signifie-t-il qu'ils se méfient ? De nous, leurs enfants, ou des micros ? Jamais un mot de trop, une revendication ou une plainte, tant ils sont encore imprégnés de l'ambiance délétère qui régnait dans le pays lors des purges staliniennes. Comme si cette crainte se transmettait de génération en génération. À l'époque, il suffisait qu'un gamin aille raconter à l'école qu'hier soir Papa avait dit tout haut ce que tout le monde savait – « Staline est un sale Géorgien qui ne parle même pas correctement le russe » – pour que le lendemain le papa en question décroche un billet gagnant pour un séjour de longue durée au Goulag.

Pour notre ville de Zélénograd, bien évidemment le Parti et le KGB n'ignorent rien de ce qui se passe, cela je le saurai plus tard. La ville étant fermée, tous ces propos restent dans un milieu confiné et chacun des organes officiels fait semblant de ne s'apercevoir de rien tant que la marche en avant scientifique fonctionne. Une chape de plomb recouvre le pays, mais pas ici, pas à Zélénograd. Pourtant, je vois bien qu'une idéologie antisoviétique s'est mise en branle, elle ne s'arrêtera pas.

1. Soupe russe traditionnelle à la betterave rouge.

Chapitre 10

L'expérimentation secrète

À chaque fête, l'obligeant Anatoli Slivko, grand sportif de la région de Stavropol et collègue de mon père, qui encadre lui aussi de jeunes randonneurs, nous envoie une petite carte en nous donnant rendez-vous dans le Caucase pour les vacances. Il cultive ainsi ses relations publiques. En juin 1975, mon père, qui vient de changer d'entreprise et doit renoncer à partir en congés pendant nos vacances d'été, m'entreprend au repas du soir :

– Sérioja, j'ai une mauvaise nouvelle. Pour le Caucase, avec notre club, ça ne va pas être possible cet été. Je suis dans une nouvelle usine et le temps que tout rentre dans l'ordre, ce ne sera pas avant l'année prochaine. Il va falloir être patient.

Je ne réponds pas, mais il peut lire le désespoir dans mes yeux. Un grand sourire éclaire alors son visage :

– Il y a aussi une bonne nouvelle. Anatoli se propose de te prendre avec lui chez les Tcherguid pendant le mois d'août, qu'est-ce que tu en dis ?

Je bondis de joie en le voyant brandir la lettre reçue de Nevinnomyssk.

– Une chose, fiston ! Ils ont l'habitude d'organiser là-bas des fêtes et des défilés et il demande que tu prennes avec toi ta tenue de parade de pionnier pour y participer.

– Mais Papa, je viens de devenir komsomolets. J'en ai marre de porter le foulard des pionniers toute l'année scolaire. De plus, on vient de me nommer colonel de la droujina de mon école et je vais être obligé de me mettre au cou ce satané foulard rouge encore un an ou deux. Pourquoi veut-il que je m'habille comme ça pendant les vacances d'été ?

– N'en fais pas toute une affaire. Ça lui fait plaisir de montrer qu'un responsable des pionniers de la capitale est présent pour sa parade, c'est tout. Tu sais, tout le monde en URSS n'a pas notre chance d'habiter Moscou !

Ce n'est pas faux. Toute la famille a remarqué que, lors de son séjour chez nous, il semblait très envieux de la vie moscovite.

*

En attendant mon départ en août pour le Caucase, je passe les mois de juin et juillet 1975 à Arkhanguelskoïé en compagnie de mon cousin Volodia et de sa bande de petites frappes. Le temps se passe en baignades dans l'étang du sanatorium militaire ou dans le vieux lit de la Moskova, en petits larcins et au cinéma du *gorodok*.

Désormais, on a le droit d'aller aussi aux séances de 20 heures réservées aux adultes. Ici, on est à la campagne et le contrôle de l'âge des spectateurs est plutôt laxiste. Je finirai donc par voir la belle *Angélique, marquise des Anges*, bien avant l'âge légal. Finalement, je suis plutôt déçu, je m'attendais à davantage… Dans les fantasmes de l'interdit, mon imagination était allée beaucoup plus loin que la réalité artistique, assez osée pour l'époque. L'homme n'est jamais content ! Et trop attendre mène forcément aux désillusions…

Être un komsomolets frais émoulu et colonel d'une droujina de jeunes pionniers à Zélénograd ne m'empêche pas de continuer à faire des bêtises avec mon cousin. Un jour, nous entrons par effraction dans une datcha assez cossue. Nous y buvons une bouteille de vin et piquons quelques bricoles sans vraie valeur, juste pour le sport.

Au retour, la bande est arrêtée par une patrouille de la police locale qui les connaît tous, à force de les côtoyer depuis des années. Les flics ont du nez et toutes les bonnes raisons de les soupçonner d'avoir commis un méfait de plus. Ils sont sur le point de nous emmener au commissariat – histoire de vérifier, à tout hasard, le contenu de nos poches. C'est une catastrophe ! Heureusement, à côté des bricoles volées, j'ai sur moi ma carte du Komsomol que je trimbale partout, tellement je suis fier d'en avoir une. Donc, je la leur montre en me portant garant pour mon cousin et les autres voyous. L'effet est immédiat et les flics nous laissent repartir. J'étais à deux doigts de compromettre ma vie de communiste. Mais pour la sauver, j'ai fait pire…

De toute évidence, je suis sur une mauvaise pente. Il est temps pour moi de partir pour le Caucase, sinon mon avenir de leader politique pourrait s'achever avant d'avoir commencé.

*

Le 2 août 1975, je débarque du train de Moscou, muni du précieux uniforme de jeune pionnier, pour rejoindre Anatoli Slivko et son Tcherguid. Nous passons trois semaines en randonnées de montagne avant de revenir à Nevinnomyssk. Je suis hébergé dans une famille d'accueil dont les enfants sont membres de son club, qui est le plus populaire de la ville. Je ne verrai jamais la femme de Slivko, enceinte à cette époque de son deuxième fils, qui s'appellera Evguéni. Slivko ne me parle jamais de sa famille.

À partir de notre retour de la montagne, ses demandes pour me voir habillé en pionnier sont quasi-quotidiennes, c'est du harcèlement. Pourtant, il fait chaud et je n'ai aucune envie de revêtir l'habit de lumière sous ce soleil de plomb. Je lui oppose un refus poli, mais ferme. Jusqu'au jour de la fête, avec le défilé en tenue de parade obligatoire. Là, pas d'échappatoire !

Me voilà tout beau en chemise blanche avec mes deux badges de pionnier et du Komsomol sur la poitrine, mes trois étoiles de colonel des pionniers sous l'écusson porté sur le bras gauche et mon foulard rouge au vent. À un détail près ! Ce brave Anatoli n'a pas voulu que je mette mes chaussures ordinaires. À la place, il m'impose une paire de bottines noires, cirées et lustrées à l'extrême. Lorsque je les approche de mon visage, j'y vois mon reflet ! Je résiste, mais rien n'y fait. Il insiste, il me supplie de les enfiler en me disant que c'est un honneur pour lui que je les porte.

Dans la vie il faut parfois prendre sur soi et faire plaisir aux gens qui vous rendent service. Pour le remercier de m'avoir emmené dans le Caucase quand mon père ne le pouvait pas, je me plie à l'exigence capricieuse de mon hôte. Je dois donc parader toute la journée en bottines étincelantes qui feront de moi l'attraction de la cérémonie. À cette occasion, je ne manque pas de remarquer un changement bizarre dans les yeux de Slivko. Son regard devient parfois dur et fuyant, et le même sentiment qu'à notre première rencontre, un sentiment de gêne et de méfiance, me saisit…

À la fin des réjouissances, il me gratifie d'une visite privée de son club. En commençant par exhiber ses innombrables diplômes de sportif de haut niveau. Il est Maître des sports d'URSS en alpinisme et en tourisme de haute montagne, un grade sportif que mon père n'a jamais réussi à atteindre ! Suivent toutes sortes de *gramota* provenant des différents comités du Komsomol et du Parti, de nombreux articles dans la presse locale et même internationale. S'il voulait m'impressionner, c'est réussi ! Je comprends que mon papa, avec son club Zaguédan, n'est rien à côté de Slivko, juste un amateur face à un vrai et grand professionnel, une vraie célébrité !

Ensuite, il me fait visiter ses laboratoires photo et cinéma. Très bien équipés pour un club de province. Il y a là des milliers de photos et des kilomètres de pellicule. Au Tcherguid, ils filment tout et partout ! Des milliers de visages radieux, de larges sourires de milliers de gosses heureux et exubérants… Je ne me suis jamais considéré comme misérable, mais face à cet étalage de réussite, je me sens petit, tout Moscovite privilégié que je sois.

*

C'est là que Slivko me demande si je peux garder un secret, comme dans les films de guerre. Je sens planer un grand mystère et, si mon penchant pour les aventures prend le dessus sur une légère appréhension, une fugace voix me dit de ne pas aller plus loin. J'acquiesce et, avec une montée d'adrénaline, j'attends avec impatience la suite.

En baissant la voix et en prenant un air extrêmement sérieux, Anatoli me confie alors :

– Je suis chargé par les *autorités militaires* et les *services secrets* de mener des expériences confidentielles sur les limites du cerveau et du corps humain en cas de nouvelle guerre. Ce projet concerne très peu d'élus parmi les jeunes pionniers. Veux-tu avoir une chance unique d'en faire partie ?

Que croyez-vous que je fasse ? Je n'hésite pas une seule seconde !

Visiblement satisfait de ma réaction, Slivko me fait signer un engagement solennel de garder le secret sur ce qui va suivre et de ne jamais le révéler, sauf au chef d'état-major des armées, le maréchal Victor Koulikov, et uniquement si lui, Slivko, chef de ce projet militaire, est également présent. Mon cœur bat très fort.

J'en déduis que mon appartenance au Komsomol et ma responsabilité de colonel de la droujina des jeunes pionniers de mon école me valent cet honneur unique. Pour une fois, je suis content de porter ce foutu uniforme de parade en été et ces bottines brillantes.

Comment ne pas être excité, quand un homme aussi respecté et célèbre vous propose de participer à une expérience hors du commun réservée à une toute petite élite ?

*

Slivko prend dans un coin un sac à dos déjà prêt et me fait signe de le suivre. Nous sortons du club et montons dans un bus qui nous amène dans la banlieue de Nevinnomyssk. Au terminus, nous nous engageons dans un bois. Je comprends qu'il a l'habitude d'y aller car il connaît parfaitement les lieux. Après trois quarts d'heure de marche rapide, nous débouchons dans une clairière. Je perçois des traces de bivouacs fréquents.

Dans un bosquet, je distingue une sorte d'ossature en bois destinée aux exercices de gymnastique. Cette construction peut facilement supporter le poids d'un corps en mouvement et son caractère sportif ne fait aucun doute pour moi. En maître des lieux, Slivko tire de son sac à dos des cordes et des couvertures. Il en sort également du matériel photo et de cinéma qu'il installe promptement et allume. J'aperçois une scie, des haches et des couteaux. La panoplie complète du parfait randonneur.

Il ouvre alors une sorte de manuel assez épais et m'explique les étapes des exercices à réaliser ainsi que les buts recherchés. Il exhibe aussi un grand cahier dans lequel il commence à noter la date et l'heure, mes nom et adresse, date et lieu de naissance, mon école et ma classe, mon appartenance ethnique et politique, mon poids, ma taille, ma corpulence, mes antécédents médicaux et sportifs. Il me prend le pouls et mesure ma tension artérielle à l'aide d'un tensiomètre. Le tout est filmé en continu et photographié à l'aide d'un retardateur. Tout cela me semble très professionnel, sérieux, et même scientifique. Cela me rassure et me conforte quant au bien-fondé de sa démarche.

– Sergueï, veux-tu enlever ton uniforme, bien le plier et te mettre en tee-shirt et caleçon ?

Dans mon école, pendant les exercices de culture physique et dans notre camp d'été, nous avons fait ça des milliers de fois. Je n'éprouve donc aucune réticence à m'exécuter. Il me fait faire quelques exercices d'échauffement et des étirements. Chaque étape est soigneusement documentée et filmée.

Avant de commencer les tests, il me suggère le plus simplement du monde d'aller dans la forêt soulager ma vessie. Il se tient bien à l'écart en respectant mon intimité, sans aucun geste ni regard inappropriés.

Tout me paraît rassurant et normal. J'ai entièrement confiance en lui.

– Maintenant, mets-toi sur la charpente en bois ! Je vais t'attacher les pieds et les mains en les écartant pour la suite des exercices. Je te préviens que ce sera un peu douloureux, mais je ferai très attention afin de t'éviter des souffrances inutiles.

Tout cela est expliqué en détail dans son *manuel*, dont il suit à la lettre le *protocole scientifique* en me montrant les schémas dessinés. Il commence à tendre doucement les cordes, par petites étapes, en me demandant à chaque fois :

– Cela te fait mal ? Arrives-tu à supporter la douleur quand elle apparaît ?

Toutes mes réponses et réactions sont consignées dans son cahier. Régulièrement, il prend mon pouls et ma tension. Puis il me passe une corde autour du cou et me demande de lui dire jusqu'à quel point je peux supporter le manque d'air. Il serre de plus en plus fort tout en me citant des exemples célèbres de pionniers héros qui furent capturés et torturés par les nazis, sans jamais avoir délivré de secrets militaires à l'ennemi.

– Est-ce que tu te sens à la hauteur de leurs exploits ?

– Je ne suis pas sûr, mais je vais faire de mon mieux, tonton Tolya…

Après cela, j'ai un trou de mémoire, un trou noir. Je ne me souviens plus de rien. Je suppose que j'ai dû m'évanouir à un moment donné quand « l'expérimentateur » a serré trop fort le garrot autour de mon cou.

*

Quand je recouvre mes sens, je réalise que je suis couché sur une couverture, déjà vêtu de mon uniforme, mes fameuses bottines étincelantes aux pieds. Me suis-je habillé moi-même ou bien est-ce lui ? Aucune idée ! Je ne sais pas combien de temps s'est écoulé depuis mon évanouissement.

Slivko, prévenant et un peu inquiet de ma potentielle réaction, prend soin de moi avec un empressement coupable. Il se montre rassurant et me fait boire du thé chaud sorti d'une bouteille thermos. J'ai un peu le vertige et du mal à ingurgiter la boisson. Il me donne un cachet d'aspirine et mes douleurs à la tête et au cou disparaissent rapidement. Il me prend encore le pouls et mesure une dernière fois ma tension. Il me félicite pour mon courage et mon extraordinaire résistance physique et morale. Je suis fier de moi. Mes forces reviennent rapidement et je ressens soudainement une faim de loup. Nous cassons la croûte avec du bon pâté et du pain très frais ! Puis nous plions bagages et reprenons le chemin du retour.

Au club, il me félicite encore et me rappelle le caractère strictement secret de cet *exercice militaire*. Je n'ai pas le droit d'en parler à quiconque, y compris à mes parents. Et il me fait signer encore l'engagement solennel de garder ce *secret militaire*. Il me confie que je fais dorénavant partie d'un tout petit groupe de personnes héroïques, d'une élite des élites de l'URSS. « Des héros de l'ombre qui n'ont pas besoin de satisfaire leur ego en pavoisant avec des médailles », me dit-il. Suite à ses paroles, je me vois clairement comme un « illégal », comme Stierlitz.

*

J'oublierai très vite cette petite *expérience secrète* qui aurait pu mal tourner pour moi. Je n'en dirai jamais un seul mot à personne, sauf à mon officier traitant chez les illégaux au KGB ! À mon retour à Zélénograd, je vais perdre de vue le brave Anatoli jusqu'à un matin de septembre 1986. C'est dans l'hebdomadaire *Literatournaïa Gazeta* que je trouverai enfin une explication à cette aventure étrange faite d'uniforme de pionnier, de bottines cirées et d'épreuves secrètes.

Ma découverte sera terrible et bouleversante. C'est à ce moment-là seulement que je prendrai conscience du monstrueux danger auquel j'ai échappé.

Chapitre 11

Les années charnières de l'adolescence

En septembre 1975, nous changeons d'uniforme et entamons une année scolaire très particulière. À la fin de cette huitième classe d'école, il y a le premier grand tournant éducatif qui va marquer nos vies. Nous allons passer nos premiers examens sanctionnés par un diplôme d'État. Celui-ci est nécessaire pour tous ceux qui, ne voulant pas ou ne pouvant pas poursuivre des études de plus en plus difficiles, veulent entrer dans la vie active.

Pour moi, il y a une mauvaise nouvelle. Olga Viltchek, ma prof d'anglais préférée, est partie en congé maternité pour son deuxième enfant. Je vais avoir une nouvelle enseignante qui va se révéler beaucoup plus classique. C'est une perte déchirante et ma scolarité en est un peu perturbée. Mais je n'ai pas le temps de m'appesantir, car mes responsabilités comme colonel de la droujina des jeunes pionniers me prennent tout mon temps libre.

« Tu es maintenant le président du soviet (conseil) de la droujina ! À toi d'être un leader des jeunes et d'en faire de bons communistes », m'a dit le secrétaire du Parti de la 609.

À moi d'être à la hauteur de la tâche et de motiver mes 1 400 pionniers dans le parfait accomplissement de leurs devoirs envers le Parti ! Mais je suis encore très immature et mon caractère espiègle me joue des tours. J'en verrai le reflet dans mon premier diplôme à la sortie de la huitième année scolaire. J'adore faire le pitre et j'ai du mal à assumer pleinement le changement radical de mon statut social et politique. Aux réunions du soviet de la droujina sous ma présidence, réunions censées être très sérieuses, on entend souvent, trop au goût de certains, les éclats de rire provoqués par mes plaisanteries. Les gosses m'adorent car, pour une fois, on se marre chez les pionniers !

Heureusement, le régime ne me laisse pas seul, tout colonel que je suis. On me colle dans les pattes une « guide » pour m'aider dans ces travaux d'Hercule consistant à rendre la vie la plus ennuyeuse possible aux gamins. M'aider, c'est un doux euphémisme pour signifier « me contrôler ». Nadejda (l'espoir, en russe) Stépanova est une petite femme rondouillette de vingt-cinq ans, une sorte de commissaire politique spécialisée dans l'idéologie. Contrairement à nous tous, les écoliers, ce n'est pas une militante bénévole, mais une professionnelle qui est payée par l'appareil du Komsomol pour me conseiller dans mes tâches d'encadrement et pour écrire les discours léninistes que je prononcerai devant les pionniers. Des fois que ma pensée d'adolescent dévierait…

C'est qu'il ne faut pas mollir, dans la formation marxiste-léniniste ! Celle-ci doit se faire à un rythme échevelé, il faut éviter que nos jeunes pionniers ne réfléchissent trop ! C'est l'application du vieux principe de tous les gouvernants : les gens bien occupés n'ont pas le temps de revendiquer ni celui de se rebeller. Il me faut donc organiser des discussions, prendre la parole lors des fêtes importantes où pionniers et parents sont rassemblés, moments où je vante les mérites du communisme selon les textes rédigés par ma « guide de pensée ». Cela a du bon pour moi : s'il me restait encore un peu de timidité adolescente avant de m'engager dans cette tâche, c'en est fini ! Prononcer un grand discours devant plus de mille personnes n'est plus un problème. Maintenant, je peux le faire de façon impromptue et cela m'aide dans mes études. Un exposé à faire en classe ? Je me lance sans hésitation, les profs sont même obligés de me calmer alors qu'ils peinent à encourager mes camarades.

*

À l'automne 1975, mon école 609 de Zélénograd devient tristement célèbre dans toute l'Union soviétique. Une terrible affaire s'y est déroulée au printemps, juste avant notre départ en vacances d'été. Elle nous rattrape quatre mois plus tard.

En mai dernier, cinq filles ont entraîné de force l'une de leurs camarades dans une forêt proche de l'école pendant la récréation et l'ont rouée de coups de poings et de pieds. Une trentaine d'écoliers ont été les témoins passifs de cette scène de lynchage. Aucun d'entre eux n'a porté secours à la pauvre victime, laissée pour morte, avec un traumatisme crânien et de multiples contusions. Tout cela pour un prétexte dérisoire, comme c'est souvent le cas chez les ados – un regard mal interprété, un mot compris de travers. Parmi les « bourreaux », trois filles sont de la classe de ma sœur et deux autres de la mienne – Galya Sidorova et Natacha Bykovskaïa, des filles pourtant sympas, des bonnes copines appréciées de nous tous.

Une enquête judiciaire et de nombreuses commissions d'investigations administratives et politiques vont secouer l'école. Les coupables sont vite dénoncées et retrouvées. Elles sont aussitôt jugées par un tribunal pour enfants et condamnées, pour l'exemple, à de lourdes peines de prison ferme malgré leur jeune âge. Cette affaire qui ébranle le pays est décrite dans un long article de l'hebdomadaire à grand tirage *Literatournaïa Gazeta*.

À la suite de cette condamnation, notre appareil idéologique subit de nombreuses pressions des hautes instances dirigeantes. Mon travail de leader des jeunes pionniers est constamment scruté à la loupe. Un calme relatif ne revient que pour les fêtes de fin d'année, mais l'affaire laissera de profondes traces derrière elle.

*

En février 1976 a lieu un grand événement politique pour le pays. Le 25e Congrès du PCUS se déroule au palais des Congrès du Kremlin. Mais c'est également une grande étape dans ma vie, puisque je fais partie de l'élite du Komsomol du pays, qui a l'honneur de signer le rapport de la jeunesse communiste au congrès du Parti. Me voici lancé sur la voie royale du communisme…

Lors d'une compétition de ski de fond de notre établissement, ma performance attire l'attention d'un entraîneur de l'école sportive de la réserve olympique de Zélénograd. Il me propose de rejoindre l'équipe junior de la ville. Je commence à m'entraîner trois fois par semaine avec ce prestigieux club sportif et à participer, un dimanche sur deux, aux compétitions régionales. Je ne gagne rien de spécial, mais je tiens mon rang.

Malgré l'absence d'Olga Viltchek, qui me prive de son enseignement d'exception, je suis une nouvelle fois victorieux aux Olympiades d'anglais dans mon école et à Zélénograd. Cela me rassure. Je peux compter sur mes propres talents linguistiques pour gagner.

Je me demande aujourd'hui comment j'arrivais à concilier études, sport de haut niveau et activités idéologiques intensives…

*

Fin mai 1976, nous passons les quatre redoutables examens d'État. Je les réussis parfaitement mais cela demande une extrême mobilisation de mes ressources intellectuelles et psychologiques.

Dans mon premier diplôme obtenu à l'issue de cette session

d'examens, la majorité de mes notes sont « excellentes » (5/5 en URSS, l'équivalent de 20/20 en France). Je n'ai que deux « bonnes » notes (les 4/5 russes ou 16/20 français), en géographie et en russe. Notre langue est si compliquée que très peu de Russes savent la parler et l'écrire sans fautes. Donc, pour ma note de russe, je ne trouve rien à redire, je m'en sors même plutôt bien. Mais le 4/5 en géographie m'exaspère parce que j'aime cette discipline et que je suis persuadé d'avoir mérité une meilleure notation. L'explication en est, somme toute, banale. C'est une petite mésentente avec la prof, qui n'a pas oublié et me la fait payer. Malgré cela, au vu de ces très bons résultats, mes parents et mes profs sont contents.

Il y a toutefois un bémol ! J'ai une note « satisfaisante » (3/5, ou 12/20) en comportement. Et cela, franchement, n'est pas digne de mon poste de colonel des jeunes pionniers ! J'ai continué à faire le trublion en classe, une vieille habitude due au manque de maturité. Pourtant, le comité du Komsomol de Zélénograd m'a décerné une belle *gramota* pour mes activités à la droujina de l'école. Cela compense la médiocre note de conduite donnée par les professeurs.

À la fin des huit années de scolarité, des copains quittent l'école pour s'engager définitivement dans les filières professionnelles et d'apprentissage. Moi aussi, cet été je vais connaître le monde du travail, mais provisoirement…

*

Mes parents se méfient un peu de mes relations toxiques avec mon cousin Volodia et sa bande de malfaisants. Cela n'augure rien de bon. Dans ma classe, nous avons déjà vu Guennady Isaïev tomber pour vol et être condamné à trois ans de prison ferme. Ma babouchka Nastya a sans doute eu quelques retours par la police locale d'Arkhanguelskoïé, qui a peut-être fini par faire le rapprochement avec nos larcins dans des datchas et jardins. Ma famille ne veut plus me laisser passer le mois de juin 1976 à divaguer dans la nature avec des bons à rien. Je suis donc envoyé en Crimée ukrainienne, dans la région de Sébastopol, dans un… *camp de travail !*

Dit ainsi, ça fait presque peur et pourrait faire penser au Goulag ou aux mines de sel. En réalité, c'est une excellente nouvelle pour moi. L'ancienne entreprise de mon père possède un terrain aménagé dans un kolkhoze au bord de la mer Noire, dans le village d'Andreïevka. Cette excellente exploitation agricole produit des fruits et des légumes très réputés. Et l'intelligentsia moscovite sait en faire profiter ses enfants. Un ancien copain de mon père, qui lui doit une faveur pour son gamin reçu dans notre club Zaguédan, lui a renvoyé l'ascenseur et m'a fait inscrire par dérogation sur la liste des privilégiés. Il m'a rendu là un fier service !

Le matin, de 9 heures à midi, nous « travaillons » dans les vergers à cueillir les cerises. Travailler, c'est un bien grand mot pour ce que nous faisons. La norme est de trois seaux – un par heure. Il faut être manchot pour ne pas réussir ! Je remplis ma tâche en une heure et demie, deux fois plus rapidement. Puis j'y rajoute un quatrième seau, pour le fun, sinon je m'ennuie.

L'heure qui me reste, je la passe à manger les cerises que je cueille directement sur l'arbre. Ce n'est pas interdit, et tout le monde en profite. Les premiers jours, petits affamés moscovites que nous sommes, nous dévorons des kilos et des kilos de cerises, tellement elles sont bonnes ! Mais des maux de ventre sévères nous calment net. C'est pour ça que ce n'est pas interdit : la nature régule elle-même les excès. Ceci nous incite ensuite à consommer ces dons du ciel avec modération. En savourant le vrai goût, divin !

En Crimée ukrainienne, région réputée pour son hospitalité et sa cuisine riche, nous sommes logés et nourris. Et l'après-midi, après un déjeuner toujours savoureux et très copieux, nous allons en bord de mer pour nous baigner et bronzer.

*

Le dimanche, les cars nous emmènent en excursion à Sébastopol, une grande et belle ville du Sud, avec un port important et une base navale stratégique où est stationnée la Flotte militaire de la mer Noire. C'est en raison de cette base que Poutine commettra en 2014 un crime international contre un pays frère, l'Ukraine, en annexant cette péninsule à son régime autoritaire.

Les Russes nationalistes reprochent à Nikita Khrouchtchev, premier secrétaire du Comité central du PCUS, d'avoir fait cadeau à son Ukraine natale de la Crimée, pour laquelle le peuple russe a versé tant de sang au cours de plusieurs guerres consécutives, ce qui, historiquement, est vrai. Ces reproches peuvent sembler fondés au premier abord. Mais seulement au premier abord.

Cette péninsule qui appartient administrativement à la République de Russie est, comme son nom l'indique, entourée de trois côtés par la mer. Mais toutes les communications, routes et voies de ravitaillement viennent par un quatrième côté, par la terre, depuis l'Ukraine voisine.

Ce qui est un casse-tête pour la gestion territoriale.

Le camarade Khrouchtchev a pris là une décision logique et pragmatique indispensable à la bonne administration – celle de rattacher ce territoire russe à celui qui le nourrit, le ravitaille en énergie et le relie par des voies terrestres au reste de l'URSS, c'est-à-dire à l'Ukraine. Et ceci, dans un ensemble étatique qui s'appelle l'Union soviétique dans lequel ces découpages internes n'ont presque aucune signification autre qu'administrative, comme en France entre les départements ou régions.

Le problème retrouve ses vieilles racines historiques parce qu'à la dislocation de l'URSS, en 1991, les anciennes frontières virtuelles internes de l'URSS deviennent de vraies frontières entre les nouveaux États souverains qu'il faut respecter. Mais les nationalistes russes, Poutine en tête, ne veulent pas respecter ces engagements et ont l'intention de reprendre, si besoin par la force, ces anciens territoires. Ce qui ouvre une boîte de Pandore. L'Allemagne ne devrait-elle pas faire de même pour récupérer le Königsberg prussien, devenu l'enclave russe de Kaliningrad ? Pourquoi la Finlande ne réclamerait-elle pas la Carélie russe, qui est son territoire historique ? Et le Japon, les îles Kouriles ? Et la Chine, la totalité du fleuve Amour ?

Mais en 1976 nous sommes très loin encore des casse-tête géopolitiques actuels, dans un pays qui ne fait qu'un, l'Union soviétique. Et nous sommes heureux !

*

Cerise sur le gâteau, notre cueillette n'est même pas bénévole, elle est payée ! Alors, ce *camp de travail* vous effraie-t-il toujours ? Nous sommes une cinquantaine de privilégiés à passer un mois de rêve au bord de la mer Noire. Si le paradis existe sur Terre, il est là !

Ce mois s'écoule très vite. Arrive le dernier jour et la grande cérémonie d'adieux. Le président du kolkhoze ainsi que les deux secrétaires, celui du Parti et celui du Komsomol, nous font de beaux discours pour nous féliciter de notre travail. On nous remet notre salaire et autres récompenses. C'est moi qui ai gagné le plus d'argent puisque mes quatrièmes seaux au-delà de la norme journalière n'ont pas été oubliés : 40 roubles ! Belle somme pour un ado. On me décerne une *gramota* digne d'un stakhanoviste et, en guise de prime, le kolkhoze me fait cadeau d'un ventilateur de table, un don précieux dans ce pays très chaud ! Ils sont géniaux, ces braves Ukrainiens ! Mais ils oublient qu'à Moscou ça caille grave neuf mois sur douze… Ce fichu ventilateur restera muet pendant des années, à prendre la poussière dans une armoire chez nous. Mais une récompense de stakhanoviste, même inutile, ça ne se jette pas…

Dernier geste de bonne volonté de la part des kolkhoziens ukrainiens, ils nous autorisent à cueillir une dizaine de kilos de cerises chacun pour les ramener chez nous. Quand mes parents, ma sœur et ma grand-mère les dégusteront à Zélénograd deux jours plus tard, ils diront que ce sont les meilleurs fruits qu'ils aient jamais mangés ! Et les 40 roubles rendus à mes parents seront mon premier revenu du travail, qui sera ajouté au budget familial. Ce dont je serai très fier. Je le serai encore davantage à la rentrée, lorsque je me verrai obligé de déclarer ces 40 roubles à ma cellule du Komsomol. Ce qui me fera payer un supplément de cotisation de quelques dizaines de kopecks ! Je me sentirai alors membre de plein droit du prolétariat, la classe dirigeante en URSS !

*

Nous passons les mois de juillet et août 1976 dans le Caucase, au Zaguédan. Ce sera la dernière fois en tant qu'ado. Et c'est là-bas, au cours de conversations avec des intellectuels, que j'entends pour la première fois parler du MGIMO, l'antichambre du KGB, et de l'Institut des interprètes militaires, qui est celui de la GRU (la Direction générale du renseignement).

Dans notre village, il y a des datchas de l'intelligentsia régionale – celle d'un doyen de l'Institut pédagogique de Piatigorsk, connu pour sa faculté d'anglais, ou encore celle d'un écrivain populaire et d'un peintre réputé de la ville de Stavropol, où règne comme Premier secrétaire régional un certain Mikhaïl Gorbatchev, alors peu connu en URSS.

Je passe pas mal de temps avec leurs enfants, qui réfléchissent à leur avenir. En m'entendant parler de mes résultats scolaires, de mes succès en anglais et de mon statut politique, tout le monde me conseille de m'engager dans les relations internationales, la voie royale. Ils semblent la connaître mieux que mes parents, qui sont dans une filière scientifique et technique, avec leur spécialité en électronique à Zélénograd.

Cet avenir me semble encore bien lointain.

*

À la rentrée, en septembre 1976, le découpage des classes change. Un tiers des élèves sont partis après la huitième année vers des filières professionnelles, et notre parallèle est réduite à cinq classes de 30 personnes. De la sixième lettre de l'alphabet cyrillique, « E », je passe à la troisième, « V ». Dans ma nouvelle classe sont réunis les principaux bons éléments, dont pas mal d'enfants de profs. C'est un bon signe.

Olga Viltchek est revenue à l'école mais n'enseigne pas dans ma classe, c'est une déception. Nous nous fréquentons pourtant en voisins du même quartier.

*

J'ai été, voilà deux ans, officiellement reconnu guéri de mes infections pulmonaires récurrentes par les médecins. Mes activités sportives et nos séjours réguliers dans le Caucase et à la mer Noire y sont certainement pour beaucoup. Mais mon nom reste mystérieusement toujours classé dans le système médical comme étant celui d'un malade chronique, avec une demande de cure gratuite dans les régions au climat chaud. Une fois lancée, la machine bureaucratique du régime est impossible à arrêter.

Le mardi 9 novembre 1976, une lettre officielle arrive. Elle porte l'en-tête des services sanitaires de l'URSS et m'annonce qu'une place s'est enfin libérée pour moi dans un sanatorium de Guélenjik, pas loin de Novorossiïsk, au bord de la mer Noire. Mieux vaut tard que jamais ! *« Votre fils, malade chronique respiratoire, partira le 1er décembre pour un séjour d'un mois, tous frais payés »,* dit la missive.

Je ne suis plus malade, je suis en pleine santé et très sportif. Je ne suis pas très enthousiaste à l'idée de quitter l'école au beau milieu de l'année scolaire. De plus, l'hiver est ma saison préférée. La neige est déjà là depuis un mois et je prends mon pied avec mon équipe régionale de ski de fond. « Il faut y aller ! », assène pourtant ma mère, qui ne comprend pas ma réticence à faire l'école buissonnière pendant un mois. N'importe quel ado normal donnerait tout pour ça ! Son raisonnement est pragmatique : quand le système vous offre quelque chose gratuitement, c'est toujours bon à prendre.

– Un séjour dans un climat subtropical en hiver ne peut pas nuire à un Nordiste !

– Si ! lui dis-je. Je vais rater toutes les compétitions !

– De toute façon, tu n'es jamais sur un podium ! À quoi ça te sert ?

Je m'apprête à lui rappeler la célèbre phrase du baron Pierre de Coubertin sur l'importance de participer plutôt que de gagner, mais je vois qu'il est inutile de protester, tout est planifié !

*

Je quitte donc Moscou, ses -15 °C et ses trois mètres de neige, pour un endroit paradisiaque au bord d'une mer qui ne gèle jamais, où la température est supérieure à 15 °C et où l'herbe est verte toute l'année. Je ne regrette pas le voyage, car avec la bande d'ados qui est avec moi, je suis chouchouté par le personnel de l'établissement. Nous sommes tous censés être malades. Pensez donc ! Surtout moi qui, alors que je pète la forme, subis des cures d'oxygène à fréquence élevée afin de décaper mes poumons de sportif de haut niveau.

Pour le reste, la nourriture est excellente, et l'école quasi inexistante. Le niveau général est si faible qu'après deux jours de classe, j'en suis dispensé, « pour ne pas perturber la lente progression des autres », me précise la prof discrètement. Les enfants sont venus de tous les coins de l'URSS et nous échangeons sur nos expériences respectives. Les miennes me semblent riches et passionnantes comparées à la banalité des vies ordinaires de mes compagnons. Pour la première fois, je me rends compte du fossé social qui sépare Moscou du reste du pays.

L'un de mes nouveaux copains est originaire de Vilnius, en Lituanie. Pour tromper l'ennui, je commence à apprendre le lituanien. Il est étonné de la facilité avec laquelle j'ingurgite le vocabulaire et les règles grammaticales de sa langue maternelle. J'arrive assez vite à la baragouiner suffisamment pour soutenir une petite conversation. Compliment ultime : il me dit que je n'ai pas d'accent russe, ce qui est rare, paraît-il. Je correspondrai avec lui quelques années encore.

Mais l'événement majeur de ce séjour est amoureux ! Je rencontre une jolie fille lors d'une soirée dansante. L'irrésistible Irina est originaire de Pouchkino, dans la banlieue nord de Moscou. Nous faisons du sport ensemble et allons courir sur la plage. Bientôt c'est une grande passion. Et cette fois-ci, j'ai quinze ans et demi. Lui tenir platoniquement la main lors des séances de cinéma, comme avec mes conquêtes d'enfance, ne me paraît plus suffisant. Ce qui n'est pas facile quand les dortoirs des filles et des garçons sont séparés et que l'on est constamment surveillé par des matrones. Mais les parcs sont vastes et nous passons notre temps à nous bécoter sur les bancs.

Nous sommes près de conclure cette grande passion dans le train-couchettes qui nous ramène à Moscou. Mais l'idylle n'ira pas bien loin. Quand nous serons rentrés dans nos foyers respectifs, assez éloignés l'un de l'autre, le prix des transports viendra mettre un frein économique à nos ardeurs adolescentes.

*

Au printemps 1977, je deviens champion de ski de l'école et je gagne une nouvelle fois les Olympiades d'anglais. Cette réussite perdrait presque de sa saveur à force de se répéter tous les ans. Mais, ajoutée à mes fructueuses expériences avec la langue lituanienne au sanatorium et à l'allemand dans mon enfance, je commence à me soupçonner un don linguistique plus important que je ne l'imaginais.

Un événement marque encore cette époque de ma vie. Après mon seizième anniversaire, je reçois mon passeport, en fait la carte d'identité interne. Ce document de plusieurs pages avec son tampon de domiciliation nous sert de laissez-passer. Chaque citoyen soviétique doit l'avoir sur lui à partir de l'âge de seize ans. Sans ce sésame intérieur, aucune porte ne s'ouvre, rien n'est possible.

L'URSS met en circulation la nouvelle version des passeports, qui ne seront plus renouvelables tous les dix ans comme par le passé, mais vont nous accompagner toute notre vie. Les nouvelles règles concernant son usage sont strictes. La photo initiale, prise à l'âge de seize ans, doit être actualisée à vingt-cinq et à quarante-cinq ans sur des pages séparées. Ainsi garde-t-on une sorte d'historique sous la forme d'un mini-album photo. Toutes les modifications que l'on trouve sur un livret de famille y figurent (statut marital, époux/épouse, enfants). Non seulement la nationalité est indiquée, mais aussi l'ethnie ! C'est ainsi que la mention « Juif » figure sur le passeport d'un pour cent de la population, « Ukrainien » pour vingt pour cent et « Russe » pour soixante pour cent.

Un cachet apposé par un organe territorial du MVD (ministère de l'Intérieur) autorise le porteur du passeport à habiter dans une ville précise. C'est la fameuse *propiska*, une sorte d'assignation à résidence mais qui, par la même occasion, ouvre le droit de s'approvisionner sur place. Le simple fait de vouloir rester plus de trois jours dans une autre région d'URSS exige le tampon dudit « organe officiel ». Les militaires et les paysans des kolkhozes n'ont pas de passeport, ce qui leur donne quasiment le statut d'esclave en leur interdisant toute liberté de déplacement.

*

Mais il n'y a pas que le ministère de l'Intérieur qui s'intéresse à moi après mes seize ans. Celui de la Défense a aussi son mot à dire. L'heure a sonné de nous recenser comme future chair à canon. Tous les garçons de ma classe sont convoqués au commissariat militaire de Zélénograd, qui se trouve juste en face de notre école, de l'autre côté de la rue de la Jeunesse. Un commandant en uniforme militaire nous ordonne de nous déshabiller, pas de pudeur chez les soldats ! Pendant toute une matinée, nous défilons en caleçon devant une bande de médecins de toutes les spécialités possibles et imaginables. Ils nous pèsent, nous mesurent, nous auscultent, nous prennent le pouls et la tension, nous font passer des radios et des électrocardiogrammes, nous posent des questions sur nos antécédents médicaux, sportifs et scolaires. Tout est scrupuleusement noté dans notre dossier médical militaire de futur appelé.

Curieusement, cela me rappelle mon *expérience particulière* avec ce brave Anatoli Slivko deux ans auparavant, restée refoulée au fin fond de ma mémoire. Tout ceci me paraît tellement similaire que cela confirme parfaitement l'image professionnelle qu'il a voulu donner à son *projet secret* avec les adolescents de son club Tcherguid auquel j'ai été associé par hasard durant l'été 1975. D'ailleurs, à sa décharge, il n'a jamais essayé de regarder ni de toucher mes parties intimes, contrairement à ces médecins militaires qui, sans gêne, examinent nos corps d'adolescents, organes génitaux compris !

À l'issue de cet examen médical approfondi, nous recevons un certificat de conscrit avec l'indication de l'armée à laquelle nous sommes destinés. La mienne, c'est l'armée de terre. C'est une bonne nouvelle. Le service obligatoire y est *seulement* de deux années, soit un an de moins que dans la marine !

*

En cette fin de neuvième année scolaire, ma belle situation de colonel de la droujina des jeunes pionniers de l'école commence à me peser. Je suis membre du Komsomol depuis deux ans mais je dois toujours porter, seul de ma classe à présent, le satané foulard rouge des petits pionniers que je dirige. Mes copains, un peu jaloux de ma popularité, se vengent en me taquinant. Ce foulard tant désiré et envié par les tout-petits devient un signe d'infériorité aux yeux des plus grands, c'est le foulard des « puceaux ». Ces moqueries sont humiliantes et j'y suis sensible.

Comme tout adolescent, j'attache de l'importance aux signes extérieurs et à l'approbation de mes pairs. Être un leader Komsomol ne change en rien mon développement physique. J'ai seize ans et suis en pleine puberté ; le Parti et l'idéologie n'ont aucune prise sur la poussée des hormones. Je l'avais déjà bien compris au sanatorium sur la mer Noire, il y a quatre mois de ça. Bizarrement, je découvre que, malgré les plaisanteries blessantes, mon foulard rouge me donne un énorme avantage du côté des conquêtes amoureuses. En tant que chef de la droujina, je suis populaire et très exposé. Les filles voient en moi un modèle, une sorte de star de l'école. J'en profite et le montre fièrement à ceux qui tentent de me bizuter.

En mai 1977, à la sortie de la neuvième classe, après deux ans de bons et loyaux services au poste de colonel de la droujina, je quitte enfin mes pionniers pour entrer au comité du Komsomol de l'école. Il était temps, je n'en pouvais plus, du foulard rouge ! Je transmets donc le flambeau lors d'un grand rassemblement avec tambours et trompettes au cours duquel le comité du Komsomol de la ville me délivre une énième *gramota* de félicitations. Dorénavant je vais m'occuper du secteur politique chez les grands.

*

Ma nouvelle tâche commence pendant les vacances d'été 1977. Les 150 élèves sortis de la neuvième année de notre école partent dans le Midi, à Rostov-sur-le-Don, dans un camp de travail.

Cette fois, ce n'est pas mon choix ni un privilège comme pour celui, paradisiaque, des cerises en 1975. C'est une obligation politique ! L'éducation par le travail fait partie du système scolaire et les labeurs y sont moins amusants qu'en Crimée.

Notre travail se déroule dans les vignobles. Il consiste à attacher avec des ficelles les nouvelles branches des vignes aux câbles métalliques. Cette tâche est ennuyeuse et pénible et de plus, au mois de juin, il n'y a aucun fruit à grignoter. Il n'y a pas non plus de plage l'après-midi. Je suis le commissaire politique du camp et, à ce titre, je suis chargé d'organiser les activités idéologiques de 150 ados qui ne rêvent que de glander pendant les vacances. Ce n'est pas évident de leur faire lire les journaux ou les discours désespérants du camarade Brejnev par un grand beau temps. Je perds rapidement ma popularité.

C'est la météo qui me sauve la face. Une pluie incessante s'installe pour dix jours d'affilée, nous dispensant du travail forcé dans les champs devenus des marécages. Il n'y a plus rien à faire, et la responsable des services culturels du kolkhoze a une idée de génie. Dans leur cinéma, on nous projette cinq films par jour. Je suis sauvé ! Ça glandouille grave chez mes ados ! Ils sont contents.

À la fin, on nous verse très peu d'argent puisque nous avons très peu travaillé, et nous rentrons à Moscou bredouilles. Ça ne m'empêche pas de recevoir une nouvelle *gramota*, qui vient enrichir une collection certes impressionnante, mais qui ne me fait plus ni chaud ni froid. L'expérience rostovienne n'est pas prodigieuse, il faut le reconnaître.

*

À mon retour, une bonne nouvelle m'attend à la maison. En juillet 1977, je repars pour Sébastopol. Cette fois, pour la cueillette des pêches ! Je n'ai plus aucune responsabilité politique à exercer là-bas, et c'est très bien comme ça. Mes épaules de gamin ont encore du mal à supporter constamment le lourd poids idéologique que les adultes y ont mis. L'accueil au kolkhoze ukrainien en Crimée est toujours aussi chaleureux, le travail aussi dérisoire et plaisant, les fruits à manger dans les vergers aussi innombrables et la mer Noire aussi chaude. Andreïevka est une bonne revanche sur la corvée de Rostov !

Je découvre à cette occasion un fruit que je n'ai jamais mangé auparavant : les vraies pêches mûries sur l'arbre n'ont rien à voir avec les petits machins blêmes et ramollis dans les chambres frigorifiques des dépôts que l'on sert aux pauvres consommateurs moscovites.

Vous imaginez bien qu'un fruit aussi mûr est totalement intransportable et ne peut se déguster que sur place. Quand on nous dit dans le verger que nous devons cueillir les pêches pour Moscou (à 2 500 km de là), nous ramassons donc des fruits verts et immangeables. Si par malheur vous lancez une telle pêche dans la tête d'un camarade, vous risquez de le tuer car elle est aussi dure qu'une pierre.

Le paradis sur terre se trouve bien au kolkhoze d'Andreïevka. Je passe un mois agréable avant de repartir pour Moscou avec 50 roubles de salaire, une *gramota* bien méritée de stakhanoviste et un caisson de 10 kilos de pêches choisies par moi-même. Pour qu'elles puissent supporter les quarante-huit heures de route, je les ai cueillies un peu moins mûres que pour une consommation sur place. Mais elles seront toujours dix fois meilleures que celles que l'on peut trouver dans la capitale. Ma famille gardera un souvenir inoubliable du festin de roi qu'elle fera à mon retour de Crimée !

Et lors d'un vote unanime, le conseil de famille décide que je garderai mes 50 roubles pour mes dépenses personnelles au lieu de les verser au pot commun familial, comme il y a deux ans.

Cet argent ne m'est pas inutile car il me faut maintenant un peu de cash pour les sorties avec les filles…

Chapitre 12

La dernière année de mon enfance

En septembre 1977, il ne me reste qu'une année scolaire à faire à l'école 609 avant de passer le bac, sésame indispensable pour intégrer une université et échapper à l'armée obligatoire. Je donne le meilleur de moi-même et ne fais aucune impasse. Car mon objectif commence à se dessiner. Pourquoi ne pas tenter le prestigieux Institut d'État des relations internationales, le MGIMO ? C'est une sorte de mix entre Sciences-Po Paris et l'ENA, qui prépare ceux qui vont partir à l'étranger.

Première bonne nouvelle de la rentrée, mon ancienne prof d'anglais est définitivement de retour. Olga Viltchek enseigne de nouveau dans ma classe. Nous reprenons les activités extrascolaires théâtrales avec un but très ambitieux. Celui de mettre en scène le *Pygmalion* de George Bernard Shaw dans sa version musicale, *My Fair Lady*. J'y jouerai le rôle du professeur Higgins.

Autre nouveauté à la 609, le professeur d'histoire décide de créer un cercle de réflexion qui se réunira après les cours. Il s'appellera *Iskra*, l'Étincelle, comme le premier nom du journal la *Pravda*. Devant nos oreilles ébahies, il nous présente son projet :

– Je vous propose de nous rencontrer les après-midi pour étudier l'histoire du pays sous un autre angle. En fait, il s'agit de sortir de l'enseignement par les manuels qui ne sont que de la nourriture intellectuelle prémâchée. La preuve, vous ne fournissez aucun travail d'analyse.

– Nous n'aurons plus cours d'histoire ? lance un élève.

– Bien sûr que si ! D'ailleurs, il n'y a rien d'obligatoire dans ma proposition. Je voudrais simplement vous pousser à la réflexion et, pour cela, on va remonter aux sources.

– Quelles sources, monsieur ?

– Par exemple, les livres que nous étudions nous disent : tel Congrès du Parti a fait ceci, l'autre a fait cela... Eh bien, nous examinerons les actes de ces congrès afin de savoir sur quelles références et sur quels textes leurs membres ont appuyé leurs décisions. Et pour commencer, on va lire les œuvres de Lénine.

Vaste programme ! Car il a été prolifique, le théoricien de la révolution. J'achète donc les 55 tomes pour un peu plus de 5 roubles, tout juste si le libraire ne me les vend pas au poids ! Il avait un côté prophète, l'Oulianov (c'était son vrai nom), en pourfendant en 1920 la bureaucratie qui ronge le pays, même si soixante ans plus tard rien n'a changé. Mais il ne s'arrête pas là : la même année, il fait paraître *La Maladie infantile du communisme (le « gauchisme »)*. Le seul livre dont Hitler maintiendra la publication en Allemagne à son arrivée au pouvoir en 1933. Les autres écrits marxistes seront, eux, victimes de l'autodafé[1]. Il savait ce qu'il faisait, dira Otto Rhüle. Et c'est vrai que la critique est virulente, voire violente.

Lorsque j'en fais une synthèse devant mes camarades, c'est l'étonnement. On ne me croit pas, je brandis les livres ! Lisez, c'est en toutes lettres. Celui qui prônait la révolution mondiale n'épargne personne et surtout pas la bureaucratie qui mine le pays. *« Évidemment, cette bureaucratie dans nos administrations soviétistes n'a pas pu ne pas exercer son influence néfaste au sein même de nos organisations communistes, puisque le sommet de notre parti est en même temps celui de l'administration soviétiste. Si nous avons reconnu le mal, si cette vieille bureaucratie a pu se glisser dans notre organisme communiste, il est clair et naturel que les organes de notre Parti portent tous les symptômes du mal. »* Il ajoutera plus tard : *« Nos ministères, nos syndicats, notre parti, c'est de la merde ! »*

Ce dernier mot ne s'écrit jamais en russe, il est systématiquement remplacé par trois points de suspension. Là, c'est marqué, et tout le monde comprend que cette bureaucratie est aujourd'hui toujours aussi pesante.

1. Le 10 mai 1933, dans toute l'Allemagne, le parti nazi organise la destruction par le feu de dizaines de milliers de livres qui « ne respectent pas l'esprit allemand ».

Le prof jubile, c'est un dissident, cela fait un moment que je l'ai compris.

– Lisez et réfléchissez, nous dit-il en guise de conclusion.

*

Mes doutes se renforcent de jour en jour. Peu à peu j'adopte un double langage, devant le Parti et dans mon for intérieur. Le communisme tel que théorisé par les conservateurs ne marchera jamais. Oui, la théorie communiste est une belle théorie sur la justice et l'égalité, mais elle ne fait que décrire les maux de la société capitaliste. Cette théorie se fonde sur l'homme idéal, celui d'Hitler était basé sur la race aryenne, celui de Lénine sur la pureté morale.

En 1954, Khrouchtchev avait fièrement annoncé dans son programme qu'en 1980, en URSS, on vivrait sous le communisme. Aujourd'hui, en 1977, on sait tous que cela n'arrivera pas, ni dans les trois ans qui nous séparent de la date promise, ni plus tard. Les appartements communautaires n'ont pas disparu. Les *khrouchtchevka* prévues pour les remplacer pour une durée maximale de vingt-cinq ans sont toujours là et pas près de disparaître à leur tour. On manque de tout et la société doute. En fait, Khrouchtchev était le dernier communiste à diriger l'URSS.

Brejnev, lui, c'est un petit-bourgeois, amateur de belles voitures, qui voulait en finir avec le communisme de guerre pour adopter un modèle social-démocrate. Son Premier ministre Alexeï Kossyguine, mon papy à la brioche, a commencé à faire bouger les lignes dans l'économie. C'est ainsi qu'en 1965 il a introduit la notion de propriété individuelle. Ne rêvons pas, on n'en est pas encore à la propriété privée en 1977, mais ça avance ! Mieux : un citoyen soviétique a le droit de gagner de l'argent et, peu à peu, l'idéologie communiste s'étiole au profit de l'idée de confort matériel. Et le Parti de proclamer : « Si ce que tu gagnes l'est avec tes efforts, c'est bien ! Tu bosses comme un fou, tu es récompensé ! » Mais cette réforme économique de 1965 de Kossyguine a effrayé les conservateurs comme Souslov, qui l'ont torpillée. La même idée sera reprise quinze ans plus tard par Deng Xiaoping, qui sortira la Chine de la pauvreté et fera d'elle la deuxième puissance mondiale. L'URSS aura totalement manqué sa chance.

Mais immanquablement, avec cet appétit d'argent qui se développe, la corruption se propage aussi. Impossible de casser l'engrenage, elle est partout! Brejnev lui-même voit sa propre fille Galina traficoter des diamants avec son époux. Mais ce n'est pas la corruption qui est l'objet de l'attention du pouvoir. Celui-ci, dans sa quête de l'homme idéal théorisée par Lénine, se met à punir durement les infractions à la moralité. Il suffit qu'une femme constate l'adultère de son mari pour que celui-ci soit aussitôt chassé du Parti ! Le KGB ne fait pas exception à la règle. Les gardes-frontières se font des bakchichs pour fermer les yeux sur les trafics en tous genres, mais l'infidélité d'un tchékiste[1] est immédiatement assortie d'une mutation disciplinaire. La planète soviétique est atteinte de schizophrénie.

Le 7 novembre 1977, nous fêtons en grande pompe le 60e anniversaire de la Révolution d'octobre 1917[2]. Je suis choisi avec les meilleurs élèves pour être photographié devant les drapeaux de la ville avec des vétérans de la Grande Guerre patriotique et la secrétaire régionale du Komsomol de Zélénograd. On fait semblant de jouer ce grand jeu hypocrite sans avouer que les idéaux communistes sont restés lettre morte.

*

En mars 1978, je gagne mes dernières Olympiades scolaires en anglais dans mon école ainsi qu'à Zélénograd et je suis ensuite délégué aux Olympiades de tout Moscou. J'y décroche une honorable troisième place sur le podium, à la plus grande surprise de ma prof, Olga Viltchek. Cela me conforte dans ma décision de tenter ma chance au MGIMO. Quand je le lui annonce, elle est la première à être effrayée et à ne pas y croire. Ça commence mal. Elle sait parfaitement que, malgré mes victoires aux Olympiades, mes connaissances en anglais sont un trompe-l'œil et elle fait tout pour me dissuader de prendre le risque. Mais je commence à me connaître, quand j'ai une idée fixe, je ne l'abandonne pas. « Là où il y a une volonté, il y a un chemin », nous a dit le camarade Lénine.

Pour finaliser les démarches, il me faut de l'information. Dans les guides pour étudiants, le MGIMO ne figure nulle part. Le questionnement de mon entourage ne donne rien non plus, tout le

1. Tchékiste : membre de la première police politique créée par les bolcheviks en 1917, qui portait le nom de Tchéka. Par tradition, les services spéciaux russes se considèrent comme les héritiers de cet organisme soviétique contesté pour ses méthodes sanglantes et s'appellent entre eux les « tchékistes ». La fête annuelle du KGB, divisé en FSB (contre-espionnage) et SVR (espionnage), se tient toujours le 20 décembre, date anniversaire de la création de la Tchéka.
2. En février 1918, une réforme de calendrier a été faite en Russie soviétique avec le report d'anciennes dates de 13 jours. Ainsi l'anniversaire de la Révolution du 25 octobre 1917 est-il fêté le 7 novembre.

monde a entendu quelque chose quelque part, mais rien de précis ni de concret. Cela reste très flou. Je ne sais même pas où aller me renseigner : Internet n'existe pas à l'époque ! Les jeunes d'aujourd'hui ne se rendent pas compte que nous vivions au Moyen Âge ! Il fallait être un espion occidental pour dénicher l'information sur une institution fermée non seulement aux étrangers, mais aux Soviétiques également ! Cependant un ange gardien veille sur moi…

Pendant les vacances scolaires de printemps, toutes les grandes universités de Moscou participent à la foire aux étudiants au Musée polytechnique. Un jour avant sa fermeture, j'écoute la radio par hasard, précisément quand la présentatrice en fait une publicité de dernière heure. Je décide de m'y rendre immédiatement, sur un coup de tête, sans rien dire à personne. Et le hasard fait parfois bien les choses. Mais est-ce vraiment le hasard ou le destin ? J'ai tendance à croire au destin et en ma bonne étoile !

Je saute dans le bus 400 et file à Moscou dare-dare. C'est ainsi que commence à se réaliser cette idée folle. À mon retour de la foire moscovite, j'ai une brochure d'admission en poche, obtenue sur le stand du MGIMO. Tout ce qui était jusque-là purement théorique et virtuel prend enfin une forme concrète et pratique. Toutes les étapes y sont décrites noir sur blanc, tous les documents à fournir énumérés, toute la procédure de dépôt de candidature expliquée en détail, tous les examens d'entrée à passer après le bac, toutes les adresses utiles. Les quatre facultés du MGIMO y sont présentées : diplomatique, économique, journalistique et juridique. À moi de choisir laquelle me tente le plus…

Mais il me faut obtenir une lettre de recommandation du comité d'arrondissement du PCUS ! Et encore, j'ai de la chance d'habiter Moscou, car pour les provinces russes ce sont les comités régionaux et, pour les Républiques, les comités centraux des organisations républicaines du Parti qui doivent vous recommander.

*

Fin juin 1978, après un mois épuisant à passer les quatre examens de sortie du lycée, j'ai le bac en poche. Et pas avec n'importe quelle moyenne! J'ai une seule « bonne » note (4/5, toujours pour la langue russe) sur seize matières. Mais cette fois-ci ma conduite est « exemplaire » ! S'il vous plaît ! Ce qui porte la moyenne de mon diplôme de baccalauréat à 4,95 sur 5, avec des mentions en anglais, mathématiques et histoire !

Cela correspond à la médaille d'argent que les autorités attribuaient il n'y a encore pas si longtemps. Mais le ministère a décidé, pour un temps, de ne plus délivrer que des médailles d'or. Enfin, ce n'est plus notre comité du Komsomol de Zélénograd qui m'a décerné une *gramota*, mais le grand comité de la ville de Moscou ! Nous ne sommes que deux dans ma promotion à en bénéficier. Mais il me manque encore la recommandation du comité du Parti de Zélénograd, qui se fait attendre… Compte tenu de mes résultats et de mes récompenses, ce n'est pas normal. Vais-je échouer aussi près du but ?

D'ailleurs, tous mes profs et amis sont de navrants supporters :

– Tu es fou, tu n'y arriveras jamais !

– Mais j'ai tout ce qu'il faut ! J'ai le bac avec mentions, un certificat d'honorabilité, je suis un bon sportif et un militant actif du Komsomol, récompensé par une kyrielle de « Gramotas ». Que faut-il de plus ?

– Tu n'as pas la recommandation du Parti. Et si tu l'as, tu auras ensuite quatre examens à passer, et ceux-là sont les plus difficiles de toutes les facs de Moscou, me rétorque l'un d'eux.

Il n'a pas tort !

– Tu as peut-être oublié qu'il n'y a que des fils à papa au MGIMO, me rappelle un autre.

– Les rejetons de la classe dirigeante qui fréquentent cette fac de *blatnoï* (pistonnés) sont les premiers à dénigrer le capitalisme en paroles, mais tous rêvent de partir chez ces salauds d'impérialistes ! renchérit le troisième.

– Vise plutôt la fac de Zélénograd, ici au moins tes parents et tes profs pourront te donner un coup de pouce, ici t'es connu ! Au MGIMO tu n'as aucune chance ! Tes bonnes notes au bac ne suffiront pas, tu ne pourras jamais passer le concours d'entrée sans piston, assène une copine charitable.

Trouver du piston pour le MGIMO ? D'où pourrait-il bien venir ? Je n'y ai jamais pensé.

À moins que…

Chapitre 13

Coup de poker ou coup de piston ?

D'abord, il me faut vite régler le problème de la recommandation du Parti, il y a urgence ! En URSS, quand les voies officielles bouchonnent, on les contourne par les réseaux de copains ou par la corruption. Ma mère est membre du PCUS, décorée en 1970 de la médaille du 100e anniversaire de Lénine, elle est de plus secrétaire de la cellule du Parti de son département à l'institut de recherche. Elle a été diplômée à deux reprises de la faculté du marxisme-léninisme de la ville. C'est un événement assez rare qui lui vaut d'être très liée avec la troisième secrétaire du comité de Zélénograd en charge de l'idéologie. Les deux camarades léninistes se fréquentent, s'apprécient et se tutoient.

Une simple visite de ma mère à sa bonne copine de secrétaire, qui travaille dans le lugubre et massif bâtiment en béton armé abritant les instances dirigeantes de la cité, surnommé « le Blindé », et le miracle a lieu. En deux heures de temps, le précieux papier est tapé, signé, enregistré et tamponné du grand sceau du Comité. Le dernier document formel qui me manquait est enfin en ma possession ! Je peux déposer mon dossier d'admission au MGIMO.

*

Réflexion faite, je choisis la faculté des relations économiques internationales du MGIMO, parce que c'est la plus importante : 250 étudiants soviétiques, contre 50 en diplomatie. Nous sommes quatre candidats pour une seule place chez les économistes contre neuf pour les futurs diplomates. Le seuil d'admissibilité y est le plus bas des quatre facultés, puisque la somme des quatre notes d'examens, à laquelle s'ajoute la moyenne du bac, doit être supérieure à 21,5 points, contre 24 pour la fac diplomatique. De plus, il nous suffit d'avoir une seule note classée « excellente » sur les quatre épreuves pour être déclaré admissible, tandis qu'un « bien » peut être éliminatoire chez les diplomates.

En revanche, déposer sa candidature ne veut pas dire automatiquement passer le concours. À défaut d'avoir un coup de pouce, c'est un coup de poker. Mais mon calcul de probabilités est vite fait, il est plus raisonnable pour moi de miser sur l'économie.

Au fond, je n'ai pas grand-chose à perdre en jouant cette partie de poker. Les examens d'entrée au MGIMO ont lieu en juillet. Et pour le cas où j'échouerais, je pourrai passer une session de rattrapage bien plus facile, en août, dans une autre fac. Pourquoi pas le MIET, l'Institut de technologie électronique de Zélénograd ?

*

À partir du 7 juillet 1978, je passe donc les épreuves d'admission du MGIMO. Celles-ci comprennent une dissertation écrite en russe, des oraux en anglais, géographie et mathématiques.

J'ai la boule au ventre, car si je dois encaisser un échec, je ne suis plus du tout certain d'avoir la force mentale et physique de concourir en août pour l'entrée dans d'autres universités. Et puis, se préparer en si peu de temps à des examens qui comportent des programmes complètement différents me semble quasi-impossible.

Olga Viltchek se propose de jouer les répétiteurs bénévoles en anglais. Assez rapidement je me rends compte des limites de l'enseignement linguistique dans les écoles ordinaires. On y mise presque exclusivement sur la mémoire de perroquet. Apprendre par cœur des *topics* sur les thèmes principaux et savoir les réciter à bon escient, c'est la clé de notre apprentissage. Il s'agit là d'une connaissance superficielle, car on ne peut pas vraiment soutenir une conversation impromptue. Je lis des textes inconnus sans problème, mais je n'ai pas suffisamment d'aisance pour les résumer avec mes propres mots ou répondre aux questions difficiles. Et je suis loin de maîtriser les règles grammaticales compliquées. Plus j'avance, moins je suis sûr de gagner mon pari… Cela devient pratiquement un coup de bluff.

*

Et si je ne parviens pas à entrer à la fac, c'est la catastrophe ! Je suis un garçon. Il ne s'agit pas là d'une question d'ambition, de misogynie ou de machisme. Pour une fille, rater son entrée à l'université n'a aucune répercussion grave, à part, peut-être, une blessure d'amour-propre. Les filles ne sont pas appelées sous les drapeaux et peuvent tenter leur chance l'année suivante. En revanche, rater son admission à la fac est la situation la plus redoutée et la plus angoissante pour tout garçon soviétique après le bac. Car derrière se profile immédiatement le service militaire obligatoire et, avec lui, l'ombre de la terrible *dédovchtchina*.

On ne plaisante pas avec l'Armée Rouge en URSS ! Le jeune Soviétique, dès qu'il a dix-huit ans révolus, en prend pour deux années dans l'armée de terre ou l'aviation et trois dans la marine. La hiérarchie militaire exige de vous une obéissance aveugle aux ordres et applique une discipline archaïque. La formation y est rigide et ne cherche pas du tout à développer l'esprit d'initiative. Mais surtout, il y a la *dédovchtchina*, un système de brimades institutionnalisé.

Le commandement considère la *dédovchtchina* comme faisant partie intégrante de la formation militaire. C'est une sorte de bizutage féroce exercé sans aucun contrôle par les plus anciens, les *dédy* (grands-pères), sur les jeunes appelés. Vexations et humiliations sont générales. Tortures, viols et meurtres sont fréquents au cours de ces cérémonies barbares. En réplique, les désertions ne sont pas rares, de même que les suicides. Celui qui ne supporte pas ce sinistre rite initiatique profite parfois d'un tour de garde pour exécuter, d'une rafale de Kalachnikov, son tortionnaire ou l'officier qui a fermé les yeux sur ces exactions, en prenant bien soin de garder une balle pour lui.

Lorsque le pire arrive, la justice militaire enquête, mais l'armée, le Parti et la presse opposent une omerta totale et la majorité des affaires sont étouffées. Il y a également là une sorte de vengeance de classe. En effet, les enfants de familles pauvres n'ont pratiquement jamais la possibilité de faire des études supérieures pour échapper au service. Alors ils vivent cet appel sous le drapeau rouge comme le moyen pour eux d'exercer cette vengeance contre ceux qu'ils estiment être les favorisés du régime. Ce qui est totalement faux, car les vrais privilégiés se trouvent très rarement parmi les soldats et les marins. Un peu comme en France, où les petits écervelés des cités, pour se venger de la société des riches, brûlent les voitures… de leurs voisins, qui sont dans la même situation qu'eux!

Aussi, faire des études supérieures en URSS, c'est avoir l'assurance d'échapper au service militaire pendant cinq ans. Autant vous dire qu'il n'y a pas besoin de motiver les étudiants ! Dans les familles aisées, on va jusqu'à louer les services d'un professeur particulier. Une aide qui peut coûter près d'une année de salaire.

Parmi les diplômés de l'université, quelques-uns finiront tout de même par être appelés sous les drapeaux, mais les conditions seront totalement différentes : pour peu que leur fac possède une chaire militaire, ils auront le grade d'officier. Et là, terminé les brimades, ce n'est plus du tout le même parcours.

Pour les autres, bienvenue à la *dédovchtchina* !

*

Les quatre examens d'entrée passés avec succès – plus qu'il n'en faut pour être reçu –, me voici fin juillet 1978 devant la commission d'admission du MGIMO. Le président, lunettes rondes fixées sur le bout du nez, agite un papier. Ce sont mes résultats, et il n'a pas l'air pressé de me les donner.

– Sergueï Jirnov, vous allez peut-être, je dis bien *peut-être*, être admis chez nous.

– Vous avez obtenu trois notes de 5/5 et une de 4/5 aux épreuves, complète celui qui doit être son adjoint et qui est assis à côté de lui.

– Dites-moi, Jirnov, le ministère des Affaires étrangères envoie des gens dans le monde entier, hein, vous le savez ?

Mais pourquoi crois-tu que je suis là, suppôt de Staline ?

Je pense si fort qu'il doit m'entendre.

– Je le sais…

– Donc, si l'on vous demande d'apprendre le coréen…

– Si le Parti me le demande, j'apprendrai le coréen !

Comme acte de dévotion à la cause, on ne peut pas mieux faire. S'ils avaient encore des doutes sur mon attachement au régime, voilà ces doutes levés !

– Il est vrai que vos notes au concours d'entrée, votre parcours scolaire et de jeune communiste parlent pour vous. Jirnov, vous êtes admis !

J'ai du mal à contenir ma joie, mes parents ont fait tous les deux des études techniques et me voici le premier de la famille à intégrer une université – et pas n'importe laquelle, la plus fameuse d'URSS. Les rêves les plus fous qu'ils entretenaient quant à mon avenir sont dépassés !

*

Qui a parlé au grand patron ou à sa famille derrière mon dos ? Qui a sollicité l'aide du Premier ministre pour appuyer ma candidature au MGIMO ? Est-ce mon tonton Motya, le projectionniste du KGB, qui en a touché deux mots à Kossyguine à la sortie d'une séance privée de cinéma à sa datcha ? Ou bien ma grand-mère qui s'est épanchée lors d'un entretien comme son député préféré aime en avoir lorsqu'il souhaite prendre le pouls de la population ? Le MGIMO, Alexeï Nikolaïevitch le connaît, sa fille Ludmilla et son gendre y sont passés tous les deux. Ou peut-être s'est-il souvenu du gamin à la brioche ? Je ne saurai jamais d'où me vient ce coup de pouce du destin.

Bien sûr, il est plus flatteur pour moi de penser que seuls mes succès scolaires, sportifs, linguistiques et politiques m'ont ouvert la voie royale vers une carrière prestigieuse à l'international. Mais le pragmatisme m'incline plutôt à douter des miracles que nous réserve la vie et davantage à soupçonner une aide secrète de mon pourvoyeur de brioches de la patinoire élitiste.

Après tout, ne suis-je pas né dans la meilleure maternité de Moscou, à laquelle le rang social de mes parents ne pouvait prétendre ? Depuis ce jour, une bonne étoile semble veiller sur moi…

*

La direction des études du MGIMO m'informe que je n'apprendrai pas le coréen, mais le français ! En fait, je ne m'inquiétais pas trop, car cela m'avait paru être une boutade du président de la commission d'admission, mais je suis tout de même déçu. Moi, c'est l'anglais que j'attendais. Je joue au théâtre dans la langue de Shakespeare et cela me passionne. Mais je fais contre mauvaise fortune bon cœur, en me disant qu'au moins il s'agit d'un pays de l'Ouest et non de la Corée du Nord ! Mon papa et ma grand-mère seront contents ; tous deux ont appris le français à l'école, même s'il reste très peu d'acquis dans leurs mémoires.

Ce soir-là, à Zélénograd, c'est la fête. Mes proches, mes amis, tout le monde défile à la maison pour me féliciter. Je perçois parfois chez mes camarades comme une petite pointe de jalousie. Tous le savent, faire le MGIMO, c'est avoir un bon de sortie pour l'étranger. Pour eux, c'est comme si j'avais le sésame auquel ils aspirent tous, celui qui permet de se faire ouvrir les frontières de pays fermés pour la plupart des Soviétiques.

J'essaie d'avoir le triomphe modeste, car je reste préoccupé par ce qui m'attend en faculté. Ce ne sont pas les études qui m'inquiètent, non, plutôt l'environnement. Ces « fils à papa » vont-ils m'accepter ?

J'ai déjà pu noter quelques détails, comme celui d'une grosse proportion de garçons à majorité moscovite parmi les admis. Mais la plus grande curiosité de notre promotion, c'est que chez mes futurs collègues figure Andreï Brejnev, le petit-fils du secrétaire général du Comité central du PCUS ! La concurrence va être rude !

*

Début août, c'est la douche froide. On nous rassemble dans un amphithéâtre et, alors que nous nous attendons à une présentation des programmes, un responsable, mains sur les hanches, nous annonce :

– Camarades étudiants ! Vous avez tous vu que notre université est en train de s'agrandir et de se doter d'un nouveau et merveilleux complexe à l'autre bout de la ville. Il nous faut aller vite ! Aussi, le Parti et la direction de l'école vous demandent de travailler bénévolement, tout le mois d'août, au déblaiement des résidus de chantier. Votre aide est indispensable à l'achèvement des bâtiments.

Nous nous regardons, abasourdis. Moralement et physiquement nous sommes épuisés après quatre examens de sortie du lycée en juin et quatre épreuves d'entrée au MGIMO en juillet. Pour moi qui pensais déjà à ma vallée préférée de Bolchaïa Laba et à mon Zaguédan bien-aimé, c'est une énorme déception. Le Parti et l'école abusent en nous privant d'un repos bien mérité. C'est du vol ! Mais nous n'avons pas le choix, il faut se faire une raison. Après tout, nous sommes admis dans la meilleure université soviétique ! Alors nous refoulons notre colère et va pour charrier gratis les gravats.

Gaudeamus, igitur ! Iuvenes dum sumus[1] !

Adieu, les randonnées montagnardes et les balades à cheval dans le Caucase, adieu les bronzettes et les baignades dans la mer Noire dont j'ai tant rêvé durant mon rude travail intellectuel de préparation. Me voilà sur le chantier de notre future université pour un mois.

Mais d'abord, je découvre les plaisirs des transports en commun quotidiens. Je me tape deux heures aller et deux heures retour, avec quatre changements, tous les jours depuis Zélénograd. J'avoue que je n'ai pas anticipé cette réalité qui me rattrape vite, ça ne va pas être de la tarte pendant mes cinq années d'études ! Et encore, au mois d'août, les trains de banlieue, les bus et les rames de métro ne sont pas bondés. Qu'est-ce que ça va être à la rentrée en septembre ? J'ai voulu intégrer

1. Les premières paroles en latin d'un vieil hymne d'étudiants : « Réjouissons-nous, jeunes ! Tant que nous sommes jeunes ! »

la plus prestigieuse école de l'URSS, c'est chose faite, maintenant il faut faire face aux inconvénients. Et ils sont nombreux. Tout se paie, dans la vie !

On devient, là aussi, des stakhanovistes du chantier. Je commence à comprendre que ce mouvement patriotique de labeur acharné pratiqué sous Staline n'était peut-être pas dû au désir de millions de citoyens de faire de leur mieux pour la Mère Patrie. Non, cela leur permettait tout simplement d'oublier pendant un moment le cadre rigide imposé par un système totalitaire. Trimer dur est un moyen de ne pas péter les plombs sous une dictature !

Quelques jours plus tard, alors que je manie pelle et brouette, voilà que j'entends un jargon que je ne connais pas! Juste quelques mots, prononcés de façon violente par un gaillard qui empile des parpaings dans un coin. Une sorte de coup de gueule! Je m'approche du contestataire.

– Salut! Je m'appelle Sergueï Jirnov. Je peux savoir en quelle langue tu viens de parler ?

– En français! C'est un bon vieux juron bien français. Moi, c'est Boutorine, des travaux publics, répond-il en riant et en me montrant son tas de briques.

– Tu parles français?

– Couramment! Gamin, j'ai vécu trois ans en France, à Paris.

– Tu as vécu en France? Mais comment? Raconte, elle est passionnante, ton histoire !

– Mon père était en mission longue durée pour la centrale Sovftakht de la marine marchande soviétique, celle qui gère toutes les réservations de navires pour transporter du fret dans le monde entier. Il avait son bureau à Neuilly, près du XVIe arrondissement de Paris, et j'habitais là-bas, avec lui et ma mère. Pendant deux ans, j'ai appris le français à l'école de notre ambassade et la dernière année, je suis allé en école primaire à Neuilly. J'ai passé les vacances dans un camp d'été avec des enfants français. J'étais le seul à obtenir cette dérogation. À cet âge-là, ça va très vite pour les langues et, en trois ans, je suis devenu bilingue. Et quand nous sommes rentrés de France, j'ai suivi des cours privés pour garder le niveau. C'est mon père qui a voulu ça… Il n'est plus là…

Je vois une ombre passer dans ses yeux. Plus jamais il ne m'en reparlera. Par contre, il est loquace sur la vie parisienne. Il n'était pas très grand et ça l'a beaucoup marqué. Sa voix s'anime quand il me raconte ses souvenirs d'enfance, il me rapporte des *Paris-Match* qu'il conserve pieusement et m'avoue qu'il n'a qu'une hâte, y retourner! Je l'admire beaucoup et le jalouse un peu : il a vécu trois ans en France !

– Sergueï, me dit-il sérieusement, je vais t'apprendre les pires jurons français. Quand tu seras en présence d'un membre du Parti qui t'emmerde, n'hésite pas à le traiter de *connard* en français avec un sourire aux lèvres. Tu verras, ça fait du bien ! Bon, assure-toi quand même au préalable qu'il ne comprend rien !

C'est ainsi que mon premier contact avec la langue de Molière s'établit par le truchement des insultes proférées par Andreï Boutorine, qui deviendra un ami très proche (il vit et travaille en Suisse maintenant). Mais un déclic se passe, car le ton, le rythme et les intonations me plaisent. J'ai hâte d'apprendre cette nouvelle langue…

Chapitre 14

Le MGIMO, école d'élite

Le jeudi 31 août 1978, fini les gravats et le chantier ! Après deux heures de transports, je franchis enfin les portes du nouveau bâtiment de l'université de la rue Lobatchevski[1], au sud-ouest de Moscou. L'Institut d'État des relations internationales, MGIMO[2] en abrégé, a été créé à la fin de la guerre, le 14 octobre 1944, avec l'ambition de former une nouvelle génération de diplomates. Il deviendra très vite l'antichambre du pouvoir et des services de renseignement.

Admis à la faculté des relations économiques internationales du MGIMO, qui est placée sous la houlette du ministère du Commerce extérieur, je m'y présente en chemise blanche et cravate rouge sous un complet gris fabriqué sur mesure à l'atelier de couture par ma voisine d'immeuble. La coupe est plus ajustée et le tissu plus léger que celui des costumes soviétiques du prêt-à-porter. Mais là aussi, le gris est majoritaire ! Pas de fantaisie, c'est le dress code de la maison, qui ne supporterait pas de voir arriver des élèves en T-shirt, jean et baskets. Le recteur du MGIMO, Lebedev, s'amuse parfois à se mettre à l'entrée pour refouler tous ceux qui ne portent pas de costume-cravate en leur

1. Aujourd'hui le MGIMO est un énorme complexe, toujours situé au même endroit, rue Lobatchevski, mais l'adresse postale, n° 76, Prospekt Vernadski, indique la rue d'à côté, afin de tromper l'ennemi occidental.

2. Un ex-KGB, Andreï Bezroukov, y est aujourd'hui enseignant après avoir fait une carrière d'illégal aux États-Unis sous le nom de Donald Howard Heathfield. Son histoire a inspiré la série *The Americans*.

collant un blâme.

Si l'on peut y croiser des étudiants étrangers, ceux-ci viennent tous des pays « frères ». Pas question d'accepter les invitations des prestigieux instituts occidentaux qui souhaitent faire des échanges avec nous. D'ailleurs, la chape de plomb est telle qu'il nous est interdit de faire des voyages, même dans les États socialistes ! Des fois que les services impérialistes en profiteraient pour « tamponner » l'un d'entre nous !

Malgré tout, la renommée de cette prison dorée a dépassé les frontières. Henry Kissinger, qui a quitté son poste de secrétaire d'État des États-Unis l'année dernière (1977), appelle le MGIMO le « Harvard russe ». Y entrer représente en effet le rêve de millions de jeunes Soviétiques. En URSS, même dans les régions les plus reculées, tout le monde connaît le MGIMO sans savoir pour autant comment y entrer.

Les premières formalités administratives accomplies, je reçois ma carte d'étudiant. D'un format un peu plus grand que celui d'une carte de visite, elle s'ouvre en deux à la façon d'un petit portefeuille. Tant qu'elle n'a pas été dépliée, il est impossible de voir les informations personnelles qu'elle contient et ce qu'elle représente. De plus, elle offre une particularité intéressante : à la différence de toutes les autres cartes d'étudiant, qui sont de couleur bleue, celle-ci est la seule à être rouge. Exactement comme celle du KGB, à laquelle elle ressemble comme deux gouttes d'eau. Ce détail va bientôt m'être utile…

La matinée commence par une bonne nouvelle ! La bourse que nous allons recevoir sera plus élevée que dans les autres universités. Quarante roubles pour les autres, cinquante-cinq pour nous ! Un rapide calcul me confirme que cela suffira pour mes repas et les transports. Ma famille n'aura pas besoin de mettre la main au portefeuille pour m'aider.

Vient ensuite la présentation de l'enseignement. Les 300 élèves de ma promotion sont répartis en groupes académiques de 20, eux-mêmes divisés en sous-groupes linguistiques de quatre ou cinq étudiants. Parmi nous, 50 représentants des pays frères qui sont censés parler couramment le russe. Bien que notre langue soit obligatoirement enseignée dans toutes les écoles des nations socialistes, sa maîtrise est particulièrement ardue, ce qui ne manquera pas de leur poser des difficultés de compréhension. Me voici donc avec un Allemand de la RDA et un Tchèque. Notre promo est divisée en deux *potok* (courants) de 150 élèves. Nous aurons tous les jours une « paire » de langues étrangères par petits groupes.

En URSS, l'emploi du temps dans l'enseignement supérieur est régulé selon un système de « paires », c'est-à-dire deux cours de quarante-cinq minutes séparés par une pause de cinq minutes, les paires étant espacées entre elles par une interruption de dix minutes.

Je bascule alors dans un autre monde. Très vite, les professeurs vont exiger de nous une ouverture d'esprit afin d'analyser, sans parti pris, les grands enjeux internationaux. Quelques hauts fonctionnaires du ministère des Affaires étrangères viennent nous donner, entre autres, des cours magistraux sur les relations internationales et sur la complexité des accords commerciaux entre l'Est et l'Ouest. Tout cela me passionne et je me prends à rêver d'une carrière d'économiste au sein d'une ambassade ou d'une représentation commerciale de l'URSS dans une ville occidentale…

*

L'Institut d'État des relations internationales de Moscou, qui est rattaché dans sa globalité au ministère des Affaires étrangères d'Andreï Gromyko, est considéré comme l'antichambre du pouvoir. Il ne peut donc être question pour ses élèves, à peine leur diplôme en poche, d'aller crapahuter comme des moujiks au 125e régiment de fusiliers motorisés, fût-il de la Garde ! Notre université possède à cet effet une chaire militaire qui va nous permettre de faire notre service comme officiers et ainsi d'éviter la *dédovchtchina* (le bizutage).

Cet apprentissage des armes se déroule selon une programmation régulière. D'abord tactique, avec l'acquisition des actes élémentaires du combattant, jusqu'à la conduite d'une troupe au niveau de la section. Ensuite, cette instruction devient technique. Pour nous, il s'agit d'une formation spécialisée d'interprète avec, à la clé, un diplôme de traducteur des armées et des galons de lieutenant.

Petite question : dans quel service a-t-on le plus besoin d'interprètes militaires ? Le renseignement ! Et le renseignement militaire soviétique s'appelle la GRU et il est placé sous l'autorité directe du chef d'état-major des Forces armées, le maréchal Nikolaï Ogarkov. Ce qui veut dire que les étudiants du MGIMO, quoi qu'il arrive, sont destinés à devenir des espions !

*

Rassuré sur mon futur cursus militaire, me voici maintenant aux prises avec le français, langue représentée par Natalia Borissovna Doubrovskaïa, notre professeure. Immense sourire à la Fernandel, elle compte parmi les plus fortes personnalités de l'école. Elle commence par des cours phonétiques de base, en déroulant d'abord les voyelles puis les autres lettres et sons selon l'alphabet. À la première séance de français, dès que j'ouvre la bouche pour répéter après elle, je perçois une grande surprise dans les yeux de Madame Natalia.

– Sergueï, avez-vous appris le français auparavant ?

– Non, jamais !

Je ne me mentionne évidemment pas mes petites leçons d'injures françaises apprises sur le chantier avec mon copain Andreï Boutorine, mais pour le reste je lui dis la stricte vérité.

– Vous ne me cachez rien ? Vous n'êtes pas ce qu'on appelle un « faux débutant » ?

– Non, madame !

– Vous n'avez personne de francophone dans votre famille, ni jamais vécu en France, en Belgique, en Suisse, au Luxembourg ou au Canada ?

– Non plus !

– Avez-vous fait de la musique ? Aimez-vous le chant ?

– Ça, oui ! J'ai chanté à l'école dans deux chorales différentes ! Et j'adore ça !

– Dans ce cas, j'ai une très bonne nouvelle pour vous. Vous avez une oreille musicale et cela compte beaucoup pour la prononciation et l'intonation, me dit-elle. Vous n'avez absolument pas d'accent ! C'est rare à ce point-là ! Je n'ai jamais vu ça dans ma carrière pédagogique !

Pensez-vous si cela me fait plaisir ! Mes études au MGIMO commencent bien et j'ai la confirmation de mes capacités linguistiques.

Je pressentais depuis longtemps que j'avais quelque talent pour l'apprentissage des langues. La qualité de mon anglais à l'école et toutes ces victoires aux Olympiades m'avaient conforté en ce sens. Mais j'accordais plus de crédit dans ces succès aux compétences pédagogiques d'Olga Viltchek qu'à mes propres prédispositions. Pourtant, mes tentatives personnelles avec le lituanien et l'allemand auraient dû me mettre la puce à l'oreille. Mais maintenant c'est officiel, j'ai bel et bien un don pour les langues !

Flatté par la prof et fier d'avoir ce talent, je veux aussitôt en faire plus que les autres. Je suis un perfectionniste et rien ne m'arrête si quelque chose me plaît. Il me faut également tirer les leçons de ma préparation aux examens d'admission, car j'ai constaté que mes connaissances en anglais, fussent-elles les meilleures de tous les élèves de Zélénograd, étaient en trompe-l'œil. Or, j'ai là l'occasion rêvée d'acquérir la maîtrise absolue du français à la condition d'être un travailleur acharné et de faire preuve de régularité.

Je comprends que c'est une chance que de s'initier à l'étude d'une langue au MGIMO. Malgré nos milieux sociaux distincts et la différence de nos vécus, l'ensemble de mon groupe est au même point de départ, c'est-à-dire zéro ! Nous aurons les mêmes manuels, la même professeure et le même enseignement. Ici, pas question de piston ou de coup de pouce ! Seuls vont compter notre talent et notre travail. On ne pourra pas tricher, se cacher derrière quelqu'un, ni éviter un contrôle.

Se succèdent alors les litanies d'*« Agathe va à sa place »* suivies de *« La camarade Marthe va à la gare »* deux heures par jour et six jours par semaine pour tout notre petit groupe. Et nous répétons *ad nauseam*, car il n'est pas possible d'échapper au sourire dévastateur de Natalia Borissovna ni à son énergie contaminante. Nous ne sommes que cinq et c'est un échange permanent et intensif avec elle, un sport de haut niveau. Dans de telles conditions, même avec un potentiel intellectuel moyen, on est voué au succès. Et au MGIMO, il y a très peu d'incapables. Madame Doubrovskaïa nous reprend sans cesse, insiste sur les intonations, nous fait lire et parler à travers des jeux interactifs. Nos progrès sont fulgurants, les miens en particulier. À tel point que certains de mes camarades commencent à me jalouser un peu. Mais ce n'est pas ça qui va me perturber dans mon travail.

À cette époque, je n'ai pas de magnétophone à la maison. Les moyens portatifs, style Walkman, n'existent pas en URSS, et le numérique n'est encore qu'un rêve lointain. Je ne peux donc pas gagner du temps en écoutant du français pendant mes quatre heures de trajet quotidien en transports en commun.

Je découvre alors que notre institut possède un excellent laboratoire phonétique, avec une base d'enregistrements divers et variés contenue sur de grosses bandes magnétiques. Notamment des discours des délégués français à l'ONU. Sans rien y comprendre, je me mets à les écouter pendant des heures et des heures, après les cours – juste pour le fun, pour la musique de la langue. Sans m'en rendre compte, je suis en train d'inventer ma propre méthode d'apprentissage des langues étrangères, la plongée sous-marine linguistique. Je crée autour de moi une bulle francophone, autant que je le peux.

Je décide d'investir quelques économies de ma tirelire des cueillettes d'été à Andreïevka et de ma bourse d'étudiant dans ce que l'on pourrait appeler des « supports pédagogiques audiovisuels ». Et quoi de mieux qu'un moyen ludique comme la musique pour progresser dans une langue ? Comme nous ne sommes pas encore à l'époque du streaming ou de YouTube, il me reste la bonne vieille méthode audio classique, les disques vinyle. Me voilà en train d'écumer les disquaires de Moscou.

D'abord je suis déçu en constatant que la musique française n'est pas très populaire en URSS et qu'il n'y a pas autant de choix qu'en anglais. À la télévision, on diffuse surtout Mireille Mathieu avec les chœurs de l'Armée Rouge, ce qui ne m'emballe pas beaucoup, il faut bien l'avouer. J'ai la chance d'acheter au début les vieilles chansons d'Édith Piaf et de Charles Aznavour. Parfois il y a du Joe Dassin, mais ces disques, qui ont beaucoup de succès dans la population, sont difficiles à trouver. Sauf à prix d'or au marché noir et il ne me reste que peu de marge sur ma bourse, aussi élevée soit-elle par rapport aux autres universités.

Mais je ne baisse pas les bras. Je suis infatigable dans mes recherches et, bingo ! ma persévérance paie. Je finis par dénicher dans un magasin excentré un grand 33-tours de Guy Béart, un chanteur français que je ne connais pas du tout. À peine rentré à la maison, je pose le vinyle sur mon tourne-disque.

D'emblée je suis conquis, c'est le coup de foudre ! Sa voix légèrement cassée, sa poésie et sa musicalité me séduisent immédiatement. J'ai encore très peu de vocabulaire et il m'est impossible de comprendre les paroles ou de les traduire correctement. Pas facile à l'époque de retrouver les textes. Aussi, dans un premier temps, j'apprends ses chansons phonétiquement, forcément avec des fautes. Je répète après lui, je chante avec lui. Encore et encore, chaque soir, inlassablement, dès que je reviens de l'université. À tel point qu'après une semaine de ce régime soûlant, mes parents sont sur le point de demander grâce. Mais que pourrait-on me refuser, à moi qui suis devenu leur « dieu » après mon admission au MGIMO ! Au bout de quelques semaines, toute la famille Jirnov chante du Béart en français.

Petit à petit, les mots commencent à prendre un sens. Après des semaines d'écoute attentive et une traduction de plus en plus approfondie des chansons de Béart, une chose m'étonne. Comment ce disque a-t-il pu échapper à la censure ? L'un des textes, intitulé *La Vérité*, aurait dû sembler nettement subversif aux oreilles du Glavlit. C'est l'acronyme pour « Direction centrale pour les affaires de littérature », laquelle est chargée depuis 1922 de la protection des secrets d'État dans la presse. Ils sont 1 500 fonctionnaires, logés au sixième étage du ministère de l'Énergie, dont « l'accès est strictement interdit à toute personne étrangère au service », comme l'indique la pancarte fixée dans l'ascenseur. Dire qu'ils ont le coup de ciseau facile est un doux euphémisme. Rien ne doit saper le moral du citoyen : fuite de dissidents, catastrophes naturelles, mauvaises récoltes, famine ? Allez hop !, à la trappe.

Et cette chanson serait passée sous les radars du *tsenzor* (le censeur) ! Parce que dans celle-ci, le progressiste et démocrate Béart évoque le manque de liberté d'expression à travers la planète, particulièrement du côté impérialiste, me dis-je. L'explication me semble plausible.

Vingt-trois ans plus tard, quand je serai exilé en France et que j'écouterai avec nostalgie un CD de Béart édité en France, je découvrirai avec stupéfaction que le censeur soviétique finalement avait bien fait son travail et que Béart n'était pas spécialement un gauchiste. Un couplet particulièrement subversif a bel et bien été coupé dans la version vendue par Mélodia en URSS :

Le monde doit s'enivrer de discours pas de vin.
Rester dans la ligne, suivre les consignes.
À Moscou un poète à l'Union des écrivains
Souffle dans la soupe où mange le groupe.
Le poète a dit la vérité, il doit être exécuté !

Oh, camarades ! C'est bien de nous qu'il parle, c'est de l'Union soviétique qu'il s'agit ! Bon, son texte a beau dater des années 1960, je m'étonne tout de même d'avoir trouvé si facilement son disque à l'époque. D'ordinaire, ce genre de choses se vendait sous le manteau…

*

Avec mes nouveaux copains, nous nous approprions les bâtiments de notre école. Comme en France avec l'ENA, beaucoup de préjugés circulent sur le MGIMO en URSS. Pour la plupart d'entre eux, ils sont fondés sur l'ignorance populaire, les racontars de bistrot et la jalousie « de classe » plutôt que sur les faits réels. Bien sûr, cette école est prestigieuse et elle donne accès à de brillantes carrières à l'international, mais ce n'est pas pour autant qu'il ne faut pas y travailler dur pour réussir ! Les profs sont exigeants, voire intransigeants.

Les exemples concrets ne manquent pas. Le propre petit-fils du secrétaire général du Comité central du PCUS Léonid Brejnev en fait le premier les frais. Pendant notre première session semestrielle de contrôles en janvier 1979, il récolte un 2/5 éliminatoire à l'examen de mathématiques et est recalé. Il essaie alors de faire jouer les relations de son illustre papy, mais rien n'y fait. Il est une nouvelle fois ajourné aux épreuves de rattrapage. Il réussira péniblement l'examen à la troisième et dernière tentative, avec un minable 3/5 qui lui évitera d'être éliminé définitivement du MGIMO. Il sera néanmoins sanctionné pour ses notes pitoyables et privé de bourse pendant six mois.

Ma performance est à l'opposé de notre célèbre *blatnoï*. Je réussis mes quatre examens avec d'excellents résultats et ma bourse s'en voit majorée de 25 % pendant six mois. Cela me rassure sur mes capacités intellectuelles à suivre avec succès l'enseignement difficile dans une école supérieure réputée et exigeante. J'y gagne en assurance et en confiance en moi.

Lors de mon entrée au MGIMO, j'ai également été désigné par le Parti pour être le secrétaire de cellule du Komsomol de mon groupe académique n° 13. Ce qui me prouve que mes antécédents militants à l'école secondaire, eux aussi, ont été bel et bien pris en compte lors de mon admission. Finalement, le fameux coup de pouce que je soupçonnais pour intégrer le MGIMO, je me le suis donné moi-même ! Par mon propre engagement communiste pendant des années…

*

Je termine la première année universitaire avec de très bonnes notes, certes, mais avec un regret cependant. Natalia Doubrovskaïa, notre exceptionnelle professeure de français, nous a quittés en cours de route puisque son diplomate (ou espion du KGB, qui sait ?) de mari a été envoyé en mission de longue durée dans notre ambassade au Maroc. Celle qui l'a remplacée me semble un cran en dessous au niveau linguistique, mais je réussis maintenant à soutenir parfaitement une conversation en français. En une année scolaire, nous en avons appris plus qu'en cinq ans dans les facultés non spécialisées en langues ! Pour y arriver, cependant, le travail a été acharné.

Lors de la cérémonie qui clôture ce cycle, la soixantaine de francisants est rassemblée dans le bâtiment principal du MGIMO, parc Gorki. Il y a là tous nos professeurs et les cadres de l'université. Un copain dessinateur de mon père a fait des croquis qui accompagnent et illustrent ma première prestation orale publique en français, en dehors de la classe. J'ai en effet été désigné pour prononcer des textes classiques, et mon choix s'est porté sur trois fables de La Fontaine : *Le Corbeau et le Renard*, *La Cigale et la Fourmi* et *Le Loup et l'Agneau*. Cela fait deux mois que je répète. J'ai une petite appréhension – pas de la scène ou du public, puisque depuis l'âge de quatorze ans j'ai l'habitude de haranguer les foules. Mais d'un mauvais accueil par les spectateurs. Je constate que durant d'autres prestations, on chuchote et on rigole dans la salle. Lorsque mon tour arrive, un profond silence envahit l'assemblée et seule ma voix résonne dans l'amphithéâtre. Je déclame sans difficulté un texte ciselé au rasoir qui est applaudi par l'assistance.

Quand je descends de l'estrade, Gleb Sémenov, un professeur de français émérite de la chaire diplomatique, m'attend avec un grand sourire.

– Je vous ai écouté attentivement, votre français est excellent ! Tout y est, l'accent, le rythme et les intonations, c'était parfait ! Continuez, vous êtes sur la bonne voie !

*

Je ne lâche pas pour autant mes relations avec ma vieille école 609 et ma prof d'anglais. Quand j'ai du temps libre, je le passe dans son appartement pour répéter en anglais *My Fair Lady* avec sa troupe de théâtre amateur. La représentation finale a lieu un samedi soir. Toute l'école est là, y compris les jeunes qui ne comprennent rien en anglais. C'est une nouvelle réussite. Une responsable de la revue mensuelle *Krestianka* (La Paysanne) des éditions Pravda, Tamara Alexandrova, est aussi présente pour relater cet événement et mettre en valeur les méthodes modernes de l'enseignement d'Olga Viltchek. Le long article sera publié dans la *Pravda*, l'organe officiel du Comité central du PCUS, et suscitera beaucoup de bruit en faisant de notre prof et de nous, ses élèves, des vedettes dans le pays.

L'ironie fait que, malgré cette publicité dans la *Pravda*, Olga me fournit toujours en littérature clandestine, qui m'intéresse de plus en plus. Mais j'ai maintenant un nouveau canal d'approvisionnement en lectures considérées comme subversives ou même antisoviétiques : mes copains du MGIMO.

Leurs parents, qui ont souvent travaillé à l'étranger, en ont rapporté des ouvrages rares. Diplomates ou espions du KGB et de la GRU, ils ont l'immunité et ne sont pas fouillés par la douane. Ils en profitent pour faire rentrer dans le pays les livres de Soljenitsyne, Brodsky, Limonov, Galitch, Pasternak et d'autres auteurs, tous interdits à la publication en URSS. Mais il y a aussi les films pornos, de karaté, de James Bond, etc. Le petit-fils de Brejnev, secrétaire général du Parti, me prête parfois ses numéros de la revue *Playboy* ou encore le roman *Lolita* de Nabokov, voire la cassette vidéo du film *Emmanuelle*. Tout cela, considéré comme œuvre pornographique en URSS, ne circule qu'en sous-main dans la meilleure école supérieure du pays.

Ce marché noir provoque plus que du remous dans nos méninges. Un jour, on apprend qu'un groupe « antisocial » a été découvert au sein du MGIMO. Plusieurs professeurs et étudiants ont formé un réseau homosexuel clandestin et se sont livrés à des échanges de photographies et de littérature érotique ainsi qu'à des pratiques que la morale communiste condamne. Ils ont été dénoncés par les indics du KGB infiltrés dans toutes les facultés et chaires de l'université. Le châtiment n'a pas tardé. Les étudiants ont été expulsés et les profs licenciés !

*

Un changement notable est intervenu dans notre foyer. Nous avions des voisins dont la famille, babouchka comprise, était répartie dans trois appartements distants les uns des autres. Ils nous ont proposé, moyennant 500 roubles, soit trois mois de salaire, de les échanger contre le nôtre. Mais en URSS, rien ne se fait sans l'aval des autorités, qui ont trouvé que la mariée était trop belle pour la famille Jirnov. Ils ont donc réduit la transaction à deux appartements, ce que mes parents ont accepté. Depuis, ma sœur et moi habitons un studio dans l'immeuble n° 338 et mes parents logent avec ma grand-mère dans un deux-pièces de 35 mètres carrés voisin de notre appartement, mais toujours dans la même tour de seize étages. Les deux appartements sont dépourvus de téléphone, le central téléphonique promis en 1972 n'étant toujours pas terminé.

Fin juin 1979, je m'apprête à partir en vacances dans le Caucase quand on nous demande de nous rassembler dans l'amphithéâtre principal. Nous n'avons rien vu venir, et pourtant il est là ! Le même cadre du Parti que l'année dernière, les mains sur les hanches, s'adresse à nous.

– Camarades ! Je sais que vous avez travaillé dur toute cette année scolaire, mais aujourd'hui, vous allez devoir fournir un autre effort.

Il doit voir nos visages se décomposer quand il se croit obligé d'ajouter :

– Le Parti a décidé que vous alliez passer l'été sur les chantiers à Moscou.

Deux mois ! Nous nous regardons, consternés. Adieu le Caucase, bonjour les brouettes ! J'avais tellement idéalisé mes congés que les bras m'en tombent et je ne peux m'empêcher de pousser un gros juron… en français ! À la façon Boutorine…

*

Je passe donc une deuxième année consécutive sans sortir de Moscou pendant l'été. À trimer les deux mois de vacances sur un chantier. Et surtout, à prendre les transports en commun tous les jours, comme pendant l'année scolaire, une corvée qui commence à me peser. Seul réconfort, notre chantier se trouve vers le terminus du bus 400 et le trajet ne me prend qu'une heure au lieu de deux à l'aller et au retour ; et cette fois-ci le labeur n'est pas bénévole, nous sommes payés, et bien payés : 160 roubles par mois, presque le salaire de ma mère ! Lequel se cumule avec ma bourse d'étudiant du MGIMO qui, à la sortie de la deuxième session d'examens, a été majorée de 15 % grâce à mes bons résultats.

Je me considère alors comme riche et veux compenser les frustrations du « travail forcé » pendant les vacances par des sorties et des achats compulsifs. Le soir, après le boulot, on boit des coups avec les copains tandis que le week-end je parcours l'immense ville et ses innombrables magasins à la recherche de trésors sous la forme de disques ou de livres français.

Malheureusement, ils ne sont pas légion dans les circuits d'État. Mais ma persévérance finit par payer. Un jour, je déniche une librairie que je n'avais pas encore repérée. Elle est privative et dite « commissionnaire » : les particuliers peuvent y revendre et y acheter des livres d'occasion, moyennant une commission pour l'établissement. Ce sont souvent des diplomates et d'autres personnels voyageant à l'étranger qui se font ainsi de l'argent avec les trésors rapportés de leurs missions, pour la plus grande joie de tous ceux qui, comme moi, ne peuvent pas bourlinguer hors des frontières de l'URSS. Les bouquins y coûtent beaucoup plus cher que dans les magasins d'État, mais maintenant, j'ai les moyens ! La section française y est très bien achalandée ! Ma collection de disques et de livres s'étoffe à une vitesse impressionnante, même si ma bourse subit un coup sévère.

Je prends l'habitude d'y aller régulièrement, souvent sans but précis. J'entre et je fouille. J'aime parcourir attentivement les rayons à la recherche d'une perle rare que le libraire n'aurait pas su m'indiquer. Justement, le voilà qui s'approche.

– Vous cherchez quelque chose en particulier ?

– Alexandre Dumas ? *Les Trois Mousquetaires*... – j'ai un doute dans la voix.

Il se retourne en brandissant un gros bouquin, la victoire dans le regard.

– Et ça, c'est quoi ?

Je suis ébloui ! Il tient à la main mon livre français préféré... en français ! Pour moi qui possède déjà la version russe, c'est le Graal ! La télévision soviétique en a fait une série à succès en trois épisodes tournés aux studios d'Odessa. Et même le film français a été diffusé dans nos cinémas avec énormément de succès.

Ce roman d'aventures historique, j'ai dû le lire au moins cinquante fois en russe. Je le connais presque par cœur. Une idée de génie me vient alors. Je mets les deux versions côte à côte afin de faire un comparatif qui va me servir à enrichir très vite mon vocabulaire et, surtout, à m'éviter l'abominable corvée de rechercher chaque mot inconnu dans le dictionnaire, ce qui m'a déjà incité à abandonner d'autres livres.

Je progresse très vite et viens à bout du pavé avec succès, sans être dégoûté. Je suis si enthousiasmé par la réussite de cette nouvelle méthode que je réitère l'exercice avec d'autres ouvrages déjà lus dans ma langue maternelle. Et cette fois, sans recourir au texte russe. Cela marche et se révèle payant.

*

À la rentrée de septembre 1979, ma prof de français me demande si je suis allé en France ou si nous avons reçu des Français à la maison, tant mes progrès sont remarquables. Je la regarde, bouche bée. On n'habite pas dans le même pays ! Sortir de l'Union soviétique est quasi impossible et recevoir des étrangers chez soi, hors circuit organisé, également.

– Nous n'avons même pas commencé la seconde année que vous en avez déjà les acquis, Sergueï. Continuez comme ça !

Non seulement je continue, mais je perfectionne ma propre méthode d'apprentissage du français en reconstituant, en miniature, une ambiance étrangère dans un espace soviétique donné. À Zélénograd, notre studio dans l'immeuble n° 338 est devenu « la petite France ». Ma sœur chante du Béart soir et matin et mes parents se décident à m'acheter un récepteur radio. Pas n'importe lequel, un monstre de puissance, un Léningrad-004, qui pèse 9 kilos et capte le monde entier en ondes courtes, celles sur lesquelles émettent les grandes stations internationales.

À partir de ce jour, je capte Radio France Internationale (RFI). À peine rentré du MGIMO, je suis à l'écoute tous les soirs et tous les week-ends. Cela me fait un effet bizarre d'entendre parler français, du vrai français ! Il y a très peu d'émissions produites par RFI, la majorité des programmes étant constituée de retransmissions de France Culture et de France Inter.

Je complète cette écoute par une lecture des journaux français. En fait, il vaut mieux employer le singulier, car il n'y en a qu'un : *L'Humanité*, organe officiel du Parti communiste français! On peut trouver son complément hebdomadaire, *L'Humanité Dimanche,* mais qui est aussi cher et a le même rendu soporifique qu'une barrique de vodka. On y parle de l'actualité française de façon quasi-instantanée, à tel point que j'ai l'impression de vivre en France! Et même cette presse communiste me change de l'enseignement linguistique du MGIMO, qui est très académique, trop littéraire et complètement détaché de la réalité française. Je m'imprègne à marche forcée de la culture française moderne.

Une fois lancé avec *Les Trois Mousquetaires*, je continue à lire la suite des œuvres d'Alexandre Dumas à la cadence d'un livre par semaine tout en continuant à écumer bibliothèques, disquaires et librairies à la recherche du moindre journal, livre ou disque en provenance du pays des Lumières. Je suis devenu francophile dans l'âme et, à force de pratiquer la langue, je commence à devenir francophone…

*

Un matin de novembre 1979, la direction de l'école réunit une nouvelle fois tous les étudiants du MGIMO. Le secrétaire du Parti, les mains toujours scotchées sur les hanches, un grand sourire aux lèvres, nous annonce la nouvelle :

– Camarades! L'été prochain, l'URSS accueillera pour la première fois les Jeux olympiques, et tout doit être parfait pour la réception des délégations étrangères. Le Parti nous fait l'honneur de nous confier la redoutable mission d'être leurs guides pendant leur séjour à Moscou.

Là, il marque un temps d'arrêt, afin de voir l'effet produit par son annonce inattendue. Pensez donc! Rien qu'à l'idée de pouvoir côtoyer des étrangers, nos visages s'illuminent, le rouge nous monte aux joues, l'allégresse pointe le bout de son nez, alléluia! Balance-nous la suite!

– L'image de l'URSS va reposer entre vos mains, je veux que vous en ayez conscience et que vous soyez à la hauteur de la tâche qui vous attend. Les détails vous seront donnés au fur et à mesure que le Parti avancera dans l'organisation de l'accueil des délégations.

Cela me vaudra quatre heures supplémentaires hebdomadaires de cours de français spécialisés dans les traductions sportives, avec une prime de 10 roubles par mois ajoutée à ma bourse.

Mais hélas, au pays de la planification, rien ne se passe jamais comme prévu…

Chapitre 15

Les JO de 1980 et ma première rencontre avec Poutine

Игры
XXII Олимпиады
Москва
1980

En cette fin d'année 1979, ce sont des bombes que le père Noël s'apprête à déposer sur l'Afghanistan. On assassine à tour de bras jusqu'au sommet du pouvoir. Au mois de septembre, c'est au tour du président afghan, Nour Mohammad Taraki, d'être occis par son concurrent politique Hafizullah Amin, qui veut remettre en question la mainmise de l'URSS et le choix du communisme par ce pays du tiers monde. Pour corser le tout, nos ennemis idéologiques, les Américains, viennent comme d'habitude souffler sur les braises en apportant une aide aux islamistes. Cela chauffe depuis un moment. Poussés par le Pakistan et l'Iran, les islamistes essaient de mettre à mal le régime affaibli de Kaboul. Léonid Brejnev, lui, ne voulant pas perdre notre place forte en Afghanistan et voir le feu islamiste se propager en Asie centrale soviétique, décide de siffler la fin de la récréation.

Dans la nuit de Noël, deux divisions parachutistes débarquent à Kaboul en même temps que des troupes envahissent l'Afghanistan à partir de l'Ouzbékistan. Et deux jours plus tard, le 27, nos *spetsnaz* prennent d'assaut le palais présidentiel et éliminent Hafizullah Amin et ses proches. J'aurai longuement l'occasion d'évoquer cet épisode sanglant avec le patron des « illégaux » lorsque j'intégrerai la Direction « S » au « Centre » à Yassénévo, le QG du Service d'espionnage du KGB. Et pour cause ! C'est le général Youri Drozdov qui dirigeait l'opération en personne. En attendant, cette guerre qui durera dix ans va bouleverser de manière imprévue le bel ordonnancement des JO de Moscou.

En effet, dans la capitale, on s'active. Ici, nous n'avons rien à envier à l'Occident ! Aussi, les magasins se remplissent, c'est l'abondance, mais encore faut-il qu'elle se prolonge tout le temps de la présence des délégations étrangères. Et là, c'est le coup de génie ! Pour éviter l'épuisement des stocks, il ne faut pas que les Moscovites achètent en masse, décrète le Parti. Mais comme celui-ci ne compte pas trop sur la discipline des habitants de la capitale, il ne trouve pas mieux que de vider carrément Moscou de sa population !

Tous ceux dont l'activité n'est pas liée aux Jeux sont envoyés à l'extérieur tandis que les élèves sont expédiés en camps de pionniers. Il ne doit rester personne ! Pour faire la claque dans les gradins où peuvent prendre place 50 000 personnes, on mettra du personnel de l'armée, de la police ou du KGB pour applaudir à côté des délégations étrangères ! Ce qui devait être une gigantesque liesse populaire se transforme en une minable fête en trompe-l'œil peuplée de figurants. Le village olympique devient un village Potemkine[1].

Bientôt la ville est en état de siège et des checkpoints sont installés partout. Seul le laissez-passer autorisant l'entrée dans Moscou vous évite d'être systématiquement refoulé. Sur l'avenue Kalinine, on vend à foison de la cochonnaille, des fruits et même du Pepsi-Cola ou du Fanta, que l'on n'avait encore jamais bu ici. Mais peu nombreux sont ceux qui en profitent. La capitale étant vide, il n'y a même pas de files d'attente comme à l'accoutumée.

Et personne ne bronche ni ne conteste. Pensez donc, c'est un coup à se retrouver dans une prison en Sibérie à méditer dans le froid polaire sur les bienfaits du communisme. La servilité est totale, d'ailleurs l'histoire qui court les rues en est le reflet :

Dans une usine, le secrétaire du Parti s'adresse aux ouvriers.

– Camarades ! Les perspectives ne sont pas bonnes, vous allez devoir travailler trois heures de plus et vous toucherez 25 % de moins.

Pas un bruit dans l'assistance. La semaine suivante, le voilà de nouveau.

– Camarades, cela ne s'arrange pas. Vous travaillerez six heures de plus et vous toucherez 50 % de moins.

Personne ne pipe mot. Et ainsi de suite, jusqu'au jour où les gens ne sont plus payés.

– Camarades, préparez-vous, l'usine va fermer et demain vous serez tous pendus.

Une main se lève.

---

1. L'expression « village Potemkine » désigne tout ce qui est fait dans le seul but de créer l'illusion, un trompe-l'œil à des fins de propagande. La légende raconte que lors du voyage de Catherine II en Crimée en 1787, son favori, le prince Grigori Potemkine, aurait ordonné que de faux villages en bois avec de magnifiques bâtiments aux façades peintes soient érigés à la hâte le long de l'itinéraire de l'impératrice. Ceci afin de dissimuler l'état réel de pauvreté des populations.

– *Oui, camarade ?*
– *Doit-on amener la corde ?*

*

Mais pour nous, étudiants du MGIMO, les surprises ne vont pas s'arrêter là.

Le 15 juillet 1980, nous sommes rassemblés pour servir de guides-interprètes. Hélas, il se trouve qu'un génie du Parti a eu la brillante idée de nous affecter aux renseignements téléphoniques. Adieu, les déambulations autour du Kremlin, au musée Pouchkine, dans la rue Gorki, dans les stades et tous les lieux secrets de Moscou en compagnie des représentations francophones.

Drôle de coïncidence, le lieu de notre affectation pour le temps des JO, le central des renseignements téléphoniques « 09 », se trouve sur Kalininski Prospekt (l'avenue Kalinine), pratiquement en face de la maternité Grauerman n° 7 où je suis né en avril 1961. Cette boucle historique de ma vie m'amuse et présage peut-être quelque chose d'extraordinaire.

Dans cet open space où s'étalent des rangées de pupitres, de fiches et de lumières qui clignotent, c'est très calme. Il ne se passe rien, pour la bonne raison que toutes les délégations sont venues avec un interprète capable de demander une information par téléphone. Et quand je dis délégations, je parle de celles qui n'ont pas boycotté les Jeux en raison de notre invasion de l'Afghanistan. Emmenées par le président des États-Unis, Jimmy Carter, 80 nations ont en effet décidé de ne pas participer aux JO. Aussi, au standard, c'est le calme plat.

Notre seule récompense est matérielle. Car non seulement nous sommes bien payés à ne rien faire, mais en plus nous sommes les seuls Moscovites à profiter de l'inhabituelle abondance des magasins et de l'absence totale de files d'attente, ce fléau soviétique.

Pendant un mois et demi, nous vivrons sous le régime du quasi-communisme, celui que Nikita Khrouchtchev avait bel et bien annoncé pour 1980 ! Dommage qu'il ne dure que le temps des JO…

Nous sommes en doublure des personnels féminins russophones qui travaillent là à longueur d'année et qui poursuivent leur tâche comme d'habitude. Mais nous, côté langues étrangères, on s'ennuie ferme. Et puis, le 1er août, une sonnerie rompt le silence. C'est le poste en langue française, dont je suis l'opérateur de service.

Je branche la prise de mon casque sous l'ampoule qui clignote et m'annonce :

– Service des renseignements olympiques en français, comment puis-je vous être utile ?

Mon correspondant inconnu n'a pas de besoin particulier. Il a trouvé ce numéro dans un guide des JO et il est juste curieux de savoir comment cela fonctionne. À lui de s'étonner.

– Comment vous, un Français, avez-vous réussi à vous engager chez les Soviétiques ?

– Je ne suis pas Français, Monsieur.

– Alors, vous êtes quoi ? Belge, Suisse, Canadien ? Pourtant, vous avez l'accent parisien.

– Je suis Soviétique…

Silence à l'autre bout du fil.

– C'est une blague ?! Vous n'avez pas l'accent russe ! Vous me faites marcher !

– Je ne l'ai jamais eu. Je vous assure, je suis un étudiant soviétique.

S'engage alors une conversation qui va durer largement plus de deux heures. L'homme est bavard et curieux de découvrir la vie en URSS. Et moi, c'est la première fois que je parle en direct avec un Français. Alors je lui pose des questions sur la France, sa région, son métier, ce qu'il fait aux JO… Bref, je suis au paradis. Le temps s'est arrêté pour nous deux, et nous sommes passés dans une autre dimension, dans un monde parallèle où personne d'autre n'existe. Nous ne voyons pas s'écouler le temps…

J'ignore que mes collègues commencent à m'observer avec curiosité, que ceux qui n'étaient pas au travail arrivent dans notre coin, inquiets, que les filles du service russe qui font la pause s'arrêtent, intriguées. Sans que je m'en rende compte, une petite foule se forme derrière mon dos…

À la fin, l'homme me propose de nous retrouver en ville pour boire un coup. Il nous est formellement interdit de le faire. J'invente une excuse bidon pour décliner cette invitation qui pourtant me tente beaucoup ! Un mensonge pour sauver la face du régime soviétique qui nous interdit strictement de fraterniser avec « l'ennemi ». Il est déçu et moi plus encore. Il me dicte son adresse et son numéro de téléphone à Paris et m'invite à venir lui dire bonjour à mon prochain passage en France. Bien sûr ! Je n'y manquerai pas !

Quand je raccroche, j'affiche un sourire béat face à la mégère en robe bleue qui se plante devant moi. C'est la directrice du central téléphonique.

– Vous montez au quatrième[1] étage, pièce 407 !

Encore ébahi par la conversation, je grimpe tranquillement les escaliers en pensant à tout ce que m'a dit mon Français inconnu. Ah, voilà la porte indiquée. Je frappe et j'entre pour me retrouver face à un petit homme en costume gris, assis derrière un bureau. Il a un rictus crispé et le regard figé.

– Ça s'est bien passé ?, me demande-t-il froidement.

– Quoi donc ?, dis-je en souriant.

Mais lui ne rigole pas du tout.

– Suivez-moi !, assène-t-il en me sortant une carte rouge, ressemblant à s'y méprendre à celle d'étudiant du MGIMO qui est dans ma poche. Quand il l'ouvre, j'ai une poussée d'adrénaline en voyant les grosses lettres KGB inscrites sur la gauche tandis qu'à droite est indiqué le nom de son titulaire : capitaine Poutine Vladimir Vladimirovitch.

J'obéis, je n'ai guère le choix de toute façon. Je n'ai jamais eu affaire au KGB, mais la terreur qu'inspire cette institution et les bruits que tout Moscou colporte à son sujet ne m'incitent pas à la rébellion. Mais je n'ai rien à me reprocher, je suis tranquille et plutôt curieux d'apprendre ce que me veut le ministère de la Sécurité tant redouté par tous. Je me demande même s'ils ne vont pas me proposer un travail en rapport avec les étrangers parce qu'ils ont apprécié mon niveau en français.

Nous descendons les marches quatre à quatre, sans qu'un seul mot soit prononcé. Dehors, le contraste provoqué par le soleil d'août est si violent qu'il m'oblige à baisser les yeux quelques secondes. Mon accompagnateur, lui, a chaussé une énorme paire de lunettes fumées qui complète parfaitement sa panoplie d'agent secret. Mais il mesure 1,60 mètre, a l'air chétif et, affublé de ces lunettes noires, il est loin de l'image du super-agent.

L'instant d'après, je suis assis dans une Volga noire équipée d'un gyrophare qui nous fait traverser le centre de Moscou sur les chapeaux de roues. Les vitres sont fermées et la chaleur est intense à l'intérieur. Apparemment, le statut du camarade Poutine ne lui permet pas de rouler dans une voiture climatisée. Pas le temps d'admirer le triste spectacle des rues désertes, nous voilà déjà sur la place Dzerjinski, du nom du fondateur de la Tchéka. J'ose à peine regarder l'imposant immeuble jaunâtre dans lequel aucun Moscovite n'a envie de mettre les pieds. Même pour ses maîtres, la durée de vie au KGB était incertaine.

1. Ce qui correspond au troisième en France, les Russes comptant le rez-de-chaussée comme premier étage.

Durant la période stalinienne, la coutume voulait qu'à chaque arrivée d'un nouveau directeur on fusille le précédent[1] !

Les rumeurs les plus terribles circulent au sujet de l'ancienne place Loubianka. On y interroge, on y torture, il paraît même qu'on y exécute[2] ! C'est ici que se trouve la face sombre du KGB, dont fait partie la Deuxième Direction, chargée du contre-espionnage. Sans oublier la Cinquième Direction – celle de la lutte contre le sabotage idéologique, autrement dit la police politique.

Mais limiter l'emprise du service le plus craint d'URSS à cet unique édifice serait réducteur. En fait, tout le quartier environnant lui appartient ! Nous voici contournant la place Dzerjinski par la rue du même nom pour aussitôt prendre à gauche dans Kouznetski Most, le « pont des forgerons » disparu il y a bien longtemps, au-dessus de la rivière Neglinnaïa, enfouie dans un canal souterrain en 1817-19.

Notre Volga freine net devant un bâtiment gris. Une grande pancarte près de la porte massive annonce « Bureau d'accueil du KGB », c'est le déversoir des plaintes et dénonciations. Apparemment, le fait d'avoir vidé la capitale a drastiquement réduit le nombre de « collaborateurs occasionnels » ou indics, et les préposés au recueil des doléances semblent s'ennuyer ferme. Il faut dire que les 80 000 agents du KGB venus des quatre coins de l'URSS sont tous sur le terrain. Ils se fondent dans la foule pour assurer en tenue civile le bon déroulement des JO. Mais ils sont également là pour jouer le rôle de « spectateurs » et remplir les stades. Ne restent ici que les personnels chargés de la conduite du PC sécurité des Jeux et ceux du département d'enquêtes judiciaires, dont le capitaine Poutine semble faire partie.

Il m'a annoncé cela en s'asseyant derrière un bureau de la pièce 104 et en déclenchant un magnétophone. Il me fait signe de poser mes fesses sur une chaise de bois installée en face de lui. L'endroit est à l'image du personnage, froid et impersonnel. Parquet ciré et murs vert pâle où trône la photo de Félix Dzerjinski, surnommé « Félix de Fer », le fondateur de l'ancêtre du KGB. Ce n'était pas un tendre, le Félix : ce fut l'un des principaux artisans de la Terreur Rouge mise en place en 1917 sous l'autorité de Lénine. Entre tortures et exécutions

1. Alexandre Béloborodov, fusillé le 10 février 1938 ; Guenrikh Iagoda, fusillé le 15 mars 1938 ; Nikolaï Yéjov, fusillé le 4 février 1940 ; Lavrenti Béria, fusillé le 23 décembre 1953 ; Vsévolod Merkoulov, fusillé avec Béria dont il était le fidèle ; Viktor Abakoumov, fusillé le 19 décembre 1954.

2. La prison interne du NKVD a été fermée entre 1957 et 1961, selon des sources contradictoires, et la prison de Léfortovo est devenue depuis 1954 la principale maison d'arrêt du KGB.

d'ouvriers grévistes qualifiés de contre-révolutionnaires, l'histoire officielle met 140 000 morts sur le compte de la répression menée par la Tchéka. En réalité, ils furent des millions. Quand je regarde Félix, droit comme un I dans son tableau, je me dis que le personnage doit sacrément inspirer le capitaine qui est devant moi. Lui, toujours aussi froid, le visage sans expression, des yeux de morue morte, me regarde un long moment sans prononcer un mot. Puis, brusquement, arrive la première question.

– Raconte !

Je saurai plus tard que le tutoiement est un moyen psychologique permettant d'asseoir la domination de l'enquêteur sur l'interrogé. Et que cette question, ouverte s'il en est, est la première phrase type de tous les interrogateurs du service. Ceux-ci ne vous diront jamais ce qu'ils savent. S'ils le font, c'est que l'estocade est proche et, en attendant ce moment, ils vous observent, guettant le moindre signe de fébrilité sur votre visage. Car s'il est une qualité qu'il faut bien leur reconnaître, c'est la patience. Et il attend tranquillement, le camarade Poutine. J'essaie alors de lui faire préciser le sens de sa question.

– À quel propos ?

– Trois heures de conversation avec un agent impérialiste ! Rien que ça ! Raconte !

C'est un obstiné, le Vladimir. Je regarde le magnétophone à bandes qui tourne lentement. Je réfléchis. À aucun moment dans ma discussion avec ce Français je n'ai prononcé un seul mot à l'encontre de l'URSS et du Parti. Je peux y aller franco !

– Je vous saurai gré de ne pas me tutoyer, *tovaritch* capitaine. Moi, je vous vouvoie !

En effet, il est formellement interdit aux fonctionnaires soviétiques de tutoyer les citoyens, surtout les inconnus. Depuis 1967, quand il s'est mis en tête de casser l'image négative du KGB due au Goulag et aux purges staliniennes, Andropov en a mis plus d'un à la porte pour ce genre de comportement. Je vois dans le regard du capitaine Poutine que je viens de marquer un petit point, mais un point tout de même. Et comme notre conversation est enregistrée, il se sent obligé de se rattraper.

– Bien ! Venons-en aux faits : de quoi avez-vous parlé pendant trois heures avec cet étranger ?

– On m'a demandé de donner la meilleure image possible de l'URSS, c'est ce que j'ai fait, en bon communiste.

– Mais ce type-là, vous le connaissiez avant cet échange téléphonique. Quels sont ses nom, prénom et profession, pour commencer…

Apparemment, mes réponses ne l'intéressent pas. Seules comptent ses affirmations.

– Bien sûr que non ! Je ne savais pas qui il était. J'étais de permanence sur la ligne en français et le téléphone a sonné, c'est tout. Cela aurait pu tomber sur n'importe lequel de mes collègues ! Il m'a donné son nom et ses coordonnées à la fin de notre conversation par sympathie…

– Écoutez-moi bien, Jirnov. Votre parlotte de trois heures avec un ressortissant d'un pays du bloc agressif de l'OTAN a été enregistrée et, en ce moment, elle est en train d'être traduite. S'il y a un écart, ne serait-ce que d'un millimètre, entre ce que vous me dites ici et ce que vont me donner les interprètes, croyez-moi, vous ne serez pas près de m'oublier.

Là-dessus, il a raison. Son visage va rester gravé dans ma mémoire, car il va mettre un point d'honneur à me questionner aussi longtemps qu'aura duré mon dialogue avec le Français. Dans la littérature clandestine, j'ai déjà lu beaucoup de choses sur les purges staliniennes, les méthodes du NKVD pour extorquer des aveux aux innocents afin de pouvoir les condamner à tort. Voilà, j'y suis ! Comme prise de contact avec le KGB, je suis servi ! Je n'ai commis strictement aucun délit et j'ai devant moi un tchékiste qui a décidé de me faire faire le grand plongeon. Car au fil des minutes, je l'entends prononcer des mots inquiétants et nouveaux pour moi, comme *officier traitant*, *agent* et même *traître* ! Le capitaine Poutine est en train de charger la barque.

Son raisonnement m'apparaît peu à peu. Habitant Zélénograd, la ville fermée et dédiée aux recherches de pointe dans la défense, et de surcroît étudiant à l'école supérieure du ministère des Affaires étrangères qui forme les cadres pour les activités internationales, je représente une prise de choix pour les services secrets occidentaux. Il en déduit donc que je suis entre les mains d'un officier traitant français qui prend ou reprend contact avec moi par l'intermédiaire d'un appel téléphonique « anodin ». Il n'y a plus qu'à déceler, selon lui, les mots clés utilisés dans la discussion et qui doivent fixer points de rendez-vous, caches, boîte aux lettres mortes, etc. C'est sûr, il me prend pour un traître ! Comme je ne comprends rien à son charabia, je décide de passer à la contre-offensive.

– Je suis étudiant au MGIMO, je fais partie des komsomolets et je n'ai jamais failli à mes devoirs de bon communiste. Dans les études, je donne le meilleur de moi-même et ma famille est honorablement connue. Renseignez-vous !

– Je sais bien que vous êtes étudiant au MGIMO, nous nous sommes déjà renseignés sur vous, et c'est bien ça qui me gêne, car c'est la porte ouverte aux impérialistes. Vous autres, les futurs diplomates, vous êtes des cibles pour les services étrangers.

Je perçois dans ses propos une pointe de jalousie. Me reviennent alors en mémoire les mots d'une professeure durant ma dernière année de scolarité à l'école 609 : « Sergueï, tu vas aller au MGIMO. À ta sortie, la GRU ou le KGB voudront te récupérer et toi tu n'es pas fait pour ça ! » Elle en savait quelque chose, son mari était de la maison ! Là, je n'ai aucun doute, et ce n'est pas l'interrogatoire que je suis en train de subir qui va susciter mon engouement pour devenir tchékiste !

Je décide alors de passer à l'attaque, je n'ai rien à perdre…

– Capitaine, il me semble que la règle d'or de la jurisprudence soviétique est que tout citoyen est présumé innocent jusqu'à ce qu'une cour de justice le reconnaisse coupable. Qu'avez-vous exactement à me reprocher ?

Il me regarde, étonné. C'est sûr qu'on ne doit pas lui tenir ce genre de propos dans les murs de son KGB de Léningrad. Je ne lui laisse pas le temps de répondre ni de reprendre l'initiative.

– Vous voulez la vérité ? C'est la première fois que j'entre ici à la Loubianka et je m'aperçois que contrairement à ce que l'on dit en dehors de ces murs, les méthodes du juge d'instruction Khvat n'ont pas disparu !

– Le juge Khvat ? De quoi me parlez-vous ?

– De celui qui a mené des interrogatoires musclés et pratiqué la torture ici même, à la prison du NKVD à la Loubianka, dans l'affaire de l'académicien Vavilov ! En tout cas, c'est ce qu'on lit dans *L'Archipel du Goulag*, d'Alexandre Soljenitsyne, prix Nobel de littérature !

Il rebondit aussitôt.

– Vous avez lu *L'Archipel du Goulag ?* Mais c'est un aveu de culpabilité, jeune homme ! Savez-vous combien d'années de prison vous risquez pour la lecture et le recel de cette littérature antisoviétique ? Jusqu'à sept ans de prison, selon l'article 70 du Code pénal de la RSFSR[1]. Qui vous a procuré cette littérature interdite ?

Son œil se met à briller. Que s'imagine-t-il ? Qu'il va être promu commandant avant l'heure avec une mutation à Moscou, peut-être ? Découvrir un complot antisoviétique à l'intérieur même du MGIMO mérite récompense ! Ma réponse n'est pas du tout celle qu'il attendait.

– Capitaine, comme vous-mêmes, les tchékistes du KGB, nous

1. Extrait du Code pénal de la RSFSR (République socialiste fédérative soviétique de Russie), article 70. Agitation et promotion antisoviétique.

sommes formés pour être les soldats du Parti communiste sur le front de la bataille idéologique à l'étranger. Et en tant que tels, nous avons un accès privilégié au savoir, même lorsqu'il s'agit de littérature antisoviétique. Pour combattre l'ennemi, il faut le connaître, non ? D'ailleurs, je peux vous donner les noms des personnes qui m'ont fourni ce livre de Soljenitsyne.

Là, je l'intéresse. Un indic au sein du MGIMO, c'est le coup de maître ! Là, c'est la décoration assurée ! Il commence à trépigner d'impatience.

– C'est le devoir de tout membre du Komsomol de dénoncer les traîtres au régime : je vous écoute !

– Voilà ! C'est Andreï Brejnev qui m'a donné ce livre...

Je lui laisse le temps de comprendre la démesure de l'information. Le nom du secrétaire général du Comité central du Parti résonne très fort à ses oreilles. Il me jette un regard méfiant. Il flaire instantanément le danger.

– Brejnev ? Vous avez dit Brejnev... Il a un rapport de parenté avec lui ?

– C'est son petit-fils ! Nous faisons nos études ensemble au MGIMO. Vous pouvez le noter dans votre dossier et le convoquer au KGB pour l'interroger ! Il vous dira exactement la même chose que ce que je viens de vous raconter.

Un prétendu complot anticommuniste mené par le petit-fils du grand leader du pays ? Qui va oser affirmer ça, qui va oser le faire venir au KGB ! Il arrête le magnétophone sur-le-champ. Aller plus loin risquerait de lui mettre à dos sa hiérarchie au KGB et de lui attirer les foudres du Kremlin. Les membres des familles des membres du Politburo sont intouchables et, par extrapolation, je suis devenu momentanément intouchable. Sa décision est immédiate, il me dit que je peux retourner à mon standard téléphonique. Mais quand je lui demande à quel endroit je dois rejoindre la voiture qui m'a amené ici, il ricane.

– En métro, camarade, vous rentrez en métro, et pas un mot sur notre entretien à qui que ce soit !

Au moins, cela a le mérite d'être clair. Et pour faire bonne mesure, il ajoute, alors que je ferme la porte.

– N'oubliez pas, on va certainement se revoir !

Il ne croit pas si bien dire...

*

Même si je n'en ai rien montré à mon interrogateur, je sors de cette séquence dans les locaux du KGB un tantinet secoué. Lorsque je rejoins le central téléphonique, j'applique ses consignes à la lettre : pas un mot. Et pourtant, les questions de mes camarades ne manquent pas. Certains semblent d'ailleurs étonnés de me revoir si vite, comme s'ils espéraient secrètement que ma longue conversation me vaudrait quelques jours à l'ombre. Peut-être bien que ceux-là n'hésiteraient pas à alerter le capitaine Poutine s'il s'avérait que je m'épanche un peu trop sur notre entretien. Mais je ne leur offre pas ce petit plaisir. Je reste discret, préférant ne garder de cet épisode que le souvenir d'une extraordinaire rencontre avec mon premier vrai Français par téléphone interposé, presque hors sol, dans la langue qui est devenue la plus chère à mon cœur.

*

Mais je prends aussi mes précautions. Je ne me méfie pas tant du KGB que de cet arriviste de Poutine. Je profite donc de mon passage à Arkhanguelskoïé chez ma grand-mère et ma tante Toma pour en parler discrètement au tonton Motya, de la Neuvième Direction de la Grande Maison, en lui demandant conseil et assistance.

À son tour, le projectionniste privé de Kossyguine en touchera un petit mot à son grand patron. Ce qui se terminera pour Poutine, qui rêvait de décrocher un poste dans l'appareil central du KGB, par un renvoi de Moscou vers sa ville natale de Léningrad à la fin de sa mission des JO.

Chapitre 16

Le concours RFI et le KGB

Une fois les JO terminés, à la rentrée de septembre 1980, tous les voyants sont au vert au MGIMO, ce qui me fait oublier l'intermède au goût amer de mon passage place Dzerjinski.

Même mon pote Boutorine, celui qui jure comme un charretier dans la langue de Molière, m'encourage : « Sergueï, si tu vas en France, tu y seras comme un poisson dans l'eau. »

Et c'est donc en rêvant de Paris que je pars en septembre avec tous mes camarades pour aller… travailler dans un kolkhoze. C'est qu'il n'est pas question que nous autres, étudiants du MGIMO, soyons déconnectés de la vie réelle. Adieu les gravats des chantiers, bonjour les patates ! Après trois semaines au grand air à manuter des sacs de 10 kilos de pommes de terre, nous reprenons le chemin de Moscou avec des bras comme des essieux d'autobus !

Les cours d'économie nous amènent à étudier les « théories bourgeoises critiques du marxisme ». Cela faisait quelque temps déjà qu'après force lectures sur l'étude de la théorie léniniste, je doutais de plus en plus de la pertinence de notre modèle économique. Principalement en raison des plans quinquennaux et de l'hypercentralisation du régime. *Le plan c'est la loi, l'accomplir, un devoir, en dépasser les objectifs, un honneur !* affirme le slogan national. En fait, on manque de tout et les priorités économiques changent sans cesse. Mais notre système est le meilleur, nous affirment nos profs !

Et voici qu'un jour, tout à fait par hasard, je découvre dans une librairie un petit bijou : *Critique des théories économiques non marxistes.* L'ouvrage, paru aux éditions Pravda (La Vérité), me semble au premier abord parfait pour compléter mes cours. Cependant, à sa lecture, le titre prend un tout autre sens. L'auteur, un docteur ès sciences réputé, y parle des concepts développés par Keynes dans son ouvrage *Théorie générale de l'emploi, de l'intérêt et de la monnaie* et impossibles à mettre en œuvre, selon lui, chez les communistes. Eh bien, affirme l'auteur, Keynes se trompe, et, adroitement, il développe l'idée que cette affirmation concernant les communistes est fausse. Il conclut son livre par une simple phrase : « *Vous avez vu ma démonstration, j'ai raison!* » Ce qui revient à dire que l'économie de marché du système capitaliste peut être mise en œuvre par un État communiste. Le raisonnement intellectuel de l'auteur a complètement échappé au censeur, qui en a certainement fait une lecture au premier degré avant d'autoriser la parution de l'ouvrage. Du coup, je retourne en acheter cinq exemplaires pour mes amis, qui sont tout aussi surpris que moi de découvrir une critique par l'absurde de notre doctrine économique et, qui plus est, validée par notre censure!

*

La Mémoire courte, c'est l'émission qu'anime Jean-Pierre Charbonnier chaque dimanche soir entre 19h10 et 20 heures sur RFI à Paris. Et, pour conclure celle-ci par un petit concours linguistique, « Le mot mystérieux », il demande à chaque fois à ses auditeurs des pays lointains de trouver un mot de la langue française, moyennant quelques indices sous forme de lettres, qu'il a savamment mélangées. Le week-end suivant, Charbonnier annonce le nom du vainqueur, auquel il envoie T-shirts, disques, sac à dos, casquettes et autres babioles dans le but de promouvoir la francophilie auprès des jeunes Africains auxquels cette émission est avant tout destinée.

Je l'écoute régulièrement et je joue «à blanc», mais jamais je n'ai songé à envoyer un courrier à RFI à Paris pour proposer ma solution au mot mystérieux. Pourquoi? Tout simplement parce que toute correspondance au-delà du Rideau de fer est interdite. Ce n'est indiqué nulle part, mais chaque lettre, en provenance ou à destination de l'étranger, est lue et analysée par le KGB. On a ainsi vu des lettres envoyées de France « par avion » mettre plus de quatre semaines avant d'arriver à leurs destinataires soviétiques alors qu'il n'y a que quatre heures de vol entre Paris et Moscou !

Il est près de minuit, ce dimanche 7 décembre 1980, et tout semble fermé dans Zélénograd. Les dernières lumières s'éteignent peu à peu.

Toutes les lumières ? Non ! Car au pays du plein emploi, celles du bureau de poste continuent à briller, et ce jusqu'à l'aube. En URSS, beaucoup d'entre eux sont ouverts vingt-quatre heures sur vingt-quatre et sept jours sur sept, et celui de Zélénograd ne fait pas exception à la règle. Il est situé près du centre commercial n° 3, pas très loin de chez moi.

Pour le jeu de ce soir, je suis sûr de mon coup. Je note sur un papier le mot que j'ai découvert, c'est le plus long de la langue française, « Anticonstitutionnellement[1] ». Pour le chercher, je me suis aidé du dictionnaire *Le Petit Larousse illustré* acheté 50 roubles pendant les JO, une folie, l'équivalent d'un mois de bourse. En collationnant toutes les lettres données, j'ai fini par trouver.

Cela fait trop longtemps que j'ai envie de participer à ce jeu, et cette fois le désir est irrépressible. À la place d'un courrier de réponse qui n'a aucune chance d'arriver à temps, je décide d'envoyer un télégramme à Paris ! C'est immédiat, pas de blabla, juste le mot mystérieux et c'est tout. Pas de quoi inquiéter les têtes pensantes du KGB.

*

Le froid est vif, j'enfile pull-over et parka et me voilà parti dans la neige. Quand j'entre dans le bureau de poste, il y règne un silence total et une chaleur d'enfer. Le chauffage est à fond et les deux préposées somnolent dans un coin. Je prends dans un présentoir un formulaire de télégramme international et, appuyé sur le guichet, je rédige mon message. L'une des babouchkas pousse un grognement et ouvre les yeux. Diable ! Un usager à cette heure ! Elle finit par déployer sa carcasse pour s'avancer vers moi. Impressionnante ! Elle se dandine jusqu'au comptoir et m'interpelle.

– C'est pourquoi ?

– Un télégramme international pour la France, Paris.

Elle relit devant moi en comptant chaque mot. J'en profite pour vérifier une dernière fois l'adresse : « Mot mystérieux Charbonnier RFI 117 avenue Kennedy Paris ». Elle tique un peu sur la longueur de ma réponse, car elle est en train de me facturer l'envoi au prix fort, 30 kopecks le mot, alors qu'il n'en coûte que 2 pour la Russie ! Avec « Anticonstitutionnellement » elle se croit au Scrabble, mot compte triple ! Elle gratte les quelques poils qui ornent son menton, un brin dubitative.

1. Ce n'est plus vrai aujourd'hui, il a été détrôné en 2017 par « Intergouvernementalisations », qui compte 27 lettres au pluriel contre 25, hors termes scientifiques.

– Trois roubles !

C'est sûr, elle m'a fait le prix au kilo, mais va pour 3 roubles. Je paie et retrouve l'air glacé de la rue. J'ai un petit sourire aux lèvres en pensant que j'ai sciemment omis d'indiquer mon adresse et mon nom. Je ne tiens pas trop à ce qu'ils soient diffusés sur les ondes. Je me méfie de la réaction des cadres du MGIMO, qui n'hésiteraient peut-être pas à m'éjecter en cas de contact avec l'étranger. J'écouterai les résultats la semaine prochaine et j'aviserai ensuite. Cinq minutes plus tard, quand j'ouvre la porte de l'appartement, je suis loin d'imaginer la tempête que je viens de déclencher.

C'est après avoir envoyé mon télégramme que la babouchka s'est vraiment réveillée. Je pense qu'elle a tenu un soviet avec sa collègue et c'est à ce moment-là qu'elles ont décidé d'alerter le KGB. Or, le département du contre-espionnage est une énorme machine qui tourne à vide. Et pour cause, vu le quadrillage du territoire, des espions occidentaux en URSS, il n'y en a guère. Alors, dès qu'ils peuvent s'occuper et se donner un peu d'importance, ils se précipitent sur la moindre transgression aux consignes. Et celle-là est de taille.

Le protocole de sécurité est affiché derrière chaque comptoir d'établissement public et dans le cas qui est le mien, il est strict et se résume en trois phrases. *Ne rien envoyer. Nous alerter. Retenir le suspect sous n'importe quel prétexte.* La babouchka a donc faux sur toute la ligne. J'apprendrai plus tard qu'elle s'est fait cuisiner jusqu'au matin afin que soit établi un portrait-robot du salopard qui est venu expédier en pleine nuit un télégramme codé à destination d'une nation impérialiste. Un coup à se retrouver préposée au relevage des plaques d'égout en Sibérie.

À partir de ce moment, je suis recherché par le KGB et tous les flics de Zélénograd. Le lendemain matin, l'incident est rapporté à Youri Andropov en personne, il me le confirmera lui-même plus tard ! Moi, ignorant ce qui se trame, j'attends patiemment le dimanche suivant et l'annonce des résultats du jeu. Je ne vais pas être déçu.

La semaine suivante, Jean-Pierre Charbonnier apprend au monde entier qu'un auditeur de Moscou a trouvé la bonne réponse mais que, hélas, il a omis d'indiquer son adresse et son nom. Impossible de lui envoyer le T-shirt et le disque de Johnny Hallyday qu'il a gagnés ! Assez fier de moi, je récidive chaque week-end et ce, jusqu'en juin ! Je finis par donner mon nom de famille – assez courant en URSS –, mais je ne mentionne jamais l'endroit où j'habite. C'est ainsi que Charbonnier, dans son émission du dimanche soir, me recommande à chaque fois de faire figurer mes coordonnées postales sur le prochain télégramme. « *Cher monsieur Jirnov, merci d'indiquer votre adresse complète afin que nous puissions vous envoyer vos nombreux prix, qui commencent à s'accumuler dans nos studios !* » Cela mérite réflexion…

*

Fin décembre 1980, je reçois une très mauvaise nouvelle d'Arkhanguelskoïé : Alexeï Kossyguine est mort. Son décès est annoncé au bout de trois jours seulement afin de ne pas entacher le même jour, 18 décembre, l'anniversaire de Brejnev ni, le surlendemain, le 60e anniversaire du Service d'espionnage du KGB. Andropov et le Politburo ont ainsi décidé de faire la fête avant de rendre publique la triste nouvelle.

Kossyguine était très malade depuis un an et il avait été « démissionné » en octobre par ses concurrents. Au moment de sa mort, il ne fait plus officiellement partie de l'Aréopage du Kremlin et n'a donc pas droit au deuil national. Notre famille vit sa mort comme celle d'un proche. Ma babouchka Nastya va brûler un cierge à sa mémoire dans son église du village et commander au pope de sa paroisse une citation spéciale durant la messe du dimanche. L'ancien membre du Politburo et Premier ministre ne me donnera plus jamais de brioche à la patinoire du sanatorium militaire, mais il restera pour toujours le « dédouchka Alocha » de ma petite enfance. Si je devais trouver un seul exemple d'un vrai et bon communiste, c'est lui que je citerais.

*

Au bout de quelques semaines, je me dis que ce serait bien de récupérer tous ces lots sans révéler mon adresse privée aux impérialistes. Pour cela, je décide de recourir d'abord à Gostéléradio, le Comité d'État radiophonique et télévisuel d'URSS. Après tout, il s'agit d'un jeu radiophonique et cela me semble être dans leurs cordes. De plus, Gostéléradio possède sa propre chaîne de diffusion à l'international, Radio Moscou, y compris en français. Ils n'auront donc aucune difficulté à me représenter auprès de leurs confrères de RFI. Je leur passe un coup de fil et la réponse est immédiate : « *Faites une lettre au ministre.* »

Je prends ma plus belle plume et j'envoie une missive à Sergueï Lapine, ministre en charge de la radio et de la télévision et membre du Comité central du PCUS. D'habitude, la réponse d'un puissant fonctionnaire à une doléance peut prendre des mois. Là, à peine une semaine plus tard, un courrier à en-tête du ministère m'est adressé, porté chez moi par une estafette qui me demande de lui signer un reçu. Étonné et fébrile, je déchire l'enveloppe. Grande déception ! Je lis que le camarade Lapine, en termes choisis, me dit d'aller me faire voir ailleurs car ses services n'ont aucune relation avec la radio française ni aucune envie de servir d'intermédiaire. La promptitude de la réponse ministérielle m'inquiète. Si je décompte le temps qu'il a fallu à ma sollicitation pour être délivrée au ministère, en parcourir les longs corridors et être lue avant qu'une réponse soit apportée, j'estime qu'on a statué sur mon sort en moins de vingt-quatre heures, ce qui est plutôt mauvais signe. Cela veut dire que le ministre était déjà au courant et qu'une réponse avait été préparée d'avance. Si cela se trouve, dès que mon nom a été prononcé sur les ondes françaises, une grosse machine s'est mise en branle et une question avait déjà été posée au camarade Lapine…

Mais je suis têtu et je ne renonce pas facilement à une idée fixe.

*

Je décide donc de m'adresser à l'association « URSS-France » qui, c'est sûr, va m'aider à récupérer mes prix : l'amitié entre nos peuples n'est-elle pas son activité statutaire ? Je cherche son adresse dans l'annuaire et apprends avec amusement qu'elle se trouve sur l'avenue Kalinine, encore une fois pas loin de la maternité Grauerman et du central téléphonique « 09 » où j'ai passé les JO de Moscou. Décidément, ces boucles historiques me ramènent toujours au même endroit dans Moscou ! C'est à devenir superstitieux…

Après avoir écouté mon histoire, le secrétaire général de l'association en costume gris me montre la porte en me laissant peu d'espoir. J'ai eu raison d'avoir un mauvais pressentiment.

Quelques années plus tard, j'apprendrai que ce poste est une couverture pour l'espionnage territorial du KGB et que ce brave *« promoteur de l'amitié entre les peuples »* en costume gris de tchékiste avait le grade de lieutenant-colonel. De toute évidence, après m'avoir reçu et renvoyé bredouille, ce kaguébiste avait informé qui de droit de mes démarches…

*

Ébranlé, mais pas désespéré, je fonce ensuite au Comité central de la Jeunesse communiste, au département international intitulé

« Comité des organisations de la jeunesse » (KMO). Celui-ci est chargé de promouvoir l'amitié entre les jeunesses du monde entier ainsi que le développement d'échanges éducatifs et culturels. Pas de doute, eux, ils vont m'aider ! C'est même une obligation, un devoir, c'est écrit noir sur blanc dans les statuts du KMO.

Les trois apparatchiks en costume gris, chacun d'une taille différente, ce qui leur donne un effet *matriochka*[1], me reçoivent avec un grand sourire aux lèvres et m'écoutent doctement. À la fin de mes explications, ils hochent la tête de façon parfaitement synchronisée, d'un air entendu, et me disent :

– Ça va être compliqué…

Les bras m'en tombent. J'ai beau leur expliquer que le Parti peut exploiter ma participation à ce concours en proclamant *urbi et orbi* que le système d'éducation soviétique est le meilleur du monde et qu'il produit des élites, rien n'y fait ! Ils me lâchent un « Désolé » collectif et retournent à leur farniente et à leur propagande hypocrite sur la coopération internationale des jeunes – à condition qu'ils ne soient pas les gagnants de concours linguistiques impérialistes !

Quelques années plus tard, j'apprendrai que le KMO est également une structure de couverture pour l'espionnage du KGB et que les vaillants *« promoteurs de l'amitié entre les jeunes du monde entier »* avaient des épaulettes de tchékistes cachées sous leurs costards gris. Évidemment, après m'avoir reçu et renvoyé penaud, ils ont, à leur tour, informé qui de droit sur mes démarches…

*

Écœuré, je plante là mes poupées gigognes et me dirige vers mon alma mater du MGIMO, mon dernier espoir. Tout en cheminant, je m'interroge. J'ai l'impression de tourner en rond comme un écureuil dans une cage et de me trouver dans une nasse sans aucune possibilité de m'échapper. Où cela peut-il me mener ?

J'ai pris rendez-vous avec le professeur Valentin Dmitriévitch Tschétinine, doyen de ma faculté, qui me reçoit dans son bureau. Je lui sors mon laïus en positivant sur l'université.

– C'est ici que j'apprends le français et c'est grâce à cela que j'ai gagné.

---

1. Poupées russes de tailles décroissantes qui s'empilent les unes à l'intérieur des autres. Contrairement aux idées reçues, ces poupées ne sont fabriquées en Russie qu'à partir du début du XXe siècle, lorsque les cosaques volent l'idée aux Japonais qui, depuis des millénaires, fabriquaient sur ce principe les figurines de leurs dieux.

– Félicitations, camarade !, me dit-il d'un air enjoué. Cela montre aux capitalistes que nous sommes les meilleurs !

On y est presque. Je lui demande s'il peut m'aider à récupérer mes précieux lots, il me répond d'un ton enthousiaste :

– Bien évidemment, cher ami !

Je ressens une énorme joie et un grand soulagement ! Je suis fier de mon école qui, elle au moins, me comprend et me soutient ! Pourquoi n'y ai-je pas pensé avant ! Je lui pose alors la question des modalités pratiques pour la réception de mes récompenses. Le doyen me dit d'attendre un peu, le temps qu'il aille se renseigner au rectorat. Il me laisse avec du thé et des brioches servis par sa secrétaire et disparaît.

Le temps s'écoule lentement : un quart d'heure, une demi-heure, une heure… Quand il revient, près de deux heures plus tard, je comprends immédiatement que rien ne va plus. Il n'est plus le même. Méconnaissable, le doyen ! Lui d'ordinaire si affable et souriant, il a les traits déformés par la colère. Vert de rage, il ne me parle pas, il éructe :

– Votre histoire avec ce maudit concours français, Jirnov, c'est de la pure connerie ! Comment vous, un étudiant communiste, avez-vous pu tomber dans un piège aussi grossier de la propagande bourgeoise ? Qu'est-ce qui vous a poussé à trahir la Mère Patrie ?

– Je n'ai trahi personne !

– Taisez-vous ! Vous vous êtes laissé prendre à la provocation des espions impérialistes ! Nous allons vous chasser de l'université !

Il ne plaisante pas, il en a la bave aux lèvres. Il ne lui reste plus qu'à me porter l'estocade.

– Rentrez chez vous ! Nous allons décider de votre sort.

Je ramasse mes affaires et quitte le MGIMO le cœur lourd.

Je garde tout ça pour moi et ne dis rien à la maison. Inutile d'effrayer mes parents. J'ai du mal à m'endormir et passe une nuit quasiment blanche en envisageant les pires scénarios dans mon désespoir…

Chapitre 17

Le début de ma vie secrète

Le lendemain, au beau milieu d'une conférence commune à toute notre année, le responsable des études entre dans le grand auditorium et interrompt le prof d'un ton autoritaire. Il me désigne du doigt :

– Jirnov, vous devez vous rendre immédiatement au rectorat !

Quand je sors avec toutes mes affaires, mes camarades me suivent des yeux dans un silence de mort, comme si je partais pour l'échafaud.

À quarante-cinq minutes de là en transports en commun, le vice-recteur chargé du régime[1] – en d'autres termes, de la sécurité – m'attend. Ce qui n'est pas bon signe du tout. Dans le métro, j'ai largement le temps de phosphorer sur mon destin, qui me semble aussi noir qu'une mine de charbon du Donbass. Le luxe ostentatoire de la station de métro Park Koultoury, avec sa débauche de marbres, ne parvient pas à chasser mes inquiétudes.

C'est la première fois que je me rends au siège du rectorat dans l'ancien bâtiment du MGIMO, au n° 53 de la rue Metrostroïevskaïa (rebaptisée Ostojenka, de nos jours). L'endroit est dans le plus pur style stalinien, monumental. À l'intérieur, tout a été conçu pour impressionner le visiteur. Des plafonds hauts comme des cathédrales, desquels tombent des rideaux gigantesques et qu'ornent des lustres bardés de verroterie d'un goût douteux. Je me sens brusquement mal en point…

Je me présente à l'accueil du rectorat, on m'introduit, j'entre. Je prends un coup sur la tête ! Jamais je n'avais imaginé et encore moins vu un bureau pareil. Le vice-recteur m'apparaît tout petit derrière sa table monumentale, là-bas au fond de la pièce. Sur les murs rouges sont accrochés les portraits de nos augustes dirigeants passés et présents encadrés de drapeaux, rouges eux aussi, ton sur ton !

1. Dans chaque établissement d'URSS dit « sensible » se trouvait un fonctionnaire chargé de la sécurité interne, communément appelé le « régime ». Ce rôle était le plus souvent tenu par un officier du KGB en activité ou à la retraite.

Au passage, je remarque les camarades Lénine, Brejnev et Gromyko, l'actuel ministre de tutelle du MGIMO et indéboulonnable patron des Affaires étrangères depuis 1957 – il a commencé sa grande carrière diplomatique comme ambassadeur à Washington sous Staline. Cela fait un moment qu'ils ont décroché les photos du généralissime Djougachvili après qu'il a été mis fin au culte de sa personnalité au 20e Congrès du PCUS en 1956 ; ils ont dû penser que cela donnait un air Goulag à la maison…

Je parcours la quinzaine de mètres qui me séparent du vice-recteur et me présente. L'accueil, sans être chaleureux, n'est pas hostile. Il me fait asseoir en face de lui et c'est à ce moment-là que je remarque l'homme qui se tient debout près de la fenêtre, presque caché dans une niche.

– Ce camarade veut vous parler, me dit le vice-recteur en guise d'introduction, en lui cédant sa place derrière son bureau et en s'éclipsant.

L'individu est d'une élégance frappante. Imposant, la quarantaine, il porte avec aisance un superbe costume gris d'été qui n'est pas un modèle de confection industrielle mais a été indiscutablement taillé sur mesure.

Brusquement, il sort de sa poche une carte rouge qu'il ouvre pour me la mettre sous le nez : KGB ! J'ai la sensation d'être dans un mauvais remake. À la différence de la séquence avec le camarade Poutine, si je n'ai pas le temps de lire son nom, je peux voir qu'il est autorisé à porter une arme. Pourtant, le beau costume de ce tchékiste n'est apparemment pas déformé par un holster contenant un pistolet Makarov de 9 mm. Il ouvre alors un *diplomat*[1] et en sort un énorme classeur plein de documents qu'il pose sur le bureau devant lui. Le feuilletant sans hâte, il fait une pause suffisamment longue pour me mettre mal à l'aise puis aboie :

– Raconte !

Interloqué, je regarde les papiers à l'envers. J'arrive à distinguer fiches de surveillance, emploi du temps, filatures, écoutes, fouille de mon appartement, tous les comptes rendus sont étalés devant lui ! Tout cela pour ma participation au concours de RFI ? Comment ont-ils pu ?

– Tu as trahi…

Là, c'en est trop. Je ne veux pas lui refaire le coup du reproche sur le tutoiement, car il m'impressionne plus que le capitaine Poutine il y a quelques mois. Mais le fond de ma pensée n'a pas changé. Au point

1. Attaché-case.

où j'en suis, autant le lui livrer. Je souffle un grand coup et en avant!

– Le Parti m'a demandé de bien apprendre le français, j'ai appris le français. De faire partie des meilleurs, j'ai travaillé et j'en fais partie. De me préparer à rejoindre le front de la lutte contre les impérialistes, je suis prêt! Que vous faut-il de plus? Ce concours, je l'ai gagné par la force de mon travail et par mes connaissances ! Et au lieu de me féliciter et de me donner en exemple, on vient mettre en doute ma fidélité ? J'ai démontré la primauté du système communiste dans un concours de ces mêmes impérialistes. Où est le problème?

– Calme-toi, mon garçon. Je suis d'accord avec ce que tu dis, mais au KGB nous sommes les seuls… Tu as donné ton nom, il est là, le problème !

– Mais des Jirnov, en URSS, il y en a partout! Tenez, Jirnov, l'acteur, celui qui joue dans les comédies populaires et dans les films sur les tchékistes, eh bien, en plus, il porte mon prénom, Sergueï! Et puis, si j'ai indiqué mon nom de famille sur le télégramme, je n'ai pas donné mon adresse.

– Écoute-moi bien. On s'intéresse à toi depuis le jour où tu as gagné les Olympiades d'anglais. Nous avons fait notre enquête, tes profs sont contents de toi, tu parles parfaitement le français, mais, car il y a un « mais », ce n'est pas la première fois que tu te fais remarquer. Tes trois heures de discussion au téléphone lors des JO ne sont pas passées inaperçues. On a laissé tomber… J'ai écouté les bandes. C'est un peu beaucoup, tu as la langue trop bien pendue!

– Mais comprenez-vous, c'était la première fois que je pouvais discuter de vive voix avec un vrai Français! C'était une chance unique pour moi!

– Ça, je l'ai compris! Bon, tout ça pour te dire que nous aimerions que tu travailles pour nous, qu'est-ce que tu en penses? ajoute-t-il sur un ton plus doux.

Je pousse un soupir de soulagement. Il y a une heure, je me préparais à quitter le MGIMO et voilà que l'on reconnaît enfin mes qualités et que l'on me propose de bosser pour le KGB! J'opine du chef en essayant de dissimuler mon enthousiasme quand l'homme chic me tend une carte.

– Au MGIMO, puisque tout le monde t'a vu partir au rectorat, tu vas leur dire que tu t'es fait souffler dans les bronches. Mais étant donné que tu es un bon komsomolets, tu n'as eu droit qu'à un petit rappel à l'ordre. Et, bien sûr, tu gardes le silence sur notre rencontre, personne ne doit savoir qu'on s'est vus ici. Moi, je suis colonel à la 1re Direction générale du KGB, c'est-à-dire le renseignement extérieur.

Je m'appelle Yevguény Konstantinovitch. Sur la carte, il y a mes deux numéros de téléphone. Ne la montre à personne. Réfléchis bien et appelle-moi dans une quinzaine de jours, je te donnerai un rendez-vous pour voir ce qu'on peut faire ensemble. D'accord ?

J'acquiesce, tout heureux. Pour moi, l'aventure secrète de l'espionnage commence !

*

Quelques jours plus tard, dans le grand amphithéâtre du MGIMO, j'écoute avec attention un autre colonel, celui de la GRU[1], faire sa présentation des services secrets occidentaux. En ce qui concerne le SDECE[2] français, sa description est sidérante de minutie, à croire qu'il a participé à la rédaction de l'organigramme.

« La France est un livre ouvert, probablement le seul pays où les journaux publient la photographie du nouveau chef du contre-espionnage, avec toutes les précisions désirables », disait André Frossard, le célèbre journaliste académicien.

– C'est une nation qui n'a pas la culture du renseignement. Avec eux, c'est presque trop facile !, balance mon colonel-espion.

Les rares services qui ont droit à sa considération sont britanniques, américains et israéliens. Cet exposé fait partie intégrante de notre formation car pour nous qui sommes appelés à servir à l'étranger, l'accent est mis sur les divers organismes de renseignement occidentaux.

J'écoute, pensif, en songeant à mon rendez-vous secret du lendemain avec le colonel Yevguény Konstantinovitch. Le choc a été rude lorsqu'il m'a appris que j'étais étroitement surveillé par le KGB et que celui-ci avait fouillé mon appartement. Je n'y ai vu que du feu ! Je dois avouer, certain de ma bonne foi, que je n'avais pris aucune précaution particulière ni prêté attention à d'éventuelles filatures. Mais depuis ma rencontre avec l'homme du KGB, mon quotidien est en train de changer.

Dans ma tête, je me remémore les consignes qu'il m'a données pour notre rencontre. « *Quinze heures, hôtel Moscou, entre le théâtre Bolchoï et le Kremlin. Quand tu arrives, contact visuel avec moi, tu entres le premier, ne t'occupe pas des* Chveitsar *qui sont à l'extérieur. Ils ne te demanderont rien, c'est moi qui ai les* propousk *(laissez-passer), on se retrouve à l'ascenseur.* »

1. La Direction générale des renseignements, le service militaire du ministère de la Défense.
2. Le Service de la documentation et du contre-espionnage, devenu la DGSE (Direction générale des services extérieurs) en 1982, est l'organisme chargé du renseignement extérieur.

Chveitsar, c'est l'appellation russe pour les « Suisses », ces agents de sécurité que l'on trouve à la porte des hôtels et dont le nom nous vient tout droit de l'époque tsariste, quand de nombreux Helvètes s'expatriaient comme gardes, à l'instar du détachement qui assure toujours la protection des papes au Vatican. En effet, avant la Révolution, la colonie suisse en Russie était relativement importante, environ 20 000 personnes. Beaucoup, originaires du canton de Vaud, cultivaient la vigne dans le sud du Caucase, près de la mer Noire, tandis que d'autres travaillaient dans l'industrie, quand ils n'étaient pas à la tête de grands hôtels ou gardiens à leurs portes. Le nom est resté et devenu commun, à cette nuance près que les portiers de ces établissements hôteliers ne sont désormais plus des Suisses mais, pour la plupart, des anciens du KGB.

*

Tout se déroule comme prévu et je me retrouve dans une suite où le camarade Yevguény commence à m'énoncer les règles de base du Grand Jeu[1].

– Nous aurons une rencontre chaque semaine. Tu m'appelles et je te donne le point de rendez-vous. Pour l'instant, ton statut est celui de candidat au recrutement. Avant toute chose, tu vas passer une visite médicale et quelques tests d'aptitude. Et après, seulement après, si tout va bien, tu auras les détails sur ta formation.

Il m'apprend ce qu'est un appartement « conspiratif ». Chaque département du KGB possède son lot de logements où peuvent se rencontrer les indics et leurs OT[2] ainsi que les agents entre eux. C'est également là que peuvent se tenir les débriefings opérationnels et les interrogatoires de traîtres ou d'espions pris la main dans le sac. Il conclut notre entretien en me disant qu'un nouveau rendez-vous me sera fixé très prochainement, dans l'un de ces appartements.

– Demande à celui qui t'ouvrira s'il y a du courrier pour toi. N'oublie pas ! Ton prochain rendez-vous est à cette adresse, me dit-il en me tendant un papier… Tu y passeras la journée, je m'occupe du MGIMO, ne t'inquiète pas. Pour y aller, tu connais le chemin, c'est juste à côté de la place Dzerjinski, un endroit que tu as déjà

1. Expression attribuée à l'officier de renseignement britannique Arthur Conolly et désignant l'affrontement entre les Empires russe et britannique pour la domination de l'Asie centrale en 1840. Par extension, « le Grand Jeu » évoque les opérations d'espionnage entre l'Est et l'Ouest au temps de la guerre froide.
2. Officier traitant.

fréquenté !, ajoute-t-il avec un petit air narquois.

Je ne juge pas utile de répondre, mais les souvenirs de mon interrogatoire par le capitaine Poutine remontent immédiatement à la surface. Quand je quitte l'hôtel, je ressens une impression étrange. Un sentiment de fierté mêlé d'inquiétude. Avoir été choisi pour intégrer, non seulement l'organisme le plus redouté d'Union soviétique, mais son unité la plus prestigieuse, l'espionnage, c'est voir reconnues mes qualités et ma volonté de servir le pays. Mais la chape de plomb qui accompagne cette destinée a de quoi faire frémir. Bien que j'ignore encore tout de mon avenir, j'ai compris que l'intérêt que me porte le KGB va bouleverser mon existence. J'apprendrai plus tard que le colonel Yevguény Konstantinovitch n'est autre que le chef du 3e département de la Direction « S », celui du recrutement et de la formation des « illégaux » du KGB. Celui des espions clandestins qui jouent les natifs des pays où ils résident.

*

Le jeudi de la semaine suivante, je me présente dans une annexe, cachée dans les ruelles étroites du quartier s'étendant derrière le bâtiment principal qui a vu naître la Tchéka à Moscou en 1918. Là, une pancarte indique : « Commission centrale médicale militaire ». Un personnel d'accueil m'installe dans une grande salle où une quarantaine d'autres « candidats » attendent déjà sur des bancs.

On nous dit de monter à l'étage, où je découvre un immense couloir doté de nombreuses portes. Comme à mes seize ans, au commissariat militaire de Zélénograd, on nous ordonne de nous mettre en slip et on commence à nous faire défiler devant divers médecins. Cela me rappelle mes *expériences secrètes* avec Anatoli Slivko et je commence à me demander s'il n'était pas du KGB, lui aussi, quand il m'a fait subir son *épreuve secrète* en 1975. Je me déshabille, prends un numéro d'identification et m'insère dans la chaîne.

Entretien avec un généraliste qui me précise qu'aucun tatouage n'est toléré, tests avec un psychiatre, bilan visuel avec un ophtalmologiste, puis électrocardiogramme, électroencéphalogramme, radiographies diverses et variées, dentiste… Tout y passe. À aucun moment on ne me demande mon nom, seulement mon numéro. Peu à peu, la salle se vide et il ne reste plus qu'une vingtaine de jeunes hommes auxquels il est demandé de se rhabiller avant de rejoindre une classe.

Là, on nous donne des feuilles et des stylos. On demande à chacun d'indiquer son numéro de matricule sur la première feuille, puis une dame nous demande d'écouter attentivement une bande magnétique sur un magnétophone à grosses bobines qu'elle met aussitôt en marche avant de disparaître. Nous entendons le récit d'une enquête judiciaire et écoutons défiler des noms, des dates, des lieux, des faits, et parfois des dialogues d'enquêteurs.

La dame réapparaît cinq minutes plus tard.

– Vous avez écouté le sujet, maintenant vous restituez ce que vous pouvez, avec un maximum de détails. Vous avez vingt minutes.

J'ai été attentif, je couche rapidement sur une feuille le texte entendu, au plus près de l'original. Je m'attache à reproduire les conversations le plus fidèlement possible.

À peine ce résumé fini, on nous distribue un questionnaire psychologique à choix multiples de 300 questions. Il s'agit d'un test destiné à cerner notre personnalité et notre comportement face à plusieurs types de situations. Les mêmes questions y sont répétées sous des formulations différentes de façon à percer l'intégrité morale du postulant. L'accent est clairement mis sur la fidélité, la parole donnée, la franchise, le sens de l'engagement, ainsi que sur la prise de risque. Le rythme est calculé pour être soutenu et ne pas laisser le temps de réfléchir à la réponse la plus susceptible de plaire aux enquêteurs. Il faut donner la réponse la plus spontanée possible, cinq questions par minute, une heure pour la totalité.

À peine ai-je rendu ma copie que revoilà la dame au magnétophone, qui demande à une dizaine de candidats seulement de rester dans la salle. Nouvel interrogatoire sur le tout premier texte à mémoriser – il faut le réécrire encore une fois en vingt minutes, toujours le plus proche possible de l'original.

Nouveau décor, nouvelle épreuve – la dernière, me dit-on. On m'installe dans une toute petite pièce. Elle ressemble à un studio d'enregistrement, avec des plaques isolantes sur les murs, un seul fauteuil au milieu de la salle et un grand écran de cinéma devant. Une jeune femme vient poser sur ma poitrine et mes bras divers capteurs destinés à prendre mon pouls, ma tension et la fréquence de ma respiration. On me met également sur la tête des électrodes pour un électroencéphalogramme. Je comprends alors qu'il s'agit là du polygraphe, le fameux détecteur de mensonges. Je reste tout seul dans la pièce, qui est plongée dans l'obscurité et dans un silence total, sans rien qui puisse venir me distraire.

J'entends alors la voix monotone d'un homme me communiquer via un interphone des instructions à suivre et des questions auxquelles répondre. Beaucoup de questions, une avalanche, un tsunami… Il faut répondre par « oui » ou par « non ». Sans réfléchir, vite ! Parfois les questions se répètent. Au milieu de l'exercice, le capteur de la tension s'anime tout seul, jusqu'à me serrer le bras avant de le relâcher. C'est très déstabilisant.

Des images sont projetées sur le grand écran et on m'interroge à leur sujet. On me demande d'y réagir, d'en donner une explication, de formuler ma vision ou une impression. Vers la fin de l'exercice, on m'ordonne d'énumérer des noms masculins, autant que je peux pendant trois minutes sans m'arrêter ni trop réfléchir. Je cale à la fin de la deuxième minute…

Je suis épuisé, mon cerveau ne fonctionne plus. Ceux qui affirment qu'il est facile de tromper un polygraphe ne savent pas de quoi ils parlent ! La lumière se rallume. On me débarrasse des capteurs et on me libère. Je me demande comment j'ai pu tenir…

*

Comme convenu, je passe un coup de fil au colonel Yevguény Konstantinovitch, qui m'indique l'heure et le lieu de mon prochain rendez-vous. Fini l'hôtel, direction la rue Mosfilmovskaïa, pas très loin des célèbres studios du cinéma. L'entrée monumentale du numéro 26 a du panache, l'intérieur de l'immeuble beaucoup moins! Les murs auraient besoin d'un bon coup de peinture et les marches de l'escalier grincent à chaque pas. Je m'arrête au deuxième, c'est là ! Je sonne et me retrouve face à un type immense, au visage glabre, taillé au couteau, qui me scrute des pieds à la tête. Pour moi, pas de doute, je suis en face de l'un des tueurs du KGB! Sans un mot, il me regarde, l'air interrogatif.

– Y a-t-il du courrier pour moi?

Il s'efface et me laisse entrer. Dans une pièce, j'aperçois ce bon colonel, qui me fait signe d'approcher. Ça y est ! Je suis dans un appartement conspiratif. Chacun d'eux est affecté à un ancien du KGB qui a en charge la sécurité des lieux et leur entretien. Une odeur de café flotte dans l'air, mais le cerbère ne m'en propose pas. Il m'indique une chaise et une table sur laquelle ont été posées des feuilles.

– Sergueï, aujourd'hui nous allons mettre à l'épreuve tes compétences linguistiques.

Je ne peux m'empêcher de sourire intérieurement – *Allez-y, les gars, je vous attends!* À ce moment, une femme entre et s'assoit en face de moi. La cinquantaine, fine, le corps étroitement pris dans un tailleur bleu marine, son visage est impassible et ne laisse filtrer aucune émotion. Elle laisse passer quelques secondes avant de parler.

– Il s'agit d'un test générique dont le but est d'évaluer votre capacité à vous approprier rapidement une langue étrangère. Je vais vous donner quelques principes sur une langue qui n'existe pas et que nous avons créée de toutes pièces. Vous devrez en déduire des règles élémentaires ainsi que l'alphabet et les nombres. Tout cela en trente minutes. Prêt ?

Moi qui croyais être mis à l'épreuve sur mon anglais ou mon français, je tombe de haut ! Et la voilà partie dans un gloubi-boulga linguistique, mélange d'espéranto et de dialecte ouzbek, qu'elle accompagne d'une notice explicative très sommaire. Il faut avoir l'oreille exercée à la phonétique et au rythme des répétitions pour identifier les sons qu'elle prononce en fonction des mots qui figurent sur le papier. Au bout de la demi-heure en question, je crois m'en être plutôt bien tiré et je rends ma copie. Elle se lève et me plante là, me laissant seul avec Yevguény.

– Qu'en penses-tu ?, me demande-t-il.

– J'ai compris quelques règles comme l'ordonnancement des phrases, la façon dont s'écrit le pluriel, l'alphabet et les chiffres jusqu'à la dizaine. C'est bien ?

– Ici, personne ne te dira « c'est bien » ! Si tu restes avec nous, c'est que ça va ! En attendant, je vais t'expliquer le b.a.-ba du métier.

*

C'est un cours de terminologie qu'il me donne. Il me parle tout d'abord des personnels qui sont au « Centre », le quartier général du KGB à Yassénévo. Ceux qui sont en liaison avec les agents sur le terrain sont des OT (officiers traitants). En France, il s'agit là d'un terme générique, mais au KGB, c'est un emploi. Dans la conversation courante, on appelle « officiers de renseignement » tous ceux qui ont à « connaître du renseignement » et lorsque l'un d'eux part en mission à l'étranger, il devient « élément opérationnel » du terrain.

Il m'annonce une bonne nouvelle : le contre-espionnage a achevé l'enquête sur mes histoires des JO et du concours de RFI. La Deuxième Direction générale du KGB ne me considère plus comme un agent à la solde des Français ! Quand je demande s'ils me prenaient sérieusement pour un espion, il me répond : « Le KGB prend toujours tout très au sérieux ! » Je ne peux m'empêcher d'avoir une pensée ironique furtive : *Si c'est le cas, vous devez perdre beaucoup de temps et d'argent à courir derrière les leurres !* Mais je n'en touche bien sûr pas un mot à mon OT qui se prend tant au sérieux, d'autant que l'enquête me concernant est encore loin d'être terminée.

Le service de Yevguény en est à l'étude de ma parenté, me dit-il, et le voilà qui me fait la liste de ce qui serait rédhibitoire pour mon intégration : membres de la famille condamnés, dissidents ou révisionnistes, alcooliques, croyants, homosexuels ou juifs !

Le KGB, comme tous les grands organismes de l'Union soviétique, dispose d'un personnel qui se doit d'être l'exact reflet des statistiques ethniques du pays. Car être juif, en URSS, c'est appartenir à une ethnie[1] qui représente moins de 1 % de la population. Le KGB, qui se méfie des infiltrations, considère que les juifs sont des sionistes soumis à l'État d'Israël et que par conséquent il faut réduire leur nombre autant que possible ainsi que la sensibilité des postes auxquels ils peuvent accéder. Staline lui-même réfutait toute idée d'antisémitisme dans la composition du Politburo en clamant, à chaque fois que la question lui était posée : « J'en ai un, disait-il, c'est Lazare Kaganovitch[2] ! »

Les croyants de toutes obédiences sont aussi les ennemis idéologiques des communistes. Les ancêtres du KGB en ont exterminé des centaines de milliers après la Révolution, si ce n'est des millions, et tous les mouvements religieux ont été mis hors la loi. Staline n'a fait rétablir le patriarcat de Moscou qu'en 1943, quand il a eu besoin de la mobilisation chrétienne pour défendre le pays contre les nazis. Ce n'est pas pour autant que les popes et les moines orthodoxes, ou encore les musulmans, ont été réhabilités et ont perdu leur statut d'ennemis du régime. Le KGB a infiltré toutes les paroisses et quasiment tous les ecclésiastiques collaborent avec la police secrète comme « agents » ou « sources » pour lui communiquer les informations recueillies lors des confessions. Avoir un religieux dans sa famille ou croire en Dieu est incompatible avec l'appartenance au KGB, le bras armé du PCUS.

Les homosexuels sont classés « malades mentaux » ou « pervers bourgeois » en URSS. Les relations sexuelles entre hommes sont punies par huit ans de prison ferme[3]. Il est clair que dans ces conditions l'homosexualité est éliminatoire pour un futur officier du KGB. Ce n'est pas pour autant qu'elle n'existe pas, mais les intéressés doivent se renier ou

---

1. En URSS, les Juifs étaient considérés non pas comme des fidèles de la religion juive, comme en France, mais comme une ethnie, un peuple. Le sionisme étant classé comme « ennemi idéologique » du PCUS, tous les Juifs étaient considérés par le KGB comme travaillant potentiellement pour un ennemi.
2. Membre du bureau politique du Parti communiste de l'Union soviétique sous la direction de Joseph Staline.
3. Seule l'homosexualité féminine n'était pas pourchassée en URSS, ni sanctionnée pénalement.

se cacher, se marier et avoir des enfants comme des gens « normaux », comme c'était le cas en France et en Occident auparavant.

*

Il n'est pas loin de 17 heures et, alors que je m'apprête à rentrer à Zélénograd, Yevguény me tend un papier.

– À partir de maintenant, tu deviens un « agent » pour le KGB et ce papier officialise ton statut. Tu le lis et tu le signes d'un pseudo.

Je prends le temps d'examiner le document qu'il vient de me donner. Pas question pour moi de faire de la police politique et de me comporter comme un indic vis-à-vis de mes compatriotes. Yevguény voit mon hésitation.

– Ne t'inquiète pas, tout ce que tu vas faire à partir de maintenant va concerner les impérialistes étrangers. Ta formation secrète opérationnelle va se poursuivre en parallèle de tes études au MGIMO, mais il est possible que l'on te demande de nous rendre quelques petits services. Nous nous verrons chaque semaine, jusqu'au moment où je passerai la main à celui qui sera ton véritable officier traitant. Tu sais, ceux qui vont travailler dans le renseignement dit « légal », sous la couverture des institutions soviétiques à l'étranger, sont formés en groupes à l'École de la Forêt, l'Institut du Drapeau rouge. Ce n'est pas le cas pour notre service. La formation d'un « illégal » se fait, elle, sur une base individuelle, « hors les murs ».

Il poursuit :

– Celui qui est recruté comme agent par le KGB n'est pas un professionnel et il n'est pas rémunéré pour ses services. C'est une sorte d'activité bénévole qui est basée sur ta volonté, en tant que citoyen concerné et komsomolets actif, de nous aider dans notre lutte. Donc, en tant qu'agent bénévole, tu ne prêtes pas de serment solennel et tu ne t'engages pas à donner ta vie. Nous ne pourrons pas exiger de toi un tel sacrifice tant que tu ne deviendras pas un officier de carrière, un professionnel. Cet engagement ne se fait pas pour l'éternité et tu peux changer d'avis. Nous aussi, nous pouvons changer d'avis si nous considérons que ton aide n'est pas efficace et qu'elle ne nous apporte rien.

Je relis attentivement l'engagement d'agent :

Je, soussigné, ________________, m'engage solennellement à coopérer en qualité d'agent avec le Comité pour la sécurité d'État d'URSS, le détachement armé du Parti communiste de l'Union soviétique, pour l'aider dans ses missions de lutte idéologique contre les ennemis de mon pays socialiste.

Je m'engage à être franc avec mes collègues et mes dirigeants, à respecter la discipline opérationnelle, les mesures de conspiration et de chiffrement des activités opérationnelles. Je comprends qu'il est interdit de révéler à qui que ce soit ma coopération confidentielle avec les organes du KGB et toutes les informations qui seront connues de moi pendant les opérations.

Je consacrerai toutes mes forces à la victoire des idéaux du PCUS et de notre Mère Patrie.

Dans mon travail confidentiel avec les organes du KGB je choisis le pseudonyme _______________.

Date et signature

Je remplis les blancs du serment avec mon nom, *Sergueï Olégovitch Jirnov,* et pour le pseudonyme, après une petite réflexion et un sourire malicieux aux lèvres, je choisis *Lubimov*, le nom du célèbre metteur en scène du théâtre de la Taganka, un haut lieu de la dissidence antisoviétique dans le milieu artistique moscovite !

Je ne sais pas si le colonel s'est rendu compte de mon insolence (ce nom russe est assez commun et signifie « préféré » ou « bien-aimé »), s'il a apprécié mon clin d'œil provocateur à sa juste valeur. De mon côté, j'ai voulu symboliquement marquer le coup, sachant que cette collaboration n'a pas été voulue par moi mais s'apparente plutôt à une forme de coercition. Si je devais devenir espion suite à cette manipulation du KGB, je serais différent des autres : je serais un espion rebelle !

Chapitre 18

L'entraînement d'agent

J'aurai encore trois rencontres avec le colonel Yevguény Konstantinovitch. Au dernier rendez-vous, il ne vient pas seul. Il arrive flanqué d'un homme d'une trentaine d'années qu'il me présente comme mon nouvel OT.

– Voilà, Sergueï, nous ne nous reverrons plus. Ma tâche s'arrête ici et c'est Nikolaï qui prend le relais. Avant que l'on se quitte, j'ai une question. Quelle est, selon toi, la première qualité que doit posséder un officier de renseignement qui devient un officier traitant ?

Je prends un temps de réflexion. Difficile pour moi de classer les compétences qu'exige la profession. Culte du secret et de la mission, abnégation, adaptation aux diverses situations, bonnes connaissances des milieux à pénétrer… Yevguény ne prend pas le temps de me laisser répondre.

– L'empathie, Sergueï, l'empathie. C'est avec ton sourire, un peu de bienveillance et ta facilité à te mettre en osmose avec tes cibles que tu pourras ensuite les manipuler. C'est Nikolaï qui va poursuivre ta formation. À chaque fois que l'occasion se présentera, nous en profiterons pour te confronter à la réalité du terrain. Enfin, nous attendons de toi que tu termines ton cycle universitaire parmi les meilleurs, que tu restes un bon sportif et que tu conserves ta place parmi les activistes du Komsomol du MGIMO.

Le challenge qu'il me lance consiste pour moi à réussir dans ces quatre parallèles, le KGB, les études, le sport et le militantisme. Pour ce dernier, il va me falloir jouer des coudes, car les ambitions sont féroces au sein de ma promo d'étudiants. Aujourd'hui, je suis responsable politique de mon groupe académique, demain il me faudra conquérir le bureau du Komsomol de ma promotion ou plus haut.

– Nikolaï est un officier supérieur de mon service, il a le grade militaire de commandant. Il ne parle pas le français, mais c'est un officier qui connaît bien son travail. Il l'a démontré sur le terrain, y compris sur les champs de bataille. Pour ses succès dans les opérations des spetsnaz du KGB en Afghanistan, il a été décoré de l'ordre de l'Étoile Rouge. Je suis sûr qu'il sera un excellent OT pour toi et que vous ferez de bonnes choses ensemble. Moi, je superviserai votre travail au QG du Service.

J'acquiesce d'un signe de tête et le colonel Yevguény Konstantinovitch, chef du 3e département de la Direction « S » de la 1re Direction générale du KGB, nous plante là, le commandant Nikolaï et moi. Je ne le reverrai que très rarement, pour les grandes occasions, notamment lors d'une rencontre très particulière dans les environs de Yassénévo en compagnie d'un grand homme d'État.

*

Dorénavant, fini les grandes théories sur l'espionnage. Avec mon nouvel OT, on rentre immédiatement dans le dur du métier. On ne peut pas dire qu'il soit très représentatif de l'image que l'on se fait de l'*agent secret* – j'ai bien compris que cette expression amateuriste est fausse pour le KGB, mais j'ai encore du mal à me familiariser avec les vraies appellations opérationnelles.

De grande taille, très sportif et musclé, sans kilos superflus, doté d'un grand sens du devoir, toujours avenant, sa force tranquille m'inspire confiance. Mais dès notre première rencontre, je sens aussi un petit malaise. Nikolaï est un peu taciturne et introspectif. Cela me change beaucoup du colonel exubérant qui avait un humour à toute épreuve. Je vois également une autre différence importante : Yevguény était un intellectuel, un linguiste et un spécialiste des relations internationales, certainement un ancien élève du MGIMO comme moi. Ce n'est manifestement pas le cas de Nikolaï. Je le soupçonne d'être plus à l'aise avec une Kalachnikov sur un terrain de guerre qu'habillé en smoking, un verre de champagne à la main, lors d'une réception diplomatique. Mais je vais vite m'apercevoir que sous ce personnage renfermé se cache un redoutable professionnel au langage cru et direct, qui ne mâche pas ses mots quand il a quelque chose à dire.

– Sergueï, me dit-il, la première des choses que je vais t'apprendre, c'est comment aller à un rendez-vous. Tu sais maintenant ce qu'est une « source » ou un « agent », nos auxiliaires amateurs, et un OT, un professionnel qui les dirige. Imagine donc que tu doives les rencontrer. Dans la réalité de ton futur métier, cela ne devrait arriver qu'exceptionnellement. Mais supposons qu'un impératif t'y oblige. Alors, tu dois connaître les principes de base qui vont te permettre de t'assurer qu'il n'y a pas de surveillance adverse.

À l'aide de schémas, il m'explique ce qu'est un parcours de sécurité, une manœuvre qui dans les procédures du KGB est impérative avant toute prise de contact avec qui que ce soit. Il s'agit d'un itinéraire soigneusement préparé afin de détecter une éventuelle filature. Je m'exclame :

– Je dois me retourner pour regarder en arrière ?

– Jamais de la vie ! C'est la pire connerie que le grand public s'imagine et que le cinéma nous montre ! Réfléchis ! Si tu commences à te retourner, tu montres clairement ta nervosité, ta recherche de poursuivants potentiels et donc ton appartenance au service de renseignement. Au cinéma, c'est fait pour créer « l'ambiance d'espionnage et d'angoisse » qui amène parfois à l'Oscar. Dans la vraie vie, cela casse ta « légende » et te conduit en prison ou sur une chaise électrique. Un espion doit toujours se comporter comme une personne insouciante et qui n'a rien à cacher.

– Alors, je me baisse pour refaire mes lacets et j'en profite pour jeter discrètement un coup d'œil ?

– Pas mal ! Mais c'est un vieux truc qui ne marche qu'une fois. Si tu emploies ce subterfuge à l'ancienne tous les cent mètres, tu es cuit !

– Mais comment faire pour voir sans se retourner ? On regarde dans les vitres des magasins ?

– C'est déjà mieux, tu commences à comprendre. Mais tu ne dois pas utiliser les vitrines bêtement comme dans les films. Cela se remarque également et ceux qui sont à tes trousses ne sont pas des imbéciles, ce sont des professionnels de la filature, ils en connaissent toutes les astuces ! Tu sais qu'on peut organiser une filature avec des agents qui ne te suivent pas mais qui viennent à ta rencontre, devant toi, en se relayant ! Tu ne verras alors personne derrière…

– Mais alors c'est impossible ?

– Non, ce n'est pas impossible, mais c'est difficile. C'est pourquoi un bon espion doit savoir tromper les meilleurs fileurs du contre-espionnage. C'est un vrai métier, avec son savoir-faire, ses règles, ses pièges et ses astuces. Sinon, n'importe quel idiot pourrait être dans le renseignement, comme le croient tous les crétins ! Tes mouvements doivent être « motivés », avoir une logique « normale », endormir la vigilance des surveillants, les amener à relâcher leur concentration et à commettre des fautes. Ce sont des humains, ils ne sont pas infaillibles. Tu peux les tromper et les piéger en jouant sur leur propre logique et leur sensation de supériorité, ça, c'est le top ! Quand tu organises ton circuit, tu prends soin d'identifier quelques commerces, un bureau de poste, des organismes publics dans lesquels tu peux entrer sous un prétexte réel ou inventé – tout doit être motivé. Si tu vas dans une boutique, achète toujours quelque chose, il est interdit de ressortir les mains vides. Tu peux aussi t'approcher d'une vitrine qui donne sur l'extérieur avec une vendeuse en désignant un objet qui s'y trouve et, à chaque fois, tu en profites pour balayer visuellement ton environnement. Tu apprendras plus tard comment repérer d'éventuels fileurs, les tromper et leur tendre des pièges. Pour l'instant, on en reste aux grands principes.

Mais Nikolaï ne se contente pas de donner des explications, avec lui il y a aussi les travaux pratiques.

– La semaine prochaine, tu vas aller dans une librairie. Il y a là un homme qui a ses habitudes, il y vient chaque mercredi acheter un livre. À toi de trouver le moyen d'entrer en contact avec lui, ce qui doit déboucher sur une rencontre. Le but pour toi, c'est d'établir une relation suivie avec lui. Ce type nous intéresse et on veut tout connaître sur lui. Fais cela avec intelligence, de manière progressive, sans insistance ni lourdeur. Les quelques éléments que nous t'avons appris doivent te permettre de réussir cette première phase. On te communiquera un point de rendez-vous, la veille de la mission. Je te laisse phosphorer là-dessus, camarade !

*

L'année universitaire va se terminer en juin 1981 et, cette fois, j'ai bien l'intention d'aller dans le Caucase. D'autant plus que mes parents en ont terminé avec leurs activités bénévoles d'encadrement des ados de leurs entreprises. Ils sont passés dans le camp des pros et sont devenus gérants d'une base de loisirs pour les étudiants et les profs de l'Institut électronique de Zélénograd (le MIET). Le rêve de mon père s'est réalisé. Dommage que je ne puisse pas en profiter davantage.

Mais mon intérêt principal actuellement, c'est la langue française et l'entraînement secret avec le KGB ! Le hasard faisant bien les choses, une bonne copine me présente à un responsable du département international de l'agence touristique Spoutnik, celle des jeunesses communistes de la ville de Moscou. Ils sont toujours à la recherche de guides-interprètes intérimaires et saisonniers parmi les étudiants pour accompagner les jeunes étrangers en visite en URSS l'été. Comme cela paie beaucoup moins bien qu'Intourist et que c'est moins prestigieux, ils ont du mal à recruter de bons éléments et des étudiants des bonnes facs. Un étudiant du MGIMO, c'est pour eux comme un cosmonaute qui accepterait de travailler dans l'aéroclub d'un kolkhoze. Je ne suis pas difficile, tant pis pour le prestige. *Davaï!* Allez!

Je m'y rends, me présente et m'entends dire que parmi les postes de guides proposés, il y en a un qui sera destiné à l'accueil de Français. On m'introduit auprès du responsable et, dix minutes plus tard, c'est fait ! Me voilà chargé de l'escorte de deux groupes de jeunes touristes français, l'un en juillet et l'autre à la mi-août. Entre les deux, à moi le Caucase dans la base de loisirs de mes parents, avec un peu d'argent de poche!

Spoutnik m'autorise à faire un petit stage avec une guide titulaire pour observer la manière dont elle travaille avant de voler de mes propres ailes. C'est un pur plaisir. Je suis dans la peau d'un touriste étranger avec son groupe de Français, tous frais payés et sans aucune obligation. J'en profite pour bavarder avec mes premiers Français en chair et en os. Le choc émotionnel est grand. Ils sont tous impressionnés par mon niveau en français. Nous avons des conversations à bâtons rompus. Le soir, j'ai du mal à rentrer chez moi, d'autant plus qu'en tant que stagiaire bénévole je n'ai pas de logement à l'hôtel avec le groupe. Je triche parfois et reste une nuit avec eux, en clandestin, tel un « illégal ».

Nous visitons les hauts lieux touristiques de Moscou, dont la Place Rouge et le Kremlin, bien sûr. Ce vaste ensemble architectural ceint d'une muraille abrite non seulement le siège du gouvernement, mais également plusieurs musées. Nous y entrons par les portes Borovitskié, c'est par là que Napoléon pénétra dans la ville en 1812. À l'intérieur, visite des diverses cathédrales, du Fonds des diamants, du palais des Armures, de celui des Patriarches. Nous faisons le tour de l'enceinte pour terminer par la tour du Sauveur – avec le célèbre carillon et le Big Ben soviétique. Puis direction le mausolée de Lénine, où il faut faire la queue sur 500 mètres – plus d'une heure d'attente – pour avoir le privilège de contempler quelques instants la momie du père fondateur du communisme soviétique! Et flâner dans les galeries du GOUM juste en face.

De plus en plus souvent on me prend pour un Français. Tel un caméléon je parle comme les Français, je me comporte comme eux, je m'habille comme eux. Et cela me vient tout naturellement. Je devine pourquoi le service des « illégaux » a tant tenu à me recruter. Je commence à m'imaginer dans la peau d'un véritable espion qui doit se construire un itinéraire de contrôle et prévoir des endroits pour rencontrer ses agents et ses sources. Quoi de mieux que ces lieux touristiques où l'on se perd si facilement dans la foule ! Je ne sais pas encore que cette intuition va se réaliser un jour.

D'ailleurs, il faut que j'informe mon nouvel OT de ce job d'été. Je ne m'inquiète pas outre mesure, car il m'a clairement dit que je devais poursuivre mes activités comme si de rien n'était. Je ne risque plus de me retrouver face à un autre Poutine dans les locaux de la Loubianka. Ces contacts avec les étrangers sont parfaitement « autorisés » puisque l'agence Spoutnik est sous la surveillance opérationnelle du KGB. Tous ses guides sont des « agents » bénévoles et certains sont même des fonctionnaires titulaires, des éléments opérationnels tchékistes sous couverture.

En songeant à Nikolaï, je pense à ma famille et à mes amis, auxquels je cache ma récente appartenance au KGB. Ma copine du moment me pose des tas de questions sur mon emploi du temps, que j'évacue sous des prétextes parfois fantaisistes. Elle en est à se demander si je n'entretiens pas une liaison parallèle! Je ne pourrai en informer mes parents ou ma future épouse que le jour où j'entrerai à l'École de la Forêt, pas avant. En attendant, à eux aussi, je mens.

Le mensonge est l'une des principales facettes du métier. Il me faut tromper mon monde avec aplomb, les yeux dans les yeux, sans jamais me trahir sur une date ou une activité. Et moi qui adore jouer au théâtre, j'excelle dans cette discipline! J'enfile les habits de mon nouveau personnage avec une facilité déconcertante qui me fait parfois craindre d'y perdre mon âme et ma personnalité. Et je n'en suis qu'aux prémices de ce métier pervers, criminel et dangereux.

*

L'adresse d'un café sur l'avenue Kalinine pour un rendez-vous avec mon OT m'a été communiquée la veille par le canal téléphonique habituel. Nikolaï m'attend, assis dans un recoin au fond de la salle face à l'entrée afin de pouvoir voir et contrôler tout ce qui se passe, le principe opérationnel qu'il m'a appris. Il accueille avec un léger sourire l'annonce de mon job d'été chez Spoutnik.

– C'est parfait. On va en profiter pour ta formation ! Tu vas me faire une fiche sur chacun des Français de tes groupes et tu me feras remonter leurs impressions sur leur voyage chez nous. Intéresse-toi à ce qu'ils veulent devenir, études, carrière envisagée, région, attitude à l'égard du Parti communiste et du pouvoir en place, croyances, préférences sexuelles, n'oublie rien ! Maintenant, passons à notre préoccupation immédiate !

Sans me laisser le temps de commander un café, il enchaîne aussitôt.

– Rue Katchalov, il y a une librairie de livres d'occasion, je crois que tu la connais très bien. Dans une demi-heure, un homme d'une soixantaine d'années, costume noir et feutre gris clair, va y entrer. Il marche avec une canne dont le pommeau représente une tête d'ours. Il vient de quitter l'ambassade américaine dans une voiture avec chauffeur. Tu dois obtenir un rendez-vous de sa part. À toi de jouer !

Je sors en réfléchissant à mon itinéraire. Mon but final n'est pas très loin, je peux m'y rendre à pied. Je dois y arriver avant ma cible pour prendre le pouls des environs immédiats, me faire à l'endroit, réfléchir aux possibilités de quitter les lieux de trois façons différentes. C'est l'une des premières choses que m'a apprises Yevguény Konstantinovitch : toujours prévoir les complications et s'y préparer en anticipant le pire. Ainsi, on n'est jamais pris au dépourvu.

Je suis un peu en avance, alors, en traînant les pieds, j'achète dans un kiosque le dernier numéro du *Krokodil,* le seul journal satirique d'URSS. Ce magazine des éditions Pravda tape fort ! Mais outre les impérialistes, les ivrognes et les incompétents qu'il égratigne régulièrement, il s'en prend également aux travers de la société soviétique. Aujourd'hui, un dessin souligne les difficultés d'approvisionnement que traverse la nation en représentant un vendeur fier d'annoncer l'arrivée de cent parapluies.

« Cinquante ont été mis de côté par la direction, prévient-il. *Vingt sont destinés au marché noir, dix-neuf ont été retenus par le personnel et le dernier est en vitrine ! »*

Ce phénomène du marché noir heurte ma sensibilité de bon communiste. Comment notre pays, prétendument l'un des plus puissants au monde, peut-il se révéler incapable de satisfaire les besoins de sa population ? Les magasins d'État sont souvent vides et des particuliers hantent les marchés pour y vendre à des prix exorbitants des manteaux qu'ils portent les uns sur les autres. Ce n'est certainement pas cela qu'il me faut montrer à mes jeunes Français lors de leur séjour.

Vingt minutes plus tard, j'aperçois la façade vert pâle de la librairie.

J'attends quelques instants devant la vitrine, admirant les livres qui s'y trouvent en même temps que mon cerveau envisage diverses techniques d'approche. Puis j'entre. J'observe les lieux. Il y a là une dizaine de personnes qui se baladent à travers les rayons à la recherche de la perle rare, car cette adresse est réputée pour détenir des œuvres d'exception. Je m'installe dans la partie internationale, prends un bouquin au hasard et commence à le feuilleter. Tout me paraît calme. J'ai repéré deux entrées pour le public et une pour le personnel, je sais où elle mène…

Il est difficile d'attendre un « objectif » dans un lieu désert comme une rue en restant le plus naturel possible quand vous n'avez rien de particulier à faire. Dans ces conditions, la pression de la mission rend compliqués les gestes du quotidien. Là, franchement, Nikolaï m'a facilité la tâche, car dans une librairie tout est beaucoup plus simple. Ici, les gens ont l'habitude de rester des heures, sans but précis, en feuilletant des ouvrages. L'approche d'une personne, même inconnue, y est plus facile, mille prétextes sont à votre disposition. Mais je ne dois pas oublier mon but opérationnel : préparer une approche dans un endroit fréquenté tout en surveillant l'arrivée d'une cible.

J'appelle un vendeur afin de demander un prix, ce qui me permet de faire un tour d'horizon visuel de l'endroit. Pas de costume noir pour le moment et encore moins de canne à tête d'ours. Un quart d'heure passe et, alors que je m'interroge sur la conduite à tenir, le voilà qui entre. C'est bien lui, avec la jambe un peu traînante, son feutre et sa canne à tête d'ours. Il s'amarre au rayon des livres étrangers, qu'il commence aussitôt à disséquer. Que cherche-t-il ? Il fouille quelques minutes avant de demander à la cantonade, dans un russe parfait :

– Avez-vous *Pour qui sonne le glas* d'Hemingway ?

Je viens justement de l'apercevoir il y a deux minutes. Sans me précipiter, je prends l'ouvrage et le colle contre ma cuisse avant de m'éloigner un peu. Je vois l'un des employés s'avancer vers ma cible et lui dire :

– Le rayon derrière vous, la rangée du bas, il est là !

Mon Américain manipule les livres dans tous les sens, pas d'Hemingway !

– Nous l'avons peut-être vendu ce matin, je me renseigne, dit-il en se dirigeant vers la caisse.

Je m'approche.

– Excusez-moi, je viens de vous entendre demander un livre d'Hemingway, est-ce celui-ci ?

Le Yankee sourit aux anges avant de s'assombrir.

– Vous l'avez pris, il est à vous !

– En fait, c'est pour un cadeau, moi je l'ai déjà lu !

– J'ai honte ! Moi, un Américain, je n'ai pas ouvert un seul ouvrage de ce compatriote. Alors, faites-moi l'article, qu'est-ce qu'il raconte là-dedans ?, me demande-t-il en me montrant le livre.

Le piège ! Si j'ai bien quelques Hemingway chez moi, je ne connais que la quatrième de couverture de son célèbre *Pour qui sonne le glas*, que j'ai parcourue tout à l'heure en poireautant. Je brode donc sur les généralités de la guerre d'Espagne et me garde bien d'aborder les détails de l'œuvre d'Hemingway. Mais lui, au contraire, veut entrer dans les détails.

– Parlez-moi du héros, me dit-il.

Je souris en lui disant que je ne désire pas déflorer le sujet, mais que si l'auteur l'intéresse, je peux lui faire découvrir la librairie Progrès, proche du métro Park Koultoury, qui est spécialisée dans les ouvrages en langues étrangères.

– Jeune homme, ce sera avec plaisir ! La semaine prochaine à la librairie Progrès, à cette heure-ci !

Il tourne les talons et nous plante là, Hemingway et moi. Comme on me l'a appris, j'attends une dizaine de minutes avant de sortir retrouver l'air de Moscou. Il fait chaud en ce mois de juin, une chaleur étouffante qui rend les rues quasi désertes. Cette canicule n'empêche pas Nikolaï, appuyé sur la façade d'en face, de tirer goulûment sur sa cigarette. Je traverse la rue alors que s'avance une Volga noire.

– Monte !, ordonne-t-il en balançant son mégot.

Je m'installe, un grand sourire aux lèvres.

– Tu as l'air content de toi ! Raconte.

– J'ai un rendez-vous pour la semaine prochaine !

En disant cela, j'espère lui en boucher un coin, au camarade Nikolaï.

– C'est ce que m'a dit Vassili.

– Ah, vous aviez un agent à vous dans la librairie ?

– Non ! Vassili, c'est l'homme qui a la canne à tête d'ours, son cadeau de départ à la retraite du KGB. Des exercices comme celui-là, tu vas en faire des dizaines. Pour un début ce n'est pas mal, mais tu as failli te faire piéger. Lorsque tu t'engages dans une voie, assure-toi d'en posséder tous les éléments. Pour Hemingway, c'était tangent.

Pas étonnant que je me sois extasié devant sa diction du russe, au Vassili ! Moi j'y ai cru, à son histoire d'Américain. En fait, qu'attend-on de moi, à quelles tâches me destine-t-on ? Il me faut un but clair, précis. Je décide de percer l'abcès.

– Nikolaï, l'espionnage du KGB c'est une énorme machine. Où et quelle sera ma place là-dedans ?

– Tu le sauras en temps voulu, mais tu dois t'en douter un peu. Toute cette préparation, cet entraînement que nous faisons ensemble, n'a qu'un seul but : faire de toi un futur opérationnel. Patiente encore un peu, la patience est une qualité importante pour un professionnel du renseignement !

*

Pour terminer nos exercices, Nikolaï m'emmène dans un studio de photographie très particulier dans lequel il y a toutes les caméras et pellicules du monde. Je passe le reste de la journée avec les techniciens du KGB à faire des portraits sous tous les angles et en tous formats, en noir et blanc et en couleur, y compris avec déguisement : lunettes, perruques, barbes et moustaches.

Mon OT m'explique que le Service veut avoir dans ses archives toute une série de photos afin de pouvoir fabriquer les documents d'identité nécessaires à mes futures légendes. Cela permettra au département logistique de travailler en amont, d'économiser du temps et de m'éviter des déplacements à chaque besoin. Surtout, bien sûr, en cas d'urgence.

À ma grande surprise, on me demande de me déshabiller entièrement pour prendre quelques photos de la totalité de mon corps en faisant des gros plans sur mes grains de beauté et autres particularités physiques. J'ai beaucoup de réticence à poser nu, mais Nikolaï m'explique que le Service doit posséder ces images pour le cas où je serais capturé comme Fisher-Abel ou Konon Molody, ou encore si les services ennemis voulaient faire passer quelqu'un d'autre pour moi.

Nikolaï ne le dit pas, mais je comprends tout de suite que ces clichés doivent également servir à la reconnaissance de ma dépouille si mon visage était méconnaissable et ma dentition inexploitable. À l'époque, on en est aux balbutiements de l'identification par ADN et de tels clichés morphologiques constituent le seul moyen fiable pour le moment. Cela me fait froid dans le dos, et pas seulement parce que je suis en tenue d'Adam…

Chapitre 19

Guide-interprète pour Spoutnik

Ils sont là ! Le Boeing 707 qui les amène de Paris vient de se poser à Chérémétiévo-2, l'aéroport international de Moscou construit pour les JO de 1980. Je les fais embarquer dans le car qui nous conduit à l'hôtel et je profite du trajet pour leur faire une première présentation de Moscou. Ça a l'air de les intéresser et, à peine la remise des clés des chambres terminée, les premières questions fusent déjà.

– Dis-nous, tu habites depuis combien de temps en Russie ?

J'ai beau leur expliquer que je suis russe, rien n'y fait ! Ils sont persuadés que je suis un Français émigré en Russie ! Quand j'arrive enfin à les convaincre, la conversation de ces étudiants prend une autre tournure.

– Pour parler aussi bien le français, tu dois avoir vécu en France. Et si c'est le cas, tu es certainement du KGB !

– Mais bien sûr, d'ailleurs ici tout le monde travaille pour le KGB. Tenez, moi par exemple, je suis colonel au KGB !

– Arrête, Sergueï, me dit l'un d'entre eux. Moi, ça m'intéresserait vraiment d'être recruté par le KGB. Là où je suis, je peux être utile au Parti.

À ces mots, je me rends compte que j'ai affaire à de jeunes communistes purs et durs. Une espèce en voie de disparition en Union soviétique. En fait, parmi ces étudiants, envoyés pour la plupart par le Parti communiste français, beaucoup sont des néostaliniens. Personne ne leur a dit que le Petit Père des peuples était mort il y a près de trente ans ? Dès le deuxième jour, certains veulent me donner des leçons d'idéologie marxiste, à moi Sergueï ! Ils font cela le soir, au retour des visites, ils me parlent des miracles de la planification, de la théorie de l'homme idéal, de la puissance soviétique. Je n'en peux plus de leurs délires. Pour un peu, je les encouragerais à demander l'asile politique !

– Écoutez ! Moi je vis dans ce pays, et on est loin de la représentation qu'en font les brochures de propagande que l'on vous a distribuées.

Je suis alors brusquement saisi d'un doute. En me dénonçant, ces petits cons pourraient bien m'accuser de déviationnisme. Bien sûr, le Goulag n'existe plus chez nous, mais le KGB continue de faire la chasse aux dissidents. Je suis en train de m'embarquer sur une voie dangereuse, il me faut vite adoucir le propos. Je reprends :

– Comme chaque État, le nôtre a ses imperfections, que vous pourrez constater par vous-mêmes. Mais le pouvoir fait tout pour y remédier et puis, vous admettrez que vouloir organiser la vie d'une nation de 290 millions d'habitants n'est pas une mince affaire, et qu'il faut savoir attendre les améliorations promises.

Ouf! Je m'en sors bien. C'est alors que me vient une idée diabolique. L'agence Spoutnik m'a remis un questionnaire que je dois remplir à la fin du séjour. Il est prévu que j'y liste toutes les questions posées par mon groupe de Français. Je décide de me charger moi-même des interrogations en notant toutes les réflexions que se font les Moscovites sur l'URSS, mais en les francisant. *Pourquoi est-ce toujours un vieil homme qui règne sur le pays? Pourquoi on manque de tout dans les magasins, il y a beaucoup de voitures à Paris et très peu ici, les rues sont tristes à part les portraits des dirigeants, il n'y a aucune publicité, pourquoi il y a aussi peu d'hôtels, de restaurants et de cafés, pourquoi il n'y a quasiment pas de WC publics en ville, pourquoi la police et le KGB laissent les prostituées et les trafiquants faire ouvertement leur business devant tous les hôtels,* etc. Je n'en peux plus de ces discours lénifiants que l'on me fait lire lors des assemblées de komsomolets, aussi je me venge à ma façon.

Quand Mikhaïl, le patron du département international de Spoutnik, prend connaissance de mon compte rendu, il écarquille les yeux. Le voyant dans l'embarras, je lui fais une proposition.

– Veux-tu que j'édulcore un peu ?

– Sergueï, tu es sûr de toi ? Ils ont vraiment dit ça ?

– Tu me vois écrire ces choses tout seul, franchement ? C'est l'exact reflet de leurs impressions telles qu'ils me les ont données avant leur départ de Moscou.

– Bon, je vais envoyer ça aux organes officiels…

L'a-t-il fait ? Il ne m'a pas paru d'un enthousiasme débordant quand je lui ai passé mon papier. Pas grave, un second groupe de Français m'attend après mes trois semaines dans le Caucase, j'en remettrai une couche.

En attendant, pour Nikolaï, je fais le job secret. Je noue des contacts, note des adresses, questionne mes touristes sur leur avenir professionnel, leur environnement. Chaque soir, dans ma chambre, je reporte soigneusement sur des fiches toutes ces informations que je collecte au hasard des conversations. C'est fou comme ces Français ont besoin de s'épancher. Bavards, fiers-à-bras, ils clament leur volonté de répandre l'idéologie communiste dans le monde entier. Ils finiront comme de bons petits bourgeois.

*

Revoir les montagnes du Caucase en compagnie de mon père et de ma mère me fait le plus grand bien. Mes parents ne sont plus à la tête de leur club pour ados, mais toujours au même village de Zaguédan, dans la région de Stavropol. Leur job a pris une ampleur considérable et s'est transformé en emploi à plein temps. Mon père est désormais le directeur de la base de loisirs pour professeurs et étudiants de l'Institut électronique de Zélénograd et, avec ma mère qui s'occupe de l'intendance, ils passent neuf mois par an dans la montagne. C'est également un joli coup financier pour la famille, car ils perçoivent un double salaire comme prime de dépaysement. Fini, la vie de bohème sous les tentes. L'université a construit de coquets chalets pour accueillir 300 personnes à la fois. Même leur ami Anatoli Slivko est jaloux de cette promotion quand il passe dans le coin avec ses groupes de jeunes.

Mon père me pose quelques questions sur mon parcours au MGIMO, mais je sais qu'il ne s'inquiète pas pour moi. Nous partageons de merveilleux moments en randonnant autour de la vallée de la Grande Laba. Je profite intensément de ces moments, car je crains qu'ils ne soient les derniers que nous passons ensemble. Il vivra jusqu'à quatre-vingt-douze ans, chose rare en Russie, où l'espérance de vie pour un homme est de soixante-sept ans seulement, mais mon métier d'espion d'abord et mon exil du pays ensuite nous sépareront bientôt.

*

De retour à Moscou, je passe à l'agence Spoutnik afin de prendre connaissance des directives concernant mon second groupe de Français. Surprise ! Mikhaïl m'informe qu'il me faut les emmener en Asie centrale ! Un vrai périple avec 35 personnes à ma charge, tout cela en autonomie complète, me dit-il. « Tu auras les *vouchers* pour payer les repas, les hôtels et les bus, après c'est à toi de te débrouiller ! » Je dois leur faire découvrir les vestiges antiques des vieilles villes de Boukhara et Ourgentch. Et ensuite, le visage moderne de la capitale de l'Ouzbékistan, Tachkent, la cinquième agglomération d'URSS avec ses 2,22 millions d'habitants.

J'accueille mes jeunes Français à Chérémétiévo-2 pour les installer à l'hôtel dans lequel ils ne resteront qu'une seule nuit. Dans la soirée, je les réunis dans un salon afin de leur détailler le programme convenu avec Spoutnik. J'en profite pour leur adresser une mise en garde.

– Il y a ici un certain nombre de règles qu'il est impératif de respecter. Par exemple, il est formellement interdit de photographier les bâtiments administratifs, ceux du KGB, les aéroports, les casernes, les ponts, les gares et les prisons.

Je lis la surprise dans leurs yeux, aussi je réitère mon propos. En fait, j'aurais dû leur faire signer un papier ! En effet, après avoir atterri à Boukhara et avoir récupéré nos bagages, nous sommes isolés et entraînés à l'écart par un cordon de policiers. Je pressens le pire. Ils nous mettent en rang d'oignons et nous patientons jusqu'à l'arrivée de l'hôtesse de l'air. La voilà qui nous passe en revue pour, sans hésitation, s'arrêter devant l'un de mes jeunes touristes en le pointant du doigt.

– C'est lui !, beugle la Torquemada aérienne. Il a filmé l'arrivée avec un caméscope à travers le hublot.

Ni une ni deux, les flics s'emparent de mon étudiant boutonneux et l'emmènent avec eux. À ce moment précis, je me dis qu'il doit bien y avoir un membre du KGB dans le coin avec lequel je pourrais discuter paisiblement de la situation. Mais le KGB, c'est moi ! J'installe mon groupe en salle d'attente et suis la cohorte policière jusqu'à une petite pièce où patiente un homme en costume gris. C'est d'abord moi que l'on passe sur le gril.

– Tu les as informés sur les règles à respecter ?

J'acquiesce. Il me demande alors de servir d'interprète dans l'interrogatoire qui va suivre. Le costard gris attaque, brutal :

– Tu lui dis qu'il est en garde à vue, qu'il a été averti des consignes à observer et qu'il a désobéi. Je veux son nom, sa profession et son adresse en France. Il est accusé d'espionnage pour le compte d'une puissance étrangère de l'OTAN !

Quand je lui explique dans quelle galère il s'est mis, mon touriste se décompose. L'interrogateur passe des coups de fil, je sens que c'est l'affaire de sa vie. Dans un pays où personne ne bouge une oreille, arrêter un étranger qui filme un aéroport, c'est la promotion assurée. Cet intermède va durer plus de trois heures et coûter la confiscation du caméscope à mon petit *Frantsouz* ! Lorsque nous rejoignons enfin le groupe qui se morfond dans un coin de l'aérogare, je vois à leurs visages qu'ils ont compris qu'ils avaient changé de pays.

*

Afin de leur faire oublier l'incident, je mets un point d'honneur à leur rendre la visite de Boukhara la plus agréable possible. Située sur la Route de la Soie, la ville est un patchwork architectural, témoin de ses vingt-cinq siècles d'existence. Ils admireront cette vieille agglomération où chaque pierre transpire l'histoire, davantage qu'à Tachkent, littéralement la « ville de pierre ». Cette dernière, l'une des cités favorites des Soviétiques, a été quasiment détruite par un terrible tremblement de terre le 26 avril 1966 et entièrement reconstruite en trois ans et demi, dans une architecture « moderne » de barres et de tours en béton armé qui la fait ressembler à Zélénograd ou aux cités de Mantes-la-Jolie en 1980. En revanche, ses parcs, ses jardins verdoyants et les montagnes toutes proches en font une véritable oasis au milieu du désert environnant.

Mais ce tableau idyllique s'estompe le soir venu. Ma troupe s'émoustille, et le mot est faible, à la vue des prostituées qui déambulent tout autour de l'hôtel à la recherche d'étrangers en goguette. Elles y entrent d'ailleurs comme dans un moulin ! C'est vrai qu'elles sont appétissantes, ces blondes peinturlurées à l'extrême, mais il faut que je tienne mon monde, moi !

C'est une chose que j'ai mis du temps à comprendre. En théorie, la prostitution n'existe pas en URSS, car elle est jugée incompatible avec le mode de vie socialiste. En pratique, les autorités ferment les yeux sur ce phénomène, que l'on retrouve dans toutes les grandes villes qui accueillent des touristes. La raison ? La même que celle qui prévaut pour le change clandestin : les devises étrangères. Et une autre, celle du KGB qui utilise les femmes légères, les « hirondelles », *lastotchki* en russe, pour piéger les diplomates et les hommes d'affaires étrangers afin de les faire chanter et de leur soutirer des secrets politiques, militaires ou technologiques. L'ambassadeur du général de Gaulle à Moscou, Maurice Dejean, en fut la victime la plus connue. Ce qui lui valut un retour prématuré en France et la phrase assassine du chef d'État : « Alors, Dejean, on couche ? »

Là, à Tachkent, au pied de l'hôtel, ce sont des petits trafiquants qui crient : « Change, change, roubles contre francs, dollars, deutsche marks ! » Ils proposent à mes jeunes Français de changer leurs francs contre des roubles à un taux défiant toute concurrence. Imaginez, le taux officiel vous donne 15 roubles pour 100 francs français, eux vous le vendent à parité ! Allez hop ! 1 franc – 1 rouble, 100 francs – 100 roubles ! Tout cela au nez et à la barbe des *Chveitsar*, nos pseudo-

Suisses chargés de la sécurité. Pourtant, le risque est gros, huit ans de prison s'ils se font coincer. Devant l'insistance de l'un d'eux qui s'obstine à me prendre pour un Français – ce qui, pour un futur illégal, est plutôt un encouragement –, je décide de mettre un frein à son ardeur mercantile en lui disant dans un russe impeccable :

– Mon gars, tu sais que normalement on doit t'arrêter !

L'homme frôlera l'infarctus et je ne le reverrai plus jamais dans les parages. Cela nous vaudra un bref répit, mais ils reviennent en force deux jours plus tard pour le plus grand bonheur de mes Français. Pensez donc, pour eux le compte est vite fait et mes gaillards retournent se précipiter sur l'aubaine. Il me faut cependant enrayer leur enthousiasme monétaire.

– Laissez-moi vous rappeler que lorsque vous êtes entrés en URSS, vous avez déclaré une certaine somme. Toi, par exemple, tu m'as dit que tu étais arrivé avec 500 francs. Quand, au départ de Moscou, tu vas passer la douane et qu'ils vont voir que tu as dépensé pour 500 roubles de samovar, disques et caviar, ils vont te demander de t'expliquer. Vous devez donc changer un peu de votre argent dans les bureaux d'État. Au moins, vous pourrez présenter un certificat et le reste passera plus facilement.

Bon, je ne suis pas Blanche-Neige non plus. Comme nous rentrons souvent tard et que les bureaux de change sont alors fermés, c'est moi qui assure la conversion lorsqu'ils veulent sortir après le repas. Mais je le fais au taux officiel de 15 roubles pour 100 francs, que je vais convertir le lendemain chez les trafiquants. C'est ainsi qu'en moins de quinze jours je me retrouve avec 2 000 roubles en poche, soit l'équivalent de dix mois de salaire de mon père ! Un rapide calcul m'indique qu'au rythme mensuel de trois groupes, je serai millionnaire au bout d'un an ! De quoi faire vaciller ma vocation d'officier traitant du KGB !

Et puis il y a les *fartsovchik*, ceux-là harcèlent les touristes pour leur acheter des objets occidentaux qu'ils revendront ensuite au marché noir. Jeans, sacs, cigarettes, chewing-gums, tout se marchande car, pour le citoyen soviétique, c'est là un moyen de se démarquer de la mode uniforme que proposent les magasins officiels.

*

Nous passons la soirée précédant leur départ à discuter passionnément de l'avenir de l'URSS en compagnie de plusieurs bouteilles de vodka. Ils me questionnent entre autres sur la vieillesse de Brejnev et le nom du prochain secrétaire général du Parti qui pourrait lui succéder. Les noms d'Andropov, chef du KGB, de Grichine, premier secrétaire de la ville de Moscou, ou encore de Romanov, son collègue de Léningrad, sortent le plus souvent. Je les étonne par ma réponse :

– Mikhaïl Gorbatchev, actuel secrétaire du Comité central à l'agriculture !

– Tu rigoles ! Personne ne le connaît, à part toi ! Il n'a que cinquante ans : selon vos standards, c'est encore un bébé !

– Justement ! Il a pris la place de Koulakov, mort d'un infarctus après le plénum en juillet 1978. Un an plus tard, il a été coopté au Politburo comme membre suppléant et, en octobre 1980, comme membre titulaire. Son prédécesseur ne l'a pas été. Ce qui veut dire que Gorbatchev est soutenu par une partie des vieux schnocks du Politburo, des services spéciaux et de l'armée.

– On parie ? Une bouteille de vodka ?

– D'accord !

Avec Andropov en 1982 et Tchernenko en 1984, je perdrai le pari. Mais en mars 1985, j'aurai finalement raison !

*

Mes touristes partis, je remets mon cahier de doléances à Mikhaïl, de l'agence Spoutnik, qui n'en peut plus de ces ingrats de Français. Puis je décide de parler de tout cela à Nikolaï. Le coup du change ne l'étonne pas, mieux, il m'encourage.

– Deux choses sur le sujet, Sergueï. D'abord, pour commercer à l'international, le pays a besoin de devises étrangères. Les petits ruisseaux faisant les grands fleuves, tout est bon à prendre, même les trafics et la prostitution. Donc, on ferme les yeux là-dessus. Quant à l'argent que tu as gagné en t'improvisant bureau de change, garde-le. Considère cela comme une cagnotte *opérationnelle* pour tes frais futurs. Simplement, prends soin de tenir une comptabilité : le service est intraitable sur le sujet.

Le raisonnement m'étonne un peu, mais je ne vais pas plus loin. Comme pour les touristes précédents, je lui fais part des notes prises sur les Français qui m'ont semblé dignes d'intérêt. J'ajoute enfin, par souci de transparence, que j'ai eu une aventure avec l'une des étudiantes du groupe de Français. Il me regarde attentivement.

– Très bien, Sergueï, mais restes-en là. Ne t'attache à personne, tu m'entends, à personne ! Nous allons te demander de gros efforts et, en échange, nous allons investir énormément sur toi. Ne ruine pas tout avec une banale histoire sentimentale.

Le message est clair et sans ambiguïté. *Nous allons te demander de gros efforts,* m'a-t-il dit. À quoi pensait-il en me disant cela ? Je découvrirai que cette allusion va bien au-delà de ma formation et de mon travail futur.

Je suis loin d'imaginer jusqu'où peut aller le KGB en ce qui concerne la vie amoureuse de ses officiers de renseignement.

*

Je n'ai pas le droit de donner mon adresse aux touristes étrangers que je rencontre, même si je suis autorisé à les accompagner en URSS. Pour le courrier, les guides professionnels et intermittents utilisent uniquement la boîte aux lettres de Spoutnik, sinon cela pourrait nous attirer des ennuis. Nous savons aussi que le service de la censure, qui fait partie du KGB, ouvre et lit toutes les lettres qui viennent de l'extérieur sans s'en cacher. Une fois par semaine, je vais là-bas pour récupérer mon courrier ouvert par les censeurs tchékistes.

Une certaine Isabelle, avec qui j'ai eu la petite aventure rapportée à mon OT Nikolaï, m'écrira assez régulièrement pendant six mois. Une fois, elle m'enverra une eau de Cologne sur laquelle je devrai m'acquitter d'une taxe douanière assez importante. En Union soviétique communiste, il faut payer très cher les cadeaux, ce qui décourage ainsi les gens d'en recevoir. Un Français de la Jeunesse communiste m'enverra le 45-tours *Le Chiffon rouge*, une sorte d'hymne revendicatif chanté par Michel Fugain qui fait la joie des sonos de la CGT dans les manifestations. Il arrivera jusqu'à moi, mais... cassé en deux. Le Parti est-il jaloux des chants étrangers, y compris ceux des sympathisants communistes ?

Bien évidemment, je n'ai pas le droit de répondre aux courriers reçus. Et mes correspondants français, lassés d'écrire dans le vide, sans jamais recevoir de réponse, m'oublient assez vite.

Chapitre 20

Mon premier complot politique et le stage militaire

– Voyez-vous, camarades, l'URSS possède le meilleur système social et économique au monde. En face, l'idéologie capitaliste, basée sur l'individualisme et l'égoïsme des individus, ne tient pas la route. Que reste-t-il ? Les religions, qui proclament l'existence d'un être supérieur ? Mais cela, c'est l'opium du peuple, destiné à l'endormir pour qu'il ne se réveille pas ! Le communisme, lui, est là pour libérer les peuples de ces jougs !

En cette rentrée universitaire 1981, dans l'amphithéâtre du MGIMO, le secrétaire du Parti termine sa harangue devant l'assemblée générale des komsomolets. Nous sommes réunis pour élire le bureau politique de la promotion. Il nous joue l'air habituel qui précède chaque réunion de la jeunesse communiste de l'université. Comme nous connaissons ce refrain par cœur, il y a un peu de brouhaha dans la salle. Il poursuit :

– Il est temps maintenant de procéder à l'élection du bureau. Voici la liste pour laquelle vous allez voter.

Alors qu'il égrène les noms, un étudiant lève la main pour prendre la parole.

– On t'écoute, camarade.

– Je demande que le camarade Jirnov soit ajouté à la liste !

Le brouhaha s'arrête net. Le secrétaire du Parti a un moment d'hésitation qu'exploite immédiatement son interlocuteur.

– Contesterais-tu les statuts du Komsomol, cher secrétaire ? Ceux-ci sont pourtant clairs : chaque membre peut soumettre une candidature au vote de l'assemblée, aucune candidature ne peut être rejetée avant le vote.

L'étudiant cite le texte de la brochure officielle du Comité central qu'il tient à la main, pour ceux qui voudraient mettre en doute ses propos.

– Non, non, je ne les conteste pas, mais c'est une candidature spontanée et…

– Alors, si tu ne les contestes pas, applique-les et ajoute son nom à la liste !

Le coup vient de loin. Nous l'avons soigneusement et secrètement préparé avec les copains du groupe académique dont je suis responsable. C'est d'ailleurs eux qui veulent que mon nom soit proposé à cette élection. Pour nous, il s'agit d'introduire un peu plus de « démocratie » dans nos élections en poussant une candidature provenant de la base. J'ai été choisi car, étant bon élève, tous pensent qu'il ne peut rien m'arriver.

Le secrétaire de l'assemblée générale cède et ajoute mon nom à la liste. Lorsque les résultats sont proclamés, j'apprends que j'ai obtenu plus de voix que le candidat adoubé par le Parti et que je suis élu ! Me voilà désigné responsable des études, mais je n'en ai pas moins commis un crime de lèse-majesté en présence des représentants du Parti. Pour eux, c'est une révolution, ou plutôt une contre-révolution ! Le Parti décide de tout et, pour avoir voulu le défier, il va me le faire payer.

Ils n'auront pas à attendre bien longtemps, ces charognards! L'intensité des cours au MGIMO entraîne chez certains élèves une baisse de régime. Celle-ci se produit en général en milieu d'année et se traduit par des notes sous la moyenne pour les plus décrocheurs. C'est le moment que choisissent le secrétaire du Parti et sa cour pour me porter l'estocade. « Tu ne les motives pas suffisamment! Il faut t'en occuper davantage! » Et puis quoi encore ? Je passe des heures avec eux en salle d'études à leur expliquer les cours d'économie et les grands principes des échanges commerciaux, que puis-je faire de plus? Faut-il que je fasse les travaux pratiques à leur place ?

La sanction tombe, mon nom est rayé de la liste aux élections de l'année suivante. Cet incident qui pourrait paraître bénin à ceux qui n'ont jamais vécu dans un pays totalitaire va me conforter dans mon antisoviétisme. À partir du jour de mon éviction, je vais devenir un frondeur ! J'abandonnerai le costume et la cravate au profit du pull-over pour venir au MGIMO. Malgré ce geste de contestation, bien minime, ma foi, mes notes ne varient pas et restent très bonnes. Mais voilà qu'en ce début d'été 1982, il me faut prendre les armes !

*

Nous devons rejoindre le camp militaire Poutilovsky sur les bords de la Volga, dans la région de Kalinine (aujourd'hui Tver), où sont réunis les garçons de plusieurs écoles supérieures de Moscou. Le programme du stage militaire d'été y est intensif. Raids à pied, tirs, parcours du combattant, exercices tactiques, nous sommes mis à l'épreuve quotidiennement. Cette instruction est ensuite validée par toute une série de tests auxquels s'ajoute un examen de traduction militaire. Elle aussi fait l'objet de contrôles destinés à confirmer notre statut d'interprète des armées.

Tous les garçons de notre classe d'âge du MGIMO, près de 300 pour les quatre facultés réunies, forment un bataillon, divisé en trois compagnies. Chaque compagnie d'une centaine de personnes est divisée en trois pelotons, subdivisés en trois sections de 10 à 12 personnes. Ce sont les officiers de notre chaire militaire qui sont aux commandes.

Notre peloton « français » d'une trentaine d'étudiants est placé sous le commandement d'un capitaine du MGIMO, enseignant en traduction militaire, secondé par un sergent-chef. Ce rôle est assuré par un élève de la faculté diplomatique du MGIMO qui se voit chargé des rassemblements et de la transmission des ordres, horaires, tenue, emploi du temps.

Celui-là est entré au MGIMO par la petite porte du concours interne après deux ans de service militaire obligatoire et une année de faculté préparatoire. C'est une forme de discrimination positive soviétique pour faciliter l'accès des facs prestigieuses aux couches sociales défavorisées – contrairement à la majorité d'entre nous, les « écoliers » moscovites, qui sommes passés directement des bancs de l'école à l'université par le difficile concours externe. Il a certainement gagné ses épaulettes de sergent-chef dans les rudes conditions de la *dédovchtchina* (brimades). Il a du mal à briller par ses études à la fac. Et là, il se retrouve à nouveau dans son élément avec la jouissance sadique du pouvoir. Nous sentons que dans cet environnement militaire qui lui est familier et rassurant il veut prendre sa revanche sur nous, qui sommes des privilégiés à ses yeux. Il veut nous faire payer son parcours chaotique et reproduire avec nous ce qu'il a vécu d'humiliant et de dégradant. Brimades, corvées, engueulades, il adore jouer les caïds de cour de caserne et se met en quatre pour lécher les bottes de la hiérarchie militaire professionnelle. Et comme je suis le meilleur élève en français, il m'a pris en grippe. En le regardant, je me surprends à penser à Nikolaï, mon OT du KGB, tant ils se ressemblent, et le malaise que j'ai ressenti à ma première rencontre opérationnelle avec ce dernier me revient en mémoire. Mais je n'ai pas le temps d'y réfléchir et d'analyser…

Un jour, alors que nous venons de passer plusieurs nuits sur le terrain, le voilà qui se fait attendre au rassemblement du matin. Voulant meubler son absence, je me mets à raconter une histoire drôle à mes camarades.

Khrouchtchev et Kennedy font la course. Kennedy gagne – normal, il est plus jeune. La Pravda *diffuse l'information : « Khrouchtchev brillant deuxième, Kennedy avant-dernier. »*

Les rangs commencent à se gondoler au moment même où arrive notre allumé du galon.

– C'est quoi, ces rires ? Nous sommes les futurs officiers, c'est sérieux ! Qui fait le clown et met la pagaille dans les rangs ? Qu'il se dénonce tout de suite !

C'est qu'il ne plaisante pas ! Craignant de sa part une réaction schizophrénique à l'égard de mes camarades, je me dénonce en levant le bras.

– Encore vous, Jirnov ! Vous n'avez toujours pas compris le sens de la discipline militaire ! L'armée vous fait rire ? Alors vous irez faire rire dans les cuisines pendant une journée !

Au lieu d'acquiescer, les ordres ne se discutent pas, et d'accepter la punition avec un réglementaire « Sergent, à vos ordres, sergent ! Oui pour une journée de corvée de cuisine ! », comme l'exige le code militaire, je reproduis sa phrase mot pour mot.

– À vos ordres, sergent, oui pour aller faire rire les cuisines pendant une journée !

Le détachement éclate alors d'un rire homérique.

– Silence !, hurle-t-il, hors de lui. Jirnov, je vous colle quarante-huit heures de corvée de cuisine !

– Sergent, à vos ordres, sergent ! Oui pour quarante-huit heures de corvée de cuisine !

Cette fois, je me plie docilement, satisfait de ma vengeance publique sur le dégénéré. La punition est rude, la corvée de cuisine est la pire ! Mais ce n'est pas fini…

– Jirnov ! Venez ici !, lance une voix lointaine.

C'est fou comme on me demande, ces temps-ci ! Je me retourne, c'est le capitaine qui a assisté à la scène à l'écart. J'accours et m'entends dire :

– Jirnov, je vous rajoute vingt-quatre heures de corvée de cuisine! renchérit-il, un sourire malicieux aux lèvres, que j'interprète comme moqueur.

– À vos ordres, mon capitaine! Oui pour vingt-quatre heures supplémentaires de corvée de cuisine!

À ce moment précis, je le hais pour ce sourire ironique et pour cette punition supplémentaire, d'autant plus que j'étais persuadé qu'il m'avait à la bonne, qu'il avait de l'estime pour mon niveau en français et qu'il me considérait comme son meilleur élève. J'aperçois les regards compatissants de mes camarades, mais cela ne m'évitera pas la sanction…

Je prends mon service de corvée à la cuisine à 18 heures le jour même. Petite récompense, avant de le faire, j'ai droit à quatre heures de repos réglementaires. Après le déjeuner, le plus tranquillement du monde, je me déshabille donc et me mets au lit sous ma tente, en demandant au gars en faction de me réveiller vers 17h30. Faisant du zèle lors de l'inspection du campement, mon ennemi de sergent me surprend en train de dormir en dehors des heures habituelles, ce qui provoque sa colère. Me voir au repos, quand tout le détachement est en exercice, lui est insupportable. Il hurle :

– Debout, Jirnov!

Sans me lever et en tournant juste la tête, je lui réponds avec un large sourire :

– Sergent! Depuis 14 heures, je suis sous l'autorité du chef des cuisines pour soixante-douze heures. Vous n'avez plus aucun ordre à me donner, désolé, sergent! Si vous n'êtes pas d'accord, adressez-vous à mon supérieur hiérarchique direct pour la durée de votre punition.

Traduit de la langue militaire en termes civils, cela signifie : « Va te faire foutre, connard! » Il est fou de rage mais il sait que j'ai raison. Il comprend qu'en me punissant il m'a en fait soustrait pour un temps à son comportement tyrannique. Et ce n'est pas fini… Très content de mon numéro, je me paie les trois heures de sommeil qui me manquaient tant.

Une fois bien reposé, je vais prendre mon poste à la cuisine. Nous sommes une quinzaine de « punis » à seconder le chef dans ses travaux pénibles. Après la préparation, nous servons le dîner à des centaines de personnes. Là encore je trouve le moyen de me venger de mon sergent. Le rab, c'est pour les copains mais pas pour lui. C'est un grand gaillard qui a toujours faim et lorsqu'il en redemande, je fais la sourde oreille.

Ce n'est d'ailleurs pas une obligation mais une faveur qu'il ne peut exiger – après tout, il a mangé sa portion comme tout le monde.

L'enfer pour moi commence après le dîner. Me voici donc à laver les assiettes de tout le camp à l'eau froide et à la moutarde sèche. Il n'y a pas de savon liquide pour faire la plonge dans l'Armée Rouge, aussi utilise-t-on le pouvoir décapant des graines de moutarde ! L'eau usée ressemble à un cloaque putride dans lequel je trempe mes mains pendant trois heures. Aussitôt après, ce sont les patates à éplucher, les repas à servir et rebelote pour la vaisselle.

Mais ensuite, vient l'heure du chef ! Là, je parle du cuisinier, qui a dû être arpète dans un restaurant gastronomique avant d'atterrir dans les blindés. Il prépare pour ceux qui travaillent avec lui des *chachliki* d'agneau (brochettes russes) qu'il a fait mariner tout l'après-midi et des côtelettes de porc tandis que les autres n'ont eu droit qu'à un misérable bol de soupe et des saucisses. Puis il sort la vodka et là, ça devient grandiose. Le temps ne compte plus, le couvre-feu n'est pas pour nous.

Nous sommes au milieu de la forêt, à cinq ou six près d'un feu de bois, et nous nous mettons à chanter. Peu à peu, autour de nous, sous les tentes, on entend les voix des soldats reprendre ces airs de la vieille Russie. Cela peut paraître étrange, mais ces chants qui s'élèvent dans la nuit sont le reflet de l'âme russe, celle dont nous parle Tolstoï.

« Il est triste et joyeux, par une nuit d'été tranquille, parmi une forêt silencieuse, d'écouter une vive chanson russe. Ici la tristesse est sans fin, sans espoir, la force est invincible, le sceau du destin est fatal, la prédestination est de fer, l'un des principes fondamentaux de notre nation, qui peut expliquer beaucoup de choses, est que la vie russe semble incompréhensible. Et que ne peut-on pas entendre dans la longue chanson de la nuit d'été et de la forêt silencieuse ! »

*

Le lendemain, adieu Tolstoï ! La tête prise dans un étau, je suis réveillé à 7 heures par les coups de sifflet du sergent qui passe dans les tentes. Rassemblement, exercices physiques du matin, petit déj et classe de traduction. Mais pas pour moi ! J'ai encore cinquante-cinq heures de « punition » à exécuter…

En dehors des obligations de la cuisine, je dors dans ma tente, je mange de vrais plats, je bois de la vodka et je glandouille en toute impunité. Mais le meilleur arrive la troisième nuit, au petit matin…

À 4 heures du matin : clairons et tambours, branle-bas de combat !

Alerte rouge ! Les États-Unis et l'OTAN ont attaqué l'URSS ! Debout, soldats ! Il faut défendre la Mère Patrie ! Le bataillon du MGIMO s'équipe comme pour la vraie guerre avec armes et munitions, provisions pour trois jours (on ne sait jamais). Les sacs pèsent lourd ! Les soldats sont chargés comme des mules. C'est parti pour un raid de vingt-quatre heures. En avant, marche ! Sauf pour moi et les autres « punis » de la cuisine... Goguenards, nous regardons s'éloigner nos pauvres camarades, la corvée a changé de camp !

Je comprends alors que la punition supplémentaire infligée par mon capitaine n'en était pas vraiment une et que son sourire moqueur ne m'était pas destiné. Aux yeux du capitaine, la sanction que m'a collée le lèche-bottes en chef était exagérée, une vengeance mesquine et un abus de pouvoir qu'il aurait pu annuler. Il a préféré faire semblant de me punir davantage et, en me donnant vingt-quatre heures de corvée supplémentaire, il m'a évité vingt-quatre heures de crapahut à travers la steppe !

Comme tout le camp est parti en raid avec le casse-croûte, nous n'avons pratiquement rien à faire à la cuisine pendant vingt-quatre heures, sinon servir le commandement et les malades. Le reste du temps, à moi côtelettes, brochettes et vodka ! Je défends la *Rodina*, la Patrie, la fourchette et le verre à la main !

J'assiste le lendemain dans la matinée, en riant sous cape, au retour de mes camarades, sales et morts de fatigue après une marche de 50 kilomètres avec tout le barda réglementaire. Vers midi, j'entends mon nom. L'estafette m'apprend que je suis convoqué au PC du bataillon. Qu'ai-je encore fait ?

Mon capitaine m'annonce que la prestation de serment solennel est prévue le dimanche suivant. Dans l'Armée Rouge, on jure sur le drapeau de défendre la Patrie et le communisme jusqu'à notre dernier souffle et ce serment se prête devant nos familles. Mais s'agissant d'étudiants du MGIMO, l'armée a mis les petits plats dans les grands, d'autant plus qu'Andreï Brejnev, le petit-fils du secrétaire général du Comité central du PCUS, est dans nos rangs. Assisteront à la cérémonie le papa d'Andreï, fils de Léonid Brejnev, premier adjoint du ministre du Commerce extérieur (MVT) dans le ministère de tutelle de ma faculté des relations économiques internationales, ainsi que le premier adjoint du ministre des Affaires étrangères (MID), dont dépend toute notre université.

– Donc, me dit le capitaine, toi qui sais raconter des histoires drôles, tu vas nous dire quelques mots pour l'occasion. Quelque chose de bref, mais percutant !

J'ai beau avoir l'esprit frondeur et moqueur, je suis un patriote, j'aime mon pays. Inutile également de jouer les matamores, il faut que je pense à moi, à mon avenir au KGB. Le dimanche suivant, du haut de la tribune officielle, devant le fils du secrétaire général du PCUS et son collègue du MID ainsi que tout un parterre de généraux et d'anciens combattants, je proclame d'une voix forte, une main sur ma Kalachnikov et l'autre sur le drapeau :

– Nous, la jeunesse communiste du MGIMO, futurs combattants du communisme sur le front international, nous assurons le Parti que jamais nous n'abandonnerons nos idéaux.

Je vois à mes pieds les 300 étudiants de la plus prestigieuse école supérieure du pays me dévorer des yeux, envieux.

Nous poussons ensuite trois « hourras » à gorge déployée avant de rejoindre le buffet qui a été préparé par mon ami le marmiton avec lequel j'ai passé soixante-douze heures de rêve dans sa cuisine. Là, nous faisons de multiples accolades avec nos vétérans et nous portons des toasts à la gloire de l'Union soviétique.

Jamais nous n'abandonnerons nos idéaux... En disant cela, je mens, bien sûr. Il n'y a guère que les ultraconservateurs pour croire encore dans un système à bout de souffle. Dans moins de dix ans, l'Union soviétique va s'effondrer sans que personne ne lève le petit doigt pour la défendre. À commencer par les 420 000 tchékistes, Poutine compris, qui lui avaient solennellement promis leur vie et la trahiront lâchement. Et je vais me retrouver au cœur de la tourmente.

Chapitre 21

Interprète au Comité central du Parti

Après un mois passé sous l'uniforme, quel plaisir de retrouver Moscou! Nous n'en avons pas encore tout à fait fini avec l'armée, puisqu'il nous faut encore réussir les examens militaires d'État qui vont faire de nous des lieutenants. Respirer l'air de la capitale me fait du bien. Chaque jour, je fonce dans le quartier de l'Arbat, celui des intellectuels, où fleurissent librairies, disquaires et cafés littéraires, dominés par la célèbre rotonde du restaurant Praga[1], l'un des plus prisés de la ville. Je retrouve mes amis attablés aux terrasses des cafés et, un soir, fier de moi, je peux leur annoncer que je viens de recevoir le document officiel faisant de moi un officier traducteur, affecté dans la réserve du ministère de la Défense. Adieu *dédovchtchina,* tu ne croiseras pas le lieutenant Jirnov!

Un grand événement m'attend à Zélénograd : le nouveau central téléphonique promis en 1972 est définitivement terminé et, en août 1982, avec deux quinquennats de retard, nous disposons enfin de notre ligne téléphonique privée et directe. Mieux vaut tard que jamais! Le communisme triomphant finit par vaincre son inefficacité. En tant qu'agent secret, terminé pour moi les cabines téléphoniques à sens unique… En URSS, il est impossible de se faire appeler dans une cabine. Le premier à s'en réjouir est le KGB, mon OT pourra maintenant me joindre lui aussi à n'importe quelle heure du jour et de la nuit. Bien sûr, le service d'écoute pourra suivre en direct nos conversations via ce nouveau canal! Je soupçonne d'ailleurs le KGB de ne pas être pour rien dans l'accélération subite de la réalisation de cette ligne…

À peine notre téléphone branché, un coup de fil me convoque à l'appareil du Comité central du Parti. Une prof de français du MGIMO m'a recommandé au département des relations internationales. Le responsable du secteur Afrique du Nord francophone m'annonce que

1. Restaurant réputé qui tire son nom de la ville de Prague et qui a été transformé en musée en 2018. Il avait une spécialité, le *Praga*, un gâteau russe au chocolat.

pendant le mois d'août je vais servir d'interprète à deux étrangers, l'un marocain et l'autre tunisien. Quand il me dit que tous deux sont membres du parti communiste de leur pays, je vois la main du KGB plutôt que celle de mon université dans cette affectation.

Au Maroc, le PC s'appelle, depuis 1974, le « Parti du progrès et du socialisme » et il a connu de longues années de clandestinité en raison de son interdiction par le régime. Quant au PC tunisien, ce n'est que l'année précédente, le 18 juillet 1981, que le président Habib Bourguiba l'a autorisé à reprendre ses activités. L'existence de ces deux formations ne tient donc qu'à un fil. Leurs représentants sont venus en URSS pour y trouver un appui idéologique, politique et matériel afin de faire ensuite prospérer la pensée marxiste en Afrique du Nord. L'homme du Comité central m'a demandé de particulièrement les choyer. Pour cela, il m'a remis un laissez-passer spécial qui va nous permettre d'aller d'étonnement en étonnement, les camarades maghrébins et moi.

Je vais découvrir avec eux l'un des secrets les mieux gardés d'URSS, un quasi-secret d'État ! Il a pour nom la section n° 200 du GOUM, cette grande galerie commerciale située sur la Place Rouge. Contrairement à ce que pourrait laisser penser son intitulé, il ne s'agit pas d'une arme mystérieuse destinée à pulvériser les impérialistes occidentaux, bien au contraire ! Ce serait même plutôt l'inverse ! Sacrifiant les principes fondateurs du communisme sur l'autel du consumérisme, le Parti a installé les marchands du Temple face au mausolée de Lénine, une sorte d'ironie ou de provocation envers le père fondateur du communisme. On ne vend là que des produits occidentaux ou associés. L'endroit est sélectif, seuls les membres du Comité central du Parti et leurs affidés y ont accès, ce qui est, bien sûr, contraire au principe de base du PCUS, à savoir l'abolition des privilèges bourgeois. Mais on n'est pas à une contradiction près chez les communistes et les doubles standards sont la règle depuis le coup d'État contre Nikita Khrouchtchev en 1964, le dernier communiste à la tête de l'État. Si le communisme y est encore pour quelque chose dans cette section de la consommation capitaliste bourgeoise, c'est côté prix. Tout est ridiculement peu cher, et l'on paie en roubles des produits d'importation achetés au prix fort en devises étrangères par les centrales du commerce extérieur, dont le ministère de tutelle est dirigé par le propre fils du secrétaire général du PCUS. Drôle de coïncidence, n'est-ce pas ? Les complotistes y verraient une corrélation de cause à effet.

J'emmène tout d'abord ma petite troupe en visite générale des lieux. Le GOUM, acronyme de « Magasin universel d'État », est une institution moscovite. Inauguré par le tsar en 1893, c'est une construction monumentale comprenant plus de 200 magasins répartis sur trois galeries marchandes de trois étages chacune qui se font face sous la lumière naturelle de deux immenses dômes de verre. C'est après la mort de Staline, qui, lui, voulait le détruire, que le GOUM a pris un essor nouveau en accueillant des défilés de Dior ou de Chanel. Cependant, on y trouve majoritairement des produits soviétiques. Contrairement à la section n° 200, ici les articles occidentaux sont rares, horriblement chers, et disparaissent sitôt mis en vente, achetés la plupart du temps par des initiés que des vendeurs avertissent secrètement au moment de l'arrivage, moyennant une commission.

Pour profiter de l'opulence occidentale en permanence, en roubles et à des prix ridiculement bas, c'est la porte à côté ! Nous voici donc à l'entrée de la fameuse section n° 200, réservée à l'élite du Parti. Il faut d'abord montrer patte blanche au poste de contrôle. Pas question que la plèbe pénètre dans ces lieux et qu'elle prenne goût au luxe bourgeois ! Je brandis le sésame donné par l'homme du Comité central et nous entrons. Aussitôt, c'est le choc ! Les étagères débordent d'une foule de produits que l'on ne peut trouver qu'ici. Mes deux compagnons en restent bouche bée. Je ne les tiens plus. Au diable les préceptes de Marx, Lénine et consorts, la folie de la consommation s'empare d'eux.

Mon Marocain fonce sur le rayon chemises tandis que le Tunisien se rue sur les parfums, tous deux brandissant des liasses de roubles fournies par le Comité central du PCUS au nom de la solidarité internationale avec les frères étrangers. C'est donc le contribuable soviétique, qui, lui, manque de tout, dont on sollicite le portefeuille à son insu. Et mes deux invités n'auront aucun problème à la douane lors de leur sortie du territoire : ils passeront par le guichet VIP de Chérémétiévo-2, où il n'y a aucun contrôle puisqu'il est réservé à l'élite.

Ma mission doit se limiter à les accompagner, je n'ai pas le droit de procéder à des achats personnels, mais la tentation est trop forte et je craque à mon tour. Tant pis pour la règle ! Discrètement, je demande en français à mes compagnons, afin que les vendeuses ne me comprennent pas, d'acheter quelque chose pour moi avec la promesse de les rembourser immédiatement après. Je repars donc avec deux beaux costumes yougoslaves (la Yougoslavie, après la brouille du maréchal Tito avec Brejnev, a été classée comme pays capitaliste et ses produits sont de qualité occidentale). Je choisis un costume d'été, beige, et un magnifique « trois pièces » gris anthracite. Le tout payé au prix nominatif d'État, c'est-à-dire quasiment rien.

Mes deux « communistes » sortent du temple du consumérisme des paquets plein les bras et, pour mettre un frein à leurs achats compulsifs, je les emmène déjeuner dans un restaurant du Parti. Nouveau coup sur la calebasse ! Ils tombent en pâmoison devant la majesté du décor, la qualité des plats et du service.

Cependant, leur fièvre acheteuse étant retombée, ils s'interrogent. Pourquoi cet endroit est-il ghettoïsé ? Car là encore, n'entre pas qui veut : on n'y croise que les VIP du Parti, et, en dehors des serveurs, on ne risque pas d'y rencontrer le prolétariat. Il y a trois heures, ils voyaient des queues interminables de Moscovites s'étirer à la porte des magasins ou des restaurants aux menus faméliques, et voilà qu'ils découvrent que l'abondance existe au pays des soviets, mais qu'elle est réservée à l'élite. Allez leur expliquer la lutte des classes, après cela !

Entre nous soit dit, la lutte des classes, mes deux « communistes » maghrébins n'en ont rien à faire ! Ils sont là pour renforcer les liens qui les unissent à Moscou. Le Comité central du PCUS fait son maximum pour les mettre dans son sillon et ne lésine pas sur les moyens. C'est clairement de la corruption internationale. Dans les pays pauvres, que l'on appelle « en voie de développement » pour éviter de blesser leurs ressortissants, les partis communistes sont souvent peu puissants et leurs dirigeants sont, la plupart du temps, âgés et malades. N'ayant pas les moyens de se faire soigner convenablement chez eux, ils profitent de leurs séjours en URSS pour s'occuper de leurs problèmes de santé.

La Quatrième Direction générale du ministère de la Santé d'URSS est en charge de la médecine du Kremlin. Elle possède plusieurs hôpitaux et polycliniques ainsi que des sanatoriums et des maisons de repos. J'amène mes deux Nord-Africains à tour de rôle à Kountsévo, à la clinique centrale du Comité central. Ces visites, que je répéterai plusieurs fois, me font croiser des membres du Politburo avec lesquels il m'arrive de discuter. Je commence à avoir un carnet d'adresses bien rempli et à connaître beaucoup de monde dans le milieu très fermé de la santé des puissants. J'y ferai bientôt une rencontre extraordinaire qui marquera ma vie…

Je profite aussi des largesses du département international du Comité central du Parti. Il peut tout organiser, notamment dans la sphère culturelle. Des places dans n'importe quelle salle de concert et des entrées dans tous les musées sont à la disposition des hôtes étrangers du Comité central. Mais mes deux vieillards, fatigués de leur journée, n'ont envie de rien le soir. Ils ne sont pas suffisamment curieux pour apprécier la richesse culturelle de mon pays. Cela me désole pour eux, mais surtout pour moi, qui voulais en profiter aussi.

Alors, tant pis pour l'amitié entre les partis communistes frères, je ramène mes deux Maghrébins anémiques à l'hôtel du Parti, prends la Volga noire qui m'est attribuée par le CC (Comité central) et pars seul dans les meilleurs théâtres de Moscou. Mon statut d'interprète officiel m'ouvre la loge du directeur ou les premiers rangs des fauteuils (en russe on dit *parterre*). Les autres spectateurs me regardent avec curiosité, en se demandant à quelle famille dirigeante je pourrais bien appartenir pour occuper des places réservées à la haute nomenklatura du pays. Mon statut d'étudiant du MGIMO ne fait que confirmer les suppositions les plus foldingues…

*

Un seul problème matériel me complique la vie. C'est que je ne peux disposer de la voiture officielle que dans Moscou intra-muros. Zélénograd, malgré son statut d'arrondissement moscovite, n'en fait pas partie. Le mieux que je puisse obtenir, c'est de me faire déposer au terminus du bus 400 à Retchnoy Vokzal, au nord-ouest de la ville.

Un soir, à la sortie du magnifique ballet *Casse-Noisette* au théâtre Bolchoï, je tombe sur un collègue de l'agence Spoutnik, Konstantine, qui est là avec son groupe de touristes. Il m'a vu dans la loge « royale » et en a été très impressionné. Il me propose de rejoindre son groupe français pour boire un coup. Je laisse alors filer mon chauffeur du Comité central et prends le car Spoutnik avec mon pote et ses jeunes Français jusqu'à l'hôtel Molodejnaïa, que je connais comme ma poche.

Nous prenons un pot dans un bar avec quelques membres de son groupe qui sont en admiration devant mon français. Cette discussion me change de la compagnie de mes deux vieillards « communistes » d'Afrique du Nord qui ne s'intéressent à rien, hormis au pouvoir, à l'argent de Moscou et aux complots géopolitiques fomentés par le KGB et le Kremlin ! La discussion avec la jeunesse française aidant, je ne vois pas le temps passer. Tout à coup, je m'aperçois qu'il va être minuit, mais c'est trop tard ! Le dernier bus de la ligne 400 est parti ! Je n'ai plus mon chauffeur et le taxi pour Zélénograd va me coûter la peau des fesses.

– Ne te casse pas la tête, Sergueï, deux personnes de mon groupe qui devaient être dans les chambres individuelles ont préféré se mettre ensemble, tu connais les Français ! Du coup j'ai une chambre payée qui est vide, ici à l'hôtel. Prends-la, et si quelqu'un te pose une question, tu réponds en français, le personnel n'y verra que du feu ! D'ailleurs, nous restons à Moscou toute la semaine, alors, si ça t'arrange, installe-toi ici autant que tu veux. Mon groupe et moi, nous apprécierons de pouvoir discuter avec toi.

Une telle proposition, qui permet de m'épargner chaque matin le trajet Zélénograd-Moscou afin de rejoindre mon binôme de vieillards, ne peut se refuser. J'accepte donc volontiers. J'ai juste oublié un petit détail : la *déjournaïa po étajou*, la responsable d'étage. Elle trône derrière un bureau situé au milieu du couloir et n'est pas là pour s'assurer que les chambres sont propres et les serviettes changées. Elle règne surtout en maître sur un bataillon de femmes de ménage qui lui rapportent tout. Alors que mon séjour prend fin et que je m'apprête à passer ma quatrième et dernière nuit dans cet hôtel, la foudre me tombe dessus au sortir de l'ascenseur.

La *déjournaïa po étajou* m'attend, mais elle n'est pas seule ! Elle a convoqué du renfort sous la forme de deux types qui me brandissent une carte rouge sous le nez : KGB !

– C'est un groupe de 35 personnes, mais il y a 36 lits occupés. Tu es qui ?

– Je suis de Spoutnik, et c'est mon ami Konstantine qui m'a invité. Il y a un lit disponible…

– Viens avec nous !

Alors que nous nous dirigeons vers les bureaux administratifs de l'hôtel, j'imagine la chaîne de transmission de l'information. Les femmes de ménage, la responsable, le KGB qui donne une consigne claire : *Vous ne traitez pas le problème vous-même, vous nous prévenez !* Inutile de finasser. Avant même qu'ils ne soient assis, j'interviens.

– Appelez ce numéro, dis-je en leur dictant le numéro de téléphone de Nikolaï.

L'affaire se règle bien sûr immédiatement, mais deux jours plus tard, après le départ de mes deux visiteurs, Nikolaï me passe un savon. Je ressens soudain de sa part la même jalousie envers un étudiant du MGIMO que celle émanant de mon sergent lors du camp militaire. Notre conversation s'envenime un peu quand je lui fais part de mon étonnement quant aux proportions prises par une broutille qui aurait pu se traiter avec la direction de l'établissement. Je m'entends alors répondre :

– Dans les hôtels, tout le monde travaille pour nous, Sergueï. Les prostituées, les trafiquants de devises, les *déjournaïa po étajou*, les femmes de ménage, les « Suisses », tous nous mangent dans la main et nous renseignent. Tout remonte au KGB, absolument tout ! Si tu veux tenir un pays comme le nôtre, c'est un mal nécessaire. Rassure-toi, c'est un autre destin que celui de la police politique qui t'attend. Mais tu ne dois pas faire preuve d'une telle liberté, pour ne pas dire frivolité, dans ce milieu qui est très surveillé par notre service du contre-espionnage. Je ne serai pas là à tous les coups pour te venir en aide et, un jour, ça pourrait te jouer un mauvais tour ! Tu sais, tu cumules les emmerdes et ça commence à s'empiler dans ton dossier.

– Nikolaï, reconnais que je ne fais rien de vraiment répréhensible et que je suis franc avec le Service et avec toi. J'essaie juste d'appliquer le bon sens, quel mal y a-t-il à profiter d'une chambre vide qui est de toute façon payée ? J'en ai marre de ce double langage et de ces mensonges. Tu me passes un savon pour une broutille qui n'a pas coûté un seul kopeck à la société et tu reconnais en même temps que notre KGB couvre tranquillement et systématiquement des crimes à plusieurs millions de dollars ainsi que la corruption généralisée du pays ?! Es-tu vraiment sûr de ta logique et du bien-fondé de tout ça ? L'espionnage est considéré comme l'un des pires crimes dans tous les pays du monde et toi, l'espion, tu me pousses à mentir à mes parents et amis, pour venir ensuite me donner des leçons de morale !

Il est pris de court par ma tirade passionnée qui me semble être d'une logique implacable. Il essaie alors, tant bien que mal, d'invoquer les « raisons d'État » pour justifier sa remarque. Il n'empêche, ce flicage à outrance me chiffonne, car je me rends compte que la plus petite incartade est traitée comme une atteinte à la sûreté de l'État. Inutile de m'épancher davantage sur ce sujet avec mon OT, qui d'ailleurs n'en a pas la moindre envie, cela se voit. Et moi, j'ai de moins en moins envie de travailler avec lui et le KGB.

Je me raisonne en me disant que la porte n'est pas complètement fermée et que s'il faut jouer des coudes pour partir en Occident, ils peuvent compter sur moi. Mais pour le moment, un autre défi m'attend. Je suis en dernière année au MGIMO, celle de la thèse, et j'ai rendez-vous dans une centrale d'achat du ministère du Commerce extérieur, en plein centre de Moscou, pour y effectuer mon stage de fin de cursus universitaire.

Chapitre 22

Mes rencontres avec Andropov

Où va le capitalisme ? Il court à sa perte ! En entendant ce leitmotiv que nous serinent à la télévision les pontes du régime, le Moscovite, qui a l'humour caustique, ne peut s'empêcher d'ajouter : *Le communisme doit rattraper et dépasser le capitalisme !* Notre vieux slogan tourne alors à l'absurde et au ridicule.

En ce matin de septembre 1982, je suis précisément devant la matérialisation de ce défi permanent qui oppose l'Est à l'Ouest, à savoir une construction gigantesque qui n'est autre que l'une des « Sept sœurs », ces gratte-ciel staliniens édifiés entre 1947 et 1955 pour les huit cents ans de Moscou. Staline en voulait un par siècle, mais seuls sept ont été construits. Le projet fou d'un bâtiment colossal de 500 mètres de haut avec une statue de Lénine de 100 mètres trônant à son sommet, prévu à l'emplacement de l'ancienne cathédrale du Christ-Sauveur dynamitée en 1931, a d'abord été ralenti par les difficultés quasi mystiques du terrain « maudit », puis abandonné après la mort de l'amateur du gigantisme démesuré. À la place de ce gratte-ciel, on a creusé une gigantesque piscine à ciel ouvert.

La tour dans laquelle je pénètre, rue Smolenskaïa-Sennaïa, à 2 kilomètres au sud-ouest du Kremlin, mesure 176 mètres de haut et compte 27 étages. Elle abrite, outre le ministère des Affaires étrangères (MID) d'URSS et celui du Commerce extérieur (MVT), une bonne partie des centrales étatiques d'import-export. Dans l'aile nord de ce gratte-ciel, on m'attend chez Soyouz-chime-export.

Si le nom est ronflant et l'endroit prestigieux, le travail que l'on me propose pour mes six mois de stage de fin d'études l'est beaucoup moins. Me voilà chargé d'établir des statistiques sur les valeurs et les quantités des produits chimiques de toutes sortes qu'exporte l'URSS. *« Les statistiques, c'est comme le lampadaire pour l'ivrogne, ça l'aide, mais ça ne le fait pas avancer »*, a-t-on coutume de dire dans ce pays qui compte un bon tiers d'alcooliques parmi sa population. Je mesure rapidement l'ennui extrême que me réserve cette activité statistique aussi fastidieuse qu'honorable dans mon futur métier d'économiste international et décide de secouer le cocotier pour me sortir de ce trou dans lequel je suis condamné à végéter si je ne fais rien.

*

Je fais marcher ma nouvelle ligne téléphonique et le carnet d'adresses constitué grâce à mon travail d'interprète pour le Comité central du Parti. L'un des fonctionnaires du fameux « Comité des organisations de la jeunesse » (KMO), le ministère des Affaires étrangères du Komsomol, me rappelle pour me demander de faire une mission chez eux. Il est l'un de ceux qui n'ont pas voulu bouger le petit doigt pour m'aider à récupérer mes prix de RFI, mais je ne leur en tiens pas rigueur. Si l'on veut progresser dans une carrière, il faut savoir oublier ses ressentiments et traiter avec des personnes qui peuvent vous être antipathiques. C'est l'une des leçons apprises avec mon OT des « illégaux » du KGB : les meilleures sources et les gens de pouvoir sont rarement sympas et agréables à vivre !

J'accours, et me voici affecté au KMO comme interprète intérimaire dans le secteur des organisations internationales. Ce sont celles qui, dans le monde, semblent indépendantes mais sont en réalité étroitement liées au Kremlin. Elles sont utilisées soit pour notre propagande internationale, soit par le KGB comme couverture pour ses activités d'espionnage. Adieu, les statistiques fastidieuses et le gratte-ciel de la place Smolenskaïa-Sennaïa, me revoici plongé dans la pratique des langues.

Mon premier « client » n'est autre que le Libanais Walid Joumblatt. Il deviendra dans quelques années le chef des druzes et le président du Parti socialiste progressiste (PSP), farouchement opposé aux milices chrétiennes, et ce sera l'un des principaux acteurs de la guerre du Liban. Mais pour le moment, il est jeune et le Kremlin l'a secrètement propulsé au poste de président de la Fédération mondiale de la jeunesse démocratique (FMJD ou WFDY[1]), qui réunit plusieurs dizaines de pays. C'est une sorte d'ONU des jeunes, sous une discrète houlette communiste. En tant que dirigeant mondial de cette organisation, Joumblatt vient régulièrement en cachette à Moscou afin d'y recevoir des instructions et des financements secrets. Je suis chargé de l'accompagner pendant une dizaine de jours et de

1. En anglais, World Federation of Democratic Youth. Cette organisation internationale existe toujours, elle a son siège à Budapest.

lui servir d'interprète lors de pourparlers géopolitiques compliqués. Il faut savoir respecter sa façade « indépendante » et sa brillante stature internationale, il s'agit donc là d'un travail délicat qui nécessite du doigté.

Joumblatt n'est pas seul dans la capitale soviétique. Sa maîtresse, une jeune Libanaise, superbe brune aux yeux noirs qui fait ses études en URSS, l'accompagne lors de ses fréquentes visites. Alors que nous partons faire le tour de la ville, je sens que quelque chose ne va pas. Il se plaint de douleurs au ventre inquiétantes, et je demande aussitôt au chauffeur de nous ramener au Comité. Les jeunes fonctionnaires du KMO sont un peu pris au dépourvu. Si leurs collègues du Parti ont l'habitude de gérer les multiples malaises des caciques octogénaires qui nous gouvernent, ce n'est pas le cas des responsables du Komsomol. En effet, les jeunes communistes, d'ordinaire en bonne santé, ne sont absolument pas préparés aux cas nécessitant des interventions médicales d'urgence. Le Komsomol n'ayant pas de structure médicale particulière, c'est la panique à bord ! Il n'est pas question d'emmener une figure internationale de la stature de Joumblatt dans une polyclinique de quartier…

Par chance, j'ai dans mon carnet l'adresse de la 4e Direction générale du ministère de la Santé, au Kremlin. Je leur propose d'emmener immédiatement Joumblatt à l'hôpital du Kremlin afin de lui faire passer un bilan médical. Ils me regardent, étonnés, car les entrées sont strictement réservées à nos dirigeants et à quelques rares personnalités étrangères. J'interroge l'adjoint au chef de département.

– Vous avez ici une *vertouchka* ?

– Oui, le président et le premier vice-président du KMO en ont une chacun. Je vais demander si tu peux l'utiliser.

La *vertouchka* est un téléphone spécial relié directement au standard du Comité central du PCUS et au réseau téléphonique protégé, réservé à la nomenklatura du CC. En posséder un fait indiscutablement de vous l'un des hauts apparatchiks du pays. On m'amène au bureau du premier adjoint Nikolaï Moukhine, d'où je passe un coup de fil à la responsable de l'hôpital du Kremlin et lui expose le problème.

Immédiatement, tout s'organise. Une voiture du Comité central vient nous récupérer et, vingt minutes plus tard, Walid Joumblatt se retrouve entre les mains des médecins du Kremlin. Apparemment, son souci de santé n'est pas très grave, mais il doit subir une série d'examens pendant vingt-quatre heures. N'étant d'aucune utilité durant cette hospitalisation, puisque l'hôpital dispose de ses propres interprètes, je dépose la splendide brune aux yeux de braise à son foyer d'étudiants et retourne au KMO afin de rendre compte des aventures du Libanais.

Nous n'aurons pas affaire à un ingrat. Quand le général Vladimir Ismaïlov, du KGB, viendra lui rendre visite au Liban, chez lui à Moukhtara, pour lui demander de planquer un transfuge, il répondra présent.

Le transfuge en question n'était pas n'importe qui : il s'agissait de Stig Bergling, un ancien de la Säpo, la sûreté de l'État suédois. Tamponné par un officier de la GRU, Alexander Nikiforov, alors qu'il effectuait une mission au Moyen-Orient, il lui offrit ses services ! Rentré en Suède, il se vit confier la tâche de suivre les espions russes sur le territoire suédois. Il informa régulièrement Moscou du moindre écart des agents du KGB et de la GRU opérant en Scandinavie et transmit aux Soviétiques une importante quantité de documents confidentiels. Démasqué et arrêté en Israël en 1979, il fut extradé en Suède, où il fut condamné à la perpétuité. Il s'évada en 1987 lors d'une permission de sortie avec l'aide de sa femme. Sa cavale rocambolesque, organisée par le KGB, l'emmena jusqu'à Moukhtara, chez Walid Joumblatt. Il finit par rentrer en Suède où, après quelques années de prison, il termina paisiblement sa vie.

*

Le lendemain, je viens prendre des nouvelles de Walid Joumblatt à la clinique centrale de Kountsévo. Il va mieux mais il a encore quelques examens à passer. Je dois patienter une heure ou deux. En l'attendant, je traîne à l'hôpital en bavardant avec les responsables, médecins et infirmières. C'est utile d'élargir ses connaissances ici, ça peut toujours servir. Et c'est l'occasion pour moi de mettre à l'épreuve mes qualités de futur espion. En effet, il faut savoir établir un contact avec n'importe quelle personne, dans n'importe quel lieu et n'importe quelle situation.

Dans cet endroit privilégié, on est presque certain à chaque passage de croiser l'un des membres du Bureau politique du Comité central dont chaque komsomolets doit impérativement connaître les noms par cœur. Leurs portraits sont affichés partout, on les voit souvent à la télévision, et on a l'impression de les connaître personnellement depuis notre petite enfance.

Et celui qui arrive, flanqué de deux gardes du corps, c'est Youri Andropov ! Après quinze ans à la tête du KGB, il en a quitté la présidence le 26 mai dernier, sain et sauf ! L'exploit mérite d'être signalé, car il en est le premier chef à ne pas finir exécuté ou en disgrâce totale comme Chélépine ou son ami Sémitchastny. Au contraire, Andropov est en pleine ascension puisqu'il est déjà deuxième secrétaire du Parti et, dans moins de deux mois, il remplacera Brejnev à la tête du PCUS et de l'URSS.

Je le salue donc d'un vigoureux et respectueux :

– Bonjour, Youri Vladimirovitch !

Il marque un arrêt.

– Bonjour, jeune homme, vous êtes...

– Sergueï Jirnov, étudiant au MGIMO.

– Jirnov Sergueï, du MGIMO ? Ça me dit quelque chose... Celui qui est passionné de français ?!

Je suis surpris ! Le tout-puissant ancien président du KGB et actuel numéro deux du Parti connaît mon nom et sait qui je suis !

– Vous me connaissez, Youri Vladimirovitch ?

– Vous savez, jeune homme, ce n'est pas tous les jours qu'un étudiant du MGIMO envoie depuis la ville fermée de Zélénograd des télégrammes à Paris ! Qu'est-ce que vous croyez ! Bien sûr que je me souviens de votre histoire ! Vous nous avez causé quelques sérieux soucis ! Pour tout vous dire, nous avons craint une infiltration des services occidentaux dans notre meilleure université et au cœur de notre industrie électronique la plus secrète ! Vous n'imaginez pas combien de ressources opérationnelles vous nous avez coûté, avec votre francophilie ! Pendant soixante-douze heures, vous avez été l'individu le plus recherché de l'URSS ! À cause de vous, j'ai dû faire un rapport spécial pour le Politburo en décembre 1980. Cela marque, vous comprenez... Mais qu'est-ce que vous faites ici ?

– Je suis ici comme interprète et j'accompagne actuellement Walid Joumblatt pendant son séjour à Moscou. Il a quelques soucis de santé et j'ai aidé le KMO à le faire admettre ici pour un bilan médical.

– Très intéressant ! Je le suis depuis pas mal de temps, c'est un homme important qui nous aide beaucoup dans l'arène internationale et au Proche-Orient. Si vous êtes d'accord, à la fin de votre mission, vous me ferez un petit compte rendu, deux pages, pas plus ! Vous êtes toujours en contact confidentiel avec le service des « illégaux » du général Drozdov ?

– Affirmatif, Youri Vladimirovitch !

– C'est moi qui leur ai suggéré de vous approcher. J'ai même signé l'ordre de votre recrutement comme agent. Vous passerez la fiche pour moi à votre OT. Il saura comment la faire suivre...

– À vos ordres, *tovaritch* Andropov !

– Très bien, je vous recontacterai après. J'ai encore une petite histoire à vous raconter. Ça va vous intéresser. À bientôt, Sergueï Olégovitch !

Si un jeune catholique rencontrait le pape en personne et que celui-ci lui disait le connaître, il serait moins secoué que moi après cette petite conversation avec l'homme fort de notre régime. Le soir même, enthousiaste, je passe un coup de fil à Nikolaï pour lui raconter les détails, mais il me coupe la parole en disant : « Je suis au courant ! On en parlera prochainement où tu sais… »

*

Après avoir raccompagné Walid Joumblatt à l'aéroport, je rentre vite chez moi pour finir au calme le travail demandé par Andropov. Il y a eu beaucoup de pourparlers officiels et encore plus de discussions informelles avec les responsables du KMO, un verre de vodka à la main. Même si j'ai remarqué que le Libanais buvait très peu, juste pour faire plaisir à ses amis russes alcooliques, il m'est très difficile de tout récapituler de manière lapidaire. Mais l'ancien président du KGB a été clair : deux pages, pas plus !

Quand mon résumé est prêt, j'appelle Nikolaï et nous convenons d'un rendez-vous dans un appartement conspiratif. Il parcourt rapidement mon texte et se montre satisfait. Il le fera suivre à qui de droit. Je sens qu'il est intrigué et même un peu jaloux de ma rencontre avec Andropov, mais il ne me pose aucune question. C'est un professionnel du renseignement, il en connaît les règles. Si on ne vous dit rien, c'est que vous ne devez pas en savoir plus. Il croit peu aux coïncidences et au hasard. Moi aussi, d'ailleurs. Et j'y crois même de moins en moins…

*

Je renoue un peu avec mes devoirs de stagiaire du MGIMO au sein de la centrale Soyouz-chime-export – je ne dois pas délaisser totalement mon stage de fin d'études, même si le travail avec les délégations m'intéresse clairement plus que les statistiques du commerce de produits chimiques. Pendant tout ce temps-là, ma rencontre avec Youri Andropov me reste présente à l'esprit. Je repense souvent à sa dernière phrase et me demande ce qu'il a voulu dire. À quoi pouvait-il donc faire allusion ? Mystère…

Quelques jours plus tard, Nikolaï me fixe un rendez-vous

confidentiel à l'hôtel Rossia, au bord de la Moskova, en contrebas de la superbe cathédrale Saint-Basile-le-Bienheureux à bulbes multiples, en face de la porte Spasskaïa du Kremlin. C'est à chaque fois un plaisir pour moi de passer dans ce coin de la Place Rouge, « belle place » en vieux russe. À l'heure convenue – il ne faut jamais être en avance ni en retard –, je m'approche de l'entrée de l'hôtel. Je m'apprête à établir le contact visuel et à entrer dans le hall devant Nikolaï, qui doit montrer patte blanche au *Chveitsar* dans mon dos, selon la procédure habituelle. Mais ce n'est pas Nikolaï qui m'attend ! Je reconnais avec stupéfaction mon premier OT, le colonel Yevguény Konstantinovitch, qui me fait signe de le suivre vers une Volga noire stationnée non loin de là, moteur tournant. Il me fait asseoir sur le siège arrière et s'installe devant, à côté du chauffeur.

La voiture s'ébranle immédiatement et se met à rouler à vive allure, se frayant un chemin à coup de sirène et gyrophare. Je réalise que l'on se dirige à l'opposé de la place Dzerjinski, vers le sud. On contourne la muraille du Kremlin par le quai de la Moskova, on passe devant l'ambassade de France et on file vers l'avenue Lénine avant de traverser la place Gagarine et de s'engouffrer dans les ruelles des nouveaux quartiers du côté de la rue Profsoyouznaïa. Cela m'intrigue beaucoup car je connais encore assez peu cette partie de Moscou. Nous faisons le chemin dans un silence total. Je n'ose pas poser de questions au colonel en présence du chauffeur inconnu et lui ne me dit rien. C'est un peu angoissant. Si je ne connaissais pas suffisamment mon premier OT, cela ressemblerait presque à un kidnapping.

J'essaie de lire les noms des rues et les pancartes des quartiers, qui ne me disent rien de spécial : Bélyayévo, Tioply Stan, Yassénévo… Nous sortons de la frontière administrative de Moscou et nous nous engageons sur la Koltsévaïa Doroga, le grand périphérique qui fait le tour de Moscou. À notre droite, j'aperçois de loin une tour d'une vingtaine d'étages, qui ressemble à un grand livre ouvert, érigée au beau milieu d'une forêt. Mais avant d'arriver à son niveau, la voiture tourne à droite sur une toute petite route se dirigeant vers un bois. Le panneau d'interdiction de pénétrer ne semble nullement impressionner notre chauffeur, pas plus qu'une énorme pancarte annonçant : « Zone sanitaire, défense d'entrer sans autorisation ! » J'en déduis que nous possédons cette autorisation. En revanche, j'ignore ce que nous allons faire dans une « Zone sanitaire ». Le colonel Yevguény me réserve-t-il encore des tests médicaux dans une clinique secrète du KGB ?

La voiture stoppe net devant une superbe datcha située dans un coquet quartier résidentiel, au milieu de maisons individuelles flanquées de jardins et de pelouses. On ne voit personne autour. Sauf deux autres Volga et une énorme limousine blindée ZIL-117 noire, celle qui est réservée aux membres du Bureau politique du Comité central. Kossyguine, mon ancien pourvoyeur de brioches à la patinoire d'Arkhanguelskoïé, possédait la même quand il était encore vivant et Premier ministre. Le colonel m'invite à descendre de la voiture et à le suivre à l'intérieur de la belle villa.

*

Dès que j'entre dans le chalet, je le reconnais immédiatement : il ressemble à ses portraits officiels que l'on voit partout en URSS. De grande taille, imposant, un peu en surpoids, le visage éminent, un long nez orné de lunettes fines qui évoquent plus un professeur de mathématiques qu'un ancien grand patron des espions, des contre-espions et des gardes-frontières du pays, Youri Andropov est là, un verre de whisky à la main. Il n'est pas seul, deux autres personnes que je ne connais pas l'accompagnent.

Le premier est un peu flasque, effacé, presque timide, le regard fuyant. Il ressemblerait presque à un secrétaire ou à un aide de camp, mais il est trop vieux pour une telle fonction subalterne. Le second est sportif, costaud, assez jeune, mais déjà presque chauve, ce qui lui donne l'air d'avoir une tête trop grande. Lui a le regard droit, franc et intelligent, mais teinté d'une ironie malicieuse.

– Venez là, Sergueï Olégovitch ! Le voilà, notre francophile et francophone !

Andropov agit en maître des lieux.

– Bonjour, Youri Vladimirovitch !, dis-je, à la fois flatté et intimidé.

Il me présente ses compagnons :

– Voici Vladimir Alexandrovitch Krioutchkov, adjoint au président du KGB et chef des renseignements extérieurs, et Youri Ivanovitch Drozdov, son adjoint et chef des « illégaux ». Le colonel Yevguény Konstantinovitch, vous le connaissez déjà. Qu'est-ce que vous aimeriez boire avec nous ? Vodka, whisky ou autre chose ? Il y a tout ce que vous pouvez désirer…

– Je veux bien un peu de whisky, je n'en ai encore jamais goûté !

– Parfait ! Je vais vous révéler un secret d'État, mais que cela demeure entre ces murs : c'est ma boisson préférée ! Ne le dites jamais à personne, ce n'est pas très patriotique au pays de la vodka !

Tout le monde éclate de rire. Andropov poursuit :

– Alors, va pour le whisky, vous en avez ici un superbe, single malt, hors d'âge, vieilli en fût de chêne, tourbé. Les illégaux du général Drozdov m'en fabriquent en secret en Écosse…

Le colonel fait le service. On s'installe dans les fauteuils disposés autour d'une table basse chargée de zakouskis[1].

– Voyez-vous, Vladimir Alexandrovitch est mon plus vieux et fidèle compagnon, on se connaît depuis les années 1950 lorsque j'étais ambassadeur en Hongrie. Mais il a un grand défaut pour un espion : il ne boit que de l'eau !

Nouvel éclat de rire. Krioutchkov rougit un peu, mais on voit qu'une telle présentation de la part d'Andropov lui fait plaisir.

Celui-ci poursuit.

– Heureusement, j'ai mon chef des illégaux qui me soutient, mais à sa manière : il n'aime que la vodka ! Et pour un illégal, c'est un défaut ! Un Allemand comme notre Jurgen Driws[2] ici présent – il désigne le général Drozdov – *muß nicht Russische Vodka aber Deutschen Schnaps trinken*, doit préférer le schnaps à la vodka pour ne pas être démasqué ! Vous voyez, il n'y a pas d'homme parfait, nous avons tous nos défauts ! Dites-nous quel est le vôtre ?

Je suis un peu pris au dépourvu. Je comprends que c'est un test. Ça rigole mais c'est du sérieux.

– Je suis trop passionné par les choses que j'aime, au point de ne plus savoir m'arrêter dans mes passions.

– Exact ! Bien analysé ! Le colonel Yevguény Konstantinovitch nous a dit la même chose. Mais ce défaut, bien maîtrisé, peut devenir une grande qualité. Nos passions nous poussent à nous surpasser et à faire face aux difficultés. Un illégal ne pourrait pas tenir tout seul dans un pays ennemi pendant dix ou vingt ans s'il n'était pas passionné. C'est pour cela que je les admire. Quand je suis devenu président du KGB en 1967, je me suis inscrit dans la cellule du Parti du 4e département de la Direction « S », chez les illégaux.

– Vous n'êtes pas resté dans celle de l'appareil du Comité central ?

– J'ai toujours préféré mes opérationnels ! Et les meilleurs sont les illégaux. Ils sont notre plus grande force et notre plus grand espoir en cas de guerre. Peu de services dans le monde en possèdent : nous, nos collègues de la Stasi de la RDA et nos amis cubains. S'il ne commet pas de faute grave ou s'il n'est pas trahi, un illégal est

1. Terme russe pour les amuse-gueule, assortiment de petits mets variés, chauds et froids, servis avant le repas en apéritif.

2. Dans la célèbre histoire de l'échange du colonel William Fisher, alias Rudolf Abel, l'illégal soviétique trahi et condamné aux États-Unis, contre un pilote de U2 américain, Youri Drozdov a réellement joué le rôle du cousin allemand présumé d'Abel, sous le nom de Jurgen Driws.

quasiment indétectable par le contre-espionnage ennemi. Vous avez toutes les chances et beaucoup de qualités pour en devenir un. C'est pour cela que j'ai voulu organiser cette petite rencontre. Nous avons l'habitude, et c'est une tradition avec mes collègues ici présents, de nous réunir avec nos illégaux dans des moments importants de leur vie opérationnelle. J'ai lu votre dossier et votre dernier résumé sur Walid Joumblatt. Excellent travail, jeune homme ! Racontez un peu à mes collègues ici présents de quoi il s'agit.

C'est encore un test. Le vieux whisky écossais me fait un peu tourner la tête, l'auditoire est impressionnant, mais je dois garder la maîtrise de mes pensées et la clarté de mon discours. Je me lance et, assez vite, je suis dans mon élément. Les pourparlers au Comité central et au KMO, les soirées arrosées chez Spoutnik m'ont déjà bien accoutumé au difficile exercice de la discussion géopolitique complexe sous l'emprise de boissons alcoolisées. Je sens que je ne m'en sors pas trop mal. Je le constate dans les hochements de tête approbateurs et les regards attentifs de mes interlocuteurs.

Ensuite, nous passons à table, très bien garnie également, et la conversation se poursuit autour d'une excellente cuisine traditionnelle russe servie par une belle cuisinière, chaleureuse et prévenante. Elle semble parfaitement connaître les goûts de chacun des convives, excepté les miens. Andropov reste très raisonnable dans son appétit et ne mange pratiquement pas de pain, à la différence de Drozdov, qui semble adorer le pain blanc. Il fait honneur au repas jusqu'à mettre de la crème fraîche dans son bortsch. Krioutchkov, lui, préfère le pain noir et mange sa soupe nature, il a l'air d'un ascète. À la fin du repas, Andropov prend le temps de conclure :

– Sergueï Olégovitch, le moment est venu de vous dire ce que nous avons en tête pour votre futur au KGB. À votre sortie du MGIMO dans un an, si tout va bien, vous allez intégrer la Direction « S » du général Drozdov, sous les ordres du général Krioutchkov, chef de la 1re Direction générale du KGB. Le service des illégaux est le plus prestigieux de la maison, mais c'est aussi le plus exigeant. Vous avez toutes les qualités requises pour ce métier, pour autant que l'on puisse parler de métier. Sachez que chez les illégaux on n'aime ni les grands enthousiastes, ni les béni-oui-oui, c'est pourquoi votre profil, un peu rebelle, nous convient parfaitement. Maintenant, la mauvaise nouvelle… Vous vouliez partir en France, en Suisse, en Belgique, au Luxembourg ou au Canada, c'est non dans l'immédiat. La formation d'un illégal est très longue et nous ne voulons pas vous « cramer » dans les pays auxquels vous êtes destiné. Ce sera la toute dernière étape, dans plusieurs années.

Le ciel me tombe sur la tête. Je suis très déçu. Je n'en laisse rien paraître, mais il me faudra du temps pour digérer la nouvelle. Je me voyais déjà à Paris, Bruxelles, Montréal ou Genève dans le rôle de Stierlitz, « l'éclaireur » des *Dix-sept moments du printemps*, m'infiltrant dans les plus hautes sphères de décision étrangères, et voilà qu'Andropov, d'une phrase, a ruiné tous mes espoirs. Je suis presque révolté.

Je crois qu'il a perçu mon désappointement. Il congédie toute la prestigieuse compagnie et reste seul avec moi.

– Sergueï Olégovitch, venez prendre le thé avec moi sur la terrasse.

Nous passons dans le jardin derrière le chalet. C'est un endroit bucolique, très bien entretenu, planté de fleurs, d'arbres fruitiers et de buissons à baies, cassis, groseilles de tous types, framboises et *kalinka*[1].

– Je comprends que tu sois impatient d'aller sur le terrain. Mais la première des qualités d'un éclaireur, c'est la patience. On te l'a déjà dit. Sergueï, tu permets que je te tutoie ?... Je pourrais être ton grand-père... D'ailleurs, c'est de cela que je voulais te parler. Après ton premier télégramme à Paris en décembre 1980, nous avons fait une enquête très approfondie sur toi et ta famille, c'est la règle dans ces cas-là. Je suis tombé sur les dossiers personnels de tes grands-pères Sergueï Ivanovitch Jirnov et Nikolaï Fedorovitch Yéropkine. Tous deux ont été portés disparus après la bataille de la défense de Moscou en 1941 et tu ne les as pas connus. La famille de ta mère vient de la région de Yaroslavl. Et quand j'ai étudié le dossier de cette partie de ta famille, quelque chose m'est revenu en mémoire.

Il marque un temps avant de reprendre.

– Tu sais, dans les années 1930, j'ai été là-bas. Je faisais mes études à l'école technique fluviale de Rybinsk, sur la Volga, dans la région de Yaroslavl. L'époque était trouble. Il y a eu trois vagues de purges staliniennes entre 1936 et 1939. C'était l'époque de la collectivisation à la campagne et de la liquidation de la résistance des koulaks[2] et des religieux parmi lesquels il y avait beaucoup d'ennemis du communisme. En tant que secrétaire régional, je voyageais beaucoup, allant d'un village à l'autre, et j'ai souvent été exposé à un vrai danger de liquidation physique.

– On a voulu vous tuer, vous !, je m'exclame, stupéfait.

– Un soir, je suis resté dans le village de Krestsovo, dans le

1. Contrairement à l'idée communément répandue en France, le *kalinka* de la célèbre chanson folklorique russe n'est pas le prénom d'une jeune femme mais le nom d'une baie. Sous couvert de jardinage, cette chanson parle d'amour grivois avec des expressions à double sens.
2. Riche paysan propriétaire, de la Russie tsariste jusqu'aux années 1930.

département Nekrassovsky, pour y passer la nuit. Quelqu'un a frappé doucement à ma fenêtre. Il m'a supplié de m'habiller immédiatement et de partir d'urgence. Un cheval sellé m'attendait dans la cour, m'a-t-il dit. Il m'a dit avoir entendu que les paysans du coin voulaient attenter à ma vie. Le coup était prévu pour cette nuit-là. Il était très croyant, il était même persécuté par le NKVD pour ça. Mais c'était un vrai chrétien et l'idée de savoir qu'une vie allait être prise pour une lutte idéologique lui était insupportable. C'était contraire à sa vision de la religion chrétienne d'amour et de paix. Il a donc trahi son camp en me prévenant. Il m'a sauvé la vie. Cet homme, c'était ton grand-père ! Nikolaï Fedorovitch Yéropkine. Je voulais que tu le saches à ton tour. Et que tu gardes de lui cette image d'homme pieux et pur, presque un saint.

Je reste sans voix. Il est vrai que dans ma famille on voue une admiration sans bornes à ce grand-père que je ne connais pas et voilà qu'Andropov lève un coin du voile sur son passé. Il reprend :

– Pour la petite histoire, je n'ai pas réussi à remonter sa généalogie : avec les guerres, les révolutions et les purges, beaucoup d'archives ont disparu. Mais son nom de famille est en fait un dérivé russe du mot « Europe » qui n'était pas répandu chez nous. Cela veut dire qu'il descend peut-être d'un soldat napoléonien, blessé ou capturé, qui serait resté en Russie après la guerre de 1812. Ce soldat qui aurait vu l'Europe aurait reçu le surnom d'« Européen », ce qui, avec la déformation de prononciation par des gens illettrés, a donné Yéropkine. On peut imaginer la même histoire dans l'autre sens, celle d'un soldat russe qui serait allé jusqu'à Paris avec l'empereur Alexandre Ier Romanov, va savoir. Comme tu le vois, ta passion pour les langues étrangères, notamment le français, vient peut-être de loin. D'ailleurs, je crois savoir que vous avez encore en Pologne des cousins germains qui ont émigré de Russie après la Révolution. Eh oui, du côté de ta grand-mère paternelle. Donc, sois patient ! Je suis persuadé que tu auras une vie passionnante et que nous ferons beaucoup de belles choses ensemble…

En quelques mots, le camarade Andropov vient de me faire toucher du doigt jusqu'où va le Service dans ses enquêtes sur les futurs illégaux. S'il doit la vie à mon grand-père, il n'oublie pas de me rappeler que des membres de ma famille ont fui la Russie lors des années terribles de la Révolution.

*

Une Volga noire me ramène à Zélénograd. Pendant des jours, je me remémore cette rencontre qui m'a bouleversé. Profitant d'un week-end à Arkhanguelskoïé, je raconte l'épisode de Yaroslavl à ma babouchka Nastya. Je lui demande d'allumer un grand cierge dans l'église de son village à la mémoire de son mari, mon grand-père Nikolaï, le héros que nous avons découvert. Mais aussi un cierge pour Andropov, le communiste capable d'éprouver de la reconnaissance à l'égard d'un croyant. Chose rare en Union soviétique.

Il sera difficile de remplacer un tel homme à la tête du KGB. Son successeur, Vitaly Fedortchouk, un ancien flic, ne tiendra que six mois. C'est une brute, ignorant tout des techniques du renseignement extérieur, allant jusqu'à ne pas comprendre la nécessité pour les officiers du KGB d'apprendre les langues étrangères ! Il sera démis de ses fonctions lorsque Andropov prendra le pouvoir.

Chapitre 23

La fin de l'époque Brejnev

Le responsable du secteur des organisations internationales du KMO, Victor Boitchevsky, me remercie chaleureusement pour l'initiative que j'ai prise en utilisant à bon escient la *vertouchka* du vice-président du KMO pour régler le problème de santé de Joumblatt. Cet épisode démontre bien qu'il ne suffit pas de posséder une *vertouchka*, encore faut-il avoir le carnet d'adresses qui va avec.

Boitchevsky me conduit chez Nikolaï Moukhine[1], le premier adjoint du président du Comité. Il sort une bouteille de vodka accompagnée de zakouskis et invite les fonctionnaires du KMO à les déguster avec nous. Son allure, son costume gris, sa diction et ses sous-entendus ne me font pas illusion, il est de la maison. J'apprendrai plus tard que je ne me suis pas trompé sur son appartenance aux services secrets. Mais, alors que je le prenais pour un colonel du KGB, il dirige en réalité une antenne de la GRU, le renseignement militaire. Le département des relations internationales de la jeunesse est une simple couverture employée par le service afin de multiplier les contacts avec les délégations étrangères.

Il me présente Alexeï Ryabov, l'un de ses collaborateurs. C'est une vedette, je l'ai vu dans des émissions en français à la télévision. Il s'exprime dans un français impeccable, peut-être trop académique à mon goût. Il est responsable du secteur français du KMO et a une mission pour moi.

– Voilà, Sergueï, nous en avons parlé pendant votre absence et c'est un travail que l'on aimerait vous confier. Une délégation française va arriver, vous les emmènerez à Smolensk et à Moscou. Autant vous

1. Nikolaï Moukhine, général de division, militaire de carrière, a été, après son passage au KMO, diplômé de l'Académie de l'État-major des forces armées d'URSS en 1988 et a terminé sa brillante carrière militaire comme adjoint du commandant des forces spatiales de la Russie. Il a été le chef de la représentation militaire russe à Cuba et le directeur adjoint d'un Institut de recherches et de construction de missiles. Ensuite il a été élu député au Sénat. Il est également connu comme peintre.

prévenir tout de suite, ils ont demandé à voir la vraie vie des Soviétiques, c'est non ! S'ils reviennent à la charge, vous refusez catégoriquement !

*

La prise de contact avec ce groupe est excellente. Ce sont tous, là encore, des communistes convaincus avec lesquels commence la tournée des musées. Et là, je constate très vite que cela ne les intéresse pas du tout ! À Smolensk, j'ai beau déployer des trésors d'imagination pour tenter de les initier à la compréhension de l'icône de la Mère de Dieu, l'une des plus vénérées de Russie, rien n'y fait !

– *Niet* et re-*niet*!, me dit l'un d'eux. Nous, on veut découvrir la façon dont vous vivez en Union soviétique, rencontrer d'autres jeunes, visiter l'habitat soviétique, ça oui ! Tes musées, ça nous barbe !

Ça a le mérite d'être clair. Lorsque je rapporte leurs demandes à Alexeï Ryabov, il saute au plafond.

– Il n'en est pas question ! Mais pour qui se prennent-ils, ces petits bourgeois ? Tu ne changes rien au programme des Français.

La messe est dite ! Cependant, en retournant voir mes *Frantsouzi*, une idée me trotte dans la tête. Il y a bien un moyen de leur faire découvrir tout ce qu'ils désirent en une seule fois. Après tout, ils sont tous membres de la Jeunesse communiste et moi, je suis employé par le Comité central du Komsomol. Nous sommes donc entre gens de bonne compagnie. Aussi, le lendemain matin…

– Camarades ! Vous voulez voir de près l'habitat soviétique et notre façon de vivre ?

– Ouiiii !, hurlent-ils dans le bus.

– Alors direction Zélénograd !

Lorsque le car démarre, je suis pris d'un doute. Je me suis peut-être enflammé un peu vite en leur proposant une telle excursion. Le temps a passé, mais Zélénograd est toujours une ville « secrète », avec ses points de contrôle aux entrées. Faire venir des étrangers à Zélénograd ? Le risque est grand que cette initiative me soit reprochée. Tant pis, j'assume ! On y est ! Je présente au garde les papiers du Comité central et la barrière s'ouvre immédiatement. Je décide alors de réaliser un petit circuit dans la cité. Me voici indiquant le chemin au chauffeur afin de leur montrer mon ancienne école, la 609, puis nous prenons la route des commerces, celle des bibliothèques, du cinéma, du siège des entreprises. Mes étudiants sont admiratifs. Et maintenant, le clou du spectacle : la visite de mon appartement !

Je sonne, c'est ma sœur qui ouvre. J'ai oublié que l'on était dimanche et, apparemment, elle s'est autorisé une grasse matinée. Elle n'est pas encore maquillée, mais c'est avec un grand sourire qu'elle accueille mes trente Français dans notre logement de 17 mètres carrés. Chacun prend place où il peut, je fais du café, sors quelques boîtes de gâteaux et un bocal de fruits et les questions commencent à pleuvoir. On parle de musique, j'évoque Guy Béart, Aznavour, ils me répondent Johnny Hallyday, et nous finissons par écouter Alla Pougatcheva, notre chanteuse de pop-rock. J'évite de rebondir sur leurs questions un peu trop politiques, me contentant de leur décrire le quotidien de mes compatriotes sans trop noircir le tableau. Quand je leur dis qu'il faut rentrer, ils prennent un air désolé en me disant que c'est le meilleur moment qu'ils ont passé depuis leur arrivée.

Dans le hall de notre hôtel, Alexeï m'attend, immobile, telle une sculpture de Botero. Je pressens le pire, mais étonnamment, quand je lui fais part de notre escapade à Zélénograd, il semble satisfait. Pas même un haussement de sourcil pour troubler l'impassibilité de son visage. Rien ! Il m'annonce que je repars dans la foulée avec un autre groupe de Français…

*

Cette fois, on va sortir de Moscou ; d'abord ce sera Kiev, en Ukraine, puis la Moldavie. Composés d'agriculteurs et d'étudiants en agronomie, mes touristes français sont venus visiter des kolkhozes et des sovkhozes pour s'imprégner de la ruralité soviétique. Mais quand je leur décris le programme proposé par le KMO, ils tombent de haut : à Moscou, la galerie Trétiakov, le musée Pouchkine, bref, le circuit touristique habituel. Ils hurlent ! Une idée me traverse l'esprit : allons voir le pavillon agricole à l'Exposition des réalisations de l'économie nationale, sur Prospekt Mira. C'est Staline qui a eu cette idée de créer une exposition permanente afin de vanter les mérites de la production nationale. Il y a là les meilleurs agriculteurs et ingénieurs agronomes du pays. La journée se passe en querelles d'experts, à l'issue desquelles tout mon petit monde rentre satisfait. Il nous reste encore à voir Kiev et la Moldavie.

Nous voici dans le grenier à blé de l'URSS, mais un grenier dont les portes resteraient fermées. Il y a des paysans partout dans les champs, mais impossible de visiter le moindre kolkhoze, le circuit prévu ne l'autorise pas ! La colère grondant dans le bus, j'appelle Moscou afin de modifier le programme. Il va me falloir attendre une bonne demi-journée avant d'obtenir l'accès à un kolkhoze. Mais pas n'importe lequel ! Celui-là se trouve à deux heures de route de Kiev.

En arrivant, je comprends immédiatement que l'on nous a envoyés dans un village Potemkine, l'un de ces endroits privilégiés où rien ne manque et dans lesquels l'agence Intourist amène les étrangers, sûre que ceux-ci ne rencontreront jamais la population environnante. Ce kolkhoze idyllique n'est destiné qu'aux visiteurs ! Polis, mes Français sont à l'image de ce qu'on leur présente, ils font semblant d'être satisfaits. Mais je vois bien qu'ils ne sont pas dupes.

Quand nous pénétrons en Moldavie, nous nous retrouvons en région francophile, à tel point que la première langue étrangère qu'on y enseigne est le français. Mais enseigner la langue française ne veut pas dire que celle-ci est véritablement parlée. Avez-vous déjà entendu des Roumains en France ? Alors vous avez une idée du niveau de ce pays « francophone » : « Moi pas parler français, aimer France très beaucoup ! »…

Et c'est grâce à cet esprit profrançais que les portes d'un véritable kolkhoze vont enfin s'ouvrir. Mon groupe passe là une belle journée et décide de fêter cela le soir en allant dîner au restaurant. Moi, je suis mort, harassé par toutes les discussions que j'ai dû mener pour parvenir à leur donner satisfaction. Je les laisse donc sortir seuls – après tout, que pourrait-il bien leur arriver ? Ici, tout le monde adore les Français ! Trop, peut-être.

*

À 2 heures du matin, le concierge de l'hôtel me réveille sans ménagement en me demandant de me rendre immédiatement à l'hôpital de Kichinev (aujourd'hui Chisinau). Là, j'apprends qu'une Française vient d'être admise en état de coma éthylique. L'un de ses collègues, qui l'a accompagnée aux urgences, m'explique ce qu'il en est. À côté de la salle où ils dînaient se déroulait un mariage moldave rassemblant une centaine de convives. Ceux-ci, lorsqu'ils ont eu vent de la présence de Français dans le restaurant, les ont aussitôt invités à participer aux festivités. Aux dires du jeune Français, après avoir avalé quelques verres de vin moldave de la région de Purkar, la jeune femme a descendu une bouteille de vodka en quelques lampées ! Pour les non-initiés, le mélange des deux est dévastateur.

Certes, il y avait là de quoi rendre admiratifs les Moldaves, qui ont dû apprécier sa performance en spécialistes. Du moins, au début. Car l'effet euphorisant de la vodka cède vite la place à une profonde léthargie qui, dans son cas, aurait pu s'avérer mortelle. Mais elle récupère bien grâce à un traitement approprié. En URSS, les hôpitaux ont une expérience quasi quotidienne de ce genre de situation et je retrouve ma jeune étudiante, un peu défraîchie, vers 11 heures le lendemain matin. Certain qu'elle ne va pas aller se vanter de ses exploits éthyliques, je passe l'affaire sous silence.

À l'issue de ce voyage, je garde en travers de la gorge la visite de ce kolkhoze d'opérette aux alentours de Kiev. L'URSS ment, dissimule, les difficultés sont partout, rien ne fonctionne, mais on met la poussière sous le tapis. À mon retour au KMO, je ne fais aucun commentaire malgré les questions pressantes du camarade Alexeï Ryabov, et je me contente de lui débiter des banalités quant aux impressions laissées par les Français.

Je les réserve pour alimenter la conversation lors de mon prochain rendez-vous avec Nikolaï, mon OT, et ce que j'ai à lui annoncer ne va pas lui plaire…

*

Il neige sur Moscou et, dans le bus qui me ramène à Zélénograd, je regarde tous ces gens emmitouflés, chapka sur une tête baissée, qui, leur journée de travail terminée, se hâtent de rentrer chez eux. Je descends à l'arrêt « Place de la Jeunesse » pour faire à pied les 500 mètres qui me séparent du domicile de mes parents. On s'y retrouve chaque soir afin de dîner en famille puis, le ventre plein, ma sœur et moi regagnons notre studio. Quand j'ouvre la porte, une odeur de goulache au paprika m'emplit les narines. Écoutant distraitement Radio Moscou, ma grand-mère épluche les pommes de terre qui iront bientôt rejoindre la viande de veau qui mijote depuis deux bonnes heures.

– Tu restes pour le concert, Sérioja?

J'avais oublié. Le 10 novembre, c'est le jour de la fête de la police, dont le point d'orgue est un concert avec les meilleurs artistes du pays qui est diffusé à la télévision et apprécié dans toute l'Union soviétique. Je jette un coup d'œil à ma belle Swatch qui, depuis mes rencontres avec les délégations étrangères, a remplacé l'ancienne Poljot.

– Il va être 19h30, ils sont en retard d'une demi-heure…

Je dépose un baiser rapide sur son front et m'installe dans un fauteuil quand brusquement, je la vois se lever de sa chaise, un couteau dans une main et une patate dans l'autre.

– Brejnev est mort !, annonce-t-elle d'une voix blanche.

Ma grand-mère lirait-elle dans les épluchures de pomme de terre ?

– Babouchka, comment peux-tu le savoir?

– Sérioja, écoute ! Ils viennent de mettre *Le Lac des cygnes* à la télé et à la radio ! C'est ce qu'ils avaient fait à la mort de Staline !

Il n'y aura pas de grand concert pour la fête de la police ce soir. À la place, nous entendrons l'œuvre de Tchaïkovski en boucle. Ils n'ont rien fait de tel pour la mort de Kossyguine en décembre 1980. Moi qui n'ai connu que Brejnev comme principal dirigeant du pays, je suis à peine surpris. Je me souviens l'avoir vu à la télévision, perché en haut du mausolée de Lénine sur la Place Rouge, où il m'avait fait l'effet d'une momie. La nouvelle de son décès ne tombera officiellement que le lendemain. En fait, cela fait déjà vingt-quatre heures que le camarade Léonid est parti rejoindre le paradis des bolcheviks. Mais les discussions pour lui trouver un successeur sont âpres au sommet du Parti.

Tous savent que le vieillissement du Politburo est un problème central, avec une moyenne d'âge de soixante-neuf ans! Et parmi ses membres, Brejnev, avant de mourir, a désigné son successeur : Tchernenko, son fidèle copain ukrainien. Mais cet aréopage de vieillards ne va pas suivre le choix qui lui a été dicté. En fin de compte, même la volonté ante-mortem du grand Lénine n'avait pas été respectée en 1924 quand il avait fortement déconseillé au Comité central d'élire Staline à la tête du Parti. Brejnev n'arrive pas à la cheville de Lénine, et sa parole ne vaut plus rien à la fin ! Plutôt que Tchernenko, le Bureau politique va élire Youri Andropov comme *primus inter pares*[1]. Celui-là même avec qui j'ai eu ces deux rencontres bouleversantes quelques semaines auparavant !

Il a eu une carrière riche et variée comme responsable des relations internationales du PCUS, mais surtout, il a été le président du KGB et, dans cette fonction, il peut s'enorgueillir d'avoir obtenu de réels succès entre 1967 et 1982. Le Comité pour la sécurité de l'État ne s'est jamais mieux porté que sous sa poigne de fer, qui a certainement constitué des dossiers compromettants sur tous ses concurrents afin de faire pression sur eux ! C'est un pragmatique très bien informé qui comprend les problèmes et veut réformer le pays au lieu de le garder dans une stagnation mortifère comme c'était la prétention des conservateurs Brejnev, Tchernenko et Souslov.

La seule ombre au tableau, c'est qu'Andropov est arrivé à la tête du pouvoir une dizaine d'années trop tard. Lui aussi est déjà gravement malade. Presque toutes les semaines, à la clinique de Kountsévo où je l'ai vu, on lui fait une dialyse pour purifier son sang artificiellement

1. Locution latine signifiant « le premier entre les égaux ».

en raison du dysfonctionnement de ses reins. C'est pour cela qu'il doit respecter un sévère régime alimentaire et qu'il mange aussi peu, comme je l'ai constaté lors de notre rencontre à la datcha. Un détail m'a frappé ce soir-là. Il faisait des blagues, parfois très drôles, mais ses yeux ne riaient pas… Il avait le regard philosophique, ironique et mélancolique de celui qui envisage avec lucidité sa mort prochaine…

Les descendants de Tchaïkovski vont regretter que l'œuvre de leur aïeul soit tombée dans le domaine public. Sinon, à la cadence à laquelle *Le Lac des cygnes* va bientôt être diffusé, c'est sur une montagne de roubles qu'ils seraient assis !

*

L'événement funeste du remplacement de Brejnev par l'ancien président du KGB a retardé d'une semaine le rendez-vous avec mon OT. Quand je le retrouve, le mercredi suivant, ma décision est prise, j'arrête ! À mon annonce, il ne semble pas surpris.

– Nikolaï, tu sais que des exemplaires de *L'Archipel du Goulag* circulent en ville. J'en ai lu un et cela m'a secoué.

– Tu as lu un samizdat[1] ? J'en connais beaucoup qui aimeraient savoir comment tu te l'es procuré !

– Allons, Nikolaï ! J'ai déjà répondu à cette question du capitaine Poutine en août 1980 ! Tu te doutes bien que chez les étudiants on trouve beaucoup de lectures dissidentes. Tu sais qui les fournit au MGIMO ? Les parents de nos étudiants, qui sont diplomates du MID et même espions du KGB en poste à l'étranger ! Tu dois t'en douter, quand même !… Et la ville scientifique de Zélénograd est un centre d'anticommunisme notoire. Je lis du samizdat depuis l'âge de quinze ans, quand j'étais komsomolets et colonel de ma droujina de jeunes pionniers. Je ne me vois pas faire le sale boulot à l'étranger pour un régime qui emprisonne ceux qui ne pensent pas comme il faut. Ça ne m'intéresse pas. Et puis, pendant la fameuse rencontre à la datcha avec qui tu sais, on m'a fait comprendre que je n'irais pas à l'étranger avant plusieurs années ! Et c'est la seule chose qui m'intéresse pour pratiquer vraiment la langue. Si mon futur au KGB c'est de croupir dans un bureau pendant des années avant d'envisager de pouvoir partir en

1. *Samizdat* (autoédition) est le terme employé pour désigner les réseaux clandestins qui faisaient circuler en URSS les livres interdits par la censure. Ces ouvrages étaient le plus souvent recopiés et dupliqués à l'aide de machines à écrire, papiers carbones et parfois presses clandestines, les photocopieuses étant strictement réservées aux organes officiels. L'ouvrage de Soljenitsyne *L'Archipel du Goulag* ne sera autorisé en URSS qu'en 1989.

Occident, ça ne m'encourage pas à poursuivre. Je préfère tenter ma chance du côté du commerce extérieur.

– Cela a le mérite d'être clair et c'est ton droit le plus strict de changer d'avis.

Ce n'est pas du tout la réaction à laquelle je m'attendais. Il ne cherche pas à me convaincre, non, il se lève et m'indique la porte, en me disant simplement :

– J'aimerais qu'on se revoie à la mi-décembre. D'ici là tu réfléchis, mais si tu me confirmes que tu renonces, pas de souci, on arrête là !

Lorsque je retrouve la rue et son brouhaha, je suis dubitatif. Tout cela m'a paru trop facile. En trois minutes seulement, j'ai démissionné du KGB ! Je n'y crois pas. « Tu as tout pour faire un illégal », m'a répété plusieurs fois Nikolaï, et le voilà qui me regarde partir sans même faire semblant de me retenir. Il me faut rester méfiant, je ne pense pas que la partie soit réellement terminée.

*

L'arrivée au pouvoir d'Andropov devrait changer les choses. Tous les jeunes sont persuadés qu'il va mettre un terme à la guerre froide et relancer l'économie.

Tu parles ! Il n'y aura pas de grande période « andropovienne » marquant l'histoire du pays. Il fera de l'intérim pendant à peine plus d'un an et demi. La plupart du temps dans une chambre médicalisée, alité, gravement malade. À la place d'une grande réforme, nous aurons droit à une supposée lutte contre les alcooliques et à une chasse bizarre à l'absentéisme qui règne sur les lieux de travail.

L'alcoolisme, parlons-en ! Il touche toutes les catégories de la population et un tiers des buveurs sont des femmes jeunes ! Et c'est en l'honneur de notre nouveau secrétaire général que ceux qui consomment de la vodka bon marché ont surnommé celle-ci « Andropovka ». L'état sanitaire du pays est à l'avenant, la mortalité infantile est en hausse constante et un jeune sur trois est inapte au service militaire[1]. Lentement, le pays se délite.

Et pourtant, nous avions tous l'espoir de jours meilleurs.

1. Murray Feshbach (universitaire américain spécialisé dans la démographie de l'Union soviétique), *Health and Demography in the Former Soviet Union*, Harvard University, avril 2005.

Chapitre 24

Je t'aime, moi non plus

Un soir de novembre 1982, je reçois un coup de fil de Tatiana Zaïtséva, une professeure de la chaire n° 1 de français qui m'apprécie beaucoup.

– Bonjour, Sergueï, j'ai un truc qui pourrait vous intéresser. Je participe aux émissions en français de la Télévision centrale...

– Je les connais très bien ! Je vous y ai vue ! Et aussi Alexeï Ryabov, du KMO !

– Tant mieux ! La rédaction éducative qui produit ces émissions, à Chabolovka, cherche toujours à élargir sa réserve d'intérimaires ayant une bonne prononciation. Il ne faut pas se leurrer, ça paie très mal, mais il y a la gloire qui va avec, si l'on peut dire ! J'ai pensé vous recommander pour ce job d'appoint, si cela vous dit...

– Et comment ! Dites-moi où et quand !

*

Le vendredi 10 décembre 1982, je sors de la station de métro Chabolovskaïa et traverse la rue d'un pas décidé pour rallier le bâtiment d'en face. Ici se trouve une annexe du Comité d'État pour la radiodiffusion et la télévision, sous les commandes du camarade Lapine, qui n'a pas voulu m'aider à recevoir les prix gagnés avec RFI.

Ida Arkadievna, la responsable des émissions linguistiques en quatre langues étrangères à la rédaction éducative de Gostéléradio, me soumet à un petit test phonétique qui se passe très bien. La rédaction est très impressionnée par ma prestation, mais je commence à être habitué aux compliments.

Trois jours plus tard, je joue mon premier rôle dans une émission historique consacrée à la guerre de Troie dans la mythologie. Vêtu d'une tunique grecque, je tiens un tout petit rôle épisodique et presque sans paroles, celui du jeune et beau Pâris épris de la belle Hélène. Et à la fin du mois de décembre, quand l'émission est diffusée, je deviens une star au MGIMO. Il me semble que je suis sur la bonne voie et je ne regrette pas ma décision d'avoir renoncé à ma carrière d'espion illégal du KGB.

La première émission ayant obtenu une bonne critique, la télévision m'engage pour un grand projet. Il s'agit d'une série linguistique de soixante épisodes intitulée *Les Gammas*. Des extraterrestres ont débarqué en France sans intention belliqueuse, mais ils ne parlent pas la langue. Il faut donc la leur apprendre sous forme de sketches, ce qui est assez hilarant car cela entraîne quantité de situations grotesques et de gags. Cette série, déjà diffusée en Allemagne et en Italie dans les années 1970, a été offerte à l'URSS par l'ambassade de France et le Quai d'Orsay.

Mais la télévision soviétique ne veut pas la diffuser telle quelle. Nous devons ajouter notre propre introduction à chaque épisode et c'est là que j'interviens. On tourne un bout d'essai et quand je téléphone le lendemain, on me dit que c'est bon et que l'on commencera la semaine suivante. Chaque week-end, nous enregistrons ainsi en français plusieurs épisodes qui seront diffusés tous les mardis à partir de janvier 1983. Au MGIMO, beaucoup d'étudiants et de profs de français qui m'ont vu à la télévision me reconnaissent et m'interpellent.

C'est une série qui se réclame à la fois de la jeunesse et de la modernité, et je fais venir avec moi quelques copains du MGIMO. Nous nous éclatons pendant les tournages et nous sortons dès ceux-ci terminés. Très vite, nous devenons une bande soudée. Avec nous, il y a aussi de jolies étudiantes de l'Institut linguistique Maurice Thorez et de la MGU, l'université Lomonossov de Moscou.

Parmi elles, une « presque Française », Anne Kanapa, qui est la fille secrète de Jean Kanapa, un dirigeant communiste français décédé en 1978. Elle est le fruit d'une liaison avec une femme soviétique qu'il n'épousera jamais. Après son décès, sa compagne est rentrée avec sa fille Anne en URSS. Avec Anne, je m'évade un peu, nous parlons de la France et de son mode de vie.

Une de ses copines de l'université de Moscou vient de Suisse, où elle a passé deux ans avec ses parents, ce qui me fait supposer que son père fait partie du service d'espionnage du KGB. Ils ont rapporté de Genève un appareil à raclette et, un soir, c'est la fête ! Nous sommes là, tout un petit groupe, réuni autour du mystérieux ustensile, tenant nos petits poêlons remplis de fromage. Il ne nous manque que la charcuterie ! Car si nous avons le fromage et les pommes de terre, la cochonnaille a été impossible à trouver.

*

Je suis sur un petit nuage quand je me présente au rendez-vous que m'a fixé Nikolaï dans un appartement conspiratif. Je vais vite redescendre.

– Alors, camarade, tu passes à la télévision ?

– Nikolaï, j'ai réfléchi et je te confirme ma décision : j'arrête ! Je te donne ma démission du KGB et oui, je passe à la télé !

– Mais j'en suis heureux pour toi, Sergueï. Seulement, tu n'as pas oublié que tu as signé un papier qui fait de toi un agent du KGB, t'en rappelles-tu ?

– Je m'en souviens, mais j'ai démissionné !

– Tu n'as pas compris, on ne peut pas démissionner du KGB ! Ce qui s'arrête, c'est ta préparation pour devenir un espion professionnel, un illégal. Mais ta collaboration secrète avec nous en tant qu'agent continue et elle continuera tant que nous le jugerons nécessaire !

– Nikolaï, ce n'est pas toi qui m'as recruté comme agent mais le colonel Yevguény Konstantinovitch. Et je me souviens très bien de son explication sur mon rôle. Celui qui est recruté comme agent par le KGB n'est pas un professionnel et il n'est pas rémunéré pour ses services. C'est sa bonne volonté, en tant que citoyen concerné et komsomolets actif, d'aider le bras armé du Parti dans sa lutte. Donc, en tant qu'agent bénévole je n'ai pas prêté le serment solennel de donner ma vie. Un tel sacrifice ne peut être exigé que d'un officier de carrière. Mon engagement n'était pas pour l'éternité, non plus. Il m'a été dit que je pouvais changer d'avis. Donc, je vous informe officiellement que j'ai changé d'avis. Si tu essaies de me retenir de force, je ferai remonter mon désaccord à un niveau autrement plus haut que le tien ou même celui de ton supérieur direct. Pour qu'il n'y ait pas de malentendu, je te demande de m'organiser une rencontre avec mon recruteur, le colonel Yevguény Konstantinovitch.

Je vois que la menace à peine voilée de me plaindre à Andropov en personne produit son effet. Nikolaï sait très bien que je ne bluffe pas et ma proposition de faire une médiation avec le colonel lui convient car elle le libère de toute responsabilité immédiate. L'atmosphère est tendue mais il n'y a pas de guerre ouverte entre nous – pour le moment, en tout cas. De toute façon, en bon professionnel de l'espionnage, il sait parfaitement qu'un agent qui ne veut plus travailler trouvera toujours le moyen de ne rien faire. La coercition peut faire son petit effet dans l'immédiat mais pas plus ; un agent fera tout pour se débarrasser d'une relation qui lui pèse. C'est l'une des leçons de base que l'on m'a apprises au KGB.

Pour être sûr que ma proposition de médiation ne soit pas déformée lors de sa transmission, je préfère en parler de vive voix au colonel le soir même. J'ai son numéro de téléphone personnel et je lui passe un coup de fil chez lui. Il ne paraît pas surpris et accepte volontiers de me rencontrer.

*

Quand je me présente à mon rendez-vous avec le colonel Yevguény Konstantinovitch quelques jours plus tard dans l'appartement conspiratif habituel, j'ai une surprise : Nikolaï n'est pas là et le colonel est accompagné d'un jeune inconnu à peine plus âgé que moi, svelte, avenant et souriant. Les surprises continuent, car le colonel engage la conversation en français. Il a un petit accent russe, mais s'exprime avec aisance.

– Bonjour Sergueï, je te présente mon collègue, le lieutenant André. Il est du 5e département de notre Service. C'est une unité géographique qui couvre l'Europe occidentale, n'est-ce pas André ?

– Tout à fait, mon colonel. Ma spécialité c'est la France, les pays du Benelux et la Suisse.

Son français est meilleur que celui du colonel. Je perçois un brin d'accent suisse, ce qui me fait soupçonner qu'il a séjourné chez les Helvètes. Le colonel poursuit :

– Nikolaï nous a transmis ta décision et nous a fait part des petites tensions existant entre vous. Tu sais, Sergueï, je ne suis pas étonné. La relation entre un agent et son OT n'est pas une chose acquise d'avance. C'est comme un couple dans lequel il y a des hauts et des bas. Depuis quelque temps, j'ai senti dans vos rapports une raideur sous-jacente. En réalité, il y avait trop de différences entre vous dès le début. Nikolaï est plus âgé et assez introverti, avec un background plutôt militaire. Il ne parle pas français, n'est pas moscovite et ne vient pas du même milieu universitaire que toi. Nous avions fait un pari sur votre binôme, mais celui-ci s'est révélé perdant. Cela arrive, et ce n'est pas grave si l'on s'en aperçoit à temps. Ce n'est pas de votre faute à tous les deux. À long terme, cela ne pouvait pas fonctionner d'une manière optimale. Nous l'avons analysé, et je te propose de changer radicalement de paradigme. On a bien noté tes réticences et tes impatiences. Et on ne veut pas te forcer à aller là où tu ne veux pas. Je te propose de faire un petit essai d'un genre nouveau avec André. Il va t'expliquer lui-même de quoi il s'agit. Je vous laisse…

Quand la porte de la chambre se referme derrière le colonel, le jeune lieutenant enchaîne, toujours en français :

– En fait, Sergueï, jusqu'à présent tu étais candidat et nous étions tes juges. Tu as préféré arrêter ton avancée vers une carrière professionnelle, pas de problème, tu n'es plus parmi les candidats aux « illégaux ». C'est acté par ma hiérarchie, personne ne veut te forcer la main. Mais nous considérons que tu as acquis une certaine expertise et nous voudrions pouvoir utiliser tes capacités d'analyse et d'observation. Je te propose maintenant de changer de tranchée et de devenir arbitre à mes côtés. Il s'agit d'avoir un œil neuf sur nos recrues, un avis objectif. Nous sommes dans une approche approfondie, nous avons fait une sélection assez large, maintenant on affine. Alors, j'ai pensé que si tu rencontrais les candidats retenus et que tu les emmenais au restaurant, au café, bref, où tu veux, tu serais capable d'orienter ma décision de recrutement dans la bonne direction. Tu les fais parler et tu me les testes, sur tout! Comportement, capacité à suivre une conversation géopolitique, sincérité, facilité à s'exprimer dans une langue étrangère, pas de limites. Ensuite, tu me rends compte en direct. Tu joues des rôles à la télévision, eh bien je vais te demander à présent de jouer quelques rôles grandeur nature pour nous.

– Mais je les rencontre comment, dans quel cadre?

– Ah, j'oubliais! Je vais te donner pour chaque rendez-vous une « légende » que tu devras apprendre par cœur. Rassure-toi, ce ne sera pas bien compliqué, étant donné qu'elle changera à chaque exercice et qu'elle n'est pas faite pour durer. Tu adores le théâtre, voilà une belle occasion de pratiquer dans la vraie vie, tu verras, ça te donnera plus d'adrénaline que sur scène !

Vu comme ça, cela peut être intéressant ! Intérieurement, cela m'amuse. Et puis, l'idée de me taper la cloche aux frais du KGB est plutôt réjouissante. Enfin, j'ai acquis une conception philosophique de la vie, il ne faut jamais couper les ponts définitivement avec une institution aussi puissante, on ne sait jamais…

– C'est bon, André, j'accepte! On va essayer et voir ce que ça donne !

– Très bien, alors on commence tout de suite. Chez Spoutnik ça t'amusait de jouer les ressortissants français et on peut facilement te prendre pour un authentique « mangeur de grenouilles ». Je te donne l'occasion de recommencer pour moi. Tu as vingt-quatre heures pour apprendre le rôle que tu devras tenir, tout est là-dedans. Demain, à 17 heures, tu fonces vers la ruelle Kadachevsky, pas loin de la galerie Trétiakov, tu entres dans l'église de la Résurrection de Kadachi et tu patientes. Quelqu'un viendra te contacter. Joue ton personnage à fond ! Si au bout d'un quart d'heure il n'est pas arrivé, tu décroches et tu fais un petit itinéraire de contrôle. Si tu n'es pas suivi, tu rentres chez toi.

De retour chez moi, j'ouvre le dossier et je lis. » *Tu es un expatrié français qui travaille à Moscou dans le cadre d'une mission d'installation d'équipements électroniques. Ton comportement nous incite à t'aborder, car tu sembles sensible à notre idéologie. De plus, ton secteur d'activité nous intéresse au plus haut point.* » Suit une liste de consignes destinées soit à déstabiliser le candidat, à le faire douter, ou au contraire à l'encourager dans sa prise de contact, tout cela en fonction de son attitude.

Quand je referme le document, mon esprit est ailleurs. Ce brave André n'est-il pas en train de m'attirer à nouveau dans les filets du KGB ? En deux ans de collaboration secrète, ils m'ont suffisamment étudié pour savoir ce qui m'intéresse et me motive dans la vie. J'ai l'impression qu'ils essaient de me manipuler et me prendre à mon propre piège…

La rencontre se passe comme sur des roulettes. Et cela me plaît beaucoup de me retrouver de l'autre côté du miroir. Je trouve grisant de voir ce jeunot refaire toutes les fautes que j'ai commises quand j'étais à sa place.

Pour l'anecdote, après notre exercice, il m'a reconnu à la télévision dans la série des *Gammas* mais, au lieu de me démasquer, il a continué à penser que j'étais un vrai Français, mon passage à la télé ne faisant que renforcer sa conviction. Nos rôles étant donnés en vrac dans le générique de fin, il est compliqué de mettre un nom sur un visage. Il a cru que dans la vraie vie je m'appelais Kanapa. Ce qui nous a bien fait rire, avec André !

*

Fin janvier 1983, je suis convoqué à la chaire n° 2 de français, celle de ma faculté économique. Elle est dirigée par le colonel Vitaly Petrovitch Ostapenko, qui est très connu dans le petit monde francophone de Moscou comme coauteur d'un manuel de traduction militaire et auteur d'un ouvrage sur la traduction politique. Le monde étant petit et les bruits circulant vite, nous savons aussi qu'il a servi à l'Institut linguistique militaire, l'antichambre de la GRU, et qu'il a le grade de colonel de réserve. Sa convocation m'intrigue, le renseignement militaire ne serait-il pas en train d'essayer de me récupérer, maintenant que j'ai lâché le KGB ?

Le professeur Ostapenko a une proposition intéressante à me faire. Ayant vu l'émission à laquelle je participe, il voudrait m'embaucher comme professeur ! Décidément, tout le monde veut me recruter, ce qui n'est pas pour me déplaire, surtout qu'un poste de prof de français au MGIMO n'est pas un mauvais emploi. Il y a clairement des avantages. La plupart des professeurs de langues sont des femmes et, dans cet univers machiste, un homme a toutes les chances de faire une meilleure carrière en accédant rapidement aux responsabilités. Pourquoi ne pas remplacer un jour à la tête de la chaire n° 2 Ostapenko, qui n'est pas loin de la retraite ? Je pourrais également continuer à travailler comme interprète occasionnel au Comité central pour y entrer ensuite comme titulaire. J'accepte volontiers la proposition du professeur Ostapenko.

Ce dernier règle rapidement les détails avec le rectorat et me voilà, en cette deuxième partie de ma cinquième année du MGIMO, officialisé comme professeur par intérim. Quand je raconte ça à André lors d'un rendez-vous confidentiel, il semble soucieux. De toute évidence, ma réussite civile ne lui plaît pas trop. J'ai la nette impression que le KGB aurait préféré que je me retrouve dans une situation difficile, il aurait alors été plus facile de me manipuler. Avec ma célébrité télévisuelle et un job assuré au MGIMO, je me retrouve dans une position de force pour négocier, et ce n'est pas du goût de tout le monde…

*

Mais il faut aussi que je me concentre sur la rédaction de ma thèse. Soyouz-chime-export ne m'a pas vu souvent et je dois maintenant pondre pas moins d'une centaine de pages sur un sujet qui se rapporte à la fois aux produits chimiques, au commerce extérieur et à la langue française. Or pour l'instant je n'ai fait que de la traduction à l'extérieur et un peu de statistiques place Smolenskaïa-Sennaïa.

Je passe aux services administratifs de l'entreprise où je suis censé faire mon stage et je tombe sur une secrétaire qui semble sensible au charme masculin. J'entame donc une discussion dont la finalité n'est autre que d'obtenir quelques documents qui pourraient m'aider dans l'écriture de mes travaux. J'ai en effet déposé, avec mon directeur de thèse, un intitulé « Export-import des produits chimiques avec la France » dont je n'ai pas encore écrit le début du commencement de la première ligne.

La camarade secrétaire m'écoute et, devant mon air apitoyé, se lève et se dirige vers une grande armoire dont elle sort trois dossiers.

– Nous recevons un double de toutes les thèses précédentes, je t'en passe trois, tu vas bien trouver quelque chose à en tirer !

– Merci de ton aide ! On déjeune ensemble à mon prochain passage. Je me sauve, car il faut vraiment que je bosse dessus !

Lorsque dans le métro, sur le chemin du retour, j'examine les documents, mon enthousiasme fond comme neige au soleil. Les dates de parution sont beaucoup trop récentes et je risque de me voir refuser le diplôme pour plagiat. Je peux essayer d'aller pêcher quelques informations à la bibliothèque du MGIMO et à celle de l'Institut de la conjoncture internationale, mais cela me demanderait trop de temps.

La solution se cache peut-être dans un lieu bien renseigné, mais peu fréquenté par les étudiants et les profs du MGIMO. Une idée de génie me vient alors à l'esprit : la bibliothèque centrale scientifique et technique de Moscou ! Je n'ai jamais croisé un seul étudiant du MGIMO là-dedans ! J'y suis le lendemain, dès l'ouverture. Je cherche, je fouille et je finis par débusquer dans un rayon obscur une monographie sur le marché japonais des pesticides. Le seul hic, c'est que je ne suis jamais allé au Japon, que je ne parle pas le japonais et que ma thèse ne correspond pas à l'intitulé déposé.

Quand je soumets mon nouveau projet à mon tuteur, il ne voit aucune objection au fait que je change le sujet initial, d'autant plus, me dit-il, qu'il n'y connaît strictement rien ! Je suis surpris de la désinvolture avec laquelle il gère mon revirement en me disant que l'on préviendra la commission au moment de la soutenance.

– Ils s'attendent à un exposé sur le marché de l'import-export de produits chimiques avec la France et je vais leur parler du Japon, c'est un peu risqué, non ?

– Ne vous inquiétez pas, je serai là, je leur expliquerai…

Bon, il ne m'a jamais fait l'effet d'être un aigle, mais là, il m'inquiète un peu.

En attendant, j'ai du boulot. Je suis perfectionniste et prévoyant. Je ne peux pas me contenter de retaper à la machine la monographie salvatrice. Par souci de probité, je réécris et reformule de nombreux passages, repense la structure et la logique du récit. Mais la monographie que j'ai dénichée présente le problème inverse des thèses prêtées par la secrétaire : elle est trop ancienne, il faut donc la réactualiser et la rediriger vers l'avenir. Je réalise alors un tour de passe-passe en déduisant mathématiquement, par extrapolation, un prévisionnel à partir de schémas anciens.

À la fin, je peux être fier de mon travail réalisé à la hâte, il tient la route ! Si j'avais eu le temps de le peaufiner encore un peu, j'aurais pu prétendre publier ma thèse dans une revue spécialisée car mes prévisions mathématiques se révéleront justes. Mais je n'ai aucune prétention académique, mon but est simple, obtenir mon diplôme d'économiste au MGIMO, c'est tout.

D'ordinaire, les étudiants donnent leur thèse à taper à une dactylo professionnelle. Cela coûte beaucoup d'argent et, surtout, cela exige trop de temps, car il faut fournir un texte finalisé à la dactylo. Je préfère m'en charger moi-même, en modifiant mes écrits au fur et à mesure. Coup de chance, mes parents m'ont offert en septembre 1978, après mon admission au MGIMO, une énorme machine à écrire professionnelle, quoique mécanique. Une fois le texte dactylographié, mon père fait jouer son réseau de copains et, en vingt-quatre heures, il fait relier mes 120 pages en un livret doté d'une superbe couverture rouge sur laquelle le titre ressort en lettres dorées. Le tout en trois exemplaires, et gratuitement ! Un exploit !

*

Arrive le grand jour de la soutenance. Mon directeur de thèse avertit l'honorable jury du léger changement de sujet. On reste toujours dans l'import-export des produits chimiques pour le commerce des pesticides, mais on quitte la France pour le Japon. Je vois à leurs échanges de regards qu'ils accusent le coup. Mon tuteur parvient à les convaincre en se lançant dans une envolée lyrique où se mêlent la rareté des documents nécessaires à la rédaction de la thèse initiale et l'intérêt de l'État à se préoccuper au plus vite de la protection des sols. Ouf! Il m'aura au moins servi à ça!

En fait, dans les yeux qui s'écarquillent, je lis une détresse absolue : ils ne comprennent strictement rien aux pesticides japonais ! Je leur explique alors, doctement, l'énorme attrait du marché du pays du Soleil levant pour cette catégorie de produits chimiques, mais rien n'y fait. Seule, au bout de la table, une professeure de la chaire d'étude des qualités marchandes des produits d'import-export me titille sur le contrôle qualitatif des engrais. Je la remercie pour la pertinence de sa question et me lance dans des explications si techniques qu'elle en oublie son fil conducteur. C'est le moment que choisit le président de la commission pour lever la main. À son air de chien battu, je comprends qu'il n'en peut plus.

– Excellent, dit-il. On arrête là !

Étonné, je regarde mon directeur de thèse, qui me fait un clin d'œil avec un grand sourire. C'est dans la poche !

Maintenant que j'ai mon diplôme, il serait temps de penser à mon futur emploi permanent. En principe, après mes études au MGIMO, j'ai un poste de prof de français qui m'attend chez Ostapenko. Mais cela fait quelques jours que je n'ai plus de ses nouvelles, pourtant cela devient urgent ! Je dois rapidement changer de statut à la chaire n° 2 de langue française du MGIMO, il me faut passer d'intérimaire à titulaire.

Mais j'ai comme un pressentiment…

*

Mon intuition ne m'a pas trompé. Lorsque je parviens à coincer le valeureux colonel Ostapenko, qui fait tout pour m'éviter courageusement, il n'a rien de bon à m'annoncer. Le rectorat a changé d'avis à mon sujet, à la dernière minute. Y aurait-il un fils ou une fille à papa qui aurait pris la place qui m'était réservée chez Ostapenko, ou le KGB aurait-il manigancé derrière mon dos pour me causer quelques soucis d'emploi afin de me rendre plus docile ? Tout est possible.

Mais une convocation m'attend dans ma boîte aux lettres à Zélénograd. Sa rédaction ne comporte pas de figures de style, si ce n'est celui de notre bien-aimée bureaucratie.

« Estimé camarade Jirnov !

Nous faisons suite à votre réussite au diplôme de fin d'études de l'Institut d'État des relations internationales de Moscou (MGIMO) auprès du ministère des Affaires étrangères pour laquelle nous vous félicitons. À ce titre, et dans le cadre des statuts de l'Institut précité, vous bénéficiez d'une affectation à la Direction générale scientifique et technique du ministère du Commerce extérieur (MVT). Et ce, pour une durée de trois ans minimum. »

J'ai failli oublier la grande règle, eux pas ! Chaque étudiant doit trois ans à l'État à sa sortie du MGIMO. On appelle cela le placement des cadres. Mais fini pour moi, l'appui de feu le camarade Alexeï Kossyguine, mort il y a deux ans et demi. Fini, les brioches ! Andropov non plus ne peut pas reprendre le flambeau. Il est encore vivant (quoique plus pour longtemps) mais déjà trop malade et trop occupé à la tête du Parti et de l'État pour penser à une chose aussi insignifiante que le petit-fils de son sauveur de 1937. Peut-être m'en veut-il aussi pour ma rupture avec les illégaux ? Personne ne m'aidera à trouver un poste dans une ambassade à l'étranger ou même en coopération dans un pays frère. Ça, c'est pour les vrais *blatnoï*, les pistonnés et autres fils des apparatchiks du régime. Pour moi, ce seront les murs gris du ministère…

Enfin, n'exagérons pas ! Le ministère qui m'est réservé n'est pas gris du tout. Il est même doré – c'est l'un des ministères les plus prestigieux en URSS ! Le fils de feu le secrétaire général du Parti Brejnev y occupe le poste de premier adjoint du ministre. C'est le ministère de tutelle de ma faculté, et là non plus, il n'y a rien à redire. Je suis employé à bon escient, avec mon diplôme d'économiste international. J'ai une belle place dans l'appareil central du MVT place Smolenskaïa-Sennaïa. Bon nombre de mes compatriotes seraient heureux d'y entrer !

Si je suis déçu, c'est parce que j'avais envisagé d'autres projets brillants qui correspondaient plus à mes intérêts et à ma sensibilité. Mais je ne suis pas à plaindre !

*

Je décide alors, avant de me consacrer aux chiffres, de m'offrir un dernier plaisir de la vie. Pour mon mois de congé réglementaire à la fin de mes études supérieures et avant de passer dans la vie active pour toujours, je décroche en juillet 1983 un job de guide-interprète chez Spoutnik pour accompagner, pendant un mois, deux groupes de Français.

J'aurais aimé y travailler en permanence, mais cet emploi est trop peu considéré dans notre milieu élitiste, qui considère qu'il s'agit là d'un petit organisme de troisième plan pour lequel je suis surdiplômé. Si j'avais pu abandonner cette approche condescendante, je serais certainement devenu l'homme le plus heureux sur Terre. Mais on est souvent pris au piège des préjugés de son milieu, et l'on ne comprend la vraie valeur des choses que lorsqu'il est trop tard…

Chapitre 25

Comment sortir du placard doré ?

Lorsque je me présente en août 1983, vêtu de mon beau costume beige yougoslave acheté à la 200e section du GOUM, au chef de mon département à la Direction générale (DG) scientifique et technique du ministère du Commerce extérieur (MVT), c'est l'étonnement.

Natalia Smirnova est colonelle, et pas de n'importe quel service, non ! De la GRU, la Direction générale du renseignement militaire ! L'ennemi juré du KGB ! J'imagine la tête d'André quand il va apprendre ça. D'ailleurs, tout le département est sous la coupe de la GRU, car c'est ici que s'élaborent non seulement la stratégie du commerce des armes, mais aussi son suivi, jusqu'à la mise en place de conseillers techniques. Ils ne savent pas qu'ils figurent tous sur la liste des espions scientifiques et techniques russes donnée par le lieutenant-colonel Vetrov à la DST française en 1981 et que, dans quelques mois, quarante-sept de leurs collègues seront expulsés de France par François Mitterrand…

Celui qui chapeaute tout, c'est Vladislav Malkévitch, vice-ministre du Commerce extérieur. La colonelle m'affecte à la section de la planification. Nous sommes sept dans une pièce minuscule et, lorsque j'y pénètre, c'est pour voir mes nouveaux collègues occupés à faire des statistiques et des prévisions.

La pièce que nous occupons est l'ancien bureau du directeur général adjoint de la DG, un Arménien. Il a déménagé dans une annexe à trente minutes de là, mais le précieux câble téléphonique blindé de la *vertouchka* du Parti, trop compliqué à déplacer, est resté. Une babouchka de secrétaire, sans doute de la génération de Staline, répond aux appels importants. Les neurones rouillés par l'âge, la pauvre mamie n'arrive pas à intégrer le protocole imposé. À chaque appel, au lieu de répondre : « Appareil du camarade Akopian, sa secrétaire Roubinova, je vous écoute », elle déclame : « L'appareil du camarade Akopian vous écoute ! » Mes trois jeunes collègues et moi sommes pliés de rire dès qu'elle décroche le téléphone officiel. Nous l'avons d'ailleurs affublée du surnom d'« appareil du camarade Akopian ». J'ignore que ces plaisanteries puériles, un jour, me joueront un drôle de tour…

*

Le travail d'économiste planificateur dans une administration centrale de ministère est d'un ennui mortel ! On ne voit personne, on ne sort que rarement, et on ne parle absolument pas les langues étrangères apprises avec tant de zèle au MGIMO. Nos bureaux sont placés face à des murs beiges sur lesquels nous ne pouvons apposer le moindre poster. Pourtant la représentation commerciale japonaise nous offre en cadeau à chaque Noël des calendriers affichant d'irrésistibles geishas dénudées. Ils nous cherchent, ces sales impérialistes nippons ! Dans la pièce il n'y a qu'une seule et toute petite fenêtre qui n'éclaire rien. Nous travaillons sous éclairage artificiel toute la journée et toute l'année. Au bout d'une semaine, je commence à péter les plombs. J'ai intégré une réalité abominable, je suis dans un placard, doré, certes, mais un placard tout de même !

C'est qu'il s'agit pour moi de planifier, et pour planifier, quoi de mieux que des statistiques ? Je vais en faire jusqu'à plus soif, jusqu'à en rêver la nuit ! Deux mois plus tard, je suis à saturation, je n'en peux plus. Et puis, j'ai bien observé le fonctionnement du ministère. Ma conclusion est sans appel. Il me sera très difficile de partir à l'étranger, je ne suis pas du sérail. La qualité de mon travail n'est pas en cause, bien au contraire, mais je n'ai pas l'entregent nécessaire pour être propulsé à un poste situé dans un pays occidental. Beaucoup trop de candidats pour trop peu d'élus. La concurrence est rude.

*

Heureusement, pour me tirer de cet ennui mortel, il y a, les soirs et week-ends, les tournages à la télévision et les mises en situation avec les recrues du sympathique lieutenant André, mon nouvel OT du KGB.

Après avoir joué le rôle d'un expatrié français, j'ai joué celui d'un trafiquant d'art américain qui s'était fait prendre la main dans le sac et à qui l'on demandait gentiment de « coopérer ». J'ai parfois l'impression d'être en représentation théâtrale, avec des textes à apprendre et des attitudes à adopter en fonction de celles du candidat. Je m'en amuse, mais j'ai le cœur lourd, en particulier le jour où André décide d'enfoncer le couteau dans la plaie.

– Te rappelles-tu, Sergueï, ce candidat que tu as testé en te faisant passer pour un expat' français ?

– C'était le premier, je m'en souviens très bien. Que lui est-il arrivé ?

– Rien de grave. Il est en France, on l'a envoyé là-bas faire un stage.

– Un stage, mais de quoi ?

Mon OT claque doucement plusieurs fois sa langue dans la bouche en signe de dénégation.

– Il faut payer pour voir, comme le disent les Américains quand ils jouent au poker. Et toi, tu n'es plus dans le jeu.

– Justement, je suis en train d'y réfléchir. Là où je suis, c'est sans espoir. Jamais je ne quitterai l'URSS.

– Laisse-moi te dire un truc. Contrairement à ce que pensent les gens, nous, au KGB, on n'est pas des gars rancuniers. Si tu veux revenir, tu reviens !

– Comme ça ! Comme si rien ne s'était passé ?

– Je ne t'ai pas dit ça. Tu fais une demande et on va l'examiner, mais sur le principe ce n'est pas impossible !

Je ne peux résister à une telle torture indéfiniment. Début décembre 1983, un an jour pour jour après ma démission des illégaux du KGB, je finis par craquer. Mais examiner ma réintégration va prendre du temps. Le KGB est maître des horloges, je sais que pour lui rien ne presse. Je suis persuadé aussi qu'il voudra me torturer encore un peu, histoire de bien me faire comprendre ma bêtise d'il y a un an. Le pire que je pourrais faire, ce serait de me précipiter à la Loubianka pour demander où en est ma candidature. Mais je connais les règles chez les tchékistes : les enthousiastes, on n'aime pas ça !

*

Brusquement, la veille des fêtes de fin d'année 1983, une convocation tombe dans ma boîte aux lettres comme un cadeau du Père Noël – en Russie nous l'appelons Ded Moroz, Papy le Froid. Mais elle ne vient pas de mes amis espions de Yassénévo. Son en-tête est celui du ministère de la Défense.

Je dois me présenter au commissariat militaire[1] de Zélénograd le lundi 2 janvier 1984 à 9 heures. Lorsque j'informe ma colonelle au Commerce extérieur que je ne peux pas échapper à cette convocation, elle acquiesce avec un petit sourire en coin.

Quand j'arrive au commissariat, je suis reçu par un commandant, chef du 3e bureau, celui des recrutements, qui m'annonce froidement que je vais être appelé sous les drapeaux ! Il n'y a rien d'autre à faire qu'obéir. Avec le Comité central du Parti et le KGB, le ministère de la Défense est le seul autorisé à rompre l'obligation des trois années de travail obligatoire après l'obtention d'un diplôme universitaire. Dans la perspective d'une carrière en bonne voie, ce service militaire inopportun aurait pu me révolter. Mais vu de mon placard place Smolenskaïa-Sennaïa, ce changement me fait soudain l'effet d'une lumière au bout d'un tunnel.

– Mais que vais-je y faire, mon commandant ?

– D'après ton dossier, tu parles français et tu as le brevet d'interprétariat militaire !

– Affirmatif !

– Nous avons des contrats de coopération militaire avec l'Algérie, pays francophone, et nous avons besoin de traducteurs en français pour accompagner nos techniciens en armement. Alors on va t'envoyer en Afrique du Nord ! Tu me signes ce papier, qui certifie que tu as été officiellement informé.

Maintenant, je vais vous révéler un secret militaire. Tout ça, c'est du blabla ! C'est un pur chantage. Nous sommes pendant les fêtes de fin d'année et nos intrépides militaires des commissariats veulent des cadeaux qui ne peuvent arriver tout seuls. Ils ne veulent pas rester les rares oubliés du Ded Moroz. Pour cela, ils convoquent tous les officiers de réserve susceptibles d'avoir encore à faire leur service actif en les menaçant gentiment de mettre fin à leur existence civile paisible et confortable. Ils attendent patiemment que lesdits officiers, pris de panique et ne voulant pas quitter leur bonne situation si difficilement

1. Les commissariats militaires des départements, au nombre de 3 300 sur toute l'URSS, sont les structures territoriales du ministère de la Défense chargées du suivi des jeunes recrues lors de l'appel sous les drapeaux et de la gestion de carrière des officiers de réserve.

obtenue, fassent l'impossible pour acquérir une exemption dérogatoire. Et qu'ils fassent pour cela de généreuses offrandes. Non pas aux divinités célestes ou aux esprits des aïeux défunts, nous sommes dans un pays d'athées, mais à eux, les fonctionnaires militaires des commissariats, ces maîtres chanteurs ! Et cette corruption est en plein essor !

Mais avec moi le valeureux commandant est mal tombé. Il n'aura pas son cadeau de Papy le Froid ! Je ne suis pas effrayé, je suis consentant ! Mieux, je suis demandeur ! Car pour moi, c'est une opportunité tombée du ciel. Je suis en train de croupir entre quatre murs, à faire des calculs dont tout le monde se fout, et me voilà tout à coup propulsé de l'autre côté de la Méditerranée, à gagner des devises étrangères. Je comprends mieux à présent le petit sourire de la colonelle. L'interprétariat militaire est un service qui dépend de la GRU, nul doute qu'elle n'y est pas pour rien dans cette affectation !

Mais je dois cacher ma joie, sinon ils seraient capables de ne pas poursuivre la procédure. Grâce à mon OT André, la technique théâtrale Stanislavski n'a plus de secret pour moi. Je fais triste mine mais n'offre rien à mon maître chanteur, l'incitant insidieusement à me mettre davantage de pression. Si je lui fais comprendre que cette place est bienvenue, il me la fera marchander aussi, la fripouille ! Partir dans l'armée ou se libérer de l'armée, dans notre pays communiste, tout se monnaie…

*

Il me reste à avertir mon OT André qu'il va devoir trouver quelqu'un d'autre pour ses exercices avec les recrues dans Moscou et pour ma future carrière d'espion du KGB. Sans le savoir, je suis en train de relancer la guerre souterraine que se livrent le KGB et la GRU.

Quand je lui annonce la grande nouvelle, c'est la première fois que je le vois en rogne, mon sympathique lieutenant. C'est pire que si j'étais allé bosser pour la CIA ! Il m'accuse carrément de l'avoir trahi !

– Du calme, camarade ! Ça m'est tombé dessus, je n'ai rien demandé ! Je n'ai pas manigancé pour partir en Algérie.

– Je sais, en fait c'est un peu ma faute, nous avons traîné les pieds au Service pour te faire mariner. C'est une erreur.

– Qu'est-ce qu'on fait ?, je lui demande.

– Nous allons informer la GRU que tu travailles pour nous et qu'il n'est pas possible pour toi d'aller en Algérie. Ne t'inquiète pas, avec nous tu partiras bien à l'étranger !

Mais cette guéguerre entre les deux services va s'éterniser.

*

On joue à nouveau *Le Lac des cygnes* en ce début d'année 1984.

Youri Andropov, le secrétaire général du Comité central, est mort le 9 février. Il n'aura régné qu'un an, deux mois et vingt-huit jours sur l'Union soviétique. Cela faisait longtemps qu'il avait compris que le retard économique accumulé par le pays n'était pas rattrapable, sauf à mener de grandes réformes en profondeur. Gravement malade, il a préféré s'occuper de chasser les « parasites » de la société tels les alcooliques, les tire-au-flanc, et d'enfermer les dissidents dans les asiles psychiatriques.

Sa mort me rend triste, car la jeunesse du pays comptait beaucoup sur lui. Nous avions toujours eu à la tête de l'État des dirigeants d'une piètre qualité intellectuelle. Si les initiateurs de la Révolution de 1917, Lénine et consorts, bien que sanguinaires, étaient cultivés, ceux qui leur ont succédé n'ont pas brillé par leur esprit aiguisé. *Staline ne laissa progresser dans le Parti que des hommes médiocres qu'il pouvait facilement éliminer*[1].

Andropov, esprit fin et érudit, amateur de culture occidentale, de jazz et de whisky écossais, le seul dans l'aréopage du Kremlin à parler anglais, a tenté de développer une vision à long terme du devenir de l'URSS. Les prémices de la « pérestroïka », c'est lui ! Enfin, si l'on oublie la réforme de 1965 étouffée de Kossyguine, plagiée par Andropov, puis par Gorbatchev. C'est la raison pour laquelle, voulant voir son œuvre prospérer, il désigne avant de mourir Mikhaïl Gorbatchev comme son successeur. Aujourd'hui encore, je reste persuadé que si Youri Andropov avait pu mener son mandat dans des conditions normales, l'URSS existerait toujours. Et si Kossyguine, en 1965, avait réussi sa réforme économique, copiée quinze ans plus tard par les Chinois, l'URSS aurait été la deuxième, voire la première puissance économique mondiale.

Gorby ne remplacera cependant pas Andropov dans l'immédiat, car les gérontocrates du Politburo en ont décidé autrement. Leur choix s'est porté sur Constantin Tchernenko, une nouvelle momie. C'est le triomphe du *« marxisme-sénilisme »*, titre en France *Le Canard enchaîné* dans son numéro 3303 du 15 février 1984, ajoutant que c'était *« le vieux placé »* ! Le Parti a préféré mettre à la tête de l'État un

1. Hélène Carrère d'Encausse, *Six années qui ont changé le monde*, Fayard, 2015, p. 16.

ami de Brejnev, un apparatchik conservateur qui a déjà un pied dans la tombe et qui va passer le plus clair de son temps à l'hôpital. Dans dix mois et vingt-sept jours, on jouera à nouveau *Le Lac des cygnes* !

L'homme de la rue s'amusera d'ailleurs à singer le présentateur de la télévision annonçant la nouvelle : « Chers compatriotes, vous allez rire, mais nous avons encore un secrétaire général du PCUS qui vient de mourir… »

La période comprise entre 1982 et 1985 sera appelée « le quinquennat des pompes funèbres ». Hélas, le lien entre les dirigeants et le peuple, mais surtout avec la jeunesse, est rompu.

*

En attendant la fin du match entre le KGB et la GRU, les occasions pour moi de quitter l'URSS s'accumulent. Un programme de coopération avec Cuba est lancé par mon ministère et Malkévitch, notre vice-ministre, me demande de m'occuper des contacts avec les services de l'ambassade cubaine à Moscou. Avec à la clé un départ pour La Havane lors de la concrétisation des contrats !

Quand il apprend cela, André se raidit et devient cramoisi. Il me fait penser à Lénine sur son catafalque. Il part dans la chambre voisine passer un coup de fil à sa hiérarchie. Leur décision est immédiate.

– Tu intègres l'Institut Andropov avec la prochaine promo, fin août. D'ici là, tu restes au ministère. Tout cela va être officialisé bientôt devant une commission de la 1re Direction générale du KGB.

Cela fait trois ans que je suis en contact clandestin avec eux et ce jour marque la fin du long processus d'enquête qui m'a été appliqué. Les tests que j'ai subis ne sont que la partie émergée de l'iceberg. Toute ma vie a été scrutée à la loupe, non seulement la mienne, mais aussi celle de toute ma famille.

Aujourd'hui, ce vendredi 1er juin 1984, je me trouve à 100 mètres du vieux bâtiment du MGIMO, rue Métrostroyevskaïa, dans un discret hôtel particulier, face à la commission d'admission de l'organisme d'espionnage le plus puissant du monde. Cette proximité géographique avec le MGIMO est très symbolique, le KGB y puise la majorité de ses cadres pour l'espionnage extérieur.

Chaque candidat est présenté par son « tuteur » de la Direction des ressources humaines, qui énumère ses qualités, résume son parcours universitaire et ses états de service en tant qu'agent. Le général qui préside la séance écoute sans mot dire. Il a devant lui une pile de dossiers. Il se saisit du mien.

– Camarade Jirnov, nous avons eu tout le loisir d'apprécier vos prestations à la télévision. Vous parlez un français parfait, mais le problème voyez-vous c'est que maintenant votre tête est connue de tout le monde et des Français en particulier. Vous auriez pu ne faire que deux ans au KI, eh bien vous en ferez trois, puisqu'il va vous falloir apprendre une nouvelle langue, l'espagnol ! Des questions ?

Je cache ma déception, mais j'accuse le coup.

Il continue.

– Vous vous engagez dans un métier dur, stressant et contraignant pour lequel vous n'aurez jamais la moindre reconnaissance. Vous devrez être disponible de jour comme de nuit, vingt-quatre heures sur vingt-quatre. Vous entrez au service du bras armé du Parti dont vous êtes les soldats. En devenant officier du KGB, vous devrez être prêt à faire le sacrifice de votre vie pour le Parti et la Patrie sur le front de la lutte contre l'impérialisme. Êtes-vous prêt ?

– Je suis prêt, mon général.

– Lieutenant Jirnov, vous êtes intégré au KGB comme officier de carrière et admis à suivre la formation de trois années à la faculté principale du Krasnoznamennyi Institoute[1].

J'incline la tête et je sors. Dans quelques mois, toutes ces précautions prises pour s'assurer de ma loyauté me sembleront bien dérisoires. Je découvrirai en effet, au fil du temps, que le KGB est l'administration soviétique qui compte le plus de traîtres ! Je vais d'ailleurs très vite en croiser deux, et non des moindres.

Quand je quitte l'endroit, j'ai le cœur gros. La France vient de s'éloigner brusquement de mon horizon professionnel. Il me reste le rêve de partir un jour à l'étranger, même si je sais que ce sera très difficile. En faisant quelques pas pour rejoindre à pied la station de métro proche du MGIMO, un sentiment de fierté m'envahit. Après tout, ils ne sont pas si nombreux, ceux qui ont été choisis pour intégrer le mystérieux KI, comme disent les tchékistes, qui vient tout juste d'être rebaptisé « Institut Andropov ». Celui que tous les Russes connaissent sous le nom d'« École de la Forêt ».

1. Krasnoznamennyi Institoute (KI) : Institut du Drapeau rouge.

Chapitre 26

L'Institut Andropov

Je vois la colonne de cars se disloquer peu à peu. Les cars 1 et 2 ont pris la direction de l'est de la capitale, emmenant le camarade Poutine venu de Léningrad vers Balachikha, la faculté d'un an. Là-bas, il va être voisin des spetsnaz de « Vympel », qui appartiennent à la Direction « S », celle des « illégaux », qu'il ne verra jamais. Le secret qui entoure leur base est tel que peu de gens au KGB peuvent s'enorgueillir de connaître leur existence, sans parler de pouvoir les approcher.

C'est la troisième fois que Vladimir Poutine suit l'une des formations internes que le service propose à ses cadres. Les deux premières, c'était le contre-espionnage. Ce n'est pas exactement ce qu'il voulait. Lui, il en a un peu marre de végéter à l'antenne régionale du KGB de Léningrad, à traquer les dissidents. Il rêvait d'espionnage et de partir à l'étranger. Pour cela, il lui faut maintenant réussir à tout prix cette troisième et dernière tentative.

Il cultive secrètement un dernier espoir. Celui d'être muté, à l'issue de cette année de formation moscovite, de Léningrad au « Centre », le QG de la 1re Direction générale du KGB à Yassénévo. En fait, à travers sa maîtrise de l'allemand, c'est le département géographique IV qu'il vise, celui qui a en charge la RFA. Il va vite s'apercevoir qu'il y a loin de la coupe aux lèvres.

Je vois partir les cars 3 et 4, avec mes copains du MGIMO, vers la faculté de Yourlovo, à l'ouest de Moscou. Celle-là même où j'aurais dû aller si le KGB n'avait pas décrété qu'il me fallait maintenant apprendre l'espagnol. Cette faculté, située elle aussi en pleine forêt, est essentiellement réservée aux élèves sortant du MGIMO et d'autres universités linguistiques qui ont un niveau de langue suffisant pour que leur cycle de formation soit limité à deux ans.

Les cars 5 et 6 emmènent quant à eux les futurs officiers du renseignement technique et scientifique dans une annexe de

Tchélobitiévo, au nord de Moscou. Ils seront nos voisins pendant trois ans. Nos cars 7 et 8 vont prendre un autre chemin d'accès au même site, mais de l'autre côté du mur.

Notre périple s'arrête à un checkpoint gardé par des hommes armés. Derrière les murs on distingue quelques bâtiments tout près. Ainsi, elle est là. L'école la plus mystérieuse d'Union soviétique, celle que tous les Russes appellent l'École de la Forêt. Nous descendons du car, la valise à la main. Hésitons, impressionnés par le silence qui règne. Les quatre-vingts que nous sommes marquent le pas, ne sachant où aller. Notre accompagnateur nous indique une grille qui s'ouvre à notre arrivée.

Nous sommes le mercredi 29 août 1984 et j'entre enfin au KGB !

*

J'y suis ! Le monde change une fois la grille franchie. Les immeubles sont de solides constructions en briques jaunes à trois étages. Un officier nous prend en charge et, tout en nous guidant vers le bâtiment-vie, nous donne quelques informations sur l'organisation de l'institut.

– Ici les études durent trois ans. Chaque promotion est une compagnie scindée en quatre sections de vingt élèves, commandées chacune par un colonel. Voici vos chambres ! Il y a vingt chambres doubles par étage, vous êtes répartis au premier et au second. À partir de la deuxième année, seuls les célibataires seront logés dans ce foyer en internat. Les hommes mariés venus d'autres villes auront un foyer familial dans Moscou, où ils habiteront avec leurs épouses et enfants. Maintenant, vous déposez vos affaires et vous rejoignez l'amphithéâtre pour une présentation du programme.

Je prends possession de mon neuf mètres carrés, que je vais partager pendant trois ans avec un camarade qui a le même prénom que Poutine – Vladimir. L'inventaire du mobilier est vite fait : deux lits, deux chaises, une table, une armoire et un lavabo. Les toilettes et les douches sont collectives, au bout du couloir, pour tout notre étage. L'ambiance est quasi monacale. Pour adoucir un peu le séjour nous avons un petit hall commun au milieu de l'étage avec un poste de télévision et quelques fauteuils. Sûrement estime-t-on en haut lieu que ce climat austère est propice au travail. D'ailleurs, il ne viendrait à l'idée de personne de se plaindre du confort, sachant qu'il existe encore en Union soviétique des hôtels avec des chambres à plus de cinq lits !

Mais voilà que notre cicérone reprend les choses en main.

– Rassemblez-vous en bas, je vous emmène à la conférence d'accueil.

*

De longs couloirs permettent de passer d'un bâtiment à l'autre sans jamais avoir à mettre le nez dehors. La lumière de cette fin d'été inonde, à travers de larges baies vitrées, le grand amphithéâtre de 400 places. Chaque unité s'avance, précédée par son colonel, et vient s'asseoir sur les premières rangées de fauteuils. Le silence s'installe et l'un des quatre colonels, celui qui a la charge d'être le chef de la promo en plus de sa section, se met face à nous. Un bruit de pas résonne derrière nous. Le colonel se met au garde-à-vous et nous lance :

– Camarades officiers[1] !

Cet ordre vaut dans les deux sens, à l'arrivée et au départ d'une autorité. Comme un seul homme, les 80 officiers de la promotion se lèvent. Apparaît alors le général-major Anatoly Ivanovitch Babkine, le maître des lieux, le chef de notre faculté principale. Quand il prend place sur scène, le chef de la promo nous permet de nous rasseoir par le même ordre :

– Camarades officiers !

Le général est corpulent, imposant, de taille moyenne, chauve. Personne ici ne porte d'uniforme. Il a, lui aussi, un costume de très bonne coupe, taillé dans un tissu fin qui vient certainement de l'étranger.

« Chers auditeurs ! Bienvenue dans la faculté principale de l'Institut Andropov, faisant partie du KGB, qui est le détachement armé du Parti. Si vous n'êtes que 80 par promotion et si l'école ne compte chaque année, toutes facultés confondues, que 320 élèves officiers – retenez ce chiffre 320, sur un pays de 290 millions d'habitants –, c'est qu'ici nous ne prenons que les meilleurs des meilleurs ! Vous voilà en haut de la pyramide. Faites en sorte d'y rester. De l'autre côté du stade qui borde notre faculté se trouve la faculté qui forme les officiers destinés au renseignement technique et scientifique. Vous n'avez pas le droit de fraterniser avec eux. L'émérite camarade général Ivan Ivanovitch Zaïtsev commande l'ensemble de l'Institut Andropov, ou « KI », qui a le statut d'un établissement d'enseignement supérieur spécialisé.

» Notre faculté va vous donner en trois ans ce que les étudiants

1. Les ordres « Garde-à-vous ! », « Fixe ! » ou « Repos » ne sont donnés en URSS qu'aux soldats et sergents. Pour les officiers, un seul ordre : « Camarades officiers ! ».

du MGIMO apprennent en cinq. Et pour valider cela, vous recevrez le même diplôme d'État, qui sera gardé dans vos dossiers personnels à la Direction des ressources humaines. Vous allez apprendre ici les langues étrangères et les disciplines générales telles que les relations internationales ou encore l'économie politique. Et les très nombreuses disciplines spéciales.

» Le renseignement, c'est la collecte et le traitement de l'information. Ceux parmi vous qui rêvent de James Bond se sont trompés d'endroit. Vous allez partir faire un stage chez les paras, en tant qu'officiers vous emporterez vos armes réglementaires. Mais votre futur métier, c'est un travail de tête et non pas de muscles. Dans notre profession, nous ne faisons pas de judo mais nous jouons aux échecs avec nos adversaires (le champion de judo Poutine ne comprendra jamais cette maxime et ne sera jamais un vrai espion). Là où commence l'emploi des armes à feu se termine le travail du renseignement. Gardez bien cela en mémoire !

» Ceux qui réussiront la formation ici intégreront la 1re Direction générale du KGB, chargée des renseignements extérieurs. Ceux qui échoueront rejoindront d'autres filières tchékistes. Vous êtes tous déjà officiers titulaires du KGB et, de toute façon, vous appartenez à la Grande Maison pour une carrière d'au moins vingt-cinq ans. C'est nous qui vous avons choisis et c'est vous qui avez juré de donner votre vie au Comité pour la sécurité de l'État, au Parti communiste et à la Nation soviétique.

» Je vous remercie et vous souhaite une bonne réussite dans votre cursus universitaire au KI. Vos chefs d'unité vont vous recevoir individuellement pour vous communiquer vos pseudonymes d'école. »

– Camarades officiers !, hurle à nouveau le chef de notre promo.

Nous nous mettons au garde-à-vous tandis que le général Babkine nous quitte.

*

Après ce coup de brosse à reluire assorti d'un recadrage impressionnant, et même un peu menaçant, nous passons aux choses pratiques. Alors que le général s'éclipse, le colonel de notre unité s'avance afin de se présenter à nous. Il n'est pas de la première jeunesse, le *tovaritch*. D'ailleurs, l'âge de chacun d'entre eux oscille entre soixante-cinq et soixante-dix ans.

– Je suis le colonel Roman Alexandrovitch Markov et c'est moi qui vais m'occuper de vous pendant les trois années que vous allez passer ici. Je connais la Grande Maison et Yassénévo comme ma poche, j'y ai servi à tous les postes, d'officier traitant à chef, en URSS comme à l'étranger. Le KGB m'a demandé de prolonger mon service actif afin de vous faire bénéficier de mes conseils. Alors, si vous voulez gagner du temps, écoutez-moi !

Ces quatre colonels sont tous d'anciens opérationnels qui viennent jouer le rôle de professeur principal. Ce sont des légendes de l'espionnage du KGB. Ils ont roulé leur bosse dans tous les pays du monde et il se dégage d'eux une autorité naturelle teintée de paternalisme. Il leur est inutile de demander le silence. Dès qu'ils ouvrent la bouche, on écoute.

– Bien ! Tout d'abord, jeunes gens, je vais vous annoncer le nom de votre *starosta*. Pour votre unité, ce sera le capitaine Ivan Krylov[1].

Malgré son statut universitaire, cette école est militaire. Ce qui signifie qu'en dehors de nos cellules du Komsomol et du Parti, il nous faut oublier les mots « élection », « choix », « liberté ». C'est le commandement qui décide de tout et nous de rien. Mais nous sommes en URSS et nous avons l'habitude de cela. Le *starosta,* ou délégué de classe, c'est la courroie de transmission, celui qui sera en contact permanent avec le colonel afin de nous répercuter ses ordres et de lui passer nos doléances. On nous annonce aussi la nomination par le commandement de notre chef de promotion, lequel sera notre représentant auprès des autorités de la faculté et du KI pour toutes les affaires de la vie courante.

J'apprendrai plus tard qu'à la faculté de Balachikha, le commandant Poutine, qui totalise en 1984 déjà neuf ans de service au KGB, a été désigné *starosta* de sa section de vingt élèves. Cette responsabilité qui flatte certainement son ego ne lui sera d'aucune utilité pour sa future carrière au Service des renseignements extérieurs, qu'il va totalement rater.

*

Reste à régler la représentation du Parti. Comme celui-ci est partout, le KGB, qui est son bras armé, ne fait pas exception à la norme. C'est le capitaine Mikhaïl Batov qui s'y colle. Sur la recommandation du commandement, qui n'a reçu aucune objection de notre part, il est immédiatement désigné secrétaire de la cellule du Parti de la

1. Ivan Krylov est le nom d'un écrivain et fabuliste russe, l'équivalent russe de Jean de La Fontaine. Le service des ressources humaines choisit souvent comme pseudonymes au KI des noms d'écrivains et d'acteurs.

promotion. En voilà bien un qui a le communisme dans la peau ! Son petit speech d'intronisation relègue Lénine au rang de contre-révolutionnaire. Cet amour du drapeau rouge aura toutefois ses limites puisque ce brave communiste convaincu fera parler de lui en 1990, en trahissant son pays et en divulguant son vrai nom, Mikhaïl Boutkov.

Comme nous sommes également quelques-uns à appartenir aux Jeunesses communistes, il est décidé de créer une cellule de komsomolets au sein de la promotion. Nous en sommes là quand le colonel Vladimir Pigouzov met le nez à la porte pour faire connaissance avec nous. Celui-là était encore, il y a peu, lieutenant-colonel en poste à la Rézidentoura de Jakarta, l'antenne du KGB à l'ambassade d'URSS en Indonésie. Affecté à la ligne « PR », celle du renseignement politique, il a rejoint, à son retour de l'étranger, l'équipe de direction de l'École de la Forêt en prenant du galon. Heureusement pour lui, car le passage au KI est souvent considéré comme le dernier placard avant la retraite.

C'est qu'il en a, des titres, le camarade Pigouzov ! Secrétaire du comité du Parti de l'Institut Andropov et membre du Grand comité du Parti de la PGU, la 1re Direction générale du KGB. Lui aussi, c'est un vrai communiste, un pur et dur ! Autant vous dire que l'on s'incline sur son passage, on le respecte et on le craint. Là où il est, il sait tout sur tout le monde, y compris nos vrais noms ! La seule chose qu'il ignore encore, c'est que ses jours sont comptés.

*

Notre chef d'unité nous détaille brièvement les règles à respecter.

Ici, la discipline est consentie, aussi je ne verrai jamais un supérieur hiérarchique faire preuve d'autoritarisme à notre égard. Nous devons porter la tenue civile et les cours en classe ont lieu de 9 heures à 14 heures pour la première année. Jusqu'à 17 heures nous sommes censés faire du travail individuel, nos devoirs et du sport. L'instruction spécialisée pratique, celle que nous attendons tous, va bientôt commencer. Nous tendons l'oreille, car il aborde maintenant le sujet du salaire qui va nous être alloué et des primes diverses.

– Votre paie se compose d'une solde d'élève de 130 roubles et d'un supplément selon votre grade militaire : 130 pour les lieutenants, 140 pour les lieutenants en chef[1], 150 pour les capitaines et 160 pour

1. Ce grade intermédiaire d'officier subalterne entre lieutenant et capitaine n'existe pas en France.

les commandants. Ceux qui ont passé les examens d'État en langues étrangères auront également un supplément mensuel correspondant à 10 % de prime pour les langues classiques, 20 % pour les langues orientales et 30 % pour les langues rares. Puisque vous ne portez pas d'uniforme, une prime compensatoire d'habillement vous sera versée en fin d'année ainsi que le treizième mois si vous effectuez bien votre travail. Vous aurez également droit au voyage gratuit aller-retour en train pour vos congés annuels, vers n'importe quel point géographique d'URSS.

C'est Byzance ! Je gagne donc en début de carrière 260 roubles par mois comme solde de base, plus 13 roubles pour ma maîtrise du français, soit 273 roubles, le double de mon salaire civil, sans compter les avantages militaires annuels. À ma sortie du MGIMO, je gagnais au ministère du Commerce extérieur 120 roubles de salaire mensuel et 12 roubles de prime linguistique, soit 132 roubles. Mon père, qui est en fin de carrière d'ingénieur, en perçoit 200[1]. Je comprends mieux pourquoi tant de gens en URSS veulent devenir militaires ou membres du KGB…

Il nous reste à découvrir le centre de documentation, les salles de cours, de langues et… la cantine puisqu'il est déjà midi. À voir la physionomie de celles que l'on appelle les « mamas », celle-ci est bonne ! Les mamas sont les femmes qui nous servent les repas midi et soir. Impressionnantes par leur corpulence, elles le sont aussi par leur gentillesse à notre égard. Il suffit de tendre son assiette pour qu'elle se remplisse à nouveau ! Et que du bon ! Ici, personne ne s'amuserait à tricher et à revendre des marchandises au black ! La viande et les légumes sont de premier choix et la cuisine digne des meilleurs restaurants. Seule ombre au tableau, le prix ! Car au KGB on paie son repas à sa valeur réelle, sans aucune subvention étatique. Au déjeuner, il y a du *khartcho*, une soupe géorgienne au mouton, avec riz, tomates et piments, un délice ! C'était, paraît-il, le plat préféré de Staline…

*

Lorsque je regagne ma chambre, j'y trouve mon colocataire Vladimir. C'est un Moscovite, diplômé de la faculté de droit de l'université de Moscou. Il est sympathique, très sportif et un peu renfermé. Mais je reste sur mes gardes. Je suis certain que notre promotion est truffée

1. Pour faire un comparatif actuel avec la France, il suffit d'ajouter un zéro. Je gagne en début de carrière 2 730 € contre 2 000 € pour mon père, qui est en fin de carrière.

d'indics et, sans être paranoïaque, le fait de postuler à une carrière d'illégal me donne droit à un traitement de choix. Mon OT André m'a mis en garde.

– N'oublie pas une chose, Sergueï, là-bas personne ne saura que tu es un candidat aux « illégaux », parallèlement à tes études au KI. Ceci va compliquer ta vie car elle sera triple : celle que tu raconteras à ton entourage civil, en mentant la plupart du temps, celle, opérationnelle, que tu mèneras réellement au KI, et ta vie de futur illégal avec moi, que tu dois garder secrète, même au KI. Dis-toi bien que tu es le seul de ta promotion à être suivi par mon service. Mais ta sélection n'est pas terminée…

Je sais qu'il a raison. Rares sont ceux, parmi ces « pilotes de chasse », qui deviendront des « cosmonautes » !

*

On frappe à la porte, c'est le *starosta*.

– Sergueï, le chef de section va te recevoir, porte 110. Après ce sera ton tour, Vladimir.

Je fonce au couloir du commandement. Là-bas sont regroupés le bureau du général Babkine, celui du chef du personnel et les 12 bureaux des chefs de section, quatre par promotion. Je frappe, entre et me présente.

– Lieutenant Sergueï Jirnov au rapport, camarade colonel.

– Asseyez-vous, lieutenant Sergueï Jakov.

Apparemment, il est dur de la feuille, l'estimé colonel ! Mais non, il insiste.

– Jakov, ce sera votre « nom d'école » pendant vos trois années de formation ici. Vous ne gardez que votre prénom et la première lettre de votre nom de famille. Vous vous présenterez sous ce pseudo devant les élèves et les personnels de l'école. Nous sommes très peu nombreux dans l'administration, avec le général Babkine et le camarade Pigouzov, à connaître votre vrai nom. Vous avez de la chance avec votre pseudo : Jakov, c'est un acteur connu…

Je connais en effet cet excellent acteur des années 1940-1970 du nom d'Oleg Jakov. Celui qui m'a trouvé ce pseudonyme a du génie. Mon père s'appelle aussi Oleg. Cela fait de moi, avec mon vrai patronyme, un presque vrai fils du célèbre acteur. À Balachikha, Poutine s'appelle désormais Vladimir Platov ! Markov me regarde, l'air doucereux.

– Vous sentez-vous prêt, Jakov ?

– Je le suis, camarade colonel.

– Eh bien, tant mieux. Lundi, vous partez pour un mois, avec votre promotion, chez les paras à Toula. On veut voir ce que vous avez dans le ventre !

C'est un petit coup à l'estomac. La division de Toula… C'est la 106e division aéroportée de la Garde, des furieux !

Chapitre 27

Chez les paras de Toula

En déambulant dans le KI, une question me brûle les lèvres : *Où sont les femmes ?* Hormis celles que l'on peut voir dans les services et au sein du personnel enseignant, il n'y en a aucune parmi les 320 élèves des promotions annuelles. Je vais, au fil du temps, me rendre compte que le KGB est un univers profondément machiste.

C'est Andropov lui-même qui, dans la célèbre série *Dix-sept moments du printemps,* était intervenu dans l'écriture du scénario afin que l'épouse d'un illégal russe, infiltré chez les nazis, soit celle par qui le malheur arrive. Celle-ci, inconsciente après un traumatisme crânien, accouche dans la clinique berlinoise « Charité », mais la douleur lui arrache des cris… en russe ! Arrestation immédiate par la Gestapo ! Ne paraît-il pas que toutes les femmes crient dans leur langue maternelle lorsqu'elles mettent un bébé au monde ?

La nature n'a pas facilité les choses pour elles. Une femme qui donne la vie à un enfant serait prête à tout pour lui, jusqu'à se sacrifier. Ce qui ne plaît pas du tout au Parti, qui exige d'être l'unique bénéficiaire du sacrifice de ses officiers. Le KGB, bras armé du Parti, n'accorde donc aucune confiance au sexe féminin, pourtant majoritaire dans les administrations ministérielles, éducatives, culturelles ou hospitalières. À cette époque, le mythe des espionnes soviétiques sexy, c'est du vent !

À une exception près, chez les illégaux !

Le service préfère en effet que ce soit un couple constitué qui parte s'installer à l'étranger. L'épouse aura alors un rôle d'assistance dans le codage-décodage, la manipulation d'une radio, le dépôt d'un document dans une boîte aux lettres morte, etc. Pour cela, elle recevra une formation en dehors des structures officielles du KGB, comme on le fait pour un illégal.

Moi qui pensais croiser au KI de superbes espionnes slaves à forte poitrine, je suis déçu, mais le contact avec le corps enseignant va bientôt me rassurer sur cet aspect des choses et même me poser un petit problème qui s'appelle Oxana…

*

Pour le moment, nous sommes renvoyés chez nous jusqu'au lundi matin, jour de notre départ pour Toula chez les paras. Prévoyez du linge pour un mois, nous ont-ils dit ! Les cars du KGB nous emmènent à la station de métro Babouchkinskaïa et, de là, c'est le retour vers Zélénograd. J'abandonne la ligne 400 des bus puisque c'est plus court et plus pratique de passer par le circuit des trains de banlieue via la gare de Kryukovo. En fin d'itinéraire, un bus local me dépose directement au pied de mon immeuble.

Je sais qu'à partir de cet instant, il va me falloir mentir à tout le monde en dehors du KI. Cela ne tarde pas. Je croise deux copains, des anciens de l'école 609, qui s'étonnent de me voir déjà chez moi alors que je suis censé être parti faire mon service militaire.

– Tu as vraiment trouvé une belle planque, Sergueï !

– À qui le dis-tu ! Traducteur au ministère de la Défense à Moscou, c'est le rêve ! Mais je suis quand même déçu, je me préparais à partir en Algérie. Ces enfoirés m'ont trompé !

Je joue les victimes d'injustice. Ce sera la même rengaine tout au long du week-end, car tous mes amis veulent savoir comment je supporte mes premiers jours sous les drapeaux.

Intérieurement, je commence à regretter d'avoir choisi cette couverture pour cacher ma nouvelle appartenance au KGB. Mais je n'avais pas vraiment d'autre choix : premièrement, parce que cette légende est venue toute seule avec ma convocation au commissariat militaire en janvier 1984. De plus, tout le monde sait qu'à part le Comité central du Parti et le KGB, seul le ministère de la Défense est autorisé à casser l'obligation des trois années dues à l'État après l'université. Je vais rapidement constater que le très intelligent KGB n'a pas du tout anticipé cette réalité administrative. J'imaginais que les prétentieux grands joueurs d'échecs de la place Dzerjinski allaient faire preuve de bon sens… Tu parles ! Cela, et l'absence de femmes dans nos rangs : voilà mes premières déceptions au sein du KGB, et ce ne seront pas les dernières…

Dans ma famille, personne n'évoque le sujet, mais les silences sont parfois lourds. Je sens mes parents fiers, mais inquiets. De nombreuses rumeurs circulent au sujet du KGB et ils aimeraient que je les rassure. J'essaie de le faire sans entrer dans les détails. Je ne leur parle pas de Toula, car tout le monde connaît la dureté de l'entraînement des troupes parachutistes.

*

Nos deux cars roulent plein sud vers la ville de Léon Tolstoï, du pain d'épices russe et des samovars[1], mais en apercevant les bâtiments de l'arsenal militaire de Toula, ce n'est pas vers l'écrivain le plus célèbre de Russie et les grosses bouilloires à thé que se tournent mes pensées.

C'est dans cet arsenal militaire que l'ingénieur Nikolaï Makarov a créé son fameux pistolet[2]. Les mauvaises langues affirment qu'il a « copié » le Walther PP allemand dont les usines avaient été récupérées par les Soviétiques et qu'une bonne partie des armes individuelles utilisées par l'Armée Rouge lors de la Grande Guerre patriotique ont en réalité été conçues dans cet arsenal par l'ingénieur Fedor Tokarev. Si l'on ajoute à cela une école militaire et le siège de la 106e division aéroportée, le côté guerrier de la cité est décidément bien affirmé.

Les cars stoppent devant les bâtiments du 51e régiment aéroporté de la Garde. Autour de nous se déplacent en courant des hommes en béret azur et *telnyachka,* ce maillot rayé bleu sur fond blanc, signe distinctif de la marine et des troupes parachutistes. Dans le ciel, c'est une ronde incessante d'avions et d'hélicoptères. Pour le coup, la mise dans l'ambiance est immédiate.

Le colonel Markov nous a prévenus : « Personne ne sait qui vous êtes réellement, vous êtes pour eux des officiers de réserve en stage. »

C'est certainement la raison pour laquelle on nous équipe de vieux treillis qui doivent dater de Stalingrad, comme cela avait été le cas

1. Contrairement à une idée répandue, les samovars, grandes bouilloires permettant de chauffer l'eau destinée au thé, ne sont pas une invention russe, mais perse.

2. Le pistolet automatique Makarov, au calibre de 9 mm avec chargeur de 8 balles, est entré en service comme arme réglementaire des officiers de police, du KGB et des forces armées soviétiques en 1951. Il est resté en service jusqu'en 2003.

dans les camps militaires du MGIMO en 1982. Ils nous valent le surnom moqueur de «partisans» de la part de tous les paras de la base vêtus d'uniformes modernes. Pour corser le tout, nous sommes affublés de grades fantaisistes. À la distribution des galons, je bénéficie d'une promotion éphémère et passe directement de lieutenant (deux étoiles) à lieutenant en chef (trois étoiles). Dans la vraie vie, il me faudra encore attendre un an pour cela.

Mon unité s'installe dans un dortoir de quarante couchages que nous partageons avec une autre section de la promotion, puis nos colonels cèdent la place à l'encadrement parachutiste, qui nous annonce le programme des festivités. Chaque jour, rassemblement à 6 heures, en pantalon de treillis, bottes de soldat et torse nu, pour un footing de 3 kilomètres destiné à nous ouvrir l'appétit pour le petit déjeuner.

Nous sommes en septembre et les matinées commencent à être froides. S'il neige, on sera autorisé à mettre un T-shirt ! Nos bottes imperméables de soldats Kerza ressemblent plutôt à des snow-boots et pèsent une tonne. On n'utilise pas de chaussettes, mais des chiffons en tissu appelés *portyanki* que l'on plie autour des pieds d'une manière particulière. Une petite erreur de pli, et c'est la certitude de les retrouver en sang au bout de dix minutes avec en prime une note dépréciative dans notre dossier. Les baskets et les chaussettes ne sont tolérées que pendant les trois heures de repos par jour.

Les séances de sports de combat, durant lesquelles nos instructeurs nous enseignent les bases du Systéma[1], ne sont pas censées faire de nous des Bruce Lee ou des Rambo, mais nous donner de l'assurance dans l'éventualité où l'on devrait rencontrer un agent dans un quartier sordide d'une agglomération étrangère. Des cours de formation au tir instinctif et de précision au pistolet meublent une partie de la matinée. Avec nos Kalachnikov AK-47 et la version courte des paras avec crosse pliable, l'AKS74, nous faisons des trous dans les cibles jusqu'à 300 mètres de distance.

L'après-midi, nous effectuons des marches en forêt au cours desquelles sont testées nos capacités d'orientation à la boussole. L'étude des explosifs avec leurs chaînes pyrotechniques ainsi que le

1. Systéma : De «système», combinaison de plusieurs techniques de sport de combat, du sambo (acronyme pour l'autodéfense sans armes) en particulier, qui se pratique dans les unités aéroportées et les forces spéciales russes. Les services secrets de Poutine ont fait de cette discipline ludique une filière efficace et pernicieuse d'infiltration de l'Occident. Les services de contre-espionnage occidentaux laissent faire, car l'État de droit est désarmé contre cette « innocente activité de loisir ».

piégeage sont également au programme. Le week-end, c'est double dose ! Ces gens-là ne connaissent pas le dimanche, jour du parcours d'obstacles aériens, où l'échec n'est pas admis.

Il faut en effet se renforcer les pieds et s'habituer très vite au vide, vu que la semaine suivante est consacrée au saut en parachute. Markov nous a prévenus, lors de ce test, un refus est éliminatoire : « Vous resterez au KGB, mais passerez dans le contre-espionnage ou la police politique. »

Le stage se termine par un raid de synthèse de trois jours avec armes et munitions. Pour nous aider à trouver le sommeil, il est prévu que nos colonels viennent chaque soir nous donner des cours théoriques sur l'histoire du renseignement soviétique.

Les *dessants*[1] ne vont pas nous épargner, mais il n'y aura jamais une brimade ou une engueulade, pas de *dédovchtchina* pour nous ! Simplement l'exigence du dépassement de soi. Nous voyant prêts et affûtés physiquement, les paras ont mis un point d'honneur à vouloir nous mettre sur les genoux à chaque footing matinal. Mais personne ne traîne.

Ils ignorent bien sûr que la plupart d'entre nous ont suivi une formation militaire poussée au cours de notre cycle d'études. Il y aura bien quelques coups, généreusement distribués lors des séances de Systéma, mais cela fait partie du métier, nous rassure ce bon colonel Markov en rigolant devant nos lèvres fendues.

*

L'armée soviétique possède une longue tradition de parachutisme militaire. C'est au début des années 1930 qu'ont été constituées les premières unités aéroportées. À l'époque, les parachutistes entassés dans le fuselage sortaient pour s'asseoir sur l'aile de leur Tupolev TB-3 avant de se laisser glisser dans le vide. Au début de la Seconde Guerre mondiale, l'URSS disposait de plus d'un million de parachutistes bien entraînés, soit environ deux cents fois plus que tous les autres pays réunis, Allemagne comprise[2].

Depuis, la technique a bien évolué. On se forme à l'utilisation du parachute d'abord aux agrès, c'est-à-dire au sol, puis nous passons à la tour. Haute de 20 mètres, elle est censée reproduire toutes les phases du saut. En fait, c'est pire ! Lors de son ascension, j'ai tout le

1. *Dessant* : Issu du mot français « descente », surnom des parachutistes russes.

2. Victor Souvorov, *Le Brise-Glace,* éditions Olivier Orban, 1989, p. 96.

temps d'admirer le paysage et de m'accoutumer au vide. S'il y a bien quelques hésitations avant de s'élancer du sommet métallique, aucun d'entre nous ne refuse ce premier saut « à blanc ». Nous devons en faire trois avant de passer à l'étape suivante. Mais déjà avec celle-ci, les premières entorses aux chevilles et autres ruptures des ligaments, ainsi qu'une fracture de la jambe, en éliminent certains, qui se voient inscrire une appréciation négative dans leur dossier.

Nous passons plusieurs jours à apprendre à plier nos parachutes. Chacun doit préparer le sien. En cas d'accident mortel, personne ne doit pouvoir être mis en cause, en dehors du malheureux défunt lui-même. Nous sautons avec un vieux modèle, c'est un grand parachute rond Д-6. Il ne peut quasiment pas être dirigé et le point de chute ne peut vraiment pas être choisi. En cas de panne du parachute principal, nous en avons un deuxième, ventral, plus petit, qui ne nous évitera pas de nous casser les jambes, mais qui pourrait nous sauver la vie. Le communisme nous interdit de prier, mais là, tout le monde le fait en silence.

Toula possède sa base aérienne militaire, celle-là même qui avait accueilli en novembre 1943 l'escadrille française Normandie-Niémen. L'Antonov-26 nous attend sur le tarmac, moteurs tournants. Nous sommes rangés en tandems. Chacun procède aux dernières vérifications visuelles sur les parachutes du copain et vice-versa.

Puis nous embarquons dans l'appareil où règne une forte odeur de kérosène. La carlingue est prise de tremblements qui n'ont rien de rassurant au moment où le pilote met toute la puissance pour faire décoller l'avion, mais tout se calme une fois en l'air. La zone de saut est là, toute proche. Pas le temps d'admirer le paysage à travers les quelques hublots qu'il faut déjà se lever afin que les largueurs puissent procéder aux ultimes contrôles. Les portes s'ouvrent, une lumière verte clignote avant de devenir fixe.

La colonne s'ébranle, et je suis le rythme pour me retrouver face au vide. Une bonne poussée vers l'avant, puis il faut adopter la position du fœtus et compter cinq secondes (101-102-103-104-105) pour être sûr de ne pas se retrouver sous le fuselage de l'avion. Il est alors temps de tirer sur la ficelle de déclenchement du parachute, c'est ce que nous avons appris.

En réalité, toute la séquence se déroule automatiquement. Bien plus facile de sauter de l'avion que de la tour. Cinq secondes de chute libre ne sont pas impressionnantes, on n'a pas le temps de comprendre et d'avoir peur. En revanche, lorsque le parachute s'ouvre, la chute vertigineuse s'arrête immédiatement. Vous vous retrouvez suspendu dans l'air. À 1 500 mètres du sol, vous ne sentez pas la descente, qui reste relativement rapide, mais votre cerveau manque de repères pour s'en apercevoir. Cela vous donne l'impression d'être totalement immobile dans l'air, dans le silence, et de dominer le monde sous vos pieds qui se balancent dans le vide. C'est la sensation la plus grisante. Momentanément, vous devenez Dieu ! Dangereux, dans un pays d'athées communistes…

Une quarantaine de corolles blanches flottent dans l'air. Un coup d'œil vers le haut afin de vérifier que le parachute n'a pas d'avaries, un autre sur les côtés pour déterminer la direction du vent… Il doit vous pousser dans le dos pour vous faire avancer devant vous. Si ce n'est pas le cas, et si votre mouvement est latéral ou inversé, il faut tirer sur les suspentes à droite ou à gauche pour vous repositionner correctement. C'est la seule liberté de manœuvre qu'offre ce vieux modèle de parachute. Maintenant, un coup d'œil vers le bas pour anticiper le point d'atterrissage. Je suis rassuré, pas d'arbres à l'horizon ni de collègues qui pourraient me gêner. La terre se rapproche très vite. Dernière consigne, joindre les deux jambes avant de toucher la terre ferme. Attention, nous ont dit nos instructeurs, à ne pas écarter les jambes ou à « refuser le sol » en les remontant instinctivement au moment du poser. Pour l'avoir oublié, deux d'entre nous vont y laisser leurs chevilles, un autre aura une jambe cassée. Contact. Je fléchis les genoux en amortissant le coup et roule à terre. Rien de cassé, même pas une éraflure.

En fin de manœuvres, je dois combattre le dernier danger. En tirant fort sur les suspentes et en les pliant, il faut vite rabattre, aplatir ou, comme on dit, « éteindre » la coupole. Sinon, elle risque de se regonfler avec le vent et de vous traîner sur plusieurs centaines de mètres ! Voire de vous étrangler si vous avez le malheur de vous enchevêtrer le cou dans les cordes.

Je ramasse le parachute en vrac, le replier convenablement prendrait trop de temps, et me dirige vers le point de rassemblement. Là, j'apprends que deux élèves ont fait un refus de saut et ont été immédiatement écartés du groupe pour repartir à Moscou. Ceux-là resteront tchékistes, mais la carrière d'espion est finie pour eux. Le lendemain, on nous remet le petit insigne de parachutiste soviétique qui, chez les militaires, se porte à droite sur la vareuse de l'uniforme, à côté des badges universitaires. Le chiffre grec « I » indique le nombre de sauts effectués. C'est peu, mais pour nous tous, c'est suffisant car c'est le test incontournable pour intégrer la 1re Direction générale du KGB, celle de l'espionnage à l'étranger.

*

Le soir, tandis que nous partageons nos impressions, Markov débarque dans la salle de cours. Il continue à nous faire l'historique du renseignement soviétique débuté la semaine dernière. C'est qu'il a de quoi raconter, notre chef.

– Dans trois mois, vous assisterez à votre première fête des tchékistes, le 20 décembre. D'ici là, vous devez connaître tous les grands noms du service. Quelques-uns d'entre eux viendront faire des conférences pendant vos trois ans à l'Institut, comme Kim Philby, par exemple.

Nos yeux se mettent à briller. Philby, l'un des « Cinq de Cambridge[1] », a été recruté par un agent du NKVD dans les années 1930 pour être ensuite infiltré au plus haut niveau du MI6, les renseignements extérieurs britanniques. Il est resté actif jusqu'en 1963. Les coups qu'il a portés aux services secrets occidentaux sont considérables. Nous sommes impatients de le rencontrer.

Mais bizarrement, le colonel termine son exposé sur la partie « obscure » du métier. Le mensonge, la manipulation, la manière de faire croire qu'on est là alors qu'on est ailleurs. Il insiste d'ailleurs tellement sur ce dernier point que cela en devient notre sujet de conversation dès qu'il quitte la pièce. Et, soudain, la lumière se fait dans mon esprit !

*

Le programme concocté par nos amis parachutistes se termine par un raid de trois jours, avec armes et munitions réelles. Le thème est une exfiltration depuis un territoire ennemi. On se cache le jour, on marche la nuit. Mais Markov attend autre chose de nous ! C'est du moins ce que je suggère à mes camarades.

– C'est sûr, il veut que l'on truande les paras ! Quel intérêt pour des officiers d'espionnage du KGB de se taper 120 bornes au clair de lune sous la flotte ? Aucun, nous ne sommes pas des bérets azur ! En revanche, trouver les différents points de chute, les axes que nous devrons suivre à la boussole, et y parvenir par un moyen détourné, ça, c'est notre job !

– Et tu penses qu'il sera fier de nous si on arrive à ça ?

1. Les Cinq de Cambridge : groupe de cinq étudiants de l'université de Cambridge, recrutés par les Soviétiques avant la Seconde Guerre mondiale. Convaincus par l'idéal communiste, ils trahirent leur pays alors qu'ils étaient parvenus à se hisser à des postes prestigieux dans la diplomatie ou les services secrets du Royaume-Uni.

– Le contraire le décevrait ! Nous allons nous organiser.

Immédiatement, nous mettons en place un plan d'action. Le temps presse, car le départ est prévu le surlendemain. Il nous faut impérativement pénétrer chez le commandant responsable de notre formation si l'on veut récupérer tous les renseignements concernant le raid. Or, l'un de nous s'est foulé une cheville en sautant en parachute. Depuis, il est affecté comme auxiliaire au PC du régiment. Charge à lui de nous trouver une clé pour que l'on puisse aller fouiller le bureau. D'autres doivent rapidement récolter des fonds pour constituer une cagnotte qui nous permettra de soudoyer les paysans locaux afin qu'ils assurent notre transport.

C'est le lendemain midi que nous entrons en action. La nuit, des patrouilles tournent sans arrêt dans la base, ce qui n'est pas le cas au moment du déjeuner. Il est 12h45 quand, avec Batov, nous nous dirigeons vers le PC. À cette heure-ci, les cadres sont à la cantine. Nous montons au deuxième étage et fonçons vers les toilettes. Sur le haut du réservoir de la chasse d'eau, notre « infiltré » a posé la clé. Vite, le bureau du commandant !

Batov reste à la porte et surveille tandis que je fouille. J'essaie d'être à la hauteur de ceux qui sont venus inspecter mon appartement lors de l'affaire de RFI. Il me faut cinq bonnes minutes pour trouver le dossier « Bison », c'est le nom de l'exercice, au milieu d'un fatras épouvantable. Ce n'est pas un méticuleux, le chef de bataillon. Tout y est, mais il faut recopier à la main les choses les plus importantes – nous n'avons pas encore de smartphones avec caméra intégrée ! Je note scrupuleusement le point de départ, les coordonnées des trois étapes et la zone de récupération finale. Je remets en place « Bison » dans le bordel ambiant et nous partons d'un pas décidé. Dans l'escalier, nous retrouvons notre infiltré.

– Qu'est-ce que vous avez foutu, les gars ? Il arrive !

– C'est un bordélique, j'ai dû chercher !, dis-je en lui rendant la clé.

– Je fonce l'accrocher au tableau de la permanence.

Avec Batov, nous voyons depuis la fenêtre le commandant s'engouffrer dans le bâtiment. Nous remontons d'un étage et attendons. C'est un sportif, il grimpe les marches quatre à quatre. Nous l'entendons emprunter le couloir du palier inférieur, c'est le moment. Dix minutes plus tard, nous sommes de retour dans notre dortoir. Un conciliabule s'engage autour d'une question cruciale : qui allons-nous faire profiter de notre découverte ? Vote à main levée, unanimité ! Si un seul d'entre nous n'est pas capable de garder le secret, c'est qu'il n'a rien à faire chez les tchékistes ! Nous passons l'info à toute la promo.

Ce sont donc 80 officiers du KGB qui vont jouer « la grande évasion ».

Il est 17 heures, ce jeudi 20 septembre 1984, quand nous embarquons dans les hélicoptères MI-8MT[1] qui vont nous déposer sur nos différentes bases de départ. Une fois à terre, tout nous paraît facile, trop peut-être ! En effet, il apparaît très vite que nous avons sous-estimé un élément significatif : nos tenues ! En voyant des hommes armés, dans un semblant d'uniforme sans signes distinctifs et qui, aux yeux des plus anciens, fait penser aux « partisans » des années 1941-1945, on sonne le tocsin dans les isbas de l'oblast (région) de Toula.

Il est temps pour nos « négociateurs » d'intervenir en agitant quelques liasses de roubles, bien maigres, ma foi, mais qui suffisent à calmer l'ardeur dénonciatrice des moujiks locaux. Nous aplanissons les difficultés autour de quelques verres de vodka et, moyennant quelques kopecks supplémentaires, nos paysans acceptent de nous transporter jusqu'au prochain point de rendez-vous. Nous reproduirons le même scénario deux soirs de suite, nous cachant le jour, roulant en camion ou dans une remorque de tracteur à la tombée de la nuit.

Deux contacts sont prévus avec les paras. Ces intermèdes exigent une préparation minutieuse. Il faut apparaître épuisés, les traits tirés sous le camouflage, les treillis terreux, bref une séance de trente minutes de mise en condition ! Le dernier jour, à l'arrivée, Markov nous attend, les mains enfouies dans les poches d'une immense parka.

– Fatigués ?, nous demande-t-il.

– On est morts, mon colonel !, lui répond Batov.

– Et vous, Jakov ?

– J'ai les épaules en compote… le sac, l'arme, les munitions…

Le colonel s'approche de moi avec un léger sourire aux lèvres.

– Pour un peu, je vous croirais ! Vous vous êtes bien débrouillés et pour vous récompenser, demain, je vous emmène voir Léon Tolstoï !

*

Il est 9 heures, ce dimanche matin, quand nous embarquons dans les cars qui doivent nous conduire à Iasnaïa Poliana, à une douzaine de kilomètres au sud-ouest de Toula. C'est là, dans ce domaine, qu'a vécu l'auteur de *Guerre et Paix* et d'*Anna Karénine*. Personnage complexe, Léon Tolstoï est un aristocrate dissident qui a renié sa classe, qui a été excommunié par l'Église orthodoxe russe, qui a voulu fraterniser avec ses moujiks, porter les habits les plus simples comme eux et ne pas

1. Connus à l'étranger sous le nom de MI-17.

manger de viande. Après sa mort, en 1910, l'ensemble de ses œuvres seront interdites par la censure tsariste. Les bolcheviks feront de lui une icône… communiste, drôle d'ironie ! Nous visitons sa maison et les jardins lorsque le colonel Markov nous propose de gagner la forêt qui borde le parc.

– Le plus impressionnant n'est pas ici, venez avec moi.

Il y a à peu près un kilomètre de marche jusqu'à la tombe de l'écrivain. Et celle-ci ne ressemble à aucune autre puisqu'il n'y a rien qu'une petite colline verte érigée là où il allait jouer avec son frère. L'endroit est saisissant de simplicité, il n'y a aucune plaque ni pierre tombale, juste de l'herbe. Il a raison, Markov, la majesté du lieu impressionne, à tel point que Stefan Zweig lui-même en gardera un souvenir ému[1].

Et c'est ici, à l'ombre de Tolstoï, que notre colonel s'adresse à nous.

– Vous avez tous eu un comportement exemplaire pendant ces trois semaines et je vous en félicite. Demain, nous rentrons à Moscou et vous prendrez deux jours de permission avant de rejoindre le KI. Les cours vont commencer et ce sera dur. Fini, la légèreté de la vie d'étudiant, votre destin, c'est d'être de futurs officiers du renseignement extérieur du KGB. Rappelez-vous bien ceci : rien ne vous sera épargné, rien ne vous sera pardonné.

Nous restons silencieux et regagnons nos cars. Même Markov ignore que, parmi nous, je suis le seul à être candidat clandestin pour appartenir à la très petite famille des illégaux. Mais je garde précieusement mon triple secret. Car ma sélection définitive ne se fera pas à l'École de la Forêt mais bien dans le secret de la Direction « S » du KGB.

1. Stefan Zweig, *Le Monde d'hier. Souvenirs d'un Européen*, Les Belles Lettres, 2013.

Chapitre 28

L'emploi du temps d'un apprenti espion

Ces deux jours de permission me font du bien. J'en profite pour passer chez Mélodia, le principal disquaire de Moscou, afin de récupérer quelques disques en espagnol, la langue que je vais devoir étudier au KI. Mélodia est un label de musique, propriété de l'État, qui assure la totalité de la chaîne de production d'une œuvre musicale soviétique, de l'enregistrement à la vente. Dans ses magasins, on trouve de nombreux disques étrangers, soigneusement choisis par la censure et, hélas, malgré la mort du fasciste Franco, le rayon espagnol est bien maigre. Seuls, noyés au milieu d'une abondante discographie cubaine et sud-américaine, je découvre quelques vinyles de flamenco qui feront l'affaire.

J'emmène tout ! J'ai maintenant développé ma méthode d'apprentissage des langues et la musique en fait partie. Je vais créer chez moi une petite Espagne et me plonger dans cette bulle linguistique.

*

Le lundi matin à Zélénograd, réveil 6 heures ! J'ai préparé ma valise avec mon linge propre la veille car c'est une course contre la montre qui m'attend pour regagner le KI. Après un petit déjeuner rapide, je me dépêche pour attraper au pied de ma tour le bus local qui m'emmène en dix minutes à la gare de Kryukovo. De là, sans les attentes, il me faut trente minutes en RER pour rejoindre la station de métro Rijskaïa et encore trente autres pour parvenir jusqu'à la station de Babouchkinskaïa où stationnent les cars du KI.

Chaque faculté du KGB a un point de chute différent, mais il reste quasi le même pour la durée des trois ans d'études. Le parking à ciel ouvert est cerné par des barres d'immeubles à partir desquelles il est facile d'établir, avec un bon appareil photo équipé d'un téléobjectif, un trombinoscope complet des futurs espions du KGB.

Quand je m'en étonne auprès d'André, il hausse les épaules.

– Tu sais, chez nous, les espions occidentaux, ça ne court pas les rues ! Et, de toute façon, avant que nos officiers légaux n'arrivent à leurs postes à l'étranger, le contre-espionnage sait déjà qui ils sont ! Tout simplement parce que nos espions occupent les mêmes postes de couverture depuis des décennies, malgré toutes les trahisons ! Seul l'espionnage illégal a encore du sens.

Cette réponse est bien la preuve d'une suffisance qui confine à la routine mortifère. Une routine capable de faire tomber beaucoup d'idéaux. Je me demande à quoi sert l'espionnage légal s'il est connu à l'avance par nos adversaires. C'est beaucoup de temps perdu et de dépenses pour peu de résultats. Mais après tout, est-ce à nous, qui sommes les premiers bénéficiaires de ce système, de le remettre en cause ? Si cela nous permet de passer quelques années à l'étranger, alors que les frontières sont fermées au reste de nos compatriotes, et de bien gagner notre vie en bénéficiant de privilèges, pourquoi irait-on s'en plaindre ?

*

Il est 8h50 quand nos cars arrivent au KI. Nous avons dix minutes pour déposer nos affaires propres et enfiler rapidement un ensemble costume-chemise-cravate, l'uniforme qui prévaut ici.

À 9 heures pétantes, nous sommes en salle, face à nos profs.

Fini, la légèreté de la vie d'étudiant, nous a dit Markov. Il se trompe presque totalement, notre brave dinosaure, cela fait un siècle qu'il n'a pas mis les pieds dans une université ! Dès notre retour au KI, je ne perçois aucune différence avec les études au MGIMO. C'est le même système de travail par « paires » universitaires de 1h35, composées de deux leçons jumelées de trois quarts d'heure avec une petite pause de cinq minutes entre elles.

Le midi, le temps alloué pour déjeuner ne doit pas excéder les vingt minutes. C'est un peu frustrant, car les repas sont excellents et servis copieusement, mais on peut se rattraper sans problème avec les petits déjeuners et les dîners. Le matin, je bois ma tasse de thé avec des biscuits dans la chambre et je ne vais même pas à la cantine car je ne suis pas un gros mangeur. En limitant notre présence à la cantine le midi, l'encadrement veut certainement éviter de voir des élèves somnoler en cours. À 12h35, nous repartons illico pour une nouvelle paire de cours qui s'achève à 14h05.

Il y a un énorme avantage à étudier au KI par rapport au MGIMO, et qui pour moi change tout. Ici, j'habite sur place et je n'ai pas à perdre quatre heures par jour en allers-retours dans les transports en commun entre Zélénograd et le sud-ouest de Moscou, comme cela a été le cas pendant quatre ans ! C'est énorme en temps gagné et surtout en fatigue évitée. Là, je retrouve un peu ma vie à l'internat de Serpoukhov.

L'après-midi est libre, laissé en autogestion, il est consacré aux devoirs, principalement en langues, et au sport. Pour le moment, aucune contrainte ne nous est imposée quant au choix d'une discipline particulière. D'ailleurs, entre quatre murs, il n'y a pas trop de choix : jogging, foot, piscine, tennis, ping-pong ou échecs. Nous disposons également d'un gymnase avec la panoplie habituelle. Je partage mon temps entre piscine et jogging avant d'aller en salle de langues écouter des textes en espagnol.

*

Le KGB veut pour sa 1re Direction générale des agents à fort potentiel intellectuel. Il y a une autre explication pour le choix des cours au KI. Le ministre des Affaires étrangères Andreï Gromyko s'est plaint du faible niveau général des officiers de renseignement qui utilisaient ambassades et consulats comme couverture en se faisant passer pour des diplomates. Andropov lui a assuré que le KI dispenserait la même formation que le MGIMO. Le défi pour le KI était dès lors de former ces « futurs diplomates » en trois ans au lieu de cinq, avec le même niveau de qualification.

C'est la raison pour laquelle, en parallèle de l'instruction spécialisée, y sont aussi enseignées les matières universitaires de base telles que les relations internationales, l'économie et l'apprentissage des langues étrangères. Cette dernière partie constitue l'axe majeur de notre formation car elle conditionne l'affectation au renseignement extérieur. Il y a peu de services spéciaux au monde qui attachent une telle importance à l'étude des langues.

Avec mon ami Sergueï Krépov, nous ne sommes que deux à la faculté principale du KI à être diplômés de la faculté diplomatique du MGIMO. Nous savons déjà tout du programme général. Bien évidemment, *repetitio est mater studiorum*[1], mais cela nous rend la vie plus libre et facile que pour le reste de notre promotion. Les soixante-dix-huit autres auditeurs de notre promotion au KI doivent quant à

1. En latin, « la répétition est la mère de l'apprentissage ».

eux faire face à un très grand challenge.

Je me concentre principalement sur l'espagnol. J'ai, là aussi, la confirmation de mon don linguistique. Dans ce nouvel idiome non plus je n'ai pas l'accent russe. Cela me motive énormément dans l'acharnement que je mets à l'étudier, et qui se révélera très payant.

*

Comme au MGIMO, nous sommes un groupe de cinq élèves face à notre professeure d'espagnol, la belle Oxana. C'est une superbe jeune femme, pleine d'entrain, excellente pédagogue, qui a déjà sa cour d'enthousiastes et d'admirateurs. Moi, je ne lui trouve qu'un seul défaut, celui d'être la fille du colonel Oleg Netchiporenko, un redoutable Ukrainien en charge des cours spécialisés du contre-espionnage extérieur et de l'infiltration des services spéciaux adverses[1]. Et comme la grande majorité de ses consœurs qui enseignent les langues à l'Institut du Drapeau rouge, Oxana n'est pas mariée.

Et ce n'est pas un hasard. Car le KGB voit d'un très bon œil le mariage entre ses élèves officiers et les cadres féminins de l'École de la Forêt. Celles-ci ont déjà fait l'objet d'une enquête approfondie et sont, pour la plupart, des filles de tchékistes. C'est là la garantie d'un bon professionnalisme et d'une pleine et entière dévotion à la cause du communisme !

Avec Oxana, le courant passe. Adepte des jeux de rôle pour l'apprentissage de l'espagnol, elle met au point des scénarios dans lesquels elle décide de nous affubler d'un pseudo, encore un ! Ainsi notre groupe de cinq Russes devient un club de « Dons » espagnols : Don Alexandro, Don Andrès, Don Nicolas, Don Sergio pour moi-même et Don Alvaro pour mon colocataire au prénom trop russe de Vladimir.

La partie ludique s'arrête là. Car Oxana est un bourreau de travail. Elle veut que les réponses fusent. « Pensez en espagnol ! », nous répète-t-elle sans cesse. Une heure et demie par jour, six jours par semaine, dans un groupe de cinq, elle ne nous lâche pas et ne laisse rien passer. La moindre baisse de régime est assortie d'une mise en garde, plutôt sympathique au départ mais qui peut s'avérer cruelle si le tir n'est pas rectifié. Pour mon voisin de chambrée, dont elle estime le travail insuffisant, c'est la convocation chez Markov, accompagnée d'une menace à peine voilée.

1. Oleg Netchiporenko sera connu plus tard du grand public comme l'un des porte-parole du bureau de presse du KGB et FSB.

– Si vous n'avez pas suffisamment de capacités linguistiques pour rester parmi nous, le service du contre-espionnage sera ravi de vous récupérer. Vous verrez, ils sont beaucoup moins exigeants sur les langues, vu qu'ils ne sortent pas d'URSS !

Ma connaissance quasi parfaite du français m'aide grandement en espagnol. Ce sont des langues sœurs, latines toutes les deux, avec la même base initiale, de nombreuses racines similaires et des règles grammaticales qui se ressemblent. Du coup, cela me permet d'avancer beaucoup plus vite que mes quatre autres compagnons. Mais cette proximité linguistique entre le français et l'espagnol engendre des faux-amis et fait ressortir de vieux réflexes là où il ne faudrait pas.

C'est ainsi qu'Oxana remarque que je fais fréquemment la même confusion lors d'une traduction. Souvent, au lieu du *pero* espagnol, ma francophilie prend le dessus et le *mais* français sort automatiquement. Oxana me reprend. Et encore, et encore. Au bout de quelques semaines, elle en a marre et invente une punition particulière. À chaque *mais*, il me faut mettre 10 kopecks dans un mug qu'elle a posé sur la table.

J'ai parfois l'impression que la sympathie qu'elle semble me porter n'est pas dénuée d'arrière-pensées sentimentales. Je m'efforce de ne pas avoir à son égard un comportement équivoque, car devenir le gendre d'un officier supérieur du KGB ne m'attire pas particulièrement. De plus, cela fait quelque temps que j'ai une relation suivie avec une jeune femme de Zélénograd avec laquelle je m'entends bien. Relation dont le KGB va d'ailleurs bientôt s'occuper.

*

Avant d'entrer dans cette école mystérieuse et mythique, nous l'avions idéalisée par manque d'informations. Pour nous tous, c'était l'endroit le mieux équipé au monde. Mais plus nous nous installons sur le site du KI et sommes confrontés à sa réalité, plus les désillusions apparaissent. Au début, c'était l'atmosphère spartiate de notre foyer de vie qui nous avait surpris. Maintenant, vient le tour des équipements techniques.

En 1984, aux États-Unis, les étudiants boutonneux commencent à avoir leurs premiers PC IBM ou Apple dans leurs chambres pour jouer aux jeux vidéo. Pendant ce temps, de l'autre côté du Rideau de fer, l'élite des élites, les futurs espions du KGB, étudiants dans la meilleure école du pays, n'en ont pas un seul à leur disposition pour travailler !

Cela nous met en rage. D'autant plus que le soir, lorsque les élèves se retrouvent à la vidéothèque pour visionner des films étrangers, soigneusement choisis par le Service parce qu'ils donnent une image négative de nos ennemis impérialistes, nous sommes étonnés de voir, à l'arrière-plan, de jeunes Américains pianoter sur des ordinateurs. Il nous reste un espoir, celui que le fameux « Centre » à Yassénévo sera équipé d'ordinateurs personnels à profusion. Pour ceux qui, dans trois ans, iront y travailler, la déception sera immense !

Le KI utilise encore, majoritairement, des machines à écrire ! Et la direction propose à tous les volontaires un cours de dactylographie classique. J'ai une machine à écrire depuis 1978, cadeau de mes parents pour mon entrée au MGIMO, et j'ai pris l'habitude de taper moi-même mes documents. Je ne me débrouille pas mal, même si je ne le fais pas avec tous mes doigts et sans regarder le clavier. Mais cette mauvaise habitude est déjà bien trop ancrée dans mes gestes et mon cerveau pour en changer. Cela me demanderait trop d'efforts pour me corriger, je décline donc cette proposition.

*

S'il n'y avait que les langues et les cours généraux, ce ne serait pas une école du KGB. Dès notre retour de Toula, nous attaquons notre premier cours spécialisé. Mais avant d'entrer dans le vif du sujet, le colonel Markov nous explique comment procéder.

– Relations internationales, langues, économie, dans toutes ces matières de la filière que nous appelons « ouvertes », vous pouvez utiliser vos notes comme vous le voulez. Vous entrez maintenant dans la filière spécialisée et là, les règles changent. Vous allez devoir vous conformer aux dispositions suivantes.

Il marque une pause pour s'assurer que nous sommes attentifs, ce qui est parfaitement inutile vu que nous sommes suspendus à ses lèvres.

– À la fin du cours, nous vous conduirons dans un local que nous appelons la « pièce secrète », laquelle se trouve au quatrième étage du bâtiment scolaire. Chacun y trouvera une boîte en carton portant son matricule et son pseudo d'école. Celle-ci se ferme à l'aide d'une cordelette et contient de grands carnets spéciaux dont les pages sont numérotées, un carnet par discipline spécialisée. Il vous est interdit, je dis bien *interdit*, d'en déchirer une seule page. S'il y a une faute, qu'elle y reste, ce n'est pas grave. Vous annoterez le passage comme erroné et reprendrez la phrase ou le paragraphe correctement, c'est tout. C'est sur ces carnets que vous prendrez vos notes lors de l'instruction spécialisée.

Nous allons remettre à chacun de vous un médaillon avec un numéro qui lui sera propre. Celui-ci vous servira de cachet personnel. Écoutez-moi bien, c'est important ! Les cours spécialisés terminés, vous mettrez les carnets dans votre boîte cartonnée, apposerez de la pâte à modeler sur la ficelle de la boîte et la poinçonnerez avec votre sceau. Enfin, vous déposerez vos boîtes en carton ainsi fermées dans la pièce secrète. Une permanence vingt-quatre heures sur vingt-quatre est mise en place afin que vous puissiez consulter vos carnets en dehors des heures de cours. Le matin, toujours sur présentation de votre sceau, vous récupérez vos carnets dans votre boîte.

À n'en pas douter, le procédé a été inventé par les tchékistes des années 1920 tant il est lourd. Mais il faut lui reconnaître son inviolabilité puisque ce système est toujours appliqué dans les Rézidentouras des ambassades ! Markov reprend.

– Je vais à présent vous donner un aperçu de l'éventail des cours spécialisés que vous allez suivre. À chacun d'entre eux correspondra un carnet. Vous étudierez successivement l'histoire des organes de sécurité de l'URSS, l'espionnage soviétique, les structures du KGB et en particulier celles de la 1re Direction générale, mais aussi la présence du KGB à l'étranger et le fonctionnement d'une Rézidentoura dans une ambassade. Ce sont là les cours de base, auxquels viendront s'ajouter ensuite le renseignement extérieur et le contre-espionnage appliqué dans les pays parlant la langue que vous apprenez. Enfin, nous vous formerons aux techniques de chiffrage, d'écoute et de prise de vue photo ainsi qu'au traitement et à l'analyse de l'information. Plus tard, nous passerons à l'étude de nos adversaires. Mais nous allons commencer aujourd'hui par un exposé général sur la psychologie opérationnelle.

Il s'écarte alors pour laisser la place à un homme d'à peine 1,70 mètre, un peu replet, avec des yeux qui brillent derrière de petites lunettes rondes. L'ensemble fait davantage penser à un scientifique qu'à un espion infiltré chez les impérialistes, mais c'est une erreur. Lorsqu'il se présente sous le nom de Virichenko, nous comprenons que nous avons affaire à un as de la manipulation qui a exercé ses talents aux quatre coins de la planète. Il commence par nous inculquer les bases de la morphopsychologie, l'un des éléments qui, selon lui, permettent de « lire » une personne. Car tel est bien le but de son cours :

– Avant de prendre un contact, étudiez attentivement votre cible. Son apparence physique, front bas ou haut, sourcils broussailleux ou clairsemés, lèvres fines ou épaisses, corpulence, élocution, tout cela va vous permettre de donner un trait de caractère à votre individu.

Observez sa façon de s'habiller, sa démarche, son attitude lorsqu'il est en société, pour renforcer votre jugement. Vous procédez ensuite à une analyse détaillée de vos observations afin de déterminer la manière dont vous allez l'aborder. Et c'est seulement après l'avoir longuement écouté et avoir disséqué sa personnalité que vous allez décider quel hameçon vous accrocherez au bout de votre ligne.

Les hameçons dont parle Virichenko sont universels. Ce sont ceux qu'utilisent tous les services spéciaux du monde pour mettre sous leur coupe une cible qu'ils jugent intéressante. L'argent, l'idéologie, la compromission et l'ego en sont les bases, ce que les Anglo-Saxons appellent MICE *(Money, Ideology, Compromising, Ego).* Les Occidentaux préfèrent l'argent, nous l'idéologie. Mais hélas, les trahisons et les défections par amour de l'idéologie communiste se faisant rares, le Service est devenu, par la force des choses, un maître en capitalisme. Nous avons appris à acheter nos agents et nos sources. Les services spéciaux des deux blocs sont d'accord sur le troisième appât, l'exploitation de l'ego. L'être humain est la plupart du temps égocentrique. Il adore parler de lui et pense souvent qu'on lui en donne moins que ce qu'il vaut. C'est une excellente motivation pour la trahison de son entreprise, de son service ou de son pays.

Le dernier moyen est le *kompromat*, les dossiers compromettants. Toutes les petites ou grandes fautes vont y figurer pour faire chanter nos cibles. Les faiblesses humaines comme le sexe, une addiction, ou n'importe quelle autre faille permettant de faire levier sur la personne. Cette approche comporte pourtant une faiblesse, la contrainte. Elle peut marcher ponctuellement mais jamais à long terme. La cible va chercher à s'en libérer par tous les moyens. Quitte à se dénoncer, à se tuer ou à liquider l'officier qui la fait chanter.

Nos instructeurs nous expliquent qu'il s'agit là d'un travail de longue haleine, difficile et dangereux, où le moindre faux pas se paie cash. C'est surtout celui des officiers de renseignement du KGB en poste dans les Rézidentouras des ambassades, qui opèrent sous couverture diplomatique. Raison pour laquelle l'accent est mis sur les cours de relations internationales lors de nos études au KI.

Tout autre est la mission des « illégaux », qui doivent rester tapis sous la surface sans jamais se faire détecter. Si André ne m'a pas encore dit ce que le Service attend de moi lorsque je serai un illégal opérationnel, je sais qu'il me faudra me fondre dans un univers hostile que je devrai apprivoiser progressivement afin de mieux le manipuler.

Si l'importance est donnée, dans les années 1980, à cette formation au renseignement humain, c'est parce que le KGB considère qu'il est l'Alpha et l'Oméga de la toile d'araignée qu'il a tissée sur toute la planète. L'humain doit impérativement confirmer le renseignement technique[1], quelle que soit la source avec laquelle celui-ci a été obtenu.

Fin des cours ! L'opération de rangement des carnets et la fermeture des boîtes en carton demande un peu d'habitude et d'organisation afin de ne pas se retrouver tous en même temps en face du préposé à la « pièce secrète ».

*

Je tombe le costume et pars faire quelques longueurs à la piscine ou échanger quelques balles sur l'un des courts de tennis. Tiens ! J'aimerais bien m'essayer au golf ou au cricket, le sport que l'on réserverait à ceux qui sont destinés à rejoindre la perfide Albion, mais cela reste un mythe du KGB. Comme les ordinateurs personnels ou les femmes espionnes, les installations de sports élitistes bourgeois n'existent pas en réalité. Je potasse ensuite mon espagnol, mais difficile de faire mieux. Oxana est aux anges.

Toutes ces activités m'ayant donné faim, je retrouve mes camarades à la cantine, où nous attendent de pied ferme nos « mamas », la louche à la main. Pour le dîner, le dress code de la maison a laissé place au survêtement et à la tenue relax.

Ce soir, c'est steak haché, pommes frites ! Voilà un menu qui, en dehors des structures du Parti et du KGB, est dangereux en URSS pour la bonne raison qu'il n'y a pas plus de 20 % de viande dans le steak haché vendu à l'homme de la rue. La portion de viande est complétée par de la matière grasse, des viscères et des végétaux. Ce n'est pas la tendance végane qui est passée par là, mais la corruption. Les 80 % de viande qui devraient s'y trouver disparaissent pour être revendus au marché noir, trois à quatre fois leur prix ! Et tout le monde ferme les yeux, car tout le monde touche, sauf le citoyen de base, bien sûr.

Pas de ça au KGB ! Ici, tout est soigneusement contrôlé, pesé, cuisiné avec attention avant d'arriver dans l'assiette. Ces bons repas et la propension de nos « mamas » à en rajouter nous contraignent

1. Le renseignement technique est obtenu par diverses sources d'information : Sigint (Signals Intelligence), Elint (Electronic Intelligence), qui ont en commun l'analyse du rayonnement ou des signaux électromagnétiques. Cela va de l'interception des communications de toutes sortes, des émissions radars, à la surveillance des échanges par courrier électronique. Le réseau de surveillance le plus connu est le réseau Echelon, mis au point par les États-Unis, le Royaume-Uni, le Canada, l'Australie et la Nouvelle-Zélande dans le cadre du traité UK-USA. Décidé à la fin de la Seconde Guerre mondiale, il est actif depuis les années 1970.

à maintenir une activité physique soutenue sous peine d'accuser rapidement des kilos superflus. Avec le temps, elles se sont prises d'affection pour nous et nous appellent par nos prénoms pour nous proposer un dessert ou un fruit de plus.

Là où elles sont incorruptibles, c'est avec l'alcool. Et avec elles, le KGB. Le Service ne plaisante pas avec ce fléau national. Nous sommes scrutés en permanence sur notre comportement face au godet de vodka qui « réchauffe et remonte le moral », comme l'affirment ses fervents utilisateurs. L'école en a fait l'un des critères d'exclusion, un verre de trop et c'est le bannissement ! Je verrai plus tard qu'il en est de même pour les opérationnels qui se laissent aller à lever le coude trop souvent.

Le soir venu, nous pouvons divaguer à notre aise dans le bâtiment des cours et travailler toute la nuit. Drôle d'impression que d'errer seul dans les locaux du KGB et de découvrir çà et là des élèves bachotant leurs cours. Entre nous, il y a de l'émulation, mais pas de concurrence. C'est une mentalité de camaraderie qui règne ici puisque nous n'hésitons pas à nous entraider sur les sujets de la filière ouverte, un peu moins sur les cours spécialisés. Cet état d'esprit est une constante que l'on retrouve tout au long du cursus scolaire et universitaire du jeune Soviétique. Pas question d'écraser les copains pour parvenir à ses fins !

Sergueï Krépov, le seul qui, avec moi, vient du MGIMO, débarque parfois dans ma chambre pour discuter. Il était à la faculté diplomatique, où il apprenait l'anglais. Le KGB l'a mis à l'italien. Sans bomber le torse, nous constatons que le niveau au KI est disparate. D'abord entre ceux qui ont fait leurs études en province et les étudiants moscovites. Enfin avec nous, les anciens du MGIMO, où, pendant cinq ans, nous avons potassé sans relâche les méandres des relations internationales que beaucoup découvrent seulement maintenant. L'égalité d'éducation tant vantée par le régime est un fiasco.

Cet état de fait est un peu tempéré par l'esprit de solidarité qui règne au KI entre les promotions. Les élèves de dernière année passent nous voir afin de nous donner quelques conseils sur la « gestion » de nos instructeurs. Piotr, le meilleur sinologue de sa promo, nous fait profiter de son analyse fouillée sur les particularismes de chacun d'entre eux.

– Tiens, par exemple, Matvéyev, celui qui nous fait les cours radio ! Il faut savoir qu'il a été opéré de la prostate il y a six mois. Il doit aller pisser toutes les vingt minutes, alors si tu veux avoir une discussion suivie avec lui, fais-le près des chiottes ! Sinon, il ne tient pas la distance et tu ne le revois plus.

– C'est comme Kourtchenko, le colonel qui nous enseigne le travail en Rézidentoura : lui, quand tu vois qu'il met le doigt sur un point que tu ne maîtrises pas, détourne la conversation sur l'Angleterre. Il y a fait trois séjours et lorsqu'il en parle, il pleure. Tu ne peux plus l'arrêter, il est intarissable sur le sujet. On se demande même s'il n'a pas été anobli par la Reine !, ajoute en rigolant Vitaly, qui espère aller aux États-Unis.

S'il est vrai que la plupart de nos instructeurs ne sont pas de toute première fraîcheur, ce sont en revanche des vétérans de l'Ouest. Notre formation, qui est longue et difficile, ne peut en effet être instruite que par des officiers du KGB blanchis sous le harnais, des experts en coups tordus.

J'en parle avec Mikhaïl Batov qui, lui, est un rescapé de la GRU, la Direction générale du renseignement militaire, la boîte concurrente. Là-bas, les formateurs sont plus jeunes, mais moins futés que les nôtres.

– Tu sais, les militaires ont mis l'accent pendant longtemps sur l'action, avec leurs spetsnaz, me dit-il, mais ils veulent maintenant passer à la recherche stratégique du renseignement. C'est là qu'ils commencent à marcher sur nos plates-bandes.

Et c'est vrai. Entre les deux services, KGB et GRU, c'est une lutte sans merci pour s'arracher les meilleurs étudiants à la sortie des facultés. Mikhaïl, que l'on appelle tous Micha, parle à la fois l'anglais de la City et celui de Soho, le quartier chaud de Londres. Il a renoncé à la GRU, trouvant l'esprit militaire trop étriqué à son goût, avec l'espoir que le KGB l'enverrait en Angleterre à coup sûr. Je me demande d'ailleurs si lui aussi ne suit pas en parallèle une formation d'illégal…

*

Les samedis et dimanches, je partage mon temps entre ma famille, mes amis à Zélénograd et ma copine Irina, sans oublier mon OT André à Moscou. Dans ma cité fermée, il y a en tout et pour tout quatre cafés, trois restaurants et deux discothèques. Pas vraiment de quoi faire la fête tout un week-end. On écoute des disques de musique espagnole et parfois quelques compagnons nous rejoignent dans l'appartement. L'immeuble vibre alors au rythme du flamenco, que nous reprenons en frappant dans nos mains.

Pour modérer l'ambiance *gipsy andaluz*, j'enchaîne avec la voix réputée sirupeuse de Julio Iglesias, celui qui fait pâmer les filles. Or, derrière cette image mielleuse d'un ancien footballeur devenu chanteur de variétés à l'eau de rose se cache un linguiste hors pair. Sa prononciation et sa diction en espagnol sont un exemple de haut vol pour tout apprenti de la *lengua castellana* !

Mes copains ont renoncé à m'interroger sur le déroulement de mon service militaire puisque à chaque fois mes réponses sont invariables. Ma vie à l'armée est un encéphalogramme plat ! Comme couverture, le KI nous a fourni un vrai-faux certificat indiquant que nous travaillons à l'Institut de recherches en informatique. Encore une erreur des « joueurs d'échecs » du service du personnel du KGB. Pour ma légende, c'est échec et mat ! Comment un obscur institut de recherches parviendrait-il à casser la règle intransgressible des trois années dues à l'État ? Qui pourrait bien vous faire sortir du ministère du Commerce extérieur pour aller vous demander d'aller vous enterrer chez les chercheurs ? C'est de la science-fiction ! Administrativement, c'est impossible ! Seuls le Parti, le KGB et le ministère de la Défense ont la capacité de casser cette fameuse règle des trois ans. J'ai la nette impression que la question de la véracité de nos légendes n'intéresse absolument pas nos dirigeants.

J'ai eu beau expliquer au colonel Markov que j'étais censé être sous les drapeaux aux yeux de mon entourage, rien n'y a fait. Mieux ! Quand je lui ai demandé une petite chose facile à organiser comme pouvoir faire quelques photos en uniforme devant des bâtiments de l'armée pour consolider ma légende, il a refusé tout net ! Tout juste s'il ne m'a pas ri au nez ! Ce refus du bon sens entre en opposition avec le discours lénifiant de nos cours sur la nécessité absolue de préservation du secret de notre appartenance au KGB ! Je commence à comprendre que le KGB est atteint des mêmes maladies chroniques que le reste de la société soviétique, l'inefficacité et je-m'enfoutisme.

Mes camarades partis, j'essaie de faire le point sur mon avenir. Au KI, je me dirige vers un destin d'officier de renseignement classique dit « légal », et cela change peu à peu ma structure intellectuelle. Mon amie Irina se doute bien de quelque chose, mais je lui dissimule la réalité de ma vie. Si le KGB fait peur au Russe de la rue, il en est de même en interne. Car, parallèlement, je suis toujours suivi par les « illégaux », la direction la plus cachée et la plus mystérieuse du monde de l'espionnage.

Je m'interroge souvent sur la capacité du Service à s'assurer de la fidélité de ses agents. M'espionnent-ils, ont-ils mis des caméras et des micros chez moi ? J'ai l'impression de devenir parano, me méfiant de toutes et de tous. Pourtant, je sais que je vis une vie de privilégié, j'ai conscience d'appartenir à l'élite et qu'il me faut tout donner. Je n'ai qu'une ambition, aller au-delà de ce que l'on me demande. Je passe une bonne partie du dimanche à réviser et à écouter des cassettes ibériques en boucle. Je n'ai aucun doute, tout se jouera sur les langues !

Et comme pour le MGIMO, je n'ai pas regardé à la dépense. Le KI ne nous fournissant que très peu d'aides pédagogiques, je suis allé m'acheter un énorme dictionnaire en deux volumes que l'on m'a vendu contre l'équivalent d'un SMIC ! Cela ne me pose plus aucun problème matériel. Quand j'étais étudiant, je n'avais que ma bourse et les revenus des petits jobs d'été. Maintenant, j'ai les moyens ! Je gagne plus que mon père et, avec ma vie de reclus au KI, je consomme finalement très peu. Ainsi je me suis équipé d'un super magnéto K7 japonais et j'ai acheté un récepteur radio portatif allemand Grundig Yacht Boy de 400 grammes qui est plus performant que mon Léningrad-004, qui pesait 9 kilos ! Mes amis du MGIMO et du Commerce extérieur me fournissent en enregistrements occidentaux qui ne sont pas vendus dans le réseau Mélodia.

Je m'équipe moi-même, à défaut de l'être par le KGB. Quand je suis allé demander au KI si je pouvais emprunter des cassettes ou des disques d'espagnol, on m'a regardé avec des yeux ronds. « Nous n'avons pas de phonothèque ! », m'a répondu la gérante de la bibliothèque. Les déceptions continuent.

En revanche, le KI possède un service inexistant au MGIMO : un cabinet de presse écrite. Sa directrice nous propose des revues étrangères allant de *Paris Match, Time, Der Spiegel* à *El País* et *Cambio16,* qui arrivent tous deux directement de Madrid. Le tout servi sans aucune censure et qu'on peut emprunter pour ramener chez soi.

Ce 18 décembre 1984, Markov nous annonce que les premiers cours pratiques vont nous être donnés dès le début de l'année prochaine. Le même jour, je passe à la bibliothèque pour jeter un coup d'œil au *Time Magazine*, histoire de maintenir mon niveau d'anglais, mais aucun titre de la presse anglo-saxonne ne s'y trouve. Bizarre. La censure serait-elle arrivée jusqu'à nous, les privilégiés du régime ?

C'est en lisant la *Pravda* que j'apprends que notre secrétaire du Comité central du Parti, Mikhaïl Gorbatchev, est en déplacement à Londres, accompagné de son épouse. Celle-ci a enchanté les Britanniques par ses tenues gaies et son sourire, raconte l'organe officiel du Parti. Notre censure générale a omis de signaler ce que rapportent les quotidiens britanniques. Gorby s'est particulièrement distingué en « oubliant » de se rendre au cimetière londonien de Highgate saluer la tombe de Karl Marx. Emploi du temps trop chargé ? Négligence ? Geste démonstratif de provocation ?

Une page de l'histoire de l'URSS serait-elle en train de se tourner ?

Chapitre 29

Tradecraft ou la science tchékiste

Les fêtes de fin d'année se sont passées en famille et avec Irina. Ce n'est pas très pratique, elle est à Moscou et j'habite toujours Zélénograd, quand je ne suis pas au KI les six jours de la semaine.

Le mois de janvier 1985 est particulier dans le sens où nous retrouvons un peu plus de liberté. Pendant quatre semaines, nous n'avons pas de cours et nous allons passer les examens semestriels comme dans n'importe quelle autre université.

Un seul examen, celui de l'histoire des organes de sécurité de l'État, discipline spécialisée, nous impose une présence de quelques jours à l'école. Nous devons en effet consulter les manuels classés secrets ainsi que nos notes contenues dans les cartons scellés. Le reste du temps, nous ne venons au KI que pour y passer une demi-journée d'examen avant de repartir immédiatement à la maison. Seuls les auditeurs non moscovites restent en internat. Mes résultats sont excellents.

*

Cette liberté, en ce début d'année 1985, me donne plus d'opportunités pour travailler avec mon OT André. Entre ma formation secrète de candidat aux « illégaux » qui se poursuit en parallèle de mes études au KI, auquel s'ajoute mon quotidien avec mes amis et mes proches, je mène une triple vie. Ce qui n'est pas pour me déplaire. Rester entre quatre murs au KI commence à me peser sur le moral.

Il devient de plus en plus difficile pour moi de rester anonyme. La télévision a lancé la rediffusion d'un cycle éducatif dans lequel je suis l'un des deux principaux présentateurs. Mon visage et mon nom apparaissent à nouveau sur le petit écran chaque mardi. Après les vacances, cela va me jouer un tour…

Chaque week-end, j'ai un contact avec mon OT dans un appartement conspiratif. On fait le point sur mes études au KI et André continue de me tester sur les filatures et le tamponnage des cibles. Ce jour du mois de janvier, entre deux examens, il m'a donné rendez-vous dans l'est de Moscou.

Je prends le RER jusqu'au terminus, la gare de Léningrad, puis fais quelques stations en métro et, à Sokolniki, je prends la direction du parc du même nom. Là, j'aperçois André, qui m'attend dans sa voiture. À peine installé, il m'annonce que tous les entretiens se dérouleront désormais en anglais. Après quelques questions sur mes cours au KI, il se met à me parler sports.

– Qu'as-tu choisi comme discipline sportive ?

– Pour le moment, je pratique surtout la natation…

– Dans l'immédiat, tu vas mettre l'accent sur le tennis. Si tu veux t'introduire dans des cercles influents à l'étranger, les activités qui sont indispensables sont le golf, le tennis, le ski alpin et le bateau. C'est dommage qu'en URSS, y compris à Yassénévo, nous n'ayons pas de golf. Aucun dirigeant occidental digne de ce nom ne joue au foot.

– Le tennis, ça fait longtemps que j'y joue. Tu sais, au MGIMO on avait compris ça aussi. Le ski alpin, je l'ai appris dans le Caucase avec mes parents. Ils sont maintenant là-bas quasiment toute l'année et l'hiver prochain, j'irai skier pendant les vacances.

– Et l'espagnol, ça rentre ?

– Pas de problème de ce côté-là.

– Je te fais confiance. Il faut que tu maîtrises la langue, tu sais que l'on pense à toi pour l'Amérique latine, mais rien n'est encore décidé.

– André, vu le nombre d'émissions linguistiques que j'ai enregistrées, ma tête passe toujours à la télé tous les mardis. Je me doute que pour un illégal…

– Nous y avons songé, figure-toi, et au final, cela pourrait se révéler une excellente couverture. Nous t'expliquerons tout cela quand tu rejoindras le Centre.

– C'est encore loin…

– C'est demain ! Les premiers cours sur les techniques de renseignement vont commencer et les deux ans qui suivront ne seront consacrés qu'aux langues et à la partie opérationnelle. Accroche-toi, car tu n'es pas le seul, tu t'en doutes bien !

Sur ces mots, il démarre et prend la direction de la banlieue est. Nous dépassons Balachikha, avant d'obliquer plein sud.

L'étroite route goudronnée vient buter sur une immense porte métallique qui barre entièrement la largeur de la voie. Surgi d'on ne sait où, un garde s'avance. André lui tend sa carte et moi la mienne. Le portail glisse sur ses rails et nous repartons. Un kilomètre plus loin, nous nous heurtons à nouveau au même type de contrôle. André se tourne vers moi.

– Tu vas voir ce que peut faire le service des illégaux du KGB.

Nous roulons encore un moment avant de nous immobiliser sur un vaste parking. Il y a un peu de brouillard en ce milieu d'après-midi de janvier et le soir ne va pas tarder à tomber. Nous descendons et André me conduit sur un petit promontoire. C'est le choc ! Je vois à mes pieds ce que je prends pour un village qui brille de mille feux. Des voitures de toutes les couleurs dont j'ignore les marques circulent sur de larges voies, des panneaux publicitaires Coca-Cola rouge et blanc éclairent les rues, les commerces sont ouverts. Je reste bouche bée.

– Sergueï, je te souhaite de venir ici un jour, ce sera le signe que ton départ est proche.

– Mais qu'est-ce que c'est ?

– Un quartier résidentiel américain que nous avons reconstitué. C'est avec eux que le choc culturel est le plus violent. Aussi, nous entraînons nos futurs agents à avoir un comportement approprié lorsqu'ils iront à la poste, dans un bâtiment administratif, ou tout simplement dans un magasin. Il faut éviter que nos éclaireurs ne se laissent éblouir par le vernis impérialiste… Cela ne dure pas bien longtemps, nous finissons toujours par les retrouver.

Mais ce soir nous ne descendrons pas chez les « Américains », mon OT a certainement voulu m'impressionner en me montrant jusqu'où peut aller le KGB dans la préparation de ses officiers partant à l'étranger. Et peut-être aussi me mettre en garde…

*

Je sais à quoi pense André quand il parle des « éclaireurs qui se laissent éblouir ». C'est une allusion aux défections et aux trahisons qui sévissent chez nous. Les couloirs du KI bruissent d'histoires d'agents affectés en Occident et qui ne veulent plus revenir, quitte à trahir leur pays. Nous le savons, les succès des Occidentaux en matière de services secrets ne sont pas dus à l'infiltration de leurs clandestins, mais à la forfaiture des nôtres. L'affaire Vetrov, dont on parle encore à l'École de la Forêt, en est un parfait exemple. Il s'agit de celui qui a ébranlé toute la ligne « X » dans les antennes du KGB, placée sous l'autorité de la Direction « T » spécialisée dans l'espionnage scientifique et technique.

Ce traître a balancé pas moins de 350 identités d'officiers, d'agents ou de correspondants du KGB à travers le monde. En avril de l'année dernière, le président français Mitterrand a fait expulser du sol français 47 officiers « légaux » travaillant sous couverture officielle soviétique. Et si la DST n'avait pas fait l'erreur de confier un document confidentiel au Quai d'Orsay, Vetrov trahirait toujours.

En effet, le directeur de cabinet du ministre français des Affaires étrangères, voulant certainement étayer la décision prise au plus haut sommet de l'État français, a mis sous le nez de l'ambassadeur soviétique Youli Vorontsov un précieux papier. Celui-ci en a discrètement relevé les références et la Loubianka a fait le reste. Vladimir Vetrov, lieutenant-colonel à la Direction « T » de la 1re Direction générale du KGB, était l'une des cinq personnes à pouvoir être en possession de cette note qui émanait du VPK[1]. Après plusieurs rebondissements, il croupit dans une cellule de la prison de Léfortovo.

Il n'en sortira que le 23 janvier 1985 pour être conduit dans un couloir de la mort et abattu d'une balle sous l'oreille droite, le sort réservé aux traîtres.

*

Après la session d'examens, nous avons dix jours de vacances d'hiver début février, comme dans n'importe quelle université. Je les passe dans le Caucase, à la base de loisirs du MIET gérée par mes parents, qui restent la majorité de leur temps là-bas. J'ai de la chance, l'hiver est froid et il y a beaucoup de neige, y compris dans le hameau, qui n'est pourtant pas situé à très haute altitude, environ 1 200 mètres. Il y a un camp de ski plus haut, à 1 800 mètres, mais il faut dormir sous les tentes et se faire à manger sur un feu de bois. En revanche, la neige y est plus abondante, elle dépasse les 2 mètres d'épaisseur ! Idéal pour faire du ski alpin ! Parmi les étudiants et les profs de Zélénograd qui fréquentent la base de loisirs, je suis connu comme le fils des gérants et comme une vedette de la télévision. Personne dans mon entourage ne me soupçonne d'être un apprenti espion.

Mon père me donne des nouvelles de son ami Anatoli Slivko, qui est passé le voir l'été dernier avec un groupe de son club Tcherguid. J'y avais séjourné un peu avant sa visite, en juillet 1984, mais je ne l'ai pas revu. Nous sommes loin de nous douter de ce qui attend cette star locale de Nevinnomyssk. En décembre prochain va résonner dans toute la Russie un coup de tonnerre dont je ne connaîtrai les détails qu'en septembre 1986.

*

1. VPK est un acronyme pour Voyenno-Promychlenniy Komplex : le complexe militaro-industriel de l'URSS.

À la mi-février 1985, alors que je rentre du Caucase le visage bronzé et bardé d'ondes positives, ma bonne humeur est vite cassée par la première personne que je croise à l'arrêt de nos cars au métro Babouchkinskaïa :

– Alors, Jakov, tu t'appelles Jirnov ?!

– Chuuut ! Comment le sais-tu ?

– Je t'ai vu à la télé ! Je ne savais pas que tu étais une star dans toute l'Union soviétique !

Dans notre promo, nous avons un groupe linguistique qui apprend le français. Je ne sais pas qui a été le premier à découvrir la supercherie. Pendant la session d'examens et les vacances, l'un d'eux, plus curieux que les autres, a voulu se perfectionner avec les cours télévisuels diffusés sur tout notre territoire de 22,5 millions de kilomètres carrés. Il a failli tomber de son fauteuil en voyant ma tête comme présentateur de l'émission.

Bien évidemment, la nouvelle s'est propagée comme une traînée de poudre. Toute notre faculté connaît maintenant mon vrai nom, jusqu'aux épouses et aux enfants à la maison ! Beaucoup, parmi les provinciaux, n'ont jamais croisé de gens connus : ils sont fiers de connaître une célébrité moscovite ! J'ai l'impression de me promener nu au milieu de gens habillés. De toute façon, cela devait arriver tôt ou tard. C'est bien la raison pour laquelle le KGB m'a demandé de changer de langue…

*

La routine de l'internat au KI reprend sous la neige. Comme chaque hiver, le thermomètre est descendu à -20 °C et c'est dans ces périodes de froid intense que l'on apprécie le réseau interne de couloirs qui relient les bâtiments les uns aux autres, et grâce auxquels on se déplace sans jamais mettre nos manteaux et chapkas. Ces corridors nous permettent aussi de faire une sorte de rupture psychologique entre les cours, comme une bouffée d'air frais, avant de se replonger dans l'aridité de l'enseignement tchékiste. Au fil du temps, la rigueur dont nous avons fait preuve les premiers jours s'estompe pour laisser place au sport national soviétique, le contournement des règles.

C'est ainsi que j'ai apporté, à l'instar d'autres élèves, mon samovar électrique, alors que ce type d'équipement est strictement prohibé par mesure de sécurité. À juste raison, car le réseau électrique local est plutôt faiblard et brancher plusieurs appareils sur la même prise équivaut à jouer à la roulette russe. Pour échapper aux foudres de

Markov et de ses congénères, les promos, véritables lanceurs d'alerte, s'avertissent mutuellement de l'arrivée des pompiers du KGB, qui viennent périodiquement contrôler le respect du règlement. Nous courons alors planquer grille-pains et bouilloires à thé dans nos armoires.

Les pompiers ne sont d'ailleurs pas les seuls à passer voir ce qui se trame dans notre intimité. Régulièrement, les cadres de l'école visitent de façon aléatoire nos chambres pendant que nous sommes en cours. Histoire de vérifier que nous n'avons pas laissé un document, aussi banal soit-il, en évidence. À leurs yeux, une note traitant de la fin de la production de charbon en Grande-Bretagne a le même niveau de secret que si elle comportait les codes nucléaires américains. Si un officier la découvre, traînant sur la table, elle est aussitôt synonyme de sanction immédiate. Markov nous a mis en garde à notre arrivée :

– Là où une personne est vulnérable, c'est dans son intimité, parce qu'inconsciemment elle se croit en sécurité. Les secrétaires, les femmes de ménage sont donc des cibles privilégiées, car elles ont accès à tout. Elles font des photocopies, tapent des notes et vident les poubelles. Elles peuvent aussi poser des caméras et des micros, prendre des mesures pour une action ultérieure, faire des prélèvements pour établir votre état de santé et capter votre ADN. Et ce que je vous dis là n'est qu'un aperçu de ce qui peut arriver, nous entrerons dans le détail lors des cours spécialisés. Conclusion, c'est également à elles qu'il faut s'intéresser. Et si nous, nous le faisons, nos ennemis le font aussi ! Donc, camarades, prenez dès maintenant de bonnes habitudes. Ne laissez rien traîner dans vos chambres, je serai intransigeant là-dessus.

Il faut dire que sur ce point l'encadrement est bien aidé par la collaboration active des femmes de ménage, qui viennent quotidiennement dans nos chambres et dont la dénonciation est le passe-temps favori.

C'est ainsi que, peu à peu, j'acquiers les réflexes d'un officier de renseignement. La formation que dispense André concerne l'attitude que doit avoir un illégal dans ses déplacements et ses prises de contact. Au KI, il va nous falloir adopter les basiques du comportement d'un espion en toutes circonstances. Et jour après jour je prends conscience du fait qu'être un élément opérationnel du KGB, c'est réfléchir non-stop. Il faut être dans l'analyse permanente, sans jamais pouvoir s'accorder un seul temps mort. Même avec les amis ! Il n'y a pas de répit dans la vie d'un officier de renseignement !

*

En ce samedi de mars 1985, le vent venu de Sibérie dépose un froid glacial sur Moscou et ses environs. Pourtant l'approche du printemps se devine partout, y compris dans nos âmes de jeunes célibataires en quête d'amour. Avec les bourgeons qui poussent et les oiseaux qui construisent leurs nids familiaux, il se joue un drôle de jeu au KI en cette fin de la première année d'études, celui de l'amour et du hasard.

Un hasard que le KGB voudrait bien réduire à sa plus simple expression en jouant un rôle d'agence matrimoniale, *Meetic* avant l'heure ! Et ce n'est donc pas pour rien si les professeures du KI sont toutes jeunes et belles. Dans la myriade d'enseignants linguistes ne figure qu'un seul homme ! Et pourquoi donc ? Parce que le Service estime qu'un bon officier est un officier marié, mais surtout fidèle. À chaque fois que nous avons une conversation avec un psychologue de la maison, il s'arrange pour amener la discussion sur notre vie sexuelle et les pas de côté que pourraient faire ceux qui vivent maritalement.

Le KGB, qui a l'infidélité en horreur, surveille comme le lait sur le feu les auditeurs du KI qui sont en couple. Pour ceux qui sont moscovites, le problème ne se pose pas, puisqu'ils rentrent chez eux tous les soirs, mais pour les provinciaux qui sont mariés, c'est une autre paire de manches. Ils ont laissé là-bas leurs épouses, et leur vie extra-muros du KI fait l'objet de toutes les attentions du Service. En URSS, la fidélité est l'un des critères de choix pour l'affectation et l'avancement d'un officier de renseignement, raison pour laquelle la Direction intervient brutalement dans toutes les histoires extra-conjugales. Lorsque l'un d'eux est pris la main dans le pot de confiture, il est immédiatement convoqué par ses supérieurs avant que son cas ne soit débattu publiquement devant la cellule du Parti du KGB.

Pour les orthodoxes du communisme, cela signifie la rupture du contrat moral qui lie les tchékistes et les « éclaireurs » au Parti et à son bras armé. Le blâme est immédiat et la sanction peut aller jusqu'à la révocation du Service en partant du principe suivant : *S'il trompe sa femme ici, il le fera ailleurs. Il suffira à l'adversaire de lui envoyer une jolie fille pour qu'il flanche à nouveau !* Le raisonnement se tient, dans la mesure où la moitié de nos défections viennent de là. La chair est faible, aussi la vie privée n'existe-t-elle pas, car le KGB veut tout savoir.

Ces jeux de séduction font l'objet de conversations animées au foyer du KI. Nos jolies professeures sont un parterre de fleurs sur lequel les abeilles viennent butiner, car les idylles vont bon train avec les élèves officiers, mais sous l'œil vigilant de la Direction. Le nazisme a inventé les *lebensborn*[1], le communisme a engendré les mariages dirigés ! J'avais constaté la même chose au MGIMO, lorsque nous organisions des soirées avec les jeunes filles de l'Institut des langues Maurice Thorez. Il s'agissait là d'une sorte de foire aux célibataires qui, étonnamment, a également cours au sein de l'Église orthodoxe !

*

Le séminaire de Zagorsk, qui forme les ecclésiastiques, place ceux-ci devant un cruel dilemme. À eux de choisir s'ils vont devenir moines ou prêtres de paroisse. Dans le premier cas, c'est la voie royale vers l'épiscopat ! Une grande carrière s'ouvre à eux qui peut aller jusqu'au poste prestigieux de patriarche. Mais, en paiement, car tout se paie dans la vie, il leur faut accepter le célibat *ad vitam* ! Le sujet fait réfléchir et la majorité préfère devenir pope ou prêtre de paroisse, car dans ce cas, l'obligation est inverse : il faut se marier ! Et comme on n'est jamais si bien servi que par soi-même, quoi de mieux qu'une bonne « foire aux maris » organisée directement par le séminaire de Zagorsk, avec bal et buffet. Pensez donc ! Pour les jeunes filles de province, épouser un prêtre orthodoxe, c'est accéder à une stabilité et à une certaine reconnaissance sociale, même si l'Église est officiellement mal vue par le Parti et reste sous la surveillance du KGB.

Ce parallèle entre le KGB et l'Église orthodoxe ne s'arrête d'ailleurs pas à la vie maritale. Je vais découvrir un peu plus tard qu'il peut se faire aussi dans le monde de l'espionnage.

*

Pour le moment, inutile de polluer ma relation avec Irina avec toutes ces considérations sentimentales qui ne me concernent que de loin. D'ailleurs, je ne lui ai toujours pas avoué que j'étais à l'École de la Forêt et j'attends ma sortie du KI pour lui annoncer mon affectation. Nous ferons le point tous les deux à ce moment-là. Je lui mens, mais avec la désagréable impression qu'elle n'est pas dupe. À ce stade, nous ignorons tous les deux que d'autres vont décider pour nous.

Et si mes pensées divaguent aujourd'hui sur le sujet, c'est qu'Oxana Netchiporenko, ma prof d'espagnol, pousse tranquillement ses feux.

---

1. Littéralement « Fontaine de vie ». Il s'agit d'une association nazie destinée à promouvoir la race aryenne. Elle disposait de maternités dans lesquelles étaient organisées des rencontres entre des SS et des femmes de pure race aryenne. Les enfants qui naissaient étaient ensuite remis à la SS afin de constituer la jeunesse d'un Reich qui devait durer mille ans.

Son insistance commence à instaurer une gêne au sein de notre petit groupe. Elle traîne à la fin des cours, s'arrange pour rester seule avec moi et me propose de faire des sorties culturelles avec elle. J'élude à chaque fois car je ne tiens pas à me compliquer la vie et je suis si bien avec Irina que je n'ai pas du tout envie d'aller voir au KI si l'herbe y est plus verte qu'à l'université de Moscou. De toute façon, la règle « hygiénique » est simple : on ne couche pas là où l'on travaille et où l'on habite. En cas de rupture, cela deviendrait invivable.

Oxana tentera une mise à mort de sa cible, en l'occurrence moi, alors que notre petit groupe d'hispanisants se trouve dans l'obscurité d'un cinéma et regarde *Carmen*, de Carlos Saura, en V.O. Elle s'est assise à côté de moi et je sens à plusieurs reprises sa jambe frôler la mienne. C'est vrai qu'elle est superbe et qu'avec un influent beau-père, colonel du KGB, l'avenir m'apparaîtrait soudain florissant. Mais je ne ressens aucun sentiment pour elle et je laisse orpheline sa jambe galbée. Avoir une aventure sans lendemain est également hors de question : nos enseignantes ont le même désir que nous de partir à l'étranger et, dès qu'elles mettent la main sur une proie, les griffes ne se desserrent jamais.

Pour m'éviter des complications avec Oxana qui pousse le bouchon un peu loin, je trouve une parade astucieuse, afin de ne me fâcher avec personne. Ma méthode linguistique fonctionne si bien que huit mois après le début de l'apprentissage de l'espagnol, j'ai laissé très loin derrière moi mes quatre camarades du club des « Dons » de ma section. Mon avance devient difficilement gérable en classe pour ma prof amoureuse au risque de perturber de plus en plus son travail avec les autres. Et si je ne fais rien pour changer radicalement la situation, je vais m'ennuyer, stagner et perdre du temps.

Je fais donc la demande à Markov de pouvoir travailler l'espagnol en autonomie afin de brûler les étapes et propose d'être rattaché à une classe supérieure pour être supervisé. Comme je m'attends à un refus de la part de l'administration du KI, je « vends » l'idée à mon OT, qui est enchanté. Des rouages administratifs secrets se mettent alors en marche et, à la fin de la première année, je suis définitivement détaché de l'autorité de la belle Ukrainienne Oxana. Dans l'enseignement comme dans la vie intime…

Chapitre 30

Gorbatchev et la perestroïka

À l'École de la Forêt, il n'est bien entendu pas question d'oublier le communisme. Le « communisme scientifique » est d'ailleurs une matière qui me passionne, même si je crois être l'un des seuls. Mes collègues trouvent ces cours théoriques ennuyeux et propices à l'endormissement. En fait, personne n'ose le dire, mais rares sont ceux qui ont encore un espoir dans le système, même au KGB ! Moi, j'essaie de déceler dans les longs monologues de notre endoctrineur en chef, le camarade Batov, des raisons de valoriser le communisme par opposition au capitalisme. Je suis, hélas, dans l'obligation de constater que, de tous les pays qui ont fait le choix du marxisme, aucun n'arrive à la cheville des Occidentaux en matière de développement économique.

Le communisme nous est enseigné telle une croyance, d'ailleurs c'est un apprentissage quasi religieux que nous suivons. Nous revisitons méthodiquement les décisions des Congrès et plénums du Comité central, l'idéologie, la lutte et les grandes figures communistes. Les idéologues du Parti qui se succèdent régulièrement au pupitre cherchent à nous démontrer qu'il s'agit là du système idéal et du plus démocratique qui soit. Depuis les cellules de base qui élisent leurs représentants, en passant par l'appareil qui développe une véritable machinerie administrative afin d'aider leur travail jusqu'au Congrès, la plus haute autorité du pays, tout n'est que désignation par le vote. Théoriquement, difficile de faire mieux !

Le problème, c'est que personne n'a été fichu de nous expliquer pourquoi ce fameux système idéal a enfanté des chefs d'État tels que Staline en URSS, Pol Pot au Cambodge, Tito en Yougoslavie, Ceausescu en Roumanie, Honecker en RDA et Mao Zedong en Chine, tous de grands démocrates !

*

À la télévision, on diffuse pour la troisième fois en trois ans *Le Lac des Cygnes*, ce qui ne provoque plus le moindre émoi populaire mais plutôt des moqueries. *Camarades, vous allez rire, mais nous avons encore un secrétaire général qui est mort!*

Nous sommes le dimanche 10 mars 1985 et Constantin Tchernenko a rejoint au soviet éternel du paradis communiste ses prédécesseurs Brejnev et Andropov. Tout le monde en a assez des enterrements pompeux de vieillards malades qui se succèdent depuis 1982…

Le peuple attend avec impatience la fumée blanche qui va nous annoncer, comme pour un nouveau pape, l'identité du prochain locataire du Kremlin. Pour nous, au KI, ce n'est pas une simple question de curiosité ou de regard philosophique. Le KGB est officiellement le bras armé du PCUS, tout ce qui s'y passe nous concerne directement. La politique internationale du Parti a des répercussions sur notre activité d'espionnage à l'étranger. C'est peu dire que nous y sommes extrêmement attentifs.

Au KI, tout le monde se tait et nul n'ose afficher son souhait. Il n'y aura pas longtemps à attendre : le lendemain, c'est Mikhaïl Gorbatchev qui est désigné. Pour les conservateurs néo-staliniens, et il n'en manque pas au KGB, c'est un coup sur la tête. C'est pire que le fascisme ! Voir des communistes ne pas accepter la ligne du Parti, c'est être trahi par ses amis. Moi, j'attends son premier discours pour me faire une opinion définitive. Au fond, je ne suis absolument pas surpris de le voir arriver jusque-là, le camarade Gorby, car je suis attentivement son ascension depuis 1978, j'avais même misé sur lui !

Il y eut une autre star, fougueuse elle aussi, avant Gorbatchev : Koulakov, qui avait occupé le même poste de secrétaire du Comité central à l'agriculture jusqu'en juillet 1978. Jeune et plein d'idées, il avait eu la malheureuse idée de s'émouvoir de l'état calamiteux du secteur agricole lors d'un plénum du Comité central. Il avait alourdi le propos en ajoutant que cela faisait des années que l'on se mentait et, emporté par son élan, avait proposé des réformes radicales. Il avait été immédiatement calmé par un infarctus, radical lui aussi, quinze jours plus tard. Même motif et même punition pour Machérov, le premier secrétaire biélorusse, dont la limousine avait opportunément rencontré un camion, tuant sur le coup cette trop jeune et populaire étoile montante. Jusque-là, la vie était dure pour tous ceux qui n'étaient pas dans la ligne du Politburo.

C'est donc plein d'espoir que j'attends le discours d'intronisation de notre nouveau secrétaire général. Gorbatchev a cinquante-quatre ans, il est à l'opposé des vieillards cacochymes qui dirigent le pays depuis quinze ans. Il déclame son discours devant le plénum du Comité central le jour même de son intronisation, le 11 mars 1985, sans lire une seule note, avec un ton convaincant. Il est le premier depuis belle lurette à pouvoir réussir cet exercice. Brejnev n'arrivait même pas à lire correctement les papiers qui lui avaient été préparés. J'écoute le laïus de Gorbatchev sur mon transistor Grundig, dans ma chambre avec Batov, lui que je soupçonne d'être proche de la ligne conservatrice.

« Les neuf années de mon travail dans le kraï (grande région) de Stavropol et sept ans de mon travail ici (au poste de secrétaire chargé de l'agriculture) m'ont montré de manière convaincante que notre Parti recèle un grand potentiel créatif. Il possède ce potentiel avant tout parce que le peuple apporte son soutien actif aux communistes. Les dernières élections aux soviets, Suprême et locaux, l'ont montré de manière convaincante. Ces élections témoignent de la grande confiance de notre peuple dans notre Parti, et en même temps, elles montrent à quel point la responsabilité est grande, qui repose sur nos épaules.

» Je vois ma tâche avant tout dans la recherche de nouvelles solutions, de moyens de faire avancer notre pays, de moyens d'accroître la puissance économique et de défense de la patrie et d'améliorer la vie de notre peuple avec vous. Je suis profondément attaché à l'idée de travail collectif, et je pense qu'il y a un potentiel que nous n'utilisons pas encore pleinement. Notre potentiel collectiviste devrait fonctionner encore plus activement et produire encore plus de résultats.

» Nous ne devons pas changer notre politique. C'est la politique juste, correcte et véritablement léniniste. Nous devons accélérer le rythme, aller de l'avant, identifier les lacunes et les surmonter, et contempler encore plus clairement notre avenir radieux. »

– Qu'en penses-tu ?, me demande Batov.

J'esquisse une moue avant de lui livrer le fond de ma pensée.

– Du vent ! Je suis déçu, il vient de faire un catalogue exhaustif des difficultés rencontrées par le pays. Mais on fait les mêmes constatations depuis plus de soixante-dix ans ! Il y a six ans, au lycée, j'ai étudié les textes et j'ai été frappé par le fait que tu pouvais prendre une résolution d'un plénum de 1925 et la publier dans la *Pravda* d'aujourd'hui sans changer une seule virgule ! Personne ne verra la différence ! Concernant Gorbatchev, je suis impressionné par sa prestation orale, c'est de l'inédit, mais je reste sur ma faim quant à son contenu.

– Bonne analyse, Sergueï ! Si c'est le seul chemin qu'il nous propose, autant garder nos vieux cons !

– C'est du yakafokon ! J'ai compté dans son discours 80 « il faut », 50 « nous devons », 60 « il nous est nécessaire ». Pas un seul « comment » ni « avec quels moyens » ni « dans combien de temps ». C'est-à-dire pas une seule nouvelle solution proposée en face des problèmes constatés depuis soixante-dix ans, ni même l'ébauche d'un calendrier. Aucune amorce pour sauver l'économie du pays. Je crains qu'il ne se passe rien, comme par le passé.

– Je suis écœuré. Ce type, comme tu dis, c'est du vent !, conclut le chef de la cellule du Parti de la promotion.

Si même lui commence à douter, la débâcle n'est pas loin ! Je voyais Batov comme un pur et dur du système. En fait, il glisse lentement sur la pente qui va le mener inéluctablement vers la trahison, ce fléau du Service. Pour le reste, nous ne nous trompons pas, l'effondrement est en route.

*

Au KI, en ce printemps 1985, me voilà nommé responsable de la vie culturelle de ma section. Je distribue généreusement aux auditeurs billets pour les théâtres, les musées, les cinémas et les concerts. En cette fin de première année au KI, le régime d'internat est de moins en moins strict. Nos cadres nous encouragent vivement à sortir le soir et le week-end afin de profiter des loisirs offerts par la capitale. Cette recommandation n'est pas innocente, et elle s'adresse surtout à ceux qui ne sont pas moscovites.

Bientôt, toute une série d'activités vont se dérouler en ville pour lesquelles il sera indispensable de connaître Moscou comme sa poche. Mais surtout, on nous annonce pour novembre un exercice grandeur nature pendant lequel nous allons vivre au rythme d'une Rézidentoura en pays occidental. Depuis, les provinciaux ont le nez collé sur les plans de Moscou et du métro qui viennent de faire leur apparition sur tous les panneaux d'affichage de l'école. Cette épreuve de novembre ne sera qu'un simple tour de chauffe, nous a dit Markov. L'année prochaine, un nouvel exercice du même type décidera de notre réussite ou non au diplôme.

*

Afin que nous soyons prêts, les cours techniques s'intensifient un peu plus chaque jour. Le fonctionnement du KMZ F-21, un appareil photo à déclenchement déporté, facile à dissimuler dans un sac ou une mallette, ne doit plus avoir aucun secret pour nous. Certains ont été modifiés pour permettre de déclencher une prise de vue latérale de manière clandestine et prendre, si besoin, de discrets clichés nocturnes grâce à un illuminateur infrarouge invisible.

Par chance, je pratique la photo depuis mon intégration dans les pionniers et, voyant que cela me plaisait, mes parents m'avaient offert à l'époque un petit appareil Sména-8M qui coûtait peu mais permettait de faire de belles photos. Aujourd'hui, j'ai deux beaux et chers Zénith automatiques à miroirs et cela m'aide surtout pour la pratique du développement et du tirage, pour lesquels les labos de l'école sont à notre disposition jour et nuit.

Mais il faut se préparer à réaliser ces opérations avec des moyens de fortune. Pour cela, le KI nous fournit des kits contenant du révélateur et du fixateur afin que nous puissions nous exercer dans les endroits les plus insolites, comme la salle de bains d'un hôtel ou les toilettes d'un restaurant. Seul le résultat compte : obtenir des négatifs permettant de tirer un cliché papier acceptable par le Service. Des instructeurs viennent nous former aux techniques du micro-point avec un appareil spécial. Il s'agit de dissimuler une image ou un texte dans une autre image ou un autre texte en le rendant infiniment plus petit, de la taille d'un point imprimé dans un journal.

Nous sommes également initiés à l'utilisation des émetteurs radio à haut débit qui réduisent le temps d'envoi des messages à une fraction de seconde. Enfin, des notions de base sur l'ouverture de serrures nous sont données par des techniciens de la Direction « OT ». Tout cela est destiné à nous montrer l'éventail des possibilités du Service. Car en dehors des prises de vues et éventuellement la pose d'un micro, le reste est l'affaire, là aussi, des spécialistes de la technique opérationnelle de la Direction « OT ». Il nous suffit d'exprimer nos besoins pour qu'un expert nous soit détaché afin d'effectuer la prestation demandée.

Ceci n'est pas, bien entendu, le lot des illégaux. Pour eux, l'appui technique est exceptionnel, car le risque est grand de les «griller» en réalisant ce type d'opérations. Par contre, ils peuvent, sans jamais apparaître, désigner une cible qui sera traitée par une équipe spécialisée : vol de documents, photos compromettantes, malencontreux accident… Cela implique une parfaite maîtrise de la vie sociale et culturelle du pays dans lequel nous allons exercer nos talents, mais surtout des modes d'action des services adverses.

*

Une fois par semaine, nous devons nous prêter à un exercice intitulé « Analyse et traitement de l'information ». Son rite est immuable et se déroule à l'improviste. Mais le capitaine Danev de la Direction « RI » a une préférence marquée pour programmer ce type d'exercice lorsque nous revenons de la cantine, le ventre plein, et que nous aspirons tous à une courte sieste d'après repas. Il est là, dans la salle de cours, à nous attendre avec un grand sourire. Sur chaque table a été déposé un dossier aussi épais que l'acte d'accusation d'un procès stalinien. Composé de divers documents, de retranscriptions de conversations entre une source et son OT ainsi que des comptes rendus de celui-ci, sa lecture approfondie exige largement plus d'une heure.

– Vous avez trois heures pour en tirer la « substantifique moelle », nous dit Danev, qui a dû lire Rabelais dans une autre vie.

Et, à chaque fois, voyant nos paupières tombantes, il croit bon d'ajouter :

– Faites-moi une synthèse de trois pages, tapée à la machine, bien sûr !

Cela me rappelle ma rencontre avec Andropov en 1982, quand il m'avait demandé de lui faire une synthèse en deux pages des pourparlers du Libanais Walid Joumblatt. L'exercice n'est pas anodin. Il nous oblige à apprendre à faire rapidement le tri entre l'essentiel et le superflu, entre la mousse dont certains édulcorent leurs rapports et l'information capitale qu'il convient de retransmettre au plus vite.

Cette distanciation entre celui qui vit, tel l'OT, les événements sur le terrain et l'analyste qui les étudie dans un bureau, loin de toute pression, est parfois à l'origine de divergences entre les deux points de vue. Et c'est bien le but recherché : déceler la faille éventuelle dans la remontée des renseignements. Ou, à l'inverse, découvrir la pépite qui s'y cache tout en portant un regard critique sur le comportement de l'OT. Celui-ci a-t-il l'attitude appropriée vis-à-vis de la source qu'il traite, en tire-t-il le maximum ou, au contraire, est-il en train de se faire manipuler ?

Cet entraînement auquel nous nous livrons régulièrement nous impose de connaître les fondamentaux en matière de sciences du comportement, mais surtout d'être au fait des dernières stratégies développées par nos adversaires pour contrer nos tentatives d'infiltration.

*

Pour nous rappeler notre statut de militaires, il y a une corvée de permanences dans le bureau du général Babkine. Celles des week-ends sont confiées aux non-Moscovites qui, de toute façon, restent sur le site sept jours sur sept. En revanche, pour les veillées nocturnes de la semaine, nous y passons tous, à tour de rôle. Ce soir, c'est mon tour avec un collègue de ma section. Nous nous relayons toutes les deux heures.

Dans ce bureau se trouve le téléphone de ville, dont le numéro est noté dans nos agendas à tous. C'est un téléphone de « légende », soi-disant celui de notre institut de recherches. Si jamais il nous arrive un pépin à l'extérieur, par exemple avec les flics, on leur donne ce numéro. Le KGB règle alors le problème avant de mettre dehors celui qui n'a pas su l'éviter.

C'est ainsi que pendant les vacances du printemps 1985, quand un certain commandant Platov *aka*[1] Poutine de Balachikha, se promène à Léningrad avec son ami intime, le violoncelliste Sergueï Roldouguine, et que des homophobes slaves les traitent de « tarlouses », notre brave tchékiste ne peut laisser passer une telle injure sans réagir. C'est pourtant ce qu'aurait dû faire un véritable espion. En ex-champion de judo, il veut défendre son honneur et celui de son ami. C'est une faute professionnelle chez les espions car l'espionnage n'est pas un métier de muscles, mais de tête. Nos profs nous l'ont répété maintes fois : même si la Terre s'écroule sous ses yeux, un espion ne réagit pas. Pour Poutine, ce fâcheux incident se termine mal. Son bras est cassé dans la bagarre, un PV est dressé dans un commissariat de police et les flics passent un coup de fil au numéro de permanence du KI. Fini, pour Poutine, la belle carrière d'espion en Occident ! Retour à la case départ à Léningrad !

Ce téléphone de permanence n'augure donc rien de bon pour les élèves officiers. On l'utilise également s'il nous arrive un problème au KI et qu'il nous faut prévenir nos proches. Ou encore s'il se passe quelque chose de grave dans nos familles et que l'on doit être mis au courant d'urgence. Pour cette éventualité, l'officier de permanence possède trois listes avec la totalité des coordonnées personnelles, les vrais noms et les pseudonymes des auditeurs des trois promotions de notre faculté. C'est dire que si ces listes devaient tomber entre les mains d'un traître, elles vaudraient de l'or auprès des CIA, FBI, MI5 et MI6, Mossad et Shin-Bet, DST, DGSE et autres services adverses.

La nuit, je me retrouve nez à nez avec les trois précieuses listes. Je suis tout seul et j'ai tout mon temps. Bien sûr, mon devoir de tchékiste m'interdit d'en faire quoi que ce soit. Mais mon instinct d'espion déjà développé ne peut pas résister à la tentation de faire une

1. *Also known as* (« également connu sous le nom de »).

copie d'un document aussi vertigineux. Le métier d'espion, c'est celui de la transgression permanente des règles. À l'époque, il n'y a pas de smartphones ni de caméras digitales. Donc, je passe quatre heures à recopier à la main la liste de ma promo. Juste au cas où… À la réflexion, je crois que c'était un test avec une caméra cachée. Celui qui résiste à la tentation est un bon communiste mais un mauvais espion, et vice-versa. Et le service d'espionnage a plus besoin de bons espions que de bons communistes. Chaque année, on forme seulement 300 espions au KGB, tandis qu'il y a 16 millions de communistes au PCUS.

*

Le 14 mai 1985, un collègue de ma promo qui est de permanence envoie quelqu'un me chercher d'urgence dans ma chambre vers 21 heures. Je descends l'escalier en courant et prends le combiné qui m'attend, posé sur la table. À peine les premières paroles échangées, c'est la consternation. Ma mère m'apprend que ma grand-mère Anastasia est décédée la nuit précédente. L'épisode des brioches de Kossyguine me revient aussitôt en mémoire. Babouchka Assya, comme nous l'appelions, est partie dans son sommeil. Mon père prend le combiné pour s'inquiéter :

– L'enterrement est prévu après-demain, seras-tu là ?

– Je vais faire mon possible, mais c'est compliqué…

Je raccroche et fais le vide dans mon esprit. Le lendemain matin avant les cours, je demande à voir Markov et lui détaille mon appel téléphonique de la veille. Il me regarde, surpris.

– Et vous m'annoncez ça comme ça, lieutenant ! Mais perdre sa babouchka, c'est quelque chose ! Sergueï Olégovitch, faites vos bagages, vous rentrez chez vous. Je vous donne quarante-huit heures de permission pour assister à l'enterrement. Filez !

Le KGB a, comme tous les Russes, l'esprit de famille. Ainsi, le monstre froid et cruel, craint par 290 millions de Soviétiques, sait à l'occasion se montrer bienveillant à l'égard d'un jeune officier qui a perdu sa grand-mère. C'est attendrissant, mais néanmoins exceptionnel !

*

En juillet 1985 se tient notre deuxième session d'examens semestriels, celle qui sanctionne la première année d'études au KI. Mes résultats sont toujours très bons. Dernière récompense avant les vacances d'été, j'obtiens ma première promotion en grade et passe lieutenant en chef. Une étoile de plus sur les épaulettes virtuelles. Je les avais déjà portées exceptionnellement à Toula chez les paras. Je ne les porterai qu'une fois encore, pour la photo de ma carte du KGB en 1987. On rajoute 10 roubles à ma solde mensuelle. Je me sentais déjà riche avant…

Au KI, les vacances d'été ne durent qu'un mois, contrairement aux universités normales. Celles d'août 1985 me font du bien. Irina n'est pas là, car avec sa promo de l'université, elle est partie travailler dans un kolkhoze. À Zélénograd, je retrouve ma bande de copains d'enfance et ma prof d'anglais du secondaire Olga Viltchek, ainsi qu'un couple d'amis partis l'année précédente aux États-Unis, Svetlana et Dmitry.

Au lycée, Svetlana Sarana avait eu pour moi la même attirance que ma prof d'espagnol Oxana. À l'époque, j'étais épris d'une autre fille et c'était un peu compliqué. Elle s'est consolée depuis dans les bras de Dmitry Sapsay, un collègue du MGIMO avec qui elle a eu un enfant et qui est aujourd'hui interprète aux Nations unies, à New York. Ils viennent passer leurs vacances en URSS, car il n'est pas question bien sûr que leurs parents fassent le voyage dans l'autre sens ! Ensemble, nous partons au Kazakhstan pour quelques jours et je vois leurs yeux briller lorsqu'ils me parlent de leur vie aux États-Unis.

– Sergueï, tu n'imagines pas ! Nous avons une grande liberté là-bas. On achète ce que l'on veut sans faire la queue car on trouve de tout à profusion.

Lorsque j'aiguille la conversation vers la présence d'agents soviétiques pour une surveillance éventuelle, je les sens se raidir et la discussion dévie. Une chose cependant les préoccupe. Veillant à tout et ne voulant pas que ses sujets puissent prendre goût aux délices de la vie américaine, le régime a limité le séjour à deux ans. Or, le contrat qui lie Dmitry en tant que fonctionnaire international aux Nations unies est un contrat à durée indéterminée. Il faut donc user d'un stratagème pour respecter l'ultimatum imposé par l'URSS.

C'est ainsi que tous les deux ans les Soviétiques en poste dans des institutions internationales déclarent avoir des parents malades afin de justifier un retour au pays. Svetlana et Dmitry échapperont à cette tradition puisque, peu de temps après son arrivée au pouvoir, Gorbatchev mettra fin à cette pratique. Dmitry deviendra responsable du service de traduction russe à l'ONU. Leur fille, Irina, naîtra à New York. Bénéficiant du droit du sol, elle sera la première citoyenne américaine de la famille. Et eux ne reviendront jamais vivre en Russie. Je les retrouverai en 1999 pour un stage de ski alpin à Chamonix et plus tard, lors de mon séjour aux États-Unis en 2001.

Mais pendant ces vacances, je leur mens à chaque question posée et je prends la précaution de leur dissimuler mes papiers, car mes billets d'avion sont payés par le Service. De plus, j'ai dans mon portefeuille un certificat spécial attestant de mon statut d'officier du KGB en congé annuel qui m'a été remis en cas de problème avec les autorités. Comme les autres, ils me croient au service militaire et Dmitry, en linguiste consciencieux, m'interroge sur le type de traduction que je réalise. Svetlana, qui me connaît bien, s'inquiète de ma capacité à accepter les contraintes qu'impose le strict règlement de l'Armée Rouge. J'ai l'impression que tous deux se doutent de quelque chose, aussi j'apporte un soin extrême à ne pas me contredire dans mes réponses.

Même avec les amis, il n'y a pas de temps mort dans la vie d'un agent secret !

Chapitre 31

Mes rencontres avec Philby

En septembre 1985 débute ma deuxième année au KI.

Dans notre promo nous avons déjà perdu quelques éléments. L'un d'entre eux, le fils d'un général des gardes-frontières, cancre et grande gueule, a été renvoyé du KI à la 3e Direction générale, en charge du contre-espionnage militaire, à cause de ses études ratées en anglais. Un deuxième a été partiellement réformé en raison de problèmes de santé et sera muté au contre-espionnage des transports aériens. Je le rencontrerai un jour à l'aéroport international de Chérémétiévo-2. Le troisième, alcoolique, a été viré définitivement du KGB, sans pension. Sur les 320 auditeurs de chaque promo annuelle, une vingtaine n'iront jamais à Yassénévo.

C'est le cas de notre brave commandant Poutine. Après une année passée à Moscou, il n'a pas été retenu par le 4e Département géographique de Yassénévo. Son histoire de bras cassé à Léningrad avec son copain Roldouguine lui a valu un renvoi à l'expéditeur, au service régional du KGB de Léningrad, d'où il était arrivé il y a un an. Il rate là sa troisième et dernière chance de faire carrière dans l'espionnage extérieur. Mais le destin, dans son malheur, va lui tendre la main. L'ancien chef de l'antenne de Léningrad en 1959-1969, le général de division Vassily Choumilov, dirige, depuis 1976, la représentation du KGB auprès de la Stasi à Berlin. Et ce brave homme a pour habitude de pistonner les officiers de Léningrad en les faisant venir en RDA. Poutine va bénéficier de ce coup de piston de 1986 à 1990, même si son poste ne sera qu'une minuscule et anecdotique antenne auprès de la Stasi de Dresde, où nos chemins se recroiseront bientôt d'une manière inattendue…

Pour ma part, je bénéficie d'un statut particulier à partir de la rentrée 1985. Pour les leçons d'espagnol je ne suis plus avec mon club des « Dons » dirigé par la belle Oxana mais avec un groupe de la troisième année conduit par le seul homme prof de langues. On dit que c'est un ancien illégal et cela me fascine. Malgré une différence d'un an d'études avec mes nouveaux collègues, je m'intègre immédiatement dans ce nouveau groupe. Mon challenge est ambitieux. Il me faut rattraper au vol mes collègues en réussissant en janvier prochain mes examens de seconde année et ceux du premier semestre de la troisième. En juillet 1986, l'examen d'État sanctionnera le programme des trois années accomplies.

*

C'est le grand jour ! Il va enfin venir ! Des générations d'officiers se sont succédé sur les bancs de l'École de la Forêt sans jamais l'avoir aperçu. Nous avons de la chance : la légende débarque au KI. C'est en effet un monument qui se présente devant nous : Kim Philby lui-même ! Le mètre-étalon de l'espionnage est parmi nous. Tous ceux qui sont là connaissent son histoire par cœur. En fait, l'amphithéâtre n'est pas plein, car Philby parle un russe de cuisine. Ça ne l'a jamais intéressé d'apprendre notre langue. Lui, c'est le communisme et la lutte secrète mondiale qui le faisaient vibrer.

Je peux employer le passé, car depuis sa défection et sa fuite en URSS en 1963, Philby vibre beaucoup moins ! Fini, le club londonien douillet avec ses fauteuils Chesterfield où il pouvait converser à loisir avec la gentry, adieu les costumes sur mesure de Savile Row et les voyages dans le monde entier. Depuis qu'il a débarqué dans le paradis communiste, son horizon se limite aux « pays frères » pour des interventions sur le métier du renseignement et, ne trouvant rien de séduisant dans la vie moscovite, il vit en reclus dans son appartement. Cinq ans après être arrivé à Moscou, il a publié en anglais un livre sponsorisé par le régime, que nous avons tous dévoré ici, *Ma guerre silencieuse,* dans lequel il raconte son parcours d'espion. Ses exploits sont également répertoriés dans l'un des manuels intitulés *Secrets de l'histoire du KGB*, jalousement gardé dans notre bibliothèque spéciale et que j'ai lu et relu des heures durant.

Le premier à nous avoir parlé de Philby, c'est Youri Ivanovitch Modine, titulaire de la chaire d'espionnage au KI et qui se présente comme l'officier traitant des Cinq de Cambridge. En fait, Staline, dans son délire d'élimination de tout ce qu'il considérait pouvoir être un opposant politique, n'a pas oublié le NKVD lors des grandes purges. Décapité, privé de ses meilleurs éléments, l'ancêtre du KGB n'arrivait plus à traiter les masses de documents que lui envoyaient ses agents en poste à l'étranger. C'est ainsi que les milliers d'informations transmises par Philby et ses pairs sont restées inexploitées pendant une dizaine d'années. Modine résume :

– Jusqu'en 1943, la majeure partie des documents qui nous arrivaient de Grande-Bretagne n'étaient donc pas traités alors que les agents qui nous les transmettaient prenaient des risques insensés pour les voler. C'est pour cette raison que je me suis retrouvé muté à la 1re Direction du nouveau Commissariat du peuple pour la sécurité de l'État (le NKGB), en décembre de la même année. Nous étions, à l'époque, en tout et pour tout, une dizaine de traducteurs de langue anglaise et le Service m'a demandé de piocher dans la masse de documents inexploités qui végétaient dans ses armoires. J'ai commencé par traduire des documents techniques pendant des semaines puis, un jour, on m'a confié les documents qui arrivaient au jour le jour depuis notre Rézidentoura de Londres. En lisant quotidiennement ces rapports d'agents, j'apprenais à les connaître jusqu'à savoir, en déchiffrant les microfilms de synthèse qu'ils nous envoyaient, quand ils exagéraient ou même quand ils mentaient parfois.

Après avoir longuement évoqué sa vie de traducteur et d'analyste, Modine en vient au fait : Philby.

« Le communisme, Philby y est venu tout seul. Étudiant à Cambridge en 1929, il y fait la connaissance d'un groupe d'élèves qui vont former avec lui les "cinq étoiles de Cambridge", tous acquis aux thèses marxistes. Il fait un voyage en Autriche, où il rencontre Litsi Friedman, une communiste juive travaillant pour la Troisième Internationale (Komintern), qui le mettra en contact avec Theodore Maly, un Rézident illégal de l'OGPU, son supposé recruteur[1]. Pour aider cette Juive autrichienne à échapper aux nazis, Philby l'épouse et l'emmène avec lui à Cambridge. C'est là que l'un de ses professeurs, communiste convaincu, le met en relation avec Arnold Deutsch, un autre illégal de l'OGPU/NKVD[2] qu'il accepte comme officier traitant.

» Il accomplit alors quelques missions au profit des cellules du Komintern en lutte contre la montée du nazisme, mais c'est son père, St. John Philby, également espion à ses heures, travaillant pour la famille royale saoudienne et sympathisant d'extrême droite, qui interviendra pour qu'il soit recruté au sein du MI6 britannique. Cela ne marchera

1. Toute documentation ayant disparu des archives lors des purges staliniennes, il n'est pas établi d'une manière documentée qui a été le recruteur de Philby.

2. GPU : Gossoudarstvénnoïe polititcheskoïé oupravlénié, littéralement : Direction politique d'État. Cet organisme issu de la Tchéka a en charge la police d'État de l'URSS. Son Département INO couvre le renseignement extérieur. En 1934, l'OGPU est transformé en Commissariat du peuple aux affaires intérieures (NKVD).

pas immédiatement, car Philby est trop connu comme communiste. Pour se débarrasser de cette mauvaise réputation, il partira plusieurs fois en Espagne comme correspondant de guerre dans les rangs des franquistes, il sera même décoré par le dictateur Franco. À son retour définitif en Grande-Bretagne, il réussira à se faire embaucher en 1940 par les services secrets britanniques grâce au piston de Guy Burgess, qui travaillait déjà au SIS[1]. À partir de cet instant, le ver est dans le fruit.

» Il va retrouver, au fil du temps, ses camarades de Cambridge, Donald Maclean, Guy Burgess, Anthony Blunt et John Cairncross[2], qui sont devenus diplomates ou officiers de renseignement. Les informations qu'il va nous transmettre entre 1940 et 1951 puis de 1956 jusqu'à sa défection en 1963 seront d'une importance capitale pour l'Union soviétique. Mais il n'y a pas que cela ! »

Modine s'enflamme en évoquant les succès que l'on doit à Philby.

« À tout cela il faut ajouter un nombre incalculable d'opérations qu'il a contribué à faire capoter. Cela va de l'infiltration ratée d'agents géorgiens, arméniens et même américains en URSS et en Albanie quand Philby dirigeait l'antenne du MI6 en Turquie. À peine avaient-ils posé le pied en Union soviétique que nous les arrêtions grâce aux renseignements qu'il nous fournissait. Ceux-ci étaient de première main, puisque c'est lui qui avait la charge de superviser ces infiltrations ! »

Par pudeur, Modine ne précise pas que la quasi-totalité d'entre eux seront fusillés séance tenante. En 1948, Modine, muté à Londres, deviendra l'officier traitant de quatre des cinq étoiles de Cambridge, à l'exception de Philby, alors en poste à Ankara. Il ne le rencontrera physiquement qu'une fois celui-ci exfiltré en URSS.

Philby sera soupçonné à de nombreuses reprises mais, faisant preuve d'un flegme et d'un aplomb qui font honneur à la Couronne, il réussira toujours à passer entre les mailles du filet jusqu'à ce que les Américains le désignent comme étant un agent double. Ceux-ci, au début des années 1950, poursuivent le projet « Venona » qu'ils ont mis en place lors de la Seconde Guerre mondiale. Il s'agit de casser les codes de cryptage utilisés par les services russes. Très vite, en déchiffrant un message échangé entre la capitale américaine et Moscou, ils en arrivent à la conclusion qu'il y a une ou plusieurs taupes à la représentation diplomatique britannique de Washington. Parmi celles-ci, le nom

1. SIS : Secret Intelligence Service, le prédécesseur du MI6, le service d'espionnage extérieur.
2. Jusqu'à la fin de sa vie, Cairncross niera avoir été la cinquième étoile des « Cinq de Cambridge ».

de code « Homer » désigne le diplomate Donald Maclean, premier secrétaire de l'ambassade.

En avril 1951, Philby, officier de liaison britannique avec le FBI et la CIA américains, pressenti pour être le futur patron du MI6, est informé des soupçons pesant sur Maclean, qui est rentré en Grande-Bretagne. Il charge son colocataire Burgess d'aller à Londres pour le prévenir. Nous sommes un samedi et, c'est bien connu, les opérations importantes au MI5, le contre-espionnage britannique, ne se décident pas le week-end ! Selon le plan établi, Burgess devait se contenter d'avertir Maclean du danger. Mais, sur un coup de tête, il décide de l'accompagner à l'étranger puis de fuir en URSS avec lui, mettant dans une situation extrêmement délicate Philby, qui ne le lui pardonnera jamais. Les deux fugitifs s'exfiltrent donc tranquillement vers Moscou via Saint-Malo, l'Allemagne, l'Autriche et la Hongrie avec l'aide de leur officier traitant, Youri Modine.

Mais les Américains persistent et signent ! Pour eux, il y a un troisième traître et c'est Philby, puisque Burgess habitait chez lui à Washington et était son ami intime de très longue date ! « Impossible ! », jure la main sur le cœur le MI6, qui l'éloigne tout de même un peu des organes décisionnaires. Cette accusation que Philby réfute est bientôt confirmée par Vladimir Petrov, un diplomate russe passé à l'Ouest en 1954, qui le désigne comme étant une taupe soviétique. On s'attend alors à ce qu'il soit arrêté, mais non ! Il fait même un procès en diffamation à ses détracteurs. Ceux-ci, ne pouvant rien prouver, sont déboutés et Philby reste au MI6 après les excuses publiques de la Couronne ! Cependant les Américains s'obstinent et la CIA prend ses distances avec les services britanniques, qu'elle estime infiltrés jusqu'à la moelle.

On envoie Philby, avec une couverture de journaliste, à Beyrouth, où il se fait oublier, mais le glas va finir par sonner, sous la forme d'un responsable du KGB qui vient de passer à l'Ouest, Anatoly Golitsyne, et qui débarque avec une liste de taupes sous le bras. Malgré ses informations, ce n'est qu'en 1963 que Philby sera définitivement démasqué.

Il fait alors faux bond à son épouse américaine, qui l'attend pour dîner, et embarque de nuit sur un cargo soviétique qui fait escale à Beyrouth avant de rejoindre Odessa. C'est fini, il ne reviendra plus jamais à l'Ouest.

Voilà, brièvement retracée, la vie d'aventures de celui qui se présente devant nous.

*

Incontestablement, l'homme a de la classe et fascine. Nous avons tous en tête ses premiers mots, rapportés par Modine, lorsque, pour la première fois depuis son arrivée en URSS, il a été reçu au « Centre » en 1977 : « Gentlemen, au cours de ma carrière, j'ai visité toutes les agences de renseignement du monde. Me croirez-vous si je vous dis que c'est la première fois, depuis quatorze ans que je suis en URSS, que je mets enfin les pieds dans le service qui est le mien. »

Devant ce parterre d'élèves officiers, il déroule son histoire telle qu'il l'a vécue, sans fioritures. Philby est un communiste pur et dur qui, alors qu'il était jeune, n'avait déjà plus la foi dans les idéaux britanniques. À aucun moment de sa vie il ne veut que ses actes apparaissent comme ceux d'un traître à son pays.

– Mon officier traitant me reprochait de trop prêcher le communisme, alors je suis allé couvrir la guerre d'Espagne pour chanter les louanges de Franco comme correspondant du *Times*. J'en ai peut-être un peu trop fait, parce que j'ai été blessé et que le Caudillo, Franco lui-même, m'a décoré à cette occasion. Quoi de mieux comme certificat d'anticommunisme! Je suis, tout au long de ma vie, resté fidèle à mes engagements. J'ai d'ailleurs failli raccrocher avec Staline quand son ministre des Affaires étrangères Molotov a signé en août 1939 avec von Ribbentrop le pacte germano-soviétique de non-agression. Je m'estimais trompé mais, en juin 1941, avec la déclaration de guerre de l'Allemagne, tout est redevenu parfaitement clair. L'ennemi, c'étaient les nazis, pas les communistes soviétiques. Voilà pourquoi, dans mon esprit, je ne trahissais pas, mais je servais un idéal.

À cette époque, son amour du communisme ne faisait aucun doute. Je pense d'ailleurs qu'il était plus communiste que tous les élèves du KI qui sont aujourd'hui là à l'écouter. Mais visiblement, la fibre du marxisme s'est étiolée et aujourd'hui le bel enthousiasme d'avant-guerre a disparu. Il n'y a aucun allant, aucune ferveur dans ses propos, comme s'il voulait nous dire : « Les jeunes, ne prenez pas de risques, ça ne vaut pas le coup! »

Ses yeux ne brillent pas, j'ai même l'impression d'y détecter une pointe de jalousie. Cette conférence est en effet pour lui et pour nous un événement. À cette différence près que les jeunes qui lui font face vont partir sur le terrain à l'étranger et que lui, Kim Philby, n'y retournera jamais plus. De même qu'il a définitivement dit adieu à sa terre natale, l'Angleterre.

Quand il nous présente le déroulé de sa vie, il n'est pas tendre avec Burgess et Maclean dont, soit dit en passant, il a piqué la femme, ici à Moscou, pour épouser ensuite une Soviétique. Sans les erreurs de ces deux-là à Washington, il devenait sans coup férir patron du MI6 !

À la fin de son exposé, je m'approche avec d'autres de l'estrade afin de lui poser quelques questions. Je dévisage longuement l'Anglais occupé à boire un verre d'eau. De près, il semble las et fatigué. Il esquisse un pâle sourire quand je m'adresse à lui.

– Quelle serait votre principale recommandation pour celui qui va partir en mission à l'étranger ?

– Dans une Rézidentoura ?

Je fais un léger signe de dénégation.

– Ah ! Je vois… C'est étonnant, vous n'êtes jamais venu chez moi. Pour quels pays vous prépare-t-on ?

– Amérique centrale, Amérique du Sud… Rien n'est encore fixé.

– Avec votre anglais, c'est du gâchis, comme beaucoup d'autres choses, du reste… Mais ce n'est ni le moment ni l'endroit pour parler de cela. Demandez à votre correspondant de vous inscrire à l'une de mes sessions et je vous expliquerai ce qui vous attend.

J'en déduis instinctivement que Kim Philby participe à la formation des illégaux en partance pour les pays anglo-saxons. Pouvoir bénéficier des conseils d'une telle légende n'a pas de prix. Il me faut tenter de convaincre André, mais l'affaire n'est pas gagnée d'avance.

*

André tiendra parole. Trois semaines plus tard, je suis rue Gorki, face à l'immeuble de Kim Philby. Je m'attendais à devoir passer un garde faisant le pied de grue devant l'entrée, mais personne n'assure sa sécurité ! Je monte au sixième. C'est Roufina, son épouse russe, qui m'ouvre. Je me retrouve dans un quatre-pièces confortable, mais ce n'est pas non plus un palais que le KGB a mis à la disposition de son agent mythique. André m'avait prévenu, mais le choc est rude. Son bureau a l'allure d'un mémorial britannique. Tableaux, meubles, bibelots, tout ce que je peux voir autour de moi semble provenir de fournisseurs possédant le célèbre *Royal Warrant of Appointment*[1]. Et c'est bien le cas ! Le KGB a veillé à ce que sa bibliothèque et ses livres

1. Le *Royal Warrant of Appointment* est une marque de reconnaissance pour ceux qui ont fourni des biens ou des services à la Cour. Le fournisseur se voit alors accorder le droit de faire figurer sur son logo la prestigieuse mention *« By appointment of »* suivie de l'un des trois titres des membres habilités à délivrer l'appellation de fournisseur officiel de la famille royale.

fassent le voyage depuis Beyrouth, lieu de son dernier poste avant sa fuite à l'Est. Et des livres, il y en a partout. Il me désigne une petite horloge que surmonte une paire de pistolets anciens et deux peaux de bêtes fixées au mur.

– Celle-ci m'a été offerte par de jeunes officiers que j'ai entraînés avant leur départ à l'étranger.

Il m'installe dans un fauteuil de cuir en même temps qu'il m'observe avec ce sourire triste qu'il avait l'autre jour au KI.

– Un thé ? Nous avons vingt-cinq minutes ! Je vous écoute.

J'acquiesce et commence.

– Voilà, je suis actuellement une formation supervisée par la Direction « S »…

Il m'arrête d'un geste.

– Ils m'ont mis au courant de votre situation. Ne sachant pas exactement où vous irez, je ne peux vous donner que quelques conseils généraux. Voyez-vous, ce que l'on attend d'un agent travaillant sous une légende, un « illégal » comme vous les appelez ici, c'est en premier lieu sa faculté d'adaptation et d'anticipation. Vous allez nager seul dans un océan de requins sans jamais apercevoir la moindre barcasse pour monter à bord. Et pour remplir votre mission, vous devez être un maître en géopolitique, meilleur qu'un politicien lui-même. C'est à vous qu'il revient de faire le tri entre ce qui intéressera votre pays demain et le superflu. On m'a dit que vous sortiez du MGIMO, est-ce exact ?

Roufina, un grand sourire aux lèvres, vient déposer le thé fumant sur une petite table.

– J'y ai fait cinq ans avant d'intégrer l'Institut Andropov.

– Les relations internationales n'ont donc plus de secret pour vous. Mais attention, cela ne suffit pas ! Il vous faudra peut-être plonger les mains dans le cambouis, prendre des risques que vous serez le seul à assumer. Car votre mission s'étalera dans le temps. Un illégal est rarement l'homme d'un coup et, quand ça l'est, c'est un très gros coup ! Pour le reste, le pays n'a pas investi autant de temps et d'argent pour vous voir disparaître au bout de quelques mois parce que vous avez été décelé. Il faut donc vous faire admettre chez l'adversaire et survivre. Buvons notre thé, il va être froid.

– À vos yeux, quelles sont les qualités pour se faire admettre, comme vous le dites ?

– Oui, je préfère ce mot à « infiltration », trop militaire à mon goût. Eh bien, tout d'abord, sachez tresser des amitiés et sachez surtout écouter. La manipulation des individus n'est pas une science exacte, ce sera à vous de définir le levier à utiliser pour amener, parfois à son insu, un individu à faire quelque chose qu'il n'aurait jamais fait si vous ne l'aviez pas influencé. Choisissez avec soin le cercle de personnalités que vous voulez pénétrer, apprenez ses codes de langage, vestimentaires, soyez comme eux ! Voyez-vous, jeune homme, votre visage inspire la sympathie et l'on sent que vous avez de l'empathie, je suis sûr qu'on vous l'a déjà dit ! Utilisez ces deux qualités pour vous faire admettre chez l'ennemi. Attention, lorsque je parle d'amitié, elle ne peut être que de façade. Votre cœur doit être de pierre dès lors qu'il s'agit de votre pays et de votre idéal. N'oubliez jamais que votre but est d'obtenir des informations que vos cibles sont les seules à détenir et que pour y parvenir tous les moyens sont bons ! Raison pour laquelle le métier exige une bonne dose d'anticonformisme, parce qu'il est rare que les situations que l'on vous enseigne se produisent dans la carrière d'un agent.

Je jette un coup d'œil discret à ma montre, il me reste moins de dix minutes!

– Et pour survivre?

– Vous allez vivre une existence palpitante, mais qui peut vous user très vite si vous n'y prenez garde. Vous devrez vous blinder pour résister à la pression, parce que vous ne saurez jamais à l'avance ce que chaque heure vous réserve. La crainte d'avoir été repéré sera permanente. Moi, je buvais un peu et je fumais beaucoup pour ne pas y penser, mais ce n'est pas le bon exemple. Au début, mon job était simple, je prenais des documents, je les recopiais et je les remettais en place, mais ça, Modine a dû aussi vous en parler. À mesure que je me suis élevé dans la hiérarchie du MI6, c'est devenu plus compliqué. C'est là qu'il m'a fallu user d'anticipation et de connaissances en matière de relations internationales pour me concentrer uniquement sur ce qui avait de l'importance. Je voulais vraiment la victoire du communisme ! Au niveau où j'étais, je devais me méfier de tout le monde, Anglais, Américains, etc. Ce que je redoutais le plus, voyez-vous, ce n'était pas d'être démasqué par mes pairs et ceux que je manipulais, mais d'être trahi par un transfuge du KGB. Alors, vous dire que je dormais chaque nuit sur mes deux oreilles, non! Voilà, je ne sais pas si ces conseils vous seront utiles, mais c'est un résumé succinct de l'enseignement que je professe à tous ceux que la Direction « S » met entre mes mains. Mais dites-moi, qu'est-ce qui vous a poussé dans cette voie ?

– Mes facilités linguistiques m'ont fait repérer… Enfant, j'ai aussi beaucoup aimé la série *Dix-sept moments du printemps*…

Il m'arrête en riant.

– Je l'ai déjà dit quand je l'ai vue, celui qui joue Stierlitz, comment s'appelle-t-il déjà… ?

– Viatcheslav Tikhonov.

– Eh bien, ce Tikhonov a une telle physionomie sévère, une expression faciale si rigide qu'il ne tiendrait pas une journée comme espion ! Pour vous, ce n'est pas le bon exemple ! Gardez toujours votre sourire aux lèvres !

J'acquiesce, content : je le pensais aussi ! Mais il est l'heure de partir.

– J'ai, si vous le permettez, une dernière question qui n'a rien à voir avec tout cela. Quel est votre ressenti sur l'URSS, ne regrettez-vous pas votre vie d'avant ?

Il me regarde, un brin étonné par la question, et me fait une réponse de type langue de bois.

– C'est effectivement un changement de vie et de culture. Je m'y suis fait et mon épouse fait tout ce qu'elle peut pour m'apprendre le russe, mais j'ai bien peur que ses efforts ne soient pas couronnés de succès.

Et pourquoi pas « *Never complain, never explain*[1] » pendant qu'il y est ! La devise de la famille royale britannique, pour rester dans l'ambiance *so british* qui baigne l'appartement. Mais en même temps qu'il prononce ces mots, je vois sa main accomplir un geste circulaire vers le plafond, comme pour désigner d'éventuels micros. Ainsi, son refus de commenter la réalité de la vie quotidienne en URSS serait liée à la surveillance constante dont il fait l'objet.

Kim Philby écouté par ses maîtres ! Ne serait-il pas un brin parano ? Quand je serai à Yassénévo, je m'apercevrai que cette paranoïa sévit également dans le Service. Quelques officiers du Centre demeurent persuadés que Philby était un agent double et qu'il n'a jamais cessé de travailler pour les Britanniques. Dans les quelques mots que nous avons échangés, jamais il n'a prononcé celui de mon pays, l'URSS. Je suis persuadé que Philby était un idéaliste, un véritable combattant du système communiste, pas de l'Union soviétique. Peut-être s'est-il peu à peu éloigné de celui qu'il était lorsqu'il écrivait en 1977, à l'occasion de la fête des tchékistes, *« Je serai heureux le jour où je verrai le drapeau rouge flotter sur Buckingham Palace ! »*…

Je prends congé et me laisse guider jusqu'à la porte par Roufina. Je reverrai Kim Philby en décembre 1987, au « Centre » à Yassénévo et de loin, pour la fête des tchékistes. Ce sera la dernière fois, il mourra l'année suivante. Ce qui lui évitera de voir le Mur de Berlin tomber en 1989…

1. « Ne jamais se plaindre, ne jamais s'expliquer. »

Chapitre 32

La Villa

Pour aller de Zélénograd à Moscou, le bus 400 emprunte la chaussée Léningradskoe en fin de parcours. Un peu avant d'arriver à son terminus, à Retchnoy Vokzal (Gare fluviale Nord), il fait un détour par la rue Smolnaïa.

C'est ainsi que durant des années, quand je faisais mes études au MGIMO et travaillais au ministère du Commerce extérieur, je suis passé quotidiennement devant son n° 47A, une discrète bâtisse[1] de briques jaunes, entourée d'un haut mur de briques blanches. Sans que je sache pourquoi, ce bâtiment m'avait toujours intrigué. Aujourd'hui, j'apprends qu'il appartient au KGB et qu'il est le point central de l'exercice que nous allons jouer le mois prochain, avec pour terrain de jeu la ville de Moscou tout entière.

Pendant une semaine, chaque unité de vingt élèves de ma promotion va quitter le KI pour s'installer dans ce bâtiment de Smolnaïa, baptisé « Objectif Villa » ou « La Villa » tout court. Il tiendra pour le temps de notre exercice le rôle d'une ambassade à l'intérieur de laquelle nous serons les officiers opérationnels d'une Rézidentoura du KGB dans un pays occidental.

Face à nous, les redoutables « fileurs » de la 7e Direction. Eux connaissent la ville comme leur poche, habitués qu'ils sont à traquer diplomates occidentaux, agents des services étrangers et autres dissidents. Nous n'avons pas encore eu affaire à eux. Jusqu'à présent, nos entraînements se déroulaient avec des anciens des Rézidentouras qui jouaient tantôt le rôle de formateurs tantôt celui de suiveurs des services adverses.

Je retrouve là tout ce que m'a enseigné André. En particulier quand il me parlait de la psychologie de la filature.

– Un officier de renseignement légal sous couverture officielle est

1. C'est toujours la propriété du SVR. Elle a pour voisine une succursale de la Rosbank, banque russe, filiale du groupe bancaire international français Société générale.

souvent filé, parfois jour et nuit. Nos ambassades et consulats sont sous surveillance constante. Cela devient une routine. Être filé, pour un illégal qui n'a pas de liens avec l'URSS et qui est donc supposé indétectable, n'est jamais bon signe. Cela signifie qu'il a commis une erreur grave ou qu'il a été trahi. Mais si cela doit arriver, ne mets jamais ceux qui te suivent en état de stress, bien au contraire ! Prends ton temps, ralentis, flâne, va prendre un café, tranquille. Si tu leur donnes l'impression qu'ils sont en train de te perdre, sois sûr qu'ils engageront immédiatement des moyens supplémentaires. Le secret, c'est d'être lent, prévisible, facile à suivre, de façon à les endormir progressivement. C'est à l'endroit que tu auras choisi, parce que tu connais les lieux sur le bout des doigts, que tu casseras la filature. Mais attention ! Il faut que cela en vaille la peine ! En dehors d'une urgence extrême, rien ne justifie de mener nos adversaires à une boîte aux lettres ou, pire, à une source. Donc, ce qui ne peut être fait aujourd'hui le sera un autre jour.

Lors des travaux pratiques, nos vétérans des Rézidentouras, qui, eux, lorsqu'ils étaient en poste, devaient prendre épisodiquement rendez-vous avec leurs agents ou aller relever des boîtes aux lettres mortes dans des endroits improbables, y ajoutent leurs recommandations issues de l'expérience du terrain.

– Tous les jours, sortez à la même heure et emmenez-les faire une balade sur le même itinéraire. Ils vont finir par se lasser et retirer des effectifs progressivement, ce qui vous laissera un espace pour aller sur un point de contact. Attention! Ceci n'est pas la règle partout. Les Américains, par exemple, mettent le paquet quand ils se concentrent sur une cible parce qu'ils en ont les moyens, ce qui n'est pas le cas des services de l'Europe de l'Ouest. Enfin, un dernier conseil, très important celui-là. Ne montrez pas à vos adversaires que vous les avez détectés. Ils vont vivre cela comme une humiliation et ils vous le feront payer. Par contre, vous devez être capable de mémoriser tout ce que vous avez vu sur le parcours : immatriculation des voitures suspectes rencontrées sur l'itinéraire, visages des personnes croisées plusieurs fois, leurs vêtements, gravez tout cela dans votre mémoire.

Les questions fusent alors.

– Il paraît qu'à l'Ouest leurs fileurs se dé-silhouettent très vite. Comment fait-on pour les reconnaître ?

– Les nôtres font la même chose! Lorsque vous avez la sensation d'être filé, entrez dans un magasin et marchez lentement la tête vers le sol, comme si vous regardiez les rayons du bas. Pourquoi ? Parce qu'aucun fileur ne change de chaussures! En face, ils apprennent à se dé-silhouetter rapidement en mettant une casquette, en retournant leur veste ou en enfilant une perruque, mais jamais en changeant de godasses ! Si vous croisez trop souvent la même paire de pompes, c'est qu'il y a des chances que l'on s'intéresse à vous.

*

Pour préparer la mission, la direction du KI nous laisse libres tout le mois d'octobre. Pas de cours, pas de présence à l'internat pour les Moscovites, mais soyez prêts ! « Nous vous faisons confiance, nous a dit le colonel Markov, vous avez maintenant toutes les cartes en mains pour réussir cette épreuve. »

À propos de cartes, je suis servi ! J'ai avec moi un plan de métro, un autre de la ville et un troisième, que j'ai dressé moi-même, de l'intérieur de la cathédrale Saint-Basile-le-Bienheureux. Celle-ci pourrait en effet jouer un rôle important dans le dispositif que je suis en train d'imaginer. Si nous ne connaissons pas à l'avance les points de rendez-vous, le KI nous a dressé une liste de zones où ils sont susceptibles de se dérouler et Saint-Basile en fait partie. C'est donc ici que je prévois d'installer une boîte aux lettres morte dans laquelle ma source pourra déposer les documents que je viendrai récupérer.

Depuis le terminus du bus 400, il me faut cinq minutes pour parcourir à pied les 300 mètres qui me séparent de la « Villa ». À moi maintenant de préparer plusieurs itinéraires de sécurité à partir de celle-ci afin de pouvoir détecter des tentatives de filature.

Moscou, je l'ai parcourue en long et en large lors de la préparation des JO de 1980 en vue d'accompagner les visiteurs étrangers. Il est vrai que l'affectation des étudiants du MGIMO au standard téléphonique m'a empêché de mettre en œuvre mes talents, mais je me suis rattrapé en exerçant le métier de guide touristique pour l'agence Spoutnik. J'ai usé mes semelles sur les pavés de la capitale afin d'en montrer les coins et les recoins aux groupes de Français que j'étais chargé d'escorter.

C'est donc sans hésiter que j'entame un périple qui me fait rejoindre, dès la sortie de la « Villa », Léningradskoe chaussée, puis son prolongement, Léningradsky prospekt, puis la rue Gorki, les Champs-Élysées de Moscou. Je poursuis par la place Rouge, le magasin Goum, où j'identifie, au second niveau, un grand commerce de vêtements dans lequel plusieurs mannequins positionnés à l'écart pourraient recevoir un document glissé dans une poche.

Au total, 17 kilomètres de distance et plus de cinq heures pour les parcourir, de quoi épuiser, en tout cas je le pense, la horde de fileurs qui va être lancée à mes trousses. Mais je compte bien utiliser le métro et le bus pour qu'ils me perdent. Enfin, je leur réserve une surprise. Dans la rue Gorki, j'ai découvert un passage secret qui a l'air d'une ruelle, mais qui est en réalité un cul-de-sac, et que je compte bien utiliser pour les détecter. Funeste idée…

*

Lundi 4 novembre 1985, un car nous dépose dans la cour intérieure de la Villa. Pour les vingt élèves de mon unité, c'est la première fois que l'on quitte le KI pour un exercice de cette ampleur. C'est captivant, nous allons vraiment jouer le rôle d'officiers de renseignement travaillant sous couverture dans un pays occidental. Rassemblés dans le hall d'entrée, bagages à la main, nous buvons les paroles du colonel Markov.

– Vous êtes ici dans une ambassade soviétique à l'étranger. Dès que vous sortez de ces murs, tout vous est hostile. À l'intérieur, il y a deux zones, l'une qui est sécurisée et une autre qui ne l'est pas. Ce sont vos chambres, la cantine et les bureaux de l'ambassade. Dans ces pièces, aucun mot, absolument aucun, ne doit être prononcé à propos du travail que vous faites. Le quartier sécurisé, c'est la Rézidentoura, dont je suis le chef, le Rézident. C'est là et seulement à cet endroit que vous pourrez parler de renseignement entre vous et de votre mission avec moi. Si dans vos chambres vous échangez les uns et les autres sur vos activités, nous le saurons et, croyez-moi, ce ne sera pas bon pour vous ! Vous allez retrouver dans la Rézidentoura ce que vous connaissez au KI, la pièce secrète avec les boîtes en carton contenant vos carnets personnels qui vous serviront à faire vos comptes rendus. Vous êtes ici les « éclaireurs », des officiers de renseignement agissant sous couverture diplomatique, *pod krychéï*, « sous le toit », comme nous disons entre nous. Les autres, les vrais diplomates, on les appelle les *tchistyï*, les diplomates « propres ». Il faut vous mêler à eux, vous faire passer pour eux, mais aussi vous méfier d'eux. On n'est jamais à l'abri d'une surprise. Des questions ?

Personne ne pipe mot, chacun étant conscient de vivre une aventure passionnante !

– Installez-vous dans vos chambres, on se revoit dans trente minutes.

Nous n'aurons pas besoin de la demi-heure pour ranger ce que contient notre valise tant nous avons hâte d'entrer dans la Rézidentoura. C'est Markov qui nous fait les honneurs des lieux. Comme dans une véritable ambassade, elle est gardée jour et nuit par une unité spéciale du KGB en charge de la protection des représentations diplomatiques. Nous recevons un laissez-passer qui nous permet d'y accéder en permanence. Dans une pièce « secrète », gardée elle aussi, nous retrouvons nos carnets et nos boîtes en carton. Les comptes rendus se feront tout d'abord oralement chez le Rézident, puis par écrit. Chaque mission fera l'objet d'un cahier des charges dont nous devrons cocher toutes les cases.

– Voilà votre première cible, Jakov, me dit Markov quand arrive mon tour d'être convoqué dans son bureau. Il s'agit d'un fonctionnaire britannique en poste au Foreign Office, le ministère des Affaires étrangères de Grande-Bretagne, et qui travaille pour nous depuis un an. Vous allez avoir une petite conversation avec lui, en anglais, car il parle très mal le russe. Ce que l'on vous demande, c'est de nous faire son profil et de nous dire comment vous le « sentez » ! Nous, on a des doutes et on s'inquiète ! Est-ce une provocation des gens d'en face ? En fait, la question est : ce type est-il en train de nous balader ? Voici sa photo et son dossier. Pour la mission, vous appliquerez tout ce que nous vous avons appris en matière de sécurité à l'étranger. Le point de rendez-vous a été fixé dans la galerie Trétiakov. Des questions ?

– La galerie Trétiakov ? Il y a de fortes chances pour que les fileurs soient derrière moi.

– C'est toute la difficulté du métier ! À vous de déterminer si, une fois là-bas, vous pourrez établir le contact sans risque. Les gars d'en face n'auront que votre photo. Attention ! Ils ne savent pas que c'est un exercice. Pour eux, vous êtes un fonctionnaire du ministère des Affaires étrangères (MID) d'URSS qui vend des informations aux services occidentaux et qu'ils doivent surveiller. Pour le reste, tout est dans le dossier.

Je souris intérieurement, mais jaune. Trétiakov est dans le prolongement de l'itinéraire que j'avais concocté pour me rendre jusqu'à Saint-Basile, je n'ai donc pas de surprise de ce côté-là. En revanche, le fait qu'il ne s'agisse pas pour eux d'un exercice mais au contraire de filer un traître me laisse penser qu'ils vont mettre du cœur à l'ouvrage. La prise de contact est prévue demain à 11h45 dans l'une des salles des icônes, celle où est gardée la célèbre *Trinité*, d'Andreï Roublev.

Je prépare ma mission dans la Rézidentoura durant la moitié de la nuit. Je dois m'imprégner de l'image du visage de mon contact, mais aussi des différents rapports de son OT. Celui-ci le titille depuis un moment sur l'état des négociations portant sur le concept final de l'avion européen Typhoon, qui réunit la Grande-Bretagne, l'Allemagne, l'Italie et l'Espagne. Que nous a-t-il donné comme informations sur le sujet jusqu'à présent ? En fait, c'est bien maigre. La synthèse qui figure dans le dossier parle d'agendas de réunions, avec des noms de participants, mais rien ou presque sur le contenu de ces négociations. Je prépare quelques phrases courtes qui appelleront des réponses précises, mais qui devront aussi mettre la pression sur notre source. Encore faut-il que les fileurs de la 7e Direction me laissent entrer en contact…

*

Je n'ai presque pas dormi. Dans ma tête se sont bousculées toutes les astuces apprises lors des entraînements réalisés avec André. Il m'aurait été facile, lors des cours donnés au KI sur le même sujet, d'étaler ma science dans ce domaine. Peut-être cela m'aurait-il rapporté quelques points supplémentaires dans ma notation, peut-être… Mais à coup sûr je serais apparu aux yeux de ma promo et des instructeurs comme faisant partie des « élus », ceux que le KGB a choisis pour devenir ses futurs illégaux. Cacher, mentir, tout le temps et à tout le monde, c'est maintenant une seconde nature chez moi.

Mais ce matin, lorsque je me présente au colonel Markov, je ressens comme une étreinte autour de la poitrine. Même si cette épreuve est considérée comme un galop d'entraînement, je sais que pour moi elle est déterminante. Un illégal se doit d'être au-dessus du lot, c'est donc une grande part de mon destin qui va se jouer aujourd'hui. Un point positif, il y a peu de chances pour que nous soyons arrêtés et interrogés au cours de cette semaine. J'ai vu en effet que le programme ne prévoyait les cours de « Résistance aux interrogatoires » qu'à notre retour de la Villa. Le colonel m'accompagne jusqu'à la sortie de « l'ambassade » et me voilà dehors !

Le conditionnement psychologique a été tel que le premier souffle d'air frais qui me frappe le visage en sortant de la Villa ne me semble pas être celui que je respire d'ordinaire à Moscou. Je suis dans mon jeu de rôle, loin de mon pays, et face à moi il y a l'ennemi – le contre-espionnage et les fileurs de l'adversaire *capitaliste.*

La Villa est connue des professionnels de la 7e Direction comme étant un *objectif* du KGB. C'est la raison pour laquelle, dans notre exercice, ils ne nous prennent pas en chasse à la sortie de notre Rézidentoura. Sinon, ils auraient compris que nous sommes des collègues. Je dois d'abord passer au « point zéro » qui se trouve aujourd'hui près du métro Sokol. Il y a là-bas une librairie où je dois me rendre à 10 heures tapantes. J'y achète *L'Humanité*. À partir de là, ils peuvent être autour de moi. Ou pas. Notre jeu du chat et de la souris commence. Et ce sont les souris qui chassent le chat que je suis.

J'essaie de me concentrer sur ma mission tout en marchant nonchalamment vers la bouche du métro qui va m'amener au centre-ville. J'ai choisi ce moyen de transport car il doit me permettre de faire un premier filtrage parmi mes « fileurs ». Je patiente sur le quai en parcourant le journal du PCF d'un œil distrait, le temps que la rame arrive, sans détecter la moindre présence suspecte autour de moi. Et pourtant, ils sont tout proches ! Je m'installe au fond du wagon de façon à voir les passagers qui montent et sortent. Il y en a des centaines et des centaines autour de moi. Le métro de Moscou transporte 5 millions de personnes par jour ! Dans cette foule, il m'est impossible de distinguer les fileurs mais, pour eux, c'est tout aussi difficile de ne pas me perdre de vue. Ils sont donc obligés de se rapprocher de moi, de m'entourer, de me prendre dans une sorte de bulle invisible. À moi de faire marcher ma mémoire visuelle. Je ne dois pas me concentrer sur quelqu'un en particulier mais balayer du regard mon environnement pour créer une sorte de base de données. Quand je serai ailleurs, si l'un des visages déjà vus ou des détails vestimentaires ressortent – bingo !

Changer souvent de moyen de transport, c'est une autre règle. Si je reste longtemps sur le même trajet dans le même transport, je ne verrai jamais personne. Je vais leur créer des problèmes en modifiant mon trajet tout le temps, mais d'une manière logique. Si j'aperçois la même personne dans deux ou trois endroits différents, c'est aussi une victoire. Je descends deux arrêts plus loin, à la station Dynamo, celle qui est près du stade du même nom. Celui de l'équipe du Dynamo de Moscou, le club historiquement lié au KGB[1], puisque fondé en 1923 par Félix Dzerjinski lui-même, le chef de la police politique, la redoutable Tchéka ! Au KI, nous sommes adhérents à ce club sportif auquel nous payons nos cotisations.

Je marche sur l'une des plus belles avenues de Moscou, Léningradsky prospekt – sur plusieurs kilomètres ce n'est qu'un foisonnement végétal d'arbres, de fleurs et de gazon. Ce changement, c'est également un piège pour mes poursuivants. Au milieu de cette large voie aux allures de parc, il y a peu de monde, contrairement au métro bondé. Ici, tout se voit de très loin. « *Rester naturel, ne jamais se retourner, ne*

1. Cela reste d'actualité dans la Russie de Poutine : les *organisations* du club Dynamo existent dans toutes les structures du FSB et du SVR, successeurs du KGB.

pas se presser », toutes ces recommandations se bousculent dans ma tête. *« Vos suiveurs vous précèdent souvent,* nous a-t-on dit. *Ils peuvent même venir d'en face, ça s'appelle la filature à contre-sens. »* Ma mémoire visuelle fonctionne en permanence. Qui va soupçonner cette maman avec une poussette ? Elle est peut-être équipée d'une caméra et, dans sa voiture d'enfant, il peut y avoir une poupée à la place d'un bébé. Qui va douter de cette vieille dame qui tricote, assise sur un banc ? Elle peut facilement observer les passants sans attirer l'attention.

Je marche un temps, puis décide de m'asseoir aussi sur un banc pour parcourir *L'Humanité*. Ceux qui me suivent, s'ils sont là, ne peuvent pas m'imiter immédiatement, ça se verrait trop dans cet endroit désertique. Ils seront donc obligés de poursuivre leur marche tandis que je les observerai. Dès que je vois quelqu'un qui m'a dépassé s'asseoir un peu plus loin, je me lève et continue mon chemin. Et là encore, ils sont piégés, ne pouvant pas se mettre debout trop vite. *« Vingt, ils peuvent t'en mettre vingt aux fesses, qui vont se relayer sans arrêt, changer d'équipements, d'habits, de voitures. Si tu es sûr d'être suivi, soit tu as un endroit où tu peux casser la filature, soit tu reportes ton contact à un autre jour »*, m'a répété André.

Je passe maintenant devant la gare de Biélorussie avec un petit pincement au cœur. Si je dois un jour prendre un train pour Paris, ce sera à partir de cette station de chemin de fer qui dessert toutes les grandes villes de l'ouest de la Russie. Son horloge marque 11 heures pile. Autrefois se dressait ici la porte de Triomphe, destinée à rappeler aux Moscovites la victoire remportée sur les Français en 1812. La folie des grandeurs des projets urbanistiques du camarade Staline l'a conduit à faire démolir cette œuvre monumentale pour en ériger une copie sur l'avenue Koutouzovski, à la gloire du feld-maréchal russe, vainqueur de Napoléon.

En face de moi se profile la rue Gorki, celle qui dans mon plan va me permettre de déterminer si je maintiens ou non le contact. Je passe devant de multiples vitrines sans jamais m'arrêter pour essayer de deviner la présence éventuelle d'une silhouette derrière moi. *« C'est un truc de cinéma »*, nous a-t-on rabâché au KI.

Pour casser le rythme et gagner du temps, je prends un trolleybus qui m'amène vers la place Pouchkine. Dans la rame, je remarque soudain un visage plein de rides qui m'évoque quelque chose. Mais oui ! Cette babouchka était assise sur un banc près du métro Dynamo et tricotait. Maintenant, elle a changé de perruque et ne tricote plus, mais elle a gardé les mêmes lunettes et le même pardessus. Et d'une ! Mais où sont les autres ? Peut-être ces deux types qui ont une discussion animée, ou alors celui-là qui balaie, à moins que ce ne soit cette femme qui porte un lourd filet à provisions ? Je croise deux jeunes filles qui me décochent un large sourire et un prêtre orthodoxe qui, lui, tire une gueule épouvantable. Font-ils partie du business, eux aussi ?

On m'a dit qu'un espion devait posséder une sorte de sixième sens. J'ai l'occasion de confirmer cette superstition. Chemin faisant, on s'arrête à un feu tricolore. Machinalement, je jette un coup d'œil dans l'habitacle d'une Lada verte qui patiente sur ma gauche. Je n'ai rien cherché, mais mon cerveau, si ! Ces trois-là, je les ai vus aussi avant, dans le métro. Cela s'annonce bien !

*

Un groupe d'une dizaine de personnes vient de s'arrêter devant le monument de Pouchkine. Visiblement des étrangers. Surprise ! C'est Konstantine, un guide de chez Spoutnik, qui cornaque son groupe de Français à travers la ville. L'espion doit savoir s'adapter à la situation et improviser. Cette rencontre n'était pas prévue. Une idée me vient à l'esprit. Kostya[1] est absorbé dans ses explications et ne me voit pas. Je saute sur cette occasion tombée du ciel ! Je m'approche de lui et lui tape sur l'épaule :

– Salut, Kostya ! Tu t'en sors, avec tes Français ?

– Salut, Sergio ! Ça fait dix minutes qu'ils me bassinent pour aller boire un coup chez Pouchkine ! J'ai du mal à leur faire avaler que ce bistrot n'existe pas. Pour eux, Gilbert Bécaud ne peut pas l'avoir inventé !

Ce n'est pas la première fois en effet que des Français demandent à aller au café Pouchkine en se fiant aux paroles de la chanson *Nathalie*.

Elle parlait en phrases sobres
De la Révolution d'Octobre,
Je pensais déjà
Qu'après le tombeau de Lénine,
On irait au café Pouchkine
Boire… un chocolat

C'est qu'il n'a pas hésité, « Monsieur 100 000 volts » ! Pour assurer la rime avec *Lénine*, il a créé un *café Pouchkine*[2] ! La déception se lit sur le

1. Diminutif de Konstantine, l'équivalent de Constantin en russe.

2. Ce n'est qu'en 1999 qu'ouvrira à cet endroit l'hôtel-restaurant-café Pouchkine, propriété d'un Franco-Russe, Andreï Dellos. C'est également sur la place Pouchkine que sera créé, le 31 janvier 1990, le premier McDonald's d'Union soviétique.

visage des Français, surtout en ce jour de novembre où un bon chocolat chaud leur ferait oublier les premières morsures de l'hiver qui approche.

Mon idée consistait à entrer en contact avec quelqu'un sur mon itinéraire de contrôle. Lors de la filature d'un *objectif suspect*, l'équipe doit non seulement le suivre partout, mais aussi fixer ses actions, comprendre ses buts, « établir » ses contacts. Et cela va leur prendre du temps et des ressources. Par exemple, après ma conversation furtive avec Konstantine et ses Français, l'équipe qui me filait va devoir se scinder en deux. Une partie restera avec lui pour apprendre qui il est, dans quel hôtel sont descendus les touristes, pourquoi nous nous sommes rencontrés – est-ce un hasard ou un rendez-vous calculé ? Cela va les perturber, mes braves fileurs ! Merci, Kostya ! Même s'il ne sait pas qu'il m'a rendu ce service.

Je quitte Konstantine et ses Gaulois pour reprendre ma progression sur la rue Gorki. Je fais un petit détour pour m'intéresser au programme qu'affiche le cinéma Rossïa et aller jeter un regard circonspect sur les panneaux d'information lumineux du journal *Izvestia*. C'est vrai qu'il n'y a pas de *Pravda* (Vérité) dans les *Izvestia* (Nouvelles) et réciproquement, comme le disent en blaguant les Moscovites. Dans 300 mètres, je serai là où j'ai choisi de tendre un piège redoutable à mes suiveurs. Ma montre marque 11h30.

*

C'est ici ! J'emprunte sur ma droite une étroite ruelle si peu fréquentée que mes poursuivants vont être obligés de me laisser un peu d'avance s'ils ne veulent pas se faire repérer immédiatement. C'est là-dessus que je compte pour les piéger. Mon calcul est bon. Effectivement, j'entends derrière moi des bruits de pas qui ralentissent et s'arrêtent pour un moment. La ruelle débouche sur une vaste cour intérieure sans issue. Dans un coin, sur ma gauche, ce petit atelier que j'ai repéré et où l'on travaille le cuir. J'entre vite et referme aussitôt la porte derrière moi. Impossible que mes fileurs m'aient repéré !

J'avance vers le fond de la boutique, saisi à la gorge par l'odeur caractéristique du goudron de bouleau, une ancienne technique mise au point par les Cosaques pour imperméabiliser leurs bottes, et toujours utilisée par les artisans russes. Je me fraye un chemin au milieu des sacs, des vestes et des ceintures. M'estimant invisible depuis l'extérieur, je me retourne vers la vitrine et là, je les vois enfin !

Ils sont cinq, trois hommes et deux femmes, qui se sont répartis les quatre coins de la cour. Mais celle-ci ne leur offre aucune échappatoire, c'est un cul-de-sac ! Pour eux, il ne fait aucun doute que je suis entré dans l'un des immeubles qui ceinturent la cour. J'ai le temps de noter mentalement leur sexe, leurs tenues et leurs physionomies – autant d'éléments qui devront figurer dans mon rapport.

– Que puis-je faire pour vous, camarade ?

Ce doit être le patron, en tablier de cuir, une serpette en forme de demi-lune à la main, qui s'inquiète.

– Je jette juste un coup d'œil. Je cherche des bottes en cuir pour faire de l'équitation.

– Désolé, nous ne les faisons plus ! Mais je peux vous indiquer un confrère qui pourra vous dépanner.

Je connaissais sa réponse d'avance, puisque je leur avais passé un coup de fil il y a deux semaines, mais je note consciencieusement l'adresse donnée. Ce genre de chose se prépare. Tout doit être motivé sur un itinéraire de contrôle. Si mes fileurs rentrent après mon passage et se renseignent sur moi, on leur confirmera ma légende. Je sais aussi d'avance que l'estancot n'a pas d'autre sortie. Je ressors donc dans la cour où m'attendent mes suiveurs.

Surpris de me voir réapparaître soudain juste devant eux, ils ont un mouvement de panique. L'un essaie de se dissimuler derrière la seule voiture qui est garée là, une Volga beige. Deux autres, que j'ai vus dans la Lada verte, sont en train de s'acharner sur les sonnettes d'immeuble afin de pouvoir y entrer, tandis que la babouchka au tricot du métro Dynamo et de mon trolleybus mime une discussion avec sa consœur dans l'angle opposé au magasin.

Je refais le chemin inverse et reprends ma route vers la place Rouge. Et là, je commets une faute impardonnable. Mon piège a si bien fonctionné et le comportement de mes poursuivants est si cocasse que je n'arrive pas à contenir mes émotions et que je me mets à rire. C'est un rire nerveux et je n'y peux rien…

*

Dans les films, on voit souvent les espions sauter des trains et des bus, courir dans les rues pour échapper à une filature. Tout ça, c'est de la fiction qui n'a rien de commun avec notre réalité. Dans la vraie vie opérationnelle, quand on est sûr de la filature derrière soi, on annule l'opération tout simplement. On ne doit casser une filature que dans des situations extrêmement rares, dans des cas de nécessité absolue. Avec chaque agent, on fixe toujours un rendez-vous principal et un autre, facultatif, au cas où il y aurait un empêchement. Pour ne pas effrayer notre agent, on évite de lui parler trop souvent de « problèmes », de « contre-espionnage », de « filatures ».

Donc, puisque je suis maintenant sûr d'avoir été suivi, je marque une pause de rupture sur l'itinéraire de contrôle qui, dans mon exercice, symbolise l'abandon de l'opération suivante. Je prends un thé et mange une glace. Dans mon rapport, j'indiquerai tous les détails de ma découverte et ma décision de principe d'annuler mon rendez-vous avec l'agent.

Mais nous sommes encore à Moscou pendant l'entraînement à la Villa. Cela reste un jeu. Et je ne peux pas faire poireauter un vieux retraité du KGB qui va jouer le rôle de mon contact étranger. Je poursuis l'exercice comme si de rien n'était.

À 12h30, j'attrape la ligne verte du métro qui traverse Moscou du nord-ouest au sud-est. J'embarque dans la première rame qui passe. Je ne cherche plus les fileurs, qui doivent à présent se méfier de moi.

Voilà, Novokouznetskaïa, c'est ici que je remonte à l'air libre. Allez, encore 500 mètres, plein ouest ! Je me faufile à travers des immeubles, ouvrant ici une grille, là empruntant un étroit passage. Je marche d'un pas régulier et je n'ai pas l'ombre d'une hésitation quant au choix de mon itinéraire, car j'en ai reconnu chaque mètre pendant plusieurs jours. Un coup d'œil à droite et à gauche avant de traverser l'allée Lavrouchinsky, et à 12h55, je suis au guichet de la galerie Trétiakov.

*

Le billet est dans ma poche, je le donne au préposé et j'entre. Mon pouls s'accélère, je m'arrête quelques instants devant une sculpture, le temps de retrouver un rythme normal. Mon destin se joue aujourd'hui. Depuis que j'ai quitté la Villa, une métamorphose s'est opérée. Je ne suis plus Sergueï Jirnov, élève officier du KGB, mais un véritable « éclaireur » en mission dans un pays étranger et hostile. Il faut impérativement que je « désosse » mon contact pour savoir ce qu'il a dans le ventre et où il veut nous mener.

J'avance et me mets à l'écart, de façon à surveiller l'entrée. Si les fileurs sont encore à mes trousses, le premier ne devrait pas tarder à pointer le bout de son nez. Le bâtiment termine sa rénovation entamée l'année précédente et quelques caisses sont encore présentes sur le parquet ciré des galeries. Le musée est gigantesque. Quand j'emmenais ici des groupes de Français, ils en ressortaient essorés !

Près de 50 000 œuvres[1] sont exposées dans ce musée, allant du pire au meilleur ! Cette masse effrayante de tableaux qui tapissent les murs de la soixantaine de salles à l'éclairage parfois défaillant épuise visuellement le touriste.

J'entre dans la salle où seuls deux visiteurs déambulent. J'avance dans une semi-obscurité vers *La Trinité* d'Andreï Roublev, l'icône la plus célèbre de toute la Russie. J'ai gravé dans mon esprit les traits de mon contact et je fais lentement le tour des œuvres exposées dans la pièce, mais aucun des deux touristes ne correspond à l'homme que je recherche. Le mien doit être barbu, joues rebondies, cheveux blancs, la soixantaine bien entamée. Je porte mon journal français bien en vue dans la main droite, comme convenu. Lui doit tenir *The Times* dans la main gauche. Nouveau coup d'œil discret à ma montre, 13h10.

Quelqu'un tousse, une toux légère, enfantine, c'est en effet une petite fille qui vient d'entrer avec ses parents. Derrière eux une ombre, c'est lui ! Il entre, s'attarde quelques instants devant l'icône et ressort. Il s'arrête à l'angle d'un couloir pour s'assurer que je suis sur ses talons et entre dans la pièce 24. À peine suis-je à côté de lui qu'il me lance, le sourire aux lèvres et dans un anglais parfait :

– On s'y perd dans ce labyrinthe, *my god* ! Il faut avoir le fil d'Ariane pour s'en sortir !

C'est bien la phrase de reconnaissance, à mon tour de m'identifier.

– À l'instar de Thésée ? J'espère que dans cette galerie il n'y a pas de Minotaure !

Je laisse passer une trentaine de secondes et j'enchaîne, d'une voix basse :

– Vous avez quelque chose pour moi ?

– C'est difficile en ce moment… Ils sont sur des charbons ardents. Je vous ai laissé quelque chose à l'endroit prévu.

Imprégné des leçons de morphopsychologie que nous ont données les psys de la maison, je l'observe à la dérobée. Les joues tombantes, une barbe qui cherche à dissimuler un menton fuyant, la bedaine florissante, tout indique que j'ai à mes côtés un lymphatique. À sa voix faible et traînante, je sens de la mollesse et de l'indécision dans le personnage, mais je ne discerne pas de traîtrise. Il me faut approfondir l'examen.

Nous sommes tous les deux face à l'œuvre de Sourikov *Le Matin de l'exécution des streltsy*, qui symbolise la répression de la rébellion des régiments d'arquebusiers du tsar par Pierre le Grand, tels deux experts étudiant la technique du peintre. Mais la conversation évolue loin de

1. La galerie Trétiakov et ses annexes contiennent aujourd'hui près de 150 000 œuvres.

l'art pictural.

– Ce qui a été produit jusqu'ici est insuffisant et vous le savez. Nous payons, mais encore faut-il que cela en vaille la peine.

– Je vais faire un effort, mais demandez-leur un peu de patience. La prochaine fois, vous aurez quelque chose de consistant, croyez-moi.

– Je veux bien leur dire de patienter, mais il me faut quelque chose, là tout de suite.

– Cette livraison concernera le document qui va figer le concept définitif de l'avion. Il doit être prêt avant la fin de l'année.

– Vous nous promettez une copie finalisée et signée ?

– Je m'y engage aux conditions prévues pour la remise d'une information exceptionnelle.

J'ai l'impression de discuter avec un représentant de commerce…

Il ne perd pas le nord, le gaillard ! Bien campé sur ses deux jambes, le regard figé sur le tableau, il reste placide face à ma demande et se repositionne comme un élément incontournable. Vous voulez voir ? Pour cela, il faut payer ! Bien joué ! J'hésite à prolonger les débats. Rester là à contempler l'adieu des streltsy à leurs familles avant qu'ils ne montent sur l'échafaud dressé sur la place Rouge va finir par devenir suspect.

– Nous vous fixerons un lieu de rendez-vous par le canal habituel. À bientôt !

Il me salue d'un hochement de tête et disparaît. Je patiente une bonne demi-heure avant de retourner au Goum récupérer deux feuilles laissées dans la poche du mannequin que j'avais désigné comme boîte aux lettres mortes lors de ma préparation de mission.

Le métro me ramène à la Villa. Dans la rame, je ne peux m'empêcher de jeter un coup d'œil sur les documents, ils sont vierges et estampillés d'un poinçon particulier en forme de fer à cheval. J'avoue que je me suis pris au jeu et que je m'attendais vraiment à trouver les plans d'un avion révolutionnaire. Ce retour sur terre me fait émettre un petit rire qui étonne le passager assis en face de moi.

En fin d'après-midi, un débriefing est prévu à la Villa où je vais, hélas, beaucoup moins rire.

*

Vanya Krylov, notre *starosta*, vient de déplacer son cavalier en F3. C'est son deuxième coup et, instantanément, je reconnais là l'ouverture italienne dont il est friand. Il me la ressert si souvent qu'il en devient prévisible ! Bon, le voilà qui veut très vite maîtriser le centre de l'échiquier, il me faut roquer afin de protéger mon roi pour menacer ensuite mon adversaire par les ailes. Cela fait une heure que nous rongeons notre frein à la Villa en jouant aux échecs et cette fois-ci c'est à son tour d'avoir les blancs. Il me revient donc d'engager les pièces noires. *« Les blancs jouent et gagnent »*, dit l'adage, à moi de le faire mentir.

– Sergueï, le conseiller de l'ambassade voudrait vous poser quelques questions sur nos prochains pourparlers aux Nations unies !

La secrétaire joue bien son rôle ; on ne doit pas prononcer les mots « Rézidentoura », « Rézident », « rapport opérationnel » en dehors de la zone protégée. Ici, nous sommes des diplomates et nous parlons uniquement de relations internationales.

Immédiatement après être rentré à la Villa, je me suis présenté à la pièce secrète afin d'y retirer mon carnet confidentiel dédié aux comptes rendus. J'y ai décrit dans le détail ma mission du jour avec le maximum d'informations sur la filature et la détection de mes suiveurs. En établissant également un profil psychologique opérationnel sommaire de mon contact et les renseignements recueillis auprès de lui. J'ai ensuite rédigé un projet de télégramme reprenant les éléments les plus importants. Depuis, je tue le temps dans ma chambre avec Krylov en attendant le débriefing et l'approbation du Rézident pour chiffrer mon télégramme avant de l'expédier au « Centre » de Yassénévo.

Je quitte immédiatement mon camarade pour aller rejoindre le Rézident en la personne du colonel Markov. D'entrée de jeu, je vois que c'est une soupe à la grimace qui va m'être servie.

– Jakov, êtes-vous content de vous ?

Le ton est incisif, je décide donc de la jouer modeste en étant factuel.

– J'ai rempli ma mission de mon mieux. Dans un premier temps, j'ai démasqué la filature sur mon itinéraire de contrôle et décidé d'annuler l'opération prévue. Ensuite j'ai effectué une opération avec ma source, comme s'il s'agissait d'un rendez-vous de remplacement.

– Qu'avez-vous retenu des cours sur la *proverka*[1] pour coincer vos fileurs ?

Je remarque que ses grosses mains tripotent un ensemble de feuillets agrafés auquel sont jointes quelques photos. Je ne dois pas être le seul à lui avoir fait un compte rendu de mes aventures.

– Je les ai d'abord découverts sur mon itinéraire. Puis, pour la vérification ultime, je les ai emmenés dans un cul-de-sac afin qu'ils se

1. *Proverka* : la vérification. Dans le langage du KGB, l'art de démasquer une filature.

désorganisent.

– Et vous pensez que votre brillante manœuvre a réussi ?

– Mon piège a parfaitement fonctionné. Vous auriez dû les filmer ! C'était pathétique !

– Ce n'est pas ce qu'ils disent, eux, dans leur rapport. Mais l'important n'est pas là ! Votre coup de les balader dans cette cour sans issue était une brillante idée ! Mais ça a fini en sucette !

– Excusez-moi, mon colonel, je ne comprends pas.

– Vous avez ri, ça c'est impardonnable ! Ne jamais humilier ses suiveurs, combien de fois vous l'a-t-on répété ! Dites-vous bien que si vous vous amusez à faire ça à Londres ou à New York, les mecs vont vous casser la gueule en mettant cela sur le coup d'une mauvaise rencontre. Dans un pays moins civilisé, vous jouez votre peau, ni plus ni moins ! Là, vous avez ridiculisé les fileurs, et ils vous le font payer avec un compte rendu saignant. Ils disent que vous n'êtes jamais entré dans cette cour.

– C'est un mensonge éhonté, mon colonel ! J'ai des témoins dans cet atelier…

– Vous n'avez rien du tout ! Ils ont fait pression sur les témoins, qui ne vous ont jamais vu. Ainsi, il y a votre parole contre celle de cinq officiers de terrain. Je sais qu'ils mentent. Mais vous les avez poussés dans leurs retranchements. Je vous note « excellent » pour la découverte de la filature et « zéro » pour la psychologie opérationnelle. Conclusion, je vous mets un faible « satisfaisant » pour l'ensemble de l'exercice. Que cela vous serve de leçon !

Les noirs perdent, c'était couru d'avance…

En dehors de ce ratage avec mes premiers fileurs piégés qui se sont vengés sur moi, les autres exercices se passent très bien. Le reste du temps est employé à vivre au rythme d'une Rézidentoura dans un pays occidental. Je vais enchaîner les missions tout au long de la semaine. Écoute des fréquences de la police pour connaître les lieux des manifestations éventuelles afin de les éviter, rédaction de rapports et chiffrage à l'aide de codes, envoi de messages en débit rapide, toutes ces activités remplissent nos journées.

Après une semaine passée à la Villa, nous rentrons chez nous, épuisés physiquement et moralement. L'espionnage n'est pas un long fleuve tranquille et ce n'est pas pour rien qu'il est aussi bien payé.

Chapitre 33

La « journée des parents »

Lorsque je rentre chez moi, à Zélénograd, après la Villa, un courrier m'attend dans ma boîte aux lettres. Une enveloppe portant un timbre français ! Impatient, je l'ouvre aussitôt pour découvrir une carte postale de Paris. Au dos, quelques mots sympathiques signés « Isabelle ».

« Bonjour Sergueï ! Amical souvenir de Paris. Mes études se terminent bientôt et j'espère avoir le plaisir de te revoir l'an prochain. Donne-moi de tes nouvelles. Bises, Isabelle. »

Instantanément, son visage me revient en mémoire. Une petite bouille ronde, toujours souriante, qui baragouinait le russe avec un accent épouvantable, mais qui semblait passionnée par la découverte de notre culture. Ma joie est de courte durée et je ressens le besoin de réfléchir quelques instants.

Ainsi donc, elle aurait noté mon adresse lors de la visite du groupe du KMO ? Ce n'était pas évident, car à aucun moment nous ne sommes passés devant un panneau indiquant le numéro d'immeuble et, dans ma ville fermée, la majorité des rues n'ont pas de nom. Nous sommes en URSS, derrière le Rideau de fer, qui plus est à Zélénograd, et cette carte me pose un problème. Même si ce courrier ne comporte que des mots insignifiants, je suis confronté à un dilemme. Celui de rendre compte au KGB ou de me taire.

Isabelle m'a déjà écrit par le passé, mais son courrier était alors adressé à l'agence touristique Spoutnik. M'écrire chez eux signifiait qu'elle ne pouvait pas faire partie du groupe du KMO que j'avais amené ici, dans mon appartement. De plus, je lui avais expressément demandé de ne rien envoyer chez moi car cela risquait de m'attirer des ennuis. Cette fois-ci la carte arrive à mon domicile, direct ! Ma mémoire me jouerait-elle des tours ?

Elle m'avait aussi envoyé de l'eau de Cologne chez Spoutnik, ce qui m'avait coûté la peau des fesses en dédouanement ! Et j'en avais parlé à Nikolaï à l'époque. Pour moi, il n'y a qu'une seule explication : c'est un piège du KGB ! Ils veulent tester ma mémoire et mon sens de l'observation ! À la réflexion, je décide de ne rien dire, de ne pas répondre malgré l'invitation et d'oublier cette carte au plus vite. Si André m'en parle, je lui dirai tout ce que je pense de cette stupidité !

Depuis l'arrivée de Gorbatchev, les temps changent en URSS. Pour la première fois, des débats sont organisés à la télévision, la presse dispose de davantage de liberté. Ce vent de *glasnost*, de transparence, comme l'appellent les Occidentaux, qui flotte dans l'air a dû atteindre tous les étages du régime. Les portes des camps commencent à s'ouvrir et des milliers de prisonniers politiques retrouvent leurs foyers. Tiens, ils ont même autorisé la sortie du roman de Pasternak *Le Docteur Jivago*, c'est dire ! Alors, une cartounette qui arrive de France, pensez donc ! Et, au fil des jours, j'oublie en effet la jolie fausse carte et la courte prose d'Isabelle inventée par l'esprit tordu d'André…

*

C'est mon premier rendez-vous secret avec mon OT de chez les « illégaux » après la Villa. Je sors du métro à Oktiabrskaïa pour traverser la place éponyme. Mon rendez-vous a lieu dans un immeuble de l'avenue Lénine. Est-ce un clin d'œil de la part d'André ? Mais c'est à deux pas des studios de télévision de la rue Chabolovka où j'avais officié si souvent avant d'entrer au KI.

L'avenue Lénine n'est pas l'artère la plus joyeuse de Moscou. Elle est à l'image de son héros, austère. Ce ne sont qu'hôpitaux, universités, institutions diverses, le tout édifié dans le plus pur style stalinien. André m'attend dans l'appartement du troisième étage, assisté du garde habituel. Il est enjoué, aimable, mais je reste sur mes gardes. Cet homme-là est capable de vous planter un couteau dans le dos en souriant.

– Alors, Sergueï, raconte !

– Que veux-tu que je te raconte que tu ne saches déjà ?

– J'ai lu la version officielle de tes exploits à la Rézidentoura, mais c'est la tienne qui m'intéresse.

Pendant que je lui décris par le menu ma filature à travers Moscou, il consulte sans cesse un document, sans doute le compte rendu des fileurs, en faisant de brefs hochements de tête. Brutalement, il m'interrompt.

– Sergueï, on ne va pas y passer la nuit ! Tu as compris la leçon ?

– J'ai péché par excès, je le reconnais.

– N'en parlons plus.

Le ton de sa voix me redonne un peu d'espoir. Une idée me taraude.

– À aucun moment, André, tu ne m'as posé de questions sur ce qui se passait dans ma vie.

– Cela doit venir de toi. Tout événement imprévu doit nous être remonté immédiatement. Mais dis-moi, Sergueï, tu as une petite amie ?

Je pense soudain à la fausse carte d'Isabelle reçue chez moi. Fait-il allusion à cela ? Dois-je lui en parler ? Je suis sûr que ce coup vient de lui et du Service. Mais ils me prennent vraiment pour un imbécile ! Je décide d'attendre et de voir quelle tournure cela va prendre. Je passe sous silence la carte et réponds juste à la deuxième partie de sa phrase.

– Oui, Irina, elle est étudiante à la faculté de philologie de l'université de Moscou, on a tourné ensemble à la télé dans les émissions en français. Je ne m'en suis jamais caché.

– C'est sérieux ?

– Nous l'espérons tous les deux.

Il sort un formulaire et un stylo, puis me fixe attentivement.

– Écris-moi ses nom, prénom et adresse là-dessus, s'il te plaît.

Il s'agit d'un document destiné aux limiers de la Direction du contre-espionnage extérieur de Yassénévo, celle qui traque les traîtres dans les rangs des espions et infiltre les services adverses.

– Tu ne la connais pas encore ? Tu me déçois, André !

– Je ne plaisante pas, on doit enquêter sur elle, c'est la règle.

Je m'exécute en pensant à Irina. S'ils trouvent la moindre faille sur elle ou sa famille, ils vont me mettre face à un dilemme : le KGB ou Irina. L'ambiance s'est subitement alourdie, mais je ne m'inquiète pas outre mesure, car son père est un haut responsable juridique au Comecon, le Conseil de l'entraide économique des pays socialistes. Un VIP du régime ! Je ne poursuis donc pas la conversation sur le sujet.

– Dis-moi, qu'est-ce que tu penses de Philby après vos rencontres ?

– C'est compliqué… À mon avis, il est très déçu et malheureux. J'ai l'impression que le Service ne lui a pas témoigné autant de reconnaissance qu'il l'aurait mérité. Je suis passionné par le personnage. J'aimerais qu'il me parle davantage de son vécu d'illégal, mais surtout des qualités qu'il a développées pour passer inaperçu pendant toutes ces années. Quel que soit le pays, les règles de base sont les mêmes, non ?

– Mes conseils ne te suffisent pas ?, me répond-il en souriant. Et puis Philby, inaperçu… Cela n'a pas vraiment été le cas. Ne t'inquiète pas trop pour ton avenir, occupe-toi seulement de sortir parmi les meilleurs du KI. Un dernier conseil. L'année prochaine, tu vas passer une nouvelle épreuve à la Villa. Cette fois-ci, tout devra être parfait!

Compte sur moi, André! Je repars de là regonflé à bloc. Ce n'est qu'une fois dans la rue que mon cœur se serre en pensant à Irina…

*

L'effervescence de fin de semaine qui règne au KI n'est pas due au week-end qui approche, mais à la journée particulière qui s'annonce. Ce vendredi de décembre 1985 est consacré à la « journée des parents » !

Rien à voir avec nos familles, il s'agit de nos futures affectations, puisque le ban et l'arrière-ban du « Centre » se déplacent à l'École de la Forêt. C'est une prise de contact entre les élèves officiers et leurs patrons de demain. Nous sommes reçus longuement et séparément pour une succession d'entretiens avec l'encadrement de la 1re Direction générale.

Cet entretien est particulier pour moi étant donné que, parallèlement à mes études au KI, je suis une formation secrète avec le 3e Département des « illégaux ». Mes chefs au KI ne sont pas au courant, pas plus que la direction du personnel de Yassénévo, qui programme les futures affectations des diplômés du KI. En principe, si ma candidature est retenue pour entrer chez les illégaux, toutes ces rencontres avec les « parents » n'auront aucune importance pour moi puisque j'intégrerai un programme individuel à la Réserve spéciale[1]. Mais pour le moment, je dois faire comme si j'étais un auditeur ordinaire du KI et la jouer profil bas.

Le colonel qui m'accueille se présente comme étant Pavel Pavlovitch Loukianov, le chef du 4e Département de la Direction « S », couvrant géographiquement tout le continent américain, du Canada au nord jusqu'au Chili et à l'Argentine au sud. C'est un bon signe pour moi : les États-Unis sont notre ennemi numéro un, donc on me prépare bien pour aller en première ligne ! Mon dossier trône sur la table devant Loukianov, mais il ne prend pas la peine de l'ouvrir.

– Le général Drozdov m'a un peu parlé de vous, il vous suit depuis votre rocambolesque histoire de télégramme envoyé à Paris. J'ai aussi mes sources au KI. Il paraît que l'Amérique du Sud ne vous tente pas trop, c'est vrai ?

– Je me préparais à aller en France ou en Angleterre…

– Votre visage est trop visible dans les émissions françaises à la

1. La Réserve spéciale du KGB réunit tous les illégaux du Service, elle est placée sous l'autorité directe du président du Comité.

télé. Le Service ne voulait pas courir le risque que vous soyez repéré par la DST et la DGSE avant de mettre un pied sur le terrain. D'où le changement de langue et votre envoi à cette faculté pour trois ans. Il faut d'abord que vous voyez comment nous fonctionnons. Votre affectation dans mon département ne préjuge en rien de là où vous irez plus tard et de ce que vous y ferez.

Je m'imaginais un entretien plus directif, voire rigide, et je me retrouve face à un homme ouvert, attentif et sympathique. Grande classe, costume soigné, cheveux gris. Dans la rue je l'aurais facilement pris pour un étranger. Le vouvoiement me surprend aussi – mes OT me disent volontiers « tu ». Le portrait rêvé de l'illégal !

En fait, il s'agit d'une caractéristique propre à la 1re Direction générale, qui se manifeste par une certaine liberté de ton qui frise parfois la dissidence. Ses membres sont les seuls à accomplir des missions à l'Ouest et cela fait bien longtemps qu'ils ont pris conscience de l'écart abyssal qui sépare les deux systèmes, le capitalisme et le nôtre. De ces expériences chez l'ennemi impérialiste ils ont gardé une souplesse d'esprit et une distanciation par rapport au régime que l'on ne retrouve pas dans les autres Directions du KGB. D'ailleurs, dans le Service, il n'y a qu'eux pour se réjouir des mesures prises par Gorbatchev. En revanche, les officiers du contre-espionnage, qui ne sont en fait que les agents d'une police politique, s'inquiètent.

Il reprend.

– Je sais que votre apprentissage de l'espagnol se passe très bien.

– Oui, je m'ennuyais un peu l'année dernière dans mon groupe. Je suis ravi que l'on m'ait autorisé à travailler en autonomie. En janvier, je vais passer les examens de la deuxième année et de la moitié de la troisième. Si tout va bien, à la sortie de la deuxième année scolaire au KI, j'aurai bouclé le programme de trois ans.

– Excellent ! Mais la troisième année vous pensez faire quoi, alors ?

– Vous m'avez parlé de l'Amérique du Sud. Je crois savoir qu'il y a plein d'Allemands là-bas, y compris d'anciens nazis qui sont très influents dans la politique, le business, l'armée et les services de sécurité. Si vous êtes d'accord, je voudrais faire une initiation intensive en allemand l'année prochaine, d'autant plus que j'ai déjà quelques bases.

– Intéressant ! On va y réfléchir, ne vendons pas la peau de l'ours avant de l'avoir tué. Faites preuve de patience et concentrez-vous sur vos études pour le moment. En ce qui concerne le travail que nous allons vous confier à votre arrivée, je vais vous indiquer un peu de lecture spécialisée. Vous aurez accès à quelques livres sur les « illégaux » dans la bibliothèque secrète qui ne sont pas prêtés à tout le monde. Et puis notre patron est très imaginatif, il va d'abord vous tester et il décidera ensuite. Le général Youri Drozdov est une légende de la maison, de loin le meilleur d'entre nous. C'est aussi un excellent pédagogue qui nous a tous fait progresser, mais qui ne donne ses conseils qu'une seule fois. À vous de les retenir et surtout de les appliquer!

C'est un véritable prophète, ce colonel, mais les choses ne se dérouleront cependant pas d'une façon si sereine. Je sors de mon entretien rassuré sur mon avenir immédiat : intégrer la Direction « S » représente pour moi la première étape d'une future carrière d'illégal.

*

Peu de temps avant Noël, le lundi 15 décembre 1985, je suis convoqué pour repasser un examen d'État de français.

C'est la règle dans tous les ministères, on teste nos aptitudes tous les deux ans. Les connaissances linguistiques sont évaluées à la sortie du MGIMO en 1983 et, deux ans plus tard, un bilan actualisé doit être réalisé devant une commission d'examen. Il s'agit de vérifier si notre niveau est toujours bon, auquel cas l'État continuera à verser nos 10 % de prime tous les mois. Après le deuxième examen de deux ans, réussi avec la note maximale de 5/5, on passe à la période de cinq ans et, avec un nouveau 5/5, c'est acquis pour toujours.

Je suis tout seul dans ma promo à me soumettre à cette épreuve qui pour moi n'en est pas une. La chaire des langues étrangères du KI aurait pu me dispenser d'examen en actant mon niveau de français au regard de mes prestations hebdomadaires à la télévision.

Dans mon domaine, la langue française, je suis une célébrité en URSS ! Je passe toutes les semaines à la télévision centrale soviétique et je suis regardé par la communauté francophile et francophone dans tout le pays. Ma rédactrice à Chabolovka me dit que les émissions de langues sont très populaires, même en dehors de notre cœur de cible que sont les étudiants. Beaucoup de retraités qui s'ennuient à la maison les regardent aux heures où il n'y a pas grand-chose d'autre à voir.

Lors de l'examen, c'est à un véritable feu roulant de questions que me soumettent les trois professeurs du KGB. Ils en sont pour leurs frais car, bien que le Service m'ait aiguillé vers l'espagnol, je n'ai jamais cessé de pratiquer la langue de Molière. L'examen se transforme très vite en échange libre et informel entre collègues pendant lequel je leur relate quelques expériences passées avec les touristes français. Après mes déboires de la Villa, leur appréciation me réchauffe le cœur.

– Vous parlez le français aussi bien que nous, me dit le plus ancien.
– Peut-être même mieux, ajoute une autre.
– En fait, vous n'avez aucun accent, vous ne cherchez pas vos mots et vous maîtrisez le langage courant et diplomatique. C'est parfait ! Si mes camarades n'ont pas d'objection, je vous mets la note maximale pour cette épreuve, conclut le colonel qui préside la commission.

Je me lève et les quitte en les saluant d'un signe de tête, mais cette heure passée à parler français me laisse un goût amer tant cette culture et cette langue me manquent.

*

J'ignore encore qu'en cette fin décembre 1985, à 2 500 kilomètres de Moscou, dans la ville de Nevinnomyssk, se déroule l'avant-dernier acte d'une énorme tragédie à laquelle ma famille et moi avons été associés sans jamais nous en rendre compte ni le soupçonner.

Une jeune assistante du procureur de la province, en charge d'un vieux dossier d'affaires non résolues de disparitions et de meurtres d'adolescents depuis plus de vingt ans, a décidé de reprendre l'enquête à zéro.

Assez rapidement, elle a constaté que plusieurs victimes avaient été membres du club touristique Tcherguid d'Anatoli Slivko. Jusque-là, rien de particulier, la moitié des gosses de la petite ville sont passés par cette association sportive extrêmement populaire.

Quand la magistrate ordonne une perquisition le 28 décembre 1985 dans les locaux du club, il s'agit d'un acte judiciaire de routine. L'assistante du procureur veut juste s'acquitter consciencieusement d'une obligation légale routinière de recherche d'indices dans tous les lieux par lesquels sont passées les jeunes victimes des « cold cases » collectionnés par la police depuis 1964 sans jamais avoir abouti à la moindre piste. En vérité, la piste était sous leur nez depuis vingt ans mais aucun d'entre eux n'avait fait son travail correctement.

Ce qu'ils découvrent bouleverse d'abord les enquêteurs les plus expérimentés, ensuite la ville de Nevinnomyssk et enfin tout le pays ! Secret de l'instruction oblige, peu de détails vont filtrer dans la presse pendant les six mois précédant le dernier jugement avec, en juin 1986, l'ouverture du procès du coupable, jusque-là vierge de tout soupçon.

Toute l'horreur de ce qui s'est déroulé ne sera révélée au grand public qu'en septembre 1986, avec la couverture internationale qu'en feront les médias.

Chapitre 34

Entre déception et satisfaction

La piste serpente à travers les sapins de la forêt qui borde l'est de Zélénograd. Le soleil d'hiver irise la neige qui s'accumule sur les branches, lui donnant des reflets multicolores. Dans la montée, je pousse sur les bâtons avec énergie, l'intensité de l'effort m'empêche de ressentir la morsure du froid glacial de l'hiver russe. Je croise quelques skieurs de fond qui, comme moi, partent à l'aube naissante pour s'adonner à leur sport favori avant que les lieux ne soient envahis par la foule des sportifs du dimanche matin. Je souffle un peu en amorçant la descente en forme de longue courbe qui marque le vingtième kilomètre. Je suis à mi-parcours et une grande trouée me permet de distinguer au loin les immeubles de la ville fermée.

J'ai un rendez-vous en fin de semaine prochaine avec André, nul doute qu'il va me parler d'Irina et j'appréhende sa réponse. J'en arrive à me demander si moi aussi je ne deviens pas parano, mais peut-être est-ce la règle dans ce métier ? J'essaie de me raisonner en me disant qu'aucun élément objectif ne permet de la soupçonner d'un quelconque déviationnisme ou de critiques à l'égard du Parti. Ils ont dû confier une partie de l'enquête à la 2e Direction générale, le contre-espionnage, et je sais que ceux-là ont un talent certain pour dénicher le grain de sable qui vous donne droit à une demande d'explications place Dzerjinski.

Je me remémore encore mon interrogatoire par le capitaine Poutine pendant les JO de Moscou en 1980. En ce mois de janvier 1986, après avoir raté sa formation au KI et sa carrière chez nous, dans l'espionnage extérieur, il s'est finalement installé à Dresde avec sa femme et son premier bébé dans l'appartement de service d'un immeuble appartenant à l'antenne locale de la Stasi, le ministère de la Sécurité d'État de la RDA. Le coup de piston du général Choumilov, l'ancien patron du KGB de Léningrad, lui a été d'un grand secours. Mieux vaut partir gagner quelques devises étrangères dans une province de l'Allemagne de l'Est que de croupir dans le service provincial du KGB en URSS.

Je dois attendre encore toute une semaine avant d'être fixé, la prochaine rencontre avec André n'étant prévue que pour le samedi suivant. Encouragé en cela par l'attitude bienveillante des opérationnels que j'ai croisés lors de cette « journée des parents », je demeure confiant quant à mon destin sentimental. L'esprit dégagé de toute préoccupation, je me concentre sur la préparation de la mission à la Villa. Je compte bien y effectuer un « sans faute » afin de faire oublier les commentaires négatifs émis par les fileurs de la 7e Direction du KGB lors de mon premier séjour.

En attendant, j'ai passé avec brio mon examen de deux années scolaires en espagnol au KI. C'est officiel, en langue je suis maintenant étudiant de troisième année, et ma connaissance de la moitié du programme annuel a été aussi certifiée par l'examen. Je suis sur la bonne voie. Les trois autres épreuves semestrielles ne me causent pas trop d'inquiétudes. Mes pensées sont ailleurs…

*

Nous y sommes ! Il est 15 heures, ce samedi 20 janvier 1986, et je trépigne en attendant André. Cette fois, pas d'appartement conspiratif, mais un simple rendez-vous devant la gare de Biélorussie. Une neige mouillée tombe sur la ville et la foule presse le pas pour aller prendre son train de banlieue. J'aperçois la Volga qui arrive par la rue Gorki, il me voit, car la voiture déboîte sur sa gauche pour venir s'arrêter près de moi. Je m'engouffre à l'intérieur, transi et trempé, mais plein d'espoir.

– Alors ?

– Alors quoi ?

– Mais, Irina ! C'est bon ?

– Ce n'est pas bon et c'est non !

Je reste sans voix, anéanti.

– Cette fille ne nous convient pas, Sergueï. Désolé.

– Mais qu'est-ce qui ne convient pas ? Elle est la fille d'un haut fonctionnaire du Comecon, que te faut-il de plus !

– À moi, rien de plus. Le Service a mis un veto et n'a pas d'explications à te donner, c'est non ! Nous avons nos propres raisons que tu n'as pas à connaître. Et dans ton intérêt, je te conseille de rompre rapidement !

– Rompre ! Mais pour quelle raison ?

– C'est ton problème, mais règle cela très vite. En tout cas, le Service ne doit pas être évoqué, cela va de soi. Débrouille-toi, mon grand ! On t'a tout appris. Improvise.

Le coup est trop rude, j'insiste lourdement.

– Même si elle n'est pas membre du Parti, Irina est une bonne communiste. Jamais un mot de travers…

Il lève la main.

– Apprends à obéir. Maintenant, descends et fais ce que le Service te demande.

L'horloge de la gare marque 15h20. Il a fallu moins d'un quart d'heure à André pour anéantir ma vie. Je suis écœuré. Moi qui, il y a peu, ne voyais que sourires et bienveillance chez mes futurs collègues, je prends cette décision comme un coup de poing en pleine figure. Je marche sous la neige lourde et collante sans trop savoir où aller…

*

Le dégel provisoire oblige les Moscovites à patauger dans une mélasse de neige sale fondue, tout en espérant le retour rapide de l'hiver habituel, qui est loin d'être terminé. Ce temps horrible correspond parfaitement à mon état d'esprit dépité, noir de chagrin, déchiré par ma séparation forcée avec Irina.

En mon for intérieur, j'ai déjà fait mon choix, ce sera le KGB !

J'ai longuement réfléchi avant d'arriver à cette triste décision, mais la conclusion s'est imposée d'elle-même. Je suis un pur Russe ethnique, un Moscovite de troisième génération, membre du Komsomol, bon élève, excellent linguiste, sportif, en bonne santé physique et mentale, il n'y a aucun dissident dans ma famille. Je coche toutes les cases, pourquoi les tchékistes abandonneraient-ils une telle proie ? Jamais, ils ne me lâcheront jamais !

Voir tous leurs efforts réduits à néant depuis mon recrutement au MGIMO en 1981, cinq années d'efforts, d'enquêtes, de formation et d'investissements pour rien, afin que je puisse filer le parfait amour sans avoir à leur rendre compte n'entre pas dans la logique de la Direction « S ». Quand on a mis un doigt dans l'engrenage, l'engagement devient inéluctable. Je les sens capables de me « pourrir » la vie et celle de toute ma famille. Ils l'ont déjà fait après mon premier revirement en 1982 en me mettant dans un placard doré au ministère du Commerce extérieur. Cette fois-ci, la cage pourrait être moins reluisante.

J'ai déjà commencé à espacer mes rendez-vous avec Irina, puis mes coups de téléphone se sont faits plus rares jusqu'à la rupture, sèche et définitive. Depuis, aux yeux d'Irina, je passe pour un salaud.

Que s'est-elle imaginé ? Une autre, une lassitude de ma part ? Je ne le saurai jamais. Il me faut à présent éviter nos amis communs, qui ne comprennent pas mon attitude et me bombardent de questions. *Vous étiez si bien ensemble…* André, lui, ne m'en pose aucune, il sait. Il a au moins l'élégance élémentaire de ne pas retourner le couteau dans la plaie en me demandant où j'en suis, lui il a fait son job, *business as usual,* ni plus ni moins.

Moi, cette histoire me poursuit encore aujourd'hui. Le pire, c'est qu'avec le temps j'ai acquis la certitude qu'ils n'avaient aucune raison valable, aucune donnée suspecte concernant la personnalité d'Irina et de sa famille. Je suis désormais persuadé que c'était juste un dernier test. *Serait-il capable de nous trahir pour une femme?* Autant de temps et d'argent dépensés pour me voir partir avec le premier jupon qui me ferait tourner la tête… Mieux valait me mettre à l'épreuve tout de suite. *Est-il capable de faire passer le Service avant tout, avant sa famille et sa vie privée ?*

Ce sont peut-être les questions qu'ils se posaient à Yassénévo. Pour celle-ci, moi seul avais la réponse. J'avais le choix entre mon amour et le Service. J'ai choisi le Service.

*

Ma mère est partie à la retraite en janvier 1986. En URSS, pour les femmes, la retraite se prend à cinquante-cinq ans. Pour les hommes, c'est soixante ans. Mon père doit encore deux ans de besogne à l'État avant de pouvoir bénéficier de sa pleine retraite. Il est obligé de retourner à son poste d'ingénieur à Zélénograd. Il ne peut plus s'occuper tout seul de la gestion de la base de loisirs dans le Caucase. C'est une déception pour tout le monde. La montagne lui manque et, pour moi, c'en est fini des séjours privilégiés à Zaguédan.

Cela tombe mal, car je ne sais pas où aller pendant mes vacances d'hiver. Et j'ai un tel besoin de me vider la tête et de me changer les idées ! Je cherche désespérément une destination. Pourquoi pas Léningrad ? Mais si la météo est mauvaise à Moscou, Léningrad en hiver sera mille fois pire. Le froid et l'humidité y sont mortels. Désespéré mais pas suicidaire, je n'ai nul besoin de contracter une pneumonie ! La sonnerie du téléphone m'arrache à mes pensées. C'est André à l'autre bout du fil, un appel imprévu :

– Salut ! On pourrait se voir demain matin ?

– C'est urgent ?

Ma réponse est glaciale, je ne réponds pas à son bonjour. Je n'ai aucune envie de le voir, lui, et je ne prends pas de gants pour le lui faire sentir.

– Tu sais, je suis en vacances, je voudrais profiter un peu de ma liberté…

– Justement ! On a une idée pour toi…

Il est énigmatique et enjoué, mais je n'ai pas le cœur à jouer aux devinettes.

– On se voit où et quand ?

– Je t'attendrai au terminus de la ligne 400 à Retchnoy Vokzal. Vers 10 heures. Ça te va ?

– OK, à demain.

*

Le lendemain, je suis dans le bus 400 qui rame dans la neige boueuse sur la chaussée Léningradskoe. Il a un peu de retard à cause du mauvais temps et du désastreux état des routes. Les services de la ville sont débordés comme chaque hiver, à chaque chute de neige. À croire qu'ils embauchent chaque année des Sudistes qui ne savent pas que l'on vit sous les flocons en Russie… Mais cette fois-ci, je m'en fiche. André va attendre, ça ne lui fera pas de mal.

Je vois sa Volga au terminus, de l'autre côté de la rue, garée en sens inverse. J'ouvre la portière et m'installe dans la voiture surchauffée. En principe, je déteste la chaleur, mais pour une fois, vu la météo exécrable, cela me fait du bien.

– Bonjour André ! Excuse-moi pour le retard, t'as vu ce qui nous arrive…

– Pas de problème. Je suis russe aussi, je sais comment ça se passe en hiver chez nous.

– Bon, c'est quoi ton urgence ?

– C'est une surprise. Attends cinq minutes…

La voiture se met en route en direction de la Villa. Elle parcourt les 300 mètres qui la séparent de la gare et pénètre dans la cour. Pour une surprise, c'est une surprise ! Je ne m'attendais pas à ça. On monte à l'étage. Le garde qui me reconnaît me fait un signe presque amical. D'habitude, il me faisait plutôt la gueule, qu'est-ce qui lui arrive ?

Je comprends vite la raison de son amabilité. Dans la pièce, j'aperçois d'abord les épaulettes d'un général. Je le reconnais immédiatement, le crâne chauve, énorme, la stature athlétique. C'est la première (et la dernière) fois que je le vois en uniforme, son placard de médailles est impressionnant ! Youri Drozdov se lève pour nous serrer la main et nous fait signe de nous asseoir. Le colonel Yevguény Konstantinovitch est là aussi.

– Bonjour Sergueï Olégovitch !
– Mon général, mon colonel…
– Vous vous demandez pourquoi nous vous avons fait venir.
– Vous lisez dans mes pensées, Youri Ivanovitch ! André m'a promis une surprise ! C'est le cas !
– Sergueï Olégovitch, cela fait cinq ans que nous sommes en contact. J'ai été informé de vos succès au KI. Bravo pour l'espagnol ! En un an et demi, vous êtes presque au bout du programme de trois années ! Impressionnant ! Je craignais que vous ne soyiez un francophile inguérissable… Le colonel Loukianov a rédigé un très bon rapport sur vous après la « journée des parents » au KI. Vous lui avez fait une bonne impression. Nous avons senti que cette longue attente devenait un peu pesante pour vous, l'homme de contact et de terrain. Nous avons décidé de franchir une nouvelle étape et de profiter de vos vacances au KI pour vous organiser un petit stage « grandeur nature ». Qu'en pensez-vous ?
– Je vous mentirais si je vous disais que cela ne m'intéresse pas !
– J'en étais sûr ! Alors je vous laisse voir les détails avec mes collègues ! Bonne continuation !

Nous sortons avec le colonel et le capitaine André et passons dans la pièce voisine où m'est exposé un projet génial, celui que j'ai tant attendu. Je comprends que le Service a apprécié mon acceptation de rompre avec Irina comme il me l'a imposé et, pour me récompenser, il va m'organiser un mini-tour d'Europe en illégal. Fini, les tests dans le bocal moscovite, place à l'aventure dans un vrai monde ! Moscou, la Hongrie, l'Autriche, la Belgique, Berlin-Ouest, la RDA et enfin retour à Moscou. En quinze jours je dois traverser, sous de fausses identités, les frontières entre six pays et vivre la vie de trois personnages.

Je ne dois plus retourner chez moi et l'on me donne vingt-quatre heures à la Villa pour peaufiner le déroulement de la mission avec André. Il n'y a pas une minute à perdre, car il y a énormément de détails à régler !

Pour l'administration et mes copains du KI, l'élève officier du KGB Sergueï Jakov est dorénavant en vacances dans le Caucase, dans une vallée inaccessible à cause d'une avalanche qui a coupé toutes les routes. Je me demande si le KGB, histoire de rendre ma légende encore plus véridique, n'a pas provoqué une véritable avalanche à 2 500 kilomètres de là. Il en est capable…

*

Le lendemain matin, avant de m'accompagner à l'aéroport Chérémétiévo-2, André fait un détour par le service logistique de la Direction « S » où m'attend déjà mon équipement : des vêtements européens à ma taille, sans aucune marque soviétique, mon sac de voyage pour les deux premières étapes, un kit de vie, appareil photo, stylos, brosse à dent, rasoir, etc.

Il me débarrasse de tous mes documents soviétiques et me tend un passeport bulgare au nom de Petro Petrov, avec une photo où je porte un déguisement et tous les visas nécessaires. Je comprends enfin pourquoi, il y a quatre ans, j'ai passé une demi-journée avec Nikolaï dans un studio photo du KGB à faire des clichés sous tous les angles et dans tous les formats, en noir et blanc et en couleur, en portant divers postiches. Les maquilleuses me travestissent immédiatement en me mettant une perruque brune, une barbe et des lunettes.

Maintenant, à part quelques officiers chez les illégaux, personne ne saura que le citoyen soviétique Sergueï Jirnov va, pour la première fois, quitter clandestinement le territoire d'URSS.

*

À midi, le Bulgare Petro Petrov embarque dans l'avion Aeroflot qui l'emmène à Budapest.

Là-bas, je suis accueilli par deux opérationnels de la représentation permanente du KGB en Hongrie. Ils me reprennent mon passeport bulgare. J'enlève les lunettes et la barbe et remplace la perruque brune par une autre, blonde, avec une moustache assortie. Je change d'identité en devenant Ignacio Rodriguez, étudiant espagnol. En voiture, sans dire un mot, nous faisons la route vers l'Ouest.

La nuit, je passe clandestinement de Hongrie en Autriche avec le concours des gardes-frontières hongrois. Grâce à une petite embarcation pneumatique assez douteuse, accompagné d'un passeur d'une nationalité indéfinissable et qui fait franchement peur, surtout affublé de ses lunettes de vision nocturne, je traverse par voie fluviale la frontière austro-hongroise poreuse qui sépare les deux rives du lac Fertö-Neusiedl. Vous n'avez jamais navigué sur un Zodiac improbable la nuit en hiver en compagnie d'un trafiquant ? Je ne vous le recommande pas ! Comme loisir, on fait mieux...

Ça y est, pour la première fois, je suis dans un pays occidental, même si l'Autriche neutre est un paradis de l'espionnage où le KGB fait ce qu'il veut. Pour moi, c'est un pays de transit technique où je n'ai aucun contact ni changement d'identité. L'escale autrichienne sert juste à brouiller les pistes de mon passage entre les mondes communiste et occidental.

Sur l'autre rive du lac, dans le Burgenland autrichien, un vélo m'attend. Je dois me débrouiller tout seul pour trouver mon chemin et faire 15 kilomètres en pédalant vers un hôtel-restaurant campagnard pittoresque où une chambre m'a été réservée une semaine auparavant par une agence de voyages viennoise. La nuit, discrètement, je me débarrasse de mon vélo afin de prendre le lendemain une ligne régulière de bus jusqu'à Eisenstadt, puis un train qui m'amène à Vienne.

La même agence touristique m'a réservé un hôtel et des billets d'avion. Je profite de la soirée pour me balader un peu dans la vieille ville, *Innere Stadt*, et boire quelques bonnes bières pour confirmer ma légende touristique. Plus que la bière autrichienne, c'est l'air de la liberté qui me rend ivre. C'est mon premier séjour en Occident en autonomie totale. Je comprends le sentiment du louveteau qu'on relâche dans la nature sauvage après une vie captive au zoo – il se sentirait complètement perdu. Mais suis-je vraiment seul ? N'y aurait-il pas autour de moi des surveillants anonymes du général Drozdov qui guetteraient mes faux pas ?

Vienne est une ville vaste, éblouissante, débordante de vie : fonctionnaires internationaux, étudiants, touristes et espions du monde entier mènent ici le soir et une bonne partie de la nuit une intense activité de loisirs. Les soixante musées du centre-ville étant fermés, ce sont les bars à vin, les brasseries et les restaurants qui accueillent cette foule multicolore. Au gré des rencontres furtives, je vais errer du palais de la Hofburg jusqu'au Reichsbrücke sur le Donaukanal. Il me faudrait au moins un an pour tout visiter !

Ensuite, un vol régulier me mène de la belle capitale autrichienne au royaume de Belgique.

Là encore, je change d'identité en me dépouillant de tous mes déguisements. Je bascule sous ma légende principale, qui me servira pour le reste du voyage. J'ai un rendez-vous discret avec un ops de la ligne « N » de la Rézidentoura de Bruxelles dans le centre-ville, précisément au Manneken-Pis, haut lieu touristique. Il est normal pour un faux diplomate de se rendre régulièrement dans les ruelles étroites de la capitale fédérale belge, où il est facile de se perdre parmi une foule de touristes et badauds. Nous avons ce que l'on appelle un « RDV momentané » dans notre langage d'espion. On se croise sans échanger ni converser, juste une seconde furtive qui nous suffit. À lui pour me glisser un petit paquet et à moi pour le réceptionner et le cacher sous mon manteau.

Je le déballe dans un WC et découvre un jeu de documents, dont un passeport en tant que sujet de Sa Majesté Baudouin, roi des Belges. Je détruis immédiatement mon passeport espagnol. C'est la règle de base d'un clandestin. Il n'y a que dans les films que l'on voit un espion garder chez lui un carton plein de passeports différents, de cartes d'identité diverses et autres documents. Dans une vraie vie d'espion, c'est absolument interdit !

L'élément opérationnel sur le terrain ne doit posséder qu'une seule identité à la fois, avec les documents correspondants. Imaginez que vous fassiez un malaise dans un lieu public et soyez amené dans un hôpital. Là, en fouillant vos bagages, on découvre dix passeports avec chacun une identité différente mais avec la même photo. Ces documents deviendraient les preuves juridiques de votre implication dans un délit (usurpation d'identité) ou un crime (espionnage). Et la prochaine personne que vous verriez ensuite, ce serait un enquêteur de la police ou du contre-espionnage. Si vous ne pouvez pas sécuriser rapidement un énième document de rechange, il faut le passer à un réseau logistique du Service ou le mettre dans un coffre à la banque. Il est bien sûr préférable de le détruire le plus vite possible.

Dans les toilettes bruxelloises, je fais disparaître à tout jamais l'étudiant espagnol Ignacio Rodriguez. À partir de maintenant, je suis Nicolas Martin, un jeune Belge francophone, étudiant à l'université de Liège. Non inscrit, un auditeur libre, pour ne pas être pris en flagrant délit de mensonge. Je dois passer quarante-huit heures sur le campus de mon université présumée. Non pas pour suivre les cours, ni me faire des amis, puisqu'il n'est pas prévu que je m'installe en Belgique, mais simplement pour me mettre dans la peau de mon nouveau personnage, pour « entrer » dans ma légende.

Pour cela, lors des repérages sur le campus il faut que je me familiarise avec les lieux et que je recueille un maximum de menus détails. L'art du mensonge réside dans le détail. Il faut visualiser les bâtiments, les cafétérias, le resto U et les bars, s'acclimater aux foyers et dortoirs, jeter un coup d'œil aux salles de sport. S'accoutumer aux parcs mais aussi aux endroits dans lesquels la jeunesse liégeoise s'adonne à des loisirs moins licites, où elle fume des joints, où elle tisse ses amourettes estudiantines.

Dans le paquet de la Rézidentoura, j'ai aussi récupéré une somme d'argent assez importante. De Moscou à Bruxelles, j'ai voyagé léger. Maintenant, je dois faire du shopping pour m'équiper de pied en cap avec des effets belges ou achetés en Belgique. Tout ce qui vient d'ailleurs doit disparaître, être jeté à la poubelle dans plusieurs endroits différents. Quand j'entre dans les magasins occidentaux et les boutiques de mode, je comprends que la 200e section élitiste du Goum n'est qu'une pâle copie de l'abondance capitaliste. Une histoire drôle me vient immédiatement à l'esprit : un Soviétique entre au supermarché et, ébloui par la richesse du choix, demande l'asile politique au directeur…

Mon problème n'est pas l'argent, puisque le Service m'a fourni une somme généreuse pour les achats, mais l'immensité de l'offre. Je passe des heures sans pouvoir me décider sur ce qu'il faut acheter. Dans le doute, je décide de copier. Je regarde ce qu'achètent les Belges et fais de même. C'est une bonne tactique pour un illégal : il faut toujours se fondre dans la masse, sans jamais attirer l'attention. L'originalité et la fantaisie ne sont pas des qualités pour un espion.

Deux jours plus tard, je prends l'avion pour Berlin-Ouest, enclave de l'Allemagne fédérale, autre haut lieu de l'espionnage mondial. C'est aussi un point de transit pour brouiller les pistes. Avec le Service, nous n'avons pas voulu attirer l'attention des autorités migratoires belges sur mon voyage vers la RDA communiste. Il est plus facile de passer discrètement de Berlin-Ouest à Berlin-Est. Mon chemin me mène à Dresde, en Allemagne de l'Est.

Je suis sous la couverture d'un étudiant belge qui vient en RDA prendre des cours d'allemand à l'université de Dresde et apprécier la vie dans un pays communiste. Je joue mon rôle à fond ! Je nage dans le bonheur en rejoignant un groupe d'étudiants étrangers. Nous sommes plusieurs Occidentaux dans ce groupe, deux Américains, une Française et une Italienne, une dizaine de Latinos et trois Espagnols. Nous sommes certainement bien encadrés par la Stasi. De ce côté-là, je ne crains rien. Même si le KGB ne les a pas mis au courant de ma véritable identité et de ma mission, je ne risque rien avec nos « petits frères » de l'espionnage et du contre-espionnage est-allemand.

Mes notions d'allemand apprises dans l'enfance me rendent un grand service. Je m'adapte vite et parviens à me débrouiller assez rapidement. Mais la langue commune parmi les stagiaires, c'est l'anglais. Avec les Latinos, je pratique l'espagnol. Avec la Française, on parle la langue de Molière. C'est le contact avec elle que je redoute le plus, va-t-elle deviner en moi un imposteur ? Le vrai danger ne viendra pourtant pas de cette jolie Chantal, originaire de Nîmes, insouciante et rigolote, qui ne verra que du feu dans mon jeu, mais d'un ancien collègue…

Un soir, nous sommes invités à une réception célébrant l'amitié internationale pour la paix organisée par l'université et la FDJ (Freie Deutsche Jugend, la Jeunesse allemande libre) de la RDA. Vêtus de chemises bleues qui leur servent d'uniforme, les Allemands sont super-sympas quoique un peu trop marxistes à mon goût gorbatchévien. Soudain, je vois un visage connu. Pas lui ! Mais si, c'est Vladimir Poutine en personne. Il a pris un peu de poids, mais il reste toujours aussi terne dans son costume gris du KGB.

C'est le coup de malchance qui peut toujours guetter un illégal. Vous êtes en Argentine, à l'autre bout de la Terre, sous une fausse identité et vous tombez nez à nez avec votre ami d'enfance ou votre voisine de palier de Vladivostok. Il m'a reconnu lui aussi et semble encore plus surpris que moi. Je fais semblant de ne pas le voir ni le reconnaître en espérant qu'il s'éloigne, mais il se dirige droit sur moi.

– Старик, какими судьбами ты тут очутился?[1]

– Mein Herr! Ich verstehe Sie nicht! Ich spreche kein Russisch![2]

– Да ладно! Хорош притворяться! Я тебя узнал! Как тебя там зовут? Жирнов Сергей![3]

– Cher Monsieur ! Vous me prenez pour quelqu'un d'autre ! Je m'appelle Nicolas Martin et je suis belge.

J'ai de la chance, les autres stagiaires occidentaux ont déjà bu pas mal de bières et ne sont pas intéressés par notre conversation, ni en état de la comprendre. Je lui sors mon passeport belge pour prouver que je ne suis pas Sergueï Jirnov. Poutine n'a jamais été très avisé en matière d'espionnage, il lui faut donc un peu de temps pour comprendre qu'il est en train de ruiner la légende et l'opération d'un collègue clandestin, d'un illégal. Ce n'est pas pour rien qu'il a raté sa carrière d'espion. Il n'était pas fait pour nous.

1. Vieux, quel hasard t'a amené ici ? (en russe)
2. Mon bon Monsieur, je ne vous comprends pas ! Je ne parle pas russe ! (en allemand)
3. Allons, arrête de faire semblant ! Je t'ai reconnu ! Comment tu t'appelles ? Sergueï Jirnov !

Il vient de violer une règle de base du KGB, en vigueur même en URSS : si tu vois le visage d'un collègue quelque part sur le terrain, ne montre jamais que tu le connais et n'essaie jamais de nouer le contact. Si le collègue n'est pas en opération et se sent disponible pour les effusions d'amitié, il te le fera savoir lui-même.

*

Un illégal, c'est un cosmonaute qui va dans l'espace. Mais pour qu'il puisse exécuter là-haut ses missions dangereuses et revenir sur Terre, il existe tout un réseau de soutien technique et logistique, des centaines ou des milliers de techniciens qui assurent le bon fonctionnement du mécanisme compliqué mis en œuvre autour d'un tout petit groupe d'élus. La Direction « S » possède son propre réseau, mais elle utilise également le réseau général de l'espionnage du KGB dans le monde ainsi que celui, encore plus large, des organisations civiles de l'URSS à l'étranger.

La petite antenne de liaison du KGB auprès de la Stasi à Dresde, soit cinq personnes dont Poutine, sert à cela. Elle est là pour accompagner les illégaux de passage. L'ironie du sort n'était pas seulement que je tombe sur lui pendant mon premier stage de clandestinité, mais que c'était précisément cette antenne qui avait la responsabilité technique et logistique de ma sécurisation et de mon exfiltration en fin de mission. Ils ont récupéré mon kit de documents belges pour le remplacer par un kit soviétique de légende avant de me mettre dans un avion militaire du Groupe des forces armées soviétiques en RDA. À mon retour à Moscou, j'écrirai un rapport cinglant sur l'intervention stupide de Poutine qui a failli faire capoter mon opération et « cramer » ma légende.

Abstraction faite de cette anecdotique troisième rencontre avec Poutine, je suis l'homme le plus heureux du monde quand je rentre à Moscou. Je suis enfin passé derrière le Rideau de fer et, pour la première fois, j'ai mis les pieds en Occident. J'ai réussi mon stage d'illégal sur un terrain miné. Même ma rupture forcée avec Irina est passée au second plan. Le Service s'est bien racheté à mes yeux.

Maintenant, tout est clair. Une longue et palpitante vie professionnelle d'illégal s'ouvre à moi.

Je suis loin d'imaginer ce que le futur me réserve de détours et de déceptions…

Chapitre 35

L'entrée au Parti communiste

En février 1986, de retour de mon voyage dans le futur, j'ai du mal à reprendre la routine. Le plus dur, c'est le secret absolu : je ne peux en parler à personne d'autre qu'à André, mon OT. Les émotions qui me submergent sont trop fortes.

Et la routine universitaire de l'école la plus prestigieuse d'URSS me paraît soudain très fade. Parmi les cosmonautes, il y en a qui ne se remettent jamais d'une telle expérience et restent à vivre la tête dans les étoiles, sans pouvoir revenir à une vie moins palpitante. Chez les illégaux aussi, la clandestinité est une drogue dure et dangereuse.

Nous avançons à marche forcée dans les disciplines spécialisées, qui nous préparent de plus en plus à la réalité sur le terrain et aux dangers qui nous y guettent.

*

– Vous devez connaître vos ennemis!, clame notre colonel à la tribune.

Chaque semaine vont se succéder à cette tribune des spécialistes des pays dans lesquels nous sommes susceptibles d'opérer. Ces officiers arrivent du Centre et ils ont séjourné au moins une fois dans le pays dont ils nous présentent les services secrets. Au MGIMO, j'avais déjà eu un avant-goût des principales caractéristiques des agences de renseignement occidentales grâce à l'exposé d'un colonel de la GRU. Mais là, nous ne faisons pas qu'effleurer le sujet, nous entrons dans les détails. Cette étude des services se fait selon l'importance que donne le KGB à chacun d'entre eux.

Honneur tout d'abord aux Américains, les plus nombreux et les plus arrogants. Puis vient le tour des Britanniques, les inventeurs du renseignement et ses plus fins connaisseurs. Celui des Israéliens, les plus intrépides, qui ne reculent devant aucun obstacle supposé insurmontable. Puis les Chinois, les plus énigmatiques et les plus insaisissables. Ensuite vient le tour des Allemands, les plus pragmatiques et les plus soucieux des formes. Et enfin ce sont les Français, les plus cartésiens des romantiques, qui peuvent parfois faire des coups de folie.

Pour les États-Unis, on nous présente les 17 agences fédérales qui forment *The US Intelligence Community* : CIA, NSA, DIA, DEA, FBI, Secret Service, jusqu'à l'IRS, l'*Internal Revenue Service* du fisc américain, dont le bureau d'enquête criminelle traite le blanchiment d'argent et les trafics de drogue.

Pour la France, c'est avec une délectation certaine que le commandant Ivanov, envoyé tout exprès par notre QG de Yassénévo, nous parle du fiasco du *Rainbow Warrior*, le sabotage raté par la DGSE du bateau de Greenpeace en Nouvelle-Zélande. L'affaire est encore fraîche puisqu'elle date du 15 juillet 1985 et que deux des protagonistes croupissent dans une prison néo-zélandaise. Notre instructeur doit suivre le dossier de près, car il a relevé que des fuites ont été organisées dans la presse française par le ministre de l'Intérieur lui-même afin de régler son compte à son homologue de la Défense.

« Voilà un pays qui n'a aucune culture du renseignement. Tout d'abord, parce qu'aucun de ses dirigeants politiques n'en vient, ce qui fait qu'ils ne les connaissent pas et s'en méfient. Pour eux, ce ne sont que des barbouzes à peine bons pour des coups tordus, et encore ! Avant le *Rainbow Warrior*, la DGSE avait déjà raté un attentat à Beyrouth, il y a deux ans, c'est vous dire… D'ailleurs, pour diriger celle-ci, les Français ne choisissent pas un chef issu de ses rangs mais plutôt un diplomate ou un préfet, parfois un militaire, mais qui en matière de renseignement n'a que des connaissances très limitées. Étonnant, non ? On peut ajouter le Deuxième Bureau[1], le renseignement militaire, dont s'occupent notre 3e Direction et la Stasi, car ils sont très actifs en RDA. Leur activité est principalement axée sur l'identification des matériels et la reconstitution d'organigrammes. Leur service de contre-espionnage, la DST, n'est pas mauvais, de même que les RG, les Renseignements généraux, qui font un peu de tout et qui sont plutôt bons, mais tout cela, c'est de la défensive !

» Pour l'offensif, l'espionnage pur et dur, ils sont médiocres. Des succès ? Chez eux, ils parlent de Vetrov, celui que l'on a fusillé en

1. En 1992, la fusion des deuxièmes bureaux (un par Armée) avec le Centre d'exploitation du renseignement militaire (CERM) et le Centre d'information sur les rayonnements électromagnétiques (CIREM) donnera naissance à la DRM (Direction du renseignement militaire). Trente ans après les Anglo-Saxons…

début d'année 1985, comme de l'affaire du siècle! Mais Vetrov, c'est une trahison, pas un coup de maître des Français! D'ailleurs, c'est leur DST qui s'en est occupée et non pas la DGSE, alors qu'en théorie c'est à eux qu'il aurait dû revenir de traiter Vetrov. Et pourquoi ? Parce que Vetrov savait que nous avions infiltré Mortier[1] et que nous serions informés dès qu'il commencerait à donner du matériel[2] aux Français. Mais là aussi, ils ont été tellement amateurs qu'ils ont mis sous le nez de notre ambassadeur un document comportant une référence et qu'ils nous ont donné ainsi les moyens de le démasquer, c'est dire! Croyez-moi, aucun agent français n'a jamais mis les pieds en URSS!

» Et puis, leur opinion publique est à l'avenant, complètement inculte en matière de renseignement. La bourgeoisie française est davantage préoccupée par les droits de l'homme, au point qu'elle rejette en bloc toute victoire obtenue par la ruse et le mensonge. Servir la Patrie avec des méthodes de salopards, ce n'est pas leur genre. Ces gens-là font la guerre en gants blancs ! D'ailleurs, il n'existe pas d'arme du renseignement dans ce pays, ce qui n'attire pas leurs meilleurs officiers vers les services. Ceux-là préfèrent faire une belle carrière dans des unités classiques, laissant le champ libre aux autres pour exercer leurs talents avec les résultats que l'on connaît. Tout ceci nuit bien évidemment à leurs capacités d'anticipation, mais n'allons surtout pas les réveiller !

» De plus, nous avons là-bas un Parti communiste solide, fidèle et sur lequel on peut compter. Mais attention où vous mettez les pieds, car ces militants risquent d'être surveillés par la DST ou les RG. Et les relations officielles avec le PCF sont politiques et suivies directement par le Comité central du PCUS. Ce sont eux qui décident, nous ne sommes que leur bras armé, en cas de besoin. Aussi, moyennant quelques précautions, en France, on est chez nous! Maintenant, entrons dans le détail de chacun de ces organismes... »

Les bras m'en tombent! Voilà un pays pour lequel je me suis pris d'affection, dont j'admire la culture, qui a donné au monde tant de brillants esprits... et qui ressemblerait à une vieille passoire tant il serait facile d'en piller les secrets. Moi qui m'attendais, pour mes futures missions d'illégal, à me retrouver face à des agents d'élite et à un peuple suspicieux, je suis pour le moins perplexe. Je pense qu'il exagère un peu, le camarade Ivanov. Mais dans deux ans, il me faudra bien admettre qu'il n'était pas loin de la vérité.

1. Boulevard Mortier : siège de la DGSE, dans le XXe arrondissement de Paris.

2. Matériel : mot utilisé dans la profession pour désigner tout ce qui peut intéresser les services d'un pays : documents, plans, notes, matériels divers...

*

Quand j'ai intégré le KI en 1984, j'étais encore membre de la Jeunesse communiste, du Komsomol. À présent, fin février 1986, en deuxième année d'études, il me faut préparer mon entrée au Parti. Cela se fait en deux étapes, la dernière année de KI étant celle de l'adoubement par le comité du Parti du KGB, dirigé par Vladimir Pigouzov.

Pour avoir l'onction de ce comité, il faut se présenter avec deux parrains, que je choisis parmi mes camarades de promotion. Ce sont eux qui vont proposer ma candidature sur un document écrit en y mettant, pour nous trois, nos véritables noms. Cela crée une sorte d'intimité puisque nous sommes les seuls à les connaître. En réalité, puisque toute la promotion passe par la corvée de la permanence au bureau du général Babkine, tout le monde connaît les vrais noms de tout le monde ! C'est un jeu de dupes, comme beaucoup de jeux au KGB.

Encore un détail croustillant que de savoir que tous les trois, de même que tous les prétendants au Parti de la promo, nous nous avancerons, radieux mais la couverture dénudée, vers le colonel Pigouzov, afin d'obtenir le Graal indispensable à notre carrière au sein du KGB. Quand, à Yassénévo, j'apprendrai sa trahison, je verrai le Service trembler jusqu'à ses fondations.

Bien sûr, être membre du Parti, lorsqu'on est au KGB, est une obligation. Pour le citoyen soviétique, il faut faire acte de volontariat et être accepté avant de rejoindre les 16 millions d'adhérents que compte l'organisation. Cela ne m'empêche pas, en tant que candidat, d'en recevoir déjà la carte, qui mentionne clairement que je suis affecté à l'unité militaire 54282, ce qui signifie que j'appartiens à la GPOu, la 1re Direction générale du KGB.

À ce stade de ma carrière d'espion, c'est le seul document officiel qui prouve mon appartenance au Service d'espionnage du KGB. Cette carte est notre document interne qui ne doit être montré à personne en dehors du KI. Elle est vouée à la destruction après mon passage vers la titularisation dans le Parti, c'est à ce moment qu'elle sera remplacée par une carte permanente de « légende » où mon appartenance au KGB sera masquée.

*

Le 26 avril 1986, un événement terrible se produit en URSS : la catastrophe de la centrale nucléaire de Tchernobyl, en Ukraine. Les autorités françaises, avec à leur tête un merveilleux humaniste socialiste, François Mitterrand, vont mentir à leur population en essayant de la rassurer. Non, le nuage radioactif ukrainien n'est pas passé en France, il était tellement intelligent qu'il s'est arrêté à la frontière allemande. Il a ensuite gentiment dévié vers le nord de l'Europe, en épargnant le pays des Lumières, guidé par une gauche pétrie de morale et d'éthique. La même qui a déjà menti dans l'affaire du *Rainbow Warrior* et celle du sang contaminé...

Mais nos autorités à nous, y compris ce grand génie de Gorby que l'Occident adore et célèbre tant, ont fait pire. Elles n'ont pas alerté notre population sur le danger mortel qui se répandait partout. Le 1er mai, les manifestations de la Journée internationale du travail se sont déroulées comme d'habitude, avec des millions de gens dans les rues, sans que la moindre précaution soit prise pour les familles et les enfants.

Les officiers du KGB, au courant de l'ampleur énorme de la tragédie qui venait de commencer, ont reçu l'interdiction de prévenir et de sécuriser leurs propres familles *« pour ne pas créer de mouvements de panique et de révolte »*. L'académicien Légassov sera envoyé sur place pour constater les dégâts subis et prévenir des dangers futurs. Incapable de soutenir le poids moral de sa mission, il se suicidera en 1988. Boris Eltsine le fera « héros de la Russie » en 1996, à titre posthume.

Au KI, au début, nous ne savons rien de plus que le reste de la population. Ensuite, le réseau interne du KGB se met en marche et tous nos collègues territoriaux et provinciaux vont, sous le sceau du secret, nous informer de ce que le merveilleux communiste et humaniste Gorbatchev nous dissimule.

Le plus grand danger qui nous guette à ce moment-là, c'est d'être mobilisés en tant qu'officiers du KGB et envoyés là-bas comme « liquidateurs volontaires ». Ceux qui doivent donner leur vie pour contrebalancer les conséquences funestes de la connerie humaine du directeur et des ingénieurs de la centrale, qui ont voulu faire un test de résilience en coupant tous les mécanismes de sécurité, jusqu'à provoquer la surchauffe et l'explosion.

Politiquement, Gorbatchev fera exactement la même chose au niveau de tout le pays, voire de tout le Pacte de Varsovie, avec sa perestroïka. Le réacteur nucléaire de l'idéologie se mettra en surchauffe en raison de la glasnost et fera exploser la RDA en 1989, puis l'URSS et le système communiste mondial en 1991.

*

Aujourd'hui, c'est un cours un peu particulier qui nous est donné par un cadre du contre-espionnage. En fait de cours, il s'agit plutôt d'une information sur les techniques de résistance aux interrogatoires. Ceux qui croyaient découvrir là des remèdes miracles à appliquer en cas d'arrestation en sont pour leurs frais. Il n'y en a pas !

– Si l'adversaire a dans sa manche des preuves incontestables, il vous sera difficile de nier que vous êtes un officier de renseignement. Vous le ferez quand même. La règle d'or : ne jamais rien reconnaître ni rien signer ! Le plus dur vient ensuite, lorsqu'ils vont chercher à découvrir ce que vous savez vraiment sur le sujet en question. C'est la raison pour laquelle vous devez continuellement être en bonne forme physique et être en mesure de garder votre lucidité en toutes circonstances. L'ennemi, lui, au contraire va faire durer l'interrogatoire pour vous fatiguer et user de stratagèmes afin que vous perdiez cette lucidité. Attendez-vous donc à devoir patienter des heures sur une chaise, à vous voir poser cent fois la même question, à rester enfermé dans une cellule avec une lumière aveuglante, allumée en permanence, sans manger ni boire. Alors, vous vous demandez ce qui peut vous aider à tenir si d'aventure cela devait vous arriver ?

Il s'arrête un moment comme s'il attendait une réponse de notre part, mais c'est un silence total chez les élèves.

– Le KGB, messieurs, le KGB, la Grande Maison. Dans ces moments-là, dites-vous que vous n'êtes jamais seul et que, dès que votre arrestation sera connue, nous mettrons tout en œuvre pour vous récupérer. Nos diplomates vont s'activer et nous-mêmes, nous avons toujours le moyen de joindre le service adverse et de discuter avec lui. À vous, pendant ce temps, d'en dire le moins possible en brandissant votre statut diplomatique et en disant : « Je suis un diplomate soviétique et je demande la présence de mon consul », ni plus, ni moins ! En attendant, c'est le jeu du chat et de la souris.

Face à nos mines interrogatives, il s'arrête un instant, histoire de ménager le suspense.

– Posez-vous les bonnes questions. Que savent-ils réellement, que puis-je leur dire pour les balader un peu ?... Voilà les questions que vous devez avoir à l'esprit lorsque vous êtes dans cette situation. Attention! Chez les impérialistes comme chez nous, interrogateur, c'est un métier de spécialiste. Ne sous-estimez jamais celui qui vous fait face, ne vous fiez pas à son empathie ni à ses menaces. Il fait son travail et use de toutes les cordes qu'il a à son arc. Je vous le répète, le temps est votre meilleur allié, car il permet au Service d'agir pour vous tirer de là, parfois en proposant un échange avec un espion que nous détenons. Bien entendu, cela ne vaut que pour ceux qui sont demeurés loyaux, car nous n'échangeons pas les traîtres !

Une main se lève.

– Mais pour ceux qui n'ont pas de couverture diplomatique, ça se passe comment ?

– De quoi parlez-vous ?

– Il y a des officiers qui ne sont pas protégés par l'immunité diplomatique…

Notre intervenant l'arrête d'un geste.

– Si c'est le cas, il s'agit d'une formation spéciale, qui n'est pas l'objet de celle que l'on vous donne ici, au KI. Mais en posant cette question, je sais que vous pensez à la torture, hein, c'est cela ?

Hochements de tête dans l'assistance. Voyant que le sujet captive son auditoire, notre prof d'un jour poursuit sur sa lancée.

– Si vous êtes sous couverture diplomatique, le service adverse n'a pas le droit de vous arrêter ni de vous mettre en garde à vue, ni en prison, même si on vous prend avec un pistolet au canon encore fumant à la main. Vous êtes des intouchables, protégés par la Convention internationale de Vienne de 1963 sur les relations diplomatiques. Vous serez « aimablement retenu » juste quelques heures en attendant l'arrivée de notre consul, qui vous accompagnera à l'ambassade. Ensuite, on vous déclarera *persona non grata* et, en quarante-huit heures, vous quitterez le pays pour Moscou. Mais si vous n'avez pas la chance d'avoir l'immunité, vous serez passible de prison, voire de la peine de mort. Dans les pays occidentaux, le droit est scrupuleusement respecté, vous n'y risquez pas la torture. C'est une autre paire de manches dans les pays « sauvages », dans certaines zones moins civilisées, oui, cela arrive ! La réponse est simple : personne ne résiste à la torture, personne ! En réalité, elle est rarement pratiquée car il y aurait immédiatement des représailles. Mais si cela arrive, inutile de jouer les héros, à vous d'avoir toujours la lucidité nécessaire pour savoir jusqu'où vous pouvez aller dans vos aveux. Maintenant, ce que vous allez leur dire sera-t-il suffisant pour vous assurer qu'ils vous garderont en vie ? C'est une question de circonstances.

Je réfléchis un instant, car c'est une éventualité qui ne m'a pas effleuré l'esprit jusqu'à présent. Être démasqué, arrêté et se voir expulsé d'un pays que l'on espionne est un risque permanent que tout officier de renseignement doit assumer. Mais être maltraité et peut-être torturé sans jamais pouvoir compter sur l'aide du Service parce qu'on agit sans couverture diplomatique, en illégal, me pose question. Il faut vraiment que le jeu en vaille la chandelle.

*

En juin 1986, à Nevinnomyssk, s'ouvre un procès qui va bouleverser la ville. Mes parents ne travaillent plus dans le Caucase. Ma mère est partie cet été se refaire une santé dans un village de la région de Vologda, chez l'une de ses amies. Ils ne savent donc plus rien de ce qui se passe dans la région de Stavropol où ils avaient leurs habitudes auparavant. Ce qui fait que nous n'apprendrons les révélations de ce procès hors du commun, qui nous concerne également, qu'au mois de septembre, en lisant la presse nationale.

En juillet, pendant la session semestrielle, je passe avec succès l'examen du programme des trois années d'espagnol, avec une avance d'un an ! J'ai relevé le défi. Au KI, l'administration est ravie. Le général Drozdov et son Service des illégaux également. En récompense, j'ai même droit à une nouvelle escapade furtive en dehors du pays maudit qui essaie de circonscrire les dégâts de Tchernobyl, où les cancers de la thyroïde chez les jeunes enfants et les malformations de nouveau-nés se comptent par milliers.

J'effectuerai fin juillet-début août encore un petit voyage clandestin de rêve pour le compte des illégaux. Cette fois-ci sur le continent américain, mon potentiel lieu d'affectation future, entre l'Argentine, le Chili, le Mexique, les États-Unis et le Canada.

Puisque je veux pouvoir y revenir un jour, je ne dévoilerai pas ici mes fausses identités, mes missions concrètes et les lieux exacts de ce périple passionnant mais hélas trop court. Ce n'est qu'à l'automne 2001 que je retournerai sur le continent américain, officiellement…

Je passe le reste de l'été avec mes amis de Zélénograd et le couple onusien Sarana-Sapsay. Nous partons en Géorgie, dans la capitale, Tbilissi, et au bord de la mer Noire, à Poti et Soukhoumi.

Chapitre 36

Le plus grand serial killer d'enfants en URSS

À mon retour au KI en septembre 1986, une désagréable surprise m'attend. Elle a pour nom Anatoli Slivko, le tonton Tolya du club Tcherguid du Caucase.

Le lundi après-midi, les cours terminés, je fais un saut à la bibliothèque. Il y a là toute la presse et, après une semaine passée le nez dans le guidon des filatures, j'ai hâte de savoir sur quels rails Gorby va mettre le pays et comment il va gérer les terribles conséquences de Tchernobyl. On commence à rapporter de nombreux cas de cancers de la thyroïde en Ukraine, en Biélorussie et dans les régions russes avoisinantes.

Le premier journal qui me tombe sous la main, la *Literatournaïa Gazeta*, ne m'apprend rien sur le sujet vu que rien ne change. Mais dans les pages intérieures s'étale l'annonce de l'arrestation du plus grand tueur en série d'enfants en URSS, Anatoli Slivko, avec le récit de son procès, qui s'est déroulé en juin dernier.

Le coup est rude, j'en ai le souffle coupé. S'agit-il bien du même Slivko ? Les mots sont là, Tcherguid, Caucase, mais surtout les chaussures cirées !

Ne voulant pas être dérangé, car l'article est long et s'étale sur deux pages entières de l'hebdomadaire, je m'installe à une table à l'écart. Je découvre que c'est grâce à la pugnacité de Tamara Langouïeva, l'assistante du procureur de la ville de Nevinnomyssk, qu'a été mis un terme à une folie criminelle ayant entraîné la mort jusque-là jamais élucidée d'au moins sept enfants.

De par sa position de membre respectable du Parti, d'éducateur sportif célèbre et de chef admiré d'un très populaire club de loisirs, le meurtrier Anatoli Slivko avait une personnalité insoupçonnable. Pendant plus de vingt ans, personne n'a voulu gratter le vernis qui cachait derrière une certaine bonhomie une atroce vérité. Et pourtant, ce n'était pas faute de l'avoir interrogé, puisqu'il était souvent le dernier à avoir vu les enfants disparus et recherchés.

La lecture de l'article me provoque un haut-le-cœur. Je revois Anatoli Slivko se pavanant dans notre appartement de Zélénograd, racontant à mon père admiratif ses spectaculaires courses en haute montagne et son ascension irrésistible au sein du Parti. Son obstination à vouloir me voir en habit de pionnier et les chaussures cirées qu'il m'avait préparées quand j'étais venu chez lui – ce mystère qui nous avait tant intrigués – s'explique un peu plus à chaque ligne de cet article choc !

*

Slivko est né le 28 décembre 1938, aussi les souvenirs des atrocités de la guerre de 1941-45 sont prégnants chez lui puisqu'il a vécu avec sa famille en territoire occupé. Il racontera avoir assisté au massacre de juifs par des Einsatzgruppen[1] nazis. Est-ce la vérité ? Ou tout simplement une excuse, un moyen pour lui de situer l'origine de sa propre barbarie dans les horreurs de l'invasion hitlérienne ? J'opte pour la théorie de l'excuse parce que, depuis la libération de sa région en 1944, il a vécu quasi normalement jusqu'en 1964, c'est-à-dire pendant vingt ans. Je suis donc persuadé que s'il avait réellement souffert d'un grave traumatisme psychologique en raison de la guerre, les effets s'en seraient manifestés bien plus rapidement.

Le vrai déclenchement de ses pulsions meurtrières et sadiques date de 1961, l'année de ma naissance. Slivko, alors âgé de vingt-trois ans, achève son service militaire et vient s'installer dans un centre de l'industrie chimique dans le Caucase. Un jour, il est témoin d'un terrible accident de la circulation. Un groupe de jeunes pionniers qui marchait sur la route est brusquement fauché par un chauffard ivre. Le choc est si brutal que l'un des enfants a les jambes broyées et meurt en quelques minutes. La vue de son corps frêle, en uniforme de parade,

1. Einsatzgruppen : littéralement « groupes d'intervention » dépendant de l'Office pour la sécurité du Reich (RSHA), chargés de l'extermination des opposants, principalement des juifs, sur le front de l'Est.

et de tout ce sang qui se répand sur ses bottines cirées va rester gravée dans la mémoire de Slivko.

Mais plutôt que d'agir comme un repoussoir, la souffrance du jeune garçon va déclencher dans son cerveau une forte excitation sexuelle qu'il cherchera à recréer lors des meurtres qu'il accomplira par la suite. Car il ira très loin dans l'horreur, tonton Tolya.

Il faut dire que ce ne sont pas les opportunités qui manquent. En tant que jeune accompagnateur bénévole et attentionné, il consacre tout son temps libre aux enfants. Il est aussi passionné de photographie et cinéaste amateur. Il crée un club sportif dédié au tourisme de montagne et s'adonne à ses passions en y amenant les enfants du quartier et de son entreprise. Y compris ceux qui sont un peu délaissés par leur famille et pourraient verser dans la délinquance s'il ne les remettait pas dans le droit chemin. Il faut le reconnaître : Slivko a un vrai talent de pédagogue, les enfants l'adorent ! Des milliers d'enfants de la ville vont transiter par son club en vingt ans. Des milliers de vies radieuses et de visages souriants, des centaines de voyages passionnants, c'est ça le paradoxe du phénomène Slivko. Ses succès commencent à faire parler de lui. Après de premières publications élogieuses, il reçoit l'approbation et le soutien du Komsomol et du Parti.

Il mène sa première « expérimentation médicale » le 2 juin 1964. Il propose alors à un garçon de son club, choisi en raison du faible niveau social de sa famille, de signer un pacte secret avec lui. Le gamin pense participer à une « expérience sur la résistance à la torture » dont la séquence serait filmée, ce qui fut le cas. Slivko lui remet une tenue neuve de pionnier et une paire de chaussures cirées par lui. Le jeu morbide consiste à pendre l'enfant jusqu'au moment où il perd connaissance. Slivko le détache alors, le réanime et le réconforte en lui disant qu'il a réussi l'épreuve et qu'il fait maintenant partie d'une élite.

Une fois seul, Slivko se repasse les images de l'asphyxie et des convulsions de l'enfant dans une salle qu'il a aménagée au sein de son club. Il avouera plus tard qu'il en tirait une intense satisfaction sexuelle en se masturbant devant ces films montrant la mort imminente.

Le « jeu de la pendaison », comme il l'appelle, continue jusqu'à ce jour de 1964 où un petit délinquant, Nikolaï Drobychev, âgé de quinze ans, ne revient pas à lui. Sombrant alors dans la folie la plus totale, Slivko le démembre et le dépèce, enfouissant ses restes dans la forêt, qui ne seront jamais retrouvés. Il ressent un véritable plaisir non seulement à la réalisation de son acte meurtrier mais également pendant le découpage du cadavre, en filmant le tout et en revisionnant les images plusieurs fois.

Lorsque débutent les recherches pour retrouver le jeune garçon et que la police vient le questionner, sans le soupçonner, il prend conscience de l'horreur de son crime odieux. Par peur d'être arrêté et condamné, il détruit ses clichés et son film, et essaie d'oublier ce qui s'est passé, de reprendre une vie normale entre son travail et ses expéditions dans la montagne.

Au cours des années suivantes, Slivko prend de l'assurance et gagne en notoriété. En 1967, il se marie. Il constate vite que les femmes ne l'intéressent pas sexuellement. Slivko avouera avoir eu seulement une dizaine de rapports conjugaux entre 1967 et 1985. Sans s'avouer son orientation sexuelle non traditionnelle (punie par la loi en URSS) mais soucieux de ses problèmes d'impuissance face aux femmes, il finit par s'adresser à un sexologue, qui lui rit au nez et lui conseille de faire du sport et de prendre des vitamines. Ses difficultés matrimoniales persistent, et son esprit continue de fourmiller de fantasmes sadiques et secrets, mais il parvient à se contrôler. En 1971, sa femme Ludmilla lui donne un premier fils, Igor.

Cependant, constatant que personne n'a réellement cherché à retrouver le premier garçon disparu qu'il a tué, la peur de la punition disparaît progressivement chez Slivko et ses désirs refoulés reprennent le dessus. Il réitère alors ses « expériences secrètes » avec les enfants de son club, les faisant passer aux yeux de ses souffre-douleur tantôt comme des « tests médicaux », tantôt comme des « tournages de films » sur la vie héroïque des pionniers pendant la guerre.

Il n'est pourtant pas pédophile stricto sensu et ne cherche pas une intimité sexuelle avec les jeunes garçons ou filles. Parmi les milliers d'enfants dont il s'est occupé dans son club, personne ne s'est jamais plaint d'attouchements. Slivko reste très prudent et la plupart des victimes de ses agressions, plusieurs dizaines de gamins, survivent à ses « expériences ». Nombreux sont ceux qui deviennent amnésiques après l'asphyxie momentanée, d'autres ont peur ou honte d'en parler. Quelques-uns seulement racontent ce qui leur est arrivé avec Slivko, mais personne ne les croit.

À l'été 1972, Slivko, qui est devenu une personnalité de premier plan dans sa ville et au niveau national, fait la connaissance de mon père et de toute notre famille dans la vallée de Bolchaïa Laba, à Zaguédan. Nous commençons à nous fréquenter et il vient chez nous à Zélénograd quand j'ai onze-douze ans, l'âge qui commence à revêtir un intérêt particulier pour Slivko. L'aversion de ma mère à son égard et ma propre réticence à cette époque-là s'expliquent-elles par notre intuition ? Rétrospectivement, je crois que ce n'était pas un hasard. Il y avait quelque chose dans sa façon d'être qui ne passait pas bien. Mais nous ne pouvions pas imaginer que nous côtoyions alors le plus grand assassin d'enfants et pervers sadique de l'URSS.

Le 14 novembre 1973, neuf ans après son premier meurtre, Slivko récidive en tuant et en démembrant Alexandre Nesméïanov, âgé de quinze ans. La police et la famille de l'adolescent disparu organisent des recherches. Ils demandent aide et assistance à Slivko qui, avec de nombreux petits membres de son club, participe activement aux battues dans les bosquets avoisinants. Les enquêteurs ne font toujours pas le rapprochement entre la disparition de la victime et le club de Slivko, connu de toute la région. Un accident bizarre brouille les pistes et complique la recherche de la vérité. Un détenu d'une prison régionale s'accuse de ce meurtre à l'hiver 1974-75, mais sans apporter la preuve de son méfait. Il se révèle être un simple mythomane qui a lu un article sur l'affaire et a voulu en profiter pour s'offrir quelques sorties de prison. L'enquête est classée sans suite, comme la précédente.

En 1975, la femme de Slivko attend leur deuxième fils, Yevguény. Le 11 mai 1975, Slivko, sûr de son impunité, commet des imprudences en tuant sa troisième victime, Andreï Pogassian, âgé de onze ans. Cette fois-ci, il manque d'être arrêté. Le petit garçon, tellement fier d'avoir été choisi pour une expérience cinématographique exceptionnelle, n'a pas su tenir sa langue. Il a prévenu quelques personnes qu'il allait participer à un « tournage secret ». Il a demandé à sa mère de lui acheter pour l'occasion un nouveau slip de bain « pour être plus beau à l'écran ».

Le juge d'instruction apprend assez vite ces détails déterminants et se pose des questions légitimes. Il rédige une ordonnance de complément d'enquête pour la police locale en désignant comme une « personne d'intérêt » le mystérieux organisateur de ces tournages. Ensuite, il part en formation continue, à l'issue de laquelle il prend du galon et se voit nommé au parquet de Stavropol, laissant alors tomber toutes ses enquêtes non abouties. Son ordonnance, qui aurait certainement mené à Slivko, se perd dans la bureaucratie policière. Les policiers viennent tout de même au club Tcherguid, non pour demander des comptes mais… en quête de photos récentes de la victime pour les affichettes de personnes recherchées !

Trois mois plus tard, âgé de quatorze ans, j'arrive à Nevinnomyssk sur l'invitation de Slivko. Quand il propose fort opportunément en juin 1975 à mes parents de me prendre dans son club en août, il envisage déjà de faire une « expérience » criminelle avec moi, puisqu'il insiste pour que j'emmène mon uniforme de pionnier. Son forfait me concernant était donc prémédité. Effectivement, je deviens sa victime, je manque d'être tué mais je survis à l'asphyxie comme la plupart des autres enfants.

Je suis persuadé qu'il a pris beaucoup de plaisir avec moi car j'étais un Moscovite, le colonel d'une droujina de pionniers, un oiseau rare, une proie d'exception ! Mais c'est précisément ce qui m'a sauvé la vie, j'en suis sûr ! Étant très prudent, Slivko a compris que la disparition d'un enfant de Moscou risquait de faire plus de bruit que d'habitude, d'attirer l'attention du parquet régional et fédéral, de faire remonter toutes les enquêtes jusqu'à la capitale, de mobiliser plus de moyens et de faire venir des enquêteurs nationaux à Nevinnomyssk. C'était trop risqué et aussi trop proche de son dernier meurtre, celui de Pogassian en mai 1975, alors que la piste du criminel était encore chaude.

Telles sont mes suppositions…

*

Il y aura encore quatre autres meurtres : celui de Sergueï Fatnev, treize ans, en 1980, ceux de deux victimes dont les noms n'ont pas été révélés à la presse, et le dernier, qui changera tout, celui de Sergueï Pavlov, treize ans, le 23 juillet 1985.

Cherchait-on vraiment? L'idée qu'on puisse trouver en URSS un tueur d'enfants pouvait donner du pays l'image d'une nation décadente comparable à celles de nos ennemis occidentaux. Aussi, il semblerait que les autorités aient fait le service minimum en la matière jusqu'à ce jour de novembre 1985 où Tamara Langouïeva, travaillant sur la disparition inquiétante de Sérioja Pavlov, fait enfin le rapprochement entre plusieurs enfants disparus et le club Tcherguid. Elle décide de s'intéresser plus particulièrement à Slivko, celui qui a vu la victime en dernier. Langouïeva fait fouiller le club le 28 décembre 1985, le jour de l'anniversaire du meurtrier.

C'est dans la petite salle qu'il se réservait pour développer ses films et assister à ses projections que la police trouve le musée de ses crimes. Elle n'a pas besoin de chercher plus de preuves : tout est là, bien rangé et répertorié. Les instruments : couteaux, scies, haches, cordes. Les photos, les films, les agendas, les notes, les effets personnels (dont plusieurs uniformes, du linge intime, des paires de bottines bien cirées découpées et tachées de sang) et même, comble de l'horreur, les organes génitaux des victimes conservés dans des bocaux de formol.

La police, craignant que sa femme et ses deux fils ne soient lynchés par une foule déchaînée, les déménage dans le plus grand secret et leur fournit une nouvelle identité. La secrétaire régionale du Parti, qui avait obtenu pour Slivko le titre honorifique d'» enseignant émérite de Russie », se suicide.

Slivko passe en jugement en juin 1986, en avouant sept meurtres et une quarantaine d'agressions (la justice n'a pas voulu chercher d'autres cas). Il est condamné à la peine capitale. Puis il attend son exécution dans le couloir des condamnés à mort de la prison de Novotcherkassk. Bien sûr, la sentence n'a pas été claironnée sur les toits et c'est seulement trois mois plus tard que l'affaire du « Loup-garou », comme le surnomme l'hebdomadaire, éclate au grand jour.

Son avocat remuant ciel et terre pour lui épargner l'exécution, Slivko passera trois ans dans l'antichambre de la mort. Un criminologue viendra l'interroger sur les méthodes du tueur en série Tchikatilo[1], que les autorités n'arrivent pas à coincer. Slivko imagine peut-être que sa collaboration lui vaudra une grâce inespérée.

Puis, au petit matin du 16 septembre 1989, des policiers pas comme les autres viennent le chercher dans sa prison. Ils le font sortir et marcher dans un dédale de couloirs, le condamné ne devant jamais savoir à quel moment il va être exécuté. Je crois que c'est là qu'il comprend qu'il n'y aura plus jamais d'interrogatoire. Brusquement, un policier surgit de l'ombre, pistolet Makarov à la main, pour lui administrer les 9 grammes de plomb réglementaires derrière l'oreille.

*

Je reste prostré quelques instants, anéanti par la nouvelle. Nous avons accueilli à notre table Docteur Jekyll/Mister Hyde, sans jamais éprouver le moindre soupçon. Sa famille, ses proches, ses amis n'ont jamais douté de son comportement à l'égard des enfants de son club.

Je frémis rétrospectivement en repensant aux chaussures cirées qu'il m'avait préparées en ce jour du mois d'août 1975 et à son acharnement à me faire porter ma tenue de pionnier. Sur le coup, j'avais attribué la lueur qui brillait dans ses yeux à la fierté qu'il ressentait à voir un jeune Moscovite participer à la fête qu'il avait organisée. En fait, bien malin qui pourra me dire ce que tonton Tolya avait en tête ce jour-là. Je n'ose imaginer l'ampleur de la déception qui va être celle de mon père, pour qui le collègue Anatoli était un modèle de réussite sur le plan sportif

1. Accusé d'une cinquantaine de meurtres, tous perpétrés de façon semblable : des femmes et des enfants qu'il torture et assassine avant de les mutiler et de consommer leur chair, notamment les seins et les organes sexuels. Il sera exécuté d'une balle dans la nuque le 14 février 1994.

et un exemple pour notre jeunesse.

Lors d'une de mes prochaines rencontres avec mon OT, je lui raconterai tout cela. Je lirai l'horreur dans ses yeux. Pourtant, ce n'est pas un enfant de chœur !

Quant à moi, un flot de questions me viendra à l'esprit, mais elles demeureront sans réponse, m'obsédant à jamais.

Pourquoi mon chemin de vie a-t-il croisé celui du plus terrible tueur d'enfants d'URSS ? Pourquoi les enquêteurs ne nous ont-ils pas interrogés, moi et ma famille ?

Pourquoi, quand j'ai été seul avec Slivko, n'est-il pas allé au bout de ses délires criminels ?

Quel grain de sable est venu perturber le processus démoniaque pour que ce jour-là, après m'avoir mis en scène, il ne soit pas allé jusqu'au bout de son macabre scénario ?

Chapitre 37

Le piège se referme sur moi

Les arguments linguistiques concernant le continent américain que j'ai exposés il y a près d'un an au colonel Loukianov, pendant la « journée des parents », ont porté leurs fruits. À partir de septembre 1986, bénéficiant d'une autre dérogation au KI, j'étudie enfin officiellement l'allemand.

Cette fois, nous sommes deux dans ce groupe linguistique. Mon compagnon n'est autre que mon collègue du MGIMO, Sergueï Krépov. Suivant mon exemple, il a réussi à passer l'examen d'État en italien en seulement deux années. Nous voilà tous les deux à suivre les cours quasiment particuliers d'une prof d'allemand très sympathique, mais quelque peu autoritaire. C'est sûrement le caractère du pays et de la langue qui se répercute sur elle !

Elle a plus de la quarantaine et elle est mariée, ce qui exclut le risque d'un nouveau flirt en classe comme avec Oxana. Le potentiel linguistique de mon camarade et le mien, ainsi que le nombre réduit d'élèves en classe, nous laisse espérer une progression très rapide dans la langue de Goethe au cours de cette année intensive. Pour la petite histoire, mon collègue Sergueï dénichera à la suite de nos cours une jeune et jolie prof d'allemand, qu'il épousera à sa sortie du KI – je serai témoin à son mariage…

Tout en m'appliquant à profiter du moment présent, j'ai l'esprit occupé par ce qui m'attend dans les jours à venir. En novembre, la promotion va retourner à la « Villa » pour un test qui s'annonce déterminant pour notre classement de sortie.

Cette fois-ci, outre les habituels itinéraires de sécurité et contre-filatures, il nous sera demandé de réaliser la prise en compte d'une source par son nouvel officier traitant. Il nous faudra trouver un lieu adapté pour le passage de consignes entre l'OT partant, sa source et son nouveau correspondant. Nous allons devoir jouer les deux rôles, l'OT, celui qui part, et sa relève. Une erreur, une seule, et adieu la

1re Direction. Ce passage de témoin, nous l'étudions depuis plusieurs semaines, mais les instructeurs n'ont de cesse de nous répéter que rien ne se passe comme prévu le jour de l'examen.

À nous d'être réactifs et imaginatifs.

*

Le coup du service militaire inventé en 1984 ne fonctionne plus auprès de mes amis. Ils s'étonnaient déjà de ne jamais me voir en uniforme, de toujours être à Moscou et sans aucune photo de caserne, mais la question revient maintenant chaque week-end alors que les deux ans de présence sous les drapeaux sont passés.

– Alors, Sergueï, que deviens-tu ?

– J'ai été pris définitivement à la télévision, je continue mes émissions linguistiques.

Mon nouveau mensonge fonctionne à merveille puisque, grâce aux rediffusions de mes anciennes émissions, tout le monde me voit chaque semaine sur le petit écran. Cette collaboration collatérale est en train de devenir ma principale couverture et ma meilleure légende au KGB.

Si j'avouais à tous ces dissidents en herbe que je travaille pour le KGB, je me retrouverais aussitôt mis au ban de la jeunesse de Zélénograd. Pour eux, l'espionnage est une activité sale, criminelle, punie par de lourdes peines de prison et parfois par la mort. Mes amis n'ont aucune considération pour ce métier.

Difficile pour moi de leur expliquer que si le pays nous demande d'être des menteurs, des manipulateurs, des voleurs, voire des tueurs hors de nos frontières, c'est parce que nous sommes le bras armé et les héros secrets du Parti sur le front invisible de la guerre idéologique sans merci avec le monde occidental ! Que faire d'autre, à part mentir !

*

La revoilà, la Villa !

Il me faut faire un sans-faute, rien ne doit venir ruiner les sacrifices que j'ai consentis. La mission qui m'est confiée par le colonel Markov, le mercredi 19 novembre 1986, peut paraître simple : *« Vous êtes un officier traitant nouvellement affecté dans une Rézidentoura et l'OT que vous relevez doit vous mettre en contact avec votre future source. »*

La gare fluviale Nord a été choisie comme lieu de rendez-vous, je dois m'y présenter à midi, un appareil photo en bandoulière sur l'épaule droite. L'édifice a la forme d'un gigantesque bateau, surmonté d'une tour qui rappelle le bâtiment de l'Amirauté à Léningrad.

Une fois arrivé sur les lieux, l'itinéraire de sécurité prévoit que je descende l'escalier de granit qui conduit à l'embarcadère d'où partent les navires de croisière et c'est là que, parmi les touristes, s'effectuera la prise de contact.

Voulant arriver « propre » à mon point de rendez-vous, c'est-à-dire sans avoir été filé, j'ai multiplié les points de contrôle en ville pendant plus de deux heures. Je suis soulagé. Pas de surprises, je suis *clean*. Aucun incident fâcheux avec d'éventuels fileurs.

Avoir l'air détendu lorsqu'on est un espion n'est pas chose facile. Mais, après deux voyages clandestins dans le vrai monde, je me sens à l'aise. Je n'ai plus la désagréable impression que les gens me regardent avec méfiance, comme si mon comportement n'était pas naturel.

En fait, il faut s'assimiler à la foule et copier son comportement. Les gens marchent vite pour attraper leur métro, je fais comme eux ; ici tout le monde flâne pour regarder les magasins, je me promène tranquillement. Rien de pire que d'être à contretemps des passants.

Comme je n'ai rien à communiquer à mon contact vu qu'il s'agit simplement d'une présentation, l'affaire devrait être rondement menée. Hier, à la Rézidentoura, j'ai eu un entretien avec « Bob », son officier traitant actuel, afin de planifier les détails de la rencontre. Il m'a expressément mis en garde sur l'importance de « Gershwin », le nom de code de notre source.

– Une seule erreur avec lui et ils vous feront rentrer à Moscou. C'est une source fiable, mais qui présente un défaut récurrent : il oublie vite !, me dit-il en me montrant sa photo.

Il me laisse le temps de la regarder attentivement avant de reprendre.

– Sa mémoire est parfois défaillante et il a tendance à se noyer dans le superflu. Ce qui exige que les entretiens avec lui soient soigneusement préparés afin de le relancer sur les questions essentielles. Sinon, il est ponctuel. Je vous présenterai sous le pseudo d'Alexander. De retour à la Rézidentoura, vous ferez un compte rendu dans lequel vous donnerez vos premières impressions sur le personnage. Ensuite, vous planifierez un nouveau rendez-vous ainsi qu'une remise de documents dans une boîte aux lettres « morte ».

*

Du haut des marches, j'aperçois « Bob » qui semble attendre la prochaine navette fluviale vers Pouchkino. Je descends tranquillement alors qu'un bateau accoste, attirant l'attention des premiers touristes en visite dans la capitale. Lorsqu'il me voit, il se met à marcher tranquillement le long du quai. Je le suis alors qu'arrive un homme d'une soixantaine d'années, grand, sec, pas de doute, c'est « Gershwin » ! Mon appareil photo pend sous mon épaule droite, il me voit et s'arrête à une dizaine de mètres. « Bob » s'approche et lui désigne le bateau comme s'il répondait à une question. Lorsque j'arrive à leur hauteur, il m'interpelle.

– Celui-là ne va pas à Pouchkino, il nous faudra revenir dans trois heures ou prendre le train.

C'est la phrase de reconnaissance qui m'indique que je peux entrer en contact.

– Gershwin, voici Alexander. C'est à lui que vous aurez désormais affaire. Vous pouvez lui faire une confiance totale.

J'esquisse un sourire en répondant à voix haute :

– Ce n'est pas grave. On ira à Pouchkino dimanche prochain, s'il fait beau.

Et je chuchote aussitôt :

– Demain treize heures, église de la Résurrection, parc Sokolniki.

Voilà, c'est fini.

Toutes ces précautions, tout ce travail minutieux fait en amont pour à peine une minute de contact ! La survie est à ce prix. Les rencontres avec un agent sont le point sensible du métier. Quand un service adverse veut coincer l'un de nos officiers de renseignement agissant sous couverture, c'est l'instant idoine pour agir. Si en plus il s'agit d'une remise de documents, c'est le jackpot !

Mais pour ceux qui, comme moi, aspirent à une carrière d'illégal, la sanction peut tomber à tout moment. Loin du pays, loin des miens, sans la douce quiétude de la Rézidentoura, avec la présence rassurante des collègues qui permet d'oublier la lourdeur du métier. Seul, je serais seul avec une épée de Damoclès suspendue au-dessus de ma tête, prête à me frapper au moindre faux pas.

*

En janvier 1987, entre deux examens semestriels au KI, mon OT André m'annonce une bonne nouvelle. Au vu de mes résultats au KI et des stages clandestins, je dois bientôt être titularisé chez les illégaux de la Réserve spéciale du KGB ! Mais pour ça, il me faut repasser toute une ribambelle de tests. Cela ne m'inquiète nullement ! Je connais maintenant trop bien la musique…

Me voici donc de nouveau à la clinique n° 1, au centre de tests médicaux du KGB, près de la Loubianka. Tout est repris à zéro. Contrôles médicaux de base, tests physiques, mnémoniques et psychologiques. Avec, pour clôturer la journée, l'incontournable test du polygraphe. Je termine cette matinée moins épuisé que la première fois et confiant…

Le lendemain, je revois André dans un nouvel appartement conspiratif. J'ai un petit pincement de nostalgie quand je constate qu'il est situé sur Dmitrovskoïée Chaussée, dans un immeuble qui se trouve juste derrière l'hôtel Molodejnaïa de l'agence Spoutnik, où j'ai passé de bons moments en accompagnant les groupes de Français. Sourire aux lèvres, André m'invite à m'asseoir.

– Voici du papier, écris-moi ton autobiographie là-dessus, pas un livre, mais en entrant quand même dans les détails. Tu y ajoutes la liste de tes amis et connaissances habituelles, Soviétiques et étrangers, et ce qu'ils savent de toi. Notes-y également tous les événements marquants qui se sont produits au cours de l'année écoulée.

Confiant, je couche ma vie sur le papier sans omettre le moindre détail. J'en profite pour mentionner pour la première fois la carte d'Isabelle que j'ai reçue à Zélénograd. En trois heures, tout est là, sur une douzaine de feuilles que je lui tends. Il lit attentivement et son attitude change brusquement.

– C'est quoi, cette carte ?

– Comme si tu ne le savais pas ! Elle aurait été envoyée de France par une étudiante qui faisait partie d'un groupe dont je me suis occupé lorsque j'étais guide-interprète chez Spoutnik.

– Qu'est-ce qui était écrit ?

– Elle prenait de mes nouvelles…

– Tu n'as pas compris la question, je veux le texte mot à mot !

Moi qui avais décidé de l'oublier, voilà qu'Isabelle me revient en pleine figure. Je fouille dans ma mémoire et j'arrive à sortir quelques mots qui me semblent être au plus près de ce qui était écrit sur la carte. Mais apparemment, ce n'est pas satisfaisant.

– Je vais te le dire, moi. Écoute : *« Bonjour Sergueï ! Amical souvenir de Paris. Mes études se terminent bientôt et j'espère avoir le plaisir de te revoir l'an prochain. Donne-moi de tes nouvelles. Bises, Isabelle. »* Tu te rappelles maintenant ?

– Bien sûr ! Comme toi ! Puisque c'est toi qui l'as écrite, cette fichue carte !

Il a l'air un peu surpris. Ma réponse l'a décontenancé.

– Qu'est-ce que tu racontes ?!

– Arrête, André ! Tu me prends pour un imbécile ? Cette fille ne connaissait pas mon adresse personnelle. Les seuls qui pouvaient la connaître, ce sont les Français du groupe du KMO que j'ai amenés chez moi en 1982. Elle n'en faisait pas partie. Elle m'écrivait chez Spoutnik. Elle m'a même envoyé une eau de Cologne là-bas qui m'a coûté la peau des fesses en taxes douanières. Tu crois que je n'ai pas compris que c'était un piège, cette fausse carte ?

– Te souviens-tu des consignes de sécurité du Service ?

– Rendre compte de tout événement. Mais ça, c'est une blague !

– Quand tu reçois quelque chose de l'étranger, le compte rendu doit être immédiat ! Cette carte était une épreuve à laquelle tu as échoué ! Il est vrai que ce n'était pas très malin et tu n'as pas cherché à nous le cacher, mais il a fallu attendre aujourd'hui pour que tu nous le dises. Sans cette liste de tes contacts que je t'ai demandée aujourd'hui, jamais nous n'aurions été au courant. Mais le test, ce n'était pas aujourd'hui, c'était il y a dix mois ! Chez les illégaux, il y avait une permanence téléphonique avec des gens qui guettaient ton coup de fil, mais non, tu es passé à côté !

– J'ai cru à un bizutage ! J'attendais que tu m'en parles pour en rire avec toi…

Le service technique de la 1re Direction générale a fabriqué cette lettre. Même le cachet de la poste française, c'est eux. Cette fois-ci, le doute est levé, les portes de la Réserve spéciale du KGB viennent de se fermer devant mon nez. Définitivement ? J'en ai bien l'impression…

Chapitre 38

La fin des études au KI

À peine rentré au KI après les vacances de février 1987, je suis convoqué dans le bureau de Markov.

– Je ne sais pas pourquoi ils vous ont collé ça, mais ça vient de Yassénévo. C'est un blâme officiel. Je ne peux pas m'asseoir dessus, il va dans votre dossier.

Le colonel m'annonce la nouvelle avec précaution, comme s'il compatissait. Mais le meilleur est à venir.

– Ce n'est pas tout, Sergueï Olégovitch. Ils vous ont aussi sucré votre prime annuelle.

Là, ça fait mal! Cent trente roubles qui passent par pertes et profits! En fait, il faut avoir à l'esprit que le KGB n'oublie jamais. Dix, vingt, trente ans plus tard, il y aura toujours quelqu'un pour revenir sur des faits qui seront sortis de votre mémoire depuis bien longtemps et pour vous mettre la tête sous l'eau. Dans le Service, tout est test, rien n'est jamais anodin. Ils m'ont payé deux stages clandestins à l'étranger ! Ils m'ont pris ma fiancée. J'ai dû voir André plus d'une vingtaine de fois depuis que quelqu'un a déposé cette foutue carte dans ma boîte aux lettres, mais jamais il ne m'a dit : « Raconte! Tu n'as pas quelque chose à me dire aujourd'hui ? »

*

Ne nourrissant plus guère d'illusions sur mon futur statut raté d'illégal, je me décide rapidement à reprendre contact avec la télévision. Après tout, le KGB est au courant des émissions linguistiques auxquelles j'ai participé et n'y a rien trouvé à redire. Et André m'a fait comprendre que j'étais pour eux une recrue de choix et qu'ils n'étaient pas prêts à me lâcher de sitôt. C'est du moins ce que je crois.

La nouvelle rédactrice des émissions en français, Véra Mikhaïlova, ne m'a pas trop posé de questions, elle a juste souhaité savoir si j'avais trouvé du travail. Le KGB m'ayant fourni comme couverture le vrai-faux certificat d'un poste dans un institut de recherche, elle me propose de venir faire des piges les week-ends. À la réflexion, comme mon nom circule depuis longtemps sur les écrans, je lui suggère de m'employer également la semaine en soirée dès la fin de mon pseudo-travail, c'est-à-dire après mes cours au KI.

En attendant la fin des études, je me rends donc régulièrement dans les studios de télévision de la rue Chabolovka, tout près de l'ambassade de France. Cela ne semble pas contrarier outre mesure le KGB puisque aucun commentaire sur le sujet ne m'est fait à l'Institut Andropov. Mais peut-être a-t-on demandé à mon OT, André, de s'en charger. Il vient subitement de me fixer un nouveau rendez-vous dans un appartement conspiratif.

*

Je revois André toujours au même endroit, derrière l'hôtel Molodejnaïa. Il a l'air soucieux.

– J'ai une mauvaise nouvelle à t'annoncer. Ta candidature à la Réserve spéciale a été officiellement rejetée. Tu devines certainement pourquoi. Désolé. C'est notre dernière rencontre secrète.

Je n'ai rien à lui dire. Nos chemins se séparent. Je connais les règles du jeu. Un agent n'est rien pour un OT, juste un moyen technique pour atteindre un but, une chose utile. Quand la collaboration opérationnelle n'est plus nécessaire, l'agent est oublié, pour ne pas dire jeté comme un vieux vêtement, comme une chaussure usée. Certains, qui pourraient nuire au Service, peuvent même être liquidés. Ce n'est pas mon cas. Tant mieux !

Ce n'est pas la fin du monde, non plus. Cela veut juste dire que ma triple vie est terminée. Le cosmonaute est redevenu pilote de chasse. Pas n'importe lequel : un pilote d'élite, membre de la « Patrouille de Russie ». Je n'ai pas été interdit de vol. Je n'ai pas été rétrogradé jusqu'aux mécanos qui remplissent de kérosène les réservoirs des avions. Comme le commandant Poutine en RDA. La vie continue…

Je suis d'ailleurs dans la dernière ligne droite de ma formation d'officier de renseignement à l'École de la Forêt. Pour le moment, je ne sais pas trop ce qui m'attend pour la suite de ma carrière au KGB. Je ne doute pas d'être affecté à Yassénévo, au QG de la 1re Direction générale du KGB. Je reste sceptique quant à mon avenir en tant qu'illégal. Je suppose que le Département n° 4 du colonel Loukianov, à la Direction « S », me sera ouvert. Sinon, je rejoindrai probablement le Département géographique n° 2, celui de l'Amérique latine, à Yassénévo.

*

Ma double vie au KI continue comme si de rien n'était. Il me reste encore trois mois d'études et une chose très importante pour la suite de la carrière : la titularisation au Parti. Je repasse les mêmes épreuves orales au bureau de ma promotion puis au Comité du KI. Le colonel Pigouzov me serre la main. Avant la toute dernière étape, Yassénévo.

La veille de mon vingt-sixième anniversaire, un van vient nous chercher à Tchélobitiévo. Nous sommes quatre de ma promotion. Nous passons le sas de contrôle et prenons la Koltsévaïa doroga, le grand périphérique, direction sud. Vingt kilomètres plus loin, sur ma droite, je reconnais la tour d'une vingtaine d'étages en forme de livre ouvert posé debout. La voilà, la petite route qui part vers la forêt. C'est ici, dans un chalet du quartier résidentiel caché, que j'avais rencontré Andropov, Krioutchkov et Drozdov en 1982. J'ai l'impression que cela s'est passé il y a un siècle, il y a une éternité…

Cette fois, le véhicule n'emprunte pas la petite route. Nous faisons encore 500 mètres sur le périphérique et tournons à droite. Malgré le grand panneau « Zone sanitaire, défense d'entrer », nous poursuivons tranquillement. Après avoir dépassé un parking à ciel ouvert et une sorte de supérette, notre van s'arrête devant un poste de contrôle. Nous descendons, c'est le terminus.

Là, on nous délivre des laissez-passer à usage unique contre la présentation de nos passeports. Puis on nous accompagne à pied derrière un mur de 4 mètres de haut, en direction d'un bâtiment de sept étages à l'allure moderne, fait de grandes parois de verre et de béton. C'est Y-korpous[1]. Nous n'avons pas de vue aérienne et ne comprenons pas d'où lui vient ce nom surprenant.

Après une vingtaine de minutes d'attente, c'est à mon tour de passer devant le grand jury du Parti. Le secrétaire du KI présente nos dossiers, dont il fait une synthèse. La mienne est assez élogieuse. Une dame me regarde avec insistance. Quand vient son tour de me poser une question, la sienne, qui n'a rien à voir avec les statuts du Parti ni son histoire, me surprend :

– Dites-moi, tovaritch Jirnov. Ce n'est pas vous que je vois chaque semaine à la télé dans les émissions en français ?

– Si, camarade !

– Bravo pour votre accent parisien ! Mes félicitations !

– Merci, Madame !

1. Vu du ciel, le bâtiment principal de Yassénévo a la forme d'un grand « Y ».

– Je vous aurais pris pour un Français ! Notre Direction « S » aurait dû vous engager comme illégal…

– Ne devient pas illégal qui veut. Si cela ne tenait qu'à moi…

– Mes félicitations, lieutenant en chef ! Votre stage de candidat est terminé et vous êtes admis comme membre titulaire au PCUS ! Vous pouvez disposer.

On nous attend au secrétariat pour la dernière formalité. Nous devons choisir l'arrondissement de Moscou qui va figurer comme « légende » sur nos cartes. D'ordinaire, les cartes du Parti reflètent la stricte réalité de l'état civil de leur détenteur, mais cela ne vaut pas pour le Service d'espionnage du KGB, qui, lui, fait ce qu'il veut avec la bénédiction des dirigeants. Je choisis d'indiquer, comme lieu de résidence, l'arrondissement Léninski, en raison de l'institut de recherches économiques par lequel je suis théoriquement passé selon ma légende au KGB.

Pour l'anecdote, c'est aussi le nom que portait l'arrondissement dans lequel vivait ma famille en 1961 et, depuis le redécoupage de 1969, c'est maintenant celui dans lequel je suis né, celui de la maternité Grauerman. Décidément, le monde est petit et je tourne en rond dans quelques quartiers de Moscou…

*

La dernière session des examens arrive en juillet. Je passe sans problème les épreuves d'État qui comptent pour le classement final. À la fin du mois, l'Institut du Drapeau rouge organise la cérémonie de remise des diplômes.

C'est l'ultime fois que notre promotion va être rassemblée au grand complet. En pénétrant dans l'amphithéâtre, comme tous mes camarades, je ne peux m'empêcher de me poser la question : « Suis-je prêt ? » Pour ma part, je considère que seul le terrain va me permettre d'avoir l'expérience qui me manque encore pour devenir un opérationnel accompli. La théorie est acquise, ne manque plus que la pratique, et pour cela il faut que le KGB me desserre la bride en me laissant partir à l'étranger en longue mission. En fait, je vais bientôt découvrir que c'est un peu plus compliqué que cela.

À l'appel de nos noms d'école, nous nous avançons vers la tribune où nous attend le général Ivan Zaytsev, le chef de l'ensemble des facultés du KI du KGB.

– Sergueï Jirnov – le général prononce mon vrai nom de famille en chuchotant et en couvrant le micro afin que personne ne l'entende

–, je vous remets le diplôme de spécialiste en relations internationales et de maîtrise de la langue espagnole avec le badge de votre deuxième formation supérieure d'État. Félicitations, camarade lieutenant en chef ! Vous êtes maintenant diplômé de l'Institut du Drapeau rouge. Votre chef de section vous informera de votre affectation.

Je reviens à ma place pour contempler brièvement le précieux sésame pour Yassénévo sur lequel figure mon vrai nom. À la fin de la cérémonie, nous pourrons garder le badge mais il nous faudra remettre le document à notre chef de section. Pas question qu'un officier du KGB l'encadre et l'accroche au mur ! Il se retrouvera à Yassénévo, au service des ressources humaines de la 1re Direction générale, dans mon dossier personnel, avec la stricte interdiction de le sortir de là. J'ai un pincement au cœur à l'idée d'être obligé de cacher cette preuve de ma réussite en tant qu'espion et de m'en séparer.

Elle est encore loin, l'époque des smartphones avec lesquels on peut prendre un cliché discrètement. Mais je suis déjà espion dans l'âme et diplômé en tant que tel. Un réflexe professionnel me pousse à apprendre par cœur et à bien graver dans ma mémoire, au cours des quelques secondes dont je dispose, les références officielles de mon diplôme : série KB n° 067969. Une fois seul dans ma chambre, je les noterai sur un bout de papier et les garderai soigneusement pendant dix ans. J'engagerai plus tard une lutte acharnée avec le SVR pour le récupérer afin de pouvoir justifier de ces trois années passées à Tchélobitiévo.

Pour la dernière fois, nous nous rendons un par un dans le bureau de notre chef de section. Je tends le diplôme au colonel Markov, qui le classe dans mon dossier. Il m'informe officiellement que je suis affecté au Département géographique n° 4 de la Direction « S » de la 1re Direction générale du KGB. Après un mois de congé payé, je dois me présenter le lundi 31 août prochain à 9 heures au bureau d'accueil de Yassénévo. Il me félicite pour ma réussite et ajoute quelques mots personnels. Nous sommes émus tous les deux, ces trois années passées ensemble nous ont rapprochés.

Un dernier pot à la cantine, on se regarde, on se congratule. Un peu inquiets quand même. Qu'allons-nous devenir ? Rares sont ceux qui ne connaissent pas encore leur point de chute, pour qui tout va se décider dans les jours qui viennent. La majorité sait où elle va être affectée. Mais nous sommes déjà dans la logique du Service, personne ne dit rien à personne. Au fil de mes aventures, il m'arrivera de croiser quelques collègues aux destins divers.

*

En cette seconde partie de l'année 1987, le monde de la faucille et du marteau commence à frémir. Les premiers soubresauts proviennent des pays satellites, telle la Bulgarie, dont le Parti communiste *« vient de prendre conscience que le modèle d'édification du socialisme s'est épuisé »*. Bientôt ce sera le tour de la Roumanie, où la grève de milliers d'ouvriers de l'usine du Drapeau rouge virera à l'émeute.

À Moscou, Gorbatchev met la dernière main à la sortie de son livre *Perestroïka : vues neuves sur notre pays et le monde*. En Europe, sa lecture va entraîner le désespoir des dirigeants des partis communistes. L'effondrement qui guette le pays va bouleverser de très nombreuses vies.

Chapitre 39

Yassénévo

Le lundi 31 août 1987, comme prévu, je prends mon poste de travail à Yassénévo.

Le repaire des officiers des renseignements extérieurs du KGB est ici ! À 20 kilomètres au sud du Kremlin, après avoir doublé la cité de Yassénévo et passé le Koltso, la grande circulaire qui ceinture la capitale, se dressent les bâtiments du Centre.

Le bus de ville qui m'a amené depuis le terminus du métro Yougo-Zapadnaïa me laisse tout seul à l'arrêt sur la rocade. Je dois faire les derniers 500 mètres à pied. L'imposante et menaçante pancarte annonçant une « Zone sanitaire, défense d'entrer » se dresse toujours à l'entrée. Aucun étranger au Service ne passe par là et aucun moyen de transport civil n'y mène.

D'abord un grand parking pour les voitures individuelles des plus chanceux, puis le supermarché réservé aux opérationnels et aux membres du personnel technique qui n'ont pas accès à la zone opérationnelle. Une dernière enceinte de béton haute de 4 mètres et, enfin, un poste de contrôle. Sur sa droite, un sas et un second portail, pour le passage des véhicules. Côté gauche, le bureau des passages, dans lequel sont dirigés tous les visiteurs qui doivent laisser là leurs papiers d'identité civils en échange d'un laissez-passer provisoire unitaire où sont scrupuleusement marquées les heures d'arrivée et de départ. Les invités sont ensuite accueillis et accompagnés par un représentant opérationnel du service avec lequel ils ont rendez-vous.

Je me présente à l'accueil en donnant mon vrai nom et en laissant à l'employée de l'accueil en uniforme militaire de sergent du KGB mon passeport interne. À part les gardes, personne ne porte d'uniforme. Poliment, mais sans un sourire, elle me dit d'attendre. Elle téléphone ensuite à mon service pour le prévenir de mon arrivée.

Nous sommes une petite dizaine, assis sur les chaises de bois inconfortables du petit hall, à nous ronger les ongles et à compter les mouches dans un silence total. Les quinze minutes de cette attente me paraissent interminables car je suis nerveux et impatient de découvrir la sacro-sainte tanière du KGB. Le voilà enfin, mon accompagnateur ! Un type jovial et sympathique, de taille moyenne, la quarantaine bien sonnée, les tempes grisonnantes. Il se présente : lieutenant-colonel Pavline. Il récupère mon laissez-passer et m'accompagne derrière la grande barrière.

C'est ma deuxième visite à la zone opérationnelle de Yassénévo, après mon passage en avril au Comité du Parti devant la grande commission de titularisation du PCUS. Chaque bâtiment possède son propre point de contrôle, dont l'accès n'est autorisé qu'aux personnes possédant l'habilitation nécessaire pour y entrer. Cela ressemble à une petite ville, avec le premier complexe de bâtiments en forme de Y, si on le regarde d'en haut. À son extrémité gauche, l'aile de la direction. Mais Pavline ne m'y amène pas.

Nous traversons une grande place. En passant devant un monument en granit noir nous contournons par la droite le Y-Korpous et un bâtiment cylindrique. Mon accompagnateur m'explique que celui-ci abrite la grande salle de conférence de 800 places et la cantine générale à laquelle nous avons accès. Avec un petit rire narquois, il me déconseille d'y aller trop souvent, car notre direction possède aussi la sienne, plus petite, mais de meilleure qualité et réservée uniquement au Service des illégaux. Me voilà plus privilégié que le reste des privilégiés ! Cela commence bien !

Encore 200 mètres et nous voilà devant l'entrée de la grande tour de 20 étages. En réalité, elle en comporte deux de plus, des étages techniques qui cachent des antennes de retransmission et de puissants postes émetteurs-récepteurs en ondes courtes qui couvrent le monde entier. À l'entrée, un nouveau contrôle avant de prendre un ascenseur. Nous nous arrêtons au vingtième étage et là je découvre un long couloir dont toutes les portes sont fermées. Pavline frappe à l'une d'elles et s'efface pour me laisser entrer seul. Je reconnais immédiatement derrière son bureau l'homme qui se lève et vient vers moi, souriant, la main tendue. C'est le colonel Pavel Pavlovitch Loukianov, qui m'a rendu visite au KI, pendant la fameuse « journée des parents ».

– Sergueï Olégovitch, bienvenue au 4e Département de la Direction « S », prenez un siège. Comment ça s'est passé après votre sortie du KI ?

Que pourrais-je bien lui raconter qu'il ignore encore ? En quelques phrases je lui synthétise mes belles vacances au Daguestan, au bord de la mer Caspienne, pendant qu'il tripote une liasse de documents.

– Dans mon département, qui couvre tout le continent américain, vous êtes affecté à la section de l'Amérique centrale, où vous traiterez nos agents en poste sur le continent latino-américain. Le général Youri Ivanovitch Drozdov, le grand patron de notre direction, vous recevra avec les nouveaux arrivants dans le courant de la semaine. Vous allez vous rendre aux services administratifs pour l'établissement de votre laissez-passer permanent et régler quelques formalités. Vous avez déjà fait connaissance avec le lieutenant-colonel Pavline, avec qui vous allez travailler et partager votre bureau. Je vais vous présenter le colonel Balov, qui sera votre chef de section.

Peut-être saura-t-il à quoi je suis destiné dans le futur et qu'il m'en parlera un jour au hasard d'une conversation. C'est ici que commence ma vie d'opérationnel.

Lorsque trente ans plus tard je découvrirai à la télévision française l'excellente série d'espionnage *Le Bureau des légendes* sur la DGSE, je ne pourrai m'empêcher de sourire en pensant que les réalisateurs ont totalement oublié la confidentialité qui doit régner dans les couloirs d'un service de renseignement. Ici, impossible de jeter un coup d'œil dans une pièce ou sur l'ordinateur d'un collègue. Aucune plaque n'indiquant les noms des services ou les occupants des bureaux ; juste des numéros sur les portes. Des gardes sont postés partout à l'entrée et vérifient que vous avez bien le droit d'accéder à telle ou telle zone.

C'est simple, mon *propousk* est contrôlé à chaque fois que je me présente dans un bâtiment différent. Ce laissez-passer ne comporte aucun nom, juste une photo et un numéro de matricule. Un autre numéro permet de savoir si le porteur est un personnel technique, un élément opérationnel, un administratif ou un dirigeant. Les tampons en forme de pictogrammes qui figurent sur le côté de la carte donnent le droit d'entrer dans une zone déterminée. Si une case est poinçonnée, c'est *niet*! Un trou à la place d'un pictogramme signifie qu'on ne rentre pas. Je commence à réaliser que je fais partie des privilégiés. Les autorisations qui me sont accordées sont très larges et me permettent d'accéder, sur le site de Yassénévo, à toutes les directions spécialisées, à tous les départements et services de la 1re Direction générale[1] (espionnage), dont l'Institut de recherche sur le renseignement (NIIRP). Sur les trois autres sites, Yourlovo, Tchélobitiévo et Balachikha, sont répartis les quatre facultés du KI et le centre de formation des spetsnaz du groupe d'action Vympel, qui appartient au département n° 8 de ma direction.

1. L'intitulé exact est « Première Direction générale du Comité de sécurité d'État », en russe Первое главное управление (ПГУ) Комитета государственной безопасности (КГБ). L'abréviation fréquemment utilisée en russe est ПГУ, soit PGOu (se prononce « Pé-Gué-Ou »).

*

Loukianov frappe à la porte d'en face. Un petit homme trapu nous ouvre. C'est le colonel Youri Alexandrovitch Balov. Les présentations faites, le chef du département me laisse en compagnie de mon nouveau chef de section.

Ce dernier me fait une brève présentation de notre région de travail puis m'amène dans la pièce voisine. C'est Pavline qui vient nous ouvrir. La pièce est quasiment vide et pas très grande, une dizaine de mètres carrés. Murs gris-blanc avec un soubassement en lambris, portes massives mais de conception moderne. Au fond, deux grands bureaux en bois massif se font face, de sorte qu'aucun visiteur ne peut voir ce qui s'y traite. Deux armoires qui servent de vestiaires lors des activités sportives, des cartes géographiques au mur, et c'est tout.

La troisième armoire, un grand coffre métallique, est destinée à nos archives opérationnelles. J'aperçois sur une petite bibliothèque un fonds documentaire, livres en espagnol, cartes, atlas, etc. Sur une table à gauche, une machine à écrire électrique. Pas le moindre ordinateur, pourtant nous sommes en 1987 ! Une superbe vue s'offre à nous depuis les grandes fenêtres du vingtième étage.

Sur mon bureau m'attend une grande boîte en carton, pour mes documents personnels, et une petite boîte métallique, avec un sceau marqué d'un numéro réalisé par un poinçon. Je récupère ce poinçon (un numéro sous forme de sceau) contre une signature dans un registre. Il me faudra appliquer avec lui les mêmes dispositions de sécurité que pour une arme. Le perdre n'est tout simplement pas envisageable.

Pavline m'explique qu'une fois la journée finie toutes les boîtes cartonnées contenant les dossiers opérationnels et documents personnels doivent être scellées et poinçonnées, puis remises dans le coffre, que nous fermons à clé avec, là aussi, scellés et poinçon. Même traitement pour la porte du bureau. On ferme, on scelle, on poinçonne ! Les clés du coffre et du bureau sont ensuite déposées dans la petite boîte métallique, qui est à son tour scellée et poinçonnée, puis déposée chez l'officier de permanence, dans le bureau d'en face.

Le lendemain matin, celui de nous deux qui arrive le premier doit vérifier que le numéro de poinçon apposé sur la boîte contenant les clés et sur la porte du bureau est bien celui de l'agent qui est parti le dernier la veille au soir. Les scellés sont ensuite enlevés, puis nous effectuons le même processus de vérification avec le coffre-fort, nos boîtes et nos dossiers. Vérifications extrêmement fastidieuses et totalement inefficaces ! Elles n'ont jamais empêché les traîtres de Yassénévo de voler nos secrets en interne pour les vendre aux Américains, comme Golitsyne ou Pigouzov, aux Anglais, comme Gordïevsky ou Mitrokhine, ou aux Français, comme Vetrov ! Et ce, malgré tous les efforts de la redoutable Direction « K », celle du contre-espionnage extérieur, qui nous surveille jour et nuit. Elle aussi totalement inefficace, comme tout le reste en URSS.

Nous avons deux téléphones, l'un « de ville » pour les communications classiques à sept chiffres, l'autre est un téléphone opérationnel (O.S.) sécurisé à quatre chiffres destiné aux communications internes. Il est interdit de mentionner les questions opérationnelles au téléphone de ville. Pavline m'indique où sont positionnées les salles de crise et la bibliothèque opérationnelle.

Durant la discussion, j'apprends qu'il a déjà fait plusieurs séjours au Mexique et en Argentine. Mais il s'attache tout d'abord à me brosser un tableau de mon nouveau cadre de travail.

– Ici, tu as toute la 1re Direction générale, avec ses différents départements géographiques spécialisés chacun dans une région particulière du monde. Le premier dédié aux États-Unis, notre ennemi n° 1, le deuxième à l'Amérique latine, notre région de travail, etc. Nous, à la Direction « S », nous avons notre propre organisation indépendante des autres que je viens de te citer. C'est la ligne[1] « N » : nous traitons à la fois les agents en poste dans les Rézidentouras « légales », affilées aux représentations de l'URSS à l'étranger, et les illégaux, mais aussi ceux qui agissent sous une couverture profonde qui n'a rien à voir avec l'Union soviétique. Les plus grands secrets du KGB, c'est ici que ça se passe ! Ne t'étonne donc pas si tu es contrôlé plusieurs fois par jour.

Je l'écoute attentivement sans l'interrompre pour lui dire que son organigramme, je le connais par cœur. Celui-là, on ne l'apprend pas au KI. Les subtilités de la Direction « S » ne sont pas dévoilées, même pas aux officiers des autres départements et directions. Pour le moment, je reste sur la réserve. Même ici, à Yassénévo, dans la tour de la Direction « S », et même si ma triple vie est maintenant terminée, je n'ai toujours pas le droit de mentionner mes anciennes relations secrètes avec le 3e Département, qui s'occupe du choix et de la formation des illégaux.

– Il y a également la Direction « T » qui s'occupe de la ligne « X », le renseignement technologique et scientifique, et si un jour tu pars en mission, tu découvriras bien d'autres services qui t'aideront à te

1. Une « ligne », dans le langage du renseignement soviétique, est une spécialité opérationnelle ou un domaine d'action dans les antennes à l'étranger. Cette appellation est toujours d'actualité au SVR.

préparer. Si tu as un télégramme à envoyer à l'étranger, tu rédiges ton texte, tu le fais signer par un supérieur et tu vas au Chiffre. Avant que le télégramme ne soit chiffré, les mots importants sont remplacés par des numéros et c'est un second télégramme qui indiquera la correspondance entre les numéros et les mots. Le chiffreur du premier télégramme voit le message sans savoir qui est concerné, quand et où cela se passe, et le second télégramme est obligatoirement chiffré dans un autre service. On dissocie toujours le générique du spécifique. Voilà, en gros, ce que tu dois connaître pour le moment ! Ah, j'oubliais le plus important : la cantine ! Si tu veux mal manger, choisis celle de tout le monde, dans l'annexe du Y-Korpous, sinon, la nôtre, au premier étage de notre bâtiment, et tu verras, on y mange bien !

*

Je quitte le camarade Pavline pour me rendre au secrétariat afin d'établir mon laissez-passer. Le sous-officier qui me reçoit poursuit la présentation en m'indiquant où se trouvent le Chiffre, les labos photo et, voulant certainement que je garde ma ligne, les gymnases, la piscine, les terrains de sport et les courts de tennis. Il en profite pour me faire percevoir le pistolet Makarov 9 mm avec lequel je me dois d'effectuer les séances de tir réglementaires en prenant grand soin de restituer les douilles des cartouches tirées, me précise-t-il. Il n'a pas tort, ici une cartouche est considérée comme une arme et en détenir ne serait-ce qu'une seule suffit à se faire envoyer à la prison de Léfortovo. Il me donne ensuite un rendez-vous pour me présenter place Dzerjinski, dans la maison mère des tchékistes, afin d'y faire établir la fameuse carte rouge attestant de mon appartenance au KGB en ma qualité d'élément opérationnel auxiliaire au grade militaire de lieutenant en chef.

Le labo photo, c'est le seul endroit où je porterai l'uniforme du Service ! Et encore, ici on n'habille que le haut ! Pour les besoins du cliché, on me prête une veste à ma taille, celle aux revers bleus, sans aucun doute la tenue la plus redoutée d'URSS, avec les épaulettes correspondantes. On me fait asseoir sur un tabouret, face à l'objectif du photographe. Je vais devoir patienter six mois avant de recevoir la fameuse carte censée faire trembler celui à qui on la présente. Lorsque je la recevrai, je serai déjà élément opérationnel titulaire et, quatre mois plus tard, capitaine. Cette carte se fabrique si lentement qu'elle a toujours du retard sur la réalité.

*

De retour dans le bureau, Pavline me tend une dizaine de notes rédigées par nos officiers en Amérique Centrale, en poste dans les Rézidentouras sous la couverture des ambassades d'URSS. Ils sont cinq ou six par pays et font transiter leurs rapports par la valise diplomatique au rythme de deux fois par mois. Ma tâche consiste tout d'abord à vérifier l'authenticité des documents, à les traiter en leur affectant un caractère d'urgence et d'importance et, enfin, à les analyser finement pour en produire une synthèse.

Pour un peu, je me croirais dans la salle de rédaction d'un journal d'investigation, avec pour unique différence notable des moyens illimités afin d'obtenir des informations confidentielles. Seul compte le résultat et, de la place où je suis, je donnerai bientôt des directives pour que des dossiers soient volés. Cela ne pose aucun problème de conscience au KGB. Et s'il faut tuer, on tue! Pour cela, en principe, il existe le service «A», qui regroupe en son sein le Département IV, Désinformation, et le V, «Action directe», réservé aux assassinats, les *mokriyé déla*, les « affaires mouillées », dans le jargon maison. En réalité, depuis les années 1980, les actions musclées sont réservées au groupe Vympel de notre direction, mais personne à part nous ne le sait, même à Yassénévo.

Ma première journée se termine à 18 heures. Comme pour le KI, à l'extérieur de l'enceinte opérationnelle nous attendent une soixantaine de bus qui roulent jour et nuit pour le Service et qui sillonnent la ville discrètement dans plusieurs directions. Ils nous ramènent le soir à 18h15 de Yassénévo dans l'agglomération moscovite et récupèrent le matin environ les deux tiers des personnels, soit 3 000 sur les 4 500 qui y travaillent, aux diverses stations de métro. Il n'y a pas de bus direct pour Zélénograd. Je monte dans celui qui dessert la petite ville de Khimki, dans la banlieue nord-ouest. Ensuite, je prends la correspondance avec un train de banlieue jusqu'à la station de Kryukovo. De là, un dernier bus me ramène chez moi vers 19h45. Cela me prend une heure et demie, matin et soir.

Si je rate la grande sortie de 18h15, je suis obligé de prendre un bus pour la station de métro la plus proche, puis de traverser toute la ville en transports en commun, ce qui me fait arriver vers 21 heures.

*

À partir de ce jour, ma journée opérationnelle commence immuablement à 9 heures par la lecture de la presse générale d'Amérique latine, Lima, Mexico, Buenos Aires, Santiago du Chili, Montevideo, etc. Et celle des dépêches secrètes envoyées par nos officiers et nos agents depuis ma région, l'Amérique centrale, Mexico, Guatemala, Costa Rica, Honduras, Nicaragua. Mon esprit voyage à peu de frais. L'exotisme et le dépaysement sont assurés tandis que je regarde la neige précoce qui tombe sur Moscou depuis ma fenêtre du vingtième étage.

Chaque jour, la concurrence interservices est rude. Pour être en cour, il faut que la note de synthèse établie par chaque analyste parvienne jusqu'au Graal, le Kremlin. Notre production est évaluée selon la qualité hiérarchique du lecteur. Être lu par le président du KGB, le ministre des Affaires étrangères ou les chefs de département de l'appareil du Comité central, c'est bien. Mais l'être par le secrétaire général du Parti ou les membres du Politburo, c'est beaucoup mieux! Attention cependant à ne pas céder à la tentation et, à l'instar de certains services de pays occidentaux, à vouloir corser nos fiches de synthèse en les agrémentant de détails inexacts ou mensongers dans la louable intention de valoriser notre travail. Celui-ci se doit d'être le plus objectif possible. Le Comité central évalue l'info et, s'il le juge utile, fait passer le papier au Secrétariat et au Politburo. Si celui-ci vous renvoie votre document annoté et signé, c'est une fierté pour tout le service! Par contre, c'est la soupe à la grimace lorsque rien n'est transmis et que notre production se perd dans les limbes du Kremlin.

À la veille des grandes conférences internationales, nous sommes tous sur le pont afin de fournir des informations de première main susceptibles d'orienter notre position lors des échanges entre dirigeants. Nous sollicitons nos hommes sur le terrain selon une planification précise, en leur donnant des objectifs tels que la récupération des notes établies par les sherpas[1] des représentations occidentales. Seul le résultat compte, et les moyens employés pour y parvenir importent peu.

À tout cela s'ajoute quotidiennement notre cuisine interne. Ici, c'est un agent qui nous demande du matériel photo, là ce sont des micros et des enregistreurs qui sont à envoyer de toute urgence, ou encore de l'argent pour soudoyer ou compromettre quelqu'un.

*

1. Surnom donné aux conseillers spéciaux d'un chef d'État ou du ministère des Affaires étrangères, chargés de préparer les grandes conférences internationales.

En fin de semaine, tous ceux qui viennent d'être affectés à la Direction « S » sont reçus autour d'un thé et de gâteaux par leur chef ayant le statut de directeur adjoint de la PGOu, le général Youri Drozdov en personne. L'ancien directeur des antennes du KGB, tout d'abord à Pékin dans les années 1960, puis à New York en 1975-1979, est un ancien combattant de la Grande Guerre patriotique, qu'il a achevée à Berlin comme officier d'artillerie. Il a étudié à l'Institut d'interprétariat militaire après la guerre et a commencé sa carrière opérationnelle à la représentation du KGB auprès de la Stasi en RDA. Mais à la différence de Poutine, qui a terminé sa carrière à Dresde, Drozdov a travaillé non pas en province, mais à Berlin-Est, l'un des points les plus chauds de la guerre froide ! Il est le patron des illégaux depuis 1979. Autant dire que personne ici ne s'amuse à lui raconter la moindre sornette.

– Vous êtes au cœur de l'Histoire!, nous lance-t-il en guise de bienvenue.

Personne n'ose parler, tant il est impressionnant. Un regard qui transperce, une haute stature, il sonde son interlocuteur. Je l'ai déjà rencontré à deux reprises, mais ça non plus je n'ai pas le droit de le confier à qui que ce soit. Lui fait semblant de me voir pour la première fois, je fais pareil. Les autres jeunes le connaissent à travers la légende qui se colporte au KI.

Il a créé le groupe Vympel, les spetsnaz maison. L'assaut sur le palais présidentiel à Kaboul en 1979, c'est lui ; le célèbre échange sur le pont des espions en RDA de Gary Powers, le pilote de l'U2 américain abattu par l'un de nos missiles, contre notre illégal William Fisher, alias Rudolf Abel, capturé à New York, c'est encore lui, ainsi que bien d'autres missions dans des pays occidentaux.

J'ai la joie d'apprendre par une note de service que les sanctions prises à mon encontre au KI, à cause de la malheureuse fausse carte d'une Française, sont confirmées en tous points : un blâme et le retrait de ma prime annuelle. Un malheur n'arrivant jamais seul, je suis en outre désigné pour faire partie des officiers qui tiendront la permanence durant la nuit du 31 décembre. Adieu la fête avec les amis dans Moscou en attendant les douze coups de minuit et le feu d'artifice qui nous feront basculer dans la nouvelle année. Je vais passer mon réveillon ici, entouré du colonel Tatarinov et du lieutenant Grozenko. En fait, ne vaut-il pas mieux que je prenne la permanence ? Depuis ma rupture forcée avec Irina, je n'ai plus le goût à la fête.

*

Le dimanche 20 décembre 1987, c'est le soixante-dixième anniversaire de la création de la Tchéka, une date importante pour le KGB. La célébration officielle est avancée au vendredi 18 décembre.

Dans notre salle de conférence, alors que nous attendons le discours de Vladimir Alexandrovitch Krioutchkov, chef de la 1re Direction générale, qui voit-on arriver en *guest stars* de la journée ? Kim Philby lui-même, accompagné du colonel George Blake en personne, notre taupe à l'Intelligence Service dans les années 1950 ! Un rude gaillard que celui-là ! Même s'il ne fait pas partie des « Cinq de Cambridge », son parcours reste exceptionnel. Converti au communisme parce qu'il avait assisté à des bombardements de population civile par les Américains, il n'a pas gardé rancune aux Nord-Coréens de l'avoir enfermé dans leurs geôles pendant trois ans. Libéré en 1953, il a repris du service au SIS (MI6) à Berlin, qu'il a trahi à notre profit.

L'un de ses plus beaux coups réside dans la transmission au KGB des coordonnées du tunnel secret reliant Berlin-Ouest à Berlin-Est et à partir duquel Anglais et Américains voulaient procéder aux écoutes de nos communications téléphoniques. Grâce à Blake, le KGB savait tout sur ce tunnel avant même que nos adversaires l'aient creusé ! Le KGB a organisé une fuite pour dévoiler ce projet de tunnel en présence de reporters occidentaux. Dénoncé en 1959 par une taupe polonaise, Blake a été arrêté et jugé à Londres. Il a écopé de quarante-cinq[1] ans de prison, mais il a réussi à s'évader au bout de cinq années de captivité, en 1966, dans des conditions rocambolesques. Il a rejoint l'URSS, où il s'est mis à travailler pour le KGB.

À soixante-cinq ans, Blake est en pleine forme. Il est souriant, enjoué. Contrairement à Philby, il parle un russe très correct. Il pimente son petit discours de quelques blagues, mais ne fait aucun commentaire sur les changements politiques en cours. Il réaffirme bien fort son attachement au communisme, ce qui paraît satisfaire au plus haut point l'aréopage de cadres supérieurs du KGB qui l'entoure.

Philby, ce n'est pas la même chose. Je l'observe attentivement lorsqu'il vient prononcer laborieusement quelques phrases en russe avec un terrible accent britannique. Il n'est plus le même, sa belle prestance a disparu. Il semble usé, mais je perçois néanmoins cet éternel sourire que j'avais remarqué au KI et qu'il avait encore quand il m'avait reçu dans son appartement de la rue Gorki. Il ne s'attarde pas,

1. Certains prétendent que le nombre d'années de prison correspond au nombre d'agents occidentaux assassinés en raison de sa trahison. Dans son premier livre, Blake ne dément pas mais précise qu'il avait demandé au KGB que les agents capturés ne soient pas exécutés. *Une vie d'espion. Mémoires,* George Blake, Stock, 1990.

juste quelques mots d'encouragement, et il redescend péniblement les quelques marches de l'estrade. J'aimerais m'approcher pour lui dire bonjour, mais ce n'est pas le bon endroit. Je n'ai pas le droit de montrer en public qu'on se connaît. Je le vois disparaître sans un regard en arrière, entouré d'une nuée d'officiers. La mort lui donnera rendez-vous dans six mois.

*

Noël approche et, avec lui, les décorations lumineuses qui pavoisent les rues de la capitale. Mais, à l'instar des villages Potemkine, tout cela n'est que de la poudre aux yeux, car si un grand air de liberté souffle sur l'URSS, les boutiques se vident et il devient chaque jour plus difficile de s'approvisionner, même à Moscou. Ce n'est pas faute, pour le régime, de nous avoir fait croire qu'un jour l'abondance serait là pour tous, mais, hélas, l'approvisionnement des magasins obéit à des critères bien particuliers.

Dans les faits, la distribution des biens de consommation est fonction du statut social des individus. En schématisant, la nomenklatura se gave et les milieux populaires se privent, parfois même de l'essentiel. Où est l'idéal communiste là-dedans ? Celui que nos dirigeants, la main sur le cœur, nous promettent chaque année au moment des vœux ? La patience a ses limites et les conversations sur les sujets de mécontentement qui se faisaient dans les cuisines avant la glasnost de Gorbatchev se font désormais à voix haute. Un parfum de révolution flotte dans l'air.

Chapitre 40

Dans la réserve active, le passage sur le terrain

Jeudi 31 décembre 1987, il est 18 heures et nous sommes, Tatarinov, Grozenko et moi, dans le bureau de Drozdov afin de prendre nos dernières consignes pour la deuxième partie de la longue permanence de vingt-quatre heures que nous avons débutée à 9 heures. Chaque situation fait l'objet de consignes répertoriées dans un classeur épais comme la Bible. Sur le bureau, trois téléphones, dont la fameuse Kremlevka, la liaison directe avec le Comité central du Parti. Il y a une procédure très particulière pour répondre sur cette ligne en l'absence du général, qui est seul habilité à l'utiliser. « Bonjour ! C'est l'appareil du général Drozdov. L'officier de permanence (grade et nom) vous écoute. Le camarade Drozdov n'est pas là. Qui le demande et que dois-je transmettre au général ? »

Joyeux à l'idée de passer les fêtes en famille, Drozdov nous quitte en nous souhaitant de passer un bon réveillon et un excellent jour de l'an. Nous le prenons aussitôt au pied de la lettre en nous enfilant quelques verres de vodka et en portant un toast à l'année écoulée et à celle qui vient !

La cantine s'est surpassée pour le repas de réveillon en nous préparant la fameuse salade Olivier[1], le plat traditionnel russe du jour de l'an. Re-vodka, et nous rejoignons le bureau de Drozdov où se tient la permanence. À la première ronde, c'est Tatarinov et Grozenko qui s'y collent. Ils ont chacun un itinéraire précis à suivre afin de contrôler la présence effective des permanents à leurs postes distinctifs : sécurité, Chiffre, radio, etc. Je suis donc seul au moment où la Kremlevka se met à sonner. Est-ce la vodka qui m'a embrouillé l'esprit ? Voilà que je m'entends répondre bêtement :

– Le téléphone du général Drozdov vous écoute !

1. Inventé vers 1860 par le chef franco-belge Lucien Olivier du restaurant L'Hermitage à Moscou, ce plat est sur toutes les tables au moment des fêtes. Il se compose de morceaux de blancs de poulet ou de l'équivalent russe de la mortadelle coupé en petits cubes, liés avec de la mayonnaise à une macédoine de légumes, de cornichons salés, d'œufs durs, etc.

Petit silence glacial à l'autre bout du fil, puis un grand éclat de rire.

– Dis-moi, le téléphone du général Drozdov, sais-tu où se trouve ton maître ?

– Euh… chez lui, je crois !

Je l'entends encore rire à gorge déployée jusqu'au moment où il raccroche. Résumons : je ne me suis pas présenté, je ne sais pas qui a appelé Drozdov ni ce qu'il lui voulait. Faute plus grave, j'ai donné à un inconnu des détails sur un général du KGB. Et je suis passé pour un imbécile. J'étais le premier à me moquer de notre babouchka de secrétaire que nous appelions « L'appareil du camarade Akopian » au ministère du Commerce extérieur. Maintenant je vais devenir « L'appareil du camarade Drozdov » et la risée de toute la direction. Un sentiment de honte m'envahit, car je ne vois pas trop comment coucher cela sur le cahier d'événements. Après dix minutes de réflexion, je décide d'attendre sereinement les retombées radioactives qui ne manqueront pas de se manifester dans les jours qui viennent.

Effectivement, je n'ai pas longtemps à attendre. Le lundi suivant, Drozdov est de retour et me convoque dans son bureau sur le coup de 11 heures. J'avoue que je ne suis pas très serein quand je frappe à sa porte.

– Viens t'asseoir !, me lance-t-il, un grand sourire aux lèvres.

Il se penche vers un meuble situé derrière lui et en sort une bouteille de vodka, dont il me sert un bon verre.

– Bois une vodka !

Surpris, je saisis le verre qu'il me tend. Mais en même temps que j'avale le liquide issu de la transformation de céréales et de pommes de terre, j'essaie de deviner ce qui m'attend. Ouf ! C'est fait. J'ai absorbé *do dna* (cul sec) les 10 centilitres de la boisson nationale et j'attends la suite avec inquiétude.

– Sergueï, merci ! Tu m'as sauvé la mise.

J'écarquille les yeux sans mot dire.

– L'appel sur la Kremlevka quand tu étais de permanence, eh bien il venait du chef du département administratif du Comité central. Il appelait pour m'engueuler ! Hier, tu l'as tellement fait rigoler que quand je l'ai rencontré ce matin il se tenait encore les côtes. Du coup, il a complètement oublié ce qu'il avait à me reprocher.

Je n'ose pas ajouter « Si je peux être utile, mon général… » mais je suis heureux que l'histoire se termine ainsi, même si j'ai l'air très bête. Drozdov me pose deux ou trois questions sur mon travail actuel et me dit que nous allons nous revoir très vite. Cette anecdote va changer le cours de mon destin au KGB.

*

C'est au moment où je reçois enfin ma carte officielle du KGB que j'apprends ma titularisation comme élément opérationnel de plein droit. Le week-end suivant, de sortie avec quelques copains, nous nous présentons à l'entrée d'une discothèque et, surprise, voilà que le physionomiste nous en refuse l'accès. On a déjà bu quelques verres dans un bar et la vodka me joue un mauvais tour. Je dis à mes amis de patienter deux minutes et j'attire le portier sur le côté, fier de lui montrer ma carte du KGB et sûr qu'il va trembler à sa vue en nous laissant entrer immédiatement. Quelle n'est pas ma surprise lorsqu'il me lance :

– Mais ta carte du KGB, moi, j'en ai rien à foutre !

Et le voilà qui se met à hurler :

– Hé, il y a un kaguébiste soûl qui fait un scandale !

Je comprends alors que l'affaire risque de tourner au vinaigre et je m'en sors en lui filant un bakchich royal de 25 roubles. En fait, ce soir-là, devant la tournure que prenaient les événements, j'ai voulu empêcher une intervention de la police et des complications au poste, ce qui avait coûté sa carrière à Poutine en 1985. Montrer ma carte à la *mentoura*[1], qui déteste le KGB, en dehors d'une opération autorisée et, pire, en état d'ébriété aurait entraîné un appel téléphonique à l'officier de permanence place Dzerjinski, qui aurait confirmé mon appartenance au Service. La semaine suivante, j'aurais immanquablement reçu ma mutation chez les gardes-frontières !

Éviter les clashs ! C'est une habitude à prendre pour les espions, même si un drame se déroule à côté de nous ou sous nos yeux. Ne surtout pas intervenir ! Nos instructeurs nous le rabâchaient au KI : « Ne jouez pas les chevaliers blancs. Au moindre incident, ne restez pas là, fuyez ! Surtout si vous êtes proche d'une source. »

Nous sommes bien loin de l'anecdote avec le chauffeur de taxi qui avait pris peur lorsqu'il avait confondu ma carte d'étudiant du MGIMO avec celle du KGB.

C'est la preuve que les relents de l'époque stalinienne ont totalement disparu. Les gens n'ont plus peur du KGB ! Gorbatchev a profondément modifié le paradigme qui avait cours jusque-là. En disant au peuple : « Regardez, je suis jeune et j'ai une vision démocratique de la société », il est persuadé que l'on va graver son nom au panthéon du Soviet

1. Nom méprisant désignant la police, équivalant à la « flicaille » ou aux « poulagas » en français.

suprême de l'Union soviétique.

Afin d'introduire, sans le nommer, le capitalisme en URSS, le monopole d'État du commerce extérieur est aboli, l'économie s'ouvre au privé, on parle de primes d'intéressement, de participation, d'abandon de la planification. Mais le pays, pris au dépourvu, n'en possède pas les codes. Toute entreprise peut désormais avoir des contacts avec l'étranger, mais aucune ne connaît les lois du marché international. À l'inverse des Chinois, qui mettent très progressivement en place un capitalisme d'État, Gorby, en ouvrant grand les vannes, veut aller trop vite et trop fort. Le système va lui exploser à la figure, comme le réacteur de Tchernobyl.

*

L'ennui me gagne peu à peu. Il est clair à présent que seuls les officiers mariés partent en mission longue durée à l'étranger sous couverture « légale ». La rupture avec Irina a laissé des traces. Elle me manque et le poids de son absence est parfois difficile à supporter. Sur un plan psychologique, j'avoue que je me sens coupable. Qu'ai-je gagné à cette rupture ? En renonçant à mon amour pour me consacrer au Service, je pensais devenir un illégal en Occident. J'ai été heureux de faire mes deux stages clandestins, mais me voilà maintenant dans l'appareil administratif du Service à Yassénévo, à traiter de loin ceux qui sont sur le terrain tant désiré de l'étranger.

J'ai cru entrevoir une lueur d'espoir lors de ma dernière rencontre avec Drozdov, mais rien aujourd'hui ne laisse présager un renversement de situation dans ce quotidien qui est le mien. Le seul renversement que je vois venir, c'est celui de l'Union soviétique. Voulant calmer la colère de la population provoquée par les nombreux morts en Afghanistan, Gorbatchev a évoqué dans son discours du 8 février 1988 le possible retrait de nos troupes. Ce pays, c'est le Vietnam de l'URSS.

Le KGB s'inquiète. Va-t-il survivre aux réformes qui se préparent ? Dans les médias, on déballe le linge sale en remontant jusqu'aux purges staliniennes des années 1930. On y parle des arrestations arbitraires, des exécutions, du Goulag, du rôle du NKVD et du KGB qui lui a succédé. Tout se retrouve sur la place publique. Les discussions deviennent vives dans la Grande Maison. Certains rappellent que lorsque nous entrons dans le Service, nous signons un serment, *« Je m'engage à donner jusqu'à ma vie pour défendre le système communiste »*, et là, comme nous voyons que l'édifice commencer à vaciller, la question se pose de savoir qui va se lever pour défendre le drapeau rouge.

Les livres de Soljenitsyne, *L'Archipel du Goulag, Une journée d'Ivan Denissovitch*[1], sortent sans aucune censure… Les Russes découvrent les horreurs des camps staliniens. Tout ce que l'on savait depuis des années à Zélénograd, ville de dissidents s'il en est et de circulation de samizdat sous le manteau, est maintenant publié dans les revues littéraires d'État et circule librement dans tout Moscou.

Pour ma part, j'ai quitté la ville fermée pour habiter dans les faubourgs nord de la capitale, avenue Dmitrovskoïée, à deux pas de l'hôtel Molodejnaïa. Le quartier ne m'est pas inconnu. L'hôtel appartient à l'agence Spoutnik, qui me confiait des jobs d'été sous forme d'accompagnement de touristes étrangers, et 200 mètres à peine me séparent de l'un des appartements « conspiratifs » dans lequel j'ai passé des tests linguistiques lors de mon recrutement raté comme illégal.

C'est un coup de fil reçu chez moi qui va précipiter les choses. Des copains du MGIMO m'appellent pour me faire part d'un projet auquel ils désirent m'associer.

– Sergueï, il y a un tas d'entreprises qui peuvent maintenant bosser avec l'étranger, mais qui ne savent pas comment s'y prendre. Nous, on veut monter une société de consulting qui va les aider dans leurs démarches. Est-ce que cela t'intéresse ?

Je réfléchis à peine.

– Sur le principe, je suis d'accord !

– Justement, il y a une expo la semaine prochaine sur le sujet, qui est chapeautée par le Comité scientifique pour la jeunesse : on y va, tu nous accompagnes ?

– OK, on se retrouve à l'entrée !

Je décide de ne rien dire à Yassénévo pour le moment et d'aller me rendre compte par moi-même des possibilités nouvelles qui vont s'offrir à l'économie soviétique. Diplômé du MGIMO et spécialiste du commerce extérieur et des relations économiques internationales, je me sens capable d'en faire une analyse susceptible d'intéresser mes chefs.

Première surprise dès l'entrée : les sociétés privées ont pris le nom de « coopératives » ! Il s'agit sans doute de ne pas faire oublier le communisme trop vite. L'exposition est réalisée par le Komsomol, qui a négocié avec le Parti pour que la rigidité habituelle qui préside à ce genre de manifestation n'ait pas cours ici. Tous ceux qui postulent

1. *Une journée d'Ivan Denissovitch* raconte la journée d'un *zek* (détenu) dans un goulag. Dans le cadre de la déstalinisation, il avait été publié une première fois en 1962 avec de nombreuses coupes effectuées par la censure, puis avait été interdit.

à la création d'une entreprise, quelle qu'elle soit, peuvent faire acte de candidature dans des stands dédiés. Mes amis déposent la leur sur celui de la ville de Moscou. Bingo ! Une semaine plus tard, nous nous retrouvons dans le bureau du premier secrétaire de la Jeunesse communiste de la ville de Moscou, qui nous annonce la bonne nouvelle :

– L'un de vous a proposé de créer une coopérative de consultants pour le commerce international, eh bien ça marche, vous avez mon aval. *Davaï !* En avant !

Mes futurs associés explosent de joie tandis que je souris un peu jaune. Leur donner un coup de main à mes heures perdues, très bien, mais être employé à plein temps alors que je suis au KGB, c'est une autre affaire. À peine sorti et mes amis partis, j'appelle l'assistante du premier secrétaire pour lui demander un rendez-vous le plus rapidement possible. C'est chose faite le lendemain. Il me reçoit et, tout joyeux, le voilà qui m'entreprend sur ce projet de consulting. Je l'arrête d'un geste.

– Avant toute chose, tu dois savoir, camarade, que je fais partie du KGB.

Là, il accuse le coup, mais je poursuis.

– Je peux monter cette boîte sans problème, mais il me faut ton appui pour obtenir l'autorisation. Et pour cela, toi seul, avec ton poids politique, peux y arriver.

– Que veux-tu que je fasse ?

– Nous avons un comité de la Jeunesse communiste au KGB, le patron est Yevguény Lovarev, qui est en principe sous ton autorité. Appelle-le et négocie avec lui pour que je sois détaché chez toi. Qu'en penses-tu ?

– Je fais ça ! Je le connais très bien. Il faut que tu viennes chez nous !

La réponse ne tarde pas. Dès le lendemain matin, Drozdov me convoque dans son bureau au cinquième étage. Il n'est pas seul. Il est accompagné de Vladimir Volkov, le secrétaire du Parti de la Direction « S ».

– C'est quoi, cette histoire ? On nous a appelés du bureau de Krioutchkov et du Comité du Parti. Raconte !, me demande le général.

Je leur explique l'affaire dans le détail et plus j'avance dans ma description du projet, plus Drozdov semble intéressé. Quand j'ai fini, il jette un regard à Volkov, qui n'avait pas pipé mot jusque-là. Celui-ci se redresse alors dans son fauteuil et me dit :

– Banco ! Ton idée est intéressante, tu y vas ! Je te transfère des cadres de Yassénévo à la réserve active.

Cette dernière phrase est importante. L'expression française « être officier de réserve » ou « réserviste » a exactement le même sens en URSS au ministère de la Défense, chez les militaires. Mais au KGB, le sens du mot « réserve » est radicalement différent, c'est même exactement l'inverse, certainement pour semer la confusion chez l'adversaire. Quand je suis à Yassénévo je suis cadre-officier, mais en mission sur le terrain, je passe dans la réserve active. Ce qui veut dire que je suis sous couverture en URSS ou à l'étranger. Être dans la Réserve spéciale, c'est être un illégal, un élément opérationnel travaillant sous « légende » étrangère en URSS ou hors de ses frontières. C'est le but que je me suis fixé.

Si Drozdov s'est montré intéressé par ma participation au projet de création de sociétés, c'est tout simplement parce qu'il prévoit que leur nombre va exploser et que cela pourra être utilisé comme une nouvelle couverture pour nos agents de renseignement. Dans le langage maison, nous appelons cela « les couvertures non traditionnelles ».

Mon détachement est signé en vingt-quatre heures. Avec Volkov nous sommes convoqués chez le secrétaire du Parti de Yassénévo. Lui, c'est le moujik, il parle comme un charretier !

– Enfin, on en a un qui se bouge le cul ! Tu nous amènes une nouvelle couverture clés en main ! Fonce, mon gars, tu as carte blanche.

Et Drozdov de renchérir :

– Écoute-moi bien. Si ça fonctionne, on te passe illégal !

S'ils voulaient tous me motiver, ils en ont trouvé le moyen. Je sors du bureau regonflé à bloc.

À partir de là, les choses vont aller très vite. La « coopérative Science.Création.Business » voit le jour la semaine suivante. Mes cinq camarades, étonnés de constater que les difficultés administratives s'aplanissent les unes après les autres, mettent cela sur le compte de la frénésie ambiante.

Qui pourrait se douter que la main du KGB est derrière…

Chapitre 41

Mes rencontres avec le général Drozdov

À présent notre société a des bureaux, un compte en banque, il ne reste plus qu'à trouver des clients. Voulant profiter de la perestroïka et de l'ouverture vers l'extérieur, je propose à mes associés de se tourner vers l'ambassade de France et de travailler avec elle. Pour prendre contact, je décide de passer par la case télévision. Le KGB, là aussi, me donne carte blanche.

J'officialise donc mes tournages d'émissions en français et propose aux services culturels de l'ambassade de nous aider plus activement afin de faire découvrir, par ce moyen, la France aux Soviétiques. Ils acceptent avec joie et m'invitent même à réaliser des reportages lors du passage de personnalités françaises à Moscou. C'est ainsi que j'interviewerai bientôt Jack Lang, Pierre Bérégovoy, Alain Decaux et bien d'autres, tel un vrai journaliste.

Le français, c'est la langue que j'ai le plus pratiquée, et la France le pays avec lequel j'ai eu le plus de contacts en guidant les étudiants en visite chez nous. Cela n'a rien à voir avec l'espagnol et ma section d'Amérique centrale au département des Amériques de la Direction « S », mais je nage là en plein bonheur. Mon statut d'officier de réserve active me vaut d'être coiffé par un OT de Yassénévo auquel je rends compte régulièrement de mes activités. Le Service est emballé, mais très vite la décision est prise d'orienter différemment mon action.

Drozdov me reçoit pour me l'annoncer.

– L'ambassade de France, on est sur eux à tous les étages. Nous avons des gens qui ne font que ça, à la Direction « RT » du renseignement à partir de notre territoire, sans oublier le contre-espionnage. Ce qui m'intéresse, moi, c'est Paris.

Je sens l'ouverture, il faut foncer !

– Qu'attendez-vous de moi ?

– Trouve quelque chose d'officiel pour aller à Paris. C'est un premier tour d'horizon, tu y vas, tu prends tes marques et on avise pour la suite.

– L'association URSS-France organise des échanges culturels, je vais voir de ce côté-là.

– Parfait, mais ne traîne pas trop ! Maintenant, écoute-moi, tu vas repasser les tests que tu connais, remplir quelques formalités administratives et on te passera dans la Réserve spéciale. Je t'informe aussi que tu es monté en grade : félicitations, camarade capitaine ! Voilà enfin une bonne nouvelle, hein, Sergueï !

Sur ce, il sort à nouveau une bouteille de vodka et nous trinquons à ma réussite.

Je touche enfin au but ! Ainsi, mon ancien projet de devenir un illégal est déterré et relancé, bonne nouvelle ! Je vais partir pour ma première mission sans la couverture « légale » d'État. Rien de bien prestigieux encore à accomplir, mais cette fois, j'ai le pied à l'étrier.

Drozdov se lève et vient s'asseoir près de moi.

– Tes OT Yevguény, Nikolaï et André t'en ont parlé tout au long de ta formation, mais laisse-moi te redire ce que l'on attend d'un officier comme toi. Illégal, ce n'est pas un métier, c'est un mode de vie. Tu sais qu'une fois admis, tu ne pourras pas démissionner, tu appartiens au Service. Quand on remet une récompense à un illégal, cela se passe au sous-sol et on lui montre juste la médaille, on ne la lui donne pas. Ce que je te demande, c'est d'avoir en permanence une vision globale de la situation, parce que tu vas être en autonomie totale. Comporte-toi comme un chien de chasse, tu dois savoir ce qu'il te faut chercher et où le trouver. On ne laisse pas sur le terrain ceux qui appellent sans arrêt le Centre pour avoir des directives. Et quand tu voleras un document, tu devras savoir et comprendre ce qu'il contient. Voilà pourquoi, chez nous, le recrutement des illégaux se fait à un niveau élevé et la raison pour laquelle leur formation est longue et difficile.

Il se redresse et retourne s'asseoir derrière son bureau.

– L'humain, Sergueï, on n'a pas fait mieux en matière de renseignement. La technique facilite, certes, mais elle ne remplace pas. Tu sais, notre conception du renseignement a été très marquée par la Grande Guerre patriotique. Tout était dévasté, il n'y avait plus aucun moyen de communication et pourtant, crois-moi, on faisait du renseignement. Je t'en parle en connaissance de cause, j'avais vingt ans en 45 ! Donc, si tu peux le faire dans un milieu dégradé, c'est encore plus facile avec les moyens actuels, mais à condition d'avoir toujours en tête les principes de base. Chez l'ennemi, tu ne te relâches jamais. Tu dois constamment contrôler tes actions ainsi que chaque acte de ta vie, tu maintiens ta vigilance à un niveau élevé, c'est ça le plus important. Le manque de vigilance entraîne l'échec, irrémédiablement.

– Mon général, mon travail de journaliste et ma participation dans cette société que nous avons montée, mes amis et moi, n'est donc pas un obstacle à mon travail d'illégal à l'étranger ?

– On t'a parlé du métier d'illégal à la façon Stierlitz, le type qui infiltre l'ennemi et qui y reste des années. Mais il y a beaucoup d'autres manières d'en être un. Dans notre 1er département, nous avons ce que nous appelons « les illégaux du Centre ». C'est-à-dire des officiers disponibles qui ne sont pas en résidence permanente sous une légende dans un pays étranger et qui peuvent être activés à tout moment pour remplir des missions ponctuelles.

Je n'écoute pas, je bois ses paroles. Depuis le coup du téléphone « L'appareil du général Drozdov vous écoute », celui-ci m'a vraiment à la bonne. Je crois aussi que notre rencontre en 1982 en compagnie d'Andropov et de Krioutchkov compte pour beaucoup dans notre relation. De plus, comme il n'est pas du genre à s'épancher, je considère comme un privilège d'avoir cette conversation avant de partir pour ma première mission.

Il reprend.

– Par exemple, en 1961 nous avons perdu un excellent éclaireur qui s'appelait Heinz Felfe[1], un ancien SS qui, la paix revenue et habitant l'Allemagne de l'Ouest, avait repris une activité au BND, le service de renseignement de la République fédérale d'Allemagne. Ce service avait été créé avec la bénédiction des Américains par Reinhardt Gehlen, un général de l'Abwehr qui avait constitué pendant la guerre de multiples réseaux en Union soviétique. En fait, Felfe travaillait pour nous depuis quelque temps déjà. Les Américains

1. Heinz Felfe, qui appartenait au SD, le service de sécurité et de renseignement de la SS, écrira ses Mémoires, *Im Dienst des Gegners* (Au service de l'ennemi), Éd. Rasch und Röhring, 1986, qui paraîtront en URSS sous le titre *Mémoires d'un éclaireur*. Il sera libéré en 1969 contre l'échange de 21 agents est-allemands travaillant pour les Américains et qui étaient détenus en URSS et en RDA.

étaient convaincus que les anciens nazis qui formaient le cœur de son service étaient tous anticommunistes, grave erreur. Felfe était né à Dresde, la ville qui avait été ravagée par les bombardements alliés, et cela, il ne leur avait jamais pardonné. Avec lui, nous savions tout ce que les Occidentaux préparaient contre nous. Quand je dis que nous l'avons perdu, je veux dire par là qu'il a été arrêté et condamné à quatorze ans de prison. Il nous fallait donc monter une opération d'infiltration du BND, que nous avons baptisée « Scorpion ». D'après Felfe, il y avait, au bas mot, près de six cents anciens nazis qui travaillaient au BND. Mais ce n'est pas facile de recruter un type qui s'est battu contre nous pendant la guerre en lui disant : « Veux-tu rendre service au KGB ? » En revanche, il était possible de les recruter « sous un faux pavillon ». Nous avons décidé d'appliquer une idée de Nikolaï Stépanovitch Noskov, en montant de toutes pièces un groupe néonazi susceptible de les intéresser. Nous avons minutieusement étudié ce qui se passait chez ceux d'entre eux qui s'étaient réfugiés en Amérique latine. Felfe nous avait fourni les noms de ses anciens collègues exilés là-bas, et c'est en Argentine que nous avons fabriqué notre appât en créant cette organisation fictive avant de lui faire rejoindre l'Europe. Il ne lui manquait qu'un leader, un *Überlebenstager*, un survivant nazi de la Seconde Guerre mondiale. C'est ce rôle qui m'est revenu.

– Vous vous êtes fait passer pour un ancien nazi ?

– Eh oui ! Moi qui les avais combattus ! Avant que je n'entre en scène, le travail préparatoire avait été réalisé, le groupe s'était fait connaître, nous y avions mis de l'argent et des moyens. Je parlais allemand couramment, mais je m'y suis remis, car mes années passées au Centre et en Chine m'avaient un peu déconnecté, j'ai appris les us et coutumes de la Wehrmacht et des SS et je suis devenu le baron von Hohenstein ! Bon, je t'avoue que nous sommes allés très loin dans le détail. Même mes vêtements qui arrivaient de Chine avec moi ont été changés !

– Et cela a marché ?

– En février 1972, dix ans après l'arrestation de Felfe, un élément du BND qui travaillait au siège à Pullach, près de Munich, a fini par taper à la porte. Nous lui avons fixé un rendez-vous en Autriche, à Innsbruck. Je m'y suis rendu avec deux illégaux germanistes, Ivan Dmitrievitch, que nous appelions « Vieux Hans », et un autre, surnommé « Walter ». C'est lui qui deviendra l'OT de notre recrue. Quand on s'est rencontrés, la première demande que j'ai faite à cet agent du BND a été de me réciter le serment fait à Adolf Hitler. Je l'entends encore : « *Je jure devant Dieu obéissance inconditionnelle à Adolf Hitler, guide du Reich et du peuple allemand, commandant en chef des Forces armées, et que je serai toujours prêt, comme un soldat courageux, à donner ma vie pour respecter ce serment* », puis il m'a demandé qui j'étais. Je suis un baron allemand, de retour d'exil en Amérique du Sud et dirigeant d'une organisation fidèle aux idéaux de la Grande Allemagne. En fait, il n'y a pas eu de pression ou de chantage, c'était une conversation entre personnes partageant les mêmes idéaux, c'est tout. Avant de le quitter, je lui ai posé une dernière question : ton père se souvient-il lui aussi du serment au Führer ? Sa réponse a été immédiate : « Mon père est prêt à participer aux activités de votre groupe. » J'étais satisfait, le premier pas avait été fait.

– Il est devenu votre agent ?

– Aussitôt après, nous l'avons emmené dans une villa pour lui montrer que désormais il était digne de notre confiance. Nous avons parlé ensemble des malheurs qui se sont abattus sur l'Allemagne après la défaite de 1945. Nous lui avons raconté la vie des « vieux camarades », ces nazis réfugiés en Argentine ou au Chili, et de ceux qui pactisaient maintenant avec les ennemis d'hier et qui avaient renié leur serment de fidélité à Hitler. Lorsque nous nous sommes séparés le lendemain, nous avions à nouveau un homme à nous dans le service le plus sensible du BND, l'agent D-104. C'est comme cela que nous l'avons appelé. Je suis rentré au Centre pour organiser la façon dont nous allions travailler avec lui.

– Et cela a duré longtemps ?

– D-104 n'a jamais été découvert ! Jamais ! Il nous a fourni tout le matériel possible sur les opérations que non seulement les Allemands de l'Ouest, mais aussi leurs alliés américains, anglais et français, prévoyaient contre les forces du Pacte de Varsovie. Il nous faisait également remonter les tensions entre les différents pays de l'OTAN, une source en or ! D'ailleurs, Youri Andropov lui-même se tenait informé de l'avancée de l'opération Scorpion, c'est peu dire.

– Et vous avez réussi à protéger votre agent pendant tout ce temps !, dis-je, admiratif.

Je vois les yeux de Drozdov se plisser en même temps qu'un sourire malicieux se dessine sur ses lèvres.

– Nous avons eu très chaud ! Nous avions au BND une autre source, moins importante celle-là. Une secrétaire, Heidrun Hofer, fille elle aussi d'un ancien officier de la Wehrmacht. Elle était tombée follement amoureuse d'un des « Roméos[1] » de nos collègues de la Stasi qui se faisait appeler Hans Puschke. Comme elle était ultranationaliste, son père l'avait élevée dans le culte d'Hitler. Puschke l'a, lui aussi, recrutée sous un « faux pavillon ». Il lui a dit qu'il faisait partie d'une organisation néonazie basée en Amérique du Sud, celle que nous avions montée de toutes pièces, et entre eux cela a tout de suite été une grande passion, enfin, c'est ce qu'elle croyait. Elle trahissait à la fois par amour et par conviction idéologique, quoi de mieux ! Elle fournissait des informations classifiées, du bon matériel. Tout allait bien jusqu'au jour où nous avons compris que notre agent D-104 était sur le fil du rasoir. Les Allemands avaient commencé à soupçonner qu'il y avait un traître chez eux et, entre ce que nous rapportait Hofer et ce que nous rapportait D-104, il n'y avait pas photo. Il nous fallait protéger ce dernier et sacrifier l'autre. La jeune femme a été arrêtée, le 20 décembre 1976, un peu grâce à nous. Ce qui n'était pas prévu, c'est qu'elle saute du sixième étage lorsqu'elle a appris, pendant sa garde à vue, qu'elle ne fournissait pas des renseignements aux néonazis, mais bel et bien au KGB ! En raison des séquelles de ses graves blessures, la justice allemande a classé l'affaire. Mais à Pullach, le BND a bu le champagne! Ils ont cru qu'ils avaient enfin trouvé la taupe qui travaillait pour les Allemands de l'Est et les Russes. Nous, nous avons poussé un ouf de soulagement ! On avait senti le souffle du boulet mais au final, notre source D-104 avait encore de beaux jours devant elle. Un an plus tard, en 1977, ne voulant pas trop tirer sur la corde, j'ai mis D-104 en « sommeil ». Il est toujours au BND !

– A-t-il appris qu'en fait il était un agent du KGB ?

– Peut-être sait-il maintenant que nous l'avions recruté sous un « faux pavillon », celui des néonazis allemands. Pour se consoler, il peut se dire qu'il a participé à maintenir la paix entre l'Est et l'Ouest… Eh bien toi, Sergueï, tu peux être amené à faire la même chose que moi, du recrutement ! Et dis-toi bien que le fait d'être journaliste à la télévision est une excellente couverture. Qui irait se méfier de quelqu'un dont on voit la tête sur tous les écrans ? De même, ta société va bientôt nous être utile, crois-moi. Allez, prépare-toi, nous aurons un dernier rendez-vous avant ton départ !

*

1. Les « Roméos » sont des agents choisis pour leur physique avantageux et spécialement formés, dont la mission est de séduire les assistantes et secrétaires des chefs militaires de l'OTAN et des hommes politiques ouest-allemands. Ces femmes faisaient l'objet d'un ciblage préalable en fonction du degré de confidentialité des documents qu'elles étaient amenées à manipuler.

Gorbatchev vient de marquer les esprits. Dans son discours prononcé aux Nations unies, il a déclenché une standing ovation en reconnaissant aux démocraties populaires le droit de choisir leurs régimes.

En réplique, Erich Honecker proclame le 19 janvier 1989 que « le Mur existera encore dans cent ans si les causes de son existence ne sont pas éliminées ». Cependant, il reste silencieux quand l'ancien patron du renseignement est-allemand, Markus Wolf, une légende du HVA[1], publie son autobiographie, intitulée *Die Troika,* dans laquelle il vante les mérites de la perestroïka de Gorby. Le livre, qui paraît simultanément en RFA et en RDA, interpelle toute la communauté du renseignement.

En URSS, le nom de Boris Eltsine, l'ancien patron du Parti communiste de Moscou, est sur toutes les lèvres. Il vient d'être élu au Soviet des nationalités avec près de 90 % des voix et sa popularité ne cesse de grandir. Il va bientôt devenir l'une des pièces maîtresses de l'échiquier russe.

Les premières élections libres depuis 1917 ! Je vois les événements s'accélérer

Une fois de plus, le Service contrôle ma préparation physique et mentale. Je me retrouve devant ce bon vieux polygraphe, et l'on me demande si je n'ai pas volé quelque chose, menti à mes supérieurs, etc. C'est plutôt cocasse, pour moi qui passe mon temps à mentir à mes amis, et après avoir menti pendant des années à mes supérieurs au KI quant à ma relation secrète avec le service des illégaux.

Quand je reviens à Yassénévo, j'apprends par mon OT que mon départ est fixé au lundi suivant, et qu'une mission particulière va m'être confiée.

1. HVA : *Hauptverwaltung Aufklärung,* littéralement « Administration centrale de reconnaissance », Direction de la Stasi chargée du renseignement extérieur et du contre-espionnage.

Chapitre 42

La première fois en France

C'est une datcha de service, perdue dans la forêt pas très loin de Yassénévo, la même que celle dans laquelle en 1982 j'ai rencontré Andropov, Krioutchkov et Drozdov. Il est 19 heures et, dans le grand salon, je fais à nouveau face à trois hommes : Youri Drozdov, chef de la Direction « S », son adjoint, Viktor Ivanovitch, et mon nouveau patron direct, le jeune colonel Valéry, qui a remplacé à la tête du département des Amériques Pavel Loukianov, parti à la retraite. Sur l'un des côtés de la pièce a été installée une table débordant de zakouskis. Charcuteries, poissons fumés, caviar et… vodka. C'est Drozdov qui prend la parole.

– Sergueï, il est de tradition de fêter le premier départ en mission à l'étranger d'un illégal. Tu n'échappes pas à la règle et cette petite réception est là pour te rappeler, si tu as des moments de doute, l'estime que te porte le Service.

L'ambiance est un peu théâtrale, presque guindée. Je regarde Drozdov remplir deux verres de vodka et m'en tendre un avec solennité.

– À toi, Sergueï Olégovitch !

J'avale d'un trait les 15 centilitres de vodka sous les yeux intéressés des colonels Viktor et Valéry qui, eux, n'ont pas eu droit à leur ration du divin liquide. Alors que je reprends mon souffle, je vois Viktor répéter l'opération.

– À toi, Sergueï Olégovitch !

Je bois, plus lentement cette fois. La vodka est en train de transformer mon gosier en brasier. Quand je repose mon verre, je perçois les premiers effets de l'ivresse.

– Allez, mangeons un peu !, propose Drozdov.

Je suis sûr que cette recommandation s'adresse particulièrement à moi car, pour éponger les 30 centilitres d'alcool que je viens d'absorber, il me faudra avaler une bonne partie des plats disposés sur la table. Une douce euphorie s'empare peu à peu de moi et voilà que le trio de cosaques qui m'entoure m'apparaît soudain diablement sympathique. Aussi, pourquoi irais-je refuser le nouveau toast que me propose Valéry, avec un grand sourire aux lèvres.

Allez, me dis-je, un dernier « À toi, Sergueï Olégovitch ! » pour la route. Quand je repose enfin mon verre, je me dis que Drozdov a raison. Je vais garder un souvenir inoubliable de la Patrie ! C'est malin, chacun d'eux a bu un seul verre tandis que je m'en suis déjà enfilé trois, petit traquenard sympathique. Mais la soirée n'est pas finie. Les voilà qui se mettent à m'entretenir de la France, sa culture, la politique française, comme s'il s'agissait d'une conversation de salon entre gens sobres et bien élevés. Mais brusquement, la conversation prend un autre tour.

– Ce serait bien si tu mettais à profit ton séjour pour rencontrer une Française. On ne te parle pas d'une rencontre d'un soir mais de quelque chose de sérieux.

Je vois tout de suite où le trio veut en venir. Épouser une femme du pays où l'on travaille est la meilleure des couvertures et une grande tradition pour les illégaux du KGB. La vodka ne m'empêche pas d'avoir des idées bien arrêtées sur le sujet, mais ce n'est ni le moment ni l'endroit pour les exprimer. Je me contente de hocher la tête en ayant une pensée fugace pour Irina. Je bois avec le Service, mais c'est elle qui a trinqué, la pauvre.

– Sergueï, on te parle de mariage, là !, insiste lourdement Viktor. Tu épouses une fille française et on t'installe dans le pays. Attention, pas une communiste, hein ! Quelqu'un qui pourra t'introduire dans la société mais dont la tête ne dépasse pas trop, tu vois ce que je veux dire ?

Je ne sais pas ce qu'il est devenu après l'effondrement de l'URSS, mais je doute qu'il se soit reconverti dans une agence matrimoniale ou chez Meetic.

J'essaie d'ordonner mes idées, mais j'avoue que j'ai de grandes difficultés à les exprimer avec cohérence. Il est près de 22 heures quand tous les trois me raccompagnent à la porte.

L'air frais ne suffit pas à me remettre sur pied, loin de là. Je suis au seuil du coma éthylique. Les arbres dansent autour de moi et je m'appuie à l'un d'eux pour vomir tripes et boyaux. Dieu ou le KGB a judicieusement placé un taxi sur ma route. Heureusement que les chauffeurs de taxi ici ont l'habitude de transporter des ivrognes. Le mien n'hésite pas une seconde et m'emmène chez moi, à l'autre bout de Moscou. Avant de me coucher, dans un dernier sursaut de lucidité, je règle l'alarme de mon réveil sur 6 heures du matin. Demain, je pars en France !

*

Il est 8 heures quand j'arrive à l'aéroport de Chérémétiévo. Les trois cachets d'aspirine avalés au réveil peinent à desserrer l'étau qui me comprime le crâne. Je passe les formalités et c'est au moment où je pénètre dans la salle d'embarquement que j'entends :

– Sérioja ! Sérioja !

Je me retourne pour voir débouler un grand escogriffe en costume gris qui me fait des signes de la main. Je tente de dissiper le brouillard qui nappe mon cerveau afin d'identifier l'individu et je reconnais... Ivarev, Sacha Ivarev, un élève de ma promo au KI qui nous a quittés après seulement un an ! Une sérieuse maladie l'a empêché d'intégrer le renseignement extérieur, mais le Service, qui ne lâche personne, l'a recasé au contre-espionnage des transports.

– Alors, grand voyage à Paris ?

Rien ne lui échappe dans cet aéroport où son service règne en maître. Il a certainement repéré mon nom sur la liste des partants et mon visage sur les caméras de surveillance dont sont truffés les murs et les faux plafonds. Il est fier de l'effet de surprise que cela produit sur moi.

Je me demande si cette rencontre est vraiment fortuite ou si le Service a voulu faire passer un dernier message avant mon départ en mission en totale autonomie : Ne te fais pas d'illusions, on voit tout, partout. À mon regard, il comprend qu'il arrive comme un cheveu sur la soupe. Un sourire, une tape sur l'épaule et il me quitte. Ce qui est déjà trop à mon goût.

*

Peu à peu, dans l'avion, surmontant le dégoût de la beuverie de la veille, j'avale d'un trait un verre de whisky offert par une hôtesse belle comme une déesse. Tout Russe sait qu'il n'y a rien de mieux que l'alcool pour se remettre d'une cuite. La boisson écossaise marque symboliquement mon passage dans le camp occidental même si je suis encore dans l'avion d'Aeroflot.

Je ne peux m'empêcher de songer au cérémonial d'hier soir. Un dernier test avant de partir ? Tient-il bien l'alcool et est-il encore capable de mener d'une manière cohérente une discussion soutenue après quelques verres ? J'ai déjà subi ça en 1982 avec Andropov, quoique dans une moindre mesure. Mais peut-être est-ce tout simplement le rite habituel lors du premier départ d'un illégal. Il est temps maintenant de me consacrer à ma première mission.

Elle semble facile au premier abord. Il s'agit de poster un courrier et d'aller relever une boîte aux lettres morte (BLM). Il y a tout de même quelques contraintes : il faut que ce courrier soit posté avec un timbre de type « Marianne bleue », déposé dans une boîte postale précise, celle de la rue Lhomond, non loin de l'École normale supérieure, dans le Ve arrondissement de Paris, à une heure elle aussi précise : demain, à 11h45. La BLM se trouve également à Paris et il me faut prévoir à chaque fois un itinéraire de sécurité.

J'ai quatre heures de vol jusqu'à l'aéroport Charles-de-Gaulle et suffisamment de temps pour m'interroger sur le courrier que je transporte. Il ne fait aucun doute à mes yeux qu'il est destiné à un illégal, le genre de missive que l'on rédige à l'encre sympathique, invisible à l'œil nu. Bien sûr, c'est une figure de style. Le procédé a évolué et l'on n'utilise plus d'encre à proprement parler. Mais le principe de base reste le même.

Nous sommes à la fin des années 1980 et les ordinateurs commencent à arriver en masse. Mais même aujourd'hui, à l'ère du tout numérique, cette méthode qui peut paraître vieillotte est toujours utilisée dans de nombreux pays, où les coupures d'Internet sont fréquentes et où les portables ne passent pas. C'est à cela aussi que servent les illégaux, à être opérationnels dans des endroits où tout se dégrade et où règne une forte tension, une crise ou même la guerre.

Au KGB, chaque illégal possède sa propre formule d'encre chimique, qui correspond à un révélateur unique. Il y a encore quelques années, c'était sous la forme d'un stylo, d'une cartouche d'encre classique ou liquide, dissimulé dans un flacon de parfum ou de médicament. La technique a progressé. Nos techniciens imbibent de cette substance chimique une trentaine de pages dans un bloc qui deviennent une sorte de papier carbone, comme pour les vieilles machines à écrire, sans que rien ne les distingue visuellement.

L'utilisation de « carbone » chimique correspond à des règles précises.

Après avoir détaché une feuille à usage unique du bloc, on pose celle-ci par-dessus une feuille ordinaire A4, le tout placé sur une surface très dure, le verre d'un cadre photo étant idéal. En appuyant fort avec un stylo bille, on écrit dans le sens le plus large, en format « paysage », le message qui, pour plus de sûreté, pourra être codé. Ensuite, la feuille « carbone » avec son texte visible est brûlée et le support nettoyé avec de l'alcool afin que l'on ne puisse y détecter la moindre trace.

La deuxième feuille comportant l'empreinte chimique invisible est littéralement « repassée » avec un fer à vapeur, puis on la laisse sécher avant de la placer sous une presse improvisée, des livres par exemple. Ceci a pour but d'effacer, là aussi, toute trace physique subsistant sur le papier. Il ne reste plus qu'à écrire par-dessus un courrier anodin, dans le sens normal cette fois, puis de l'expédier. Seuls nos techniciens seront capables de révéler le texte ainsi caché grâce au révélateur individuel correspondant à chaque clandestin.

*

Je rejoins le groupe de la Commission jeunesse de l'association d'amitié URSS-France. Le responsable est certainement un officier du KGB, soit de la 2e Direction générale (contre-espionnage), soit de la Direction « RT » (renseignement du territoire) de chez nous. Je ne lui dis rien sur ma mission, et lui rien sur la sienne. Celle-ci est facile à deviner : ne pas laisser les membres du groupe en liberté et prévenir le pire. Comme le passage de quelqu'un à l'Ouest.

Cependant, avec l'arrivée au pouvoir de Gorbatchev et sa perestroïka, la situation a radicalement changé. L'Occident, et la France en particulier, n'octroie plus l'asile politique au premier Soviétique venu désireux de quitter l'URSS. À croire que Mitterrand et la DST marchent main dans la main avec le KGB ! Elle est loin, l'époque où l'on expulsait nos espions de Paris par dizaines : nos effectifs ont été reconstitués depuis 1984, voire doublés.

Je suis sûr que mon collègue, sous la couverture du chef de groupe, est au courant de mon appartenance à la Grande Maison et a pour consigne de me laisser vivre ma vie opérationnelle, en me surveillant moins que le reste du groupe, voire de me faciliter les arrangements horaires. Dans la région Rhône-Alpes, je dois rejoindre une troupe de collégiens français qui passe par Aurec-sur-Loire, près de Saint-Étienne, avant de descendre dans le sud de la France. J'ai son accord de principe pour me détacher du groupe et faire un petit saut individuellement dans le Midi.

Pour le moment, avec mon groupe, nous faisons un tour dans la capitale française dans un car à deux étages, comme à Londres. Paris ! Exactement comme je me l'étais imaginé. Les Champs-Élysées, le Grand Palais, les Invalides, la tour Eiffel. Je ne suis pas surpris, j'ai tellement étudié de plans de Paris que j'arrive pratiquement à mettre un nom sur chaque artère que nous empruntons. Le guide parisien nous annonce les monuments les uns à la suite des autres.

Nous traversons la Seine pour remonter en longeant les quais, et voilà Notre-Dame.

Ici nous avons deux heures de temps libre. Comme tous les Soviétiques, les membres de mon groupe restent groupés, sous la surveillance du chaperon du KGB. Moi, j'ai ma première opération à faire : poster un courrier opérationnel important.

*

Je me détache discrètement et prends la tangente. Dans ce quartier touristique, il est aisé de se perdre dans la foule dense des visiteurs venus du monde entier.

En revanche, trouver le timbre nécessaire n'est pas si facile. Cette Marianne bleue, tirée d'un portrait de Delacroix et achetée 3,60 francs, ne va plus figurer bien longtemps sur les enveloppes. Au 1er janvier 1990, elle sera remplacée par la Marianne du Bicentenaire et, le modèle n'étant plus réapprovisionné, il se fait rare dans les bureaux de tabac. Raison pour laquelle je dois me taper une dizaine de bureaux de tabac et trois agences postales avant de le trouver. Décidément, le KGB a le chic pour me compliquer la tâche. À un moment donné, j'ai bien cru que mes chefs chez les illégaux s'étaient livrés à un bizutage.

Après m'être procuré quelques cartes postales et un plan de la ville dans un magasin de souvenirs, j'entre dans un café sur le boulevard Saint-Germain. Je trouve une table en fond de salle et m'assieds de façon à surveiller les entrées. J'ai besoin de me remémorer le trajet qui doit me mener à la boîte aux lettres précise. L'itinéraire de contrôle a été longuement élaboré à Yassénévo avec l'aide de mes collègues de notre 5e département, chargé de l'Europe, dont la France. Je déguste lentement une bière pression, car depuis l'achat de mon timbre au bureau de poste, j'ai la nette impression d'être observé. Rien de concret, juste une sensation.

Il est 10h30 quand je me mets en route. Je flâne tel un touriste, m'arrêtant pour faire une photo ici ou là. J'alterne les artères très peuplées, où il est facile pour les fileurs de la DST de me perdre, et les ruelles désertes où il m'est très facile de repérer s'ils sont à mes trousses. Mon cerveau grave systématiquement dans ma mémoire les silhouettes des passants rencontrés. Et brusquement, alerte ! Au détour d'une allée du jardin du Luxembourg, j'aperçois à nouveau une jeune femme croisée en sortant du bistrot tout à l'heure. Le sentiment d'être filé est toujours présent, aussi je profite de chaque occasion, vitrines, passages, magasins, carrefours, ruelles désertes, pour tenter de détecter un éventuel suiveur, mais rien ne vient conforter ma suspicion.

À l'heure dite, je poste la lettre. La levée est à 11h30, elle partira bien dans un quart d'heure. L'adresse, le destinataire ? Encore aujourd'hui, je les garde pour moi…

Je rejoins mon groupe à l'heure du déjeuner dans un restaurant touristique du quartier Latin. Personne ne s'est rendu compte de mon absence, sauf mon collègue du KGB, je vois ça dans son regard. Il ne dit rien. Moi non plus. On se comprend sans mot dire, entre tchékistes.

*

Notre groupe doit se rendre à présent dans la petite ville d'Aurec-sur-Loire, là où Jules Verne a écrit quelques-unes de ses œuvres. Après sept heures de voyage, un car nous y dépose et c'est le maire fraîchement élu, Guy Vocanson, qui nous reçoit.

Très vite, je vois que ma maîtrise du français intrigue. Les questions commencent à fuser et, comme à chaque fois que je suis au contact des autochtones, ils me prennent pour l'un des leurs. J'ai un peu de mal à leur expliquer que je ne suis pas Français et que je n'avais jamais mis les pieds en France auparavant. Alors, presque automatiquement, on me lance : « T'es du KGB ? » Ma technique est bien rodée : « Bien sûr ! Je suis général ! » Éclats de rire, et on oublie la question gênante. L'arrivée de jeunes Soviétiques organisée par la Jeunesse communiste française attire immanquablement les affidés du PCF et ses sympathisants.

Et de nouveau, comme il y a quatre ans à Moscou, Christophe, un lycéen de 16 ans qui semble avoir l'idéal communiste chevillé au corps, me demande, devant tout le monde, comment faire pour devenir un correspondant du KGB. J'éclate de rire.

– Tu crois que le KGB rassemble les gens en foule pour les recruter et ensuite annonce la liste des recrues à la radio ?

Il est confus, conscient d'avoir fait une bourde. Ses camarades rigolent.

Je le vois une demi-heure plus tard seul dans le parc. J'en profite pour l'accoster et rebondir sur sa question.

– Tu sais, je ne suis pas du KGB, mais mon bon sens me dit que si quelqu'un cherche à le contacter pour proposer ses services il devrait avant tout être discret. Pour intéresser ces gens-là, il faudrait que tu aspires à être un homme politique ou un haut fonctionnaire, et encore faudrait-il auparavant que tu rompes tout lien avec le Parti. Car les RG et la DST ont certainement l'œil sur le PCF et doivent ficher ses membres. Cela m'étonnerait que tu puisses faire une brillante carrière si tu es ainsi fiché. Moi je suis journaliste, et en matière de KGB, mes compétences s'arrêtent là. Mon travail ici, c'est de réaliser un reportage afin de faire découvrir aux Russes des coins de France tels que celui-ci. Et d'ailleurs, si tu es d'accord, on va faire une petite interview ensemble.

Le soir, je ferai une fiche sur lui. Une fiche assez complète, qui viendra s'ajouter aux milliers d'autres que le Centre conserve dans ses archives et que le Service consulte et réactualise méthodiquement. Je correspondrai pendant quelque temps avec Christophe et quand, à Yassénévo, je demanderai ce qu'il devient, j'apprendrai qu'il a quitté le Parti communiste français, déçu ou ayant suivi mon conseil afin d'être recruté. Sur ce sujet, selon la phrase consacrée, je n'avais pas à en connaître !

Drozdov a eu le nez creux en me confiant cette mission. La couverture de journaliste que j'utilise ici à une échelle somme toute modeste doit, si je la peaufine encore un peu, m'ouvrir des portes sans trop de difficultés. Lorsque mon groupe soviétique reprend la route pour remonter à Paris et y passer encore trois jours, je me détache encore de lui pour descendre dans le Midi.

Une troupe scolaire du Vigan est venue à Moscou en avril pour faire un spectacle sur le bicentenaire de la Révolution française à l'ambassade de France. J'ai fait une émission sur eux pour mon programme télé et, maintenant, je profite de leur invitation pour leur rendre une petite visite amicale dans le département du Gard.

Cette escapade a été sanctionnée par Drozdov. Si la DST me soupçonne d'être un espion du KGB avec une mission secrète à effectuer dans l'Hexagone, elle va certainement croire qu'un voyage individuel à l'autre bout de la France, en dehors du séjour de mon groupe, représente justement mon but caché. Et va mettre beaucoup de moyens pour en savoir plus, alors même que je n'exercerai aucune activité opérationnelle. Cela rassurera le contre-espionnage français. Et ils me laisseront tout le loisir de réaliser tranquillement ma deuxième mission, plus dangereuse, à Paris.

*

Nous sommes un groupe soviétique et notre programme n'est pas le même que pour les autres touristes qui visitent la capitale de la France. Peu de Français savent que le fondateur de la Russie communiste Vladimir Oulianov, dit Lénine, a vécu à Paris, dans le

XIVᵉ arrondissement, près du métro Alésia, au n° 4 de la rue Marie-Rose. Son appartement-musée y est entretenu par le PCF et se visite sur rendez-vous.

Un autre lieu symbolique pour les touristes et les communistes du monde entier est le cimetière du Père-Lachaise, dans le XXᵉ arrondissement. En passant devant la division 95, nous prenons à gauche l'avenue Pacthod puis tournons à droite pour rejoindre l'allée transversale n° 3. Nous cherchons la tombe de Modigliani. En descendant l'avenue, nous admirons sur la gauche la tombe de la « Môme » Édith Piaf, née non loin d'ici, à Belleville, selon la légende.

En poursuivant la descente, nous rejoignons l'avenue circulaire, bordée de monuments à la mémoire des déportés. Plus loin sur la gauche reposent les grands dirigeants communistes, Jacques Duclos, Maurice Thorez, Paul Vaillant-Couturier et le poète Paul Éluard. Au pied de l'enceinte, à l'angle sud-est du cimetière, se trouve le mur des Fédérés, qui nous rappelle la « Semaine sanglante » des 21-28 mai 1871 à l'issue de laquelle les derniers insurgés de la Commune de Paris furent exécutés par les troupes de Versailles.

Les cimetières sont les endroits favoris des espions. Ce sont de vastes espaces où il y a peu de circulation, des lieux naturels d'attraction où vous pouvez rester des heures en tournant en rond, au gré de la découverte des monuments, stèles et tombes, sans éveiller le moindre soupçon. La filature cachée est impossible dans un cimetière. Tout se voit à des centaines de mètres à la ronde. Tout suiveur est « cramé » en deux minutes. Avec leur panoplie de coins et de recoins, les cimetières sont un paradis pour les cachettes et les boîtes à lettres mortes (BLM), dont la mienne, mon dernier but opérationnel.

Je n'ai aucune difficulté à me séparer du groupe. Ma BLM est à l'opposé, dans l'angle nord-ouest du Père-Lachaise. Je dois traverser à pied le cimetière en diagonale en une heure et demie, pas mieux comme itinéraire de contrôle. L'endroit est bien structuré et parsemé de poteaux indicateurs, comme une petite ville. Tout y est numéroté, rangé et indiqué. Voici l'allée et la division qui sont gravées dans ma mémoire. Un grand caveau parmi d'autres tombes. On ne me verra de nulle part. Impossible de me surprendre ou de me filmer à mon insu. Impossible de m'arrêter en flagrant délit. L'endroit est idéal, et celui qui l'a choisi est un maître espion !

C'est dans un angle nord du caveau que se trouve une cavité juste assez grande pour y introduire deux doigts. Il suffit ensuite de tirer un peu pour que la pierre pivote, dévoilant une anfractuosité d'une quinzaine de centimètres de long. Telles sont les instructions qui m'ont été données avant mon départ du Centre. Je dois simplement m'assurer que sur la base d'un lampadaire figure bien un trait rouge horizontal. Si ce n'est pas le cas, c'est que la boîte aux lettres est vide!

Ah, voilà le réverbère! Le signe est bien là, il semble avoir été tracé par un rouge à lèvres. La silhouette d'un employé des pompes funèbres qui s'éloigne ne m'inquiète pas. J'attends cinq minutes en tournant autour et me dirige vers la cache. La pierre pivote, et je découvre un minuscule paquet enveloppé dans un emballage étanche que je glisse dans la poche intérieure de mon blouson.

Comme dans un film d'espionnage, sauf que dès cette minute j'en suis l'acteur. J'ai désormais sur moi un objet compromettant qui, si j'étais arrêté par la DST, m'enverrait croupir illico dans un cul-de-basse-fosse de la République. Dès lors, mon comportement se modifie et je me surprends à appliquer consciencieusement les leçons apprises auprès d'André et de Nikolaï, et au KI.

Il ne me reste plus qu'à signaler à notre agent que la BLM a été visitée et vidée de son contenu. Un petit détour par une allée adjacente, un autre tombeau avec un muret pas loin. Je dois y tracer n'importe quel dessin à la craie. Je peux faire aussi un trait. Mais c'est trop courant, tous les espions du monde font des traits. La DST peut finir par donner l'ordre à tous les employés municipaux de leur signaler les traits sur les murs, bancs et réverbères. J'opte pour un petit « smiley » qui a l'air d'être dessiné par un gosse. Mieux vaut pour un espion se faire passer pour un gamin…

Je ne dois pas attirer l'attention sur moi, je ne me déplace ni trop lentement ni trop vite, je suis le rythme des autres visiteurs. Je ne montre aucune émotion ni inquiétude en faisant des mouvements brusques et désordonnés qui trahiraient la crainte d'être filé. Après tout, à Moscou, j'ai réussi à échapper aux fileurs du KGB dans une ville dont la moitié des habitants sont autant d'indics. Je vais pouvoir rejoindre la station de métro Père-Lachaise et rentrer à mon hôtel.

Tout au long du voyage, je ne peux m'empêcher de m'assurer en palpant de temps en temps ma poche que mon précieux paquet est bien là. À chaque fois que les portières de la rame tardent à se refermer, je m'attends à voir débouler une horde d'inspecteurs du contre-espionnage français venus m'arrêter. C'est un peu angoissant, comme si j'étais descendu en car, tranquille, dans le sud de la France et que je faisais le trajet de retour avec une kalachnikov ou un paquet de drogue dans le coffre de ma voiture de location. L'appréhension tout au long de la route !

Une fois rassuré quant à la sécurité et la réussite de l'opération, je profite de ma dernière soirée à Paris en attendant de reprendre, le lendemain après-midi, mon vol pour Chérémétiévo.

Mes craintes vont se révéler vaines, et ce premier voyage officiel, sous mon propre nom, à l'Ouest, me donne plus d'assurance pour accomplir mes missions futures car le système de contrôle et de surveillance des Français n'est en rien comparable au nôtre. Si l'occasion m'en est donnée, je dois pouvoir y mener un travail d'infiltration efficace à la condition, bien sûr, d'appliquer strictement les préceptes de Drozdov : « Ne relâchez jamais votre vigilance ! »

Cette opportunité va arriver bien plus vite que je ne le pense, mais quand je débarque au Centre, un seul mot circule dans les couloirs : « Trahison ! »

Chapitre 43

J'informe Gorby

J'avais oublié l'aspect administratif du métier d'officier du KGB. Rapports, notes détaillées sur chaque personne rencontrée, je passe trois jours entiers à rédiger mes « carnets de voyage ». Cloisonnement oblige, les analyses qui en résultent ne sont bien évidemment jamais communiquées à l'officier de terrain à l'origine du renseignement. Afin de voir si un individu est déjà connu du Service, mes fiches prennent la direction des archives, dont le personnel sera chargé d'effectuer des recoupements.

Dans ce service, installé dans les sous-sols du Centre, a œuvré jusqu'en 1984 l'émérite camarade lieutenant-colonel Vassili Mitrokhine. C'est lui qui s'est occupé de son transfert depuis l'ancien bâtiment de la place Dzerjinski, où le KGB était trop à l'étroit, pour l'implanter ici, à Yassénévo. Le gigantisme de la tâche, douze années d'intense labeur, a fait que l'opération ne s'est achevée qu'en 1984. Mais, pendant tout ce temps, le brave Mitrokhine n'a pas fait que déménager les archives. Il les a aussi soigneusement recopiées, du moins celles qui lui paraissaient les plus intéressantes. Mais pour trahir, il va avoir la décence d'attendre 1992, l'année de l'effondrement du pays. Pigouzov, lui, n'a pas eu cette retenue.

Quand un traître est démasqué, tous ceux qui le connaissent sont convoqués dans le service. Pour le cas qui nous occupe, celui de Pigouzov, cela s'est produit au moment de son arrestation. Ce n'est qu'aujourd'hui que nous apprenons son exécution. Le KGB estime qu'il est bon que ses jeunes officiers soient avertis du sort que la nation réserve aux traîtres. Celui d'Oleg Penkovsky, un colonel de la GRU qui renseignait les Américains pendant la crise des missiles de Cuba, fait d'ailleurs référence. Arrêté en 1962, puis jugé, la légende prétend qu'il aurait été mis à mort de la plus effroyable des façons : jeté vivant dans un four de crématorium. Un autre transfuge de la GRU, Victor Rézoune, a activement participé à la propagation de cette légende en publiant en Grande-Bretagne, sous le pseudonyme littéraire de

Victor Souvorov, son célèbre opus, *Aquarium*. Divulguée à bas bruit dans tous les organes de renseignement de l'URSS, la rumeur de ce châtiment horrible avait de quoi refroidir les ardeurs de ceux qui auraient été tentés de lorgner au-delà du Rideau de fer.

Le colonel Vladimir Pigouzov était le communisme personnifié, un membre éminent du Grand Comité du Parti de la PGOu et le premier secrétaire de l'organisation du Parti communiste de l'Institut Andropov lorsque j'y étais élève officier ! Mais en 1974, alors qu'il était en poste sous couverture officielle dans la Rézidentoura de Jakarta, en Asie du Sud-Est, les Américains lui ont mis sous le nez des photos sur lesquelles on le voit nu comme un ver dans les bras d'une prostituée. Bien évidemment, celle-ci était appointée par eux ! Ils avaient remarqué que le brave Pigouzov n'était pas insensible aux plaisirs de la chair et ils avaient décidé de le compromettre. Cela s'appelle *honey trap,* un « piège de miel ». C'est l'art du *kompromat.* Vous filmez quelqu'un dans une situation délicate et vous le faites chanter. Un refus ? Vous divulguez vos images auprès de son employeur, son épouse ou, aujourd'hui, sur les réseaux sociaux.

Pas de quoi fouetter un chat, si on ne cède pas à la panique. Dans un tel cas, les consignes sont claires, on avertit le Service afin qu'un contre-feu soit allumé très vite et que l'officier soit exfiltré. Cela, c'est la théorie. Dans la pratique, le fautif sait pertinemment que s'il avoue la moindre incartade, c'en sera fini de tout séjour à l'étranger. Or, travailler dans les pays occidentaux, c'est, à l'époque, la garantie de voir le monde, de s'acheter des produits occidentaux, d'avoir un meilleur salaire et d'accumuler des devises étrangères qui permettront d'avoir une excellente qualité de vie, une fois rentré en URSS.

Monter dans un avion encadré par deux cerbères du contre-espionnage maison, c'était renoncer à tout cela pour Pigouzov. Il a donc préféré collaborer avec les Américains ! Un vrai deal avec rémunération, car il aimait aussi l'argent. C'est qu'il en connaissait des choses, le Vladimir. Effectifs confidentiels de la PGOu, opérations, sites secrets, pendant plus de dix ans il leur a tout vendu ! Les élèves de ma promotion de KI se sont d'ailleurs longuement interrogés sur le fait de savoir s'il n'avait pas aussi donné aux Américains la liste des officiers sortant de l'université du KGB. Enfin, dernier détail, Vladimir Pigouzov ne s'est pas fait prendre, non, il a été dénoncé ! Aldrich Ames, le chef du département chargé de la lutte contre l'URSS à la CIA, était un agent double qui travaillait pour nous. Lorsqu'en 1986 il a vu qu'une taupe installée au plus haut niveau du KGB renseignait l'Agence, il nous a prévenus et Pigouzov a aussitôt été arrêté.

Sa trahison, qui a fait l'effet d'une bombe nucléaire dans les services, a entraîné une modification du modèle d'organisation de la 1re Direction générale. La surveillance de nos effectifs à l'étranger s'est renforcée. Leur production a été contrôlée et le moindre échec survenant dans un pays occidental est devenu synonyme de suspicion. Les règles de sécurité en vigueur dans les Rézidentouras ont été rendues plus strictes.

Il a été déconseillé de sortir seul, ce qui de mon point de vue a facilité le travail de l'adversaire. Dans une ambassade soviétique, la plupart des personnels diplomatiques veulent amasser des devises. Pour cela, ils dépensent le moins possible. Ils en sont même à un point où ils font venir leurs conserves d'URSS. Les officiers du KGB exerçant sous couverture, eux, doivent aller au contact des cibles et futurs agents en fréquentant les bars, les clubs, les salons, les restaurants. Parmi tous ceux qui quittent l'ambassade le soir pour sortir en ville, 95 % sont des espions! Ils se démasquent ainsi, mais ils doivent bien faire leur boulot d'espionnage. Leur interdire ces sorties, ce serait cesser toute activité, autant fermer les Rézidentouras dans le monde entier !

Un cas isolé, cette trahison? Si je fais la somme des traîtres de la « guerre froide » pour l'ensemble des personnels des services de renseignements, politiques et militaires, on dépasse aisément la centaine! Aucune autre administration soviétique n'a fourni autant de transfuges que l'espionnage. Avec toutes ces défections, avions-nous encore des choses à cacher à l'ennemi? Une remise à plat de notre organisation s'imposait, ainsi qu'un renouvellement des effectifs. Il n'en a rien été, car cela aurait signifié pour beaucoup la fin d'un régime de hauts salaires et de privilèges qu'ils entretenaient en mentant sciemment à la direction politique du pays. Là où quelques centaines d'officiers de renseignement efficaces auraient suffi, nous en avions plusieurs milliers qui, avec la bénédiction de leurs chefs, noircissaient à dessein les dangers menaçant, selon eux, l'État. Seul moyen pour cette caste de justifier l'existence des services spéciaux.

Celui qui a tenté d'inverser cette tendance, c'est Andropov. Quand il est arrivé à la Loubianka en 1967, il a dit : «Je ne suis pas un dirigeant du KGB, je ne suis pas un tchékiste, je suis un élu du Parti qui contrôle les tchékistes ». Les grandes décisions concernant le KGB lui-même ou l'orientation du renseignement, il les faisait avaliser par le Comité central en disant : « Camarades, les tchékistes nous informent de ceci, nous devons statuer, car c'est nous qui décidons, eux sont les exécutants». Son départ a, peu à peu, laissé la bride sur le cou du KGB.

*

Mes différents rapports terminés, je reprends mes activités sous couverture de conseiller privé en commerce extérieur et de journaliste à la télévision en y associant de plus en plus l'ambassade de France.

C'est là, lors de la grande réception du 14 juillet 1989, que l'on me présente à Olivier Louis, énarque, ministre conseiller[1] à l'expansion économique. Je l'invite aussitôt à participer à mes émissions dans le cadre d'une série traitant des marchés internationaux.

J'y rencontre également un spécialiste français du marketing, Dominic Duvet[2], qui est venu proposer ses services aux entreprises russes. Problème, il ne parle pas la langue. Je lui remets ma carte de dirigeant de la coopérative Science.Création.Business et nous nous mettons à discuter affaires. Il m'informe qu'il travaille en liaison avec la chambre de commerce franco-soviétique et qu'il représente un bon nombre de sociétés françaises désirant prendre pied dans le marché qui va s'ouvrir en Russie. « La France veut en être », me dit-il.

La chose me paraît trop belle pour être vraie et le lendemain je suis à Yassénévo pour vérifier que mon contact n'est pas un agent de la DGSE. « On ne peut pas jurer qu'il soit "propre", mais nous n'avons pas d'éléments probants de suspicion pour le moment », m'assure-t-on. Nouvelle rencontre, où il m'annonce que mon profil d'ancien du MGIMO l'intéresse. Dans un premier temps, il me demande de lui servir de guide-interprète, puis il me propose un contrat de coopération entre nos deux sociétés. À mes yeux, l'affaire commence à prendre tournure.

Drozdov m'appelle pour me féliciter de faire entrer des devises dans le pays, mais lui, ce qu'il veut voir entrer, c'est du renseignement ! Il ne me le dit pas, mais je le lis dans ses pensées : « Mon garçon, à part boire du champagne avec tes amis français, tu sers à quoi ? »

Je m'arrange alors pour retourner en novembre 1989 en France, à Valence, dans la Drôme, où je participe comme membre du jury au Festival international du film de descente de rivière. *Le Dauphiné libéré* fait mon portrait sous le titre « Le juré venu du froid » qui faisait référence au célèbre roman d'espionnage de John Le Carré. La rédaction ne sait pas à quel point elle met le doigt sur ma véritable fonction.

Je visite aussi l'entreprise de Duvet, qui est basée à Besançon. Il me met en contact avec d'autres dirigeants qui veulent également

1. Le ministre conseiller en charge du poste d'expansion économique est le troisième personnage en importance de l'ambassade.
2. Le nom a été changé à la demande de l'intéressé.

s'introduire sur le nouveau marché en expansion. Je les sens prêts à consentir beaucoup de sacrifices pour s'installer en Union soviétique. Je sais que Duvet est suivi comme son ombre par les fileurs de la 7e Direction, afin de vérifier quels sont ses contacts en URSS. Je fais une fiche sur chaque Russe qu'il rencontre, travail fastidieux s'il en est, mais cette activité aux côtés de Duvet « blinde » ma couverture d'homme d'affaires et de journaliste.

C'est à ce moment-là que le Mur de Berlin tombe comme un fruit mûr. Sa chute, qui va entraîner la désagrégation du bloc de l'Est, va paradoxalement faire de moi un incontournable de la Direction « S ».

*

En octobre 1989, Gorby se déplace en RDA pour participer à la grande fête internationale du 40e anniversaire de la RDA. Sa venue provoque des manifestations populaires où l'on réclame plus de liberté en Allemagne communiste ainsi que la démission du conservateur Erich Honecker parce qu'il refuse de faire sa perestroïka. Deux semaines plus tard, c'est chose faite, le vieux dinosaure est-allemand est démis de ses fonctions à la tête du Parti et remplacé par un « démocrate », Egon Krenz.

La nouvelle direction refuse d'employer la force quand, le 9 novembre au soir, un mouvement populaire spontané presse d'ouvrir les frontières avec la RFA. Krenz ordonne aux gardes-frontières de laisser faire. La libre circulation entre les deux Allemagnes est installée. La Terre entière a les yeux rivés sur Berlin, où les gens commencent à s'affranchir du communisme et à démanteler le Mur construit par Khrouchtchev l'année de ma naissance. Le monde est en train de basculer dans une nouvelle ère. Je suis en France, à Besançon, en mission pour le KGB, mais j'ai une terrible envie de prendre la voiture et de foncer sur Berlin pour assister à un moment historique aussi marquant.

Deux jours plus tard, le violoncelliste russe mondialement connu Mstislav Rostropovitch, exilé en Occident, interprète au pied du Mur un extrait des *Suites pour violoncelle seul* de Jean-Sébastien Bach. Belle revanche pour cet apatride qui avait fui l'URSS pour les États-Unis en 1974 parce qu'il soutenait ouvertement Alexandre Soljenitsyne et les opposants au régime. Après l'avoir accusé de porter atteinte au prestige du pays, Brejnev, ce visionnaire, l'avait déchu de sa citoyenneté soviétique. La douce musique de l'artiste célèbre la chute du Mur de Berlin et présage la mort du communisme.

À Dresde, sous les fenêtres de la petite cellule de liaison entre le KGB et la Stasi locale, avec le lieutenant-colonel Vladimir Poutine, la foule gronde. Elle ne veut pas s'en prendre directement aux tchékistes soviétiques mais à la Stasi, avec laquelle ils partagent les locaux. Inquiets de la tournure que pourraient prendre les événements, ils reçoivent l'ordre de Berlin : Brûlez tout ! Archives, notes, fiches individuelles… L'incinérateur fonctionne à plein régime.

Et voilà que Werner Grossmann, le chef du renseignement est-allemand, nous avertit que les tchékistes du KGB, dont le camarade Poutine, se sont constitué un réseau d'informateurs à base d'agents de la Stasi dont la couverture ne tient plus. Or, ceux-ci ont été amenés à travailler avec des officiers du KGB qui sont toujours en place en Allemagne de l'Est. Impardonnable, pour le Service, que de mettre en danger la vie des siens par une telle imprudence. Retour immédiat à la maison pour Vladimir Poutine en janvier 1990 ! Et cette fois encore, il n'ira pas à Yassénévo mais retournera à Léningrad, dans sa province natale.

*

En février 1990, je suis justement en déplacement à Léningrad avec mon partenaire français pour des négociations commerciales et la tournée de Pierre Boulez. Un grand concert est organisé à la Philharmonie de la ville avec une réception offerte par la mairie. Toute la gentry de l'ancienne capitale impériale est rassemblée dans les salons d'apparat et veut être présentée au grand compositeur de musique occidentale moderne.

Aux côtés du maire, je repère soudain un visage qui m'est tristement connu, celui de l'homme qui a failli « cramer » ma légende clandestine à Dresde en 1986 ! Il m'aperçoit également. Cette fois il a retenu la leçon : me voyant entouré de Français, il n'ose plus venir me témoigner ses sentiments impétueux. Accompagné de son ami intime, le violoncelliste Roldouguine, Vladimir Poutine, toujours aussi terne et malingre dans son costume gris de tchékiste, est là, dans un coin, paraissant totalement égaré au milieu de cette foule multicolore, bruyante et flamboyante.

Je fais le premier pas pour lui faire comprendre qu'ici je ne suis plus sous une légende, mais juste sous couverture. Profitant de l'absence momentanée des étrangers autour de nous, je peux être encore plus direct :

– Décidément, on se croise tout le temps, commandant Poutine !

– Lieutenant-colonel !
– Pardon ! J'espère que je ne gêne pas votre mission ici…
J'ai envie d'ajouter :
– … comme vous aviez gêné la mienne en RDA !
– Je ne suis pas en mission, je vis à Léningrad. Curiosité pour curiosité, il y a quatre ans, à Dresde, c'était vous, l'étudiant belge ?
– Vous connaissez la règle du métier, ce que vous devez connaître en fonction de votre niveau de compétences, le commandement vous le dira. Si vous ne savez pas quelque chose, c'est que vous n'avez pas à le savoir… Bonne continuation ! Je dois retourner vers mes amis français. Je ne sais pas si l'on se reverra un jour, je repars bientôt en France, pour longtemps.

Je le laisse dans le doute. J'avoue que c'était un peu mesquin de ma part de remuer le couteau dans la plaie de celui qui ne réussira jamais dans l'espionnage. Sur son visage peu expressif, je lis un brin de jalousie et cela suffit à me faire plaisir…

À quarante-sept ans, il a atteint son plafond opérationnel au KGB. Il n'a plus de perspectives de progression dans sa catégorie de personnel et il lui reste la perspective d'une stagnation assez longue et très ennuyeuse en attendant la retraite. Seule possibilité pour s'en sortir, accéder à un programme interne de formation continue pour passer dans la catégorie supérieure des chefs, avec, à la clé, une promotion au grade de colonel. Et c'est un seuil radical, car ce grade militaire, ce n'est plus le président du KGB qui l'octroie mais le præsidium du Soviet suprême.

La direction du personnel du KGB a jugé que Poutine ne possédait pas les qualités nécessaires pour être un dirigeant et l'a définitivement mis dans un « placard ». Sous la couverture de responsable international de l'université de Léningrad, il est chargé de recruter des petits indics et de futurs agents. Sa carrière au KGB est finie. Il ne sera jamais un véritable espion comme il l'avait tant espéré, il n'aura jamais mis les pieds en Occident, ni à Yassénévo.

Pourtant, la vie lui (et à nous tous) réserve un revirement spectaculaire et totalement inattendu. Son billet gagnant de la loterie lui vient d'Anatoli Sobtchak. Cet ancien professeur de droit de l'université de Léningrad, brillant intellectuel et orateur, mais piètre gestionnaire, est devenu le nouveau maire « démocrate » de la ville. Ne connaissant rien en gestion ni en relations internationales, il est content de l'aide qui lui est gentiment proposée par son ancien élève tchékiste effacé mais servile et ordonné. Poutine voit sa vie opérationnelle dans une impasse et veut essayer avec Sobtchak autre chose, en dehors du KGB et de l'ancien régime soviétique qui commencent tous deux à vaciller après la chute du Mur de Berlin.

La nouvelle et inespérée carrière de Poutine est lancée. Quand il deviendra, grâce à la fille de Eltsine et de quelques oligarques autour d'elle, le président de la Russie en 2000, il gardera pour le Service de l'espionnage du KGB une féroce rancune, une haine tenace, et fera longtemps payer son échec personnel aux successeurs de la 1re Direction générale du KGB. Il se débarrassera aussi de tous ces bienfaiteurs qui l'ont connu dans une position de subalterne. Les morts de Sobtchak et Bérézovsky sont entourées de circonstances troublantes…

*

Poutine n'est pas le seul dans sa province à anticiper le vacillement du régime et les changements profonds qui s'opèrent dans le pays. Nos dirigeants du KGB ont les jumelles et le cornet acoustique braqués sur le Kremlin et la société civile, qui bouge de plus en plus. Je décide alors de leur fournir quelques informations confidentielles sur la situation politique à l'intérieur du pays et sur les nouveaux acteurs qui y installent leurs pions, chose qui est, en principe, en dehors de notre cahier des charges en tant qu'espionnage extérieur.

Je profite d'une rencontre avec Drozdov pour lui glisser :

– Mon général, je suis allé discrètement rencontrer en mars 1990 Vladimir Jirinovski, après le congrès de création du nouveau parti libéral-démocrate, premier parti d'opposition officiellement reconnu. Pas de doute, le pays est en train de changer. J'ai discuté avec lui et je lui ai proposé de prendre en charge ses relations internationales. Il m'a paru emballé.

Je n'ai pas osé lui dire : « C'est la fin du monopole du communisme », mais Drozdov a compris ma pensée.

– On a parlé de lui avec les patrons de la 5e Direction, la police idéologique, qui ont placé des types à eux dans son parti, mais pas à ce niveau. C'est bien joué, Sergueï ! Entre nous, ils le prennent pour un cinglé !

– Il y a un côté inquiétant chez certains dissidents mais Jirinovski, lui, a l'air plus crédible. Il va organiser une manifestation sur la place Rouge que je vais faire filmer par mon équipe de télévision.

Drozdov me regarde, l'air désolé.

– La place Rouge ! C'est la première fois qu'une manifestation libre va avoir lieu là… Ici, on considère Jirinovski comme dangereux ! Ne le lâche surtout pas ! Viens me voir après la manifestation de Jirinovski.

Pas besoin d'explication. Youri Drozdov ne complote pas, même si les choix qui sont faits pour le pays ne lui conviennent pas, il reste fidèle aux dirigeants désignés par le Parti. Mais pour celui qui a coutume de dire qu'entre deux conflits c'est la guerre secrète qui prend le relais, il n'est pas supportable de voir le KGB se désintégrer lentement. Et pourtant, tout autour de nous les défections se multiplient, spectaculaires parfois.

*

Mikhaïl Boutkov, pseudo d'école « Batov », un élève de ma promo au KI, vient de mettre les voiles de la Rézidentoura d'Oslo, en Norvège, où il exerçait comme OT avec une couverture de correspondant pour la *Rabotchaïa Gazeta* (le *Journal des travailleurs* des éditions Pravda). Et il n'est pas parti sans emmener un petit quelque chose, histoire d'amadouer ses nouveaux amis. Il a emporté avec lui la liste de ses sources norvégiennes, celle de ses collègues de la Rézidentoura d'Oslo et du 3e département géographique de Yassénévo, en charge de le Grande-Bretagne et des pays scandinaves. Et en prime, pourquoi pas les listings complets de centaines de jeunes officiers de l'École de la Forêt, avec leur spécialisation en langues étrangères et leurs futures affectations, dont moi-même ? Secrétaire du bureau du Parti de notre promo au KI, il avait accès à tous les questionnaires confidentiels auxquels doivent se soumettre les élèves officiers, avec leurs vrais noms et pas seulement leurs pseudonymes d'école.

De l'or en barre pour les services adverses ! De quoi empêcher Chébarchine, le nouveau patron de la 1re Direction générale depuis que Vladimir Krioutchkov a laissé la place libre pour devenir, en octobre 1988, président du KGB et membre du Politburo, et ses amis, de dormir sur leurs deux oreilles pendant longtemps ! Et comme Boutkov ne fait pas les choses à moitié, il publie aussitôt un livre, *Le KGB en Norvège,* qui vaut à la quasi-totalité de la Rézidentoura d'Oslo de se faire expulser et de se voir estampiller par le KGB *névyezdnoï,* ne pouvant plus sortir des frontières d'URSS. Le poids de cette trahison pèse encore aujourd'hui sur les réseaux du SVR.

Boutkov, lui, obtiendra la nationalité britannique et prendra le nom de Malcolm Newman. Ayant un ego démesuré et se croyant sous-estimé par le MI6, il passe au privé et se met à escroquer les nouveaux riches russes auxquels il offre ses services afin de leur rendre la vie plus facile en Europe, en Suisse en particulier. Pourchassé et condamné par les tribunaux suisses et britanniques, il disparaît dans la nature, emportant avec lui un pactole de 3 millions de livres sterling.

Dire qu'à Yassénévo l'ambiance est à la fête serait donc exagéré. Et le meilleur reste à venir. Ce sera pour l'année prochaine.

*

Indifférent aux rumeurs contradictoires qui circulent, je me consacre uniquement aux préparatifs de ma mission. Je le fais pour Drozdov, qui m'a toujours accordé sa confiance.

Comme je l'avais promis, j'assiste avec une équipe de télévision au grand rassemblement public du parti libéral-démocrate de Russie de Jirinovski, qui participe au premier défilé libre le 1er mai 1990. Une foule immense envahit la place Rouge et se met à conspuer le bureau politique de Gorbatchev, qui quitte la tribune du mausolée de Lénine sous les huées. Du jamais vu depuis 1917 ! Tout le monde comprend alors que les jours du régime sont comptés.

Arrivés très tôt le matin, nous filmons les préparatifs, les mots d'ordre, les conversations discrètes échangées entre Jirinovski et ses lieutenants, etc. Il y a là une délégation d'Italiens qui propose de m'acheter officiellement une copie de la cassette 10 000 dollars cash, auquel ils ajoutent un bakchich substantiel en lires italiennes ! J'accepte et garde les dollars pour ma tirelire du KGB, laissant au réalisateur le soin de répartir les lires entre les membres de son équipe.

Le lendemain, quand je fais mon compte rendu à Drozdov, il me dit d'ouvrir un compte en France et d'y placer l'argent. Cela ne peut mieux tomber, puisque je repars bientôt pour Paris.

*

Drozdov veut de moi autre chose que des rumeurs de cocktails diplomatiques, des potins du milieu des dissidents et des business plans à petite échelle. Les marchands régionaux de vins et de fromages que Duvet me propose n'intéressent pas le Service. L'accent doit être mis sur l'aspect scientifique et technologique des relations commerciales. Le fossé qui nous sépare des Occidentaux a été mesuré par nos chercheurs, c'est un abîme! Nous devons absolument nous rapprocher des dirigeants de l'Ouest pour conquérir leurs savoir-faire.

Je mets donc la pression sur Duvet afin qu'il me fasse connaître des entreprises qui correspondent à mes recherches, mais il hésite. J'essaie de le convaincre, mais voilà qu'il se cabre. Lui veut en rester aux produits pour lesquels il est mandaté. Tout ce qu'il pouvait me donner, il me l'a donné, me dit-il. Nous sommes avec lui dans une impasse : il veut profiter de l'ouverture du marché soviétique et mon intérêt d'espion se trouve en Occident.

Je prends mes distances avec lui et pars en France, seul.

En juin 1990, sous ma casquette de directeur des relations internationales de la fondation Krestianka, que j'ai créée avec l'appui de la revue éponyme, plus grande revue féminine de l'URSS, avec un tirage mensuel de 22 millions d'exemplaires (éditions Pravda), je participe aux 10e Assises internationales de l'Admical, très puissante association du mécénat industriel et commercial.

On change totalement de registre et d'échelle de grandeur par rapport à mon ancien partenaire Duvet avec ses agriculteurs régionaux. Une table ronde réunit tous les ministres français de la Culture vivants : Jean-Philippe Lecat, François Léotard, Michel d'Ornano, Alain Peyrefitte, Philippe de Villiers et l'actuel, Jack Lang, que j'ai déjà interviewé à Moscou. J'en profite pour obtenir un rendez-vous avec François Léotard, président du Parti libéral et futur ministre de la Défense, pour établir un contact pour le compte du LDP de Jirinovski. Mon carnet d'adresses parisien devient impressionnant : hommes politiques en vue, hauts fonctionnaires, grands industriels, journalistes influents.

Pourtant, je reste sur mes gardes, d'une part parce qu'il est possible que Pigouzov ait balancé mon nom aux services français et qu'il se peut que Duvet soit sous le contrôle de la DST ou de la DGSE. À chaque départ, le Centre me fait la même recommandation : *« Il est important que l'Occident ne réalise jamais que vous êtes un espion. Ne vous faites jamais prendre en flagrant délit, car dès que l'on vous soupçonne, vous êtes cuit ! »*

À mon grand étonnement, c'est exactement l'inverse qui va se passer.

*

Je note que peu à peu mes contacts français commencent à se plaindre. Et de quoi donc ? Du bordel ambiant qui s'installe en URSS avec Gorbatchev qui ne contrôle plus rien et auquel ils ne sont pas habitués. Lors d'une visite, le patron d'une fabrique de précision m'entraîne à l'écart.

– Sergueï, je ne sais pas trop comment vous le dire, mais nos relations avec l'URSS deviennent compliquées. Je ne parle pas seulement en mon nom, mais au nom de tous les industriels qui sont en affaire avec vous.

– Et pourquoi donc ?

– On ne va pas vous reprocher de vous ouvrir à la démocratie, c'est même plutôt bien, mais depuis que Gorbatchev a ouvert les portes, je vous le dis franchement, Sergueï, c'est la pagaille !

Tout en l'écoutant, je réfléchis à toute vitesse. Occupé que j'étais, tel un athlète dans son couloir, à collecter du renseignement, je n'ai pas suffisamment regardé la situation réelle du pays. Quelques bruits sur des demandes de rançon formulées par des organisations criminelles à l'encontre de sociétés cherchant à s'implanter circulent bien chez nous, mais je n'y ai pas prêté trop d'attention. Ce Français va plus loin.

– Avant, c'était simple. On traitait directement avec les représentants du ministère du Commerce extérieur, de la chambre de commerce ou de la commission interministérielle franco-soviétique. Maintenant, on a une multitude d'interlocuteurs qui se présentent comme des apporteurs d'affaires ou des officiels du gouvernement et des régions. Résultat, quelques-uns d'entre nous se sont fait racketter et un sentiment d'insécurité règne chez les patrons français.

– Je vais voir ce que je peux faire…

– Mais moi je vais vous le dire, ce que vous pouvez faire ! Sergueï, connaissez-vous quelqu'un au KGB ?

Les bras m'en tombent.

– À franchement parler, non ! Mais pourquoi donc ?

– Ce sont les seuls capables de tenir la boutique, à mon avis ! C'est le dernier bastion qui reste. Je suis persuadé qu'avec eux comme intermédiaire tout serait sécurisé.

– Je vais voir avec le commerce extérieur et je reviens vers vous très vite.

Sitôt après les avoir quittés, je fais un tour d'horizon de la question en passant quelques coups de fil dans différents ministères. Et effectivement, l'insécurité qui s'installe en URSS devient un sujet de préoccupation pour toutes les sociétés étrangères désirant faire affaire avec nous.

Les Français du CAC 40 adorent les dictatures, car il n'y a en général qu'un seul interlocuteur, dont la décision n'est jamais remise en cause. Et c'était bien le cas avec nous ! Auparavant, le PDG d'Elf traitait directement avec le Premier ministre, et les contrats étaient signés dans la journée. Aujourd'hui, les dirigeants d'entreprise se retrouvent face à une myriade de « décideurs », et il est difficile de différencier le bon de l'escroc ou du bandit.

*

De retour à Yassénévo, je collationne tout ce que j'ai recueilli sur le sujet et me décide à rédiger une note. Cinq pages, tapées à la machine à écrire, car en septembre 1990, les ordinateurs ne sont toujours pas arrivés à la Direction « S ».

J'y développe le postulat suivant : *« Le KGB est, aux yeux des étrangers, un élément fiable et représentatif de l'URSS, dont il est le garant de la sécurité de l'État. Les Occidentaux, et les Français en particulier, attachent une importance vitale à le voir associé aux négociations commerciales en cours. »* Il est près de 18 heures quand je dépose mon rapport chez mon chef de département et quitte tranquillement Yassénévo. Je viens à peine d'arriver chez moi que le téléphone se met à sonner. C'est le secrétariat de Drozdov.

– Reviens au Centre immédiatement ! Une voiture de service viendra te chercher dans cinq minutes en bas de chez toi.

J'ai à peine le temps de descendre au pied de mon immeuble que je vois la Volga GAZ-24 avec le gyrophare qui freine devant la sortie. Pour me faire revenir illico et de cette façon, c'est sûr, il y a le feu au lac ! On fonce à travers la ville, sirène hurlante et tous feux clignotants.

– Drozdov t'attend, me dit le colonel Valéry, mon chef de département, quand je monte au vingtième étage.

On descend ensemble au cinquième, l'étage des chefs de la Direction « S ». Je pousse la porte du bureau de Drozdov pour découvrir mon rapport en train de se balancer, coincé entre le pouce et l'index du général.

– Tu en as mis du temps pour arriver !

J'ai à peine le temps de bredouiller deux mots d'explication qu'il reprend :

– Dis-moi, mon garçon, on vient de lire ton truc. Tu es bien sûr que tu ne fais pas mousser un peu les choses là-dedans ?

– Négatif, mon général. C'est l'exact reflet des conversations que j'ai eues avec les Français.

– Très bien ! Alors tu vas m'en faire une synthèse. Une page et demie ! Tu laisses le haut libre ainsi qu'une bonne marge en bas. Tu mets ça sur mon bureau quand tu as fini et tu viens me voir demain matin à 9 heures. Au boulot !

*

Il est comme ça, Drozdov. Ceux qui ne le connaissent pas pourraient le prendre pour un tyran au ton familier. C'est tout l'inverse. On peut même considérer cette familiarité comme un signe d'affection. Je perçois chez lui une sorte d'amitié à mon égard mais je ne suis pas le seul à m'en apercevoir : autour de moi, les jalousies vont bon train. Parfois, le soir, il me demande de passer dans son bureau et nous échangeons autour d'un verre de vodka.

L'assaut, à vingt ans, sur le Reichstag de Berlin en 1945, les coups tordus comme illégal, la guerre en Afghanistan, le récit de ses souvenirs étaient autant de leçons pour le jeune illégal que j'étais. Et puis, un jour, il s'est mis à me parler de l'un des sujets qui lui tenaient le plus à cœur. Les spetsnaz de Vympel, son bébé ! C'est en effet lui qui a créé l'unité au début des années 1980 et rares sont ceux qui ont pu entendre de sa bouche son épopée. Ce jour-là, je l'ai écouté sans l'interrompre.

– À cette époque, me dit-il, je n'étais pas satisfait des forces spéciales qui existaient alors au KGB. Zénith, Kaskad et Oméga n'avaient pas à mes yeux les qualités requises pour accomplir des missions extrêmement spécialisées. Comme le sabotage d'une centrale nucléaire, la prise de contrôle d'un sous-marin atomique amarré dans un port, l'assassinat de dirigeants ennemis précédé par une longue infiltration dans une capitale occidentale ou encore la destruction d'infrastructures stratégiques. Nous ne sommes pas dans l'armée chez les paras ni à la GRU. Je ne voulais pas d'une pléthore de guerriers aux gros bras et sans cervelle, mais juste une centaine d'opérationnels motivés. Ils devaient pouvoir agir en groupe mais aussi en binôme et en civil, il fallait qu'ils parlent plusieurs langues et qu'ils aient un bon bagage. Peut-être pas universitaire, mais suffisant pour prendre des décisions en autonomie sur le terrain. Les tests de sélection ont été impitoyables. Les candidats venaient bien sûr des autres groupes de spetsnaz mais aussi de tout le personnel du KGB. Leur formation a duré deux ans et, pour la petite histoire, je peux te dire que j'ai réussi à en envoyer quelques-uns faire des stages dans les unités spéciales de l'OTAN, illégalement bien sûr ! D'autres sont même allés étudier à la Sorbonne[1] à Paris.

Il regarde l'insigne posé sur son bureau, le glaive sur le bouclier. Je crois distinguer une sorte de nostalgie dans ses yeux. Regrette-t-il le temps où il était leur chef ou bien pressent-il l'avenir sombre qui se dessine pour les hommes de Vympel ?

– En 1987, nous avons fait un grand exercice. Les gars ont débarqué depuis un sous-marin, près de Sébastopol. Ils ont traversé la Crimée

1. Ces deux faits sont relatés par le général Youri Drozdov, longtemps après son départ en retraite, dans une interview au média en ligne russe Fontanka.ru en avril 2011 (repris par *Military Review* la même année).

pour finir à Kiev. Tous les KGB locaux d'Ukraine étaient à leurs trousses, ainsi que les officiers détachés de Moscou, personne n'a rien vu ! Ensuite mes hommes sont allés droit sur les centrales nucléaires russes de Voronej et de Béloïarsk pour les observer. La nuit, ils ont pénétré dans les salles des réacteurs et procédé à leur « sabotage », fictif bien sûr. Dans le même temps, un autre groupe a fait sauter fictivement des tronçons entiers de l'oléoduc « Droujba », le plus grand du monde avec ses 4 000 kilomètres de long. Ils sont allés jusqu'à accrocher des panneaux « mines » sur les postes de sécurité ! Évidemment, cela n'a pas plu à tout le monde. Moi, je voulais prouver qu'une petite équipe d'hommes déterminés et bien entraînés était capable de mettre un pays à feu et à sang !

– Mon général, je suis passé à Balachikha, là où Vympel est stationné, impossible de les approcher, même pour nous qui sommes de la même maison.

Il m'arrête d'un geste.

– La discrétion, c'est ce qu'il y a de mieux pour tout le monde. La main gauche doit ignorer ce que fait la main droite surtout si c'est celle qui frappe ! Mais ne t'inquiète pas pour leur entraînement, on surveille cela de très près. Un matin, je suis venu les contrôler à l'improviste alors qu'ils s'exerçaient au corps-à-corps. Ils avaient installé un ring dans un gymnase… Insensé ! Tu imagines le truc ! Je les ai arrêtés tout de suite. « Vous croyez que l'ennemi vous attend sur un ring, bien au chaud ? C'est dehors et sur l'asphalte que ça se passe ! » Pour être capable de mener ce genre de combat, il faut de la rusticité, du fonctionnement en mode dégradé, qu'ils sachent avec quelles herbes on doit farcir un rat pour qu'il soit comestible, comment fabriquer des explosifs avec des produits ménagers et comment tuer quelqu'un en faisant croire à un accident ou à une mort naturelle.

Ils doivent être à l'aise partout. Personne ne s'est fait prendre quand je les ai envoyés dans les pays occidentaux constituer des caches de matériel de sabotage que nos équipes auraient trouvé sur place dans les semaines précédant un conflit. Forêt-Noire, Vosges, Alpes, on en a un peu partout, la GRU s'occupait des armes et nous du reste, cartes, transmissions, matériels spéciaux, lingots d'or et pierres précieuses – en temps de guerre, les billets de banque ne valent rien... Tiens, au fait! Ces caches, que vont-elles devenir? J'en connais qui vont avoir mal au crâne quand ils vont devoir s'en occuper!

*

Il est 8h50, le lendemain de la rédaction de ma synthèse, lorsque je m'installe à mon bureau après avoir réalisé le rituel des scellés et boîtes métalliques. À 9 heures, le téléphone intérieur sonne. « Chez Drozdov! » Quand j'entre, je vois la silhouette de Léonide Chébarchine, le grand chef de la PGOu, qui me fait signe de m'approcher.

– Relis ton papier et dis-nous si tu as quelque chose à retrancher ou à ajouter.

La première chose qui me saute aux yeux, c'est que l'en-tête du KGB figure à présent sur la marge que j'avais laissée. Je parcours attentivement mon texte et le tends à Chébarchine.

– Aucune modification, mon général.

– Alors, on signe!

Je les vois apposer chacun leur paraphe et Drozdov ferme l'enveloppe spéciale pour la donner à une estafette qui l'attend à l'accueil. Je m'apprête à les quitter, mais Chébarchine m'arrête.

– Ce papier part au Kremlin. Il est possible que l'on nous pose des questions sur le sujet, donc à partir de maintenant tu ne bouges plus de ton bureau!

Je m'exécute.

Si je n'ai pas exprimé le fond de ma pensée à mes deux chefs, je ne suis pas dupe de la lutte à mort que se livrent dans les coulisses du pouvoir les démocrates, tenants de la ligne « Gorby », et les conservateurs. Or, le patron du KGB, Krioutchkov, fait partie de ces derniers. Et pour lui, ma note arrive à point nommé pour affûter ses arguments en faveur d'un retour à la ligne dure du communisme. Mon texte va donc être utilisé politiquement, Krioutchkov présentant, à coup sûr, le KGB comme étant l'ultime rempart contre le chaos qui menace. Avec le recul, je dois reconnaître que cette note explique aussi pour une grande partie pourquoi la candidature du tchékiste Poutine a tant plu aux Russes en 1999-2000 et plaît encore aujourd'hui.

En ce qui concerne Krioutchkov, on ne peut pas dire que l'ancien collaborateur d'Andropov, devenu à son tour chef du Comité pour la sécurité de l'État, brille par son intelligence et son ouverture d'esprit. Il voit partout des coups tordus fomentés par l'Occident qui profite, selon lui, des faiblesses de Gorbatchev. Celui-ci, qui l'a nommé à la tête du KGB en 1988, pense avoir mis là un affidé. Il s'est trompé une fois de plus dans ses choix : c'est un comploteur qu'il a installé à la tête de l'organisme le plus puissant du pays.

À 17 heures, c'est l'euphorie. Je suis à nouveau convoqué, mais chez Chébarchine, cette fois. Il m'accueille en ouvrant les bras.

– Ton papier a été signé par Boldine, le dircab de Gorbatchev, ce qui veut dire que celui-ci l'a eu entre les mains ! Félicitations ! T'as mérité un gueuleton !

Le lendemain soir, on se retrouve dans la datcha où avait eu lieu ma rencontre avec Andropov en 1982 et où l'on avait fêté mon départ pour la France en 1989. Au milieu des toasts de vodka et des zakouskis servis à profusion, Chébarchine me glisse :

– La note que tu as faite a été jugée excellente par tous ceux qui l'ont lue. Aujourd'hui, tu nous as rendu un immense service. Vois Drozdov, il te dira ce que l'on attend de toi.

Inutile que l'on me le précise. Je vois bien que le KGB est entré dans la lutte politique. Gorbatchev a lancé une campagne de modernisation intitulée « L'accélération » afin de moderniser le pays. Comme il n'a pas le moindre rouble pour financer son projet, la planche à billets de la Gossbank tourne à plein régime. Résultat : l'inflation galope et l'on fait de plus en plus la queue devant les magasins où les prix sont fixés par l'État. Deux monnaies coexistent alors, le rouble classique et le rouble transférable, sorte d'argent virtuel utilisé pour les échanges commerciaux et l'élaboration du plan quinquennal. Le déficit budgétaire du pays atteint 10 % du produit intérieur brut et le rouble se déprécie à la vitesse grand « V ». La « cagnotte » de devises étrangères que je me suis constituée quand je travaillais chez Spoutnik et pendant mes missions en France ces derniers temps a vu sa valeur multipliée par 10 !

La plupart des mesures prises par Gorbatchev se retournent contre lui. Par exemple, celles qui concernent la lutte contre l'alcoolisme. En voulant réduire la production d'alcool, les meilleures vignes du sud de la Russie ont été sacrifiées pour le plus grand bonheur des mafias qui organisent le marché noir. Je remets une note à Drozdov sur le sujet en faisant un parallèle avec les lois sur la prohibition dans les années 1930 aux États-Unis. Comme mes autres synthèses, celle-ci est utilisée pour tenter de faire revenir le chef de l'État sur les avancées démocratiques afin de refermer le pays.

L'URSS de Gorbatchev n'a plus de cap et poursuit sa vrille fatale. La désintégration de l'Europe de l'Est se poursuit. Les deux Allemagne sont en voie de réunification et, parmi les quinze républiques qui constituent l'URSS, quelques-unes réclament l'indépendance. Autant dire que pour la ligne conservatrice que défendent les dirigeants du KGB, il s'agit là d'un *casus belli* qui exige que les affaires du pays soient reprises en main. Ce à quoi va s'employer notre chef, Krioutchkov, qui vit en plein délire complotiste. Le voilà maintenant persuadé que le bras droit de Gorby, Alexandre Yakovlev, ennemi juré des conservateurs, est un correspondant de la CIA! D'ailleurs, dit-il à mots à peine couverts, le secrétaire général du PCUS lui-même est probablement un agent d'influence des Américains.

*

Pour ceux qui avaient encore un doute sur la réaction des apparatchiks du régime, le coup de grâce est donné le 20 décembre 1990. Dans un discours devant le Congrès des députés du peuple, le ministre des Affaires étrangères Édouard Chévardnadzé, sans avoir consulté Gorbatchev, annonce à ses membres médusés qu'un coup d'État se prépare.

« J'ai la déclaration la plus courte et la plus difficile de ma vie à vous faire. Les démocrates se sont enfuis, les réformateurs se cachent, la dictature s'approche, je le déclare, mais personne ne sait quelle sera cette dictature et qui sera le dictateur. Je démissionne, que cela soit mon drapeau, que ce soit ma protestation contre l'avancée de la dictature, je vous remercie, plus particulièrement Mikhaïl Gorbatchev, dont je suis l'ami. Je ne peux pas donner mon accord à la dictature qui arrive. »

Gorbatchev, vexé, lui répond avec aplomb : « D'après mes informations, et j'en ai beaucoup, vous pouvez imaginer, aucun coup d'État ne se prépare chez nous. Pas d'hystérie ! » Il aura l'air un peu benêt, ce pauvre Gorby, quand six mois plus tard il se retrouvera bloqué à Foros, en Crimée, par les putschistes.

Il me faut échapper à l'ambiance malsaine et aux couteaux qui s'aiguisent à Yassénévo et dont je pressens qu'il ne ressortira rien de bon. C'est alors que j'imagine la mission qui va marquer mon destin.

Chapitre 44

Le coup de maître espion à Paris

Tout en me félicitant pour mes notes sur la situation interne, qui devient de plus en plus préoccupante, Drozdov me rappelle que nous sommes un service de renseignements extérieurs et me pousse à me réorienter sur notre cible principale, l'Occident. Mon début prometteur aux Assises de l'Admical en juin 1990 a été apprécié, et c'est dans cette direction-là qu'il faut que je continue. Il faut s'approcher au plus près des centres de décision du pouvoir et des décideurs politiques occidentaux. C'est le contenu de leurs coffres-forts qui intéresse notre service d'espionnage extérieur.

Après réflexion, je propose à Drozdov d'utiliser mon nouveau carnet d'adresses à Paris et ma couverture de journaliste pour réaliser une série d'émissions sur les institutions françaises.

– Que peux-tu en ramener ? me demande-t-il.

– À l'allure où vont les choses, les contacts que nous avons noués avec tous les Français qui ont des sympathies communistes vont devenir obsolètes. À nous de trouver en France des relais bien placés susceptibles d'aider la nouvelle Russie qui va émerger.

– Parce que tu y crois, toi ? Alors, c'est d'accord. Fonce ! C'est toi qui as raison, les choses sont en train de changer. Essaie d'identifier leurs futurs dirigeants, ceux qui pourront, plus tard, aider notre pays ou sur qui nous pourrions avoir une prise.

*

Dès mon arrivée en France, en janvier 1991, je fais le tour des grandes institutions. C'est l'époque de la Gorbymania, l'URSS est à la mode. On me déroule le tapis rouge partout. J'obtiens des contacts avec l'Élysée, Matignon, le Palais Bourbon et celui du Luxembourg…

Je téléphone aussi à l'École nationale d'administration. Je me présente comme un journaliste russe, francophile et francophone, réalisant une série d'émissions sur les institutions françaises. À ce titre, il me semble indispensable de réaliser un reportage sur cette matrice de la haute administration française qui fait partie des services du Premier ministre. On me passe aussitôt la chargée des relations internationales de l'école, qui me propose immédiatement un rendez-vous.

Le lendemain, je suis au n° 13 de la rue de l'Université, dans le VIIe arrondissement, l'un des plus chics de Paris. Et pourtant, l'endroit ne respire pas, à proprement parler, le luxe. Une cour en pavés parisiens, un hall d'accueil avec un comptoir circulaire et quelques fauteuils, rien d'ostentatoire ni de quoi impressionner le visiteur. Je me présente et un appariteur m'entraîne dans un dédale de couloirs jusqu'au bureau de Mme Jacqueline Repellin.

Le moins que l'on puisse dire, c'est qu'on y est à l'étroit. Après le faste des locaux du MGIMO, décorés de riches tentures et ornés des portraits de nos valeureux dirigeants, là je tombe dans le misérabilisme ! Une petite pièce encombrée de dossiers, un bureau en bois qui doit dater de la création de l'école en 1945. *S'ils veulent donner une impression de modestie et de travail acharné, c'est réussi*, me dis-je.

Je lui sors mon plus beau sourire et déballe mon argumentaire, que j'ai pris soin de compléter en montrant une cassette compilant les best-of de mes émissions. Elle appelle aussitôt le directeur adjoint des stages, Thierry Lataste (futur directeur de cabinet de François Hollande à l'Élysée), et tous deux se mettent à m'expliquer ce qu'est l'ENA. Appliqué, je prends consciencieusement des notes sans piper un seul mot. J'apprends déjà pas mal de choses. La lecture de la fiche envoyée par la Rézidentoura de Paris sur le sujet m'avait fait comprendre que nous ne savions pas grand-chose sur le sujet.

Alors que je me prépare à les bombarder de questions sur les stages internationaux que l'école organise, les voilà qui me font part de leurs préoccupations quant à l'avenir de l'URSS, la glasnost et Gorbatchev. J'élude vite le sujet en leur retournant la question.

– Que ce sujet soit une source de questionnements, je le comprends, mais pourquoi à ce point ?

– Tout simplement parce que nous envisageons d'ouvrir pour la première fois, en septembre de cette année, le cycle long international aux Soviétiques. Nous avons quelques contacts avec le ministère des Affaires étrangères de votre pays et une première candidature. Celle de monsieur Nekrassov, vous savez, celui qui est l'interprète de Gorbatchev dans ses négociations avec la France !

Rien que ça ! Étonnant qu'au Centre on ne m'en ait pas parlé. Mais Mme Jacqueline Repellin ne s'arrête pas en si bon chemin.

– Vous parlez un français parfait, quel est votre cursus ?

Je lui parle du MGIMO et de la société créée avec mes amis. À l'énoncé de l'institut le plus célèbre d'URSS, une petite lueur apparaît dans son regard.

– Dites-moi, seriez-vous intéressé pour déposer une candidature chez nous ?

Cette demande, car c'en est bien une, me surprend quelque peu et j'en évalue aussitôt le ratio bénéfice-risque.

Que vont penser mes supérieurs au Centre quand ils vont apprendre que je postule à une formation qui va me prendre seize mois ? Il y a également de grandes chances que ma candidature soit soumise à une vérification de la DST et de la DGSE. Que peut rapporter en termes de renseignement une telle scolarité ? Dans la vie d'un espion, il y a des opportunités qu'il faut savoir saisir et mon instinct me pousse à y aller en me soufflant qu'il sera toujours temps de faire machine arrière si le Service l'estime nécessaire. Drozdov m'a donné carte blanche : « Fais ce que tu juges utile, on avisera ensuite ! » et je suis bien décidé à en profiter.

Elle me tend un dossier à lui renvoyer, et moi je lui donne le nom de trois de mes contacts à l'ambassade de France, François Laurent, Michel Legras et surtout Olivier Louis, respectivement attaché linguistique, conseiller culturel et ministre-conseiller de la représentation diplomatique française à Moscou – le troisième d'entre eux étant de surcroît énarque. Eux, je le sais, se porteront garants du sérieux de ma candidature. Je prends congé en lui laissant l'adresse d'une amie à Paris et un numéro de téléphone en Savoie où elle pourra me joindre (les portables ne sont pas encore d'un usage courant). C'est en effet dans les Alpes que j'ai prévu de poursuivre mon périple de journaliste et d'espion.

Mon séjour parisien est bref, je fais quelques reportages au Conseil d'État, au Conseil constitutionnel et enfin à la Cour des comptes avant de rejoindre la Savoie sans avoir oublié de déposer mon dossier d'admission à l'ENA.

Les membres de France-URSS ont préparé quelques rencontres à caractère économique, mais c'est une conférence donnée à l'université de Savoie à Chambéry qui va précipiter les choses. Le thème, bien évidemment, est toujours le même : « Où va l'URSS ? », mais lors du pot qui suit mon exposé, les dirigeants me prennent à part.

– Seriez-vous intéressé pour participer avec nous à l'organisation des Jeux olympiques d'hiver qui vont se dérouler en Savoie l'année prochaine ?

L'ENA, les JO, je ne vois pas trop comment va s'articuler mon agenda, mais il y a là aussi un coup à jouer. Le monde entier va venir ici et c'est donc l'occasion rêvée pour nouer des contacts.

– Je serais heureux d'y participer, mais comment puis-je vous aider ?

– Nous cherchons désespérément des interprètes pour VIP. Combien parlez-vous de langues, Sergueï ?

– Le français, l'anglais et l'espagnol, en plus de ma langue natale…

– Si vous êtes d'accord, on vous associe ! On va travailler directement avec Michel Barnier et Jean-Claude Killy, qui sont en charge des JO.

Mais bien sûr que je suis d'accord ! D'autant plus que le directeur de l'école de commerce de Chambéry, Guy Marmet, me propose d'y donner des cours sur l'économie soviétique et que l'Institut d'études politiques (IEP) de Grenoble m'associe au cycle de conférences sur l'Union soviétique. Je leur promets en retour de tout faire pour leur organiser une visite en URSS.

Bien évidemment, il me faut rendre compte de tout cela au Centre, mais pas question pour moi d'aller me balader du côté de la Rézidentoura parisienne. Et pourtant, ma proposition d'échanges avec l'école de commerce et l'IEP va me contraindre à y passer afin de remplir certaines formalités. Il est en effet nécessaire que je puisse produire des traductions officielles et authentifiées de mes documents soviétiques. Aucun fonctionnaire des services consulaires soviétiques, rue de Prony, ne me posera la moindre question, aussi je fais au plus vite pour remplir les formalités administratives.

En fait, ceux que l'on appelle les « légaux » nous foutent la trouille. À chaque fois qu'un « illégal » s'est fait coincer, c'est en prenant contact avec un officier sous couverture officielle. Le numéro de téléphone dissimulé par fractions de chiffres dans plusieurs éléments de mes bagages ne doit être utilisé qu'en cas de coup dur afin de bénéficier d'une assistance diplomatique. Seules les pages de « carbone » chimique dissimulées dans un bloc-notes que j'ai emportées avec moi me serviront à faire un compte rendu intermédiaire sur ma mission. Il est destiné à un mystérieux correspondant en Bretagne dont j'ai appris l'adresse par cœur.

L'association France-URSS de Valence qui cornaque mon voyage dans la région Rhône-Alpes est bien évidemment truffée de communistes qui voisinent avec des membres qui, sans appartenir à aucune formation politique, sont de véritables amoureux de la Russie. Ils m'entraînent dans le Vercors, à Saint-Jean-en-Royans, à la découverte d'un monastère orthodoxe de style roman. Non loin se trouve un atelier d'iconographie et l'épouse du *batuchka*[1] est d'origine ukrainienne. L'endroit est si exceptionnel que je décide d'y organiser mon baptême chrétien si l'occasion m'est donnée d'y revenir. Elle le sera !

*

Moins d'une semaine après notre entrevue, Mme Jacqueline Repellin me rappelle en Savoie au numéro que je lui ai laissé.

– Félicitations, vous avez fait la moitié du chemin !

– Que me reste-t-il à faire ?

– Vous passez devant une commission d'admission qui va s'entretenir avec vous.

– Ah, le fameux oral de l'ENA !

Je l'entends rire à l'autre bout du fil.

– Mmm, pas tout à fait, mais presque ! Vous pouvez être là vendredi prochain à 10 heures ?

– Vous pouvez compter sur moi !

– Très bien ! J'en profite pour vous annoncer que la session qui commence en septembre va être particulièrement relevée. Vous serez 45 élèves de toutes les nationalités dont certains occupent déjà des postes importants.

Je m'en lèche les babines par avance. Je vais mettre en œuvre la méthode KGB. Tout Soviétique qui part à l'étranger travaille d'une manière ou d'une autre pour le KGB. Ceux qui vont m'accompagner pendant un an et demi à l'ENA sont, si j'applique la formule, tous des espions envoyés par leurs nations respectives. À moi de savoir tirer parti d'une telle situation.

*

L'entretien en question tourne vite à la conversation mondaine. Il s'agit surtout de s'assurer que le prétendant n'a pas d'a priori sur l'État français et son administration et que son niveau de connaissances générales va lui permettre d'absorber des sujets aussi variés que les pratiques diplomatiques, l'administration territoriale ou encore la modélisation macro-économique dans les pays en voie de développement. Je réponds sans trop m'étendre, préférant les laisser me demander de préciser tel ou tel point. Cette tactique a pour effet de donner de l'importance à vos interlocuteurs, qui ne manquent

1. « Petit père » en russe, désignation familière du prêtre de paroisse, ou pope.

jamais d'étaler leur science.

Moins d'une heure plus tard, c'est terminé, et Mme Repellin me dit, avec un léger clin d'œil, que les résultats me seront communiqués dans moins de trois semaines. Il est temps pour moi de rentrer au Centre pour un débriefing et pour connaître la conduite à tenir vis-à-vis de l'ENA et des JO d'Albertville de 1992.

Avant de quitter Paris, je passe un coup de fil à l'ambassade de France à Moscou afin de les remercier de m'avoir facilité les contacts et, dans l'échange, j'apprends qu'une certaine Valérie Roux (qui deviendra Mme Pécresse), stagiaire à l'ENA, demande à me rencontrer.

Pâques approche et les cloches s'apprêtent à sonner le glas du régime communiste en URSS.

Chapitre 45

Je suis un illégal !

Le mercredi 20 mars 1991, je retrouve le bureau de Drozdov au QG à Yassénévo. Comme le veut la tradition, j'ai acheté au duty-free de l'aéroport Charles-de-Gaulle en partant de Paris quelques bonnes bouteilles pour mes supérieurs et amis à Yassénévo. Drozdov aime la vodka, alors je lui ai apporté un flacon d'Absolut suédoise, meilleure que la russe, que je sors de mon cartable. Il n'est pas pressé de la prendre.

– Est-ce que tu connais la règle, Sergueï ?, me lance-t-il, narquois.

– Négatif, mon général !

Je suis un peu gêné. Va-t-il m'engueuler pour corruption des fonctionnaires ?

– Je n'accepte les cadeaux de mes subordonnés que s'ils ont bien bossé. Je ne veux pas laisser croire qu'on puisse acheter mon indulgence.

Je pousse un grand ouf de soulagement et laisse la bouteille en attente sur le coin du bureau. Je suis sûr de ne pas avoir démérité en France et de pouvoir lui offrir mon cadeau. Je commence à déballer mes exploits. Très rapidement, Drozdov a le sourire aux lèvres quand il écoute la synthèse de mon voyage et ce n'est qu'à la fin de celui-ci que je lui annonce :

– Mon général, à tout hasard, j'ai présenté un dossier de candidature à l'ENA.

– Tu as bien fait, mais avant d'officialiser ton inscription, tu me fais une fiche très détaillée sur cette école avec une proposition d'infiltration. On doit persuader Krioutchkov et Chébarchine du caractère élitiste de cette institution. N'oublie pas de souligner que le président Giscard d'Estaing et de nombreux Premiers ministres y ont été formés.

J'acquiesce et, alors que je me lève du fauteuil, il me fait signe de me rasseoir.

– C'est à moi qu'il revient de t'annoncer la bonne nouvelle : tu es promu élément opérationnel principal au grade de commandant dans la Réserve spéciale.

J'esquisse un sourire tout en retenue, mais une immense fierté m'envahit. La Réserve spéciale, celle des illégaux! Enfin mon rêve se réalise ! Je regarde mon général favori me servir un copieux verre de vodka et nous trinquons ensemble à ma promotion. À la fin de l'entretien, sans mot dire, Drozdov prend la belle bouteille suédoise et la range dans une armoire. Je comprends que c'est la plus haute preuve de son approbation et je suis fier de ce signe de confiance supplémentaire.

Je passe le reste de la journée ainsi que le lendemain à peaufiner la rédaction de mon compte rendu et à établir une note détaillée sur l'ENA. J'indique avec soin ce que l'on peut attendre de ma participation au cycle international qu'elle me propose.

*

Il est 19h30 le vendredi soir et, alors que je me prépare à passer un week-end avec ma famille et mes amis, je reçois un appel téléphonique.

– Bonjour, je suis Valérie Roux, élève de l'ENA en stage à l'ambassade de France.

Je suis sur mes gardes. Là-bas, je suis connu comme le loup blanc ! Pour eux, je suis le journaliste chargé des émissions linguistiques et économiques à la télévision soviétique. Mes contacts habituels auraient dû m'avertir, mais ma correspondante me rassure tout de suite.

– C'est monsieur Olivier Louis qui m'a donné votre numéro…

– Ah, je vois, et que puis-je faire pour vous ?

La future Mme Pécresse marque un temps d'arrêt.

– Il pense que vous seriez le mieux à même de m'expliquer les changements qui interviennent en Russie et surtout quel sera le visage de la Russie de demain.

Si j'avais un doute quant à la perception qu'avaient de moi les diplomates de l'ambassade, ils sont levés. Quand j'avais fait part au Centre qu'une certaine Valérie Roux, stagiaire de l'ENA, avait cherché à me joindre pendant mon absence en France, ils avaient vérifié qui elle était. « C'est propre ! », m'avaient-ils dit.

– Où voudriez-vous que l'on se rencontre ?

– Il y a une soirée qui est organisée mercredi prochain à l'ambassade avec les expatriés français, voulez-vous venir ?

– Bien sûr, ce sera avec plaisir !

Comme seuls les Français savent le faire, les petits plats ont été mis dans les grands pour cette réception. Le conseiller culturel, Michel Legras, que le Centre a identifié avec une très forte présomption comme travaillant pour la DGSE, m'accueille. Il nous présente et nous dirige vers une table à l'écart où « vous serez mieux pour discuter ».

Inutile d'être un expert dans l'étude du comportement pour deviner que cette jeune femme ira assez loin. De l'ambition à revendre, très studieuse et appliquée, son analyse de la situation de mon pays est proche de la vérité et elle sait écouter. En même temps, on sent chez elle une certaine hypocrisie et un manque de sincérité ; quand elle rit, ses yeux ne rient pas. Elle pourrait parfaitement finir ministre, mais elle manque d'authenticité et de vrai charisme pour aller au-delà. Elle fait donc une parfaite candidate pour devenir une agente d'influence pour le KGB, d'autant plus qu'elle manifeste un intérêt sincère pour la Russie et m'avoue avoir étudié le russe au lycée. Son accent est fort et sa locution laborieuse, on comprend vite qu'elle ne sera pas linguiste, mais elle arrive à s'en sortir.

Quand, en compagnie de quelques expatriés, elle me propose de les accompagner à la cathédrale orthodoxe du patriarche russe pour célébrer les fêtes de Pâques, j'accepte de bon cœur. Dans la fiche que je rédigerai sur elle à Yassénévo, je ne manquerai pas d'indiquer, outre sa faculté à saisir rapidement la complexité des relations internationales, qu'elle se proclame une catholique fervente dont la foi est susceptible d'influer sur ses décisions politiques.

Ces quelques soirées me permettent de me faire apprécier par le personnel de l'ambassade, à tel point qu'Olivier Louis, le ministre conseiller chargé des affaires économiques, me fait miroiter un poste dans son service. Lorsque j'en parle au Centre, ils m'ordonnent de décliner : « Ton boulot c'est l'étranger, et nous avons déjà suffisamment d'indics dans la place. »

Pour ne pas vexer le haut fonctionnaire français qui m'apprécie et me témoigne ainsi sa confiance, je lui présenterai l'un de mes associés francophones de « Science.Création.Business » qui ne travaille pas pour le KGB, mon ami du MGIMO Andreï Boutorine. Celui-là même qui m'a appris les pires injures françaises sur le chantier après nos examens d'entrée.

*

En ce printemps 1991, seul Gorbatchev semble ignorer qu'on ne pourra plus maintenir l'intégrité de l'Union soviétique bien longtemps. La Lituanie, l'Estonie et la Lettonie ont déjà proclamé leur souveraineté l'année dernière. La Moldavie, l'Ukraine et la Biélorussie ont suivi. Le sang a coulé en Lituanie, en Azerbaïdjan et au Tadjikistan.

Mais ce cher Gorby, le même qui mentait sur Tchernobyl en 1986, est celui qui refuse de voir les préparatifs du putsch. Il plane dans les nuages en espérant toujours un miracle, sans jamais avoir le courage d'affronter la gravité de la situation réelle. Il organise un référendum bidon sur le maintien de l'Union pour se persuader lui-même que c'est encore réaliste. Le bon sens nous dit que l'on ne doit jamais demander au colonisateur de voter sur la question de souveraineté des pays colonisés. Gorbatchev poursuit les chimères du passé et, dans cette poursuite, il n'est finalement pas très loin des conservateurs du Parti. Le 17 mars 1991, il gagne haut la main son référendum, ce qui ne va pas empêcher l'URSS de se disloquer dans moins de neuf mois, à sa grande surprise. Celui que l'Occident présente comme un visionnaire n'a en réalité jamais rien vu venir.

Pour l'occupant du Kremlin, c'est donc la douche froide quand les députés du Congrès de Russie élisent Boris Eltsine le 29 mai comme président du Soviet suprême de la Fédération de Russie, au grand désespoir de Gorby, qui soutenait Vlassov, l'un de ses fidèles. Eltsine, qui déteste Gorbatchev, se retrouve à la tête de 52 % de la population de l'URSS et annonce aussitôt qu'il veut rendre la Fédération de Russie « autonome en tout » dans les cent jours. Ainsi Mikhaïl Gorbatchev devient le chef d'État d'une coquille vide.

Il a été incapable de réformer des institutions trop rigides, de réorganiser une agriculture en crise permanente et de relancer une industrie moribonde. Nous sommes, de plus, dans l'incapacité de suivre la course aux armements dictée par les Américains. Les Russes ressentent profondément cette humiliation qu'ils ne sont pas près d'oublier, d'autant que leur président est allé, la corde au cou, pleurer devant le G7 en quémandant un prêt d'une vingtaine de milliards qui lui a été refusé. « Les magasins sont vides, le pays est en ruines », leur a-t-il dit, mais cela n'a pas suffi.

L'Occident s'est mis à danser sur le cadavre de l'URSS et, en imposant la liquidation des armes nucléaires, il a placé les Soviétiques dans la même situation que les Allemands à la fin de la Première Guerre mondiale. Tel Hitler, un nouveau tsar viendra-t-il redonner de l'orgueil au pays humilié ? En attendant, le fruit est mûr et ne demande qu'à tomber.

*

Le télex du Quai d'Orsay validant mon admission au cycle étranger de l'ENA me parvient peu de temps après la soirée passée à l'ambassade de France. J'en avertis aussitôt Drozdov, qui me demande de préparer la mission.

– Organigramme, intervenants, méthodes, programmes, étudiants des différentes promos, il nous faut tout ! Tu dois également sonder les élèves afin de détecter ceux qui sont sensibles aux idéaux de gauche ou qui apprécient la culture russe. Tout ce qui pourra nous être utile par la suite… Au fait, il faut que je te félicite !

– Et pourquoi donc, mon général ?

– Pour ton rapport sur l'homme d'affaires français que la *Pravda* décrit comme un acteur du rapprochement franco-soviétique. C'est toi qui as trouvé qu'il était lié au Front national…

– Ce sont mes sources en France qui m'ont informé, et j'ai trouvé dangereux que l'organe de presse officiel du Parti fasse un article à sa gloire. D'ailleurs, c'est presque de la pub…

– Je suis passé voir le rédacteur en chef de la *Pravda*, et je lui ai donné l'info en lui disant qu'elle venait de la filière des illégaux. Résultat, ils vont faire un article sur la Direction « S » !

Pas mal ! Drozdov utilise ma filière pour se faire de la publicité. Se croit-il à ce point menacé ?

– Mon général, qu'est-ce qu'on fait avec ce type ?

– Réfléchis, mon gars. Le socialiste Mitterrand a mis dehors 47 officiers de chez nous, c'est notre ennemi ! Que fait le Front national en France ? C'est l'ennemi des socialistes, il emmerde le pouvoir en place ! Les ennemis de mes ennemis sont mes amis, pas plus compliqué que cela ! C'est la raison pour laquelle leurs dirigeants sont reçus par les plus hautes instances du Parti. C'est bon pour nous, donc on les aide ! Tu te souviens de la mission du baron von Hohenstein chez les néo-nazis ? Tu sais qu'au Proche et Moyen-Orient nous créons sous « faux pavillon » des cellules islamistes terroristes pour emmerder nos adversaires !

J'écoute attentivement, un peu étonné tout de même que le Parti communiste d'Union soviétique en vienne à aider un parti d'extrême droite à l'étranger. Mais c'est là une application stricte de la règle d'or du renseignement : *Il n'y a pas d'amis, seulement des intérêts communs*. Vingt ans et quelques gouvernements plus tard, rien n'aura véritablement changé.

Pire, le président Poutine, un ex du KGB, recevra au Kremlin Marine Le Pen pour la manipuler et tenter d'influer sur le résultat des élections présidentielles françaises. Avec l'aval de Poutine, le Front national recevra d'une banque russe le financement que personne ne voulait lui octroyer en France. Un vieux dicton russe dit : *Qui paie pour la fille danse avec elle…*

*

Une nomination surprenante intervient à Zélénograd. Alexeï Istchouk vient d'y être installé comme préfet. C'est l'ancien vice-recteur de l'Institut électronique où travaillait mon père, mais surtout son ami fidèle depuis qu'il a visité la base de loisirs à Zaguédan à l'automne de l'année 1985.

S'étant fait surprendre par un orage au cours de l'ascension d'un sommet, ils s'étaient réfugiés sous un rocher pour partager un morceau de chocolat. « La pluie est contre-révolutionnaire », aurait dit Talleyrand à Fouché. Cette averse a dû faire naître les mêmes idées dans la tête du futur préfet aux idées libérales.

Quand Istchouk lui confie qu'il a dans l'idée d'ouvrir la ville de Zélénograd au monde entier, mon père manque de s'étrangler ! Mais celui-ci lui ayant parlé de la société créée avec mes amis, il m'appelle pour me demander de l'aider à mettre son projet à exécution. C'est une nouvelle que je ne peux évidemment garder pour moi. Ouvrir une ville où sont concentrés les savoir-faire scientifiques et technologiques du pays et qui jusque-là était interdite aux étrangers équivaut à jouer de la grosse caisse pour battre le rappel des services de renseignement de la planète.

Lorsque j'en parle au Centre, Chébarchine me convoque séance tenante. Je lui dis que je n'ai bien évidemment pas encore pris contact, mais que le nouveau préfet de Zélénograd semble déterminé. Ici, tout le monde connaît Alexeï Istchouk, sa forte personnalité, sa légendaire santé sibérienne et sa propension à vouloir écraser tout le monde, en particulier ceux qui ne sont pas de son avis. À la fin de mon petit exposé, Chébarchine ouvre de grands yeux tout ronds qui semblent dire *« Au point où on en est… »*

Huit jours plus tard, en grande pompe, je signe avec Istchouk l'acte de création de l'association d'amitié franco-russe de Zélénograd, dont je deviens le président. Avec mes amis de « Science.Création. Business », nous organisons la venue de sociétés françaises spécialisées dans les technologies de pointe.

Bien évidemment, les diplomates de l'ambassade veulent en être et c'est ainsi que Michel Legras, honorable correspondant de la DGSE selon nos soupçons, se retrouve être le premier Français à visiter les usines jusqu'ici secrètes de Zélénograd.

Il va de soi que nous demandons la réciprocité pour nos chercheurs, nos scientifiques et nos chefs d'entreprise. Je dois me battre comme un diable pour obtenir les autorisations auprès d'une bureaucratie française dont je m'aperçois qu'elle n'a rien à envier à la nôtre. Enfin, après de multiples péripéties, je parviens à mettre sur pied des visites au Commissariat à l'énergie atomique, à Grenoble, et à la centrale nucléaire du Tricastin en juin 1991. J'emmène du monde avec moi, il y a là des directeurs d'instituts de recherche, ainsi que le recteur de l'université qui forme les ingénieurs en électronique, accompagné de son directeur des relations internationales, qui n'est autre que l'officier du KGB chargé du contre-espionnage à Zélénograd.

*

Le travail d'espion est fastidieux.

J'accompagne les délégations à chaque voyage et fais semblant de m'intéresser aux explications techniques données par les ingénieurs français. En réalité, je porte une attention soutenue à leur comportement afin d'établir leurs fiches individuelles et l'organigramme de chaque lieu visité. Puis, au cours des réceptions qui suivent immanquablement ce genre de visite, j'essaie de sonder les personnes qui me paraissent pouvoir intéresser le Service. Certains se renferment instantanément –inutile d'insister avec eux –, mais d'autres se révèlent intarissables. Il suffit de savoir leur octroyer la considération que le système ne leur consent pas toujours. Ceux-là peuvent être assurés que le KGB va leur accorder une attention particulière.

Je voyage léger. À part mon bloc-notes aux pages « carbone » chimiques, je n'ai aucun matériel technique avec moi. Ce sont les premiers échanges franco-russes et il y a fort à parier qu'à tout le moins nous serons sérieusement contrôlés avant chaque visite et que la DST procédera à notre insu à la fouille discrète de nos chambres et bagages. C'est le minimum que ferait le KGB, qui ajouterait à cela la sonorisation et la visualisation des chambres d'hôtel où nous séjournons.

Je m'applique donc à mettre en place quelques astuces apprises au KI et auprès de mes OT de chez les illégaux afin de vérifier si mes craintes sont justifiées. Désordre savamment organisé dans le tiroir de la table de nuit, piège minuscule placé dans la penderie, eh bien non ! Moi, l'illégal du KGB fraîchement émoulu, l'élite de l'élite du KGB, je n'intéresse personne dans le camp occidental adverse ! Si des contrôles ont bien lieu à chaque fois que nous pénétrons dans un site sécurisé, nous ne suscitons aucun intérêt notable de la part des services spécialisés.

Ce qui ne manquera pas d'étonner mes supérieurs lors de mon

débriefing au Centre, et ceux qui avaient des doutes sur ma couverture de journaliste et de dirigeant de société sont rassurés. Moi, au contraire, je suis presque déçu : le contre-espionnage français ne me prend pas au sérieux ! Tant pis pour lui ! Notre service d'espionnage le plus redoutable va profiter de l'insouciance de nos adversaires basés rue Nélaton, dans le XVe arrondissement de Paris.

Notre visite dans la région Rhône-Alpes est largement couverte par FR3 Lyon et le *Dauphiné libéré*, auxquels j'annonce, lors d'une interview, que je suis un futur élève de l'ENA. En fait, depuis le temps, je me suis aperçu que plus j'apparaissais officiellement, moins les services du contre-espionnage s'intéressaient à moi. Le cliché de l'agent secret n'agissant que dans l'ombre persiste toujours, y compris chez les professionnels. On se méfie beaucoup moins d'un individu qui apparaît au grand jour dans les médias.

Et pour donner encore plus de résonance à ma présence dans la région, je me fais baptiser dans le monastère orthodoxe[1] de Saint-Jean-en-Royans. Et je n'ai pas fait les choses à moitié ! Dans ce décor magnifique de la combe Laval que surplombent les montagnes du Vercors, Istchouk, le nouveau préfet de Zélénograd, est venu, accompagné du pope de Zélénograd ainsi que, pour faire bonne mesure, d'homologues français et grec.

Afin d'obtenir la bénédiction pour le voyage du père Vladimir en France, j'ai dû voir personnellement le secrétaire du patriarche Alexeï II, puis le métropolite Cyril en charge des relations extérieures du Patriarcat de Moscou, le futur patriarche. Je sais que ce sont des gens avec lesquels il faut compter car, prévoyant les changements qui se profilent dans le bloc de l'Est, l'Église orthodoxe est en train de développer son propre service de renseignement.

Grâce à quelques conférences généreusement rétribuées par la chambre de commerce de Lyon, ma cagnotte du KGB gonfle à nouveau.

*

La foudre me tombe dessus ! Drozdov nous quitte !

Mon maître à penser est poussé à prendre sa retraite. C'est la première mauvaise nouvelle que j'apprends dès mon retour au Centre. Nos discussions à bâtons rompus me reviennent en mémoire. Comme

---

1. Une petite chapelle orthodoxe, construite en bois des Carpates, a été édifiée non loin de là en 2006.

cette soirée au cours de laquelle il m'avait fait part de l'importance que revêtait à ses yeux la lutte d'influence.

Il pensait sincèrement que l'on peut gagner des guerres sans combattre, comme l'écrit Sun Tzu. Selon lui, il nous fallait impérativement tisser des réseaux dans toutes les couches des sociétés impérialistes afin de véhiculer insidieusement notre idéologie. Si cette action est réfléchie et organisée, elle permet de perturber la paix intérieure d'un pays, disait-il. Il est bien tard maintenant pour penser à tout cela.

Son adjoint, le colonel Viktor, me fait passer un petit mot du général avec son numéro de téléphone privé et l'adresse du jeune retraité Drozdov. Je lui envoie une bouteille de sa vodka préférée en signe d'adieu et de reconnaissance. Il est primordial pour un espion d'avoir des chefs qui sont intelligents et perspicaces. J'ai eu énormément de chance de ce côté-là.

Il régnait entre nous une telle complicité que j'appréhende les relations avec son successeur, Youri Ivanovitch Jouravlev, bien qu'il ait les mêmes prénoms. J'ai tort, car le premier contact avec lui se révèle chaleureux.

– Sergueï, tu pars là-bas avec une bourse gouvernementale ! Bravo, cela ne va pas coûter un seul franc au Service ! Ton salaire en roubles te sera gardé au pays. Ton départ est prévu pour quand ?

– J'ai un billet d'avion pour Paris le 20 août prochain. Je vais passer mes vacances chez des amis à Valence et je dois être à l'ENA début septembre.

– Passe me voir avant ton départ. On fera une petite fête à la datcha !

*

Il n'y aura pas de fête à la datcha. Les événements vont en décider autrement.

Boris Eltsine met sa menace à exécution. Le 12 juin dernier, la Russie est devenue indépendante. Opposant le plus résolu, à la fois à Gorbatchev et aux conservateurs, il devient l'homme à abattre. En annonçant qu'il a l'intention de constituer une Communauté des États indépendants (CEI) à la place de l'URSS, il précipite les événements. La signature du nouveau traité de l'Union est programmée pour le 20 août. Gorbatchev est en Crimée pour profiter de quelques jours de soleil au bord de la mer Noire.

Les durs du régime n'ont plus qu'une seule issue : le putsch ! Avec un quarteron d'apparatchiks, ils comptent s'appuyer sur les milliers de cadres du Parti communiste et sur le KGB pour mener leur offensive à son terme. Car ceux-là savent bien que leurs jours sont comptés si Eltsine prend le pouvoir à Gorbatchev.

Le dimanche 18 août 1991, deux jours avant mon départ, depuis 6 heures du matin, on entend en boucle *Le Lac des cygnes*, à la radio et à la télévision. En langage du régime, cela veut dire que le numéro un est mort. Mais Gorbatchev n'est pas vieux et pète la forme à Foros…

Chapitre 46

J'infiltre l'ENA

C'est le dimanche qu'apparaît à la télévision la face des mutins qui ont fomenté un coup d'État. Gorbatchev, qui refusait de voir l'arrivée de cette dictature, a l'air stupide.

Il y a là Guennadi Ianaïev, vice-président de l'URSS, Boris Pougo, ministre de l'Intérieur, et Oleg Baklanov, le chef du complexe militaro-industriel. Mais surtout, parmi la camarilla qui accompagne les conjurés, je distingue mon big boss, Krioutchkov, le patron du KGB ! Ces hommes en costume gris, parfaite représentation de l'*homo sovieticus*, annoncent au peuple, avec l'air grave et le teint blafard qui sied aux conspirateurs d'opérette, que le président Mikhaïl Gorbatchev est destitué pour raisons de santé. Comme leurs aînés l'avaient fait pour Khrouchtchev en 1964 !

Mais ceux-là n'ont pas la poigne des anciens. Ianaïev, un alcoolique chronique, qui lit un texte préparé à l'avance, a les mains qui tremblent. Il doit tout à Gorbatchev, auquel il avait fallu trois tours aux élections du Congrès du peuple pour le faire élire au poste de vice-président. Personne n'en voulait, sauf Gorbatchev ! C'est sa façon à lui de le remercier aujourd'hui ! Mais aussi de faire comprendre à Gorby que c'est lui qui a engendré le Judas, et qu'il est ainsi directement responsable de tout ça !

Je ne doute pas un instant que ce chant du cygne des conservateurs est sans espoir. La population qui aspire à la démocratie n'a aucune envie de retourner dans les miasmes du communisme d'antan et ne soutiendra pas un tel mouvement. Mis au courant du putsch, Eltsine s'est réfugié au Parlement russe avec ses fidèles. Une question court sur toutes les lèvres : que vont faire l'armée et le KGB ?

Je me précipite au Centre, à Yassénévo. Sur mon trajet, je croise des blindés qui prennent position aux principaux carrefours de Moscou. Les Moscovites paraissent inquiets. J'apprends que l'état d'urgence vient d'être proclamé. Gorbatchev n'a pas cru Chévardnadzé lorsqu'il lui disait qu'un coup d'État se préparait, et il a eu tort. Le peuple va le faire passer très vite du statut de victime à celui de responsable.

L'ambiance est lourde à Yassénévo. On se regarde en chiens de faïence, personne n'osant annoncer clairement quel camp il soutient. C'est la chasse aux renseignements, on scrute les échanges des représentations diplomatiques étrangères afin de prévoir quelle sera l'attitude de leurs gouvernements vis-à-vis des événements qui se déroulent en Union soviétique. Vers midi, nous interceptons un télégramme de l'ambassade de France. Il est signé du ministre-conseiller Michel Peissik, avec qui j'ai déjeuné dans sa résidence il y a deux semaines pour parler de mon admission à l'ENA et de la situation en URSS.

Je lui avais clairement annoncé le retour en force possible des conservateurs. Il fait office d'ambassadeur, celui-ci étant en vacances. On y note la prise de position immédiate de Eltsine et une référence à la situation à Léningrad, où se trouve Vladimir Poutine. Celui-ci va bientôt rejoindre le cabinet du maire de la ville, Sobtchak, sans toutefois quitter ses fonctions d'officier supérieur du KGB.

Télégramme de l'ambassade de France envoyé le 19/08/91 à 12h31

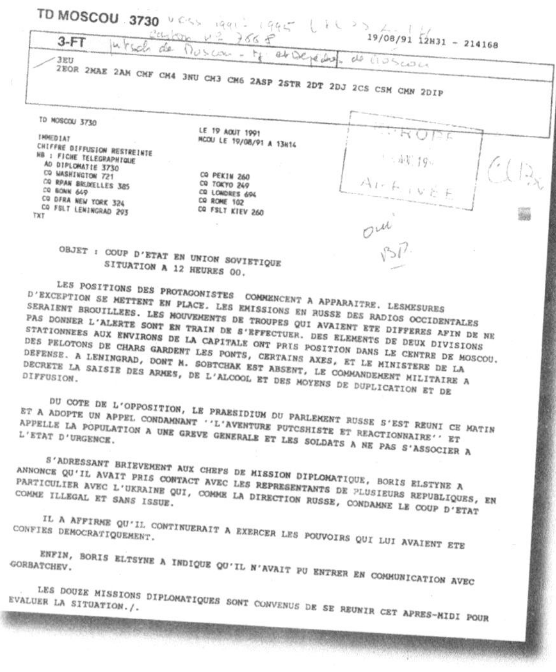

TD MOSCOU 3730

3-FT 19/08/91 12H31 - 214168

3EU
2EOR 2MAE 2AM CMF CM4 3NU CH3 CM6 2ASP 2STR 2DT 2DJ 2CS CSM CMN 2DIP

TD MOSCOU 3730

LE 19 AOUT 1991
MCOU LE 19/08/91 A 13H14

IMMEDIAT
CHIFFRE DIFFUSION RESTREINTE
NB : FICHE TELEGRAPHIQUE
AD DIPLOMATIE 3730
CQ WASHINGTON 721
CQ RPAN BRUXELLES 385
CQ BONN 649
CQ DFRA NEW YORK 324
CQ FSLT LENINGRAD 293
CQ PEKIN 260
CQ TOKYO 249
CQ LONDRES 694
CQ ROME 102
CQ FSLT KIEV 260
TXT

OBJET : COUP D'ETAT EN UNION SOVIETIQUE
SITUATION A 12 HEURES 00.

LES POSITIONS DES PROTAGONISTES COMMENCENT A APPARAITRE. LESMESURES D'EXCEPTION SE METTENT EN PLACE. LES EMISSIONS EN RUSSE DES RADIOS OCCIDENTALES SERAIENT BROUILLEES. LES MOUVEMENTS DE TROUPES QUI AVAIENT ETE DIFFERES AFIN DE NE PAS DONNER L'ALERTE SONT EN TRAIN DE S'EFFECTUER. DES ELEMENTS DE DEUX DIVISIONS STATIONNEES AUX ENVIRONS DE LA CAPITALE ONT PRIS POSITION DANS LE CENTRE DE MOSCOU. DES PELOTONS DE CHARS GARDENT LES PONTS, CERTAINS AXES, ET LE MINISTERE DE LA DEFENSE. A LENINGRAD, DONT M. SOBTCHAK EST ABSENT, LE COMMANDEMENT MILITAIRE A DECRETE LA SAISIE DES ARMES, DE L'ALCOOL ET DES MOYENS DE DUPLICATION ET DE DIFFUSION.

DU COTE DE L'OPPOSITION, LE PRAESIDIUM DU PARLEMENT RUSSE S'EST REUNI CE MATIN ET A ADOPTE UN APPEL CONDAMNANT ''L'AVENTURE PUTCSHISTE ET REACTIONNAIRE'' ET APPELLE LA POPULATION A UNE GREVE GENERALE ET LES SOLDATS A NE PAS S'ASSOCIER A L'ETAT D'URGENCE.

S'ADRESSANT BRIEVEMENT AUX CHEFS DE MISSION DIPLOMATIQUE, BORIS ELSTYNE A ANNONCE QU'IL AVAIT PRIS CONTACT AVEC LES REPRESENTANTS DE PLUSIEURS REPUBLIQUES, EN PARTICULIER AVEC L'UKRAINE QUI, COMME LA DIRECTION RUSSE, CONDAMNE LE COUP D'ETAT COMME ILLEGAL ET SANS ISSUE.

IL A AFFIRME QU'IL CONTINUERAIT A EXERCER LES POUVOIRS QUI LUI AVAIENT ETE CONFIES DEMOCRATIQUEMENT.

ENFIN, BORIS ELTSYNE A INDIQUE QU'IL N'AVAIT PU ENTRER EN COMMUNICATION AVEC GORBATCHEV.

LES DOUZE MISSIONS DIPLOMATIQUES SONT CONVENUS DE SE REUNIR CET APRES-MIDI POUR EVALUER LA SITUATION./.

Au vu de la situation, je m'interroge sur la conduite à tenir et demande à voir le chef de la Direction, Youri Jouravlev.

– Est-ce que ma mission est maintenue ?

– Personne ne sait ce qui va se passer. Tu es prêt, tu pars ! Par contre, désolé, mais pas de fête ce soir !

– Je m'en doutais un peu, mon général…

– Autre chose : tu n'es pas venu ici et on ne s'est pas rencontrés ! Vois ton chef de département pour les derniers détails de ta mission. Il va te dire comment rester en contact pour la suite des événements. Bien malin qui pourrait dire ce qui va se passer…

Je ne m'attarde pas. Je récupère des numéros de téléphone sécurisés auprès desquels je pourrais, m'assure mon chef, avoir connaissance des derniers développements de la situation en URSS. Je serre quelques mains et pars chez moi achever la préparation de mes deux valises. Je sais qu'à mon retour, rien ne sera plus comme avant.

*

Le mardi 20 août 1991 en début d'après-midi, je suis à Paris. Je prends aussitôt un TGV pour Valence, où m'attendent mes amis de l'association France-URSS.

Bien évidemment, ils ont annoncé mon arrivée à grand renfort de médias, à tel point que celle-ci est parvenue jusqu'aux oreilles du rédacteur en chef de FR3 Rhône-Alpes, qui m'invite à venir parler de la situation en URSS au journal régional. On en est au quatrième jour du putsch et je n'ai reçu aucune information fiable sur le sujet depuis mon départ pour la France.

Avant d'aller sur le plateau de France 3, j'appelle directement le général Drozdov sur sa ligne privée, qui m'apprend que tout est terminé et que Gorbatchev revient. « Les démocrates ont gagné, ajoute-t-il, d'ailleurs toi, en France, fais-toi passer pour un grand démocrate. » Le conseil est inutile, il y a bien longtemps que je suis dans leur camp !

Dans le JT de 12 heures de FR3-Lyon, à la télévision française, je commente le retour de Gorby de la Crimée, me réjouissant d'une issue pacifique de la crise, mais en précisant qu'il ne peut pas jouer le rôle d'une victime innocente après son mauvais choix personnel de Ianaïev. Sa responsabilité est clairement engagée. Je mets aussi l'accent sur l'attitude de Eltsine qui me paraît être l'homme fort de la situation. Il a su rameuter le soutien populaire en allant au-devant des blindés puis, juché sur un char et serrant la main d'un tankiste, il a harangué la foule afin de ramener le calme.

C'est un échec du KGB. Où sont-ils, ceux qui ont fait le serment sur le drapeau rouge de défendre le communisme jusqu'à la mort ? Les spetsnaz d'Alpha, l'une des forces spéciales du KGB, commandée par le major général Viktor Karpoukhine, n'ont pas exécuté l'ordre du chef du KGB de prendre d'assaut le siège du Parlement de Russie. Leur refus de faire couler du sang russe a sonné le glas du putsch.

Boris Pougo se suicide avec sa femme et, comme les autres conjurés, notre directeur Krioutchkov se retrouve en prison. Chébarchine, le chef de la 1re Direction générale du KGB, qui a été désigné pour le remplacer, est viré au bout de quarante-huit heures, car jugé trop proche de son ancien patron. Quand j'apprends le nom de son successeur, Vadim Bakatine, un homme de Eltsine, je ne me fais plus aucune illusion. Sa mission est simple : détruire le KGB. Le jeudi 25 août, les Moscovites, rassemblés place Dzerjinski, abattent la statue de Félix Dzerjinski, symbole du totalitarisme soviétique. Il n'y a aucune réaction du pouvoir, la saignée va pouvoir commencer.

*

À 2 500 kilomètres de là, près de Valence, j'essaie donc de faire bonne figure au milieu de mes amis français qui, sachant le drame que traverse la Russie et combien cela m'affecte, font tout ce qu'ils peuvent pour rendre mon séjour agréable. Mais lorsqu'un matin la radio nous apprend que la veille, le 23 août, Eltsine a exigé de Gorbatchev qu'il interdise le Parti communiste en URSS, le coup est rude pour tout le monde. Ce sont, pour la plupart, des sympathisants communistes, et les voici sans boussole.

Quant à moi, je me retrouve brutalement orphelin du parti qui a rythmé ma jeunesse et ma vie de citoyen soviétique. Sans compter que ma mission d'espionnage en France est censée aider la lutte idéologique du PCUS dans l'arène internationale et sa conquête du monde. Que peut-il encore conquérir ailleurs s'il n'arrive plus à garder son propre pays ?

Je parcours la Drôme en essayant de ne pas trop penser au pays et en multipliant les rencontres au hasard des soirées qu'organisent mes amis autour d'un barbecue. C'est ainsi que je fais la connaissance d'un couple de vacanciers sur leur route de retour à Paris dont la fille étudie le russe au collège. Ils sont parisiens et lui n'est autre que l'intendant du recteur de la Sorbonne. Il est ravi d'apprendre que le premier élève soviétique de l'ENA est là, devant lui. Mon sixième sens d'illégal se met aussitôt en éveil. Je n'en sais encore rien, mais il y a là peut-être un filon à suivre. Je ne me trompe pas, mais il ne prend pas la forme que j'imaginais.

Au cours de la conversation, je m'évertue à mettre en œuvre tous les conseils appris auprès de mes formateurs « ès-illégaux » – bienveillance, empathie, écoute – et au bout d'une petite heure la discussion prend subitement un tour nouveau.

– Si vous pouviez donner quelques cours de russe à ma fille, ce serait génial !, lâche-t-il, enthousiaste.

– Mais bien sûr, si je ne suis pas logé trop loin de chez vous, je lui réponds, prudent.

– Parce que vous ne savez pas encore où vous allez habiter ? Mais ne vous posez plus la question ! J'ai un appartement de fonction à la Sorbonne avec une chambre d'amis sous les combles, pour vous ce sera parfait. Vous seriez à deux pas de l'ENA. Qu'en dites-vous ?

Il faudrait être fou pour refuser. Me voilà logé sans avoir à utiliser ma « cagnotte » KGB ! Quand on connaît le prix d'une location dans le VIIe arrondissement de Paris, c'est un exploit !

*

Cinq jours plus tard, ayant posé mes valises sous les toits de la prestigieuse université, je rejoins les 45 élèves du cycle international de l'École nationale d'administration. J'ai décidé qu'au cours de ce cycle d'une durée de seize mois je ne me laisserais perturber par aucun des événements qui pourraient survenir dans mon pays. Ce qui ne veut pas dire que j'y sois insensible ou indifférent, mais simplement que je suis résolu à mener ma mission à son terme.

Et pour cela, je compte sur l'aide involontaire de la fine fleur de l'intelligentsia internationale qui participe à ce cours et qui ne va pas manquer de m'assaillir de questions quant à l'avenir de la Russie.

Ceux-là vont bientôt accéder, dans des domaines variés, aux plus hautes responsabilités. C'est le cas de l'Autrichienne Karin Kneissl, qui deviendra ministre des Affaires étrangères d'un gouvernement ultra-conservateur et nationaliste et qui aura le privilège d'avoir Vladimir Poutine comme invité d'honneur à son mariage, de l'Argentin Eric Calcagno y Mallman, futur ambassadeur à Paris, sénateur et sous-secrétaire dans le gouvernement argentin, ou encore de Sally Mansfield, qui représentera plus tard l'Australie auprès de l'Unesco à Paris puis au siège européen de l'ONU à Genève après avoir occupé un poste important au ministère des Affaires étrangères dans son pays. Nul doute que leurs profils ne vont pas manquer d'intéresser le KGB ou, la nature ayant horreur du vide, l'organisme qui va lui succéder.

Et puis, il faut le dire, le compatriote qui m'accompagne, Viktor Nekrassov, qui sort lui aussi du MGIMO, est d'apparence austère, moins enclin à s'épancher auprès des autres élèves. Il est vraisemblable que certains, nourris par la littérature servie durant la guerre froide, en feront un agent du KGB chargé de me surveiller ! Rumeur que je me garderai bien de démentir…

Dès les premiers cours, je comprends que l'école est très attachée à son statut élitiste et il m'apparaît très vite comme hautement improbable de voir un jour des élèves de l'ENA déblayer des gravats comme nous l'avions fait au MGIMO. J'ai l'impression que la vie réelle est volontairement tenue éloignée du cursus de formation des hauts fonctionnaires français, qui n'ont alors pour unique préoccupation que l'élaboration de leur plan de carrière.

*

À la fin de la première semaine de cours, nous sommes tous convoqués chez le directeur des stages, qui nous apprend que nous allons partir en préfecture en octobre, afin de voir de plus près l'administration française à l'œuvre.

– Y a-t-il un endroit où vous désirez aller ?, me demande-t-il.

– J'ai développé d'excellentes relations avec la région Rhône-Alpes dans le cadre de l'alliance France-URSS et j'aimerais être affecté à Chambéry. De plus, les Jeux olympiques sont en train de s'y préparer et je vais certainement y participer à titre bénévole. Je vous fais remarquer que c'est un énarque, le préfet François Lépine, qui a dirigé la candidature française, et un autre, Michel Barnier, qui est chargé de leur organisation.

C'est trop d'un coup ! Il déglutit et m'assène :

– Jamais on n'affecte un préfet dans un département où il a des attaches familiales ou professionnelles…

– Mais moi je ne suis pas préfet, je suis stagiaire !

– C'est pareil ! Le seul endroit où on ne vous enverra pas, c'est la Savoie !

Oh, le capricieux ! Il en fait une fixation, impossible de le faire changer d'avis. En fait, j'ai été trop honnête. Ne rien dire et laisser venir, il ne faut jamais trop s'éloigner de la ligne KGB.

– Vous allez à Valence… dans la Drôme, croit-il bon de préciser, au cas où je me serais imaginé qu'il m'expédiait en Espagne.

Je réprime un sourire : là-bas, je suis comme chez moi ! J'ai autant, sinon plus, d'attaches dans la Drôme qu'en Savoie. Mais j'apprends vite de mes erreurs. Cette information, ce brave Larvaron ne l'entendra pas de ma bouche !

– Qui est le préfet ?

– François Lépine, pourquoi ?

– Juste pour savoir, à titre d'information…

En fait, dans ma tête, un déclic vient de se faire. Quand j'ai postulé à la candidature de bénévole aux JO, j'ai soigneusement étudié le CV des principaux membres du comité d'organisation et en particulier celui de Michel Barnier, son président. Or, il se trouve que celui-ci, lorsqu'il était en 1982 à la tête du Conseil général de Savoie, avait pour directeur des services François Lépine, qui a pris la tête du comité pour défendre la candidature d'Albertville et a réussi ! À moi de lui faire admettre que ma présence aux JO de 1992 est capitale à la fois pour ma formation et pour le renom de l'ENA. Peut-être un peu prétentieux, mais jouable !

C'est donc confiant que j'arrive à Valence et me présente à François Lépine, qui se révèle être un homme fort sympathique, très fier de recevoir le premier Soviétique dans sa préfecture. Je lui parle à demi-mot de ma participation aux Jeux olympiques et, s'il n'y consent pas franchement, il n'interdit rien non plus !

Chaque week-end, je rejoins la Savoie voisine pour y revoir mes amis, jusqu'à ce que le comité d'organisation m'informe qu'une fonction prestigieuse m'a été dévolue. Je suis désigné pour être l'interprète personnel du vice-président du Comité international olympique (CIO) Vitaly Smirnov, un Russe. Cette fonction m'impose d'être à Courchevel pendant toute la durée des Jeux. Moi qui m'interrogeais pour savoir comment j'allais pouvoir aborder les VIP, le problème ne se pose plus. Il ne me reste plus qu'à régler la question de mon absence de l'ENA pendant cette période.

Mais la bonne nouvelle n'est pas là. Lors d'un briefing, j'apprends que le système de sécurité des Jeux d'hiver sera basé sur l'intelligence artificielle (IA). En URSS, cette technologie, qui n'en est qu'au stade de l'étude de laboratoire, intéresse au plus haut point le complexe militaro-industriel, à condition de réunir tous les éléments qui permettraient au KGB de lancer ses agents sur la piste des différents intervenants et sociétés parties prenantes à ce système de sécurité. Voilà qui pourrait donner un intérêt supplémentaire à ma mission. Je vais être le premier du Service à pouvoir observer l'utilisation de l'IA grandeur nature dans le cadre délicat d'un événement intercontinental qui va brasser des dizaines de milliers de spectateurs.

*

Mais où en est le KGB en cette fin d'octobre 1991 ?

Il vient tout simplement d'être dissous et remplacé par deux entités, le MSB (Service inter-républicain de sécurité) et le TsSR (Service central du renseignement). Pour officialiser cette dissolution, un décret préparé par Bakatine va être soumis à la signature de Gorbatchev. En décembre, c'est mon chef de département au Centre qui m'apprend la nouvelle, désabusé : « Sergueï, les gars sont en train de se barrer… »

Il m'informe également qu'au service qui a remplacé la 1re Direction du KGB, nous avons un nouveau patron, Yevguény Primakov. Il a beau être diplômé de l'Institut des langues orientales, celui que l'on surnomme « l'académicien » est un homme du sérail puisqu'il a toujours été réputé proche du KGB. Pourtant ce n'est ni un militaire, ni un espion. C'est un chercheur, un politique et un idéologue que l'on pourrait qualifier de « conservateur éclairé ». Voulant faire passer la pilule aux personnels des services qu'il pense toujours inféodés à l'ancien régime, Eltsine a nommé un ancien membre du Comité central du Parti à la tête du TsSR, organisme qui n'a déjà plus que quelques semaines à vivre.

Le Service idéologique de sécurité de l'État auquel j'ai prêté serment en 1984 vient d'être dissous. Je n'ai plus de Parti, dont nous étions le bras armé. Et la nation soviétique est en train de se disloquer. C'est un comble pour un espion qui ainsi se retrouve tout seul en mission de longue durée à l'étranger, sans savoir ce qui l'attend.

Même si je ne m'inquiète pas du tout pour mon avenir personnel, il devient urgent que je me fasse une idée précise de la situation générale dans laquelle se trouvent l'Union soviétique et mon service en pleine mutation. Les fêtes de fin d'année tombent à point nommé pour me permettre de rentrer à Moscou.

*

Le jeudi 19 décembre 1991, à peine le pied posé à Chérémétiévo, je passe un coup de fil au colonel Valéry, qui me fixe un rendez-vous dans un appartement proche du Kremlin.

Je ne suis pas venu de France seul, mais accompagné d'une délégation de la Chambre régionale de commerce et d'industrie de Rhône-Alpes, qui est là pour trois jours. On se fait une petite émission à la télévision et je leur organise une visite à Zélénograd, *business as usual*, voilà pour ma couverture. Le lundi matin à 10 heures, je me présente à l'appartement indiqué pour mon rendez-vous avec le Service. C'est mon chef de département à la Direction « S » qui m'accueille, et le moins que l'on puisse dire, c'est qu'il ne semble pas porteur de bonnes nouvelles.

Le gardien des lieux nous sert un café et sort en refermant soigneusement la porte.

J'entame aussitôt la conversation.

– Dites-moi, mon colonel, vous en faites une tête!

– On voit bien que tu ne sais pas ce qui se passe au Centre, Sergueï. C'est le bordel à tous les étages, ça change tous les jours. Tiens, la dernière, Pankine (le nouveau ministre des Affaires étrangères) est en train de virer une bonne partie de nos gars qui travaillaient sous couverture diplomatique, ceux des Rézidentouras. Si l'on voulait nous tuer, on ne s'y prendrait pas autrement !

– J'ai appris que nous étions dissous...

– On est en train d'organiser le service central de renseignement des anciennes républiques de l'URSS mais, comme tu le sais, depuis les accords secrets de Bélovéjié de début décembre, le traité de l'Union a déjà été dénoncé par ses trois républiques fondatrices, la Russie, l'Ukraine et la Biélorussie. On attend la fin officielle de l'URSS !

– Que disent les chefs ?

– Que veux-tu qu'ils disent, chacun essaie de sauver sa peau, mais ils sont inquiets. Beaucoup pensent qu'on se dirige vers un truc à l'américaine, le renseignement d'un côté avec la CIA, le contre-espionnage de l'autre avec le FBI.

– Attendons... Vous avez quelque chose pour moi ?

– Oui, le patron des illégaux te demande de poursuivre ta mission sans rien y changer. On va t'envoyer quelqu'un récupérer les fiches que tu as faites en France. Sois le 28 à l'appartement 12 au 43 rue de l'Arbat, à 10 heures. Au fait, tu as vu ce qu'a fait notre nouveau patron ?

– Bakatine ?

– Lui-même ! Pour faire plaisir aux Américains, il leur a filé les plans des micros qu'on a posés dans leur ambassade, ici à Moscou. Tu imagines !

– Mais, dans quel but ?

– Il a dit que c'était un sujet de friction entre nos deux pays depuis toujours et qu'il fallait dépasser les traditions du tchékisme.

– Comment ont réagi les gars ?

– Ils sont fous ! Pour eux, la guerre froide n'est pas finie et on est déjà en train de livrer nos armes à l'Ouest ! En plus, personne ne lui avait rien demandé, à Bakatine ! Mais attends la meilleure !

Je savais que Bakatine n'était pas un prix Nobel, mais à ce point… Je fais signe à mon chef de continuer.

– La meilleure, Sergueï, c'est que les Yankees, ces ingrats, ne sont pas contents ! Ils disent que les plans ne sont pas complets et ils demandent la suite. Là, on lui a dit stop ! Surtout que l'on a appris par une source[1] que les Américains ont truffé de micros notre nouvelle ambassade à Washington. Idem pour notre délégation auprès de l'ONU à New York.

– Et comment a réagi le Kremlin ?

– Ils trouvent qu'il est allé un peu loin dans la fraternité diplomatique, à mon avis ils vont le virer. Surtout si c'est Boris (Eltsine) qui prend le pouvoir : lui, il veut notre mort !

– À vous écouter, c'est la pétaudière, mais croyez-moi, la vraie bagarre n'est pas à Yassénévo. Elle est personnelle, c'est une guerre d'egos entre Eltsine et Gorbatchev, qui ne peuvent pas se piffer. Et à ce jeu-là, les jours de Gorby à la tête de l'URSS sont comptés.

– Ah, Sergueï, quel pays aurons-nous demain…

Il ne croit pas si bien dire. Le 25 décembre 1991, Gorbatchev est contraint de mettre fin à ses fonctions de président de l'URSS, qui est devenue une coquille vide depuis six mois déjà. Le lendemain, on remplace le drapeau rouge soviétique du Kremlin par le drapeau tricolore quasi inconnu de la Russie tsariste d'avant la Révolution d'octobre 1917, sans que personne ne lève le petit doigt. L'URSS est morte, vive la nouvelle Fédération de Russie ! Cette fois-ci, j'ai perdu mon ancien pays…

Le lendemain, le président russe Eltsine dissout le successeur de la 1re Direction générale du KGB, le TsSR, et signe l'oukase de création du SVR, qui maintient Primakov à la tête du Service des renseignements extérieurs de la Fédération de Russie. Une nouvelle ère commence.

1. Il s'agit de Robert Hanssen, une taupe du KGB puis du SVR, qui ne sera arrêté qu'en 2001.

Chapitre 47

Les JO d'Albertville

Dans Moscou enneigée, l'inquiétude se lit sur tous les visages. Pendant soixante-quatorze ans, les Soviétiques ont vécu sous la férule de l'œuvre de Lénine : la Tchéka et ses héritiers successifs. Un État policier, une presse muselée, des manifestations interdites... mais ce temps-là est révolu, semble penser l'homme de la rue, ex-côté soviétique. Grave erreur ! Les Occidentaux naïfs fêtent la fin de la guerre froide, qu'ils pensent avoir gagnée avec la dislocation de l'URSS. Grave erreur également dans l'ancien camp adverse !

Je redescends lentement l'Arbat en direction du numéro 43. Je passe devant la petite maison de Pouchkine, au 53, et entre dans l'immeuble. Là, je remets toutes mes fiches écrites au « carbone » chimique à mon OT, qui me donne trois nouveaux blocs-notes avec leurs pages imbibées de produit magique à formule unique faite pour moi.

J'ai pris soin d'indiquer dans ma dernière note l'intérêt qu'il y avait pour le Service à s'occuper de la démonstration d'intelligence artificielle qui sera faite aux JO. Mais je n'ai pas le temps d'attendre que les fiches soient traitées par les techniciens et analysées par le Service. C'est donc sans avoir reçu de nouvelles instructions que je reprends le chemin de la France.

*

Soixante-quinze kilomètres de pistes dont deux noires, le soleil éclatant des Hautes-Alpes… Puy-Saint-Vincent accueille comme chaque mois de janvier les élèves de l'ENA.

Pour la première fois, toute notre promotion est au complet. On en profite pour faire connaissance de façon informelle dans les bars, sur les terrasses et les pistes de ski. On bronze en admirant le massif des Écrins et en se creusant la cervelle pour trouver un nom à la promotion.

Et là, c'est pire que pour le pape ! Les Français ont un réel talent pour la construction d'usines à gaz. Ils déploient une énergie redoutable et de longues heures à vouloir obtenir un consensus sur un sujet dont on sait par avance que c'est un pari impossible. Alors, autour de moult bières et verres d'alcools en tous genres, les propositions fusent, jusqu'à ce qu'un nom commence à recueillir quelques suffrages : Gorbatchev. Ah, voilà une promo qui aurait de la gueule !

– Et vous, cher ami, quelle sorte d'énarque êtes-vous ?

– Je suis de la Gorby !

Ça claque comme le canon d'Austerlitz ! Imaginez, la première promotion à honorer le créateur de la perestroïka, le pourfendeur du communisme, eh bien non ! Il faut un consensus ! Ce sera un Léon Gambetta consensuel et banal, celui dont le nom s'affiche sur une plaque de rue dans chaque ville de France. J'apprends que le conformisme et la banalité sont les premières vertus des énarques, j'ai l'impression de revivre l'URSS à distance. Je ne sais pas encore que l'ENA, c'est exactement ça ! Le décevant rituel accompli, nous revenons à Paris pour le véritable début de la scolarité.

Nous étudions assidûment l'organisation de la fonction publique d'État et de la territoriale, mais peu d'« humanités » : les sciences humaines et sociales sont quasi absentes de la formation. Confronté à un problème, la première question que se pose l'énarque est donc la suivante : « Que disent les textes ? » La solution ne pouvant venir que de là ! En 1992, l'ingénierie administrative française repose donc sur l'évolution de la jurisprudence et je constate avec regret qu'il n'existe que peu de vases communicants entre les différentes administrations.

Lorsque je prends connaissance de mon programme de février 1992, je constate avec étonnement que j'ai deux heures de cours le lundi et le mercredi et une heure le vendredi ! La stupéfaction passée, je me dis que je peux tirer avantage de cet emploi du temps pour le moins faiblard afin d'argumenter en faveur de ma participation aux JO. C'est sans compter l'étroitesse d'esprit qui règne dans la maison.

– Je vous l'interdis !, me dit froidement le préfet Larvaron, directeur des stages.

Je tente alors d'argumenter doctement.

– Écoutez-moi tranquillement. Je suis désigné pour être l'interprète de Vitaly Smirnov, le vice-président du CIO. Je crois qu'en termes de communication, l'école peut tirer profit de cette situation.

Là, Bernard Larvaron se braque.

– Vous ne comprenez pas, c'est non ! Interdit ! Ça ne concerne pas notre école.

Là, il va trop loin.

Le souvenir du capitaine Poutine à la Loubianka qui me menaçait du Goulag à cause d'une conversation avec un Français aux JO de Moscou de 1980 me revient en mémoire, ou encore celui du doyen du MGIMO qui me refusait les prix du concours de RFI. Naïvement, je pensais avoir changé de monde à Paris. Je me suis trompé, l'URSS a disparu chez nous, mais la machine à remonter le temps m'a amené dans sa copie conforme en France. Comble de l'ironie, ce même préfet publiera en janvier 2001 un opus au titre pompeux, *Le Préfet face au XXIe siècle*, où il écrira : *« Seule son adaptation constante permet au préfet de demeurer "un guide éclairé, car désintéressé". »*

Avec un petit brin de discussion *éclairée*, on aurait peut-être pu arriver à un consensus, si cher à cette école, mais non ! Pas un coup de téléphone au comité d'organisation des Jeux, ni à la sous-préfecture d'Albertville. Rien !

Finalement, à Yassénévo, j'ai eu l'énorme avantage d'avoir le général Drozdov ou d'autres kaguébistes exceptionnels à l'esprit large, mais ma chance a tourné avec la fin de l'URSS. Summum du désespoir, je retrouve le soviétisme de la pire bureaucratie. Mais du côté occidental, réputé être le monde libre !

J'ai affaire à un doctrinaire qui ne connaît que la verticalité du pouvoir. Dans les années 2000, je comprendrai pourquoi en France il y a tant de poutinistes ! Il n'aurait pas déparé dans la brochette d'apparatchiks qui trônait le 1er mai au balcon du mausolée de Lénine sur la place Rouge. Moi qui pensais trouver ici des hommes à l'esprit ouvert et des organismes habitués à travailler en osmose, je suis servi. Me voici revenu en URSS, mais là-bas, au moins, on le savait ! Je comprends mieux pourquoi on me disait toujours que l'administration française est une copie occidentale de l'Union soviétique.

Il est inutile d'insister, rien ne va bouger. Bien sûr, il ignore, le bougre, qu'il parle à un officier du KGB, ou à ce qu'il en reste, et que celui-ci n'en a rien à faire de ses interdictions. Il me faut être à Albertville début février pour la session du CIO qui précède la cérémonie d'ouverture des Jeux, et j'y serai ! Qu'est-ce que je risque ?

Être exclu de l'ENA ? Je les mets au défi, ces braves bureaucrates français, de mettre à la porte le premier élève soviétique admis au cycle international long !

Tout en préparant ma valise, je mets la dernière main à mon rapport de stage, que j'envoie pour avis au préfet Lépine (celui de la Drôme). Partant du principe qu'il faut savoir ménager ceux auxquels on est susceptible de demander de l'aide, j'ai apporté un soin particulier à sa rédaction en mettant en avant le travail du représentant de l'État dans ce département.

Ce devoir accompli, je prends le métro pour la gare de Lyon afin de rejoindre Albertville puis Courchevel et les Jeux olympiques.

*

Ma fonction d'interprète du vice-président du CIO me donne droit au laissez-passer VIP, le genre « *All inclusive* » avec accès partout, R25 avec chauffeur et tenue officielle des Jeux. La panoplie complète ! Sitôt mon installation achevée dans une résidence de tourisme à Courchevel, je fonce à l'hôtel Byblos afin de rencontrer Vitaly Smirnov, qui, soit dit en passant, n'a aucun lien avec la vodka américaine du même nom. Ministre des Sports de l'Union soviétique, ancien compétiteur en natation et en water-polo, il est toujours souriant et d'un abord facile.

Quand je me présente à lui dans le hall de l'hôtel, il m'attire aussitôt à l'écart.

– Sergueï, entre nous, je parle l'anglais couramment. J'ai bien peur que tu ne t'ennuies avec moi. Va donc faire du ski toute la journée !

Une chose est sûre, il ne sait pas qui je suis réellement, mais sa proposition risque de porter un coup fatal à mes projets.

– Monsieur le ministre, je connais particulièrement bien la région et je pense que ma présence à vos côtés peut être utile. D'autre part, vous allez vite vous apercevoir que très peu de Français parlent l'anglais, surtout parmi les autorités !

Il me regarde, étonné.

– Ah bon ! Eh bien, tu décideras en fonction du programme. Maintenant, dis-m'en un peu plus sur toi !

Nous prenons un café et discutons pendant une petite demi-heure durant laquelle jamais nous n'évoquerons la situation du pays, ni bien sûr ma fonction au KGB. Cependant, lorsque je lui parle de mes études au MGIMO, je vois bien que son regard change. Il ne faudrait pas non plus qu'il pense que je suis le chien de garde que l'on a collé à ses basques pendant son séjour en France. Je lui assure donc que je profiterai au maximum de mon temps libre pour dévaler les pistes, n'intervenant que s'il le juge utile. Mais pour moi, les choses vont aller très vite.

*

Après avoir assisté à la présentation des Jeux à l'attention des bénévoles, me voici à la présentation réservée aux VIP, en compagnie de Vitaly. La partie consacrée à la sécurité est commentée par le préfet Prouteau, entouré de quelques industriels. S'il donne relativement peu de détails sur le système d'intelligence artificielle censé gérer l'organisation de la sécurité, il cite le nom « Ramsès ». Ce seul mot va me suffire à remonter à la source.

Dans la réception qui suit, je me dirige vers l'une des personnes qui accompagnaient le préfet. J'attends que l'homme ne soit plus occupé et je me plante devant lui avec un air émerveillé.

– Je suis journaliste pour un média étranger et j'interviens également en tant qu'interprète. J'ai vu que vous étiez sur l'estrade tout à l'heure, aussi vous allez certainement pouvoir répondre à ma question : que veut dire « Ramsès » ?

Il regarde brièvement mon badge VIP et se fend d'un sourire.

– Nous avons le chic pour trouver des acronymes en lien avec l'Antiquité. Cela signifie simplement : Régulation automatique de moyens sous experts pour la sécurité. Voilà ! Ai-je satisfait votre curiosité ?

– Tout à fait… et c'est vous le concepteur ?

– Pas du tout ! Pour avoir des détails, adressez-vous à ce monsieur là-bas, c'est un ingénieur de chez Bull, la boîte qui est à l'origine du système. Moi, je mets des voitures à la disposition du CIO, si vous voulez faire un article là-dessus…

Bis repetita avec mon nouvel interlocuteur, qui va se révéler intarissable. J'apprends ainsi qu'il s'agit de gérer au mieux l'emploi des 10 000 hommes, pompiers, secouristes, gendarmes, policiers et militaires, chargés de la sécurité sur les 16 sites que comptent les JO. La société Bull, qui en est le maître d'œuvre, a réussi l'exploit de constituer une gigantesque base de données comportant entre autres les données météo réactualisées en temps réel, l'état de la circulation, les moyens en personnels et matériels disponibles sur chaque site… J'obtiens même un nom, M. Romeur, dont on m'affirme qu'il est le concepteur du système.

Ma première réflexion est de me dire que ces gens-là sont en train de tuer le métier ! Je m'imaginais être à la peine pour obtenir un nom ou deux, une synthèse du projet, et voilà qu'en moins de vingt minutes j'en ai l'essentiel. L'intérêt d'une entreprise est de vendre. Tant qu'il ne divulgue pas de secret de fabrication, un dirigeant fait l'article sur son produit, surtout s'il croit avoir en face de lui un journaliste, jeune et enthousiaste, lui assurant qu'il va en faire la promotion. Mon badge VIP du CIO le rassure aussi. Mais insister davantage éveillerait certainement quelques soupçons sur ma personne. Je vais donc maintenant faire une veille médiatique sur le sujet et entamer la rédaction de quelques fiches à destination du Centre. L'espionnage s'apparente parfois au journalisme d'investigation.

L'ordre normal des choses voudrait que mes rapports soient remis à des analystes et qu'un plan d'action soit ensuite établi. On étudierait la société Bull, son organigramme, afin d'identifier précisément les ingénieurs liés à ce projet, avec l'espoir de trouver une faille chez l'un d'entre eux et d'exploiter celle-ci sous la forme d'une motivation positive ou, le cas échéant, d'un *kompromat*. Il existe, bien évidemment, d'autres moyens plus expéditifs, le monde des services étant sans tabou.

*

Je profite d'une absence de Smirnov pour faire un aller-retour à Paris et assister aux cours du mercredi. Dire que je fais de l'effet avec mon bronzage vite acquis sur les pistes alpines et ma parka argentée arborant les cinq anneaux du CIO est en dessous de la vérité.

J'explique avec franchise aux élèves étrangers de ma promotion, je n'en avais pas eu le temps jusque-là, les conditions dans lesquelles j'ai quitté l'école pour Albertville. L'incompréhension se lit aussitôt dans leurs yeux. Le caporalisme dont j'ai fait l'objet est bien loin de l'idée que nous nous faisions de l'ENA depuis nos pays respectifs.

Au cours de ces trois semaines passées aux JO, je suis bien obligé de constater que les conversations, dès qu'elles s'éloignent de la compétition, concernent principalement l'avenir de l'ex-Union soviétique. Cette question préoccupe au plus haut point les dirigeants qui viennent ici à tour de rôle encourager leurs équipes.

J'ai remarqué que Smirnov élude le sujet à chaque fois qu'un officiel l'interroge, mais je le sens inquiet, très inquiet. S'il a servi avec loyauté le communisme, Smirnov a toujours chanté *L'Internationale mezza voce* et le fait d'être aujourd'hui à la même place qu'hier atteste bien qu'il est parfaitement compatible avec les nouveaux maîtres de la Russie. Vers la fin des Jeux, il m'invite à dîner afin de me remercier de lui avoir facilité la tâche pendant la durée de son séjour en France.

Nous parlons de la France et de l'accueil fantastique qu'ont reçu les délégations, de l'organisation qui n'a jamais été prise en défaut, mais le véritable sujet n'est pas là. Il me regarde un court instant avant de me lancer :

– Toi qui as fait le MGIMO, as-tu une idée précise de la situation du pays ?

– J'essaie de me tenir informé à travers la presse…

– Tu sais que le KGB a disparu, un peu trop rapidement peut-être. Nous avons des difficultés à maintenir la sécurité et la criminalité explose. Mais ce qui m'inquiète, vois-tu, ce sont les lois de privatisation accélérée que nous mettons en place. Comme leur nom l'indique, cela va trop vite. Certains économistes nous prédisent une inflation galopante, elle a d'ailleurs commencé, 200 % en janvier, et le rouble est en train de s'écrouler. Tu vois ce que cela veut dire ?

– Nous passons rapidement, trop peut-être, d'une économie planifiée, assistée par l'État, à un autre modèle d'organisation. La thérapie peut se révéler pire que le mal et le risque est grand de voir les prix flamber et les gens ne plus pouvoir acheter de quoi se nourrir.

– Je le pense aussi, Sergueï ! Si cela se vérifie, notre fierté va en prendre un coup !

Il ne croit pas si bien dire. Dans moins d'un an, j'organiserai un convoi humanitaire en direction de Zélénograd afin de venir en aide à une population à court de produits de première nécessité.

La misère ? Pas pour tout le monde ! L'ex-nomenklatura se transforme en oligarchie et les anciennes élites communistes cumulent titres et fonctions. Jamais dans un pays de cette taille un retournement de veste n'aura été aussi rapide !

*

De retour à Paris, je m'attends à une convocation par la direction de l'ENA pour un solide remontage de bretelles, voire pire, en raison de mes trois semaines d'absence. Je suis sûr qu'il ont appris mon escapade non autorisée. Que croyez-vous qu'il se passa ? Rien, strictement rien ! En fait, ils s'en moquent.

Le cycle international n'est là que pour valoriser l'image de l'école. Peut-être s'imaginent-ils qu'ils font de ces élèves des francophiles, futurs agents d'influence de la France dans leurs pays respectifs. Et si c'était l'inverse ?!

Tous les services étrangers poussent à l'envoi de stagiaires à l'ENA afin que ceux-ci les renseignent sur leurs camarades français, appelés, pour bon nombre d'entre eux, à de hautes fonctions dans l'administration ou destinés à une carrière politique de premier plan.

Pour preuve, ma tâche ne consistait bien évidemment pas à ne fournir au KGB que les profils des étudiants étrangers les plus prometteurs. Je devais aussi m'intéresser aux élèves français de la promotion, tel Nicolas Revel, devenu à la sortie de l'école directeur de cabinet du maire de Paris, puis secrétaire général adjoint aux côtés d'un certain Emmanuel Macron à l'Élysée sous François Hollande, et directeur de cabinet du Premier ministre Jean Castex sous la présidence de Macron.

La seule convocation que je reçois est celle du responsable des sports de l'ENA, qui me demande de choisir l'une des disciplines sportives qu'offre l'école – et elles sont nombreuses. Après mûre réflexion, j'opte pour l'équitation. Si je suis monté à cheval, à partir de six ans, à chacun de mes séjours dans le Caucase, ce n'est évidemment pas la véritable raison de mon choix. C'est le lieu qui a motivé ma décision. En effet, les cours sont donnés au manège de l'École militaire, lieu stratégique à mes yeux où, m'assure-t-on, je croiserai de nombreux officiers, cavaliers à leurs heures perdues, venus de tous les horizons pour suivre des stages de haut niveau.

Je perçois immédiatement le bénéfice que je pourrais tirer de la fréquentation de ce genre d'endroit. Il doit certainement y avoir un club-house où les adhérents vont boire un verre après avoir sauté quelques barres. L'infiltration des établissements militaires est en principe une prérogative de la GRU, mais, par les temps qui courent, inutile de faire la fine bouche, tout est bon à prendre pour faire briller l'étoile du Service. Du moins le croyais-je.

Il s'agit aussi d'un test grandeur nature. Je ne doute pas un instant que je fais l'objet d'une relative surveillance de la part des services de la DST et que ceux-ci ne vont pas manquer de mettre un veto dès qu'ils vont voir ma demande d'inscription arriver sur leur bureau. En raisonnant ainsi, j'applique la formule KGB (ou celle de son successeur), qui aurait immanquablement agi de la sorte si nous étions en Russie, mais nous sommes en France et il ne se passe rien ! Ni la DST ni la Direction de la protection et de la sécurité de la défense (DPSD) ne bloque ma demande ou me convoque. J'en suis presque déçu !

Des centaines de noms d'agents du KGB ont été donnés aux services occidentaux par les transfuges, dont les fameux Pigouzov et Boutkov, qui m'ont connu personnellement. Pourquoi le mien ne serait-il pas dans l'une de ces listes ? La vérité m'oblige à dire qu'il faudra encore sept ans à la DST pour découvrir, bien trop tard, ma valeur opérationnelle…

Chaque semaine, je prends le métro pour l'École militaire, mon équipement de cavalier dans un sac, pour me rendre à mon cours d'équitation. Me mêlant au groupe d'élèves de l'ENA, j'arrive peu à peu à entrer en contact avec quelques officiers supérieurs stagiaires à l'École de guerre. Ils sont destinés à commander un régiment et, lorsque nous faisons connaissance, ma nationalité n'est pas un frein, bien au contraire. Apprenant que je suis journaliste, ils m'assaillent de questions sur l'Armée Rouge, avides qu'ils sont de mieux connaître l'ennemi d'hier, puisque pour eux, il n'y a pas de doute, la guerre froide est finie ! S'ils avaient, un tant soit peu, la culture du renseignement chevillée au corps, ils sauraient que la guerre de l'ombre, elle, ne s'arrête jamais et que si le KGB est bien mort, le phénix ne va pas tarder à renaître de ses cendres.

À entendre ces officiers, ils se sentent un peu déboussolés d'avoir perdu leur adversaire traditionnel pour lequel, semble-t-il, ils avaient la plus grande estime, d'ailleurs beaucoup d'entre eux sont russophones. J'écoute et je note mentalement. Ils plaident tous pour l'armée de métier, se plaignent d'un matériel vieillissant et souffrent d'un manque de reconnaissance. Si certains font preuve d'un véritable intérêt pour la Russie, aucun ne manifeste dans les conversations un enthousiasme délirant pour l'allié américain. Faute de temps, je ne nouerai aucun contact sérieux parmi eux, mais, constatant qu'un courant pro-russe[1] y règne, je rédigerai une fiche sur le sujet. Je trace pour quelques-uns des pistes pouvant mener à un recrutement. En effet, beaucoup sont ici célibataires géographiques et se livrent des activités nocturnes qui méritent d'être rapportées au Centre …

Mais le cœur n'y est plus. N'ayant plus aucune attache avec mon service, je suis devenu un électron libre censé travailler contre un pays que j'apprécie chaque jour un peu plus. La guerre idéologique qui opposait l'Est et l'Ouest semble terminée et nous l'avons perdue, du moins officiellement.

Je sais maintenant que ma prochaine visite au Centre sera la dernière, celle où je donnerai ma démission.

*

Preuve de l'importance que l'ENA attache à la condition physique de ses élèves –*Mens sana in corpore sano* –, une grande journée consacrée

1. Le 21 août 2020, un lieutenant-colonel français en poste sur la base OTAN de Lago Patria (Naples) en Italie, est arrêté et mis en examen pour avoir transmis des documents confidentiels aux services russes. Il était russophone et russophile…

aux sports est organisée en mai à Fontainebleau, avec en *guest star* Michel Barnier lui-même : le co-président du comité d'organisation des JO, celui dont le directeur des stages me disait ne rien avoir à faire et qu'il voulait m'empêcher de rejoindre.

Barnier, je l'ai croisé à plusieurs reprises, dont l'une pour traduire en russe un document officiel. Aussi, lorsque j'apprends qu'il est l'invité d'honneur de cette journée, j'accroche sur mon survêtement le laissez-passer VIP des JO 1992. Ce qui ne manque pas d'attirer son attention quand il vient nous saluer, entouré de l'équipe dirigeante de l'école.

– Mais, je vous reconnais ! Vous étiez à Courchevel pendant les Jeux ! J'espère que vous en avez gardé un bon souvenir, me dit-il en passant à ma hauteur.

Le préfet Coussirou, directeur de l'école, qui l'accompagne, juge alors utile de lui préciser :

– C'est l'un de nos élèves russes…

– Je sais, et il nous a bien aidés comme interprète du vice-président du CIO.

– L'école peut être fière d'un tel représentant !, ajoute Larvaron.

Il ne manque pas de culot, ce brave Coussirou, dans l'art de la récupération politique ! Larvaron, pour sa part, se proclame maintenant initiateur de ma venue à Albertville. Ils n'ont peur de rien…

Un ange passe sur l'aréopage, qui dirige aussitôt Michel Barnier vers le gymnase. Je dois concourir dans mes deux disciplines de prédilection, à commencer par le tir. Or, j'ai emmené avec moi, dans un sac, un T-shirt du KGB. Blanc, frappé de l'insigne du Service surmonté de grandes lettres KGB écrites en cyrillique. Impossible de passer inaperçu avec cet accoutrement. En d'autres termes, j'organise mon « coming out », pour ne pas dire mon suicide professionnel.

Et pourtant, ce T-shirt ne troublera personne. Le photographe de l'école fera plusieurs clichés de ma personne dans cette tenue, lesquels paraîtront dans le journal interne de l'école. Et quand, sept ans plus tard, la DST me demandera comment je m'y suis pris pour ne pas être détecté plus tôt, je montrerai cette photo en souriant et en leur disant : « Que fallait-il que je fasse de plus ? »…

Ce geste marque ma décision de rompre tout lien avec le KGB, qui n'existe plus depuis le mois d'octobre 1991. C'est ma façon à moi de l'enterrer, lui et mon passé soviétique. Je décide de démissionner pendant les vacances d'été afin de mettre un terme définitif à ma relation avec les services secrets.

Mais, quitte-t-on impunément une telle organisation ?

Chapitre 48

La fin du KGB et de l'URSS

Il fait une chaleur d'enfer quand j'arrive début août à Moscou.

J'appelle quelques amis afin de boire un verre en soirée et de connaître leur ressenti sur la situation du pays. Pour eux, l'effondrement est en marche. On manque non seulement de tout, mais on ne peut plus rien acheter en raison de l'inflation. De 200 % en janvier, elle a explosé à 2 600 % à la fin du mois dernier ! Au lieu d'une transition graduée vers l'économie de marché, le choix a été fait d'une thérapie de choc qui entraîne une baisse importante de la production industrielle, l'apparition du chômage et une accélération de la pauvreté. Mais pas pour tout le monde, me disent mes amis. Les oligarques, tel Bérézovsky, qui est un proche de Eltsine, se retrouvent à la tête de fortunes colossales. La situation se tend de plus en plus entre Eltsine et le Congrès des députés du peuple, ce qui laisse deviner qu'une crise constitutionnelle est en marche.

L'ambiance est peut-être meilleure à Yassénévo, mais je ne pourrai pas le voir de mes propres yeux. Mon chef de département, le colonel Valéry, ne veut pas que je vienne au QG. Il me fixe un rendez-vous dans un café du centre de Moscou. Peut-être pour m'éviter la peine de constater que la majeure partie des bureaux sont vides et les couloirs désertés ?

– Plus de la moitié du service est partie, Sergueï...

– Partie ? Mais pour où ?

– Certainement parce que l'herbe est plus verte ailleurs, surtout dans le privé. Et puis, il commence à y avoir du retard dans le paiement des salaires. Au fait, tu viens pour avoir de nouvelles consignes ?

– Pas tout à fait. J'ai bien réfléchi, je démissionne.

– Je te comprends... Écoute, Sergueï, je sais qu'avec des amis tu as monté une boîte qui te sert de couverture, essaie de ne pas m'oublier. Je suis à la recherche d'un poste de conseiller en intelligence économique. Si un jour vous cherchez quelqu'un pour ce genre de job, fais-moi signe.

Ainsi, on en est là. Vidé de ses meilleurs cadres, le SVR de Primakov n'est que l'ombre de son ancêtre, la 1re Direction générale du KGB. Mais Valéry n'a pas terminé.

– Ce n'est pas tout : sais-tu que les Américains refusent les transfuges de chez nous, tellement il y en a !

Là, je me dis qu'il exagère, le camarade Valéry. Mais non...

Le point d'orgue de cette série de défections ne va pas tarder à survenir, et il nous fera du mal, beaucoup de mal. Mitrokhine s'est barré à l'Ouest avec des tonnes de documents.

Vassili Mitrokhine, l'archiviste, celui qu'on a mis là parce qu'il n'avait, dit-on, aucune disposition pour le renseignement, est en train de trahir lui aussi ! Ah, c'est sûr qu'il n'était pas bien vu au Centre, le camarade ! Il avait tendance à lever le coude un peu trop souvent et sa femme l'avait dénoncé pour adultère, ce qui fait tache sur l'uniforme d'un kaguébiste. Sachant qu'il n'avait aucun avenir dans l'espionnage au KGB ni aucun espoir de repartir à l'étranger pour gagner des devises et sachant que personne ne le sortirait du placard où on l'avait collé, Vassili s'est vengé.

Beaucoup ont fait de la défection un artisanat, ne livrant finalement que peu d'informations. Lui, à l'instar de Pigouzov, va résolument se lancer dans la production industrielle. Son histoire, qui va être révélée au monde entier sous le nom des « Archives Mitrokhine », va provoquer un séisme, dans les agences de renseignement, mais aussi dans de nombreux gouvernements occidentaux. Elle a été racontée maintes fois, mais le plus souvent par des auteurs de l'Ouest, pour la plupart des journalistes qui ne connaissent rien de l'intérieur de la maison KGB.

Méthodiquement, pendant des années, il a recopié à la main plus de 25 000 fiches ! Chaque jour, après le travail, il ramenait sa collecte chez lui après l'avoir dissimulée dans ses sous-vêtements. Le tout était ensuite méticuleusement rangé dans des caisses de fer qu'il enfouissait dans le jardin de sa datcha. Le Service, qui avait l'œil en permanence sur nous, les officiers de terrain, de peur que nous ne soyons l'objet d'un *krompromat* ou que nous ne trahissions pour une raison quelconque, n'a rien vu venir. Or, nous n'avions qu'une vision parcellaire de la mission. Arrêtés, nous ne pouvions lâcher que deux ou trois noms. Mitrokhine, lui, avait sous les yeux la globalité des activités d'espionnage du KGB, alors il y est allé de bon cœur !

Il ne lui restait plus qu'à convertir son trésor contre une émigration aux États-Unis. Mais là aussi, il y a loin de la coupe aux lèvres. En mars 1992, il s'est présenté à l'ambassade américaine de Riga, en Lettonie, en demandant à voir le chef d'antenne de la CIA. En lieu et place, on lui a envoyé un sous-fifre, auquel Mitrokhine a remis quelques fiches en lui disant de les étudier immédiatement. Que s'est-il passé ? Certains prétendent que les Américains, croulant sous les transfuges, n'arrivaient plus à faire le tri entre le bon grain et l'ivraie. « Pas intéressé ! », lui ont-ils répondu comme s'il s'agissait d'un représentant en aspirateurs. Les imbéciles arrogants !

Mitrokhine ne s'est pas démonté et est allé chez les concurrents, directement à l'ambassade britannique. Les Anglais sont des maîtres en matière de renseignement, ils ont reconnu immédiatement la qualité du trésor que l'on venait leur offrir. Il ne leur restait plus qu'à négocier.

– Vous en avez beaucoup comme ça ?

– Quatre-vingts kilos ! Dans mon jardin…

– On suppose que ce n'est pas gratuit, vous voulez quoi en échange ?

– J'émigre chez vous avec un matériel de qualité tel que vous n'en avez jamais vu, vous vous chargez de mon exfiltration et de celle de ma famille, et bien sûr il me faut de quoi vivre, c'est-à-dire de l'argent.

– Et pour vos archives ?

– Vous pouvez les récupérer dans ma datcha !

Les Anglais l'ont fait. Ils sont venus de nuit déterrer les six caisses de notes et ont exfiltré Mitrokhine et les siens, se retrouvant ainsi avec la prise de documents la plus importante de toute la guerre froide.

Mais ils ne se sont pas arrêtés là. Ils ont ensuite mis Mitrokhine entre les mains du doyen de la faculté de Cambridge, Christopher Andrew, l'un des plus grands spécialistes de l'histoire de l'espionnage, avec lequel il a écrit les fameuses *Archives Mitrokhine*. C'était bien joué ! Dans ce recueil destiné au grand public, on ne trouve que la partie la moins intéressante de ces documents. Les professionnels des services britanniques se sont réservé les morceaux de choix, disant à leurs alliés : « Tout est dans le livre, vous n'avez qu'à puiser! » Ce qui n'a pas manqué de mettre le feu aux poudres dans certains pays, comme en Italie, où les archives Mitrokhine donneront lieu à une commission d'enquête, ainsi qu'en Inde et en Amérique du Sud.

On y découvre, entre autres, les campagnes de déstabilisation de nations occidentales par la propagation de fausses rumeurs sur des personnalités politiques avec l'aide de journalistes achetés ou favorables aux idées communistes, ou encore l'appui apporté aux mouvements d'ultra-gauche ou anarchistes des années 1970 à 80. Soit dit en passant, cette aide est devenue problématique lorsque l'URSS a cherché à développer une coopération économique avec les pays capitalistes, à tel point que nous y avons mis un terme. D'autant plus que les thèses d'extrême gauche plutôt fumeuses ne prenaient pas racine dans la population. Enfin, le camarade Mitrokhine va fournir la liste de la quasi-totalité des illégaux du KGB opérant à l'extérieur et celles de centaines de nos « taupes ». À cela vont s'ajouter les noms des agents d'influence pro-soviétique en Europe de l'Ouest et aux États-Unis – pas moins d'une cinquantaine en France, dont des proches de François Mitterrand comme le ministre de la Défense Charles Hernu.

*

Pour le Centre, c'est un coup terrible qui va entraîner l'arrêt de la majeure partie des opérations à l'étranger ainsi que le rapatriement en urgence des officiers de la Réserve spéciale – les illégaux. L'annonce de la défection de Mitrokhine va se répandre comme une traînée de poudre, suscitant un climat de peur chez tous les hommes du SVR en poste dans le monde entier.

Mitrokhine, lui, soutiendra jusqu'à son dernier souffle, en 2004, que, l'URSS et le KGB n'existant plus en 1992, il n'a trahi ni son service, ni son parti, ni son pays. Juridiquement et même moralement, il avait parfaitement raison, le bougre. Puisque le KGB a été dissous le 22 octobre 1991, le Parti interdit en novembre et l'URSS liquidée en décembre.

D'autant que les 420 000 hommes du KGB, à commencer par le président Poutine, le directeur du FSB Bortnikov et le directeur du SVR Narychkine, n'ont pas levé le petit doigt pour honorer le serment solennel qu'ils avaient prêté au Parti communiste de l'URSS de sacrifier leur vie pour défendre les idéaux de Lénine ! Donc, si Mitrokhine est un traître, alors la Russie actuelle est dirigée par des traîtres, Poutine à leur tête !

S'il est encore probable que mon nom ne figure pas sur les documents transmis par Pigouzov ou par Boutkov, là le doute n'est plus permis : mon nom apparaît sûrement sur la liste de Mitrokhine. Ma décision de démissionner arrive à point nommé, car jamais le Service ne renvoie à l'étranger ceux qui ont été démasqués. Mais il règne un tel désarroi à Yassénévo que personne ne se soucie de moi et de ma mission en France.

*

De retour à Paris, la direction des études de l'ENA nous propose, afin de finaliser notre cursus, de rédiger une thèse ou de réaliser un projet individuel. Ce dernier tombe sous le sens. Des gens crèvent de faim en Russie, la pauvreté s'étale à chaque coin de rue, des fonctionnaires ne reçoivent plus leur salaire et le gouvernement n'arrive pas à redonner de l'espoir à son peuple. Je choisis ma ville de Zélénograd, où je n'habite plus depuis 1986 mais avec laquelle j'ai gardé un contact affectif et professionnel pour parfaire ma couverture. J'argumente cette proposition dans un rapport que je remets à la direction de l'école pour qu'elle valide mon projet.

« La ville de Zélénograd est de ce point de vue vraiment très typique, car elle appartient en grande partie au complexe militaro-industriel avec ses usines et instituts de recherche qui travaillent sur les commandes militaires de l'État. Le pressentiment d'une catastrophe imminente et de troubles sociaux était très fort les derniers temps dans cette ville de mono-industrie, où 80 % de la population active sont employés dans des entreprises électroniques qui ont perdu en deux années plus de la moitié de la production, faute de commandes de la machine militaire russe qui commence à se réduire grâce aux réformes de la perestroïka. D'autre part, en général à l'époque des grands changements, ce sont toujours les plus démunis qui risquent le plus et qui se retrouvent encore plus démunis qu'avant. Les différents gouvernements de l'ex-URSS n'ont pas suffisamment pensé à protéger les couches de populations, qui comportent beaucoup d'enfants, de malades, d'handicapés et de personnes âgées. »

Dès le feu vert donné par la direction de l'école, je m'emploie à monter ce convoi humanitaire, mais pas avec n'importe qui !

J'ai rencontré dans la Drôme et en Savoie des responsables territoriaux de la Protection judiciaire de la jeunesse (PJJ) du ministère de la Justice. Voilà un challenge qui peut les intéresser : montrer à de jeunes délinquants, souvent d'origine étrangère, qui se disent abandonnés par la société française, que ce qu'ils vivent en France est une vaste rigolade ! Je prends contact avec eux et ils sont aussitôt enthousiasmés par le projet. Les missions locales d'insertion des chômeurs de longue durée et les comités de l'ex-France-URSS se joignent au projet.

Un 38-tonnes, quelques véhicules légers, et c'est parti ! Le choc va être rude pour ma petite équipe. Nous traversons l'ex-Allemagne de l'Est et logeons à Berlin dans une caserne de l'armée française pour mettre le cap le lendemain sur la Pologne.

C'est à la frontière biélorusse que les choses se corsent. On nous annonce une file d'attente de deux à trois jours pour passer la douane. Sur les parkings, les mafias tournent à plein régime. Vol à main armée, agressions, pillage des camions, policiers qui exigent des bakchichs pour nous laisser passer… Mes jeunes délinquants de pacotille n'en mènent pas large! D'ailleurs, pour parer à toute éventualité, le préfet Istchouk mettra en place une patrouille d'accompagnement du convoi depuis la frontière russe jusqu'à Zélénograd. Les moteurs des camions ont failli geler à Moscou par -35 °C, un jeune Chambérien manque de succomber d'une crise d'appendicite à l'hôpital où il manque de tout, mais tout est bien qui finit bien !

C'est un succès, car nous avons réussi à venir à bout de toutes les difficultés, administratives et organisationnelles. Les camions reviendront chargés de statues de bois de production locale dénichées par mon père, destinées à orner des années durant les jardins publics de Valence, Pierrelatte, Romans et Chambéry. Leurs habitants ont suivi tout ce périple passionnant grâce aux comptes rendus quuotidiens de la presse régionale et locale. Pour les jeunes, c'est une extraordinaire aventure qui leur ouvre les yeux sur la chance qu'ils ont de vivre en France.

*

Léningrad a retrouvé son nom d'origine, Saint-Pétersbourg, mais sans le lustre des tsars, car la misère y sévit aussi. Un certain Vladimir Poutine, ancien lieutenant-colonel du KGB devenu directeur de cabinet du maire de la ville, Anatoli Sobtchak, y organise également des convois humanitaires avec l'Allemagne. C'est là qu'il gagne ses premiers sous en détournant une partie de l'aide pour la revendre au marché noir. Cela va certainement lui donner des idées puisque, avec sept de ses amis pétersbourgeois, il va créer la « Datcha du lac », le fameux groupe *Ozéro Datcha*, dans les années qui suivent et prendre ainsi possession de banques, de parts de capital chez Gazprom ou dans les médias, tout cela au moyen de comptes offshore et de faux contrats. Mais pour le moment, son heure n'est pas encore venue.

*

Diplôme de l'ENA en poche, je regagne Moscou.

Merci pour ce moment, mais je n'en garderai pas un souvenir impérissable. Le creuset des élites à la française ne m'a pas enthousiasmé. C'est un endroit où la formation, beaucoup trop théorique, demeure éloignée des réalités du terrain et où la culture de la prise de risque est quasi inexistante, ce qui donnera les résultats que l'on sait lors de la crise de la Covid.

Curieusement, j'ai retrouvé à l'ENA la même arrogance qu'au MGIMO, voire pire…

Apparement, ma vision sera partagée par Emmanuel Macron, énarque lui-même, qui décidera finalement de fermer cette école fondée en 1945 par le Gouvernement provisoire de la République française, alors présidé par le Général de Gaulle.

Chapitre 49

Ma reconversion après ma carrière d'espion

Me voici à nouveau en ville devant le colonel Valéry, qui m'annonce que ma demande de démission a été acceptée en décembre 1992, en mon absence. Je ne mettrai plus jamais les pieds à Yassénévo. La page est tournée.

Il me réitère ses offres de service car il y a de moins en moins de monde dans la grande tour de la Direction « S ». Il me passe quelques milliers de roubles qui ont perdu 95 % de leur valeur, tout en me réclamant les dollars de ma cagnotte. On n'oublie rien au KGB !

Je lui demande de saluer quelques collègues dans les bureaux, qui font tous une tête d'enterrement. Ne restent à Yassénévo que ceux qui n'ont pris aucune initiative, n'ont aucun projet ou auxquels le privé fait peur. Beaucoup de ceux qui sont là sont des conservateurs purs et durs qui vivent mal le fait que l'URSS ait perdu la guerre froide sans que l'Occident l'ait gagnée.

L'effondrement du mythe communiste et la disparition de l'URSS sont vécus comme une humiliation qui ressemble beaucoup à celle des Allemands après leur défaite à la fin de la Première Guerre mondiale, qui avait ouvert les portes du pouvoir au caporal Hitler et aux nazis. À qui celle-ci va-t-elle ouvrir les portes ? Un certain lieutenant-colonel du KGB de Léningrad pourrait bientôt jouer les führers nationalistes et la carte de la nostalgie communiste.

Le changement d'appellation, de la PGOu au SVR, n'a amené aucune modification notable. Les officiers sont démotivés, ils n'ont plus de repères, et les couvertures diplomatiques à l'étranger ont pratiquement toutes été supprimées. Si l'on ajoute à cela les répercussions de l'affaire des archives Mitrokhine, très peu de mes collègues de l'ancienne 1re Direction générale peuvent encore partir aujourd'hui en mission à l'étranger.

Un dernier salut à Valéry, qui me lance en guise d'au revoir :

– Sergueï, tu connais l'adage, *« On ne quitte jamais le KGB » !*

Il ne croit pas si bien dire ! Dans l'ombre, un homme travaille à relever le monstre de ce champ de ruines. Yevguény Primakov, le nouveau chef, est à l'œuvre. Et cette fuite des cadres ne lui plaît pas du tout !

Je passe un peu de temps dans ma famille et avec mes amis. Puis je reprends le chemin de la France. C'est ici que je veux m'installer, je m'y sens bien et mon cercle de connaissances s'agrandit sans cesse. Je jette mon dévolu sur la commune des Molettes, en Savoie, où j'achète une maison. On me propose plusieurs postes dans l'enseignement supérieur en Savoie et en Isère et ma vie s'organise entre le travail, le ski et la découverte de ma nouvelle région. Il n'y a qu'un hic : ma situation administrative en Russie n'est pas définitivement réglée. Qu'à cela ne tienne, je repars pour Moscou afin de rendre mes passeports de service, que l'on ne m'avait pas réclamés, et de faire une demande de passeport classique pour l'étranger.

Le 6 avril, j'arrive dans la capitale russe pour me présenter au commissariat militaire de mon arrondissement. Comme le veut l'ancienne tradition administrative qui persiste en Russie post-soviétique, on m'inscrit comme officier de réserve sur les rôles du ministère de la Défense.

Je passe aussi par l'antenne du ministère de l'Intérieur et je leur laisse une grande partie de mes multiples passeports du KGB. Par souci de mémoire, j'en garde quelques-uns dans mes archives. Lorsque je remplis les formulaires pour ma demande de nouveau passeport, j'indique dans la rubrique appropriée : *«Ancien officier du KGB»*. C'est une erreur, car la machine se grippe immédiatement.

Les jours passent et mon passeport n'arrive pas. À cause de ce blocage, je ne peux pas rejoindre la France en temps voulu et les postes d'enseignement à l'École de commerce de Chambéry et à l'IEP de Grenoble me filent sous le nez.

Comme il me faut bien vivre, je reprends mes émissions linguistiques à la télévision. Me voyant de retour, l'ambassade de France prend contact avec moi afin de réaliser une nouvelle série à destination du public français. Mon diplôme de l'ENA m'ouvre des portes dans les milieux français. Cette fois, fini la rédaction de fiches détaillées à envoyer au Centre. Chaque soir, je rentre chez moi l'esprit serein, jusqu'à ce que les événements s'accélèrent.

*

En ce début d'année 1993, la tension est à son paroxysme entre Eltsine et le Congrès des députés, tous élus par le peuple. Ceux-ci lui ont voté des pouvoirs extraordinaires afin qu'il mène des réformes économiques.

Usant de ses prérogatives, il nomme un gouvernement qu'il ne soumet pas à l'approbation du parlement et dont les décisions ne le seront pas non plus, ce qui fait de celui-ci une boîte vide. Expliquant que c'est le seul moyen d'aller rapidement vers l'économie de marché pour redresser le pays, Eltsine se met en tête de dissoudre le Congrès des députés du peuple. Fin septembre 1993, la mèche est allumée et l'état d'urgence proclamé avec en ligne de mire la guerre civile.

Des gens s'arment dans les rues de Moscou, les uns pour défendre Eltsine et ses réformes libérales, les autres pour protéger les parlementaires réfugiés dans la « Maison Blanche », le parlement russe, qui vient d'être privé d'eau, d'électricité et de téléphone sur décision du président. À l'intérieur, Khasboulatov, le président du Congrès dissous, et une partie des députés refusent de rendre leurs mandats d'élus du peuple. Mais c'est le général Alexandre Routskoï qui mène la danse. C'est un héros de l'Union soviétique qui a commandé un régiment d'aviation d'assaut en Afghanistan, où il a été abattu à deux reprises par la DCA, ne devant son salut qu'au siège éjectable de son Su-25 Frogfoot. Élu vice-président de Russie, il n'a pas supporté la dissolution du Congrès du peuple, qu'il qualifie de « coup d'État du président Eltsine ». Juridiquement et politiquement, c'en est un.

Le 3 octobre au soir, l'ambassade de France m'appelle pour me demander d'accompagner Michel Colonna d'Istria, un journaliste du *Monde*, dans les rues de Moscou. Nous nous donnons rendez-vous près du Kremlin et nous partons en direction de l'avenue Kalinine, à l'extrémité de laquelle est située la « Maison Blanche ». Nous nous frayons un chemin au milieu des barricades pour nous approcher au plus près du palais, qui se trouve en bordure de la Moskova et là, nous entendons les premières détonations. Des tireurs d'élite qui ont suivi Routskoï se sont postés dans les étages et ouvrent le feu de façon sporadique sur les partisans de Eltsine ainsi que sur la police qui encercle le bâtiment. Dans les troupes qui prennent position autour du palais, je reconnais les spetsnaz d'Alpha[1].

Brusquement, j'entends un cliquetis qui monte dans la nuit. C'est le bruit caractéristique que font les chenilles de blindés quand elles roulent sur le bitume. Le doute est levé, l'armée a choisi son camp, celui de Eltsine. Dissimulés dans un recoin d'immeuble, nous percevons les ordres donnés aux gars d'Alpha. « Après le tir des chars, pénétration dans le bâtiment pour le nettoyer étage par étage. Si quelqu'un résiste, pas de quartier ! »

1. Le groupe Alpha est une unité de forces spéciales de type GIGN.

Avec Colonna d'Istria, nous nous replions vers la Moskova, les balles perdues ne le sont jamais pour tout le monde, et nous faisons bien. Quatre journalistes seront tués, dont deux Français, par les tireurs d'élite postés dans la « Maison Blanche ». Après un long moment d'attente, il est 10 heures quand une énorme détonation retentit. C'est un char T80 qui tire son premier obus de 125 mm, en direction de l'étage où se trouvent les snipers et les députés rebelles. Ce premier tir est suivi quelques secondes plus tard par les salves de dix blindés visant le même objectif. Le haut du palais est noyé dans la fumée et, quand celle-ci se dissipe, nous découvrons un édifice noirci et ravagé par les coups au but.

Mon journaliste enregistre les sons et écrit quelques notes, mais il est comme moi, pris par l'émotion. Des Russes ont ouvert le feu sur des Russes ! Le président élu a donné l'ordre de tirer sur un Parlement tout aussi légalement élu ! La guerre civile tant annoncée semble être là ! On apprend que Routskoï et les députés appellent en vain l'armée de l'air à bombarder le Kremlin ! Un peu avant midi, on entend « *Davaï, davaï !* Allez, allez ! », c'est l'assaut d'Alpha. À 16 heures, l'affaire est close, hormis quelques tirs sporadiques dans les rues de Moscou. On va exécuter discrètement quelques meneurs et Eltsine pourra proclamer à la télévision : « La Russie a besoin d'ordre ! » Pour le rétablir, ces journées sanglantes auront coûté la vie à 147 personnes, tous bords confondus. Quand on se quitte, je promets à Michel Colonna d'Istria de traduire et de faire publier son article dans la presse russe. Ce qui sera fait une dizaine de jours plus tard.

Contrairement à ce qu'affirment de nombreux médias, les spetsnaz de Vympel n'ont pas participé à l'assaut, leurs chefs ayant refusé de faire couler du sang russe. Boris Eltsine ne le leur pardonnera pas, oubliant un peu vite que les mêmes n'avaient pas voulu investir le bâtiment du Congrès du peuple où il se trouvait réfugié en 1991 pour les mêmes raisons. Le 23 décembre 1993, il signe un décret qui affecte les 312 équipiers de Vympel au ministère de l'Intérieur.

De 80 *vympelovets*[1] à sa création, l'unité était passée à 312 et, parmi eux, la réaction est immédiate : 112 opérateurs donnent leur démission et vont rejoindre la sécurité privée ou montent leur propre entreprise. D'autres, au nombre de 150, demandent à être mutés au contre-espionnage du FSK ou au renseignement extérieur du SVR. Finalement il n'y en a que cinquante qui iront au ministère de l'Intérieur, où le groupe sera rebaptisé « Véga ».

1. *Vympelovets* est la désignation russe des spetsnaz de Vympel.

En 1995, Eltsine effectue un changement de bord sur le sujet et l'unité récupère son ancien nom de « Vympel » pour se retrouver affectée au FSB. Le SVR de son côté a créé «Zaslon» («Écran» en russe) en 1998. Ce groupe de spetsnaz a repris les missions de Vympel en y ajoutant la protection des ambassades dans les pays à risque, à l'instar de la Force sécurité-protection du GIGN français. Mais ce groupe ne figure pas dans l'organigramme officiel du SVR, pas plus que le Service des illégaux qui, pourtant, est régulièrement mentionné par Poutine et les dirigeants du SVR. La schizophrénie bien soviétique est de retour avec le régime poutinien.

*

Je récupère enfin mon « nouveau » passeport qui me permet de partir à l'étranger. Mais l'absurdité n'est jamais loin : deux ans après la chute de l'URSS et l'installation de la nouvelle Fédération de Russie, ce sont toujours des passeports arborant les armoiries soviétiques que délivre l'administration russe. Le temps semble figé dans le passé.

Les prix du pétrole et d'autres matières premières restent trop bas et l'industrie ne produit plus rien de valable depuis l'époque soviétique. Les meilleurs cerveaux ont fui la Russie – on parle de 3 millions de scientifiques et ingénieurs top niveau qui auraient émigré vers les États-Unis, l'Europe, Israël, l'Asie du Sud-Est. L'État peine à boucler son budget pour payer les salaires des fonctionnaires, les soldes des militaires et les retraites. Sans mon aide, mes parents ne peuvent plus s'en sortir, eux qui ont travaillé toute leur vie et croyaient avoir mérité la retraite maximale prévue par la loi. Ma tante Toma non plus.

Pourtant, la nouvelle élite qui a récupéré pour une bouchée de pain les biens immobiliers, les mines et les usines étatiques appartenant à la nation se gave et cherche à présent des débouchés à l'étranger. Mais aussi la belle vie, les soins et le confort qui manquent cruellement en Russie.

Notre petite société de conseil est justement là pour ça ! L'argent n'a pas d'odeur et nous sommes au service de ces nouveaux riches russes pour leur montrer quels chemins prendre à l'étranger, les bonnes adresses pour se faire soigner ou passer ses vacances, dans quelles écoles privées scolariser les enfants, comment ouvrir un compte dans une banque occidentale…

Si pour la France mon carnet d'adresses doit suffire à les satisfaire, c'est une jeune femme de Zélénograd installée sur les bords du lac de Neuchâtel, à Yverdon, qui, dans un premier temps, me sert de relais dans les milieux d'affaires helvétiques. En bon espion, je me fais très vite mon propre réseau et mon diplôme de l'ENA m'ouvre également de nombreuses portes en Suisse.

Pendant quelques années, j'organise des échanges entre plusieurs centres de soins du lac Léman et l'hôpital du Kremlin, et ceux-ci deviennent si fréquents que je suis maintenant intime avec le docteur Youri Pérov, premier adjoint au directeur du Centre médical de la Présidence de Russie. En février 1996, il me demande de passer à son bureau, rue Granovsky, de toute urgence.

– Sergueï, j'ai une affaire délicate sur les bras. J'ai besoin de votre aide, mais avant tout de votre discrétion.

– Pour le silence, il est d'or en Suisse, aussi n'ayez pas d'inquiétude là-dessus. Pour le reste, dites-moi de quoi il s'agit.

– C'est de Eltsine qu'il s'agit!

J'ai bien entendu la rumeur courant sur un président malade, impopulaire, à tel point que, les communistes reprenant du poil de la bête, sa prochaine réélection semble compromise.

– Que lui arrive-t-il donc ?

– Le président est si malade que sa famille et son entourage ne sont pas sûrs qu'il tienne le coup jusqu'à la fin de la campagne électorale. Il en est quasiment au même stade que Brejnev en 1982. Avec les drogues, nos médecins ne peuvent garantir qu'une quinzaine de minutes de présence publique par jour. Il peut nous claquer entre les doigts à tout moment. Si cela se sait, les Russes ne mettront pas un souffreteux à la tête du pays, ils en ont suffisamment eu par le passé avec les vieillards malades du Kremlin. C'est un secret d'État ! Et s'il n'est pas réélu, c'en est fini de l'économie de marché et des réformes libérales ! Les communistes revanchards vont mettre en prison tous ceux qui ont fait fortune ces derniers temps. Il faut opérer le président d'urgence, mais c'est impossible en Russie pendant la campagne.

En fait, Eltsine souffre de notre mal national, l'alcoolisme. Ne parvenant pas à gérer son intempérance, c'est tout son système cardiovasculaire qui est maintenant défaillant.

– Il faut que l'on fasse vite. On a pensé que vous pourriez vous occuper de son hospitalisation en Suisse. Sous un faux nom. Tout doit rester secret, bien entendu!

– Mais pourquoi ne pas demander aux services secrets de s'en charger ?

– Il y a encore trop de communistes là-dedans! Ils feraient aussitôt fuiter l'information. Vous avez carte blanche, revenez me voir dès que votre plan est prêt.

L'entretien terminé, je réalise que je possède le plus grand secret de Russie !

Me voilà de nouveau dans le monde des gens de l'ombre. Sans états d'âme, je me mets en marche. Je pars pour la Suisse afin de procéder à une reconnaissance sur le terrain auprès de trois cliniques susceptibles d'accueillir Eltsine et de l'opérer avec succès. J'en choisis une dans le canton bernois, une autre à Zurich et la dernière sur les bords du lac Léman, entre Lausanne et Genève.

La partie médicale n'est pas la plus compliquée à gérer, il me faut surtout m'assurer du silence du personnel de l'établissement qu'on aura choisi et de la sûreté des déplacements. Dans la foulée, je fais venir en Suisse le docteur Pérov du Kremlin sous couvert de vacances avec sa femme. En réalité, nous finalisons les préparatifs pour l'opération de Eltsine sur place en optant pour la clinique de Genolier, à une vingtaine de kilomètres de Genève.

De retour à Moscou, nous apprenons que la famille et les conseillers de Eltsine se sont laissé convaincre par les oligarques qui les soutiennent et ont finalement changé d'avis. Ils ont pris la décision d'attendre que l'élection soit passée pour réaliser le quintuple pontage coronarien qui doit permettre de sauver le président. Une intervention chirurgicale à l'étranger aurait été trop risquée et politiquement catastrophique si la population l'avait apprise suite à une fuite du Kremlin.

Grâce au bourrage des urnes et à des millions de dollars en liquide pour acheter des voix, Eltsine, qui en février n'avait aucune chance, est triomphalement « réélu » le 3 juillet 1996, mais sa déchéance physique va se poursuivre irrémédiablement. La famille du président l'influence pour qu'il propulse et remercie tous ceux qui l'ont soutenu sans compter afin de réaliser le miracle d'avoir gagné une élection qui était perdue d'avance.

Parmi les grands vainqueurs de cette élection truquée, une personne vient d'être nommée au poste de vice-Premier ministre de Russie. Ce personnage ne m'est pas inconnu. C'est l'un de mes copains du MGIMO, Vladimir Potanine, qui a pris le contrôle de Norilsk Nickel, une usine située au-delà du cercle polaire qui produit des métaux précieux très prisés, dont le palladium et le platine. Devenu milliardaire, il fait maintenant partie des dix premières fortunes russes.

Afin de développer davantage mon activité en Suisse et d'acquérir de nouveaux clients riches pour mes partenaires helvétiques, je décide de me servir de cette connaissance. Je fais mon enquête et découvre qu'il adore la montagne et le ski, comme moi. Il a maintenant ses entrées dans les Alpes françaises, à Courchevel, où il a l'habitude de fêter chaque année en janvier son anniversaire, en grande pompe et à coup de plusieurs centaines de bouteilles de Château Petrus.

Depuis mon passage aux JO d'Albertville en 1992, j'ai gardé mes contacts dans cette station huppée savoyarde qui est aussi l'une de mes préférées. Avec la bénédiction et le financement de la clinique suisse de Genolier dont je suis devenu le représentant pour la Russie et le rabatteur des nouveaux riches russes vers la Confédération helvétique, je prépare à mon ancien ami Vladimir une surprise dans la meilleure tradition des films d'espionnage.

*

Mon ami devient une « cible » que je dois « harponner ». Problème, il est maintenant entouré de gardes du corps et de conseillers. Difficile de passer les cordons de sécurité du numéro deux du gouvernement russe, milliardaire de surcroît.

Mais rien n'est impossible à un illégal à la retraite. C'est pour cela que les espions retraités ne restent jamais longtemps sans travail et sont volontiers récupérés par les chasseurs de têtes et les DRH de toutes les grandes entreprises. Ne jamais montrer son intérêt à une cible, la laisser venir vers vous, l'intriguer sans l'effaroucher, lui tendre un « piège de miel », quelque chose qui va l'intéresser, tout en lui faisant croire que l'initiative du contact vient d'elle ou que la rencontre est une pure coïncidence.

Grâce à une connaissance des JO, j'apprends quelles sont les habitudes de Potanine et de sa famille à Courchevel. Ils crèchent au « Byblos des neiges », que je connais comme ma poche depuis 1992. Je me suis arrangé en cette fin de décembre 1996 pour m'offrir un séjour de deux semaines dans les Alpes. Un beau matin, je me place au bar du Byblos avec des amis de Moscou que j'accompagne. Et voilà « comme par hasard » que passe mon copain du MGIMO Vladimir Potanine avec sa famille. Me voyant là, il est surpris et s'écrie :

– C'est pas vrai ! Ce n'est pas toi, Sergueï, dis-moi que je rêve ! Qu'est-ce que tu fais là ?

– Ben, du ski, et toi, Vladimir ?

– Pareil. Le monde est petit, décidément !

– Ça fait un bail !

– Sergueï, veux-tu te joindre à nous pour boire un coup ?!

– Bien volontiers !

Je m'excuse auprès de mes amis et file vers la table voisine.

Une conversation sympathique s'improvise alors – les grandes retrouvailles impromptues des potes d'université qui ne se sont pas vus depuis plus de dix ans !

Pour moi, il n'y a cependant rien d'improvisé. Je fais la connaissance de la femme et des enfants de mon copain oligarque et, en toute logique, on finit par dîner ensemble. Le lendemain, je suis invité à passer une journée de ski avec la famille.

Après une grande journée de ski alpin dans les Trois Vallées (Courchevel, Méribel et Val Thorens), voilà qu'on ne se quitte plus. Je déménage au « Byblos », chose impossible en pleine haute saison de Noël, mais la direction de l'hôtel a bien repéré ma proximité avec l'homme tout-puissant de Russie et devient soudainement très arrangeante pour lui plaire.

C'est connu : quand un conte de fées se met en marche, rien ne l'arrête plus.

Le 3 janvier 1997, c'est l'anniversaire du milliardaire Vladimir et ce soir-là, je suis son hôte d'honneur au Chalet de Pierres ; j'ai même une place à sa table, avec sa famille. Les quatre cents convives de son empire de métaux précieux et des vedettes russes, *guest stars*, se perdent en conjectures pour deviner qui je suis et pourquoi cet inconnu a toutes les faveurs de l'empereur.

Cela m'a coûté plusieurs nuits sans sommeil pour imaginer son cadeau : que voulez-vous offrir à un milliardaire qui a déjà tout et qui peut tout acheter ?! Mais je crois avoir trouvé une bonne idée. Le paroxysme arrive quand je déballe un poster avec un agrandissement de notre photo dans les camps militaires du MGIMO en 1982, jeunes et en uniforme de « partisans ». L'effet de surprise escompté est total et la salle huppée fait une ovation. L'intéressé est ravi. Pour moi, c'est une réussite totale.

Quand je raconte ça en Suisse, même le directeur financier de ma clinique cesse de me faire la gueule à la vue de la note bien salée de mon séjour de prospection.

*

Depuis mon passage bien remarqué à Courchevel, je croule sous les propositions et les sollicitations. Le carnet de commandes se remplit vite et les Suisses jubilent en prévision de l'arrivée de nouveaux patients russes. Mais je n'ai pas que des amis.

Nombreux sont ceux qui m'envient mes entrées privilégiées à la Présidence de Russie et au centre médical du Kremlin ainsi que ma proximité amicale avec Potanine, l'homme fort du gouvernement. Parmi les envieux, il y a ses partenaires mais aussi ses concurrents. Les services secrets français et suisses sont également intrigués.

Et surtout, il y a les services russes, qui commencent à montrer des signes de curiosité, voire d'inquiétude : je suis un électron libre mais trop bien introduit dans le système étatique de la Russie de Eltsine et des oligarques puissants. En Russie, on n'a pas l'habitude d'une telle situation hybride. Cela dérange et ne peut pas durer comme ça…

Un jour surgit de nulle part un certain Alexandre, un ancien collègue de Yasssénévo. Il m'invite à passer un week-end dans une base de loisirs chic dans la région de Moscou. Cette invitation n'est pas gratuite, car il a un message à me faire passer. Le soir, alors que nous finissons la journée dans un beau chalet devant un feu de cheminée avec un whisky hors d'âge et de prix, il se lance.

– Dis-moi, on me rapporte que tu en sais beaucoup sur la santé du président, pour quelqu'un qui travaille dans le privé à l'international.

– Pas plus que ce qu'on peut lire dans les journaux…

Mon esquive évasive ne semble pas l'avoir convaincu. Son sourire trop malin m'inquiète.

– Sergueï, notre ancien service est en train de revenir sur le devant de la scène et je cherche des compétences parties ailleurs après la chute de l'URSS. Je me suis laissé dire que tu récupérerais ton poste et ton grade, voire plus. À mon avis, l'uniforme de colonel du SVR t'irait très bien. Moi, je suis persuadé qu'avec ton diplôme de l'ENA, tes appuis au Kremlin et tes entrées à la « Maison Blanche[1] », tu serais très vite général et directeur adjoint du SVR – pour quelqu'un de brillant comme toi, c'est facile de se faire une très bonne place parmi la médiocrité ambiante qui règne à Yassénévo. Et pourquoi pas directeur, un jour ?! Tu as toutes les compétences, le potentiel et le piston politique ! Cela mérite réflexion, non ?

Je vois qu'il sait appuyer là où il faut pour flatter l'ego de quelqu'un ; c'est sans aucun doute un bon recruteur. Mais ses arguments bien

1. Surnom donné par les Moscovites à l'ancien bâtiment du parlement, bombardé par les chars de Eltsine en 1993 et qui, après les réparations, est devenu le siège gouvernemental de Russie.

préparés n'ont pas d'effet sur moi, je n'ai pas suffisamment d'ambition pour replonger dans le panier de crabes qu'est Yassénévo.

– Écoute, Alex, depuis que j'ai quitté le KGB, je me sens soulagé d'un poids que tu n'imagines pas. J'y ai passé de belles années, mais on était dans un autre paradigme qui a disparu aujourd'hui. Et puis, avec Primakov et Troubnikov à la tête du SVR, c'en est fini de l'autonomie que j'avais avec Drozdov, Krioutchkov et Chébarchine, qui m'ont toujours accordé une totale liberté de manœuvre. J'ai tiré un trait sur ce passé, je n'y reviens plus!

– Tu sais que si ton ancienne appartenance au KGB est découverte, tu peux dire adieu aux visas suisse et français.

– Ne me fais pas rire, Alex ! Après les trahisons de Pigouzov et Boutkov, il y a de fortes chances que je sois grillé depuis longtemps. Et si les Français et les Suisses ne me sautent pas dessus, c'est qu'ils s'en foutent ! C'est de l'histoire ancienne !

– Le passé revient, Sergueï! Crois-moi, le Service est en train de monter en puissance et il a besoin de toi !

Je comprends surtout que cela arrangerait beaucoup de monde si je faisais partie d'un organisme officiel où l'on pourrait contrôler tous mes faits et gestes. Mes allers-retours entre la Russie, la Suisse et la France commencent à en inquiéter plus d'un.

D'ailleurs, les représailles ne tardent pas. À peine rentré de Courchevel, j'apprends que Goussinsky, un oligarque lui aussi, a racheté la chaîne de télévision dans laquelle je travaille. L'une de ses premières décisions sera de supprimer mon émission linguistique malgré sa popularité et ses très fortes audiences. On me fait comprendre qu'en Russie rien n'est jamais acquis pour toujours et qu'une situation de faveur peut basculer du jour au lendemain.

Les appels suggestifs de mes « bienfaiteurs » deviennent insistants et virent vite au harcèlement. Il me faut à tout prix me débarrasser de ce passé au KGB qui devient envahissant et que je vais traîner comme un boulet pendant le reste de ma vie. Il me faudrait faire sortir au grand jour les squelettes de mon placard secret, me livrer à une sorte de «coming out» et dévoiler mon passé d'espion publiquement une fois pour toutes afin que l'on n'y revienne plus.

Mais la chose est compliquée juridiquement. Sous le régime communiste, il existait des lois et des circulaires « secrètes » qui interdisaient un certain nombre d'activités, mais qui n'étaient jamais portées à la connaissance de la population. Ceci permettait au KGB d'arrêter quiconque sous un prétexte fallacieux. Et quand l'individu concerné venait à s'exclamer : « Je ne savais pas que c'était interdit! », on lui répondait : « On s'en fout, nous, on le sait ! »...

À la fin de la période Gorbatchev, les choses en la matière ont changé et ces dispositions stupides ont été supprimées. La Russie, sous Eltsine, est devenue un État de droit.

Mais devant la fuite des personnels du KGB, Primakov, le directeur du SVR, a fait adopter une loi sur le renseignement extérieur. C'est une première. Celle-ci est rendue publique afin que nul ne puisse l'ignorer. Et l'article n° 18 de cette loi interdit formellement de divulguer son appartenance au Service, y compris pour les membres de l'ex-KGB. Aller à son encontre signifie s'exposer à une peine de prison pour divulgation de secrets d'État. Je me retrouve dans une impasse : si je garde mon secret, on me fera chanter toute ma vie, et si je le révèle, je risque d'aller en prison.

Mais c'est mal me connaître si l'on croit que j'abandonne facilement une idée fixe qui m'obsède.

*

Je me mets à fouiller dans les textes juridiques existants avec l'espoir de dénicher la petite faille qui me permettrait de justifier de toutes ces années passées au KGB. Et elle existe, cette petite faille ! *« Tout citoyen qui a suivi une formation dans un établissement universitaire ou scolaire doit voir celle-ci sanctionnée par un diplôme. »* Et dans une autre loi qui est là depuis l'époque de Staline mais qui est toujours en vigueur, je lis : *« Pour la défense de ses droits, tout citoyen russe peut s'adresser à l'administration, laquelle doit lui donner une réponse motivée sous un mois. »* Ces deux lois contredisent celle sur le renseignement extérieur qui impose le secret partout et elles ouvrent une brèche juridique dans laquelle je peux me glisser.

La démonstration coule de source : je suis allé au KI, qui avait le statut d'établissement d'enseignement supérieur, j'y ai passé trois ans, à l'issue desquels on m'a remis en main propre pendant cinq minutes, en 1987, un diplôme de *« spécialiste en relations internationales formé à l'Institut du Drapeau rouge du KGB »*. En bon espion, j'ai eu la présence d'esprit de noter les références du document avant que le Service ne le reprenne pour le conserver dans mon dossier personnel secret à Yassénévo.

Cette contradiction, c'est ce qu'on appelle une « collusion de normes juridiques », c'est une faille dans le système que je peux et dois utiliser en ma faveur. Si j'obtiens le diplôme du KI, qui n'est pas secret, je pourrai l'afficher sur un site Internet et faire ainsi une croix sur mon passé du KGB sans risques. En toute modestie, je peux dire que c'est juste génial ! Je tiens le SVR !

J'adresse donc par fax, via le service des relations publiques, une demande de mon diplôme au directeur du SVR. Très vite je reçois un appel téléphonique au cours duquel mon interlocuteur m'interroge sur les raisons de ma requête. Il veut à tout prix m'en dissuader. Je lui explique en insistant sur le fait que rien ne semble pouvoir s'opposer à ma demande, le KGB et mon ancien département ayant disparu. J'insiste encore, imperturbable : « Faites suivre ma lettre par la voie hiérarchique et donnez-moi une réponse officielle, quelle qu'elle soit ».

Mais c'est loin d'être gagné, car il y a un piège administratif possible. Je crains une convocation à Yassénévo afin de me faire signer un formulaire confidentiel me signifiant que le diplôme secret ne peut m'être remis et que je dois tenir ma langue. S'ils faisaient cela, je serais coincé pour toujours. J'attends chaque minute ce coup de fil fatal ou une convocation écrite et cette attente devient insupportable… Mais la plus grande qualité, chez un espion, est la patience, et je suis un bon espion, je sais attendre.

À mon grand soulagement, un mois plus tard, respectant à la lettre le délai légal imparti, m'arrive un courrier signé du général Lyjine, chef du personnel du SVR et père d'un de mes amis du MGIMO. Il confirme officiellement et par écrit que j'ai *« effectivement suivi les études au KI sanctionnées par un diplôme »* mais que celui-ci *« ne peut pas être remis, étant secret »*. Cette extraordinaire missive ne porte aucun signe de confidentialité ni aucune mise en garde contre sa divulgation. En principe, je tiens déjà entre mes mains ce que je voulais. Mais je me prends au jeu et, pour enfoncer le clou, je décide d'entraîner le SVR vers une autre confirmation en contestant la légalité de ce premier refus.

Va s'ensuivre une joute épistolaire au cours de laquelle je ne recevrai pas moins de onze lettres émanant de Yassénévo et signées par quatre généraux différents. Toutes sont négatives concernant ma demande de diplôme prétendument « secret », mais aucune ne porte de mention de confidentialité. C'est même assez grotesque. Comme la loi me le permet, je fais appel en 1998 devant le parquet général militaire et demande qu'une enquête soit menée pour examiner la légalité des refus qui m'ont été adressés.

Parallèlement, je crée un site Internet et y expose mon différend avec le SVR au grand jour en publiant toutes ces pièces à conviction et en tenant mes followers, de plus en plus nombreux, au courant des derniers développements de ma requête ubuesque. L'affaire s'ébruite et produit l'effet d'une bombe médiatique. Des journalistes avides de scandale s'en emparent en titrant : « *Stierlitz demande son diplôme* » ! Le public se délecte de cet esclandre inédit dans le monde du renseignement, qui fait même l'objet de reportages dans deux émissions télévisées de grande écoute, faisant de moi une star et tournant le SVR en ridicule.

J'y rajoute, sous mon pseudonyme de l'Institut Andropov « Sergueï Jakov », quelques pamphlets bien caustiques sur l'espionnage soviétique en ridiculisant les successeurs du KGB. Je gagne même un prix du journal *Izvestia* pour un article expliquant l'incapacité des services russes de s'adapter à Internet et aux réseaux sociaux. Succès garanti et publicité énorme. Mes écrits sont repris partout et le compteur de mon site Internet m'informe du passage régulier des services de renseignement du monde entier : la CIA, le FBI, la DST, la DGSE, le Mossad, le BND, les MI5 et MI6 et j'en passe.

*

La réaction officielle ne tarde pas. Elle arrive sous la forme d'une convocation téléphonique par quelqu'un qui prétend être un juge d'instruction du FSB (Service fédéral de sécurité) de la Fédération de Russie. C'est le nouvel organe de contre-espionnage du KGB, qui englobe également la sécurité aux frontières et qui règne sur la prison de Léfortovo, où je suis convoqué. Celle-ci ne ressemble en rien à la publicité caricaturale qui en est faite dans le *Bureau des légendes*, qui l'a présentée comme un centre pénitentiaire abominable et insalubre où règne la terreur des bandits et de la mafia russe. Ce qui est vrai pour la délinquance générale est totalement faux pour ce qui est de la compétence du FSB. À Léfortovo, on enferme les traîtres, les espions étrangers et tous ceux qui ont un lien avec la sécurité d'État et le contre-espionnage. L'endroit est lugubre, certes, mais il se veut exemplaire. Il n'y a ni surpopulation carcérale ni mauvais traitements.

Le jour dit, je décide de ne pas me rendre à la convocation car celle-ci ne m'a pas été délivrée contre signature par un huissier. C'est une erreur procédurale en ma faveur dans mon jeu d'échecs avec le FSB. Le délai supplémentaire obtenu me permet de mieux préparer ma défense. Le lendemain, le juge m'appelle à nouveau.

– Peut-on savoir pourquoi vous ne vous êtes pas présenté hier ?

– Premièrement, parce que j'ai reçu une sorte de torchon par fax, ça n'avait rien d'un document officiel, j'ai cru à une blague ! Deuxièmement, rien ne me prouve, au téléphone, que vous êtes vraiment un juge d'instruction du FSB ! Si ça se trouve, c'est une caméra cachée et vous allez me faire passer pour un bouffon devant le pays entier…

J'ai du mal à garder mon sérieux et à ne pas lui rire au nez, à ce pauvre juge.

– Je suis réellement le juge d'instruction du FSB Youri Plotnikov et je vous envoie une nouvelle convocation en bonne et due forme par voie postale, en recommandé avec accusé de réception. Et cette fois-ci venez, c'est un conseil !

Je perçois des accents menaçants dans sa voix.

Le lendemain, je reçois contre signature une convocation pour le 9 août 1999 à 10 heures. Mais un jour plus tard, le juge m'appelle pour faire avancer notre rendez-vous de deux heures. Quand je lui pose la question du pourquoi, il reste évasif. Pour le taquiner, je commence à émettre des doutes concernant une heure un peu trop matinale à mon goût mais il insiste, sérieux. Mieux que ça, oh, miracle !, il me propose d'envoyer une voiture de service me chercher à la maison. Léfortovo se trouve à l'autre bout de la ville et j'accepte volontiers cette proposition prévenante inattendue, qui va m'épargner facilement une heure de transports en commun bondés. Mais je suis intrigué. Je sens qu'un mystère se cache derrière cette amabilité et je ne sais pas si cela présage quelque chose de bon ou de mauvais…

*

Me voici à la prison du FSB, à Léfortovo. Après m'avoir fait patienter quelques minutes à l'accueil, on m'introduit dans une pièce au premier étage dans laquelle se trouvent deux hommes. Le juge Plotnikov, vingt-cinq ans, les lèvres encore trempées de lait maternel, semble vouloir rapidement boucler mon dossier. L'autre personnage, la cinquantaine, tempes grisonnantes, se tient à l'écart dans un coin de la pièce derrière mon dos et ne dit pas un traître mot pendant l'interrogatoire – une sorte de superviseur.

– Vos collègues du SVR vous reprochent d'avoir divulgué des secrets d'État par le biais de votre site Internet et dans des interviews aux médias. Une information judiciaire est ouverte par le parquet général militaire, qui a chargé le FSB de l'enquête préliminaire en vue d'une mise en accusation au pénal. Nous avons déjà procédé aux interrogatoires des journalistes qui ont recueilli vos propos. C'est à votre tour maintenant.

De toute évidence il veut m'impressionner et essaie d'emblée de me mettre la pression. Ce qu'il ne sait probablement pas, c'est que c'est mon troisième interrogatoire au contre-espionnage depuis 1980. Je ne suis plus impressionné comme je l'avais été la première fois face à un certain capitaine Poutine pendant les JO de Moscou.

Cette fois, j'ai eu le temps de me préparer en parcourant les divers codes, code pénal et de procédure pénale, il n'y a pas d'effet de surprise. J'ai la loi avec moi et je sais que si l'État de droit est respecté, je ne risque absolument rien. Mais nous sommes en Russie, où le respect des droits de l'homme est très relatif. Le pays est classé chaque année de plus en plus bas sur l'échelle mondiale, aux côtés d'autocraties comme la Chine et les pires dictatures africaines. Je rétorque :

– En quelle qualité m'entendez-vous aujourd'hui, monsieur le juge ? Vous me signifiez une garde à vue ? Vous allez m'arrêter ?

Je marque un point procédural. Il esquisse un léger sourire en guise de reconnaissance de la justesse juridique de mes questions.

– Rassurez-vous, ce n'est qu'une audience préliminaire et vous êtes ici en tant que simple témoin, juste pour éclaircir quelques questions…

– Auxquelles j'ai le droit de ne pas répondre, en vertu de l'article n° 51 de la Constitution russe qui dispense les citoyens de témoigner contre eux-mêmes, n'est-ce pas, monsieur le juge ?

Je marque encore un point juridique. Il lance un regard furtif inquiet au quinquagénaire derrière mon dos.

– Comme je n'ai rien à cacher et voulant coopérer avec la justice, laissez-moi deux jours et je vous mets tout cela par écrit.

– Très bien. L'interrogatoire de témoin est terminé à 8h30. Monsieur Jirnov, voulez-vous me signer le procès-verbal ? J'attends vos réponses écrites.

Je paraphe le PV et rends le papier. Alors que je m'apprête à partir, j'entends derrière moi :

– Tsss, tsss !

C'est le superviseur quinquagénaire, resté muet, qui entre dans le jeu.

– Bonjour, Sergueï Olégovitch. Je suis le colonel Oupkine, directeur d'enquêtes criminelles du FSB. Écoutez-moi bien, vous êtes de la maison, un tchékiste comme moi, et je dois vous dire que je m'étonne. Vos états de service sont excellents, vos chefs vous apprécient, alors que faites-vous là ?

– C'est justement la question que j'allais vous poser ! Pourquoi me convoquer ici, à Léfortovo ?

– Le SVR a établi une requête à votre sujet. Votre histoire de diplôme s'est transformée en une enquête pénale contre un ancien officier supérieur du Service des illégaux pour divulgation de secrets d'État ! Entre nous, ce n'est pas tous les jours que l'on voit ça au FSB !

– Divulgation de secrets d'État ! Mais mon dossier est vide !

– Pas tant que ça, ne soyez pas trop modeste. Andropov a entendu parler de vous avec cette affaire de télégramme que vous avez adressé à Paris en 1980 quand vous étiez un simple étudiant du MGIMO. Ensuite, vous avez doublé le coup la même année pendant les JO. J'ai là le compte rendu de votre interrogatoire par le capitaine Poutine…

– Deux histoires classées sans suite !

– Sauf que cette fois-ci, vous risquez vraiment gros !

– Mon colonel, vous êtes un juriste, et en tant que tel, vous ne pouvez pas ignorer que juridiquement il n'y a rien dans mon dossier, pas plus qu'en 1980 pendant les Jeux olympiques, ni dans l'affaire du concours de RFI. Les accusations actuelles du SVR sont simplement ridicules. Je vais vous envoyer copie des onze lettres que le SVR m'a envoyées. Nulle part il n'est indiqué que ces lettres doivent rester secrètes. Mon diplôme ne contient pas, lui non plus, la moindre mention de confidentialité, or, vous le savez, le secret doit être formalisé. Je veux bien être condamné, mais les quatre généraux qui ont signé ces courriers doivent venir partager ma cellule à Léfortovo !

Il se met à rire.

– Bien joué ! À la vérité, nous non plus, nous ne comprenons pas trop ce que vous faites là…

– Moi, si. Je le comprends parfaitement ! Je suis ici parce que le SVR vous a refilé le bébé ! Ils se sont ridiculisés publiquement dans l'histoire de mon diplôme et ils vous chargent d'être leur bras armé dans la petite vengeance qu'ils manigancent contre moi. Entre nous, mon colonel, ce n'est pas très sympa de la part d'anciens collègues du KGB !

Il préfère se taire, mais me lance un regard complice. Je comprends que j'ai vu juste. Pas besoin d'être grand clerc pour s'apercevoir que la guerre SVR/FSB a déjà commencé. Au premier la tâche « noble » du renseignement extérieur et à l'autre le « sale boulot ».

– Très bien, Sergueï Olégovitch ! N'oubliez pas, vos explications dans quarante-huit heures par écrit ! – Il hésite un moment avant de poursuivre. – Vous êtes un bon élément et je dois vous dire qu'un poste important vous attend si vous décidez de réintégrer la maison.

Il me fait signe d'y aller. Je ne reviendrai plus à Léfortovo.

Chapitre 50

Le grand chambardement sous Eltsine

À mon retour chez moi, j'apprends à la télé que le directeur du FSB Vladimir Poutine est nommé ce même jour chef du nouveau gouvernement par le président Eltsine !

Son avancement spectaculaire semble être une nomination provisoire comme une autre – Eltsine est imprévisible et on a déjà connu plusieurs « favoris », « confidents » et « successeurs » : les généraux Routskoï, Lébed et Korjakov, les Premiers ministres Tchernomyrdine, Primakov, Kirienko, Gaïdar et Stépachine, les vice-Premiers ministres Nemtsov et Tchoubaïs. Tous ont plus ou moins mal fini, certains sont tombés en disgrâce et tous ont été évincés de l'entourage du « premier cercle », comme on dit au Kremlin. Pourtant, avec Poutine, une nouvelle ère commence en Russie, mais personne ne le sait encore…

Reconnaissons-lui des qualités d'organisateur, de « juriste » qui n'hésite pas, au besoin, à s'asseoir sur la loi, ainsi qu'une ambition démesurée qu'il cache bien et que rien ne doit venir contrarier. Aussi, quand le parlement de Russie examine la procédure de destitution du président Boris Eltsine initiée par le Parti communiste de la Fédération de Russie, les motifs font trembler au plus haut sommet de l'État.

On l'accuse d'avoir provoqué la chute de l'Union soviétique, d'avoir fomenté un coup d'État en 1993, d'avoir déclenché la guerre en Tchétchénie en décembre 1994, de vouloir détruire le système militaire du pays et d'être coupable de génocide du peuple russe. Rien que ça ! S'il y en a un qui ne tremble pas, c'est Vladimir Poutine.

Youri Skouratov est le procureur général qui soutient cette procédure en même temps qu'il mène une lutte acharnée contre la corruption, lutte qui commence à inquiéter de nombreux oligarques. Vladimir Poutine prend alors les choses en main. C'est le coup du *kompromat* dans lequel ce brave procureur va sauter à pieds joints. Le chef du FSB se présente à la télévision centrale, une cassette vidéo sous le bras.

– Voici un enregistrement que moi, directeur du FSB, je mets à la disposition des autorités et que je rends public. On y voit les ébats amoureux d'un individu et de deux prostituées, un individu qui ressemble fort au procureur Skouratov.

Mais là où il se révèle très fort, c'est qu'il fait porter le chapeau de ce *kompromat* à d'autres, car il ajoute :

– Nous avons des raisons de croire que cet événement et d'autres du même ordre ont été payés par des gens sous le coup d'informations judiciaires lancées notamment par le procureur général.

En fait, ces deux prostituées ont été rémunérées par le FSB, et Skouratov n'a rien vu venir. Le samedi 3 avril 1999, Boris Eltsine le limoge alors qu'il était à deux doigts de dévoiler une liste de personnalités alimentant des comptes dans des banques helvétiques avec de l'argent sale. On soupçonne des malversations lors des travaux de rénovation pharaoniques du Kremlin et du siège du gouvernement dirigés par le secrétaire général de l'administration présidentielle Pavel Borodine et par son adjoint… Vladimir Poutine !

Boris Eltsine et toute l'oligarchie poussent un gros soupir de soulagement.

Ce « service » rendu par Vladimir Poutine lui sera retourné au centuple.

*

C'est dans ce contexte particulier que mon affaire de prétendue divulgation de secrets d'État initiée par le SVR va être classée sans suite par le FSB et le parquet général militaire.

Malgré la pression médiatique, mes anciens employeurs s'entêtent à ne pas vouloir respecter la loi – mais après tout, qui la respecte en Russie ? La loi est faite pour les pauvres et les faibles. Les riches et les puissants s'en moquent. Je suis dans le camp des puissants pour le moment et je ne m'avoue pas encore vaincu. La partie d'échecs procédurale m'amuse.

Voulant aller jusqu'au bout de la logique juridique, j'exerce en septembre 1999 mon droit de déposer une plainte civile auprès de la cour d'appel de Moscou contre le SVR pour non-délivrance de mon diplôme. Quelques journaux reprennent l'information en titrant cette fois : *« Stierlitz est arrivé avec une valise de kompromat à son procès ! »* Mais l'opinion publique russe est préoccupée par des choses autrement plus sérieuses.

Jusque-là mal gouverné, le pays est maintenant au bord de la ruine et l'État vient d'ailleurs de se déclarer en défaut de paiement. Ma fortune personnelle étant en francs suisses, je suis non seulement épargné par cette crise mais je gagne même en richesse. Mais la majorité du peuple qui gagnait sa vie en roubles est ruiné. La colère populaire gronde de plus en plus. Il faut trouver un paratonnerre au Kremlin et aux oligarques. Quoi de mieux pour cela que de faire naître un sentiment de peur et d'insécurité ?

Fin août 1999, des immeubles d'habitation sont frappés par des attentats dans différentes villes, y compris Moscou, causant 293 morts et des milliers de blessés. La télévision d'État, qui appartient à Bérézovsky, désigne vite un bouc émissaire : ce sont les islamistes qui auraient fait le coup ! Les autres chaînes repassent en boucle les images de désolation, avec au premier plan le nouveau Premier ministre et son ami Patrouchev, qui l'a remplacé à la tête du FSB. La guerre au terrorisme est déclarée. C'est à cette occasion que Poutine sort sa fameuse phrase qui va le rendre populaire dans le pays : « Nous irons buter les terroristes jusque dans les chiottes ! ». La restauration de l'ordre devient en effet un impératif urgent. Et surtout un moyen de mobilisation patriotique de l'opinion.

Une nuit, trois prétendus islamistes qui préparaient un quatrième attentat dans la ville de Riazan sont surpris alors qu'ils déchargent des sacs d'une Lada blanche. Les habitants, succombant au climat de terreur qui s'est installé, ont organisé un système de veille qui a permis de repérer les terroristes supposés. La police locale arrive aussitôt et là, surprise ! Les « islamistes » exhibent leurs cartes du FSB, obligeant Patrouchev à un numéro d'équilibriste à la télévision en prétextant qu'il s'agissait d'un exercice et que les sacs ne contenaient que du sucre ! La police scientifique de Riazan, qui a expertisé le sucre en question, vient contredire la thèse officielle du FSB car elle l'a identifié comme étant de l'hexogène, un explosif puissant. Et son responsable a ajouté : « Le sucre n'a pas besoin de détonateur » !

J'écris sur mon site Internet un pamphlet dans lequel, en mots plus ou moins déguisés, je pointe du doigt le complot politique du FSB et de Poutine derrière cette mise en scène minable du « terrorisme islamiste » destiné à faire monter la popularité de Poutine et préparer en sous-main son arrivée au Kremlin en remplacement de Eltsine. Quelques années plus tard, l'ex-officier du FSB Alexandre Litvinenko, réfugié à Londres, publiera avec l'historien Felchtinski la même chose mais sans prendre de gants dans le livre-choc *Le FSB fait sauter la*

Russie[1]. Cette accusation écrite lui vaudra d'être empoisonné au polonium 210 en 2006 sur ordre de Poutine.

Dans le camp des oligarques, ceux qui ont récupéré pour une bouchée de pain la majeure partie des richesses du pays, c'est l'inquiétude. Qui pour succéder au président actuel ? Les communistes regagnent du terrain et aux prochaines élections, si Primakov, l'ancien patron du SVR, se présente, il passe ! C'est Bérézovsky, le parrain des oligarques, qui, encore une fois, trouve la solution. « Nous avons un gars à notre main, poussons-le au pouvoir ! » De plus, la famille de Eltsine considère Poutine comme un homme sans ambition, insignifiant mais efficace, et qui se révélera docile à l'avenir. Bérézovsky avance donc son pion sans hésiter. Cette petite erreur d'appréciation lui coûtera la vie des années plus tard.

*

Lorsqu'en décembre 1999 le Premier ministre Vladimir Poutine arrive à la Loubianka afin de célébrer la fête des tchékistes, dans le fil de son discours, que l'on peut lire dans la presse, je relève la phrase suivante : *« Chers amis ! Je reviens vers ma maison mère et je puis vous dire que le groupe de camarades tchékistes que vous avez délégués pour travailler sous la couverture du gouvernement de Russie vous rapporte que cette mission a été exécutée avec succès. »* Autrement dit, merci à tous ceux qui ont œuvré en infiltrant l'appareil d'État afin que je sois à cette place ! Cette phrase est censée être une boutade, mais elle sonne le glas et met beaucoup de monde dans le pays mal à l'aise. Notons en passant qu'il est allé fêter le 20 décembre au FSB, le service de sécurité et de contre-espionnage, et non au SVR, ce qui marque bien le retour du KGB et la fin de la parenthèse démocratique.

Le 31 décembre 1999 au matin, vieilli, fatigué, bouffi par l'alcool, Boris Eltsine annonce une chose totalement inattendue et inédite en Russie dans son discours solennel à la télévision : il annonce sa démission cinq mois avant la fin de son mandat présidentiel et désigne comme successeur le jeune Premier ministre Vladimir Poutine.

C'est ce président par intérim qui adresse le même jour ses vœux traditionnels aux Russes à minuit. La planète entière s'attendait cette nuit-là à un énorme bug informatique lors du passage vers l'an 2000, presque à une fin du monde, mais le coup de théâtre géopolitique majeur qui a ébranlé la Terre est venu du Kremlin de Moscou.

---

1. Publié en France sous le titre *Le Temps des assassins* (Calmann-Lévy, 2007).

Peu de gens ont alors compris l'énormité de ce changement et tout ce qu'il allait engendrer pour les trois décennies à venir…

*

Une élection présidentielle est prévue en mars 2000.

Pour la préparer, Poutine, qui est candidat naturel, s'entoure de ses amis de Saint-Pétersbourg. La coopérative Ozéro devient ainsi le bureau politique du Kremlin. L'argent des oligarques fait le travail et Poutine, cet apparatchik quasi inconnu du grand public et sans aucun mandat électif par le passé (tout comme Macron en France en 2017), est élu pour quatre ans à l'issue d'un scrutin entaché d'irrégularités.

Il prête son premier serment en mai 2000 lors d'une grande cérémonie organisée au Kremlin. Le discours qu'il prononce à cette occasion est plutôt bon car il semble avoir saisi l'ampleur des problèmes du pays.

*

De mon côté, même si j'ai été épargné par la crise économique, je viens de vivre une période compliquée. Mes publications deviennent de plus en plus ouvertement dénonciatrices des changements anti-démocratiques pratiqués par Poutine et ses anciens collègues du KGB. La réaction des services, elle aussi, prend une tournure différente. Je constate que mon appartement a été visité et mon ordinateur fouillé. Trouvant qu'il « rame » un peu, c'est en examinant sa configuration sous MS-DOS que je découvre une partition cachée, invisible sous Windows, un programme espion. Si je voulais profiter de cette découverte dans les règles de l'art, je devrais faire semblant de l'ignorer, mais je n'ai plus le cœur aux jeux d'espions. Je reformate alors le disque et écrase le logiciel malveillant, mais je tiens compte de l'avertissement. Ayant obtenu satisfaction morale dans mes batailles juridiques avec le SVR et le FSB, je me concentre sur mes activités professionnelles de consultant, au cours desquelles il m'arrive de rencontrer des anciens de Yassénévo. Et c'est avec amertume qu'ils me parlent du Service.

– Sais-tu combien nous sommes à l'avoir quitté ? Plus de 50 % ! Fini la rigueur et le professionnalisme, les types picolaient du matin au soir, il n'y avait plus d'analyse de la situation internationale. C'est Primakov qui a remis de l'ordre, assuré les salaires, il les a même augmentés. Il a tellement bien fait qu'il est devenu d'abord ministre des Affaires étrangères puis Premier ministre, tout en gardant la main sur le SVR en laissant à sa tête son homme de confiance, Troubnikov, un coup de maître !

Comme Andropov, il a voulu prendre la première place, celle du chef d'État. Eltsine avait peur de lui et a tout fait pour torpiller sa montée spectaculaire. Je fais une analyse politique de cette lutte cachée au sommet du pouvoir russe pour mon site Internet. Mon compteur indique que mes articles sont régulièrement lus par le Kremlin, la Loubianka et Yassénévo.

*

Le 20 mai 2000, deux semaines après l'intronisation de Poutine au Kremlin et le jour même où il nomme un petit inconnu, le général Lébédev, à la tête du SVR pour se débarrasser de Troubnikov, l'homme de main de Primakov, la cour d'appel de Moscou statue sur ma plainte concernant mon diplôme. Devant moi, malgré la procédure à huis clos, la juge lit publiquement, comme la loi l'y oblige, l'arrêt délivré par son tribunal :

– Après étude du dossier, nous confirmons que monsieur Jirnov est un ancien officier du KGB, formé à l'Institut du Drapeau rouge. Ces deux points nous ont été confirmés également par le représentant du SVR. Celui-ci m'a présenté le diplôme rédigé au nom de monsieur Jirnov, lequel document ne peut lui être remis puisqu'il porte la mention « secret » apposée récemment par le SVR.

S'ensuit alors sur cinq pages l'ensemble détaillé des cours secrets que j'ai suivis à l'École de la Forêt et tout au long de ma carrière secrète au KGB.

Sur le coup, je suis contrarié par l'absurdité de toute la chose. Je suis extrêmement déçu de ne pas avoir obtenu le diplôme par la voie de la justice et j'en veux à la juge Yémychéva. Mais réflexion faite, je comprends que la juge a été habile et m'a donné beaucoup mieux ! Elle a dû avoir sur ses épaules une très forte pression à laquelle elle ne pouvait ou ne voulait pas faire face ouvertement, mais elle s'est vengée à sa manière.

Si elle ne m'a pas autorisé à récupérer mon document auprès du SVR, elle m'en a donné dix autres par son arrêt ! Le soir même, la décision étant publique, je la diffuse sur mon site Internet. Mon passé d'officier du KGB étant à présent connu de tous, je pense pouvoir enfin envisager une vie sereine sans crainte de le voir resurgir. Pas tout à fait…

Je continue à avoir une activité journalistique en écrivant quelques articles de presse pour des quotidiens appartenant au groupe Media-Most de Vladimir Goussinsky, le magnat des médias. Le ton y est libre et parfois critique à l'égard du gouvernement, mais rien ne justifiera la décision de Vladimir Poutine d'envoyer Goussinsky en prison le 14 juin 2000 et de démanteler son empire. Même le retraité politique le plus haï de Russie, Gorbatchev, sort du mutisme qu'il gardait jusque-là en dénonçant « une opération qui sent la vengeance ».

Le climat change ostensiblement dans le pays et, pour la première fois, je me sens menacé.

*

Dans la Russie dirigée par Poutine, les solutions n'arrivent pas immédiatement. La corruption continue de plus belle. Pire : la nouvelle guerre en Tchétchénie s'enlise, le fleuron de la marine stratégique, le sous-marin *Koursk*, coule suite à une explosion interne des torpilles. Poutine est paralysé à Sotchi par peur de la désapprobation populaire. Il continuera à faire du jet-ski sur la mer Noire avec ses amis, comme si de rien n'était, alors que les derniers survivants de l'explosion et de l'incendie sont en train de suffoquer, piégés dans la carcasse du sous-marin posé au fond de la mer de Barents, attendant désespérément des secours qui ne viendront pas. Poutine refuse de donner l'ordre d'entamer une opération de sauvetage avec l'aide des Norvégiens sous le prétexte que c'est un pays de l'OTAN. Le prétexte est faux puisque la remontée de l'épave sera faite quelques années plus tard par ces mêmes Norvégiens, faute pour la Russie de posséder une technologie avancée de découpe sous-marine par câbles diamantés. Poutine n'osera jamais venir présenter ses condoléances aux parents, veuves et orphelins des sous-mariniers morts.

Voyant cette faiblesse manifeste et la bassesse du nouveau président, l'oligarchie voudra se substituer à l'État. Elle pense pouvoir manipuler Poutine à sa guise, comme elle a pris l'habitude de le faire avec Eltsine, malade et alcoolique.

C'est à ce moment-là, pour ceux qui ne l'avaient pas encore décelée, que la véritable personnalité du nouveau président se révèle. Ils sont une quinzaine à être convoqués au Kremlin, choisis parmi les hommes d'affaires les plus influents de Russie, et le message que leur délivre Poutine a le mérite d'être clair :

– Votre système a assez duré. Vous avez pris le pouvoir politique face à l'État. C'en est trop. Ceux d'entre vous qui se cantonneront à leur rôle économique traditionnel n'auront aucun problème. Ceux qui prétendront à autre chose seront mis à l'écart. Tenez-vous-le pour dit !

C'est un jeu de dupes, un mensonge tchékiste, une manipulation de l'opinion publique. Poutine est lui-même un oligarque avec son groupe d'intimes de Léningrad. En réalité il ne veut absolument pas mettre fin à l'oligarchie en Russie, mais juste éliminer ses concurrents et régner sans partage.

Mes camarades du MGIMO Vladimir Potanine et Boris Titov sont prudents et comprennent très vite. Avec Poutine, les tchékistes du KGB sont de retour au pouvoir suprême et ce sont eux qui fixent les nouvelles règles. La courte parenthèse démocratique en Russie est désormais refermée.

Certains autres oligarques commettent l'erreur de ne pas prendre au sérieux la mise en garde du nouveau maître du Kremlin qui paraissait encore sans envergure entre les mains de l'oligarchie toute-puissante. Ils ont tort de le sous-estimer.

Pour s'émanciper en tant que chef d'État et s'affranchir de la tutelle des autres oligarques et de la famille de Eltsine qui l'ont placé au poste suprême, Poutine s'appuie sur trois piliers : les services spéciaux, qui ont repris une place prépondérante dans les structures étatiques, l'Église orthodoxe, qui a remplacé l'idéologie du Parti communiste, et l'opinion publique russe, qui a la nostalgie de l'empire soviétique disparu et rêve d'une revanche sur l'Occident, qui l'a humiliée il y a dix ans.

Depuis la mort de Staline en 1953, le peuple russe a toujours eu plus ou moins honte de ses dirigeants. Hyperactif et trop excentrique comme Khrouchtchev, trop vieux et malades comme Brejnev, Andropov ou Tchernenko, trop beau parleur et pro-occidental comme Gorbatchev, trop alcoolique et imprévisible comme Eltsine… Pour la première fois, leur chef d'État est jeune, en pleine santé, sobre, intelligent et prévisible. Il manque parfois de courage, mais il fait ce qu'il peut. Somme toute, il ressemble à un Russe ordinaire, un président « normal » (le même principe paradoxal qui a fait gagner un Hollande terne face à un Sarkozy exubérant en 2012).

Mais il est aussi issu du KGB, cette institution qui a quasiment perdu dans le subconscient national la connotation négative de la période stalinienne, tout en gardant l'image résiduelle positive du dernier rempart de solidité, de stabilité et de pureté morale face à l'imprévu, au banditisme et à la corruption de l'époque eltsinienne. Ce que j'avais déjà signalé en 1990 dans ma fameuse note secrète sur la perception du KGB par les Français qui avait tant plu à Drozdov et à Krioutchkov.

Mon analyse s'est révélée plus prémonitoire et profonde qu'il n'y paraissait. Elle explique l'accueil triomphant relativement surprenant que les Russes ont réservé en 2000 à un ancien tchékiste et elle permet de comprendre sa longévité politique.

Chapitre 51

L'empoisonnement et la fuite

Tandis que j'attends mon dernier procès civil en appel contre le SVR devant la Cour suprême de Russie, une étrange maladie me frappe en janvier 2001. Vertiges, vomissements, je deviens une loque. Les premiers examens sanguins ne donnant rien, des analyses plus poussées sont alors réalisées, toujours sans réponse valable. Lorsque j'en parle à l'un de mes amis physiciens au téléphone, il raccroche aussitôt et débarque chez moi deux heures plus tard afin de vérifier avec un radiamètre s'il n'y a pas de radioactivité dans mon appartement ! Vous n'auriez jamais une telle réaction d'un ami en France face à une maladie. Ça en dit long sur l'ambiance générale dans la Russie de Poutine, les assassinats font partie du quotidien du régime présenté comme le meilleur et le plus populaire du monde.

Fièvre la nuit, épuisement total le jour, j'ai du mal à marcher, je n'ai plus d'appétit, je suis en train de perdre du poids et de mourir doucement depuis cinq semaines sans que l'on sache exactement pourquoi. Mes amis s'inquiètent et se démènent pour me sortir de cette mauvaise passe, mais rien n'y fait.

Enfin, à la mi-février 2001, une brave doctoresse, la femme de mon meilleur ami d'enfance, soulève une piste sérieuse et me demande de lui répertorier tous les endroits où je suis allé. Selon elle, il peut s'agir d'un empoisonnement de faible intensité aux métaux lourds qui tue lentement mais sûrement, et qu'il est difficile de détecter à temps. Je lui demande de m'appeler à mon domicile pour répéter cet effrayant diagnostic sur mon téléphone, qui est certainement sur écoute. J'ai une idée derrière la tête…

Pendant cette conversation téléphonique, je lui réponds que je vais m'adresser d'urgence au médecin de l'ambassade de France pour réaliser des analyses approfondies de recherche de poison et que je partirai ensuite en Suisse pour confirmer le cas échéant le diagnostic dans un laboratoire occidental, indépendant. C'est une menace déguisée qui est adressée à ceux qui nous écoutent. Et le miracle se produit : une semaine plus tard, je suis quasiment guéri, comme par enchantement ! Ma petite manipulation a marché ! Je suis sauvé ! Enfin, pour cette fois… et pour combien de temps ?

*

Mais cette guérison miraculeuse confirme par la même occasion mes pires soupçons quant à l'origine du danger : il vient clairement des nouveaux services russes, qui ont repris du poil de la bête depuis l'arrivée au pouvoir de Poutine. Le temps de la revanche du KGB a sonné dans le pays. Je dois comprendre impérativement si cet empoisonnement vicieux était une initiative personnelle des généraux du SVR, agacés par le ridicule de l'histoire judiciaire de mon diplôme, ou une opération officielle, sanctionnée par le Kremlin.

Doucement, je commence à remonter la pente et à sortir en ville avec mes amis français et russes, mais j'ai du mal à récupérer et reste très faible. Au détour d'une promenade de santé dans un parc, grâce à mes vieux réflexes d'ancien espion, je découvre soudainement une filature. Je crois d'abord rêver… Pourtant, les soupçons se confirment petit à petit. Je reprends spontanément et sans crier gare un de mes « itinéraires de contrôle » du temps de l'Institut Andropov. Il n'y a pas de doute, on me « filoche » de plus en plus souvent. Comme le SVR n'a pas le droit de mener des filatures sur le sol russe, il s'agit du FSB, le service du contre-espionnage et de sécurité dirigé depuis 1999 par Patrouchev, ancien du KGB de Léningrad et ami fidèle de Poutine. Je comprends alors qu'une opération d'envergure est lancée contre moi par le Kremlin.

Au lieu de m'affoler, cette découverte me revigore et me redonne du punch, je retrouve l'adrénaline qui m'a tant manqué depuis ma démission du SVR en 1992. Cette excitation interne n'empêche pas une analyse froide de ma situation opérationnelle : je suis devenu une « cible » à abattre. Si pour le moment le FSB me file en douce et ne m'arrête pas, c'est qu'il n'a rien de grave à me mettre sur le dos dans l'immédiat. Ils ne veulent plus me titiller avec les interrogatoires gentillets et les échanges courtois de Léfortovo.

C'est néanmoins une mauvaise nouvelle. Cela veut dire qu'ils se méfient maintenant de moi, qu'ils me prennent au sérieux et me préparent certainement quelque chose de beaucoup plus tordu. Ils ne vont pas me faire le plaisir de me reconnaître comme un opposant officiel politique du régime poutinien, ni de me procurer le statut de victime innocente, de martyr. Je connais de l'intérieur les méthodes du KGB, on doit discréditer publiquement un opposant politique, le salir en faisant de lui un criminel de droit commun et une personne infréquentable, peu sympathique. Les moyens sont légion ! Je me souviens aussitôt de cette partition cachée, « plantée » dans mon ordinateur…

Pour ne pas prendre de risques inutiles et limiter les dangers d'exposition, j'installe ma sœur dans mon studio moscovite et déménage chez mes parents, sous le prétexte de ma convalescence. Ainsi, nos lieux d'habitation seront plus sécurisés, il y aura toujours quelqu'un et ce sera impossible d'y « planquer » à notre insu des armes, de la drogue ou du matériel pédopornographique pour m'accuser ensuite devant les tribunaux. Cela me fera gagner du temps pour préparer la riposte adéquate.

Je suis loin de sous-estimer mes adversaires. Fini les pamphlets provocateurs sur Internet et la rigolade dans les médias ! C'est une vraie guerre secrète qui commence entre le nouveau régime tchékiste de Poutine et moi, qu'il considère comme un traître, une longue guerre de nerfs et de patience. Mais, je l'ai dit, un bon espion sait être patient…

Il faut se rendre à l'évidence : je ne peux pas faire face à toute une machine étatique de répression qui finira tôt ou tard par avoir ma peau. Résider ici m'imposerait de courber l'échine en permanence comme au « bon vieux temps » de Béria et du stalinisme. Il me faut partir à l'étranger, en exil, en abandonnant tout ce qui m'est cher : ma famille, mes amis, ma ville, mon pays.

S'il est difficile d'en arriver à une telle conclusion, il est encore plus difficile de lui donner corps en étant surveillé vingt-quatre heures sur vingt-quatre. Mais j'ai été formé à une telle situation par ces mêmes institutions qui me surveillent maintenant. J'ai été choisi par le service de l'espionnage le plus élitiste du KGB, celui des « illégaux », pour pouvoir vivre pendant des décennies dans la clandestinité totale au sein d'un pays ennemi en résistant au stress d'une vie dangereuse. J'ai aussi l'avantage de connaître leurs méthodes de travail et leur modus operandi. Tel un charmeur de serpents, je dois les endormir par l'absence de gestes brusques, en vacillant doucement et en jouant d'une flûte enchanteresse…

Pour partir, j'ai besoin de papiers russes et de visas français et suisse. Mais là aussi, les choses ont changé. Mon appartenance au KGB étant connue de tous, je ne suis plus le bienvenu à l'ambassade de France, qui m'a blacklisté et qui hésite à m'accorder une autorisation d'entrée et de séjour. Tous les officiels diplomatiques hypocrites qui m'ont pris dans leurs bras et ont profité de mes services pendant des années pour se faire mousser à la télé russe me tournent à présent le dos. Enfin, presque tous… J'ai encore des relations fidèles sur lesquelles je peux compter.

Avec le peu d'appuis qui me reste, j'obtiens fin mars 2001 un nouveau passeport russe et des visas annuels permanents français et suisse, je peux donc partir à tout moment. Mais si je tente trop vite de fuir la Russie, le FSB accélérera certainement les contre-mesures. Il me mettra sur liste noire dans les ports, gares et aéroports pour m'empêcher de quitter le pays. Je décide donc de ne pas tenter immédiatement de m'échapper vers l'étranger. J'attends. Je joue la conduite paradoxale, je fais l'inverse de ce que mes adversaires attendent de moi en toute logique, leur logique.

Je m'installe dans une vie routinière qui va durer trois mois. Un train-train quotidien tranquille, régulier et prévisible, avec sorties sportives, théâtrales et festives, courses à pied et à vélo, séances de natation et de tennis, barbecues dans les datchas avec des Français et des Russes. C'est très important d'être régulier et prévisible pour la surveillance du contre-espionnage ! Et je construis des plans, beaucoup de plans, je prends des rendez-vous et je signe des engagements pour l'été et l'automne prochains, même pour les fêtes de fin d'année qui sont encore loin, très loin. J'en parle beaucoup, avec tout le monde et tout le temps, surtout sur mon téléphone, qui est évidemment sur écoute et que je peux utiliser comme canal de désinformation. Le but de la manœuvre : intoxiquer mes adversaires et faire croire au FSB que je ne crains plus rien, que je ne me soucie de rien, et surtout pas d'eux. Que je me projette très loin dans un futur tranquille et qu'ils ont largement le temps de préparer leurs mauvais coups en toute sérénité.

J'achète le premier billet d'avion pour le mois d'avril puis je le rends à l'agence de voyages au bout d'une semaine. Au mois de mai, je réitère le manège. Ainsi je les habitue doucement et je les endors. *Vous voyez, les gars, je ne suis pas pressé, je peux changer d'avis, je n'ai aucune crainte, je suis devenu un homme ordinaire, prévisible et inoffensif.* Le FSB peut baisser la garde, il n'a rien à craindre de moi, aucun coup tordu de ma part. Pourtant, je lui en prépare un discrètement, un majeur. Mais il doit être calculé au millimètre.

Ce ne sera pas une fuite dans le coffre d'une limousine diplomatique comme pour Oleg Gordievsky en 1985 en Finlande, trop romanesque et illusoire. J'ai même de sérieux doutes sur la véracité de cette histoire. Ce ne sera pas une fuite sur un bateau comme pour Kim Philby en 1963 à Beyrouth, les ports russes sont trop bien gardés et les navires trop lents. Ce ne sera pas un passage clandestin de la frontière austro-hongroise entre l'Occident et le Pacte de Varsovie comme pour Guy Burgess et Donald Maclean en 1951, le Rideau de fer n'existe plus.

Je m'achète un billet d'avion dans une agence de voyages sur la compagnie Swissair pour Genève le 10 juin tard au soir, la veille de mon départ, prévu pour le lendemain matin. J'ai pris un billet à date ouverte, cela me coûte trois fois plus cher, mais ainsi mon nom n'est mis sur aucun plan de vol dans l'immédiat et personne ne sait que je compte partir dès le lendemain. Mon billet est un billet aller-retour, ce qui me coûte encore plus cher mais qui atténue d'éventuelles suspicions quant à un départ définitif en exil. Cela n'affole donc pas les fileurs du FSB, ni la surveillance centralisée. Mon calcul est ingénieux, voire pervers. Le 10 juin est un dimanche, jour où les services sont en effectifs réduits avec seulement des officiers de permanence à moitié endormis dans la chaleur d'été. Tant que je n'ai pas retenu un vol précis, tout est encore ouvert et indécis.

Pour prendre la décision de me bloquer à la frontière, il faut remonter très haut dans la hiérarchie du FSB. Je suis même persuadé que Patrouchev ira consulter le Kremlin au préalable. Mon affaire est sensible et est certainement suivie de près par Poutine en personne. Ce qui m'arrange parfaitement dans le sens où cela rallonge la voie hiérarchique et complique la prise de décision finale qui n'est plus strictement opérationnelle, mais politique. La machine ne pourra donc pas se mettre en branle rapidement entre le moment de l'achat de mon billet et mon départ le lendemain matin, même si une petite alarme s'est déjà déclenchée et qu'un signal de niveau 5 (le plus bas) monte tranquillement la voie hiérarchique au contre-espionnage. Bien sûr, mon calcul ne saurait être sûr à 100 %, ce qui m'empêche de passer une nuit paisible…

À 6 heures du matin, un taxi m'emmène à l'aéroport Chérémétiévo-2. Le chauffeur est certainement un indic du FSB et il y a déjà, à coup sûr, une équipe de filature avec plusieurs véhicules à nos trousses. Je suppose qu'ils ont signalé un incident de niveau 4, suite à mon départ pour l'aéroport, à leurs supérieurs et qu'ils attendent des ordres du sommet. Mais la grande alarme n'est toujours pas déclenchée, ma réservation n'est pas encore finalisée et j'ai pris très peu de bagages. Ils ne peuvent pas savoir avec certitude si je vais m'envoler pour la Suisse, si je vais accueillir quelqu'un à l'aéroport ou si je leur joue juste un coup de provocation.

À cette heure-ci, Patrouchev n'est pas encore dans son bureau de la Loubianka. Et dans une telle incertitude, personne n'osera déranger d'urgence le directeur du FSB à sa datcha à une heure aussi matinale. Ses sbires ne brillent pas par leur intelligence et leur esprit d'initiative. C'est la limite organique du système Poutine, choisir comme subordonnés les plus fidèles, les plus médiocres et les moins autonomes pour mieux les contrôler. Et certainement pas les plus doués et les plus brillants. Cette médiocrité générale bloque le fonctionnement efficace des services et se retourne contre eux-mêmes. Le parrain de cette étrange mafia, Poutine, est encore à sa résidence de Novo-Ogarevo et n'arrivera pas au Kremlin avant 10 ou 11 heures. Il est hédoniste et paresseux, notre brave Volodia ! Comme un enfant soviétique qui a manqué de tout dans sa jeunesse, il ne peut pas s'empêcher de profiter des joies de la vie gratuite et dorée au sommet de l'État !

Dans le taxi, qui est peut-être équipé de micros, le chauffeur essaie de me tirer les vers du nez. Lui aussi est un amateur, faisant partie du système poutinien, et moi un illégal formé au bon vieux temps des professionnels de la guerre froide. Je le noie sous un flot intarissable de banalités, sans lui fournir aucune information valable. J'arrive sans encombre à Chérémétiévo-2. C'est là que les choses vont se corser. Je me dirige vers le comptoir de Swissair. Je ne peux désormais plus reculer. Pour embarquer à bord de l'avion ce matin, je dois confirmer ma réservation sur le billet à date ouverte. À partir de ce moment-là, une grande alarme de niveau 2 va se déclencher au FSB, mais il leur faudra encore du temps pour faire remonter l'info, prendre la décision et faire redescendre les ordres. Pour le moment, les horloges travaillent encore pour moi…

À la douane, on m'arrête. Mon nom est certainement sur une liste rouge (à signaler au passage) mais pas sur une liste noire (à empêcher de partir par tous les moyens et à arrêter). Fouille totale de mes affaires. J'ai avec moi deux valises de documents et c'est très suspicieux. Le faux douanier, qui est un officier du FSB, scrute attentivement mes piles de papiers, perplexe :

– Vous partez définitivement, Monsieur ?

– Qu'est-ce qui vous fait penser cela ?

– Je vois toutes vos archives personnelles ici. Cela paraît bizarre.

– Ah, cela ! Voyez-vous, je suis célibataire et je vis seul à Moscou. Vu le niveau actuel de la criminalité, l'idée de laisser sans surveillance mes papiers dans mon appartement vide pendant mon séjour de trois mois à l'étranger ne me rassure pas.

– Vous ne pouviez pas les laisser à vos proches ou à des amis ?

– D'abord, je n'aime pas être redevable envers qui que ce soit. Ensuite, qu'est-ce qui me garantit que leurs habitations ne seront pas cambriolées à leur tour ? C'est pourquoi je préfère partir avec mes affaires les plus importantes, c'est plus sûr, n'est-ce pas ? D'ailleurs, au MGIMO, on nous a appris que le code des douanes ne m'interdit en aucune manière de sortir mes propres documents du pays. Vous êtes censé contrôler uniquement les marchandises et les devises. Est-ce que je me trompe ?

– Vous avez raison, Monsieur.

Bien sûr que j'ai raison ! Je suis un professionnel et j'ai tout calculé. Mais pour enfoncer le clou, je sors mes derniers arguments :

– Si je voulais quitter le pays définitivement, j'aurais vendu mon appartement, ce qui n'est pas le cas. Et puis, si vous avez ici une consigne bien gardée par le FSB et les douanes, je pourrais vous laisser ces documents pour le temps de mon voyage et les récupérer à mon retour, qu'est-ce que vous en dites ?

Je sais qu'il n'y a pas de consigne et qu'ils n'ont pas le droit de m'obliger à me séparer de mes papiers. Le faux douanier regarde le moniteur de son ordinateur. J'entends dans ma tête l'horloge compter les interminables secondes. Même si l'alarme de niveau 1 (maximale) est certainement enclenchée, l'ordre de mon arrestation n'est toujours pas arrivé. Il me fait signe de passer…

Je passe facilement le contrôle des gardes-frontières (équivalent de la PAF française). Je traîne un peu dans le duty-free en attendant l'appel de l'embarquement. Avec mon sixième sens d'ancien espion, j'imagine les dizaines de caméras suivant tous mes faits et gestes et les opérationnels de l'antenne de l'aéroport échangeant des remarques. Où est mon ami du KI qui y travaillait ? Est-il toujours là ? Va-t-il descendre dans la salle d'attente comme en 1989 ? J'imagine également les téléphones internes qui chauffent au FSB à cette minute, les hésitations angoissantes des sous-fifres médiocres qui n'osent pas alerter les big boss dans leurs datchas. Finalement, rien de fâcheux ne s'est produit quand on me donne enfin l'autorisation d'embarquer.

Lorsque je prends place à bord du Boeing de Swissair, je suis un peu soulagé, car je ne suis plus officiellement sur le sol russe. Mais je ne m'estime pas pour autant tiré d'affaire, même après le décollage de l'avion de Moscou, direction Genève. Les quatre heures de vol sont tout aussi angoissantes.

Je ne suis pas naïf comme le sera Roman Protassévitch, journaliste biélorusse d'opposition en 2021. Je sais que l'avion suisse qui survole la Biélorussie durant son trajet vers Genève peut parfaitement être détourné sur Minsk, où le dictateur Loukachenko fera tout pour rendre service à Poutine.

Et même à Genève, à ma descente de l'avion, je peux encore avoir la mauvaise surprise d'un accueil hostile des opérationnels musclés des antennes locales de la GRU, du FSB ou du SVR travaillant sous la couverture diplomatique de la représentation permanente russe auprès du siège européen de l'ONU ou dans d'autres organisations internationales. Depuis mon départ de Moscou, le FSB aurait pu me signaler auprès d'Interpol et des autorités helvétiques comme un « dangereux criminel » en fuite, demandant l'entraide judiciaire internationale pour me faire arrêter à mon arrivée avant de m'extrader vers Moscou.

Je ne pousse un soupir de soulagement que lorsque mon train Genève-Valence traverse la frontière franco-suisse. Pour le moment, je suis en sécurité relative jusqu'au 4 septembre 2001, date de mon billet d'avion retour. En principe, j'ai trois mois devant moi pour faire un choix définitif, rester en exil à l'étranger ou retourner en Russie, où je risque la prison, et peut-être même la mort.

Chapitre 52

L'exilé dans le doute

Dans un premier temps, je m'installe tranquillement en Isère, près de Grenoble, à Chamrousse, où je possède un studio. Je profite du premier mois pour souffler, me reposer physiquement et moralement, finir ma convalescence suite à l'empoisonnement de janvier en faisant de grandes balades dans les Alpes et en buvant des coups avec mes amis français. Les souvenirs menaçants de Russie s'estompent et s'éloignent. Depuis la paisible France, mes craintes commencent à me sembler presque irréelles et infondées.

Heureusement pour moi, les services russes me maintiennent en état d'éveil. Ceux, au FSB, qui m'ont laissé partir à l'étranger sans encombre ont certainement dû vivre quelques heures ou quelques jours difficiles avec leur hiérarchie. Ils mobilisent donc leurs moyens opérationnels, leurs réseaux d'indics et d'agents pour me suivre à distance, savoir ce que je fais, ce que je pense et ce que je planifie.

À l'étranger, je suis maintenant sur le terrain officiel du SVR et de la GRU, les renseignements extérieurs. Je commence à recevoir des sollicitations de vagues connaissances ou de « vieux amis » disparus depuis des années qui réapparaissent opportunément pour se rappeler à moi. Les invitations à passer les voir pleuvent. Les plus insistants et envahissants vivent en Confédération helvétique toute proche. Je sais que Genève, Lausanne, Montreux, Berne et Zurich sont truffées d'espions russes. Mais la France n'en manque pas non plus.

Dans ces conversations, mes « bienfaiteurs » me pressent de revenir en Russie, où des horizons radieux s'ouvriraient à moi et où personne ne me veut de mal ; ils me prédisent une acclimatation compliquée en France, « ce pays pas fait pour toi » ! Ils se trompent sur mes capacités d'adaptation et mes liens avec ce pays.

Je connais très bien la France, sa langue et sa culture. Je les ai étudiées à partir de 1978, je les ai enseignées à la télévision russe pendant quatorze ans ! Je me sens ici chez moi, comme dans ma deuxième patrie. J'y ai fait une partie de mes études, à l'ENA, j'y ai travaillé et j'y compte beaucoup d'amis. J'y possède mon propre toit. J'ai été formé au KGB comme un illégal pour vivre pendant des décennies dans la clandestinité, sous une fausse identité et en totale rupture avec la Russie.

Malgré tout cela, j'ai aussi des doutes : un illégal en mission clandestine est soutenu par son service et motivé par une cause idéologique, il ne se sent jamais seul. Rompre individuellement et définitivement tous liens avec ses proches et son pays, c'est autre chose ; ce n'est pas aussi facile que ça en a l'air.

Toutefois mes doutes sont très vite levés par les nouvelles que je reçois de Russie. La répression s'intensifie là-bas. Les victimes ne sont plus seulement quelques oligarques réfractaires qui ne veulent pas se soumettre au diktat de Poutine et de sa clique. De plus en plus nombreux sont les journalistes, intellectuels, artistes et scientifiques qui perdent leur travail à cause de leurs idées de liberté. L'atmosphère devient de plus en plus irrespirable, quasiment stalinienne pour tous ceux qui réfléchissent et conservent un esprit critique vis-à-vis du nouveau régime.

Je ne sais pas encore si je rentrerai un jour à Moscou, mais dans l'immédiat je n'utilise pas mon billet de retour, qui arrive à échéance à la fin de l'été. Je suis persuadé d'avoir raison, vu le nombre d'appels pressants reçus la dernière semaine avant l'expiration de sa date de validité. Je suis sûr maintenant qu'à ma descente d'avion à Chérémétiévo-2, ce sont les menottes du FSB aux poignets qui m'attendent, comme ce sera le cas pour Alexeï Navalny en 2021 à son retour d'Allemagne. Mais lui, c'est un homme politique qui se bat pour devenir président et qui porte en lui une mission sacrée, ce qui n'est pas mon cas…

*

Le grand chambardement du 11 septembre 2001 aux États-Unis bouleverse le monde entier.

Poutine en profite pour essayer de relancer la coopération internationale en faisant semblant d'être un ami de l'Occident, qu'il hait en réalité, et en étant le premier parmi les chefs d'État étrangers à adresser des simili-condoléances au président américain George W. Bush. Ces sentiments ne sont pas sincères puisque, deux ans auparavant, il avait ordonné au FSB de faire exploser plusieurs immeubles avec leurs habitants innocents en Russie afin d'asseoir son pouvoir sur la base de la peur dans la société, pratiquement la même chose que les terroristes islamistes d'Al-Qaïda à New York et Washington. Très vite les Américains le comprennent et lui refusent une collaboration approfondie.

Le 20 septembre 2001, un grand article signé Agathe Duparc paraît dans *L'Hebdo*, un magazine suisse réputé. Il relate la bataille que j'ai menée pour obtenir mon diplôme du KGB. Cette publicité dans un pays européen est une façon pour moi de marquer un point de non-retour en Russie.

Un ami juif du MGIMO, émigré aux États-Unis, m'invite à venir lui rendre visite à Boston. Cette invitation m'intéresse parce qu'elle m'ouvre l'horizon au-delà de l'Europe. Mais je ne sais pas comment les services américains réagiront à ma venue : vont-ils m'octroyer un visa ou m'arrêter à la frontière pour m'interroger ? N'ayant pas grand-chose à perdre, je décide de tenter le coup. Pour moi, c'est un *trying balloon* – un ballon d'essai – intéressant.

En principe, je ne réside pas en France en permanence et je n'ai donc pas le droit de demander un visa au consulat américain à Paris. Mais je le demande. Mieux, je demande un visa triannuel permanent. Ça coûte une blinde, comme on dit, mais ça en vaut la peine. En cas de succès avec ce type de visa et en cas de rejet de ma demande du statut de réfugié, j'aurai une sécurité supplémentaire. Je pourrai partir aux États-Unis au lieu d'être renvoyé chez Poutine, où la prison m'attend. Et ça marche !

En octobre 2001, pour traverser l'océan Atlantique, je dois prendre l'avion en Belgique. J'en profite pour passer faire un petit coucou à un ami énarque qui travaille comme diplomate de haut vol à Bruxelles. Et me voilà quittant la vieille Europe et débarquant dans le Nouveau Monde. Pour la première fois officiellement et sous mon propre nom. Je suis un peu impressionné et j'appréhende l'accueil qui m'attend de l'autre côté de l'Atlantique.

Aux États-Unis, l'ambiance n'est pas à la fête. On craint les attaques à l'anthrax par courrier interposé, dans les gares et les supermarchés, suite à l'attentat du 11 septembre. Je m'attends à être interpellé par le FBI à mon arrivée, rien de tel ! Je pense être contacté par la CIA ou la NSA pour me poser quelques questions sur le Service des illégaux, mais là non plus, personne ne s'intéresse à mes anciennes compétences. Je suis un peu déçu, il faut l'avouer. Ils se pressaient nombreux pour visiter mes sites Internet et lire mes analyses géopolitiques depuis 1998, et quand je suis là, ils sont absents. Le sont-ils vraiment ? En tout cas, il n'y a pas de filature visible…

Eh bien, tant mieux ! Je passe mon temps dans une communauté d'immigrés juifs très sympa et accueillante. Je profite de ce voyage sur la côte Est des États-Unis pour visiter aussi mes vieux amis, traducteurs et interprètes, aux Nations unies à New York.

Mais je me méfie, le siège de l'ONU est le plus grand nid d'espions au monde et mes autres « amis » des SVR, GRU et FSB sont là en nombre impressionnant. Mon mentor, le général Youri Drozdov, avait lui-même dirigé l'antenne du KGB sous la couverture de la représentation permanente de l'URSS près de l'ONU de 1975 à 1979. Non sans crainte, je visite la fameuse tour onusienne à Manhattan dans le quartier de Turtle Bay à l'est de Midtown, au bord de l'East River. Rien de menaçant ne se passe. Je m'assieds à la place du représentant de l'URSS puis à celle de la France dans la grande salle de l'Assemblée générale de l'ONU.

Je me rends à Ground Zero, où les ruines des tours jumelles du World Trade Center anéanti sentent encore la fumée du 11-Septembre. On ne peut comprendre l'immensité de la catastrophe psychologique que traversent les États-Unis qu'à cet endroit-là !

Un court instant, j'envisage de demander l'asile là-bas. Mais cela voudrait dire me couper beaucoup plus de la Russie, la séparation par l'océan Atlantique est psychologiquement énorme. Et puis, je me sens étranger aux États-Unis. Personne ne semble attacher une quelconque importance à ma présence. Bien sûr, je ne serais pas seul, il y a beaucoup plus d'immigrés russes aux États-Unis qu'en Europe et j'ai beaucoup d'amis qui pourraient m'aider à mes débuts. Mais c'est dur de tout recommencer à zéro à quarante ans ! En France, j'ai déjà mon propre toit, je connais le pays et j'ai l'impression d'être chez moi, parfois même plus qu'à Moscou. Je décide de rentrer à Chamrousse.

En même temps, je suis rassuré par ce premier voyage transatlantique. De toute façon, j'ai dans ma poche mon visa triannuel américain, valable jusqu'en 2004. Si jamais il y a un problème, rien ne m'interdirait de revenir sur cet autre continent…

Chapitre 53

Demandeur d'asile en France

En février 2002, juste avant l'expiration de mon visa annuel français, je décide de déposer une demande d'asile en France auprès de l'Office français de protection des réfugiés et apatrides (OFPRA).

Il m'a fallu du temps pour constituer mon dossier, qui est épais, sérieux et consistant. Je le crois « blindé » en arguments et les médias rapportent chaque jour les nouvelles preuves de la répression de Poutine en Russie. Mes amis français me disent que c'est une formalité, tant la réputation de Poutine est mauvaise en France.

Une nouvelle période commence alors.

*

La préfecture de l'Isère me confisque tous mes papiers russes contre un récépissé provisoire de dépôt de demande du statut de réfugié. Il faut le renouveler tous les trois mois. Dans les files d'attente, je suis à peu près le seul Blanc européen aux côtés de toute la misère colorée du monde.

Dans l'attente de la décision de l'OFPRA, je peux rester tranquillement chez moi, sur le sol français. Mais à l'époque (la loi a changé depuis), je n'ai pas le droit de travailler pour gagner ma vie. Je suis contraint de refuser des offres d'emploi intéressantes, à mon grand regret et avec un pincement au cœur. Je ne peux pas me permettre de travailler au noir car il serait trop facile pour l'administration de m'expulser du territoire sous ce prétexte, ce qui arrangerait beaucoup de monde.

Je me fais des amis dans ma station. Et, avec beaucoup d'amusement, je découvre mon environnement. L'immeuble voisin s'appelle « Le Mirador » ! Quelle drôle de coïncidence pour un ex-espion du bloc de l'Est du temps de la guerre froide ! Un nom comme celui-là serait plus approprié à Berlin-Est que dans une station alpine française. Et ce n'est pas tout.

Au rez-de-chaussée de cet immeuble au nom évocateur habite un couple avec lequel je sympathise. On bavarde un peu, puis un peu plus. D'une conversation à l'autre, je découvre que le mari est un ancien de la DST qui a servi à Paris, notamment dans le XVIe arrondissement, non loin de l'ambassade soviétique, boulevard Lannes ! Et qu'il a été directement impliqué dans l'affaire de Vladimir Vétrov, alias « Farewell », le traître du KGB le plus connu en France. Décidément, le monde est vraiment petit ! Nous passons beaucoup de temps à comparer nos mémoires respectives, lui l'ancien chasseur d'espions du Pacte de Varsovie et moi l'ex-espion qui venait du froid…

Pour le moment, je suis confiant. Peut-être un peu trop confiant ?

Je ne vais pas à la soupe populaire. Il me reste suffisamment d'argent, la plus-value de la vente de ma maison en Savoie et les économies de mes activités internationales, pour subvenir à mes besoins correctement, dignement et sans dépendre de personne. La vie est presque douce et je profite du temps libre imposé pour écrire mes pamphlets et articles dans des blogs et sur des sites Internet de l'opposition russe. Le régime de Poutine s'installe dans le temps et la répression politique devient une règle de vie en Russie.

Le temps imparti à l'OFPRA pour statuer sur une demande d'asile, selon la loi, est de six mois. Mais ce délai n'est que très rarement respecté. Si j'avais demandé un piston à mes camarades de l'ENA haut placés, j'aurais certainement pu faire réduire l'attente. Mais j'ai décidé de jouer comme un citoyen lambda, sans tricher, sans passe-droits, sans atouts cachés dans la manche de la veste. J'ai peut-être eu tort d'être trop honnête avec le système qui se révèle cruel et tordu, presque machiavélique.

*

À l'été 2002, je suis convoqué pour un entretien à l'OFPRA à Fontenay-sous-Bois avec un officier de protection (OP), qualificatif qui impose confiance. C'est une fille super-sympa, russophone, parlant presque sans accent. Moi, francophone depuis vingt-quatre ans, je n'ai pas besoin de son assistance comme interprète, mais elle insiste cependant pour que notre échange se déroule en russe. Pour ne pas la braquer d'emblée et lui faire plaisir, j'accepte. Grave erreur !

Plus tard je comprendrai que j'aurais dû refuser cette proposition faussement avantageuse, car cette traductrice va se révéler prétentieuse et pas aussi compétente en russe qu'elle en avait l'air : elle fera plusieurs fautes graves de compréhension et de mauvaises interprétations de mes propos.

Mais elle me semblait tellement sympa et gentille, cette fille ! Avec une telle volonté affichée de m'aider et de rentrer dans le fond de mes problèmes ! Une manœuvre psychologiquement habile et pernicieuse pour mieux me mener à ma perte. Et moi, vieux loup de l'espionnage, je suis tombé sous son charme trompeur et dans le panneau comme un bleu ! J'ai été bercé par la douceur et la sécurité de ma vie en France et j'ai perdu mes réflexes d'espion : se méfier de tout et de tout le monde, ne jamais croire personne. Surtout les gens qui vous paraissent gentils ! Les escrocs et les criminels sont toujours les plus gentils en apparence…

Ce que j'ignorais à l'époque, c'est que le mot d'ordre donné en secret à l'OFPRA était de débouter le maximum de demandes, les statistiques de rejets en première instance étant de 82-84 %, c'est-à-dire quasi systématiques. Et, en vérité, l'entretien « sympa » sert à endormir votre méfiance et à vous tirer les vers du nez uniquement pour mieux argumenter sur le papier ce refus pratiquement automatique.

Les détails intimes de votre vie que vous donnez vous-même servent exclusivement aux OP à rendre ensuite plus plausible et véridique la copie écrite de la décision arbitraire du refus. Parmi les personnels de l'OFPRA, il y en a qui souffrent de cette politique des chiffres et des quotas de rejets imposée par le ministère de tutelle et les pouvoirs politiques. Mais il leur faut penser à leur propre famille et ils finissent donc par accepter l'inacceptable, ils se fichent de la véracité des récits des demandeurs d'asile, et tamponnent les refus comme des robots. L'OFPRA est en réalité une machine administrative française sans âme, perverse et inhumaine. Elle devrait plutôt s'appeler l'Office français de rejet automatique des demandes d'asile, l'OFRADA.

Si vous avez la citoyenneté russe, vous n'avez pratiquement aucune chance d'être reconnu comme réfugié. Sauf si vous êtes tchétchène. Et là encore, on arrive à des situations ubuesques. Je comprends l'accueil des civils de Tchétchénie qui sont les victimes innocentes des trois guerres de Eltsine et de Poutine, ou des homosexuels qui sont persécutés par le régime de Ramzan Kadyrov ; c'est normal. Mais quand vous avez des combattants islamistes avec du sang sur les mains, des escrocs et des profiteurs, voire les espions de Poutine, qui infiltrent savamment les filières tchétchènes et jouissent du même accueil bienveillant, c'est franchement révoltant !

Et cela donne ensuite les frères Tsarnaïev qui commettent l'attentat à Boston en 2003 ou le fiché « S » Abdoullakh Anzorov, qui décapitera Samuel Paty en 2020 en France. Ils ont parfaitement bien compris le système de fonctionnement de l'OFPRA et ont été préparés par des filières d'émigration qui leur ont fourni clés en main les récits attendus d'eux par l'OFPRA ou par des associations charitables. Ils passent en procédure prioritaire accélérée et sont accueillis les bras ouverts, pour se retourner ensuite contre leur pays d'accueil.

Malheureusement, je ne suis ni un islamiste tchétchène ni un homosexuel persécuté.

Je suis juste un ancien espion persécuté par le régime poutinien et un ancien journaliste qui a passé quatorze ans à promouvoir la France, la langue et la culture françaises à la télévision d'URSS (290 millions d'habitants, 15 pays) et de Russie (145 millions d'habitants). Celui qui pensait qu'à défaut d'une promotion dans les ordres nationaux de la Légion d'honneur ou du Mérite, il pourrait compter sur la protection du pays dont il a été l'ambassadeur culturel de bonne volonté pendant si longtemps… Espérer un retour d'ascenseur en France ? Peine perdue, vous l'avez deviné !

En décembre 2002, je suis donc le premier surpris et très déçu de recevoir une réponse négative : je suis débouté de ma demande d'asile. Pire, les motivations de ce refus sonnent faux : celle qui m'a parue « brave et sympa » me décrit quasiment comme un mafioso russe faisant partie de la clique de Poutine. C'est révoltant, mais c'est trop tard pour la procédure devant l'OFPRA.

Heureusement, reste une voie de recours.

*

Bien évidemment, je conteste en 2003 cette décision manifestement injuste et incorrecte devant la Commission de recours des réfugiés (CRR), transformée en Cour nationale du droit d'asile (CNDA) depuis l'adoption en France du Code de l'entrée et du séjour des étrangers et du droit d'asile (CESEDA). Mon appel prend encore plus de temps que la demande initiale et, pendant le temps d'attente de cette décision finale, mes ressources s'épuisent petit à petit.

Toujours incapable de pouvoir prétendre à un emploi, me voilà obligé de demander une aide financière d'abord à mes amis en France et aux États-Unis, puis à l'État français. Cette position de dépendance est terriblement humiliante pour un quadragénaire en pleine santé avec l'équivalent de Bac+12, trois diplômes des meilleures grandes écoles au monde, avec des compétences uniques et en pleine possession de ses moyens intellectuels.

De leur côté, les indics des services russes commencent à s'inquiéter sur mon sort, je publie beaucoup sur Internet mais rien concernant ma demande d'asile ou mon vrai statut en France. Si j'en parlais en France, mon dossier aurait pu accueillir une approbation publique. Mais dire à haute voix qu'un demandeur d'asile anti-Poutine est débouté et a du mal à se faire entendre en Occident « libre », dans un pays de l'OTAN, c'est finalement donner raison à Poutine, comme l'a fait l'OFPRA. Ces fonctionnaires de la République française jouent-ils le jeu géopolitique russe ? Je me pose la question. L'administration fait-elle durer la procédure intentionnellement ? Attend-elle la date d'expiration de mon visa triennal américain salvateur pour me couper toute alternative ?

Je découvre que la nouvelle fille « sympa » de la CRR, qui instruit mon dossier de recours, a écrit encore plus d'âneries que sa collègue de l'OFPRA.

Le grade de « major » en Russie, comme aux États-Unis et dans la majorité des pays, signifie commandant ou chef de bataillon, soit le premier grade militaire d'officiers supérieurs. Dans les forces armées françaises de nos jours, un major est un sous-officier. Une subtilité qui échappe à beaucoup de civils, mais dont l'ignorance n'est pas aussi nocive que celle des préposés de l'administration. Confondre ces grades, c'est manquer de compétence, pourtant la jeune rapporteuse de la CRR n'hésite pas à se couvrir de ridicule dans son compte rendu, ce n'est pas la seule faute manifeste de tout son rapport, qui se révèle erroné, et cela me donne de l'espoir.

Ce qui est différent dans la procédure d'appel, c'est qu'à la CRR, aux côtés des fonctionnaires français à la botte du pouvoir politique et administratif, il y a également des représentants du Haut commissariat des Nations unies pour les réfugiés (HCR), des fonctionnaires internationaux indépendants de la France, laquelle se retrouve ainsi scrutée par l'ONU dans son application de la Convention internationale de Genève de 1951. Et cela change tout.

Je vous épargne toutes les péripéties de cette procédure longue, sinueuse et compliquée, seul compte le résultat final. En décembre 2004, on m'annonce enfin une bonne nouvelle : ma demande d'asile est acceptée avec effet rétroactif. Je ne serai pas expulsé vers la Russie et je ne finirai pas mes jours dans les prisons de Poutine. Surmontant les difficultés, donnant quelques cours de russe, bénéficiant au début du Revenu minimum d'insertion et de la CMU, j'arrive à vivre malgré tout. Démentant tous ceux qui me promettaient une « acclimatation » difficile, je parviens à trouver du travail et ma place dans ce qui est devenu mon pays.

*

Malheureusement, en France, on ne choisit pas souvent les gens pour leurs compétences. Ce sont les réseaux qui comptent, le piston, le copinage.

Et dans les réseaux, il ne faut pas être différent des autres, il faut se fondre dans la masse, c'est le nivellement par le bas. Les mauvaises langues disent que c'est la deuxième URSS. Tous ceux qui auparavant me priaient de venir faire des conférences dans leurs universités ou dans les chambres de commerce m'ignorent maintenant. Pensez-vous, un ancien du KGB, ça sent le soufre !

Les plus conformistes, bien évidemment, sont les énarques.

L'esprit libre indépendant français est quasi inexistant dans cette caste. Le conformisme et la lâcheté sont des qualités clés pour faire un bon haut fonctionnaire. Ils ont peur d'être mal vus et de mettre en péril leur carrière ! Nombreux sont ceux qui m'ont lâché. L'exemple le plus frappant est celui de Valérie Pécresse.

Tant qu'elle était juste une députée, il n'y avait pas de problème ; nous échangions des mails. Quand Sarkozy l'a nommée ministre de l'Enseignement supérieur dans le premier gouvernement Fillon en 2007, je lui ai envoyé un mail de félicitations en précisant que ses qualités lui faisaient mériter ce poste. En réponse, j'ai reçu une missive bizarre sur papier à en-tête de la République française et signé par son directeur de cabinet. Ce brave fonctionnaire me demandait de ne plus chercher à contacter Madame la Ministre, ni sa famille !

> Madame Valérie PECRESSE, Ministre de l'Enseignement supérieur et de la Recherche a pris connaissance de votre email reçu le 19 mai dernier. Aussi nous vous prions de ne plus chercher à prendre contact ni avec Madame la Ministre ni avec son entourage.

Le plus ironique, dans cette lâcheté, c'est que Mme Pécresse a l'énorme prétention d'être une bonne chrétienne bourgeoise, avec un code moral sanctionnant le rejet de l'autre, qui plus est le rejet des personnes persécutées. Laissons à la dame Pécresse, supposée bonne catholique, ses mensonges, hypocrisies et trahisons vis-à-vis de sa prétendue profession de foi. Et au peuple français souverain de juger de la sincérité de sa candidature à la présidence de la République...

Pour réhabiliter l'ENA, je dois dire que j'ai gardé de très bonnes relations avec un certain nombre de mes camarades, dont je considère quelques-uns comme de vrais amis. Pour ne pas leur attirer de soucis, je me garderai de les nommer ici, même s'ils méritent ma reconnaissance...

Chapitre 54

La Russie de Poutine

Du haut des Alpes françaises, j'observe avec intérêt le chemin pris par la Russie depuis mon départ de Moscou. Et ce que je constate m'inquiète. Depuis 2000, le rouleau compresseur de Poutine s'est mis en marche. Les oligarques qui s'opposent à lui sont spoliés de leurs fortunes mal acquises, finissent en prison ou meurent dans des circonstances troublantes. La liste est édifiante : Goussinsky exilé, Khodorkovsky emprisonné, Khlebnikov assassiné, Magourov tué par un carreau d'arbalète, Gorbountsov rescapé de justesse après s'être fait tirer dessus, Pérépilitchny décédé pendant son jogging… Le tout sous les applaudissement du peuple et apportant à Poutine un taux de popularité stratosphérique.

Reste Bérézovsky, le *capo di tutti capi*, le chef de tous les chefs de cette mafia du Kremlin. Mais arrêtons-nous juste un instant sur ce cas, car il en cache un autre. Bérézovsky s'est opposé directement à Poutine en lui rappelant qu'il lui était totalement redevable pour sa place présidentielle (ce qui était véridique) et qu'il pouvait, lui, Bérézovsky, dévoiler un certain nombre de choses compromettantes sur le nouveau président. L'homme est un mathématicien juif brillant doté d'un ego surdimensionné, un véritable joueur d'échecs pour qui la défaite n'est pas admissible. Poutine comprit alors qu'il avait en face de lui un jusqu'au-boutiste qui ne céderait pas.

Alors, ce fut la guerre ! Mais une guerre discrète et criminelle, sans foi ni loi, comme Poutine les affectionne tant. Poutine n'est pas un joueur d'échecs et face à Bérézovsky il ne tiendrait pas une minute. Sa tactique est celle d'un ancien judoka : quand il craint de perdre une partie d'échecs, il renverse tout simplement le plateau de jeu sur la tête de son adversaire plus intelligent. En d'autres termes, l'ancien officier du KGB ordonne secrètement au FSB, le service de sécurité et contre-espionnage maintenant dirigé par ses copains et collègues intimes de Léningrad, d'éliminer physiquement l'oligarque ennemi trop ambitieux.

Mais les choses ne se passent pas comme prévu avec Bérézovsky. L'équipe d'exécutants chargée du sale boulot refuse cette mission illégale qui risque de les envoyer en prison. Parmi eux, Litvinenko, qui va apparaître publiquement, avec d'autres officiers, pour dénoncer l'ordre meurtrier reçu de leur hiérarchie dévouée à Poutine et prête aux pires besognes pour lui plaire. Ils sont, bien évidemment, limogés immédiatement pour insubordination et poursuivis en justice pour divulgation de secret d'État.

Litvinenko s'exilera alors en Grande-Bretagne où Lougovoï, l'un de ses anciens collègues du FSB, viendra l'assassiner en 2006 en l'empoisonnant au polonium 210. Et c'est en 2013 que l'on retrouvera Bérézovsky, « suicidé » chez lui, dans sa maison de Sunninghill en Angleterre. Celui qui se prend pour le nouveau tsar du Kremlin a la rancune tenace, la dent dure et aucune limite dans sa vengeance.

*

Après avoir bénéficié de la confiance oligarchique de Bérézovsky, de Eltsine et de sa famille, qui lui ont donné la chance inouïe d'accéder à la plus haute place en Russie, Poutine se voit offrir une deuxième grande occasion grâce à l'économie mondiale capitaliste. L'essor industriel de la Chine, qui coïncide avec son arrivée au Kremlin, provoque une flambée spectaculaire des prix des matières premières sur les marchés internationaux, principale source d'entrée de devises étrangères pour le budget russe. Il regorge maintenant de devises, sans que Poutine ait bougé le petit doigt. À tel point que celui-ci ne sait plus quoi en faire. Mais au lieu de faire profiter le peuple russe de cette manne financière tombée du ciel en entreprenant la rénovation globale du vaste pays qui tombe en ruines, Poutine se lance dans une nouvelle course aux armements et une modernisation des services spéciaux.

Mais attention, la cagnotte miraculeuse n'est pas pour tout le monde. Poutine n'a pas oublié l'affront que lui a fait subir la 1re Direction générale du KGB en refusant de l'accueillir dans ses rangs à sa sortie de l'Institut Andropov en 1985. Le Kremlin a bien tenté de lui fabriquer une légende d'espion brillant, mais en réalité il n'est pas allé plus loin à l'Ouest que Dresde, en Allemagne communiste. Et pour cela il en veut terriblement au SVR.

Pour sa revanche il va donc se reposer tout d'abord sur les concurrents du SVR : le FSB, le contre-espionnage, et la GRU, l'espionnage militaire. Les premiers déblocages de crédits vont aller vers ces deux organismes. C'est la GRU qui se voit offrir dès 2006 un nouveau quartier général en devenant un concurrent direct du SVR. Ce dernier connaît depuis 2000 et l'arrivée au pouvoir de Poutine son deuxième déclin post-soviétique après les belles années 1993-1999 sous Primakov et Eltsine.

Les choses changent en 2016 avec la nomination d'un Pétersbourgeois, Sergueï Narychkine, un autre ancien collègue de Poutine au KGB. Avec lui, le SVR double le nombre de bâtiments opérationnels dans son QG de Yassénévo et ajoute deux nouvelles facultés de formation d'espions sur le site de l'Académie des renseignements extérieurs de Tchélobitiévo. Le service des illégaux et le groupe d'action « Zaslon » sont relancés en secret absolu, et une statue dédiée aux clandestins soviétiques est inaugurée à Yassénévo en grande pompe en 2020 pour leur rendre hommage. Pourtant on ne les retrouve toujours pas dans l'organigramme factice affiché sur le site Internet officiel, Poutine et le SVR n'assumant pas leur attachement aux méthodes criminelles.

Vladimir Poutine ne jure pourtant que par ses services spéciaux. Lui qui ment en permanence à tout le monde, il ne croit personne sur parole, même pas ses propres conseillers au Kremlin. Il n'a aucune confiance dans l'information publiée par les médias. Pour comprendre ce qui se passe dans le monde, il lui faut donc être en possession des documents secrets que dérobent ses espions sur les tables ou dans les coffres-forts des dirigeants des grandes puissances mondiales. Et il lui est indispensable d'en savoir un maximum sur la face cachée et les défauts de ses adversaires afin de mieux les connaître et de pouvoir les déstabiliser, les manipuler et les tenir.

J'ai de plus en plus de doutes sur la proximité des autorités françaises quand, en 2006, je vois Jacques Chirac élever presque secrètement, tellement c'est honteux, le prédateur de la presse indépendante et commanditaire de plusieurs assassinats politiques, Poutine, à la plus haute dignité de la Légion d'honneur, grand-croix[1], en ôtant de la boutonnière de sa veste sa propre rosette sur fond d'or pour la lui remettre[2] !

La prédation poutinienne s'exerce non seulement à l'intérieur du pays, mais également à l'international. Que l'on se rappelle cette image terrible de Nicolas Sarkozy, sortant d'un entretien avec le président russe, les jambes flageolantes et à deux doigts de défaillir.

1. https://www.lexpress.fr/actualite/politique/chirac-decore-discretement-poutine_460933.html
2. https://www.dailymotion.com/video/xoo37

Mille explications ont été données, mais pour ma part, sachant Sarkozy rompu à la joute verbale internationale, je pense que seule la menace d'un dossier sorti par les services, un *kompromat* bien ficelé, a pu le mettre dans cet état. Poutine vient de la rue, il a grandi dans un environnement défavorisé et l'unique langage qu'il connaît est celui de la force brutale, de la domination physique comme chez les animaux, ou de la ruse avec de sales coups donnés dans le dos pour affronter un adversaire plus solide. Sarko, qui vient de Neuilly, est un bon bourgeois qui veut se donner des airs de mauvais garçon en parlant cru, mais dont le discours sonne faux. Dans cette rencontre, il n'était pas de taille.

Ainsi, aujourd'hui, de là où je suis, en observateur éclairé qui connaît le système Poutine de l'intérieur, je scrute en permanence l'activité du SVR, du FSB et de la GRU, qui sont au centre de la stratégie poutinienne. La Russie, in fine, n'est plus que l'un des quinze pays de l'ancienne URSS, mais les effectifs et les activités d'espionnage ont plus que doublé depuis 1991 en chiffres absolus. Cela signifie qu'en chiffres relatifs, ils ont quadruplé. Et les services russes actuels se permettent maintenant ce que le KGB n'a jamais osé faire, y compris pendant la guerre froide : l'ingérence directe dans le processus démocratique des élections présidentielles américaines ou françaises.

L'utilisation de médias d'influence créés sur le sol étranger avec des fonds russes et ouvertement affiliés à la Russie, tels Russia Today (RT) et Sputnik, qui sont spécialisés dans la manipulation des masses, se révèle être d'un cynisme absolu et d'une efficacité redoutable. Ce n'est pas pour rien qu'ils ont couvert H24 la crise des gilets jaunes, à tel point que ceux-ci en ont fait le seul organe de presse crédible à leurs yeux en rejetant les autres. L'opération a si bien réussi que l'on a vu la photo de Vladimir Poutine fleurir sur tous les réseaux sociaux des manifestants, qui le présentaient comme un président exemplaire ! Les malheureux oublient un peu vite que le régime de Poutine considère la France comme un pays ennemi et qu'un comportement identique en Russie leur vaudrait d'aller garder un rond-point au fin fond de la Sibérie.

Tout ce qui peut déséquilibrer l'adversaire est bon à prendre, affirme Poutine en raisonnant en ancien judoka. Surtout si l'on peut diffuser de fausses nouvelles par le biais de la gigantesque ferme à trolls du n° 55 de la rue Savouchkina, à Saint-Pétersbourg, où était installée l'Internet Research Agency (IRA). Une machine à fabriquer des milliers de faux comptes sur les réseaux sociaux afin d'y répandre des

« fake news » destinées à influencer les opinions publiques. La guerre psychologique est vieille comme le monde, mais Yevguény Prigojine, le patron de l'IRA, que l'on appelle « le cuisinier de Poutine », en a fait un outil qui se réactualise en permanence. Notons en passant qu'il est aussi le financier de Wagner, la société « privée » militaire de mercenaires, composée d'anciens (ou actuels ?) officiers de la GRU, qui agit sur toute la planète pour le compte du Kremlin.

L'IRA est utilisée comme un instrument de guerre hybride et de déstabilisation capable de mener des raids et de puissantes opérations d'influence à l'encontre des gouvernements hostiles à la Russie. À l'origine, il s'agissait de diffamer les adversaires politiques de Vladimir Poutine, à présent c'est carrément aux États que l'IRA s'attaque. Elle est intervenue au cours des élections américaines de 2016 et de 2020 et des élections françaises de 2017 (Macronleaks). Elle agira encore lors des prochaines échéances électorales en employant cette fois-ci de nouveaux procédés comme les *deepfake*, une méthode de trucage vidéo capable de faire tenir n'importe quel discours à une personnalité bien réelle.

C'est une guerre informationnelle qui utilise un principe évoqué par Durkheim dans son ouvrage *Règles de la méthode sociologique*, édité en 1894. *« La foule ne raisonne pas, elle est poussée par l'imagination, accepte l'invraisemblable, se fie aux slogans qui flattent les sentiments. Elle ne discute pas, elle croit ! »*

C'est ainsi qu'en créant de toutes pièces des médias sur Internet, dans lesquels sont adroitement mêlés le vrai et le faux, en caressant l'imaginaire des populations, l'IRA influe insidieusement sur le comportement des citoyens. Les États le savent, à eux de s'en prémunir, mais personne ne peut ignorer que dans cette guerre, il n'y aura jamais de trêve. Les armes se fourbissent déjà en prévision de 2022…

À la vérité, peut-être n'étais-je pas fait pour ce métier. Le mensonge permanent n'est pas ma tasse de thé, mais je dois avouer que j'y ai parfois pris du plaisir, aussi je reste un observateur vigilant du milieu du renseignement. Quelquefois des signaux me sont envoyés, discrètement le plus souvent, pour m'indiquer que je suis toujours dans le faisceau radar de mes anciens « collègues »…

Chapitre 55

Les assassinats sous Poutine

En févier 2018, un certain Boris Karpichkov lance une bombe médiatique en Grande-Bretagne. Selon cet ancien officier subalterne du KGB en Lettonie, désormais réfugié à Londres, Poutine aurait ordonné la liquidation physique de plusieurs « traîtres » à l'étranger. Il déclare sur *Good Morning Britain* que le 12 février 2018, jour de son anniversaire, il a reçu un message sur un téléphone mobile jetable de la part d'une « source très fiable » travaillant toujours au FSB. Le message indiquait : *« Quelque chose de mauvais va se produire, pour toi et sept autres personnes, y compris M. Skripal. »* L'ancien tchékiste a ignoré le message : il en avait reçu beaucoup d'autres comme celui-ci auparavant. Cette nouvelle liste de « cibles à éliminer » comportait huit noms, dont ceux d'Oleg Gordievsky et de William Browder.

Ce personnage de Karpichkov est dérangeant, un peu louche et franchement trouble. Nombreux sont ceux qui, comme moi, ne le prennent plus au sérieux car il a une fâcheuse tendance à la mythomanie et aux faux scoops. En Angleterre, contrairement à la France, on peut monnayer les interviews, et Karpichkov en abuse en se faisant mousser à travers une publicité scandaleuse. Je laisse donc passer cette info provenant du Royaume-Uni sans y attacher trop d'importance.

*

Mais soudain, vers le 20 février 2018, j'entends parler russe dans un studio voisin de la station alpine où je réside. Pourtant les Russes ne viennent jamais dans ce village isérois familial relativement peu réputé, lui préférant Courchevel, Chamonix ou Megève, des stations plus huppées. C'est d'ailleurs pour cela que j'ai choisi ce lieu, pour m'y installer en toute quiétude.

On est en pleines vacances d'hiver, mais ce studio n'est jamais occupé que par son propriétaire, un handicapé mental autonome qui ne travaille pas et passe son temps à faire toutes sortes de travaux inutiles ou à s'engueuler avec son pauvre fils qui parfois lui rend visite. Pour une fois, les propriétaires dérangeants ne sont pas là. Ils ont laissé place à des locataires tout aussi bizarres. Le studio est minuscule, seize mètres carrés en tout, et si l'on enlève la salle de bains et les WC, avec une chambrette d'à peine huit mètres carrés. Pourtant les « touristes » sont trois à l'occuper, un quadragénaire et ses deux fils adolescents de douze et dix-sept ans.

Je mène ma petite enquête et découvre que les « touristes » ont une voiture avec des plaques minéralogiques du canton de Genève, de la Suisse voisine. En réalité pas si voisine que ça – près de 300 kilomètres nous séparent. Pourquoi faire autant de route depuis l'excellence genevoise pour une petite station française assez éloignée qui n'a rien d'unique, par une météo exécrable et pour loger comme des sardines dans un studio minuscule à trois ? D'autant qu'autour de Genève il y a une dizaine de stations helvétiques et une quarantaine d'autres, jurassiennes ou savoyardes, de tous standings et pour tous les goûts. Tout cela me semble de plus en plus louche et inquiétant. Je flippe un peu, à vrai dire. Je ne suis pas lâche, mais je ne suis pas suicidaire non plus.

Je me renseigne auprès de l'agence immobilière pour découvrir le nom des « touristes » russophones et, sur Internet, je retrouve le profil professionnel du père de famille en question : il s'agit du directeur adjoint d'une filiale genevoise de JP Morgan, la plus importante banque d'affaires mondiale ! Cet homme doit gagner entre 10 000 et 20 000 euros par mois ! Pour venir passer les vacances dans un studio de gueux dans une station familiale ?! Ce n'est pas concevable ! Je remonte la piste jusqu'à sa formation et reçois un nouveau coup à l'estomac : mon nouveau voisin russe est titulaire d'un doctorat en physique nucléaire appliquée au domaine médical. On peut dès lors tout envisager, jusqu'à la pose d'une charge radioactive derrière le mur mitoyen de ma chambre qui fait que je mourrai d'une leucémie dans six mois.

Je contacte un représentant des services français pour lui faire part de mes découvertes et de mes craintes.

– Ne pourriez-vous rendre visite à ces touristes suisses bizarres et leur mettre un peu la pression ? Ne serait-ce que pour leur faire comprendre qu'ils sont sous surveillance ?

– On est dans une station touristique et s'ils sont ici comme de simples touristes, on ne peut rien leur reprocher dans l'immédiat, me répond mon interlocuteur. À moins qu'ils ne passent aux choses sérieuses…

– En somme, il faut qu'il me tue pour vous donner un bon prétexte ?! Sauf que cela pourrait être trop tard pour moi !

– Désolé ! La France est un État de droit et l'on ne peut rien faire juridiquement sans suffisamment de preuves !

C'est pour cela que depuis deux décennies l'Occident perd toutes ses batailles contre les espions de Poutine, les criminels ou les terroristes. Ces derniers ne s'encombrent pas d'un État de droit et n'hésitent pas à violer toutes les règles et les lois : pour eux, seule compte l'efficacité opérationnelle. Ce n'est pas le cas pour les flics et les contre-espions occidentaux, qui ont les mains liées par des textes élaborés par de lâches politicards qui ne savent que prononcer de beaux discours hypocrites aux obsèques des victimes innocentes et des soldats morts pour rien. Jamais pour prévenir les crimes, et rarement pour anticiper les actes terroristes. C'est pour cela qu'il y a tant de gens en France qui rêvent d'avoir un Poutine à l'Élysée. Hélas, je ne suis pas une Mila ou un Salman Rushdie pour bénéficier d'une protection policière permanente. Et encore… *Charlie Hebdo* avait deux policiers armés pour défendre la rédaction, cela n'a pas empêché les frères Kouachi de massacrer les trois quarts de l'équipe en commençant par les policiers en question, qui n'ont pas eu le temps de réagir…

*

Je décide alors d'agir seul et à ma manière. Je me connecte sur le compte Linkedln de l'étrange banquier et m'y attarde sans chercher à me cacher, de façon à être repéré par les algorithmes qui informent les utilisateurs des visites sur leur profil. Histoire de faire comprendre au Russe de Genève que je l'ai repéré et qu'il pourrait perdre sa belle réputation et son poste à la banque, son autorisation de séjourner et de travailler en Suisse si l'affaire devenait périlleuse pour moi. Je constate que mes « touristes » commencent à baisser la voix en descendant vers mon étage et chuchotent maintenant devant ma porte, le message est bien passé ! Le trio finit par décamper.

Étaient-ils venus m'assassiner ?

Je ne le crois pas. Ils avaient trop à perdre. L'agent aurait-il risqué la vie ou la liberté de ses deux fils en les amenant sur une opération meurtrière ? J'en doute. Quoique… Les enfants sont une très bonne couverture pour les espions et les assassins. Qui aurait l'esprit assez tordu pour soupçonner un « bon père de famille » ? À part un autre espion… Alors, que signifiait cette venue chez moi ? Probablement un message à me faire passer : « On sait où tu es, on peut venir te régler ton compte quand on veut ! » La mise en garde lancée par le dérangeant Karpichkov début février me revient alors à l'esprit. Et s'il y avait quelque chose de fondé là-dedans ?

*

J'en reçois une confirmation deux semaines plus tard. Dimanche 4 mars 2018, tous les médias du monde commencent à parler de la tentative d'assassinat au Royaume-Uni du transfuge Sergueï Skripal et de sa fille Ioulia. C'est signé par la GRU, le bras armé militaire de la Russie, et le procédé est violent. Sergueï Skripal a été plongé dans le coma après avoir été empoisonné au Novitchok, une substance neurotoxique déposée sur la poignée de la porte de sa demeure à Salisbury, près de Londres. Il en réchappera, même si nul ne le reverra jamais. Deux victimes collatérales auront moins de chance que lui. Des dizaines de personnes et d'endroits seront contaminés.

Là, le doute n'est plus permis : cela vient de Poutine, de Moscou. Grâce à l'enquête efficace d'un petit groupe d'amateurs de Bellingcat[1], les services suisses et français, totalement dépassés, découvriront avec étonnement que l'unité militaire n° 29155 de la GRU, celle qui est chargée des éliminations, avait installé, à leur nez et à leur barbe, une sorte de base arrière en Savoie, à la frontière suisse, de l'autre côté du lac Léman, face à Genève, Lausanne et Montreux, tout près de chez moi ! Certains disent que les opérateurs de cette unité ont laissé des traces partout, que le travail a été mal fait. Tel le petit Poucet, ils ont parsemé leur chemin d'indices quand ils sont allés empoisonner Sergueï Skripal, un de leurs anciens collègues qui s'est révélé être un agent double. Mais c'est oublier un peu vite la formation de ces hommes. Dix d'entre eux vous mettraient la France à feu et à sang et les voilà qui s'amuseraient à défiler sous les caméras de vidéosurveillance ?

Le message est clair : nous frappons où nous voulons et nous signons l'opération pour que vous ne fassiez pas d'erreur sur son commanditaire : Vladimir du Kremlin. Car celui-ci se croit tout permis et ne veut plus prendre de gants, jusqu'à provoquer les Occidentaux chez eux avec des armes chimiques et des substances radioactives. L'Occident est respectueux du droit, donc faible, la Russie poutiniste s'affranchit des lois, donc elle est omnipotente. L'Occident n'a pas de couilles, Poutine si ! Le message est limpide. C'est une déclaration de guerre ouverte. Et les politiciens occidentaux vont se coucher, comme

1. Groupe international indépendant de chercheurs, d'enquêteurs et de journalistes citoyens.

à leur habitude, devant tant de hargne et de combativité.

Avec l'affaire Skripal, Poutine a franchi plusieurs lignes rouges en droit international, ainsi qu'en traditions des services secrets dignes de ce nom. Tout traître qu'il fût (et il a été reconnu comme tel dans un procès), Skripal avait été échangé en 2010 contre des illégaux russes capturés aux États-Unis, donc, gracié par le président russe Dmitry Medvédev. En principe, suite à cet échange il était devenu « intouchable » selon le droit russe et le vieux code de bonne conduite entre gentlemen espions de la guerre froide. Toucher à une personne graciée, c'est violer la parole sacrée donnée par le président de Russie. Poutine l'a fait. La loi russe sur le renseignement extérieur n° 5-FZ du 10 janvier 1996 interdit formellement les dommages physiques et corporels aux personnes lors des opérations spéciales (article 13[1]). Poutine l'a violée. Une exécution est une forme de peine de mort et il faut qu'elle soit prononcée par une cour de justice, ce qui n'était pas le cas. D'autant plus que la Russie respecte un moratoire sur la peine capitale depuis vingt ans. Mais Poutine, ce prétendu « juriste », a voulu faire fi de la loi et des anciens codes de conduite des bandits, en optant dorénavant pour le tout-permis, sans aucune limite.

Le colonel du KGB à la retraite Mikhaïl Loubimov affirme en mars 2018 que cet empoisonnement est une opération des services secrets occidentaux visant à affaiblir Vladimir Poutine alors qu'il cherche à être réélu au poste de président. En réalité, l'empoisonnement de Skripal et sa fille n'était pas du tout un règlement de comptes interne entre espions ni une opération de sape contre Poutine, mais bien l'inverse. Une opération purement politique du Kremlin deux semaines avant les « élections » présidentielles de mars 2018, pour augmenter, par ce coup d'éclat qu'est l'exécution publique d'un traître à l'étranger, le degré de patriotisme à l'intérieur de la Russie et valoriser l'image de Poutine, alors en baisse de popularité. Et cela lui a réussi, il faut le reconnaître. Même si ses services d'espionnage ont beaucoup perdu à cette occasion, avec 152 espions russes expulsés de plus de vingt pays et du siège de l'OTAN à Bruxelles.

*

Le passage des « Suisses » chez moi et l'affaire Skripal m'ont incité à avoir une lecture différente du scoop de Boris Karpichkov de début février 2018. Il m'a bien fallu reconnaître la pertinence de sa prévision

1. http://ivo.garant.ru/#/document/10135745/paragraph/91:0

et la véracité de ses propos. La tentative d'assassinat à Londres a marqué le grand changement d'attitude et de mode d'action des services du régime poutinien. Jusqu'alors, si je me méfiais d'eux et envisageais éventuellement une peine de prison, je n'avais pas peur pour ma vie. Je n'avais pas l'impression de la risquer en défiant intellectuellement, comme journaliste, observateur et analyste politique, Poutine et son régime.

D'autant que je n'ai jamais eu le sentiment d'avoir « trahi » quoi que ce soit. Le KGB a disparu en octobre 1991 de lui-même, tout seul, sans aucune trahison de ma part quand j'étais en mission sous couverture profonde en France, dissous à cause de l'implication de ses dirigeants dans le coup d'État manqué contre Gorbatchev. Ensuite de quoi le Parti communiste a été interdit et l'Union soviétique a cessé d'exister en tant que nation. La nouvelle Russie semblait faire une croix sur son passé communiste et se voulait être un pays « normal ». Ce changement de paradigme idéologique et ces événements politiques m'ont automatiquement libéré de tout engagement formel et informel envers mes anciens employeurs. Mais ce changement était factice. Le travail de deuil de l'ancien régime n'a pas été accompli. La libération du passé criminel du système répressif du KGB et du Goulag, à l'instar de l'Allemagne nazie et de la RDA communiste, n'a pas été faite sous Eltsine. Et, avec l'arrivée de Poutine, tous les staliniens nostalgiques ont repris espoir.

Je connais aussi l'imprévisibilité des décisions des nouveaux chefs de mon ancienne maison. Dans l'espionnage russe, il n'y a jamais prescription et Poutine fait semblant d'avoir gardé l'esprit du KGB, même si lui, étant resté sur place en URSS en 1991, a trahi son serment solennel de défendre les idéaux communistes jusqu'à sa mort. En tant qu'actuel chef d'un État devenu capitaliste, selon les principes communistes de l'ancien KGB, Poutine ne mérite qu'une chose : la peine de mort. Et il peut raconter ce qu'il veut, cela ne changera rien au niveau historique. C'est pourquoi il invente une lutte fictive contre les supposés « traîtres » extérieurs, pour que l'on oublie que le premier traître en Russie, c'est lui-même. C'est le principe du leurre : détourner l'attention des gens, vers de prétendus ennemis extérieurs, pour leur faire oublier la trahison interne de Poutine et de tous les anciens tchékistes et traîtres de son entourage.

Comprenant que ma vie peut être menacée, je publie en mars 2018 sur mes réseaux sociaux une déclaration solennelle dans laquelle je réfute par avance la possibilité de mon suicide : *« Je suis sain d'esprit, je n'ai pas de dettes, pas de maîtresses délaissées, pas d'ennemis mortels et je suis heureux dans ma vie. Si on me retrouve suicidé, ce sera un assassinat.* »

Il s'agit de faire comprendre à mes détracteurs potentiels russes et à l'opinion publique que tout meurtre maquillé en suicide ne passera plus pour tel. Cette déclaration produit son effet médiatique et je commence à être sollicité de plus en plus par les médias internationaux parmi lesquels *Complément d'enquête* de France 2 et Mediapart, entre autres.

*

L'équipe de Thomas Sotto fait bien son travail de recherche et parvient à coincer à Bruxelles l'une de mes anciennes connaissances du temps de l'ENA, une certaine Karin Kneissl, devenue ministre des Affaires étrangères de l'Autriche. Elle se dit « indépendante » mais depuis quelques années a pour habitude de tenir sur l'immigration et l'Europe des propos controversés et polémiques, à la limite de la décence. Ma copine de l'ENA a aussi du mal à cacher son admiration pour l'autocrate Vladimir Poutine, dont les services secrets sévissent dans ce pays « neutre », en provoquant régulièrement des scandales de recrutement de militaires et officiels autrichiens par des espions russes.

Ce positionnement conservateur vaut à Karin Kneissl le soutien politique du parti populiste FPÖ, que d'aucuns situent à l'extrême droite. En 2016, le chef du FPÖ, Heinz-Christian Strache, avait même envisagé de la nommer comme sa candidate à l'élection présidentielle. En décembre 2017, lors de la composition du premier gouvernement de la coalition ÖVP-FPÖ, après la victoire de Sebastian Kurz aux élections législatives, elle avait été désignée par le FPÖ comme personnalité « indépendante » au poste de ministre des Affaires étrangères, sur les cinq postes du quota gouvernemental du FPÖ.

Ce parti fait l'objet de critiques, y compris de ses partenaires de coalition, pour son rapport à l'antisémitisme. En 2018, un élu local est suspendu pour avoir partagé sur des réseaux sociaux des citations d'Adolf Hitler tandis qu'un candidat à une élection régionale est contraint de démissionner après la découverte de livrets de chants faisant l'apologie du régime nazi.

L'équipe de *Complément d'enquête* arrive à piéger Karin Kneissl en lui faisant croire à une interview générale sur ses positionnements, tandis que la seule question qui intéresse réellement ces journalistes d'investigation est de savoir à quel point Karin Kneissl était liée à Sergueï Jirnov, ancien espion du KGB ayant infiltré l'ENA. En vérité, nous étions très proches à l'école et dans la fiche individuelle que j'avais faite sur la jeune Autrichienne, j'avais souligné son goût immodéré pour les valses viennoises. Mais lors de la brève interview qu'elle accorde dans les couloirs de la Commission européenne, Fräulein Kneissl fait semblant d'avoir du mal à se souvenir de moi : « Oui, il s'appelait Sergueï… quelque chose et il dansait bien la valse. » Cette émission est diffusée en avril 2018.

En août 2018, Karin Kneissl réussit un joli coup en obtenant le passage très remarqué à son mariage de Vladimir Poutine en personne. Accompagné d'une troupe de danseurs folkloriques cosaques, le président russe se rend « en privé » à la fête nuptiale de Karin Kneissl, dans le village viticole de Gamlitz, non loin de Graz, dans le sud-est de l'Autriche. L'opposition autrichienne crie au scandale et dénonce cette présence comme remettant en cause la réputation de neutralité politique de l'Autriche, qui assure cette année la présidence tournante de l'Union européenne. Une vidéo opportunément mise en ligne par le site Internet de la chaîne de propagande étatique russe RT devient virale, montrant notamment la ministre autrichienne qui accorde, radieuse, une révérence au chef d'État russe après avoir valsé avec lui.

L'étrange coïncidence de l'évocation par *Complément d'enquête,* en avril, du goût pour la valse de Karin Kneissl à l'époque de l'ENA et de cette danse en août d'une sympathisante d'extrême droite autrichienne avec le dictateur russe prouve que mes émissions sont scrutées au Kremlin et que mes fiches d'information personnelles sont toujours lues attentivement au QG du SVR à Yassénévo.

Pour la ministre Kneissl, cependant, la belle histoire va mal se terminer à cause d'un autre scandale lié à l'influence russe. Le 18 mai 2019, à huit jours des élections européennes et au lendemain de la publication d'une vidéo tournée en 2017 où on voit le vice-chancelier Strache expliquer à une femme, qui se présente comme la nièce d'un oligarque russe, comment financer son parti et racheter un journal pour rendre sa ligne éditoriale proche du FPÖ, celui-ci est contraint de démissionner du gouvernement. La coalition se fracasse et le chancelier Kurz annonce le jour même des élections législatives anticipées. L'un des enjeux de cette séparation avec le FPÖ concerne notamment l'influence du parti sur les services de sécurité autrichiens ainsi que sa trop grande proximité avec la Russie (il a signé un accord d'amitié avec le parti régnant « Russie unie » en 2016). Du coup, Frau Kneissl ne sera pas reconduite dans ses fonctions ministérielles. Sa prétendue neutralité et indépendance seront pour leur part contredites une bonne fois pour toutes en juin 2021, quand elle entrera officiellement au conseil d'administration du géant russe du pétrole Rosneft. *Damit alles klar ist!* On se souvient du dicton russe, *Qui paie pour la fille danse avec elle…*

*

En mai 2018, je suis contacté par une certaine Rachel Marsden, une Canadienne, animatrice d'un blog géopolitique[1] assez sérieux et bien fréquenté, qui se dit prête à me donner carte blanche pour m'exprimer. Cela me paraît intéressant et entraîne mon accord de principe. Mais, étonnamment, elle laisse sans réponse mes questions sur le lieu de tournage et disparaît pour deux mois. Je la taquine à ce sujet dans mon interview sur Mediapart avec l'ancien ambassadeur français en Russie Blanchemaison[2]. Elle refait surface fin juin 2018 pour me fixer un rendez-vous à l'antenne en direct le mercredi 4 juillet, jour de la fête nationale américaine. Là, elle ne peut plus faire de cachotteries sur l'endroit où je dois me rendre, sinon cela n'aurait pas de sens : 14, place du Général-Catroux, dans le XVIIe arrondissement de Paris. Je ne manque pas de prendre mes précautions en vérifiant l'adresse sur Google. La réponse est sidérante : c'est le siège parisien de tous les médias russes officiels et affiliés, RIA Novosti, Russia Today, Sputnik, bref, c'est la couverture légale des espions de Poutine ! Je suis invité dans le nid des espions russes à Paris ! À mon avis, ils se sont dit : *Ce Jirnov aime tant pavoiser dans les médias qu'il ne résistera pas à la tentation et tombera dans le piège…*

Je comprends immédiatement ce que le journaliste d'opposition saoudien Jamal Khashoggi ne verra pas quatre mois plus tard, en octobre 2018, en se rendant au consulat d'Arabie Saoudite en Turquie : un piège mortel. Ce pauvre bougre a été trop naïf pour voir le danger qui le guettait et il a payé cher sa naïveté. C'est pourquoi il a été torturé, tué et dépecé par une équipe des services saoudiens envoyée spécialement à Istanbul sur l'ordre du prince Mohammed ben Salmane (désigné par ses initiales MBS). Je comprends que les deux mois de disparition sans explication de ma journaliste « occidentale » ont servi aux services russes pour obtenir des autorisations à Moscou, faire les préparatifs opérationnels de leur coup, acheminer à Paris une équipe de tueurs ou

1. Qui se cachait en 2018 sous une URL « indépendante », https://www.ledesordremondial.com (n'est plus active) qui plus tard affichera clairement son affiliation avec Sputnik https://fr.sputniknews.com/radio_desordre_mondial/

2. L'entrisme russe : soirée spéciale de Mediapart https://www.youtube.com/watch?v=9XWdJ-wqfwY

concocter un kidnapping. J'imagine la suite : j'entre dans l'immeuble, on me maîtrise et me met dans le coffre d'une limousine aux plaques diplomatiques russes, protégée par l'immunité et intouchable par les flics français, puis on me ramène à l'ambassade, boulevard Lannes, dans le XVIe arrondissement, avant que je ne prenne la direction de Moscou et de la prison de Léfortovo, où je suis déjà passé en 1999 !

En bon espion, je ne révèle pas mes soupçons à ma « journaliste » russe d'origine canadienne et fais semblant d'accepter son invitation pour le rendez-vous avec la mort ou l'enlèvement que m'ont fixé le FSB et le SVR. Après réflexion, et joueur comme je suis, je décide de réaliser grandeur nature un remake d'une célébrissime scène du film culte d'espionnage, *Le Professionnel*, de Georges Lautner, avec Jean-Paul Belmondo. Quand l'un des amis du personnage principal lui fixe un rancart piégé, il se sort brillamment du traquenard grâce à la presse occidentale qu'il invite en cachette. Avides de scoops, une trentaine de journalistes de toutes les rédactions parisiennes débarquent en force au pied de son immeuble pour assister en direct à l'assassinat d'un ex-agent du Service « Action » de la DGSE.

À l'instar de Joss Beaumont, je lance donc des invitations à une trentaine de grandes rédactions parisiennes, les mêmes que dans le film mythique. Ma déception sera grande, car les journalistes français actuels ont une peur bleue de Poutine. Personne ne veut prendre de risque de nos jours ! Les grandes gueules n'osent parler que sur les plateaux télé et radio, bien au chaud, protégés par des écrans interposés.

Pour ma part, je veux bien jouer les héros, mais avec filet de protection et gilet pare-balles. Dans les métiers de l'ombre, la seule vraie protection c'est la lumière des spots des médias. Faute de complicité protectrice de leur part, je me vois obligé de renoncer à mon plan hollywoodien.

Je veux néanmoins en avoir le cœur net et être sûr d'avoir bien discerné le piège tendu par les Russes. Je ne dis plus rien à ma Russo-Canadienne et je ne lui confirme pas le rendez-vous, voulant observer sa réaction, lui réservant le bénéfice du doute. Que ferait une vraie journaliste si son invité pour un direct ne donnait pas signe de vie et ne se montrait pas une demi-heure avant l'antenne ? Elle remuerait ciel et terre pour entrer en contact avec lui par tous les moyens possibles et imaginables afin d'avoir la confirmation d'un retard ou, éventuellement, d'un désistement, afin de pouvoir le remplacer à temps à l'antenne. C'est du simple bon sens.

Or, que fait ma journaliste ? Rien de tout ça. Elle ne fait rien du tout !

Mon téléphone branché ne sonne pas. Ma boîte mail et mes messageries restent désespérément vides. CQFD ! Non seulement c'était un piège mais en plus elle le savait, elle en était complice ! Et comme dernier point de confirmation, un quart d'heure après le rendez-vous manqué et sans jamais me dire un mot, elle me bannit sur tous les réseaux sociaux pour ne plus être accessible par moi. Je veux bien lui accorder le bénéfice du doute, mais là, c'en est trop. Si elle voulait signer sa complicité, elle ne s'y serait pas prise autrement !

*

Pour l'anecdote, cette « journaliste » de propagande russe d'origine canadienne finira en 2021 par faire l'interview ratée en 2018, à l'occasion de la promotion de mon deuxième livre. Ayant toujours les mêmes craintes pour ma vie et ma sécurité, je n'irai toujours pas physiquement. J'enverrai mon co-auteur français qui, lui, ne risque rien et, pour ma part, je participerai à l'interview à distance, via Zoom. À cette occasion, l'histoire de 2018 ressortira dans les médias. Manifestement gêné par une publicité polluante qui risque d'entacher encore plus sa mauvaise réputation, Sputnik France, média officiellement affilié à la Fédération de Russie, c'est-à-dire un organe de propagande de Poutine, choisira de tourner cette histoire à la plaisanterie. Il publiera un communiqué fait avec beaucoup d'humour sur son compte Telegram :

« Une journaliste de Sputnik souhaitait-elle enlever un ancien agent du KGB ?

Sergueï Jirnov, ancien du KGB en mission d'espionnage en France, a affirmé avoir été approché par une de nos journalistes, sous couvert d'une interview, pour d'obscures raisons. L'espion à la retraite affirme que le but réel de cette approche était de le faire venir dans nos locaux parisiens et n'hésite pas à faire un parallèle avec l'affaire Khashoggi ! »

Finalement l'émission s'est faite, en distanciel, loin de notre dangereuse collègue, qui répond avec légèreté : « *L'émission avec le colonel Jirnov et son co-auteur, François Waroux, ancien officier de la DGSE, lors de la promotion de leur livre, était un vrai régal. Je suis flattée qu'un ancien as du KGB me voie en femme fatale. Une première pour une Canadienne, je crois ! Étant donné qu'il a lui-même décrit les qualités nécessaires au travail d'espionnage, "passe-partout, intelligent, savoir parler les langues, savoir plus ou moins ce qui se passe dans le monde, donc avoir des connaissances géopolitiques, géostratégiques", je suis ravie d'avoir apparemment tellement bien incarné ces qualités lors de l'émission que c'était même bluffant pour un as du KGB qui m'a fait l'honneur d'être star de son fantasme d'espionnage. Vivement le roman, colonel !*

On vous rassure, tous nos interviewés sont ressortis sains et saufs de nos locaux, même après une émission tendue ! »

Sputnik et Rachel Marsden ont raison de « déminer » par dérision une situation fâcheuse et désavantageuse pour eux. Mais la dérision, une méthode du KGB, est justement faite pour détourner l'attention du public et ne pas répondre sérieusement aux questions qui gênent.

Dans ce communiqué très habile, ils ne répondent pas aux questions de 2018 et leur dernier argument est juste ridicule ! Évidemment les autres interviewés ressortent vivants, parce que ce sont des personnes « neutres ». En revanche, combien d'opposants farouches au régime de Poutine, combien de réfugiés politiques ou d'anciens officiers de renseignement recherchés par les services russes ont-ils reçus dans leurs locaux ? Aucun, je suppose. Sinon, ils auraient cité les noms de ces supposés opposants ressortis sains et saufs du nid parisien d'espions russes.

De toute façon, mon statut de réfugié m'interdit de me rendre en Russie et dans toutes les représentations officielles russes à l'étranger. Et Sputnik France étant affilié officiellement à la Russie de Poutine, je ne pouvais m'y rendre sans risquer de me voir retirer non seulement mon statut de réfugié, mais potentiellement ma liberté ou ma vie. Je rappelle que je ne suis pas suicidaire et que je ne plaisante pas avec ma sécurité, contrairement à Sputnik France et à Rachel Marsden[1].

*

Les médias poutinistes de propagande peuvent dédramatiser autant qu'ils veulent, la menace russe dans le monde est une réalité prouvée tous les jours. En juin 2021, j'ai participé à la présentation du livre-choc *Comment Poutine assassine à l'étranger*, publié en Ukraine par un juriste émérite, Youri Choulipa (Shulipa)[2]. L'auteur y dresse le portrait d'un système effrayant et cite tous les cas (des dizaines) d'assassinats et enlèvements par les services russes d'opposants et de « traîtres ».

---

1. https://fr.sputniknews.com/authors/rachel_marsden/

2. Шулипа Юрий Юрьевич «Как Путин убивает за рубежом», монография. Информационное издание «Национальной политики». Киев-Берлин; Издание 1-е. – К.: Стилос, 2021. – 492 с., ISBN 978-966-2399-68-4

Chaque mois, parfois chaque semaine, des espions russes sont démasqués et expulsés vers la Russie quand ils sont protégés par l'immunité diplomatique. Au printemps 2021, dix l'ont été des États-Unis, dix-huit de Tchéquie, trois de Pologne, deux de Bulgarie et deux d'Italie. Nombreuses aussi sont les arrestations et condamnations de traîtres travaillant pour les services russes en Autriche, Italie, Bulgarie, Norvège, Estonie, Allemagne, Grèce, Colombie, Suisse, Slovaquie, Lituanie, Pologne et j'en passe. Les services de contre-espionnage suisses et italiens considèrent officiellement qu'entre un quart et un tiers des diplomates russes accrédités sont des espions du SVR, de la GRU ou du FSB, ce qui représente 70 à 80 personnes dans chacun de ces deux pays. Les services français, néerlandais et suisses ont découvert, suite à l'affaire Skripal, l'ampleur de l'infiltration russe dans leurs pays.

Quand, en septembre 2019, j'ai donné une interview à RTS[1] affirmant qu'il y avait toutes les raisons de penser que des dizaines d'espions russes « illégaux » restent en clandestinité en Suisse, cela a ravivé le scandale diplomatique russo-suisse. L'ambassade russe à Berne et le ministère des Affaires étrangères (MID) à Moscou ont essayé de qualifier de « fake news[2] » mes déclarations pourtant fondées. Les autorités russes ont été beaucoup moins subtiles en 2019 que Sputnik France le sera en 2021. Pour essayer de me discréditer, le service de communication de M. Lavrov a même voulu remettre en cause mon grade d'officier supérieur et mon ancienne appartenance au KGB/SVR. Ce qui est pitoyable, dans la mesure où je possède une carte officielle d'officier de réserve du ministère de la Défense qui le prouve, sans compter les onze lettres du SVR et les quatre jugements des cours russes, y compris la Cour suprême, qui avaient statué en 1999-2001 sur mes requêtes civiles (les institutions judiciaires n'acceptent que des requêtes de plaignants de plein droit).

Amusé par cette minable tentative de discréditation de la part du MID de Lavrov, j'ai adressé une demande officielle au ministère russe de la Défense pour réclamer ma pension militaire de commandant à la retraite, puisque la loi militaire me dispensait du service dans la réserve de première classe à l'âge de cinquante-cinq ans (depuis 2016).

Imaginez ma surprise lorsque j'ai reçu une lettre officielle du commissaire militaire de la ville de Moscou, le général de division

1. https://www.rts.ch/info/suisse/10695888-des-dizaines-d-espions-russes-infiltres-en-suisse-selon-un-ex-agent-du-kgb.html

2. https://www.mid.ru/en/nedostovernie-publikacii/-/asset_publisher/nTzOQTrrCFd0/content/id/3791399

Victor Chtchépilov, qui non seulement me confirmait mon statut d'officier supérieur de la réserve, mais m'informait en outre que j'avais été promu en deuxième classe et devais servir jusqu'à l'âge de soixante-cinq ans (jusqu'en 2026). Ce qui, selon la loi militaire, correspond au grade de colonel !

Ce brave général Chtchépilov savait-il qu'il contredisait ainsi le ministre Lavrov et ses sbires chargés de la propagande ? Tout cela pour ne pas me payer ma retraite ?

Épilogue

En mai 2020, j'ai perdu mes parents, restés à Moscou comme otages lors de mon départ en exil en 2001 et que je n'ai jamais revus par la suite. Il faut reconnaître qu'ils n'ont pas été inquiétés par les services russes actuels. Ni le FSB ni le SVR n'a osé franchir la dernière ligne rouge morale, car ils avaient le statut de vétérans de la Grande Guerre patriotique, avaient été décorés plusieurs fois, une sorte de « vaches sacrées » pour le régime de Poutine, qui s'accroche à ce lointain passé caduc faute d'idées modernes à proposer au peuple russe. À leur mort, mon papa avait 92 ans et ma maman 89 ans. Ce qui est extraordinaire dans le pays « développé » de Poutine où l'espérance de vie en 2020 était, selon les données officielles de Rosstat, de 71,5 ans[1] (78 ans pour les femmes[2] et 68 ans pour les hommes[3]).

Mon ancien service et ses collègues du contre-espionnage ont patiemment attendu leur décès en espérant peut-être me voir débarquer pour leurs obsèques et me mettre la main dessus, comme ils l'ont fait dans le cas d'Alexandre Zaporojsky, Alexeï Navalny et d'autres. Finalement, c'est le Covid-19 qui m'a sauvé puisque les frontières

1. http://www.statdata.ru/spg_reg_rf
2. http://www.statdata.ru/spg_reg_rf/woman
3. http://www.statdata.ru/spg_reg_rf/men

étaient fermées et les avions cloués au sol. Cette impossibilité de me déplacer pour rendre un dernier hommage à mes parents m'a empêché de partir sur un coup de désespoir et m'a peut-être permis de rester en liberté et en vie. Elle m'a également ôté tout sentiment de culpabilité de n'avoir pu les accompagner sur leur dernier chemin. Paix à leurs âmes !

*

En avril 2021, j'ai passé le cap fatidique des soixante ans.

Pour marquer cet anniversaire, j'ai publié avec un ancien de la DGSE un livre de Mémoires analytiques[1] qui a mis en exergue les similitudes et les différences de nos services respectifs.

Et je publie maintenant cet ouvrage pour dévoiler au grand jour la réalité de ma vie d'espion, tout ce que je n'ai pas pu expliquer jusqu'à présent.

Mon vécu dans l'espionnage soviétique et russe, puis en exil, m'a rendu philosophe, fataliste et sage. Je me suis rendu à l'évidence. Je suis le seul ancien officier supérieur du KGB à vivre en France et à pouvoir prendre publiquement la parole dans les médias pour partager dans mes interviews et mes livres mon expérience personnelle et ma vision géopolitique du monde qui en découle, souvent en contradiction avec les idées reçues et les mythes tenaces.

*

Je vois clairement que le renseignement dit « défensif » des services de sécurité et de contre-espionnage reste et restera toujours d'actualité afin de protéger les nations contre le terrorisme professionnel structuré et le crime organisé. En revanche, il se révèle parfaitement incapable de capter les « signaux faibles » d'une radicalisation individuelle, de lutter contre les terroristes « amateurs » non organisés et les malades mentaux qui peuvent basculer dans un parcours meurtrier à tout moment en se servant de n'importe quelle arme.

En ce qui concerne l'espionnage dit « offensif » contre d'autres nations, il est honnêtement impossible de lui redonner ses lettres de noblesse. Il est devenu totalement indéfendable, politiquement et moralement, à commencer par les principaux membres fondateurs des

---

1. Sergueï Jirnov, François Waroux, *KGB-DGSE : 2 espions face à face*, Mareuil Éditions, avril 2021.

Nations unies, les cinq membres permanents du Conseil de sécurité de l'ONU. Les États-Unis, la Russie, la France, le Royaume-Uni et la Chine ne peuvent plus continuer à donner le mauvais exemple au reste du monde en violant impunément, ouvertement et collectivement les Conventions internationales de Vienne sur les représentations diplomatiques et consulaires en les utilisant systématiquement pour couvrir des activités criminelles d'espionnage extérieur. Cet espionnage à l'ancienne est devenu totalement inefficace, inutile et obsolète.

Les GAFAM (Google, Apple, Facebook, Amazon, Microsoft) et autres Instagram, Twitter, TikTok, les banques, compagnies d'assurance, pourvoyeurs de cartes de crédit et de téléphonie, les fournisseurs d'accès à Internet possèdent plus de moyens de collecte de données personnelles sensibles que tous les États souverains réunis avec leurs ridicules agences de renseignement à l'ancienne. Les algorithmes des réseaux sociaux en savent plus sur des milliards de gens que les États avec leurs services secrets.

On entend toujours cette vieille rengaine des lobbyistes du renseignement qui continuent à prêcher son utilité et même sa nécessité pour tout pays « digne de ce nom », comme si une nation qui ne viole pas le droit international, les règles de bon voisinage et de la cohabitation pacifique n'en était pas une. Ce qui est insupportable moralement et faux factuellement.

• Des milliers de satellites couvrent tout le territoire de la planète en permanence.

• Des centaines de millions de gens voyagent partout dans le monde et rapportent continuellement ce qui s'y passe ; on ne peut plus rien cacher, nulle part, à personne.

• Des milliards de gens dans notre monde actuel sont reliés en permanence par Internet.

• Grâce aux smartphones, chaque humain est potentiellement devenu un grand reporter capable de relayer instantanément une information ou un événement n'importe où sur la planète. Plus aucun média professionnel ni aucune agence de renseignement n'est en mesure de concurrencer la toile planétaire globale.

• Quelques « amateurs » de Bellingcat[1] (qui sont, de fait, plus professionnels que les prétendus professionnels) ont réussi à mettre en échec la GRU, l'agence de renseignement militaire de Poutine, dans plusieurs affaires postérieures à l'empoisonnement de Sergueï et Ioulia Skripal en 2018, ainsi que le FSB, service omnipotent de sécurité, dans les tentatives d'assassinat, en 2019-2021, de l'opposant russe Alexeï Navalny, du poète Dmitry Bykov et du journaliste Vladimir Kara-Mourza.

• Une petite rédaction de bons journalistes d'investigation bien organisée, à l'instar de Mediapart, est plus efficace et moins coûteuse (meilleure en rapport coûts-bénéfices) qu'une vieille agence aux effectifs et budgets pléthoriques, aux salaires « onusiens » et au rendement ridiculement faible.

Il serait intellectuellement malhonnête de prétendre qu'il reste à l'espionnage à l'ancienne une quelconque raison d'être. C'est tout simplement faux !

Enfin, l'histoire elle-même a mis en évidence l'inutilité et l'impuissance de l'espionnage par le passé. Le nombre de traîtres et l'ampleur de l'interpénétration des services dans les camps opposés idéologiques et géostratégiques étaient tels durant la période de la guerre froide qu'aucun service n'avait plus le moindre secret pour l'adversaire !

On est arrivé plusieurs fois à une situation ubuesque où les responsables de la chasse interne aux espions adverses dans leurs agences secrètes étaient eux-mêmes des agents doubles ainsi chargés de se chasser… eux-mêmes (Kim Philby, Robert Hanssen, etc.) ! Où la personne chargée de la formation des cadres et de veiller sur la pureté idéologique dans les rangs de son service était une « taupe » travaillant secrètement pour le camp ennemi (Pigouzov)…

Si même le soi-disant « tout-puissant » KGB n'a pas été capable de sauver de la mort politique le système soviétique communiste, que peuvent réellement faire ses successeurs ?

À part servir de sinécure à une armée d'incapables de plus en plus nombreux qui ne produisent rien de valable, même s'il faudra toujours quelques hommes des services pour contacter, manipuler et compromettre des cibles dans le monde entier.

1. https://www.bellingcat.com/

*

Pour ma part j'ai compris et reconnu la principale leçon historique à retenir de tout cela, à savoir que notre travail était en fin de compte totalement inutile. Même si mon ancien collègue Poutine et ses copains du KGB ne voudront jamais admettre cette évidence. Pas plus que leurs homologues d'autres pays.

Ce système parasitaire et lobbyiste des camps adverses qui se nourrit de cette adversité ne pourra jamais être réformé de l'intérieur et de son propre gré.

C'est aux jeunes, ceux qui prendront demain les rênes du pouvoir, que reviendra la noble tâche de mettre fin un jour à cette hypocrisie coûteuse, immorale, criminelle et mensongère.

*   *

*

L'arche des Illégaux, inaugurée en 2020 à Yassénévo.
L'arche représente un couple d'illégaux entouré des monuments symboliques de toutes les capitales occidentales (dont Big Ben que l'on voit sur la photo)

Achevé d'imprimer en avril 2022 par Corlet Imprimeur — 14110 Condé-en-Normandie
Dépôt légal : mars 2022 — N° d'imprimeur : 22040191 — *Imprimé en France*

NIMROD